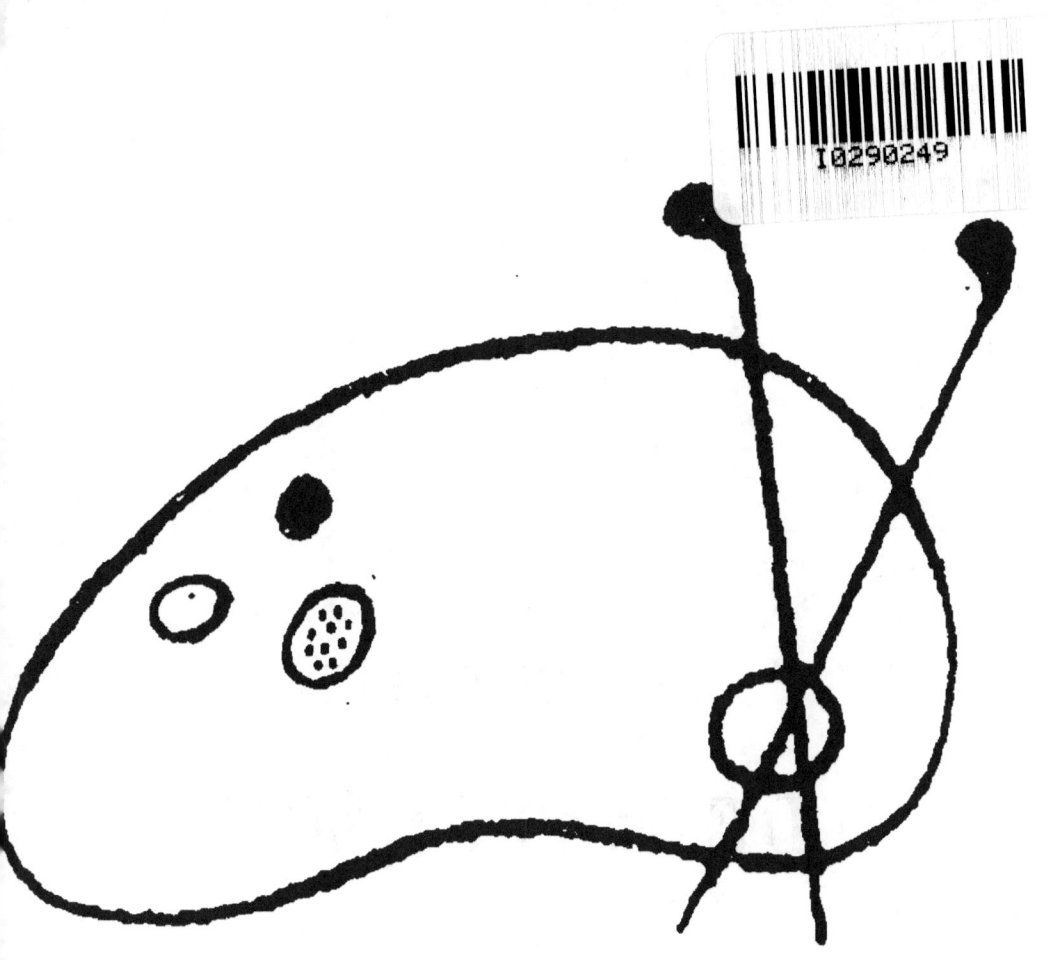

Fin d'une série de documents
en couleur

LA JEUNESSE
DE NAPOLÉON

OUVRAGES DU MÊME AUTEUR

LA GUERRE, 1870-1871.
LE GÉNÉRAL CHANZY.
(Couronné par l'Académie française.)
PARIS EN 1790, VOYAGE DE HALEM.
JEAN-JACQUES ROUSSEAU.

LES GUERRES DE LA RÉVOLUTION
11 volumes in 8.

TOME   I. LA PREMIÈRE INVASION PRUSSIENNE.
— II. VALMY.
— III. LA RETRAITE DE BRUNSWICK.
(Couronnés par l'Académie française, prix Gobert, et par l'Académie des sciences morales et politiques, grand prix Audiffred.)
— IV. JEMAPPES ET LA CONQUÊTE DE LA BELGIQUE.
— V. LA TRAHISON DE DUMOURIEZ.
(Couronnés par l'Académie française, grand prix Gobert.)
— VI. L'EXPÉDITION DE CUSTINE.
— VII. MAYENCE.
— VIII. WISSEMBOURG.
— IX. HOCHE ET LA LUTTE POUR L'ALSACE.
— X. VALENCIENNES.
— XI. HONDSCHOOTE.

Droits de traduction et de reproduction réservés pour tous les pays,
y compris la Hollande, la Suède et la Norvège.

NAPOLÉON

Lieutenant en second au Régiment de La Fère (1785)

(Musée de Versailles)

ARTHUR CHUQUET

LA JEUNESSE
DE NAPOLÉON

Brienne

DEUXIÈME ÉDITION, REVUE ET AUGMENTÉE

Paris, 5, rue de Mézières
ARMAND COLIN ET Cie, ÉDITEURS
Libraires de la Société des Gens de Lettres
1898

Tous droits réservés.

PRÉFACE

Parmi les publications innombrables dont la jeunesse de Napoléon a été l'objet, trois ou quatre seulement méritent d'être consultées et citées.

Iung (*Bonaparte et son temps*) a pris beaucoup à Coston, et son ouvrage, hâtif et partial, fourmille de légèretés et d'inexactitudes; mais il reproduit quelques documents tirés des archives de la guerre et négligés par la commission qui fut chargée de publier la correspondance de Napoléon.

Du Teil (*Une famille militaire au XVIII° siècle*) fournit d'instructifs détails sur les écoles d'artillerie et sur les relations des généraux Du Teil avec Bonaparte.

Coston (*Histoire de Napoléon Bonaparte*), qui représente la tradition orale, est bien informé, quoiqu'il accueille sans critique certaines anecdotes.

Frédéric Masson (*Napoléon inconnu*) a réuni tous les écrits authentiques de Napoléon, et ses deux tomes, qui contiennent en outre d'ingénieux aperçus et d'utiles rectifications, sont la source principale, essentielle.

Mais il ne suffisait pas de mettre en œuvre les documents de nos devanciers. Durant plusieurs années, nous avons glané dans les archives publiques de Paris et des départements ainsi que dans nombre de collections privées. Nous avons, notamment aux archives de la guerre et aux archives nationales, dépouillé tout ce qui avait trait à la Corse, aux écoles militaires, à l'artillerie, et il nous faut ici, pour ce volume comme pour les suivants, témoigner notre plus vive gratitude à MM. Félix Brun et A. Martinien, à MM. Alexandre Tuetey, Lecestre, Viart, Marichal, et surtout à notre savant ami Léon Hennet, ce profond connaisseur de l'histoire militaire de la Révolution et de l'Empire, l'auteur du *Régiment de la calotte* et de l'étude si exacte et si consciencieuse sur les *Compagnies de cadets-gentilshommes*, le critique qui, de façon si juste, apprécia le travail de Jung (*Journal des sciences militaires*, 9ᵉ série, t. IV, p. 457-476).

D'autres personnes nous ont aidé à ce premier volume en nous donnant d'excellents conseils et en nous communiquant quelques papiers importants. Nous ne pouvons les nommer toutes, mais nous citerons particulièrement M. le duc de Choiseul-Praslin; M. le prince de Bauffremont, duc d'Atrisco, qui nous a fait connaître l'atlas des archives nationales où se trouve la caricature de Napoléon (p. 262); M. le Dʳ comte Costa de Bastelica; M. E.-H. Bloch; M. Étienne Charavay; M. S. Det, bibliothécaire de la ville de Troyes; M. le lieutenant Fabry; M. Giubega, conseiller à la cour d'Aix; M. Léonce Grasilier; M. Jadart, conservateur de la bibliothèque de Reims; M. Labande, à qui nous devons le fac-similé de la lettre de Napoléon à Fesch (p. 354); M. Laurent, archiviste des Ardennes; M. Stanislas Légis; M. Letteron, l'homme qui sait le mieux l'histoire de la Corse; M. Moris, archiviste des

Alpes-Maritimes; M. de Nolhac, qui nous a donné le portrait du jeune Bonaparte, dessiné à Tournon par Pontornini (p. 290); M. le capitaine Pineau; Mme C. de Susini; M. Ernest Tavernier; M. Toussaint Vachard; M. Veilhan, qui nous a gracieusement prêté le manuscrit des Mémoires de Montfort.

L'appendice de ce volume, comme des suivants, ne renferme que des pièces inédites ou des renseignements tirés des documents originaux.

LA
JEUNESSE DE NAPOLÉON

CHAPITRE PREMIER

La Corse.

Conquête de la Corse. — Caractère et mœurs des habitants. — Le Corse dans Napoléon. — Situation de l'île. — Organisation. — Les Etats, les Douze, les députés des États. — La noblesse. — Griefs de la population. — Ordonnances. — Sionville, Narbonne, Marbeuf. — Condamnation de Jacques-Pierre Abbatucci. — La finance. — Les employés français. — La justice. — Erreurs et fautes de l'administration. — Petriconi, M. de Guernes et Belgodere. — Les Corses se regardent comme opprimés.

En 1764, Gênes désespérant de conserver le peu de places qui lui restaient en Corse et de sauver ses garnisons pressées par Paoli et comme prisonnières dans leurs citadelles, implora le secours de Louis XV. La France devait aux Génois quelques millions. Il fut convenu que ses troupes garderaient les forteresses pendant quatre années et qu'au bout de ce temps sa dette serait payée. Mais en 1768, lorsqu'expira cet engagement, Gênes consentit à céder au roi ses droits sur la Corse. Une armée française débarqua dans l'île. Paoli protesta. La République Sérénissime avait-elle la souveraineté de la Corse, et, quand elle l'aurait, pouvait-elle disposer des peuples sans leur agrément? Était-il juste de traiter une nation comme un troupeau de bêtes vendues au marché? Un de nos officiers répondit à Paoli que si le droit de Gênes était précaire, un autre droit suffisait à la France, le droit qui découle de la loi du plus fort.

La Corse devint française en 1769. Paoli, ce Paoli qui, selon l'expression de Chauvelin, savait séduire et enivrer la multitude, qui joignait à des lumières supérieures une activité sans égale, qui faisait, à la tête de paysans rassemblés de tant d'endroits divers, des mouvements si rapides et des opérations si nerveuses, Paoli, vaincu le 9 mai dans le suprême combat de Ponte-Novo par le maréchal de Vaux, s'embarquait le 12 juin à Porto-Vecchio et gagnait la Toscane.

On avait à Paris désapprouvé l'expédition. Ceux-ci dépeignaient la Corse comme un amas d'inutiles rochers. Ceux-là déclaraient qu'une pareille possession serait toujours onéreuse et ils répétaient le mot du Génois Lomellino qu'on serait trop heureux de pouvoir creuser un grand trou au milieu de l'île pour la submerger. Plusieurs et notamment Dumouriez soutenaient que puisqu'il était impossible d'effacer la Corse de la carte du globe, on devait, au lieu de lui imposer une domination étrangère, la protéger contre les Génois, l'aider à fonder une constitution durable et conforme à son libre génie, la traiter en alliée et jouir ainsi de ses ports excellents sans faire de frais ni d'efforts, et surtout sans fournir un prétexte d'hostilités aux puissances qui convoitaient ce point central de la Méditerranée.

Mais Choiseul et la plupart de nos officiers, et, dans le nombre, des hommes d'expérience et de talent, comme Vaux, Marbeuf et Guibert, avaient demandé la conquête de l'île. Fallait-il laisser à Paoli le loisir de consolider son autorité dans un pays qui serait en temps de guerre l'asile des corsaires? Fallait-il abandonner à d'autres des havres si commodes et si avantageusement situés? Un ennemi qui posséderait la Corse, ne pourrait-il intercepter notre communication avec l'Espagne, l'Italie et le Levant? Toute la côte de la Provence et du Languedoc ne serait-elle pas dès lors à découvert? Ne valait-il pas mieux s'établir en Corse et y former une colonie florissante, en faire la grand'garde maritime du royaume? Maîtresse de Bastia, d'Ajaccio, de Bonifacio et de sûres retraites d'où ses vaisseaux s'élanceraient pour courir impunément la mer, la France régnerait dans la Méditerranée et serait la première, la seule puissance du midi de l'Europe; elle tiendrait le roi de Sardaigne en respect; elle commanderait l'Italie, aurait le pied sur ses plages. Guibert taxait d'ignorance et de prévention les gens qui s'opposaient à la conquête : ils ne portaient pas, disait-il, leurs regards au delà de leur siècle et de la surface des choses. La Corse, a écrit Napoléon, « semble une dépendance naturelle de la Provence » et elle est « propre à favoriser des opérations en Italie et à protéger le commerce du Levant. »

Les jugements, imprimés et manuscrits, des voyageurs qui visitèrent l'île et des officiers qui la conquirent ou y tinrent garnison, mériteraient tous d'être recueillis et réunis. Les résumer, c'est présenter le tableau le plus exact de l'état du pays et du caractère des habitants.

Les Corses étaient petits pour la plupart; ils avaient de beaux yeux, de belles dents, et il semblait que cette beauté des dents et du regard fût une production du climat comme les citrons et les oranges.

Ils étaient simples, sobres, tempérants. Jamais on ne les voyait ivres. Contents de leurs chèvres, de leurs châtaignes, de leurs olives et de l'eau de leurs ruisseaux, ils n'avaient d'autre richesse qu'une monnaie grossière qui cessa d'avoir cours en 1770, après avoir été changée à raison de vingt soldi pour cinq sols. Ils portaient des habits d'une étoffe brune qu'ils tissaient eux-mêmes avec le poil ou la laine de leurs troupeaux et qui paraissait aux Français infiniment plus rude que la bure des capucins. Leurs femmes, du moins celles des campagnes, tête nue, les cheveux retroussés et mal arrangés, un fichu noué sous le menton, avaient un long vêtement de bure qui faisait le corset et le jupon tout ensemble, et une chemise assez joliment plissée, quelquefois brodée, qui montait jusqu'au col et leur cachait le sein.

Ils avaient l'esprit de famille le plus vivace et le plus profond. Le Corse ne laissait rien percer de sa tendresse; pas d'attentions ni de caresses; mais il aimait les siens et leur était extrêmement attaché. Si le père mourait, le fils aîné devenait le tuteur et le chef des enfants. Nulle part le droit d'aînesse n'était autant respecté qu'en Corse.

Ils étaient hospitaliers, recevaient de bon cœur l'étranger, se sacrifiaient pour l'homme qu'ils accueillaient sous leur toit et qui se livrait à eux. Si l'ennemi dont ils avaient juré la mort, entrait dans leur logis, ils le considéraient comme un objet sacré, comme un dépôt auquel ils ne pouvaient attenter.

Ils avaient horreur de l'injustice. « Ils sont revêches » a dit Napoléon, « mais au fond justes, » et Marbeuf remarquait finement qu'ils ne se plaignaient jamais d'un châtiment mérité, qu'on ne risque rien à les punir sévèrement lorsqu'ils ont tort.

Ils n'étaient pas ingrats. Un service rendu ne s'effaçait jamais de leur souvenir. Ils ne parlaient qu'avec attendrissement de M. de Cursay, qui les avait gouvernés pendant quelques années selon la justice et l'équité. Ce qui dure le plus en Corse, a dit Paoli, c'est la mémoire des bienfaits.

Le vol leur était inconnu. Quelle que fût la récompense promise, ils refusaient de dénoncer le déserteur. Un jeune Corse découvrit à la maréchaussée la retraite d'un soldat fugitif et reçut quatre louis; le père, accompagné de sa famille, l'amena devant la porte d'Ajaccio, l'abattit d'un coup de fusil et jeta sur le cadavre le prix de la trahison.

La bravoure des Corses était proverbiale. Ils avaient fait tête à la France durant deux campagnes, sans place forte, sans artillerie, sans magasins, sans argent, et les conquérants ne parlaient qu'avec estime de ces petits hommes vêtus de brun qui se rassemblaient au signal des cornets ou des sifflets, s'avançaient à la débandade par les campagnes sans suivre un chemin et, se courbant contre terre, s'abritant derrière les murs, les rochers et les broussailles, assaillaient soudainement les Français de toutes parts, puis se rejetaient en arrière et, revenaient à la charge avec une incroyable vitesse, attaquant de nouveau l'adversaire, qui n'avait pas le temps d'ajuster ses coups pour répondre à leurs feux, ne manquant jamais, à moins d'insurmontables difficultés, au devoir sacré d'enlever leurs blessés et leurs morts. Quelques-uns furent cruels et commirent des actes d'une férocité barbare. Mais quelques-uns furent magnanimes. Des Français disaient à un prisonnier : « Comment osez-vous guerroyer sans hôpitaux ni chirurgiens, et que faites-vous, quand vous êtes blessés? — Nous mourons. » Un Corse, mortellement frappé, écrivait à Paoli ce billet héroïque : « Je vous salue; prenez soin de mon père; dans douze heures je serai avec les autres braves qui sont morts en défendant la patrie. »

Ils étaient durs à la fatigue et capables des plus grands efforts. L'adversité les trouvait fermes et impassibles. Leur constance semblait inouïe. Dans les plus vives souffrances et jusqu'au milieu des tortures, ils montraient un indomptable courage, et lorsqu'ils avaient prononcé ce seul mot *pazienza*, le plus affreux supplice ne leur arrachait pas un cri, pas une plainte, pas un soupir. Ils méritent la fourche, disait un proverbe génois, et ils savent la souffrir.

Ils avaient d'autant mieux cette fière résignation qu'ils n'étaient pas naturellement gais. Ils n'aimaient pas les joyeuses fanfares, et Napoléon parle quelque part du son rauque et lugubre de leur cornet, signal d'insurrection. Graves et froids, ils ne riaient presque jamais. Pas de divertissements; pas de danses ni de fêtes champêtres. Ils jouaient fréquemment aux cartes, mais silencieusement et comme avec tristesse. Leur plus grand plaisir, lorsque les Français leur interdirent les armes à feu, ce furent les confréries : chaque village avait un oratoire que la confrérie décorait avec plus de recherche que l'église de la paroisse.

Et pourtant, ils avaient l'imagination ardente, emportée, et Paoli disait qu'il suffit de donner aux Corses quelques pièces d'or pour qu'ils se croient en possession des millions qu'ils espèrent. Ils avaient l'esprit fin, perspicace, pénétrant, au point qu'ils semblaient lire dans les regards ce qui se passait de plus secret au fond des cœurs. Ils avaient beaucoup d'aptitude aux sciences, à la littérature, aux beaux-arts; ceux qui faisaient leurs études en Italie, y obtenaient d'éclatants succès, et d'aucuns enseignèrent très brillamment aux universités de Pise et de Padoue. Plusieurs avaient une prodigieuse mémoire. Leur parole était vive, aisée, persuasive, et ils n'ignoraient pas cette facilité d'élocution qui dégénérait en verbosité; ils voulaient être écoutés, et, si l'on refusait de les entendre jusqu'au bout, se croyaient insultés. Le moindre d'entre eux étonnait les officiers français par l'intelligence avec laquelle il parlait guerre ou politique, et le dernier paysan plaidait sa cause avec autant de force et d'astuce que le plus habile avocat, discutait ses affaires avec une singulière abondance d'expressions et de tours, usait avec une adresse infinie des moyens de chicane que lui fournissaient les nouvelles formes judiciaires. Les raisonneurs de garnison durent plus d'une fois s'avouer battus par ces Corses loquaces et subtils. Napoléon cite à ce propos la spirituelle repartie d'un de ses compatriotes : « Regarde, disaient des officiers à un pauvre habitant du Niolo, comme nous sommes habillés », et le Corse les examinait avec attention, leur demandait leur nom, apprenait que l'un était marquis, l'autre baron, le troisième, chevalier : « J'aimerais, répondait-il, à être habillé comme vous; mais, en France, tout le monde est-il marquis, baron ou chevalier? »

De grands défauts ternissaient les qualités du Corse. Il était superstitieux. Il était méfiant, soupçonneux, très caché, et néanmoins, à certains instants, si profonde que fût sa dissimulation, il ne pouvait se maîtriser : il s'emportait, se livrait à des mouvements de violente colère, et une fois qu'il avait exhalé sa fureur, reprenait sa gravité coutumière. S'il tenait scrupuleusement sa parole, il avait du penchant à la fourberie, et il abusait de sa facilité à s'exprimer, faisait de longs discours pour surprendre et tromper les gens auxquels il parlait.

Il avait un indicible orgueil. Paoli ne dit-il pas que le trait le plus saillant des Corses est la haute opinion qu'ils ont d'eux-mêmes, qu'ils abordent sans émotion les personnages les plus considérables, et ne seraient pas plus embarrassés dans le palais de Versailles que dans leur propre logis? Lorsque Maillebois levait le régiment de Royal-Corse, tous les insulaires voulaient être officiers. Pas un soldat corse sous l'ancienne monarchie ne consentit à battre la caisse. Parmi les volontaires du bataillon dont Napoléon fut lieutenant-colonel, un seul condescendit à être tambour. « Pourquoi, demandait-on à un Corse, ne mettez-vous pas votre fils dans un régiment? — Mon fils, répliquait-il, n'est pas fait pour débuter au régiment par le grade de sous-lieutenant. » Tous les Corses se regardaient comme égaux, se croyaient pétris de la même pâte que leurs plus grands hommes : il ne leur avait manqué que les occasions, et s'ils avaient quitté leur foyer pour courir le monde, ils seraient, tout comme d'autres, arrivés aux postes les plus élevés. Marbeuf assure que la vanité est le principal ressort qui les met en mouvement. « Ce qui les caractérise plus que tout, écrit un de nos officiers, c'est qu'ils sont incapables de soutenir le mépris, pas même de supporter l'indifférence. » Leur refuser le salut ou laisser leurs lettres sans réponse, était l'insulte la plus grave qu'on pût leur faire : Paoli répondait à tous ceux qui lui écrivaient, fussent-ce les gens les plus obscurs, et il ne manquait jamais de rendre le salut. Ils recherchaient avec empressement les distinctions et les marques d'honneur. Le roi Théodore n'avait-il pas créé des princes, des marquis, des comtes, des barons et institué un ordre de chevalerie? Paoli ne fondait-il pas, dans les commencements de son généralat, un ordre de Santa Devota pour les volontaires qui combattaient avec lui Colonna de Bozzi? Avec quel sentiment de respect et d'envie les Ajacciens et les Bastiais considéraient un de leurs concitoyens, revêtu des insignes de l'ordre toscan de Saint-Étienne! Les Bonaparte ont d'eux-mêmes une si avantageuse idée qu'ils deviennent souverains aisément, naturellement, comme s'ils l'avaient toujours été. On croirait, lorsqu'ils entrent en possession d'un royaume, qu'ils recueillent une succession qui leur est légitimement échue. Ils se plaignent de leur part, qui ne leur semble jamais assez grosse; ils forment aussitôt une cour, règlent un cérémonial, imposent une étiquette, prennent d'emblée et sans peine les façons compassées, le ton guindé, les manières raides et solennelles de l'emploi. « A voir vos prétentions, disait Napoléon à ses sœurs, il semble que nous tenions la couronne des mains du feu roi notre père. »

De cet orgueil était née la passion de la vendetta. Le maréchal de Vaux et Chauvelin remarquent, le premier, qu'il n'y a pas de pays où les animosités particulières règnent davantage, le second, qu'il n'existe pas de peuple plus divisé, qu'une famille, pour peu qu'elle soit ancienne, compte les haines qu'elle a vouées à d'autres familles, et que ces vieilles inimitiés sont presque les seuls titres qui constatent son antiquité. C'est que le Corse regardait comme une honte le pardon des offenses. Il s'imaginait encourir l'infamie s'il ne lavait dans le sang l'injure qu'il avait reçue. Le point d'honneur, témoigne un indigène, est si fort en Corse : *il punto d'onore è tanto forte in Corsica!*

De cet orgueil, autant que de l'habitude d'une vie guerrière et vagabonde, dérivait aussi leur paresse ou, comme disaient les Français, leur inertie, leur fainéantise. Vainement un poète les exhortait à l'amour du travail agricole et industriel

C'est assez combattu, généreux insulaires!

Vainement le maréchal de camp Sionville criait avec colère aux habitants de Bocognano : « Vous n'avez rien à faire; détruisez donc vos murs et rebâtissez-les ! » Les Corses disaient, comme Napoléon, qu'ils n'étaient pas faits pour manier la pioche. Le Napolitain les fournissait de poisson, et l'Italien, le *Lucquois*, cultivait leur sol. Chaque année près de dix mille Lucquois venaient, durant six mois de suite, remuer la terre à raison de vingt-cinq sols par jour : quatre livres de farine de châtaigne suffisaient à leur nourriture, et, la livre coûtant un sol six deniers et leur dépense s'élevant pour le semestre à dix-huit mille livres, on calculait qu'ils emportaient de l'île annuellement deux millions deux cent trente mille livres.

Il n'y avait donc pas d'agriculture en Corse. Nulle entente du labourage. Nulle connaissance des instruments aratoires. Çà et là quelques champs légèrement écorchés par une charrue informe. Pas de prairies. Pas d'engrais. Les moissons dévorées par les mauvaises herbes. De longues étendues de pays et d'immenses déserts sans le moindre vestige de l'industrie humaine. Nulle route. Des sentiers étroits, tracés au hasard, suivant la pente naturelle du terrain, creusés presque partout par les eaux et très éloignés des villages parce que les habitants s'étaient logés dans des endroits escarpés pour échapper sûrement à l'ennemi. Ils avaient, a dit Napoléon, « abandonné les plaines trop difficiles à défendre pour errer dans les forêts les moins pénétrables, sur les sommets les moins accessibles. » Les bestiaux, sans abri contre les injures de l'air, gisaient la nuit, dispersés dans les rues. Pas d'auberge, sinon dans les villes de garnison. Pas de paille. Les paysans couchaient autour du feu, au milieu de la salle ou de l'unique pièce qui leur servait de demeure, sur quelques peaux de chèvres.

Les femmes étaient chargées de tous les travaux pénibles et faisaient l'office de manœuvres. Elles portaient le bagage des étrangers qui se rendaient d'un village dans un autre; « *le donne, le donne!* les femmes, les femmes! », criaient les hommes lorsque le voyageur se préparait à partir. Elles récoltaient les fruits. Elles allaient, même les plus aisées, puiser l'eau nécessaire à la maison. Le Corse les méprisait souverainement. Il ne daignait pas les admettre à sa table, tant il était, comme a dit Napoléon, plein du sentiment de son importance particulière. Plus il avait de garçons, plus il se croyait riche, et il ne manifestait sa tendresse qu'à ses enfants du sexe mâle. Pendant que les femmes vaquaient aux plus grossières besognes, les hommes se promenaient une pipe à la bouche ou bien, étendus sous les arbres à l'entrée du village, discouraient sur les nouvelles et jouaient aux cartes.

Mais l'esprit travaillait en eux, à défaut du corps, et ils

étaient d'autant plus inquiets qu'ils étaient inactifs. Divisés par des rivalités de famille ou des inimitiés de communauté, ils se plaisaient à l'intrigue, et Marbeuf rangeait parmi les plus grands maux dont souffrait le pays, le goût des habitants pour la cabale. Que de menées, que de manœuvres, même aux assemblées des pièves qui n'avaient d'autre but que d'élire des députés à l'assemblée de la province! « Que de jalousies et de mensonges, s'écriait le vicomte de Barrin, et que de mauvais tours ces gens-ci cherchent à se jouer réciproquement! » Pas d'assemblée en France, témoigne l'intendant La Guillaumye, que « l'esprit individuel de prépondérance et de changement puisse rendre aussi tumultueuse et aussi dangereuse que la plus petite assemblée en Corse ». Mais le Corse aimait la politique : il vivait plus volontiers sur la place publique que dans son ménage; il s'intéressait passionnément aux affaires du gouvernement et de l'administration; il voulait y contribuer, y mettre la main, y prendre sa part, si mince, si infime qu'elle fût; il ne se croyait jamais inutile; il est, disait Paoli, « accoutumé à identifier la fortune de l'État avec la sienne propre. »

Sans doute, il fallait distinguer en Corse la population des villes de celle des campagnes. Les Corses du dedans, les montagnards étaient, aux yeux de nos officiers, des hommes de la nature, des sauvages du Canada, des barbares. Les habitants des principaux ports avaient acquis, par leurs fréquentes communications avec l'étranger, une certaine politesse, et ils s'étaient toujours soumis à l'envahisseur qui tenait leur citadelle, d'abord aux Génois, puis aux Français. « L'état d'une partie de l'île, a dit Joseph Bonaparte, n'était pas l'état de l'autre; vaincu dans l'intérieur, le despotisme trouvait un asile dans les places maritimes. » Mais tous les Corses, qu'ils fussent nés sur le rivage de la mer ou dans le cœur du pays, offraient à peu près les mêmes traits caractéristiques.

Napoléon ressemble à ces Corses du xviii° siècle.

Il est de petite taille et il a de beaux yeux et de belles dents.

Il ne fait d'excès d'aucun genre; il se rend à table comme avec regret, pour un quart d'heure, une demi-heure au plus; il ne boit guère, bien qu'il ait la tête forte et se vante un jour de vider quatre bouteilles sans s'échauffer. Ne disait-il pas qu'il tenait de sa mère la vilaine habitude de manger trop vite, et sa mère n'a-t-elle pas raconté qu'elle avait pour maxime de ne jamais satisfaire son appétit?

Très simple dans sa mise, il veut être habillé comme un officier de sa garde.

L'esprit de famille est aussi vivace et aussi puissant chez lui que chez tous les Corses. S'il régente les siens et leur impose son inflexible vouloir, il les comble, les accable de bienfaits. Il écrivait en 1795 qu'il ne vivait que par le plaisir qu'il leur causait, et des contemporains regrettent qu'il ait eu des frères qui lui firent parfois une opposition violente : seul, il eût été plus tranquille, et peut-être n'aurait-il pas eu tous ces vastes desseins qui n'aboutirent pour la plupart qu'à mettre une couronne sur la tête d'un membre de sa famille.

Il était reconnaissant. Ceux qui, dans ses premières années, lui rendirent des services ou lui donnèrent des témoignages d'affection, ne se repentirent jamais de recourir à lui. Le temps, l'expérience des hommes, l'ambition de plus en plus grandissante émoussèrent sa sensibilité. Mais il avait reçu de la nature un cœur bienveillant, très accessible à l'émotion, très facilement touché par le ton poignant d'un sentiment vrai. Il pleura lorsque Dandolo plaida devant lui la cause de la patrie vénitienne, et il éleva Dandolo, le poussa, et n'eut pour lui que de bons procédés. Il était plus juste, plus équitable qu'on ne croit. En tête à tête, et sans témoins, il souffrait les protestations des officiers qui se plaignaient d'un passe-droit, fût-ce avec fougue et en termes passionnés. Si l'on savait choisir le moment et le lieu, on pouvait tout lui dire.

Il avait la bravoure et la fermeté des Corses. Il regardait, comme eux, le péril sans appréhension, et il est, comme eux, infatigable, toujours prêt à se battre. On a prétendu qu'il avait peur. Qui s'exposa plus que lui devant Toulon et sur le pont d'Arcole? Dans le fort d'une action, au milieu de la mitraille, un aide de camp s'obstinait à le couvrir de son corps; Bonaparte écarta trois fois l'officier, et à la troisième : « Finissons cet enfantillage, dit-il avec humeur, il faut que j'y voie clair. »

Il a la gravité corse, et le fond de sa nature est sérieux, sévère, méditatif. De même que Paoli, il sourit fréquemment et n'éclate presque jamais.

Il a la perspicacité des Corses : il sait lire dans leurs yeux le caractère des hommes, et il est, comme le Paoli que dépeint Boswell, un grand physionomiste; un de ses camarades d'Auxonne assure qu'il projetait un ouvrage dans le genre des *Fragments* de Lavater.

Il a au plus haut point cette mémoire qu'on attribuait aux Corses, et c'est ainsi que Paoli savait par cœur nombre de passages des auteurs classiques et connaissait par leur nom la plupart des notables de l'île.

Il a cette promptitude de pensée naturelle aux Corses. Aussi écrivait-il rapidement, précipitamment, sans ratures, et il finit par dicter. Paoli racontait qu'il ne pouvait coucher ses idées sur le papier, qu'elles semblaient échapper à sa plume, et qu'il devait appeler le Père Guelfucci pour les attraper : *presto, pigliate li pensieri!* Ne croit-on pas entendre Napoléon qui presse ses secrétaires?

Comme ses compatriotes, il fait volontiers l'orateur, l'avocat, et il aime à parler tout seul, des heures entières, sans être interrompu. Avec quel feu, quelle facilité s'énonçait Paoli! Pareillement, Napoléon a ce talent de la parole qui, selon les Français du xviiie siècle, était comme l'apanage de la nation corse. Il est Corse dans ses proclamations et ses écrits. Il exprime des idées fortes dans le style mâle et animé que les Orticoni, les Gafforio, les Hyacinthe et les Pascal Paoli emploient dans leurs harangues. Les Français admirèrent ce que les mémoires et les manifestes de ces chefs de l'île avaient de vigoureux et de convaincant, ce que leurs discours avaient de véhément et de chaleureux. Bonaparte aura, non en italien, mais en français cette éloquence entraînante d'Orticoni, de Gafforio, des deux Paoli dont il a loué la logique et l'énergie. Mais il est soldat et il sera plus concis, plus impétueux; il a le langage d'un victorieux. De même que ses devanciers à qui les Français reprochaient de faire parade de leur savoir, il abuse parfois des citations : il écrit au Directoire qu'il veut reprendre le soc de Cincinnatus; il rappelle à ses soldats qu'ils foulent la cendre des vainqueurs de Tarquin; « en Italie et en Égypte, dit un de ses officiers, il nous parlait toujours des Romains ». Mais Bonaparte ne cite pas de latin ; il évoque les choses du passé parce qu'elles sont gravées dans son esprit, et il les évoque constamment à propos.

Il est superstitieux comme ses compatriotes. Après avoir cassé par hasard la glace du portrait de Joséphine, il pâlit, s'écrie que sa femme est malade ou infidèle. Il croit aux apparitions nocturnes, et, le soir, dans le salon de la Malmaison, fait couvrir les bougies d'une gaze blanche pour narrer ensuite, au milieu d'un profond silence, des histoires de revenants, tout comme en hiver, autour de l'âtre, pendant que la fumée s'élève et sèche les châtaignes dans les travées d'osier, le plus lettré du village corse racontait à ses voisins de merveilleuses aventures.

Il est dissimulé. Ne dit-il pas qu'un de ses oncles lui prophétisait un grand avenir parce qu'il avait coutume de mentir? Que de fois, pour atteindre son but, il manifeste un mécontentement qu'il n'éprouve pas!

Mais souvent aussi son irritation est réelle, et il ne peut s'en rendre maître. Comme la plupart des insulaires, comme son frère Joseph qui, malgré son aménité, était en certains moments incapable de se modérer et se fâchait, sinon longtemps, du moins avec éclat, il a, lorsque ses yeux lancent des éclairs, lorsque ses narines se dilatent et que leurs coins s'écartent et se relèvent, de véritables colères mêlées de jurements et d'imprécations. L'éducation française n'a jamais adouci la rudesse corse, et, suivant Pozzo di Borgo, de tous les Bonaparte, Napoléon avait le plus de fougue et d'emportement.

Il pardonne les injures, tantôt par indulgence et bonté d'âme, tantôt parce qu'il a besoin des hommes et les prend tels qu'ils sont, parce qu'il ne voit en eux que des instruments. Mais il est, comme tout Corse, vindicatif. Dans un passage de son histoire de l'île, il loue la vendetta et ses « fureurs sublimes ». Nos pères, fait-il dire à Giocante, « avaient une maxime gravée dans leurs cœurs en traits ineffaçables : la vengeance était, selon eux, un devoir imposé par le ciel et par la nature ». Il n'a pas oublié les offenses de Paoli, de Pozzo di Borgo, de Peraldi, et un de ses aides de camp se demande, lorsqu'eut lieu l'exécution du duc d'Enghien, si le premier consul ne revenait pas aux mœurs de son pays natal, ne croyait pas avoir le droit de se venger d'un crime par un autre crime.

Comme les Corses, il est inquiet. Il aime à détruire, à éventrer les fauteuils, à taillader les tables, à briser les plantes. Sa famille le nommait, non pas Nabulione, mais Rabulione, celui qui touche à tout, qui se mêle de tout, et son esprit mobile, remuant, fertile en projets, faisait dire à Joséphine que, s'il cessait de vaquer aux grandes affaires, il bouleverserait chaque jour sa maison.

Mais parce qu'il est Corse et qu'en vrai Corse il se croit l'égal de ceux qui tiennent les premiers rangs, il a de très bonne heure le désir de se produire, de jouer un rôle. La politique l'attire, comme elle attire ses compatriotes, et il déclare qu'elle l'absorbe entièrement, que l'amour n'est pas fait pour lui, qu'il ne peut s'abandonner à une passion qui laisse d'un côté tout l'univers pour ne voir de l'autre qu'un seul objet. « Je n'aime pas beaucoup les femmes, ni le jeu, enfin rien, avouait-il un jour, mais je suis tout à fait un homme politique. »

A la corse, il regarde les femmes comme des êtres d'une espèce inférieure. Pourquoi s'occupent-elles de politique? Pourquoi ne sont-elles pas des bourgeoises de la rue Saint-Denis ou des Corses silencieuses? Il leur en veut du pouvoir qu'elles exercent sur le continent, et il souhaite qu'elles travaillent de l'aiguille et non de la langue, propose de les reléguer dans leur ménage et de leur fermer les salons du gouvernement, demande qu'elles ne se montrent en public qu'avec un voile et le mezzaro, assure que les États sont perdus, lorsqu'elles gouvernent les affaires, cite Marie-Antoinette, la reine d'Espagne, l'impératrice d'Allemagne : « Le sort de l'Autriche dépend de l'impératrice ; la paix et la guerre sont sous ses jupons ; les soldats disent qu'elle leur a pissé dans le bassinet ! » Il ne comprenait pas la galanterie française, et bien qu'il ait trouvé des mots charmants et qu'il ait su, comme un autre, tourner un compliment, il ne fut jamais ce qu'on nommait un agréable. Aussi les femmes de l'Empire lui ont-elles reproché de les traiter brusquement, brutalement, sans politesse ni courtoisie. Elles oubliaient qu'il était Corse.

Napoléon est donc l'insulaire du xviii° siècle, tel que l'ont jugé les Français. Evidemment, il a son originalité propre et une organisation du corps et de l'esprit qui n'est qu'à lui, une puissance de travail et une assiduité qui paraissent au-dessus des forces humaines, une intelligence lumineuse qui saisit tout et qui peut à la fois embrasser l'ensemble et descendre au détail, la promptitude et la netteté de la décision, la sagacité du politique qui lui fait trouver les hommes capables de le servir, le coup d'œil du capitaine, l'art de diriger d'immenses masses de troupes, une étonnante faculté de deviner les mouvements de l'adversaire. Mais beaucoup de ces aptitudes sont des aptitudes corses poussées à leur extrême limite. Aussi bien que Paoli, Napoléon personnifie son île et réunit en lui la plupart des qualités et des défauts de sa nation.

Ses qualités, développées par l'étude et portées à leur comble par un travail incessant, lui valurent, en une époque de crise, le commandement des armées et le pouvoir suprême. Ses défauts, accrus, amplifiés par les circonstances et par l'extraordinaire situation d'un homme qui voit tout plier devant lui et se met inévitablement au-dessus de l'humanité, déterminèrent sa chute. Il avait au plus haut degré l'imagination et l'orgueil des Corses. Ne faisait-il pas un retour sur lui-même lorsqu'il écrivait que le Corse a l'imagination très vive et les passions extrêmement actives?

Par les manœuvres soudaines et originales, par les combinaisons à la fois simples et géniales qu'elle lui suggérait, l'imagination lui avait gagné ses batailles. Mais un jour vint où il ne sut la maîtriser et la mater : il perdit peu à peu le sens de la réalité, et ce ne furent plus que plans téméraires, projets démesurés et desseins gigantesques.

A cette terrible imagination se joignait l'orgueil corse. A la vérité, l'orgueil de Napoléon avait quelque chose de plus généreux et de plus haut que la vanité des insulaires. C'était dans sa jeunesse un désir intense de gloire. Mais ce désir avait germé dans son âme parce qu'il est au fond des âmes corses. Paoli confessait noblement qu'il avait un incroyable orgueil, une *incredibile superbia*, qu'il voulait acquérir de la réputation, de la célébrité, et lorsqu'on lui demandait pourquoi il se renfermait dans une île inculte, au lieu de voyager et de jouir du commerce des savants, il répondait :

Vicit amor patriae laudumque immensa cupido.

De même, Napoléon. Il souhaite d'obtenir l'admiration des hommes et de demeurer à jamais dans leur mémoire. Selon lui, ce n'est pas vivre que de vivre obscur, sans laisser trace de son existence. Son cœur palpitait à l'idée que son nom serait immortel et que les siècles futurs loueraient ses grandes actions. « Je voudrais être ma postérité, disait-il à Joseph, et entendre les paroles qu'un poète comme Corneille me mettrait dans la bouche. » Mais cet orgueil dégénéra trop tôt en une folie et frénésie d'ambition. Aveuglé par l'amour-propre, ne souffrant plus autour de lui que des courtisans, n'écoutant plus d'autre conseiller que sa passion, convaincu qu'il réussirait en toutes choses, méprisant les hommes et ne comptant pour les gouverner que sur l'espérance ou la peur qu'il leur inspirait, Napoléon finit par ne plus croire à l'impossible.

Mais il ne suffit pas de marquer dans Bonaparte les traits du caractère corse. Il importe de connaître la situation de sa patrie après la conquête française; autrement sa jeunesse resterait une énigme.

Le gouvernement avait été confié à deux commissaires du roi : le commandant en chef des troupes, ou commandant général, ou, comme on le nommait encore, gouverneur, et l'intendant, auquel incombaient, dit Marbeuf, toutes les affaires contentieuses et ce qui s'appelle impositions, fermes et domaines.

Les commandants en chef furent le comte de Marbeuf, de 1772 à 1786 et, — après l'intérim du comte de Jaucourt — le vicomte de Barrin, de 1786 à 1790. Les intendants ont été au nombre de quatre : Chardon, Pradine, Boucheporn et La Guillaumye. Mais en réalité l'administration de l'ancien régime en Corse se résume dans deux noms, dans celui de Marbeuf et dans celui de Boucheporn, qui fut intendant durant dix années, de 1775 à 1785, et que les Corses qualifiaient de grand vizir de Marbeuf.

L'administration judiciaire, entièrement réorganisée, comprit un Conseil supérieur, revêtu des attributions d'un parlement, et onze juridictions royales. Le Conseil supérieur, créé dès le mois de juin 1768, tenait ses séances à Bastia et se composait d'un premier et d'un second président, de dix conseillers, dont six Français et quatre Corses, d'un procureur général français et de son substitut, d'un greffier et de deux secrétaires interprètes; le commandant en chef pouvait y siéger et avait voix délibérative. Chaque juridiction comptait un juge royal, un assesseur, un procureur du roi et un greffier. Les trois premiers officiers de justice furent toujours deux Corses et un Français. Ils recevaient des appointements fixes; mais les Corses ne touchaient pas de gros gages, et le maréchal de Vaux avait dit qu'un traitement annuel de quatre cents livres serait plus que suffisant pour chacun parce qu'ils étaient depuis longtemps accoutumés à une médiocre fortune.

L'organisation civile, réglée par un édit du mois de mai 1771, était mieux constituée que sur le continent. Elle comprenait : le *paese* ou village, où le Podestat et deux Pères du commun, annuellement élus par les chefs de famille qui dépassaient vingt-cinq ans, remplissaient toutes les fonctions d'administration et de police ; la *piève* ou canton, que surveillait le Podestat major, choisi chaque année parmi les gens les plus distingués et les plus considérables de la piève ; la *province*, dont toutes les pièves étaient surveillées par un inspecteur que le roi désignait dans l'ordre de la noblesse.

Sur le conseil du maréchal de Vaux, du comte de Marbeuf et de Buttafoco, la France avait établi les trois ordres du clergé, de la noblesse, du tiers, et fait de la Corse un *pays d'États*. On croyait flatter la nation « entêtée de sa liberté imaginaire », en lui persuadant qu'elle était associée au gouvernement. Les États se tenaient à Bastia, à des époques indéterminées. Chaque ordre avait vingt-trois députés. Les députés du clergé étaient les cinq évêques de l'île, qui pouvaient être représentés par leurs grands vicaires, et dix-huit piévans ou doyens. Les piévans, de même que les députés de la noblesse et du tiers, étaient élus par les assemblées des dix provinces. Les moines assistaient jadis aux consultes ; ils furent exclus des États ; le maréchal de Vaux les appelait les sangsues de la société, et puisqu'ils renonçaient au monde, dit un de nos officiers, devaient-ils s'occuper des affaires du monde ?

Les États nommaient à la fin de chaque session une commission permanente ou commission intermédiaire de douze nobles dits *Nobili Dodeci*. « La nation, avait écrit Marbeuf, a du goût pour cette espèce de représentants auprès des personnes en place. » La commission des Douze était censée faire son service auprès des commissaires du roi ; elle devait solliciter du gouvernement le règlement de toutes les affaires raisonnables, hâter l'exécution des mesures ordonnées, presser la rédaction et l'envoi des mémoires que les États avaient résolu de remettre sur divers objets, surveiller la besogne du bureau dirigé par le greffier en chef, préparer les matières qui seraient débattues dans la consulte suivante. Deux membres des Douze, qui jouaient le rôle des procureurs-généraux-syndics dans les pays d'États, résidaient alternativement auprès des commissaires du roi et touchaient chacun, pour leurs deux mois de résidence, trois cents livres.

A chaque tenue, les États nommaient en outre trois députés qui représentaient les trois ordres et portaient à la cour un cahier de demandes. Le député du clergé était toujours un évêque, et les cinq prélats de l'île remplissaient cette fonction tour à tour.

La noblesse n'était pas reconnue en Corse avant la conquête. Les Génois avaient fait leur possible pour l'abaisser et l'avilir; ils l'avaient privée de tous ses droits et de tous les moyens d'éducation; ils lui avaient refusé les dignités ecclésiastiques et militaires; ils lui avaient interdit le commerce pour qu'elle ne pût s'enrichir. Aussi n'existait-il entre gentilshommes et paysans nulle différence dans le genre de vie, même dans l'habillement, et Chauvelin assurait qu'aucun peuple ne connaissait moins l'inégalité des conditions et que, si quelques particuliers semblaient au-dessus des autres, ils ne devaient leur considération qu'aux bienfaits du roi de France, qui leur valaient un peu d'aisance, ou aux troubles de l'île, qui leur avaient fourni l'occasion de marquer plus de bravoure ou de talent que le reste de leurs compatriotes.

Mais la monarchie française avait compris qu'il fallait, pour balancer le tiers état et le clergé, créer et protéger une classe d'hommes qui seraient attachés au gouvernement par l'intérêt. Les habitants pourvus de quelques avantages considérables ne s'opposeraient-ils pas à toute révolution qui les dépouillerait de leurs privilèges? Déjà, lorsque Maillebois levait le régiment de Royal-Corse, il donnait des brevets d'officiers aux gentilshommes, c'est-à-dire à ceux qui se distinguaient des autres Corses par leur nom et une liste incertaine d'aïeux. On fit donc une noblesse. La plupart des maisons qui prétendaient à cette prérogative, avaient perdu leurs titres authentiques. On se contenta de la tradition ou, comme on s'exprima dans la circonstance, d'une ancienne prévention en leur faveur. Il y eut quatre noblesses en Corse : la noblesse *prouvée* ou ayant fait preuve d'une filiation suivie et non interrompue de deux cents ans au moins ; la noblesse *avouée*, qui produisait un certificat de douze nobles choisis dans les familles qui avaient fait leurs preuves ; la noblesse *créée*, formée de ceux qui reçurent du roi des lettres d'anoblissement ; la noblesse *étrangère*, qui devait son titre à d'autres souverains ou puissances que le roi.

Les membres de cette noblesse corse qui s'étaient signalés par leur attachement à la France, obtinrent des grades et des titres, des domaines et des pensions.

Buttafoco devint comte, maréchal de camp, inspecteur du régiment provincial de l'île de Corse, et reçut, outre la concession de la pêche dans l'étang de Biguglia, le droit exclusif de chasse dans sa propre piève.

Ottavio Colonna d'Istria fut créé comte honoraire et héréditaire de la Cinarca, bien qu'il fût, selon le mot de Narbonne-Fritzlar, un sujet médiocre et qu'il n'eût pas une trop bonne réputation parmi ses compatriotes.

Petriconi fut nommé lieutenant-colonel de la légion corse, et lorsqu'il dut, pour d'imprudents propos, quitter la légion, on le fit colonel d'infanterie : il pouvait être dangereux, disait-on, s'il se retirait mécontent.

Raphaël Casabianca, qui devait être général de division, fut mis en 1779, comme lieutenant-colonel, à la tête du régiment provincial corse.

Un autre Casabianca, Jean-Quilico, qui s'était rendu fort utile, fut pareillement lieutenant-colonel du régiment provincial corse et, s'il se plaignit d'être réformé à la suite du régiment en 1777, il eut un traitement de 2400 livres et dans l'année 1791 obtint pour retraite le grade de maréchal de camp.

On tira exclusivement de cette noblesse les douze membres de la commission intermédiaire et les dix inspecteurs des provinces. On donna des bourses à ses enfants. En 1776, la noblesse des États avait demandé que des Corses fussent admis gratuitement à l'École militaire et dans les collèges du continent. « Quoique la profession des armes, disait-elle sans nulle modestie, soit la passion dominante de la nation, cependant le génie, l'esprit vif et pénétrant qui lui sont naturels, ne la rendent pas moins capable de parvenir à la connaissance des sciences les plus sublimes et d'y exceller; né guerrier, orateur, poète, le Corse porte le germe de ces talents qui n'ont besoin que d'être cultivés pour atteindre à la perfection. » Marbeuf appuya la pétition. Il jugeait bon de *dépayser* les jeunes nobles pour mieux « changer leur façon de penser » et les élever dans les principes du gouvernement. Paoli, suivant la remarque de Chauvelin, n'avait-il pas tenu dans son université ou académie de Corte les enfants des Corses les plus riches et les plus considérables, otages précieux qui lui garantissaient la fidélité de toutes les familles puissantes ? C'est ainsi que Napoléon proposait au Directoire, en 1797, de répartir dans les institutions et pensions de Paris cinquante enfants corses qui, par ce moyen essentiel et peu coûteux, recevraient une meilleure éducation que dans leur île et s'attacheraient sûrement à la République.

Les enfants des familles nobles furent donc admis au collège Mazarin, au séminaire d'Aix, aux écoles royales militaires, à la maison de Saint-Cyr. On vit à Brienne Napoléon de Bonaparte et Balathier de Bragelonne; à Vendôme, Jean-Baptiste Buttafoco, que l'inspecteur Reynaud de Monts jugeait très insubordonné et qui, avec peu de moyens, joignait à l'entêtement de son pays le dégoût du travail; à Effiat, Luce-Quilico Casabianca, le futur conventionnel, que l'inspecteur Keralio trouvait un peu sombre, mais bon, capable d'application et d'un labeur soutenu; à Auxerre, Jean-Baptiste Casalta; à Rebais, Luc-Antoine d'Ornano et Arrighi de Casanova; à Tiron, César-Joseph-Balthazar de Petriconi, son frère Jean-Laurent, Paul-François Galloni d'Istria, qui devint, au sortir de l'émigration, adjudant-général au service de Naples, et lieutenant-colonel d'état-major au service de France; Marius Matra, qui fut aide de camp du général Franceschi et capitaine adjoint à l'état-major de l'armée d'Italie.

Des demoiselles corses furent élevées à Saint-Cyr, chez les dames de Saint-Louis : Mlles Balathier de Bragelonne, Buttafoco, Cattaneo, Colonna, Morlas, Varese, deux demoiselles Casabianca et Marianna Bonaparte.

Marbeuf essayait en même temps de gagner les cœurs par de bons procédés et, comme on disait, d'apprivoiser ces Corses endurcis dans leurs idées de liberté. Il faisait venir Domenici de Luri, lui reprochait d'avoir caché dans sa maison du cap Corse le rebelle Pasqualini, et le congédiait en lui serrant la main lorsque Domenici répondait qu'il n'avait pu fermer sa porte au malheureux qui lui demandait asile. Sa jeune femme, Catherine-Antoinette Gayardon de Fenoyl, qu'il avait épousée en 1784, à l'âge de soixante-douze ans, seconda ses efforts. Elle avait la figure agréable, de l'esprit et des façons pleines d'aménité. Comme son mari, elle rechercha la société des Corses. A certains jours, dans son hôtel de Bastia, elle réunissait les femmes et les filles de la noblesse. Elle mit quelquefois la coiffure nationale, une crespine rose ou bleue, filet de soie qui contenait les cheveux et qui, retombant par derrière, laissait le front entièrement à découvert. L'intendant et le premier président du Conseil supérieur suivaient l'exemple du commandant des troupes et donnaient des soirées, où se rencontraient fonctionnaires, officiers et notables. Les dames corses ne portaient pas dans ces assemblées comme à l'église ou dans la rue leur crespine ou le châle d'indienne à la génoise. Vêtues à la française et coiffées en cheveux, elles avaient l'air tellement emprunté que les Français ne pouvaient s'empêcher de rire. L'hilarité redoublait lorsque à table, serrées les unes contre les autres, elles se gorgeaient de pâtisseries, ajoutant les assiettes aux assiettes, prenant en hâte de chaque friandise qui passait, craignant que le plat ne revînt plus. Mais les officiers reconnaissaient qu'elles avaient plus d'esprit et de mérite que certaines Françaises, et plus d'un profita de leur société.

La noblesse corse apprit ainsi l'urbanité, la politesse. Les petits garçons des meilleures familles marchaient jusqu'alors pieds nus, et les petites filles allaient chercher l'eau à la fontaine dans des vases qu'elles portaient sur la tête. Ce furent désormais des messieurs et des demoiselles. Les femmes mirent du rouge, se fardèrent, et les Français, les voyant s'accommoder si promptement aux manières et aux usages du continent, assuraient qu'il n'y a pas de nation plus souple que la nation corse.

Ce n'était pas assez de s'attacher la noblesse. Il fallait attirer les Corses dans les troupes du roi. Ils furent admis dans tous les régiments de l'armée; ils eurent leur régiment particulier, le Royal-Corse, et, après la dissolution du Royal-Corse en 1788, deux bataillons de chasseurs, les *chasseurs royaux corses* et les *chasseurs corses*, ne se composèrent que d'insulaires : chaque compagnie reçut quatre soldats corses, destinés à s'initier aux arts et aux métiers, « afin de se rendre utiles dans l'île et de contribuer à sa prospérité ». Lever cette troupe, avait dit Guibert, et la transplanter dans le royaume, n'était-ce pas lier à la France les principales familles, éloigner les hommes les plus turbulents, acquérir des relations dans les pièves?

Il y eut un régiment provincial à deux bataillons, chaque bataillon étant divisé en huit compagnies, dont une de grenadiers royaux, une de grenadiers provinciaux, et six de fusiliers. Les hommes pouvaient se marier; ils étaient tenus de servir huit années; ils avaient pour armes un fusil de chasse sans baïonnette, un pistolet et un sabre; ils portaient une veste de drap brun garnie d'un capuchon, un gilet de tricot blanc, une ceinture à la corse ou *carchera*, une culotte d'étoffe verte, des guêtres de peau jaune, et la *beretta pinzuta*, le bonnet pointu relevé sur les côtés.

Enfin, les Corses ne payèrent que très peu d'impôts. Il y avait l'impôt territorial, perçu en productions soit animales soit végétales, à raison du vingtième des récoltes, et Napoléon a justement remarqué que les économistes firent dans son île l'essai de l'imposition en nature. Il y avait un impôt de deux vingtièmes sur les loyers, mais il ne frappait que les propriétaires des villes. Il y avait des droits de contrôle, de timbre et de douane. Mais, si les taxes d'entrée et de sortie paraissaient excessives, elles étaient surtout à la charge des étrangers et des Français. Bref, l'île — et ce mot revient dans tous les mémoires du temps, — l'île était *onéreuse* au roi, et le parrain de Napoléon, Laurent Giubega, assure que la dépense excédait de six cent mille livres le total des recettes.

Mais, quels que fussent les efforts du nouveau gouvernement, les Corses gardaient dans leurs actes et leur conversation un air de tristesse. « Quoi qu'on fasse, écrivait un Français, ils ne seront pas de sitôt contents. » Ils boudaient; ils ne cachaient pas leur chagrin d'avoir été soumis; ils ne pouvaient s'accoutumer à l'idée de l'indépendance perdue. Un général, raconte Napoléon, énumérait à un berger les bienfaits de la conquête : « Du temps de votre Paoli, vous payiez le double. — Cela est vrai, répondait le berger, mais alors nous donnions, vous prenez aujourd'hui. » Lorsque les officiers célébraient la fête de saint Louis, Ajacciens et Bastiais leur disaient avec intention : « C'est donc la fête de *votre* roi. » Les capitaines et patrons des bâtiments de commerce avaient encore leur ancien pavillon, qui porte sur fond blanc une tête de Maure aux yeux surmontés d'un bandeau; ils le conservaient à leur bord comme une relique, l'arboraient dans les fêtes à côté du drapeau de la France, et souvent, en dépit de l'ordonnance qui défendait de naviguer sous une autre *bandiera* que la *bandiera francese*, au risque d'être pris par un corsaire, le hissaient lorsqu'ils étaient en mer, loin du port.

La paix régnait, mais elle était due à un système de terreur. Il y eut une année du gouvernement de Marbeuf où un seul meurtre fut commis dans l'île. Mais que d'édits rigoureux et que d'exemples effrayants! Le 23 mai 1769 et le 24 mai 1770, ordre à tous les Corses de livrer leurs armes à feu, sous peine de mort, et quiconque ne sera pas muni d'une permission expresse du commandant en chef sera jugé prévôtalement et sans appel. Le 24 septembre 1770, ordre aux familles des

Corses qui suivirent Paoli à Livourne, de s'embarquer incontinent, sous peine de prison ou d'expulsion ignominieuse. Au mois d'août 1771, déclaration royale qui punit pour la première fois d'une amende de cinquante à cent livres et en cas de récidive, du carcan et des galères, quiconque possédera, fabriquera, vendra un stylet ou couteau pointu. Le gouvernement ne désignait plus que sous la flétrissante dénomination de *bandits* les fidèles partisans de Paoli que l'Europe admirait — et il est vrai, avoue Napoléon, que s'ils méritaient le nom de patriotes en faisant la petite guerre et en coupant les chemins aux convois, ils méritaient aussi le nom de bandits par les cruautés qu'ils exerçaient contre les soldats isolés. — Il les accusait de voler et d'assassiner; il prescrivait, le 24 juin 1770, de les pendre, une fois capturés, au premier arbre, sans aucune forme de procès, et, pour mieux ôter à cette « race exécrable » la facilité d'échapper, il enjoignit, le 1er août suivant, de brûler les maquis. Le 20 avril 1771, il menaçait de châtier toute personne qui donnerait secours aux bandits, tiendrait des propos séditieux ou correspondrait avec les exilés, et il annonçait qu'il réputait coupables tous les réfugiés des *macchie* et confisquait leurs biens. Le 12 mai 1771, nouvelles instructions aux pièves : les podestats doivent avertir de la conduite des bandits et des habitants les commandants des postes voisins, envoyer la liste et le signalement des *pastori* ou bergers, désigner ceux dont ils se méfient, spécifier l'endroit où paissent les troupeaux et le nom de leurs propriétaires; les bergers ont défense, sous les peines les plus fortes, d'allumer des feux sur les hauteurs et de faire aucun signal, aucun bruit, lorsqu'ils découvrent des gens armés; les pièves qui se comportent mal, paieront des amendes. Vint enfin le grand édit d'août 1772 : une maréchaussée composée d'un prévôt général, de deux officiers et de dix-sept sous-officiers et cavaliers, fut établie à Bastia, et quatre juntes, formées chacune de six commissaires corses et appuyées par les compagnies ou détachements du régiment provincial, siégèrent à Orezza, à Caccia, à Tallano, à La Mezzana, pour exercer une juridiction de discipline et de correction contre ceux qui, suivant les termes de l'édit, renonçaient à être sujets et citoyens pour devenir à la fois vagabonds, déserteurs et rebelles. Tous les Corses autres que les ecclésiastiques, les nobles de noblesse reconnue au Conseil supérieur, et les fonctionnaires royaux, ne purent s'absenter sans un congé de leur podestat. Ceux qui s'absentaient sans congé et ne reparaissaient pas à leur domicile au bout d'un mois, furent déclarés fugitifs et, après six mois, poursuivis comme félons. Les fruits de leurs biens, les amendes édictées contre eux, leurs bestiaux que confisquaient les juntes, appartinrent aux hôpitaux et établissements de charité. Les bergers durent, sous peine de trois ans de prison, avoir une résidence dans une paroisse et communauté de l'île. Tout assassinat prémédité, tout guet-apens fut puni du supplice de la roue. En cas de vendetta, la maison du coupable était rasée, et sa postérité déchue des fonctions publiques.

Ces ordonnances établirent la tranquillité. Mais le Corse frémissant détestait leurs auteurs et exécuteurs : Marbeuf, Narbonne-Fritzlar et Sionville. Le maréchal de camp Sionville était peut-être le plus exécré. Les nobles corses ne lui reprochaient que des peccadilles : il menaçait publiquement un des leurs de le faire pourrir dans les cachots ; il envoyait un autre à la prison, en plein jour, les culottes bas, et, pour séduire une femme, il incarcérait le mari, qu'il accusait de rébellion. Mais le peuple ne parlait qu'avec indignation de l'impitoyable sévérité que Sionville avait déployée dans la répression du soulèvement de 1774. Napoléon rapporte que Sionville brûlait les maisons, coupait les oliviers et les châtaigniers, arrachait les vignes non seulement des bandits, mais de leurs parents jusqu'au troisième degré. Sionville faisait pis encore. « Il faut, avait-il dit, saisir ceux pour lesquels les bandits ont de l'amitié. » Et il saisissait les parents et les amis des rebelles. Les Corses qui tenaient les maquis, privés ainsi de tout soutien et craignant de ruiner leur famille, se soumirent. Sionville leur avait donné l'assurance de les débarquer en Sardaigne ou en Italie. Il les garrotta, les expédia soit aux îles d'Amérique, soit à la Grosse Tour de Toulon. Le jeune Napoléon put entendre dans les rues d'Ajaccio les malédictions que ses compatriotes proféraient contre Sionville. Une centaine d'habitants d'Ajaccio furent emprisonnés sous prétexte qu'ils connaissaient la retraite des bandits, leurs parents, et refusaient de la révéler. Le commandant de la ville, Freslon, major au régiment de Hainaut, les interrogea, trouva qu'aucun d'eux n'était coupable d'un délit personnel, et obtint leur élargissement de Narbonne-Fritzlar. Mais Sionville intervint; il fit à Narbonne les représentations les plus vives et, de nouveau, remplit les prisons d'Ajaccio. Le major Freslon reçut ordre de ne relâcher personne. Pourtant le généreux soldat prit sur lui d'autoriser les prisonniers à se promener sous caution dans la ville et les environs, et, à l'honneur du nom corse, aucun ne faillit à sa parole. Mais, disait un Ajaccien à la veille de la Révolution, « ces traitements injustes et rigoureux n'ont-ils pas laissé dans nos cœurs un germe de fermentation qui les agite encore? »

Narbonne-Fritzlar était presque autant abhorré que Sionville. Il gouverna l'île du 1er août 1774 au 23 mai 1775, durant une absence de Marbeuf, et ce fut pendant ce temps qu'il réprima les bandits. Il sut plaire à la noblesse : il eut des partisans, les *narbonnisti* ou narbonnistes, qui voulurent le mettre à la place de Marbeuf; les États le prièrent d'accepter pour lui et ses descendants le titre de premier baron de la nation corse. Mais les patriotes l'avaient en aversion. Napoléon disait à Sainte-Hélène que Narbonne avait par ses cruautés déshonoré son caractère, et, en 1790, flétrissait ainsi le bourreau de ses compatriotes : « Un grand nombre de Corses, entassés par Narbonne-Fritzlar dans la tour de Toulon, empoisonnés par les aliments, tourmentés par leurs chaînes, accablés par les plus indignes traitements, ne vécurent que pour voir la mort s'avancer à pas lents! »

Quant à Marbeuf, il avait, au début de son commandement, séduit les habitants par d'aimables qualités et des façons

agréables. Mais bientôt on l'accusa de despotisme. Il approuvait, dictait toutes les mesures de rigueur, et il écrivait à George Stephanopoli que les Corses avaient affaire, non à la république génoise, mais à un monarque capable de les corriger. Il fit ériger en marquisat la colonie de Carghese et déposséda violemment les propriétaires qui refusaient de lui céder les terres défrichées et fertilisées par leur labeur. Sa maîtresse, Mme de Varese, profitait du crédit qu'elle avait sur lui pour satisfaire de petites rancunes et pousser des parents : « De quelle honte, disait un Corse, une de nos compatriotes nous a longtemps couverts en abusant de la faiblesse de Marbeuf pour verser sur nous arbitrairement, vénalement et sans choix quelques grâces et encore plus de proscriptions! » Par un sentiment de mesquine jalousie, il abolissait le service annuel et perpétuel que les Corses avaient fondé pour le repos de l'âme de M. de Cursay, en reconnaissance des bons traitements qu'ils avaient reçus de cet officier. Il donnait à la ville de Bonifacio son portrait avec cette inscription en vers italiens :
« La nature fit Marbeuf et rompit le moule. »

> Lo fece la natura
> Poi ruppe la stampa.

et le tableau était porté processionnellement à l'église par le clergé, dressé vis-à-vis de la chaire, harangué et, comme on dit alors, paranymphé par un ecclésiastique durant une demi-heure, puis, sous l'escorte de la garnison, et en grande pompe, déposé dans la maison commune. Ne voulut-il pas avoir de son vivant sa statue sur la place de Bastia? Les États l'auraient votée sans une femme, Mme Savournin, qui, d'un mot, renversa ce beau dessein. Elle assembla chez elle les principaux députés et leur dit qu'un pareil monument serait flétrissant pour la nation corse, qui devait d'abord cet hommage au roi de France, son vainqueur et son père : « Marbeuf, s'écrie un naturel, une femme a fait rejeter ce que des hommes corrompus par vous allaient accorder! Elle nous a vengés du despotisme de la dame Varese! Elle a rétabli l'honneur de son sexe trop souvent et trop longtemps compromis par vos attaques et par les disgrâces qui suivaient les refus ! » La condamnation du lieutenant-colonel Jacques-Pierre Abbatucci, une des plus odieuses iniquités de l'administration de Marbeuf, acheva d'irriter les esprits contre le commandant en chef. Le malheureux Abbatucci — le même que Bonaparte employa plus tard dans la campagne d'Italie — avait désapprouvé quelques emprisonnements qu'il jugeait arbitraires, et il passait pour l'auteur d'un pamphlet anonyme contre les commissaires du roi. Accusé d'avoir suborné deux témoins, il fut traduit devant le Conseil supérieur, condamné à neuf ans de galères par quatre voix contre trois, et, malgré les prières des États, marqué à l'épaule par le bourreau. Mais les deux faux témoins se rétractèrent à leur lit de mort ; le parlement d'Aix cassa l'arrêt du Conseil supérieur et proclama l'innocence d'Abbatucci.

L'intendant et son cortège de commis inspiraient la même haine que Marbeuf, et les insulaires, dit un contemporain, ne citaient qu'avec horreur le nom de Boucheporn.

La Corse avait été d'abord attachée au ministère de la guerre, à qui elle revenait de droit comme province frontière et pays conquis. Mais en 1773, l'abbé Terray demanda et reçut la finance de l'île. Le contrôleur général fournit dès lors aux dépenses extraordinaires de la caisse militaire par un fonds annuel de quinze cent mille livres ; par contre, il fut maître de l'administration civile, couvrit la Corse d'employés, intervint dans toutes les affaires, repoussa tous les projets utiles qui coûtaient quelque argent. Et vainement on représentait que le ministre de la guerre ne pouvait agir de concert avec le contrôleur général ; vainement on proposait de lui restituer la plénitude de l'administration ; vainement, et plus d'une fois, Necker offrit la Corse à Saint-Germain ; vainement, en désespoir de cause, quelques-uns voulurent la donner soit au ministre des affaires étrangères, soit au ministre de la maison du roi et, comme on dit alors, la jeter à la tête de Vergennes ou d'Amelot. Ce fut seulement à la veille de la Révolution que les membres de la dernière députation des États, l'évêque du Nebbio, le comte Mattei et Ponte, obtinrent à force de sollicitations que leur pays ne serait plus assujetti qu'au département de la guerre.

La Corse était donc en proie à la finance. Les deux Lorrains, Coster l'aîné, puis Coster cadet, qui, de Versailles, dirigèrent successivement l'administration confiée au contrôleur général, envoyèrent dans l'île une colonie de parents et de clients. A l'époque où Coster l'aîné était premier commis, trois de ses frères avaient dans le pays des charges lucratives : l'un, procureur général des commissions extraordinaires du Conseil supérieur, avec trois mille livres de traitement; l'autre, inspecteur général des domaines et des forêts; le troisième, secrétaire de l'intendant. Un ami des Coster, Le Changeur, déjà subdélégué général de l'intendant, obtenait, avec un salaire annuel de deux mille livres, le greffe du tribunal des commissions extraordinaires du Conseil. Une créature des Coster, Souiris, déjà receveur de la douane d'Ajaccio, devenait directeur général du domaine, avec dix-huit cents livres d'augmentation. Des alliés des Coster furent, celui-ci chef de la maréchaussée, celui-là conservateur des forêts; plusieurs siégèrent au Conseil supérieur ou eurent des emplois de moindre importance. Les malheureux Corses, disait-on, n'avaient plus de débouchés et se demandaient avec désespoir s'il fallait, pour occuper une fonction, être originaire de Lorraine ou s'affilier à la famille régnante des Coster.

Ce fut le grand grief des Corses. Pourquoi n'étaient-ils pas investis de ces emplois que la France avait multipliés et qu'elle payait si cher? L'administration n'y eût-elle pas gagné puisqu'ils se seraient contentés de gages bien plus modestes? « Voilà, écrivait Paoli, ce qui a brisé leur courage; ils sont tombés dans un vide affreux, lorsqu'ils ont été privés du plaisir de veiller, de contribuer au bien commun, lorsqu'ils n'ont plus aperçu aucune liaison entre eux et l'intérêt général, lorsqu'ils ont vu ces soins pénibles, patriotiques et honorables accordés à des Français dont tout le talent consiste à unir des chiffres et à tracer des lettres. » *Les emplois aux Corses!* ce cri rallia les insulaires en 1789. Inutilement on leur objectait qu'ils seraient incapables de remplir des places de finance. Ceux qui les occupaient, répondaient-ils, sont-ils des Colbert et quel mérite ont-ils, sinon un peu d'expérience?

Le train que menaient ces commis du continent, redoublait l'exaspération des Corses. Qu'étaient-ce que ces hommes revêtus des marques de l'autorité, sinon le rebut de la nation française, des aventuriers qui vivaient dans la débauche et osaient montrer leurs maîtresses, les conduire à la promenade? Quelques-uns, véritables fripons, ne jouissaient-ils pas d'une impunité scandaleuse? Vanvorn, convaincu d'avoir volé le bois de la couronne et avouant qu'il devait au trésor trois ou quatre mille livres, Vanvorn était absous; on lui faisait cadeau de la somme qu'il aurait dû restituer au roi; on le mettait à la tête de la douane de Calvi, et l'inspecteur des forêts qui l'avait poursuivi perdait son emploi, qu'il exerçait à la satisfaction des Corses!

Si du moins les écus que ces commis jetaient à pleines poignées profitaient au pays! Mais l'argent expédié de Paris retournait aussitôt à Paris; il passait et repassait la mer sans demeurer en Corse; c'était la balle que les joueurs de paume se renvoient avec adresse. Ces messieurs ne trouvaient dans l'île rien qui leur plût; ils faisaient venir de France toutes les denrées, même les vins; ils dépensaient à des colifichets, à des ajustements, à des articles de mode l'or du roi, et le numéraire, ce numéraire que les Français prétendaient apporter, ne se montrait que pour disparaître!

Les entrepreneurs étalaient aux yeux des insulaires le même luxe insolent. Houvet, ci-devant commis aux bêtes à cornes, Moreau, déserteur du régiment de Bretagne, Collier, naguère simple employé à Bonifacio, Sapey, ancien garçon perruquier, et autres fournisseurs, trop heureux à leur arrivée d'avoir du pain, avaient acquis une fortune et possédaient plus de cent mille écus. Que d'étrangers, à peine débarqués, disaient hautement qu'ils venaient, non pas changer d'air, mais rétablir leurs affaires dérangées!

Pas une mesure de l'administration française qui ne fût critiquée, souvent avec raison, par les indigènes. Le maréchal de Vaux rappelait en 1769 que les Corses n'avaient jamais, sous le commandement de M. de Cursay, protesté contre les décisions des officiers qui jugeaient les litiges avec l'assistance des légistes; mais il reconnaissait que les formalités et les dépenses qu'entraînait un procès effrayaient la population. Tous les habitants déclaraient que la justice était lente et coûteuse, que l'institution des juntes était aussi tyrannique qu'onéreuse, que la maréchaussée était absolument inutile dans un pays de montagnes où la cavalerie ne pouvait pénétrer et que le Corse parcourait avec la rapidité du cerf. Sans doute, la monarchie française leur avait octroyé le Conseil supérieur. Mais ce tribunal avait trop peu de monde pour suffire à l'expédition des affaires, et ses membres étaient des gens incapables : répétiteurs de pension, dessinateurs de manufactures, huissiers, fils d'artisans, et l'on disait que les biens, la vie, l'honneur des Corses dépendaient d'un corps de magistrats qui n'inspirait ni confiance ni respect. Guibert confirme ce témoignage : la cour souveraine, avouait-il, se composait de Français qui n'étaient pas faits pour lui donner du prestige, et d'habitants des villes, de métis odieux à leurs compatriotes parce qu'ils unissaient aux vices du Corse la duplicité du Génois. Aussi le tiers état demandait-il dans les cahiers de 1789 que les charges du Conseil supérieur fussent conférées à des hommes d'expérience, à des officiers des justices royales et à des avocats émérites.

Il est vrai que l'administration avait entrepris des travaux considérables. Deux grands chemins étaient ouverts depuis la conquête : l'un, de Bastia à Saint-Florent, et l'autre, de Bastia à Corte. Mais si le premier, qui comptait quatre lieues de longueur, était très bien exécuté, le second ne passait à portée d'aucun village, et des hauteurs où vingt chasseurs auraient arrêté facilement une colonne, le dominaient sur toute son étendue. On n'avait ébauché que quelques lieues de la route d'Ajaccio à Corte, et il n'existait dans l'île, hors de ces trois chaussées, aucune voie où pût s'engager une charrette. Les sentiers étaient si mauvais, si escarpés qu'il fallait pour y chevaucher les avoir longtemps pratiqués. Pas de ponts : on traversait à gué la plupart des rivières ou des torrents, et, lorsqu'il pleuvait dans la montagne, on renonçait à les franchir. Un régiment ne pouvait avec ses équipages se rendre du pays d'en deçà des monts dans le pays d'au delà.

On avait bâti des casernes et rétabli des fortifications; mais elles menaçaient ruine; on avait dû les restaurer en partie, et il fallut consolider par des contreforts les casernes de Bonifacio. On avait entouré Corte d'une large enceinte; mais Corte restait désert parce que Bastia absorbait tout. On avait fait à Ajaccio une nouvelle fontaine; mais on avait dépensé vingt-quatre mille livres, et l'ancienne, mieux construite, n'avait coûté que onze mille livres. On avait, moyennant dix-huit mille livres, réparé l'hôtel de ville d'Ajaccio pour y loger le lieutenant criminel, et le moindre maçon n'eût demandé que six mille livres pour ce travail. On avait créé des pépinières; mais on n'avait pas aménagé l'emplacement des plants, et le ministère s'était lassé de payer si chèrement quelques pieds de mûrier.

Par trois fois, l'administration avait tenté de fonder des colonies, et, chaque fois, elle avait misérablement échoué parce qu'elle choisissait des cantons où le sol, l'air et l'eau étaient contraires à tout établissement. La colonie de Poretto, composée de paysans de la Lorraine allemande, avorta dès la première année : les pauvres gens ignoraient la langue et les usages de la région; ils apportaient avec eux les préjugés de leur patrie; ils croyaient avoir de belles moissons en Corse par la même méthode qu'en Lorraine; transférés sous un climat trop chaud, affaiblis par une nourriture à laquelle ils n'étaient pas faits, ne prenant aucune des précautions requises, ils moururent presque tous; il n'en réchappa que seize sur quatre-vingts, et leurs maisons, maladroitement bâties et inclinées de plus de quatre pieds après leur construction, attestaient l'insouciance et l'impéritie des directeurs de l'entreprise. La deuxième colonie, formée de Génois, s'installa près du golfe d'Ajaccio, au domaine de Chiavari, dans une saison insalubre, à l'époque où les habitants s'éloignaient pour quelques mois dans les montagnes voisines : au bout d'un semestre, cinquante-cinq trépassèrent avec le médecin d'Ajaccio qui les avait soignés. Une troisième opération eut un semblable insuccès : on avait envoyé des pionniers au domaine de Galeria pour défricher le terrain; plusieurs succombèrent; sur cent dix, soixante-quinze à quatre-vingts furent dans le même temps atteints de maladie et incapables de travail.

A la vérité, l'administration avait desséché les plaines de Biguglia et de Mariana : deux canaux, le Tommolo Bianco et le canal du Golo, faisaient communiquer l'étang de Biguglia avec la mer, l'un à travers une barre de sable, l'autre par l'embouchure de la rivière du Golo. Mais combien de marais infects existaient encore! La plaine de Casinca, la moins mal cultivée, n'était-elle pas coupée de mille et mille fossés où l'eau séjournait à six pieds au-dessus du niveau de la mer? Pourquoi n'ouvrait-on pas d'issues à ces nappes malsaines et stagnantes? Pour mener la vie agricole, ne faut-il pas habiter sans danger les plaines et les vallées? Ne comptait-on pas dans un seul village de la piève de Serra quatre-vingt-dix veuves dont les maris avaient été victimes du mauvais air d'Aleria?

La confection d'un terrier général avait été prescrite au mois d'avril 1770 et confiée à deux directeurs, Testevuide et Bedigis. Mais il aurait dû être simplifié. Il s'exécutait sans célérité ni intelligence; il absorbait de très grosses sommes. Il ne servait, disait-on, qu'à entretenir des commis venus de France, et quelques-uns de ces employés étaient des espions qui notaient et dénonçaient les sentiments de leurs hôtes. « Ce cadastre, a dit Napoléon, coûtait plusieurs millions et il est mal fait. »

L'administration gérait désormais les biens des jésuites confisqués au profit du roi. Mais, après avoir vécu du seul produit de leur domaine, les deux maisons que l'ordre possédait à Bastia et à Ajaccio ne rapportaient plus rien depuis qu'elles appartenaient à la couronne. Au ieu d'affermer les terres à autrui, les économes les régissaient pour leur compte, et ils gardaient le secret le plus profond sur les revenus, recommandaient avec soin aux serviteurs de ne révéler aucun chiffre. On savait toutefois qu'ils estimaient le vin, les amandes, les fruits un tiers au-dessous du prix courant, et qu'ils se réservaient la plus grande partie des provisions, notamment les raisins dont ils faisaient leur vin de dessert.

L'impôt n'était pas lourd. Mais ne fallait-il pas supprimer ou diminuer les droits de douane? N'étaient-ils pas plus élevés qu'en Italie? Et, de la sorte, l'administration n'empêchait-elle pas la population de s'accroître et la culture de s'étendre? Sans ces contributions, les Lucquois, les habitants de Capraja, les Génois, les Toscans, les Romagnols, les Sardes, les Napolitains qui vivaient de la pêche et du commerce de commission, n'auraient-ils pas immigré dans l'île? Protégés par le pavillon français contre les pirates barbaresques, parlant la langue italienne, accoutumés au climat, ne seraient-ils pas volontiers devenus Corses et n'auraient-ils pas attiré leurs compatriotes? Si les Anglais avaient frappé Minorque de pareils impôts, la population aurait-elle augmenté du quadruple? Aurait-elle armé, dans la guerre de l'indépendance américaine, ces redoutables corsaires que maudissait Marseille?

Enfin, pourquoi l'administration avait-elle établi le système des privilèges? La viande de boucherie, qu'elle affermait à un fournisseur exclusif, coûtait à Bastia huit sols la livre! Lorsqu'un paysan se plaignait de vendre ses bœufs à trop bas prix, le fermier répondait insolemment qu'il n'aurait pas fait son traité s'il n'avait su gagner cinquante mille livres par an. A Ajaccio les domestiques du lieutenant du roi Petiti accaparaient le blé, les châtaignes et les autres denrées pour les débiter lorsqu'il y aurait disette et rançonner la population. Une année, la récolte manqua. On acheta sur le port de Livourne plusieurs tartanes chargées d'orge. Mais elles n'apportèrent que des balayures de grenier. Quelques particuliers refusèrent ce grain. On les força de le prendre et le leur livra à la mesure ordinaire sous condition de le rendre au mois de juillet suivant. Pas une semence ne leva. Les Corses durent restituer la quantité fournie, et la mesure qu'on exigea d'eux était supérieure d'un quart à la mesure de la livraison.

Ainsi, disaient les Corses, l'administration française, imprévoyante, insouciante, méconnaissait son devoir. Leur avait-elle appris à ces pauvres insulaires ignorants, à tailler et à greffer leurs arbres, à traiter leurs vignes, à fabriquer avec leur excellent raisin un vin qui fût potable et pût se garder plus d'un an, à cultiver le lin et le chanvre, à former de belles prairies artificielles, à user de leurs ruisseaux et à pratiquer de féconds arrosements, à exploiter leurs bestiaux? Avait-elle introduit des brebis de meilleure laine? Avait-elle encouragé la seule industrie du pays, celle du gros drap que donnait la laine brute des moutons, de ce mauvais drap qui n'était même pas foulé? Ne faisait-elle pas venir de France et d'Italie les toiles, les cuirs, les faïences, les poteries, les ustensiles de cuisine, les briques, les ardoises? Après comme avant la conquête, il n'y avait dans l'île ni charrue, ni écurie, ni étable. Pas d'engrais. Pas de laitage. Pas d'autre fromage que le fromage de chèvre ou de brebis. Les vaches restaient l'hiver comme l'été dans les maquis, et leur chair était à peine mangeable. Et il y avait un inspecteur de l'agriculture! Mais, bien que la Corse ne produisît pas un minot de sel, n'avait-elle pas un inspecteur des salines?

L'administration objectait que le Corse était paresseux. Mais ne devait-elle pas le corriger, le convaincre de son vice, le détourner de l'existence oisive à laquelle il était enclin, lui montrer les profits immenses qu'il tirerait de son travail? N'était-il pas le soldat le plus infatigable, le marcheur le plus leste, le matelot le plus laborieux? Au temps de Paoli, 130 à 140 gondoles, montées chacune par huit hommes, ne sortaient-elles pas d'Ajaccio pour pêcher le corail? Mais tracassés, rebutés par la compagnie royale d'Afrique, ces 1100 marins avaient dû renoncer au métier; les uns étaient rentrés à Gênes, leur ville natale; les autres avaient changé de profession.

Parmi les doléances des Corses, quelques-unes étaient puériles et ridicules. Lorsqu'on leur reprochait de laisser aux Napolitains le soin d'approvisionner leur île de poisson, ils répondaient que l'administration devait leur donner des filets et des engins de pêche. Napoléon entendit ses compatriotes se plaindre de l'état-major d'Ajaccio, qui leur enlevait la marée sitôt arrivée et l'envoyait, sous l'escorte d'une sentinelle, de maison en maison pour la distribuer aux officiers, selon leurs différents grades, avant que les habitants en eussent leur part. Il les entendit jeter les hauts cris parce qu'à la poissonnerie des factionnaires avaient ordre d'éloigner le bourgeois tant que les domestiques des officiers ne seraient pas servis. Fallait-il donc, disaient les Ajacciens, se passer de poisson?

Mais le mécontentement des Corses était réel et légitime. En 1775, il y eut une sorte d'insurrection, de ralliement général contre le triumvirat, c'est-à-dire contre Marbeuf, Boucheporn et Coster. L'évêque d'Aleria, M. de Guernes, député du clergé corse, eut le courage, dans un discours au roi et au ministre de la guerre, Saint-Germain, de révéler la vérité. Sa harangue fit impression, et on lui permit de la publier. Mais Saint-Germain tomba. Marbeuf intervint à temps; au lieu de discuter et de réfuter les reproches de l'évêque, il envoya des liasses de témoignages favorables à son administration, ou, pour employer le mot de Napoléon, qui fait sans doute allusion à cet incident, il prit des certificats que tout allait bien. L'évêque d'Aleria reçut défense d'imprimer son discours et fut confiné dans son diocèse, avec ordre de n'en plus sortir.

Le député de la noblesse avait porté les mêmes plaintes. Il subit le même sort. C'était Petriconi, cet officier qui, plusieurs années auparavant, avait dû, pour des propos malséants, abandonner sa lieutenance-colonelle de la légion corse. Il était venu avec M. de Guernes à Paris vers la fin de 1775 et il obtint, selon l'usage, une gratification de deux mille francs qui l'indemnisa des frais de son séjour. Mais il déclara que rien n'allait bien en Corse et, s'il n'osa s'élever contre le despotisme du gouverneur et de l'intendant, il dénonça Coster, ce subalterne qui causait tout le mal. La France, disait-il, avait dépensé plus de quatre millions dans l'île sans nul profit; le commerce et l'agriculture étaient dans le même état qu'en 1769; on avait eu l'air de « se livrer à des systèmes » et de « faire des combinaisons », et en réalité l'on n'avait cherché que le bien-être et la fortune de quelques protégés; on traitait la Corse comme un pays riche, et non comme une province où tout était à créer. Il conseillait de supprimer « l'appareil de finance » et d'abolir les emplois inutiles : une contrée appauvrie par une guerre de quarante années pouvait-elle « substancier des êtres dévorants »? Le 23 juin 1777, une lettre de cachet exilait Petriconi de la Corse, et il dut vivre loin de son île, tantôt à Toulon, tantôt à Paris. Il eut beau protester qu'il avait les meilleures intentions du monde et qu'il était zélé citoyen. « L'Arabie et la Turquie, s'écriait-il, sont de bons pays où je voudrais être, pour voir si je trouve plus d'humanité et de justice! » On lui répondit que la lettre de cachet le tenait sous la main du roi, et il ne put revoir la Corse qu'en 1789.

A l'instant même où Marbeuf faisait châtier Petriconi, à la clôture de l'assemblée des États, le 13 juin 1777, dans un discours dont un exemplaire a été trouvé dans les papiers du jeune Napoléon, Belgodere de Bagnaja, membre du Conseil supérieur et député des Douze, critiquait à mots couverts l'administration française. Il disait que les Corses languissaient dans l'indigence et la misère, qu'une grande partie d'entre eux manquaient de la subsistance nécessaire, qu'ils attendaient la diminution des impôts qu'ils ne pouvaient que difficilement supporter. Belgodere fut désapprouvé par ses collègues de la commission des Douze, destitué par Marbeuf, menacé de l'exil, et, sans le ministre Montbarey et surtout sans la protection de M. de Miromesnil, qui lui fit rendre sa charge, il était perdu.

Marbeuf triomphait, et, selon l'expression des mécontents, l'île, au lieu d'être vengée, reprenait le joug. On n'osa plus attaquer le commandant en chef. Mais tout bas de son vivant et tout haut après sa mort on le qualifia de tyran. Il décidait du choix des députés, dirigeait les suffrages des pièves, des provinces et des États, faisait insérer dans les discours d'usage les plus pompeux éloges de sa personne. Lorsqu'un membre des États élevait la voix ou, de son mouvement, proposait une mesure utile au bien public, Marbeuf lui ordonnait de se taire. Un autre membre se risquait-il à justifier son collègue : Marbeuf l'exilait, et à la première tenue des États il avait chassé de Corse un noble de Bonifacio et un ecclésiastique d'Ajaccio. Il désignait les trois députés que les États envoyaient à la cour, et, depuis le châtiment de Petriconi et de M. de Guernes, ces représentants de la nation corse firent toujours le panégyrique de Marbeuf : l'un, évêque aux modiques revenus, désirait une pension ou un bénéfice; l'autre, noble, courait après un grade militaire ou sollicitait des bourses pour ses enfants; le troisième, homme de loi, ambitionnait une place dans la magistrature; tous trois n'allaient en France que par intérêt, par besoin, et tous trois célébraient Marbeuf pour avoir son appui.

Telle était la situation des Corses et tels étaient leurs sentiments après la conquête française. Ils se regardaient comme opprimés, et l'un d'eux assurait en 1779 que, si les Anglais avaient des succès dans la Méditerranée, le peuple aurait la tête tournée et se jetterait dans une révolte ouverte sitôt qu'il recevrait des munitions et des armes. « Pendant près de vingt années, écrivait Constantini à l'Assemblée constituante, le Corse a vu s'accroître le terrible colosse du despotisme militaire, a vu s'accumuler les abus d'autorité, les vexations ministérielles, les rapines judiciaires. » Un commissaire civil de cette même assemblée ne reconnaît-il pas que les Corses étaient avant 1789 des « sujets asservis et trop négligés, toujours prêts à secouer le joug »? Napoléon ne dit-il pas que les bienfaits du roi n'avaient pas touché le cœur des habitants et que la Corse était sous le règne de Louis XVI un pays malintentionné qui frémissait sous la main de ses vainqueurs?

CHAPITRE II

La famille.

Origines. — La noblesse des Bonaparte. — Leurs biens et leur influence. — Le père et la mère de Napoléon. — Caractère de Charles. — Beauté de Letizia. — Son ignorance. — Sa fermeté virile. — Son avarice. — Tendresse pour ses enfants. — Sévérité. — Les études de Charles Bonaparte. — Ses relations avec Paoli. — Séjour à Corte. — Proclamation à la jeunesse corse. — Il se rallie à la France. — Regnier du Tillet, Jadart, Pichon, du Rosel de Beaumanoir. — Liaison avec Boucheporn et Marbeuf. — Député de la noblesse. — Services rendus par Marbeuf. — Reconnaissance de Napoléon. — Les colonels Marbeuf et d'Ambrugeac. — Naissance de Napoléon (15 août 1769). — Son prénom. — Réfutation des arguments qui lui attribuent l'acte de baptême de Joseph. — Minanna Saveria. — Gertrude et Nicolas Paravicini. — Les Arrighi. — André Ramolino. — Les Ornano. — Les Giubega. — Le parrain de Napoléon. — Mammuccia Caterina, la dame Saveria, Camilla Ilari la nourrice, Ignazio et Jeanne Ilari, Faustine Tavera, le commandant Poli.

Napoléon a dit que la maison de Bonaparte datait du 18 brumaire et qu'il devait toute sa fortune à son épée et à son amour du peuple, qu'il était de ces hommes

> Qui sont tout par eux-même et rien par leurs aïeux.

Mais sa famille était une des plus anciennes de l'île de Corse.

Elle venait d'Italie. Napoléon racontait volontiers que les Italiens le tenaient pour compatriote et qu'au mariage de sa sœur Pauline avec le prince Borghese ils se répétaient : « C'est entre nous, c'est une de nos familles. » Il ajoutait que lorsque le pape consentit à le couronner, certains cardinaux déclarèrent, pour triompher des scrupules du parti autrichien, que le pontife se vengeait ainsi des Gaulois et imposait aux barbares un chef italien.

Y a-t-il une communauté d'origine entre les Bonaparte de Trévise et les Bonaparte corses? Lorsque Napoléon entra vainqueur dans Trévise, les magistrats lui présentèrent des actes qui prouvaient que des Bonaparte avaient joué un petit rôle dans leur cité. Joseph parlait avec complaisance des Bonaparte trévisois, et Joséphine, bien qu'elle n'eût pas compris la filiation développée par son beau-frère, s'écriait très ridiculement, dans un accès de colère contre l'empereur de Russie, que Napoléon était déjà grand seigneur et depuis plus de cinq cents ans prince de Trévise lorsque les ancêtres du tsar étaient gens de rien.

Il est plus probable que les Bonaparte descendaient d'une famille patricienne de Florence. Lucien disait qu'ils étaient de souche toscane, et Joseph, que Napoléon surnommait par plaisanterie le généalogiste de la maison, assure sérieusement en 1790 qu'un de ses aïeux fut au xie siècle exilé de la République florentine parce qu'il donnait de l'ombrage.

Une branche de la famille florentine s'établit à San Miniato et une autre à Sarzane. Un des membres de la branche de San Miniato est le Jacopo Buonaparte qui raconta le sac de Rome auquel il avait assisté. Le dernier rejeton fut le chanoine Philippe. Il eut des relations avec les Bonaparte de Corse. L'archidiacre Lucien fut son hôte. Charles lui rendit visite lorsqu'il vint passer son examen de docteur en droit à l'Université de Pise. Au milieu de la campagne d'Italie, le 29 juin 1796, Napoléon coucha chez lui et il poussa de grands éclats de rire lorsque Philippe le pria d'user de son influence pour faire canoniser un Bonaparte déjà béatifié par le Saint-Siège. Cinq ans plus tard, le premier consul demandait à Murat si l'abbé de San Miniato vivait encore. Mais l'abbé était mort le 10 décembre 1799 en léguant ses biens, que les Bonaparte avaient autrefois convoités, à un parent du nom de Buonacorsi. En 1802, ce Buonacorsi demandait la protection du premier consul sans s'expliquer davantage; Napoléon renvoya la requête à Marescalchi pour savoir « ce que demandait cet individu ».

La branche de Sarzane compte parmi ses membres des notaires, des syndics, des prieurs des Anciens. Charles Bonaparte avait, disait Letizia, trouvé chez un habitant de Sarzane, Londinelli, des papiers de famille en grand nombre.

C'est de Sarzane que les Bonaparte seraient venus en Corse. Un François Bonaparte s'établit dans l'île au commencement du XVI° siècle. Puis se succèdent de père en fils : Gabriel, qui relève les tours d'Ajaccio en 1567, Jérôme dit le Magnifique, François II, Sébastien, Charles-Marie, Joseph Ier, Sébastien-Nicolas, Joseph II, et Charles-Marie qui eut de Letizia Ramolino cinq fils, Joseph, Napoléon, Lucien, Louis, Jérôme, et trois filles, Marianna, Caroline et Pauline.

Alliée aux Ornano, aux Colonna, aux Costa, aux Bozzi, la famille était une des plus notables d'Ajaccio. Jérôme le Magnifique, le premier Bonaparte qui soit né en Corse, chef élu du Conseil des anciens, député auprès du Sénat de Gênes, porte dans les protocoles le titre de patrice florentin et a été qualifié « egregius Hieronymus de Buonaparte, procurator nobilium ». François II commande la cité en 1626. Sébastien est traité de « magnificus et nobilis vir ». Charles-Marie, Joseph, Sébastien-Nicolas, Joseph II sont membres du Conseil des anciens. Joseph II obtient du grand-duc de Toscane la reconnaissance de ses privilèges : un acte du 18 mai 1757 confirme ses lettres de noblesse, et un autre, du 28 juin 1759, ses droits au patriciat. Charles-Marie obtient pareillement des lettres patentes de l'archevêque de Pise, du 30 novembre 1769, qui le qualifient noble et patricien, ainsi qu'un arrêt du Conseil supérieur de Corse, du 13 septembre 1771, qui déclare sa noblesse prouvée au delà de deux cents ans, et les actes de baptême de ses enfants le nomment « illustrissimo signor » et « nobile del regno ». La famille avait ses armes reproduites sur la porte de sa maison et sur la sépulture qu'elle possédait dans la paroisse : couronne de comte, écusson fendu par deux barres et deux étoiles avec les lettres B. P. qui signifient Buona

Parte, le fond du blason rougeâtre, les barres et les étoiles bleues, les ombrements et la couronne jaunes.

Le premier général de la Révolution appartient donc à la caste des « aristocrates », et lorsque Boulay de la Meurthe proposa sous le Directoire le bannissement de tous les nobles, Tallien combattit cette motion en demandant si le conquérant de l'Italie pourrait n'être citoyen que par exception. Mais Bonaparte, par bonheur pour lui, était de noblesse trop petite et trop obscure pour éveiller le soupçon. On ne songeait guère qu'il était un ci-devant, et bien que l'*État militaire* de la France l'eût cité sous le nom *de* Buonaparte, personne ne se récriait lorsqu'en 1794 l'élève du roi et boursier de Louis XVI se disait « non noble ». Sous le Consulat, des gens qui, par manière de jeu, énuméraient les généraux de l'ancienne noblesse qui servaient dans l'armée de la République, citaient les Pully, les Grouchy, les Rochambeau, les Baraguey d'Hilliers, et oubliaient le plus glorieux de tous, le Corse Bonaparte. Lui-même ne remarquait-il pas que, s'il eût été de plus haut parage, il aurait été frappé de proscription ou de nullité, ou du moins, qu'il n'aurait pas obtenu la confiance, n'aurait pas commandé les armées, et, s'il les eût commandées, n'aurait pas osé faire tout ce qu'il a fait?

A la noblesse des Bonaparte s'ajoutait un peu d'aisance et d'influence locale. « Il n'y a pas de richesse en Corse, disait Joseph, et les plus riches particuliers arrivent à peine à vingt mille livres de rentes : mais, comme tout est relatif, notre fortune est une des plus considérables d'Ajaccio. » Les Bonaparte possédaient en effet, à la veille de la Révolution, du chef des Ramolino, une maison sise dans le faubourg, à l'endroit dit Sainte-Catherine, le clos de la Torre-Vecchia au Campo dell' Oro, quelques vignes au vignoble du Vitullo, et, du chef des Bonaparte, la maison paternelle de la rue Saint-Charles et la maison Boldrini, la propriété de Milelli, les vignes de la Sposata et de la Casetta au territoire de Bacciochi, la vigne de Candia, la terre des Salines et celle de la Pépinière, le moulin de Bruno, des biens fonds à Ucciani, à Bocognano et à Bastelica.

Ils avaient donc de l'influence non seulement dans la ville, mais au dehors, en des lieux où la population était vigoureuse et résolue. Appuyée par les gens de Bocognano et de Bastelica, la famille pouvait jouer un rôle. La plupart lui furent toujours dévoués. Ils entouraient Napoléon dans l'expédition de la Madeleine et ils le sauvèrent à Bonifacio. Ils se souvenaient qu'une de ses aïeules, une *nanna* de l'officier, était native de Bocognano. En 1793 un grand nombre d'entre eux se rallièrent aux Bonaparte et firent cause commune avec eux contre Paoli. Le représentant Lacombe-Saint-Michel écrivait que ces deux communes s'étaient coalisées pour repousser les paolistes et avaient juré de vivre et de mourir françaises. Ce sont, disait Napoléon au Directoire, les cantons qui ont montré le plus d'énergie.

Le père de Napoléon, Charles-Marie Bonaparte, passait en Corse pour un cavalier accompli. Il avait l'extérieur le plus avantageux, les traits du visage fins et réguliers, la physionomie agréable et pleine d'expression, la taille haute, la tournure élégante, une tenue toujours correcte et soignée. L'abbé Chardon, le premier maître français de Joseph et de Napoléon, le jugeait superbe. Sa femme disait qu'il était bel homme et grand comme Murat. Intelligent, spirituel, instruit, il s'exprimait avec beaucoup d'aisance, et ses compatriotes le qualifiaient d'éloquent. Pour un Corse de ce temps-là, il savait très bien le français. Il maniait facilement, non sans négligences, le vers italien : il fit contre la religion de petites pièces dans le goût de Voltaire; en un sonnet à son beau-frère Paravicini, il chante l'amour « le grand monarque » à qui les cœurs, même les plus fiers, ne refusent pas hommage, et aux noces de Marbeuf, en un autre sonnet, il prédit au vieux général un fils qui serait le vrai portrait de son père et suivrait avec éclat la carrière des siens.

Les Bonaparte ont traité Charles de prodigue. A les entendre, il aimait trop le plaisir, le luxe, la représentation, pour administrer sa fortune et veiller à l'éducation de ses enfants. Selon une légende de la famille, il aurait donné, pour célébrer son doctorat, une fête qui lui coûta six mille livres, presque deux ans de son revenu. Si on l'avait laissé faire, il eût, ô sacrilège! vendu sans nulle cérémonie la belle vigne de la Sposata, cette vigne qui produisait, au dire de Napoléon, un vin dont le bouquet rafraîchissait la bouche. Il excusait volontiers ses enfants, palliait leurs torts, et leur témoignait une telle indulgence qu'au moindre cri, et sitôt qu'ils recevaient de leur mère la plus légère réprimande, il accourait à leur aide et leur faisait mille caresses.

Mais ce personnage que les Bonaparte dépeignent comme faible, frivole et fastueux, sut faire son chemin sous le régime français. Besogneux, endetté, il déploya tout ce qu'il avait de souplesse et de persévérance pour obtenir les grâces du gouvernement, privilèges, concessions, bourses. Ce fut un grand solliciteur, et il pratiqua ce métier avec une intrépidité toute corse, multipliant les démarches, obsédant les bureaux, ne redoutant ni fatigue ni humiliation. Il avait, comme ses compatriotes, l'humeur inquiète, l'esprit subtil, l'imagination ardente : il forgeait des projets, revendiquait des successions, engageait des procès, défendait, maintenait ses prétentions avec autant d'audace que d'argutie, assurait imperturbablement qu'il avait le droit de son côté.

Napoléon a de lui la couleur de ses yeux, qui étaient gris, et la coupe de la figure. Il a de lui ce squirre de l'estomac dont il mourut. Il a de lui le goût des belles-lettres, et lorsqu'en sa jeunesse, avant l'époque des commandements, il intrigue dans les comités, il est vraiment le fils de Charles Bonaparte.

Charles avait épousé, le 2 juin 1764, à l'âge de dix-huit ans, Letizia Ramolino. Sa femme avait probablement quatre années de moins que lui; mais on sait que les Corses se débarrassaient de leurs filles dès qu'elles étaient nubiles. Le père de Letizia, Jean-Jérôme Ramolino, avait été inspecteur général des ponts et chaussées de la Corse au service des Génois. Sa mère, Angela-Maria Pietra Santa, devenue veuve en 1755, avait en 1757 convolé en secondes noces avec un capitaine de la marine génoise, François Fesch, originaire de Bâle, où sa famille exerçait le commerce de la banque. De ce mariage était né, le 3 janvier 1763, Joseph Fesch, le futur cardinal, frère utérin de Letizia et oncle de Napoléon.

Celle qu'on a nommée Madame Mère et que Fabre de l'Aude devait ridiculement comparer à la mère du Christ, passait pour une merveille de beauté. A trente ans, dit Napoléon, elle était encore « belle comme les amours ». Elle avait le front pur, les cheveux châtains, les yeux noirs, entourés de grands cils et surmontés de sourcils arqués, le regard sérieux et réfléchi, le nez droit et un peu allongé; la bouche fine souriait avec charme et découvrait les dents les plus jolies du monde; une légère saillie du menton indiquait la fermeté du caractère; les oreilles étaient petites et bien faites. Paoli, recevant une ambassade de Barbaresques et voulant donner à ses hôtes une idée de la beauté des dames corses, leur montrait Letizia. Même en 1806, Madame Mère paraissait jeune, assez bien conservée, et aux concerts de la salle des Maréchaux, lorsqu'elle se plaçait à droite de son fils, elle avait l'air fort noble. En 1809, aux eaux d'Aix-la-Chapelle, Beugnot la comparait à la sainte Anne de Raphaël.

Elle était ignorante, comme toutes les femmes corses de son temps, ne connaissait rien de la littérature française ni de la littérature italienne, n'avait aucune habitude du monde, ne se souciait nullement des bienséances. Les officiers de l'armée royale ne la trouvèrent qu'un peu jolie et ne remarquèrent en elle que cette gentillesse d'esprit qu'ont presque toutes les femmes du Midi. Le lieutenant d'artillerie Romain, qui lui rendit visite dans sa maison d'Ajaccio, parle d'elle sans le moindre enthousiasme, et ajoute ironiquement : « Si j'eusse été mieux avisé de l'avenir, j'aurais dit à cette mère de rois, avant de la quitter : *A revoir au palais des Tuileries!* Cela m'aurait peut-être valu d'être son chambellan. » Une dame de la cour impériale assure qu'elle avait l'intelligence fort médiocre et qu'elle n'a pu, malgré le rang où les événements l'ont portée, prêter à aucun éloge. Elle garda l'accent de son île, et, comme dit Napoléon, son baragouin corse, usa toujours de locutions vulgaires qu'elle ne prenait pas la peine de traduire. « Me croyez-vous *houreuse*? s'écriait-elle en 1809. Je ne le *souis* pas, quoique mère *dou* quatre rois. De tant d'enfants je n'en ai pas *oune* seul auprès de moi. Ce *povero Luigi* est un honnête homme, *ma* il a bien des chagrins, il en a par-dessus la *testa*. *Jouseph* ne m'écrit *mai* : il ne *pou* avoir pour moi que des attentions, car il m'offrirait des présents que je n'en voudrais pas. Je suis *più* riche que mes enfants. J'ai *oune millione* l'année; je mets plus de la *meta* à l'épargne. L'*emperour* me dit que je *souis* une vilaine, que je ne donne jamais à *mangiare* ; je le laisse dire. Il se plaint de ses frères ; je *loui* dis : « Vous avez tort et raison ; vous avez raison si vous les « *paragone* à vous, vous êtes *oune* merveille, *oun* phénomène, « *qualche* chose d'extraordinaire ; *ma* vous avez tort si vous « les *paragone* aux autres rois, *perche* ils sont *soupérieurs* à « *tutti*. »

Mais elle appartenait par les Pietra Santa au district de Sartène, pays classique des vendettas, pays rude et sauvage, longtemps étranger aux progrès de la civilisation, où les gens vivaient dans des maisons crénelées, sortaient par bandes et en armes pour aller aux provisions, formaient des partis animés les uns contre les autres d'une haine implacable. En plus d'une circonstance elle fit preuve d'un caractère résolu. Une fois à Bastia, pendant la semaine sainte, sur le conseil de l'évêque, qui l'avait engagée à donner l'exemple d'une confession générale, elle se présente au tribunal de la pénitence. Le prêtre, qu'elle ne connaît pas, lui pose des questions tout à fait étranges. Elle se révolte. Il insiste. Elle se lève avec indignation, et à haute voix : « Monsieur, dit-elle, vous sortez des convenances. » Le prêtre menace de lui refuser l'absolution. « Libre à vous, répond Letizia, mais je vous flétrirai devant l'assistance. » L'église était remplie de fidèles, et le prêtre se hâta de donner l'absolution.

Un cœur d'homme logeait dans le corps de cette femme fière, intrépide, inaccessible à l'abattement. Elle accompagna son mari dans les bois et les montagnes aux derniers jours de l'indépendance. Souvent, pour avoir des nouvelles de l'armée, elle quittait les roches escarpées où les femmes avaient une sûre retraite; elle s'avançait jusqu'aux endroits où les hommes étaient aux prises; elle entendait les balles siffler; mais elle n'avait d'autre pensée que le péril de son mari et le salut de la Corse. Elle était alors enceinte de Napoléon et portait son enfant, dit-elle, avec le même bonheur, la même sérénité, qu'elle le tenait plus tard dans ses bras : elle l'avait voué à la Sainte-Vierge, que ses compatriotes avaient autrefois proclamée leur reine, et, comptant sur la protection de Marie, elle ne redoutait aucun danger.

Elle n'abandonna toute idée de résistance qu'au départ de Paoli, et lorsqu'après la défaite suprême son grand-père Pietra Santa la pria de venir à Bastia et lui envoya un sauf-conduit : « Je n'irai pas, répondit-elle au messager, dans un pays ennemi de la patrie; notre général vit encore et tout espoir n'est pas mort. »

En 1793, elle refusa de s'humilier devant Paoli, qui tentait de la gagner par des promesses, et le général, qui connaissait ses classiques, la comparait à la mère des Gracques. « Je me rappelle, disait Joseph à sa mère, qu'un grand homme vous a saluée du nom de Cornélie. »

Durant la campagne d'Italie, elle alla voir son fils, et en abordant à Gênes avec deux de ses filles, trouva la ville agitée, frémissante, prête à l'émeute; elle continua tranquillement sa route en déclarant qu'elle n'avait rien à craindre puisque les principaux personnages de la république génoise étaient comme otages au pouvoir de Napoléon.

« Il n'est plus temps de tenir aux étiquettes, écrivait-elle au cardinal Fesch en 1813, les Bourbons se sont perdus pour ne pas avoir su mourir les armes à la main. »

Elle vint voir Napoléon à l'île d'Elbe, et à la veille de l'aventure qui devait mener l'aigle impériale de tour en tour jusqu'aux clochers de Notre-Dame, le soir, au clair de lune, voyant l'empereur se promener seul à pas précipités dans le jardin, puis s'arrêter et appuyer sa tête contre un figuier, elle s'approchait, l'interrogeait, et lorsqu'il lui annonçait son dessein : « Laissez-moi, lui disait-elle, oublier pour un instant que je suis votre mère » et après un moment de réflexion, « le ciel, reprit-elle, ne permettra pas que vous mouriez par le poison ni dans un repos indigne de vous ; partez et suivez votre destinée. »

Le grand défaut de Letizia, c'était son avarice. Au retour de l'Égypte, et lorsqu'il fit relâche dans le port d'Ajaccio, Napoléon, à court d'argent, lui demanda quelques milliers de francs : elle ne voulut pas se dessaisir de ses épargnes et n'ouvrit son escarcelle que lorsque Jean-Jérôme Levie intervint et lui déclara que les circonstances étaient pressantes, qu'elle devait se résigner à ce sacrifice, que son fils la rembourserait amplement. On débitait, sous l'Empire, mille contes de cette lésinerie de Letizia. « Il faut bien que je mette de côté, aurait-elle dit, n'aurai-je pas tôt ou tard sept à huit souverains qui me tomberont sur les bras ? » Elle aurait assisté dans la cour de son palais au cordage du bois et crié qu'on lui faisait mauvaise mesure. Elle aurait engagé la fille de Lucien qu'elle avait prise avec elle, à se coucher de bonne heure pour économiser le feu et les bougies. Obligée d'avoir un confessionnal à demeure, elle proposait d'employer à cet usage la guérite d'un factionnaire.

Il est certain que sa parcimonie allait jusqu'à la ladrerie. Napoléon lui donnait chaque mois de grosses sommes à condition de les dépenser ou de les distribuer. Elle les acceptait... et les gardait. Mais c'était chez elle, a dit son fils, excès de prévoyance. Cette grandeur à laquelle s'étaient élevés les Bonaparte, lui paraissait éphémère. « Elle ne croit pas, écrivait-on en 1800, à la stabilité de ce qui est. » Lorsque Napoléon préparait l'Empire, elle faisait de mauvais rêves, craignait le couteau de quelque fanatique, assurait que la République avait encore beaucoup d'amis et que le premier consul aurait tort de mettre sur son front la couronne de Louis XVI. Pendant tout le règne de son fils, elle répéta : « Pourvu que cela *doure!* » Elle avait éprouvé la misère, et les heures où le pain faillit lui manquer ne s'effacèrent pas de sa mémoire. « Je n'oublie pas, disait-elle, que j'ai nourri mes enfants avec des rations. » C'est pourquoi elle ne cessa de *coumouler*, et le moment vint où elle se félicita d'avoir amassé des richesses. Cette femme, qui se laissait difficilement arracher un écu, aurait donné jusqu'à son dernier sol pour ménager la fuite de Napoléon, lorsqu'il était à l'île d'Elbe. Elle lui offrit à Sainte-Hélène sa fortune entière, et, pour lui être utile, elle consentait à se faire sa servante.

Elle aimait passionnément ses enfants, et tous lui ont témoigné la plus vive tendresse, n'ont parlé d'elle qu'avec respect et une extrême déférence. « Vous m'êtes bien attaché, disait Napoléon à Antomarchi, rien ne vous coûte dès qu'il s'agit de me soulager, mais tout cela n'est pas la sollicitude maternelle; ah! maman Letizia! » Et Joseph s'écrie de son côté : « Femme forte et bonne, modèle des mères, combien nous te sommes encore redevables des exemples que tu nous as donnés! »

Letizia n'était pourtant pas indulgente. Elle éleva ses enfants durement, à la corse, sans rien leur passer. Quand Napoléon refusait d'aller le dimanche à la grand'messe, elle lui donnait des soufflets.

Un jour qu'elle sortait avec une amie et qu'elle était déjà loin de la maison, sur le sentier très raide alors qu'on a nommé depuis la descente Cuneo Ascagna, elle s'aperçut, en se retournant, que Napoléon la suivait. Irritée que l'enfant fût sorti sans sa permission, elle courut à lui et le gifla si vigoureusement qu'il tomba par terre, roula sur la pente et se releva tout pleurant, se frottant les yeux avec les deux poings; Letizia, sans plus se soucier de lui, continua son chemin.

Elle avait interdit aux enfants d'approcher d'un beau figuier qu'elle avait dans une de ses vignes. Malgré la défense, Napoléon monte à l'arbre et cueille tous les fruits, mange les uns, met les autres dans ses poches. Soudain paraît un garde. Napoléon, confus, reste collé sur la branche, puis descend et supplie l'homme de ne pas le trahir. Mais le lendemain la signora Letizia se rendit à sa vigne pour faire sa récolte de figues ; elle confessa le garde, et Napoléon reçut un châtiment sévère.

Une autre fois, Napoléon se moqua de sa grand'mère, qui marchait en s'appuyant sur une canne, et qu'il comparait à une vieille fée. Letizia, avertie, fit les gros yeux. Mais Napoléon se tint sur ses gardes ; le soir, quand elle approcha pour le corriger, il sut se dérober. Le lendemain matin, il vint l'embrasser ; elle le repoussa. Subitement, dans la journée, elle lui dit qu'il est invité à dîner en ville ; il monte dans sa chambre pour s'habiller ; mais Letizia était comme le chat qui guette la souris : elle entre, ferme la porte, et son fils dut subir la fessée.

Les hommes supérieurs tiennent surtout de leur mère. Napoléon avait non seulement les traits de Letizia et son teint presque olivâtre. Il a son âpre énergie. Il lui doit peut-être l'amour des combats et cette ardeur belliqueuse qu'il avait dans les veines : après Ponte-Novo, Letizia le sentait tressaillir et s'agiter en elle, comme s'il était, dit-elle, impatient d'être ballotté par sa mère et comme s'il aspirait, avant de naître, aux luttes de la guerre. Il lui doit sûrement cet esprit d'ordre, d'économie, de scrupuleuse attention qu'il a porté dans ses dépenses, arrêtant des comptes, ouvrant des crédits, connaissant le prix de chaque chose, se faisant servir à meilleur marché que ses courtisans, établissant lui-même son budget, réglant si bien son train de maison qu'aucun de ses officiers ne pouvait rien détourner, calculant avec une exactitude minutieuse tous les frais de ses entreprises.

Charles Bonaparte était né le 27 mars 1746, à Ajaccio. Lorsqu'il eut, en 1760, à l'âge de quatorze ans, perdu son père, il fut mis sous la tutelle de son oncle paternel Lucien, archidiacre de la cathédrale. L'oncle l'envoya suivre les cours de droit à l'École supérieure de Corte que Pascal Paoli avait baptisée du nom pompeux d'Université. L'établissement n'avait que cinq professeurs, tous moines : un professeur de théologie dogmatique et d'histoire ecclésiastique, le religieux servite Guelfucci de Belgodere, confident de Paoli; un professeur de théologie morale, Angiolo Stefani de Venaco, ex-provincial des mineurs capucins; un professeur de droit civil et canonique, Mariani de Corbara; un professeur de philosophie, qui développait à la fois les principes des mathématiques et les systèmes les plus plausibles des philosophes modernes, l'ex-provincial des mineurs observantins, Grimaldi de Campoloro; un professeur de rhétorique, le capucin Ferdinandi de Brando. Mais Paoli avait annoncé qu'il refuserait des passeports à ceux de l'intérieur de l'île qui voudraient faire leurs études en terre ferme, et il promettait des emplois aux élèves de l'Université.

Il accueillit avec bienveillance Charles Bonaparte : il ne négligeait aucun moyen pour gagner les habitants des villes maritimes à la cause nationale et faire de la propagande dans les présides. Charles composa en l'honneur du grand Pasquale quelques vers latins qui respiraient les plus purs sentiments de patriotisme corse, et Paoli l'admit au nombre de ses secrétaires intimes. Docte, instruit, citant volontiers les anciens, le « général » aimait à s'entretenir avec le jeune Ajaccien, et il jugeait son style facile, élégant, orné. Les Bonaparte ont même prétendu que Paoli voyait en Charles son héritier. « Je connais les hommes, aurait-il dit, et Charles ne connaît que les livres; mais si je devais désigner par testament mon successeur, je conseillerais à la nation d'acclamer Bonaparte. »

Le mariage de Charles et de Letizia ne déplut pas à Paoli et la tradition veut qu'il ait été conclu sous ses auspices. La famille de Letizia, les Pietra Santa, les Ramolino, les Fesch, dévoués au parti génois, répugnaient à s'allier avec un paoliste, et refusaient, paraît-il, leur consentement. Paoli, à qui les deux amants eurent recours, intervint personnellement, et les parents de Letizia cédèrent.

Quoi qu'il en soit, Charles s'établit à Corte avec Letizia et s'attacha plus que jamais à Paoli. La signora jouait parfois au reversis à la table du général, elle eut l'honneur de le battre, et le battu disait pour se consoler que Mme Letizia avait ce jeu dans le sang. Napoléon n'écrit-il pas en 1789 à Paoli que sa mère lui renouvelle le souvenir des années écoulées à Corte?

La guerre éclata. Les Bonaparte se déclarèrent hautement contre la France. Dès 1767, la sœur de Charles, Gertrude Paravicini, et son oncle paternel, Napoléon, se fixaient à Corte, tandis que l'archidiacre Lucien, plus froid, plus rassis, chargé d'ailleurs de veiller à l'administration des biens de la famille, restait à Ajaccio. Ardent, disert, nourri des réminiscences de l'antiquité, Charles eut un rôle dans les événements qui précédèrent la levée en masse de la population corse. On assure qu'il rédigea la formule du serment par lequel les Corses jurèrent, en mai 1768, de mourir et, comme les Sagontins, de se jeter dans les flammes plutôt que de se soumettre au joug insupportable des Génois. Mais il semble que cette formule soit plutôt l'œuvre de Paoli, qui était alors hanté par le souvenir de Sagonte et qui disait en se plaignant des lenteurs de l'Angleterre : *Dum Romae consulitur, Saguntum expugnatur*.

En tout cas, ce fut Charles Bonaparte qui composa la proclamation à la jeunesse corse. Ses enfants rappelaient cette harangue avec complaisance. Joseph prétendait, inexactement du reste, que Paoli se remémorait particulièrement une belle image employée par Charles : que les ombres honorées des aïeux viendraient renforcer les lignes éclaircies par le feu de l'ennemi. Napoléon affirmait que ce discours plein de chaleur et d'énergie avait enflammé les esprits, et il citait à Sainte-Hélène — et très fidèlement — une phrase qui l'avait frappé : « Si la liberté s'obtenait par le désir, avait dit Charles, tout le monde serait libre, mais une constance inébranlable, supérieure à toutes les difficultés, et qui se nourrit de réalité et non d'apparence, se trouve rarement chez les hommes, et voilà pourquoi ceux qui la possèdent sont regardés comme autant de divinités. » Cette proclamation a été conservée. Sur un ton à la fois grave et véhément, Charles excite les jeunes Corses à périr avec gloire plutôt que de survivre à la ruine de l'indépendance. L'œuvre pour laquelle leurs ancêtres ont répandu tant de sueur et de sang serait donc inutile! Qu'importent les troupes du roi de France? Si le plus grand monarque de la terre, naguère médiateur et aujourd'hui ennemi, combat le plus petit peuple du monde, n'est-ce pas pour les insulaires un légitime motif de s'enorgueillir? Quoi! des étrangers viennent exposer leur vie pour une cause injuste, et les jeunes Corses n'oseraient affronter la mort pour la plus juste des causes! Qu'ils s'arment donc, fidèles à leur patrie et à eux-mêmes!

L'orateur était peut-être de ceux qui, selon le mot de Paoli, avaient, malgré leur exaltation, les cheveux frisés et sentaient les parfums du continent. Mais il se fit soldat et paya de sa personne. Après le désastre de Ponte-Novo, il proposait, dit-on, de tenter encore la fortune, de rallier à Corte les débris de l'armée, d'arrêter par une résistance opiniâtre les progrès du vainqueur. Mais Paoli s'embarqua.

On croit d'ordinaire que Charles s'était réfugié sur le Monte-Rotondo et qu'il appartint à la députation que les patriotes corses envoyèrent au comte de Vaux et qui comptait, entre autres personnages, Nicolas Paravicini, d'Ajaccio, Laurent et Damien Giubega, de Calvi, Dominique Arrighi, de Speloncato, Jean-Thomas Arrighi et Jean-Thomas Boerio, de Corte, Thomas Cervoni, de Soveria. Le comte de Vaux accueillit ces délégués avec amitié, les munit de passeports et leur remontra que la guerre n'avait plus d'objet, que leur intérêt était de se soumettre au roi, qui les rendrait heureux.

Il est plus probable que Charles Bonaparte suivit le frère de Pascal, Clément Paoli, dans le Niolo, et que, lorsque le Niolo refusa de prolonger la lutte, il gagna Vico et de là Ajaccio, grâce au sauf-conduit qui lui fut envoyé par Pietra Santa, son grand-père. Letizia l'accompagnait et, malgré sa grossesse assez avancée, montra le plus grand courage. Il fallait s'engager dans les sentiers étroits du maquis et traverser à gué des rivières sans ponts. Durant toute une demi-journée, elle marcha, tenant dans ses bras son fils Joseph. Au passage du Liamone, elle monte à cheval. Mais la bête perd pied et le courant l'entraîne. On crie à Letizia de se laisser tomber dans la rivière, et déjà, pour la sauver, son mari et les pâtres qui servent de guides se jettent à la nage. Elle s'affermit sur sa selle, et dirige si bien sa monture qu'elle atteint l'autre rive.

Est-il vrai que Charles aurait alors, sans les conseils de l'archidiacre Lucien et les supplications de Letizia, rejoint Paoli sur la terre d'exil? On a dit qu'il rongeait son frein, qu'il ne se rallia qu'à contre-cœur aux Français, qu'il déplorait la mollesse de ses compatriotes et les accusait de s'accommoder trop aisément à la domination étrangère, qu'il aurait écrit une chanson satirique, *Pastorella infida sei*, où Paoli, représenté par un berger, se plaint de la Corse, sa maîtresse infidèle.

Mais il avait compris, comme dit son fils aîné, que l'île retirerait de son union avec la France d'immenses avantages, ou, comme dit son fils cadet, que la lutte de la Corse contre la monarchie de Louis XV était la lutte du pot de terre contre le pot de fer. « J'ai été, répétait-il, bon patriote et paoliste dans l'âme tant qu'a duré le gouvernement national ; mais ce gouvernement n'est plus, nous sommes devenus Français, *evviva il Re e suo governo!* »

Les exemples que lui offrait sa famille le déterminèrent à se jeter sans retard dans les bras des conquérants. Ramolino et Fesch, les deux maris de sa belle-mère, n'avaient-ils pas servi les Génois? Pietra Santa, le grand-père de sa femme, n'avait-il pas, à la création du Conseil supérieur, occupé l'une des quatre places que le roi de France destinait aux naturels du pays? Et l'intendant Chardon ne disait-il pas que Pietra Santa était très attaché à la France et qu'on ne saurait avoir plus de décence et d'application que les quatre Corses qui siégeaient au Conseil?

Charles pensa qu'il pourrait sous le nouveau régime, grâce à ses connaissances juridiques, obtenir un emploi. Les Corses, chargés de rendre la justice au nom du roi, devaient être gradués, et à la formation du Conseil supérieur, trois des membres corses, Pietra Santa, Stefanini et Mozzelli, qui n'avaient, selon l'expression de l'intendant, aucune espèce de grade ni même aucune espèce de droit, étaient allés prendre leurs degrés dans les universités italiennes. Après la naissance de Napoléon, Charles Bonaparte se rendit à l'Université de Pise. Il eut facilement du chancelier la permission de soutenir une thèse, et le 30 novembre 1769 fut proclamé docteur. Le registre académique qui le nomme « nobile patrizio Fiorentino, Samminiatense e di Ajaccio » constatait son origine italienne et sa noblesse.

Au mois de février 1771, le roi de France institua dans chacune des dix juridictions de Corse un assesseur civil et criminel, chargé tant de seconder le juge et de le remplacer lorsqu'il serait malade ou absent ou obligé de se récuser, que de se rendre au siège des juridictions voisines pour procéder aux jugements définitifs en matière de grand criminel. Charles fut nommé assesseur de la juridiction royale d'Ajaccio, et ce fut avec empressement qu'il accepta cette place, l'une de celles que le ministère français regardait comme « le séminaire et le premier port qui devait conduire à la place de membre du Conseil supérieur ». Chardon l'avait recommandé vivement : « c'est un des sujets, écrivait-il, sur le compte et la capacité desquels il n'y a rien à redire ; il est petit-fils de M. Pietra Santa ; c'est un homme qui a du talent et qui est en état de bien faire ».

Bientôt Charles passa pour un des Corses qui, selon l'expression des fonctionnaires français, étaient tout à fait dans la main du roi, et avaient au plus haut degré l'honnêteté, l'esprit de conciliation. Dans ses voyages à Bastia, il se lia personnellement avec l'ordonnateur de la marine Regnier du Tillet. La société française d'Ajaccio, plus unie, plus franche, plus simple que celle de Bastia, l'accueillit comme un des siens, et il eut d'excellentes relations avec les officiers de la garnison, avec les commissaires des guerres Jadart et Pichon, avec le gouverneur de la ville et commandant de l'au delà des monts, le comte du Rosel de Beaumanoir.

Le petit-fils de l'ordonnateur du Tillet, Paul du Tillet, conçut un tel enthousiasme pour Napoléon qu'il le suivit en exil. Il préféra, disait-il, à l'épaulette des gardes du corps un mousquet de flanqueur sur les rochers de l'île d'Elbe. Nommé aux Cent Jours sous-lieutenant au 1er régiment des voltigeurs de la jeune garde, il reçut une blessure à Waterloo. Il alla chercher fortune dans l'archipel des Indes et, au retour, visita Sainte-Hélène : « Il y avait là, écrit-il, une tombe où j'aurais voulu pouvoir mourir. »

La nièce de Jadart rappelait plus tard que son oncle avait eu l'avantage d'être connu de la famille impériale et particulièrement de Joseph, dont il était l'ami.

Pichon mandait à Napoléon, en 1807 et en 1808, qu'il avait eu l'honneur d'être favorablement accueilli par les Bonaparte d'Ajaccio; il était, ajoutait-il, intimement lié avec Charles, et Madame Mère, qui se souvenait de lui, avait daigné le recevoir à Paris lorsqu'il s'était présenté pour lui faire sa cour : « Je vous ai tenu plus d'une fois sur mes genoux, disait-il à l'empereur, et j'ai amusé votre enfance. »

Du Rosel de Beaumanoir prêtait en 1784 vingt-cinq louis à Charles Bonaparte, qui entreprenait son avant-dernier voyage sur le continent. Quatre ans après, lorsqu'il rentra dans son pays natal, en Normandie, Mme Letizia voulut se défaire de son argenterie pour acquitter la dette de son mari. Beaumanoir lui répondit obligeamment qu'elle le paierait plus tard, quand elle voudrait, et il laissa le billet que Charles avait souscrit, dans les mains du subdélégué Souiris. Au début de la Révolution, Beaumanoir vivait à Caen; menacé dans sa maison, voyant sa porte enfoncée, il s'enfuit par une issue de derrière. Il fut choisi pour chef par la coalition de Caen et commanda les royalistes français qui défendaient Maestricht en 1793. Sous le Consulat, il écrivit, de Jersey, à Bonaparte, assura qu'il n'avait émigré que malgré lui, rappela sa créance : « Ma position est si dure que ce petit objet serait quelque chose pour moi. »

Bonaparte le fit rayer sur-le-champ de la liste des émigrés et lui envoya deux cent cinquante louis. Beaumanoir revint à Caen et, de là, sollicita sa pension de retraite. Napoléon lui assigna un traitement de douze mille francs. Les proches de Beaumanoir, ignorant les services qu'il avait rendus aux Bonaparte, disaient qu'il avait été gouverneur de l'École militaire de Brienne, et la légende rapporte qu'il eut en mars 1806, lorsqu'il mourut, un enterrement magnifique aux frais de l'État.

Charles servit donc les Français de tout son pouvoir et s'efforça de tirer d'eux argent, grâces et emplois. Comme assesseur de la juridiction d'Ajaccio, il touchait neuf cents livres par an. Il se fit déclarer noble par le Conseil supérieur, élire député aux États, élire membre de la commission des Douze, aux appointements annuels de trois cents livres.

Il flatta, caressa les commissaires du roi, Marbeuf et Boucheporn. Lorsque Louis Bonaparte naquit, le 2 septembre 1778, Mme de Boucheporn, femme de l'intendant, consentit à être marraine de l'enfant. Sous l'Empire, il est vrai, les Bonaparte payèrent leur dette de reconnaissance. Trois fils de Boucheporn avaient émigré : ils eurent des places lucratives. L'aîné, Louis, lieutenant à la solde de la Hollande et de l'Angleterre, obligé, dit-on, pour vivre, de vendre dans les cafés de Hambourg des bretelles et des cure-dents, fut grand-maréchal de la cour du roi Jérôme, et sa femme, dame du palais de la reine Catherine. Un autre, Honoré, sous-lieutenant au régiment de Bassigny en 1791, avait fait six campagnes à l'armée de Condé : il fut préfet du palais de Cassel. Un troisième, René, fut également préfet du palais du roi Louis, administrateur de son garde-meuble, et sa femme, sous-gouvernante des princes de Hollande.

Mais il importait surtout à Charles Bonaparte de plaire à Marbeuf. Au mois de mai 1776, il n'était pas encore sûr de la faveur du commandant en chef, et dans une lettre intime où il exprime à Giubega son vif attachement pour Marbeuf, « le diable, dit-il, m'entraîne de ce côté », et il voudrait voir Marbœuf, qui part pour le continent, lui souhaiter bon voyage; mais il n'ose; il a peur que sa venue ne soit pas agréable, que le gouverneur ne réponde pas à ses avances et ne l'accueille sans remerciement ni reconnaissance, *senza grato nè grazia*. Ses craintes ne se justifièrent pas. Marbeuf avait besoin de lui.

Le 8 juin 1777, grâce à l'influence du commandant en chef, Charles Bonaparte était élu député de la noblesse, et il fut, avec Santini, évêque du Nebbio, et Paul Casabianca qui représentaient le clergé et le tiers, un des délégués que les États de Corse envoyaient à Versailles. Ces trois personnages ne furent appelés en France qu'à la fin de 1778. Mais ils touchèrent, suivant l'usage, pour leurs frais de route et de séjour, l'évêque 4 000, le noble 3 000, le député du tiers 2 000 livres, et, avant de regagner la Corse au printemps de 1779, ils eurent soin, dans une pétition que Bonaparte rédigea, de demander une gratification en alléguant qu'ils étaient « dans la détresse ». Charles reçut une somme de 2 000 livres, récompense de sa « bonne conduite ».

Napoléon a dit que son père avait alors conquis à jamais la bienveillance du comte de Marbeuf. Les Corses, divisés en deux partis, tenaient soit pour Marbeuf, soit pour Narbonne, et la cour voulait rappeler celui qui plaisait le moins aux insulaires. Charles se serait prononcé nettement en faveur de Marbeuf, dont les façons affables, insinuantes, populaires, agréaient mieux aux habitants que les manières franches, mais hautaines et rudes, de Narbonne. L'intervention du gentilhomme ajaccien aurait sauvé Marbeuf, et, sans son protégé, le protecteur eût été sacrifié.

Il faut en rabattre. Mais si Petriconi disait en 1777 que tout allait mal sous l'administration de Marbeuf, en 1779 Charles Bonaparte déclara que tout allait bien, et le témoignage du député de la noblesse eut évidemment quelque poids. Charles était devenu l'homme-lige de Marbeuf. Il fut sans doute un de ceux qui proposèrent de lui élever une statue sur la place de Bastia, et il avait été de ceux qui votèrent l'inscription latine appliquée en 1777 sur une tablette de marbre à la façade du palais des États de Corse : « A Louis-Charles-René, comte de Marbeuf, commandeur de l'ordre de Saint-Louis, lieutenant général des troupes françaises, gouverneur de la Corse, président des États, très considéré par la prudence, la justice, l'intelligence, à cause de ses libéralités envers l'île entière et pour que le souvenir de ses bienfaits fût plus attesté, tous les ordres de l'île, se félicitant du retour de cet homme éminent qui a si bien mérité de leur pays, ont fait graver sur le marbre les sentiments d'amour depuis longtemps gravés dans leur cœur. »

Par contre, il eut de Marbeuf tout ce qu'il désirait. Marbeuf daigna tenir Louis Bonaparte sur les fonts baptismaux. Il fit placer Napoléon à l'École militaire de Brienne, Marianna à la maison royale de Saint-Cyr, et Fesch au séminaire d'Aix. Il fit nommer Aurèle Varese, cousin de Letizia, sous-diacre à Autun. Il fit concéder à Charles une des trois pépinières de mûriers que le roi établissait en Corse.

Un Jérôme Bonaparte desséchait, au xvie siècle, une partie du marais dit des Salines, à un quart de lieue d'Ajaccio, et Charles avait dépensé plus de 2 000 livres pour continuer l'entreprise. Marbeuf lui donna 6 000 livres, lui conseilla d'aller de l'avant, et lorsque les deux tiers du marais furent convertis en une prairie où Charles sema de l'orge en grande solennité, le commandant en chef vint assister et comme présider aux semailles.

Paul-Émile Odone, frère de Virginie Odone, trisaïeule de Charles, était mort sans postérité, après avoir légué son avoir aux jésuites, malgré une substitution fidéicommissaire qui transmettait ses biens à Virginie et aux enfants et héritiers de Virginie, et, depuis l'abolition de l'ordre, l'instruction publique jouissait de toute la succession. Marbeuf promit réparation à Charles, qui se disait frustré. « Les ordres religieux de Corse, écrivait le gouverneur dès 1768, ont par le moyen des testaments trouvé le secret de s'emparer de la plus grande partie des propriétés particulières, et, depuis que je suis ici, je les ai vus dépouiller plusieurs familles. » Il soutint donc les revendications de Charles. La lutte fut rude. Le subdélégué Souiris, économe des biens de l'instruction publique, combattit avec vigueur les prétentions des Bonaparte. Pour éviter les frais d'un procès, Charles sollicita simplement une indemnité. Sa requête fut envoyée aux commissaires du roi. Mais Souiris fit traîner le débat pendant trois années. Impatienté, Charles consentit à se désister de ses prétentions, s'il obtenait par préférence, moyennant une redevance légère, le bail emphythéotique de la campagne de Milelli et de la maison Boldrini. Cette fois, il eut gain de cause. Mais il fallait fixer le chiffre de la redevance, estimer les biens fonds, constater, outre les frais de culture et d'entretien, le délabrement des bâtiments, qui n'avaient plus ni portes, ni fenêtres, ni planches, et l'état de la campagne de Milelli, privée de son moulin à huile, remplie de maquis, exposée aux incursions des bestiaux. Souiris suscita de nouvelles difficultés et contesta le choix des experts. Désespéré, craignant que la redevance ne fût, par les intrigues de Souiris, réglée au delà du revenu, Charles alla demander justice à Paris. Il mourut en chemin. Pourtant, grâce à Marbeuf, les Bonaparte furent, par bail du 5 novembre 1785, mis en possession de la maison Boldrini et de la campagne de Milelli.

Napoléon ne fut pas ingrat envers la famille du commandant en chef. Mᵐᵉ de Marbeuf eut le titre de baronne de l'Empire et une dotation de 15 000 francs de rente sur le Grand Livre « en reconnaissance des services rendus par son mari et en récompense de ceux de son fils. »

Son fils entra à l'École militaire de Fontainebleau et, lorsqu'il fut sous-lieutenant, reçut une pension viagère de 6 000 francs sur le trésor de la couronne et une somme de 12 000 francs, destinée à son équipement, sur les dépenses courantes de la cassette impériale. Napoléon le prit pour officier d'ordonnance, lui fit épouser une riche héritière de Lyon, Mˡˡᵉ Marie d'Eglat de la Tour-Dubost, lui donna à l'occasion de son mariage un des plus beaux hôtels de la rue du Mont-Blanc, l'hôtel Montesson, qu'il avait acquis du receveur général Pierlot, le nomma colonel du 6ᵉ régiment de chevau-légers et baron de l'Empire. « Mon intention, lui avait-il écrit, est dans toutes les circonstances de vous donner des preuves de l'intérêt que je vous porte pour le bon souvenir que je conserve des services que j'ai reçus de M. votre père dont la mémoire m'est chère; je me confie dans l'espérance que vous marcherez sur ses traces. » Si le colonel Marbeuf avait vécu, l'empereur l'eût fait son aide de camp.

Le comte d'Ambrugeac, que Mlle de Marbeuf avait épousé, fut, bien qu'il eût émigré et servi aux uhlans britanniques, réintégré dans l'armée. Il était adjudant-major en 1791. Par un décret pris de son propre mouvement Napoléon le fit en 1810 chef de bataillon. Un an plus tard, d'Ambrugeac était major. En 1813, il devint colonel. Aux Cent Jours, il se tourna contre l'empereur. Le 7 mars 1815, il demandait en grâce d'être employé à l'armée de Monsieur. « Je vous en conjure, écrivait-il, faites-moi donner des ordres; il n'importe guère d'être maréchal de camp ou colonel en ce moment; je vous prie, faites-moi donner des ordres. » A la tête du 10e régiment d'infanterie, il enleva le pont de Loriol et, trois jours après, il était nommé maréchal de camp par le duc d'Angoulême. Outré, Napoléon destitua d'Ambrugeac et ordonna de l'arrêter.

Napoléon naquit à Ajaccio le 15 août 1769, jour de l'Assomption, vers midi. Sa mère avait voulu se rendre à la messe; elle dut regagner en toute hâte le logis et ne put atteindre à temps sa chambre à coucher. Des biographes ont assuré qu'elle déposa son enfant sur un vieux tapis où étaient représentés des héros de la fable et de l'*Iliade*. Letizia se moquait de l'anecdote et disait en riant : « Nous n'avons pas de tapis dans nos maisons de Corse, encore moins en été qu'en hiver. » Elle n'eut d'ailleurs aucune souffrance. Quant à l'enfant, il entra dans le monde comme s'il désirait en prendre possession, avec grand bruit; il jetait des cris perçants et ne s'apaisa que lorsqu'il fut emmailloté.

Le prénom qu'il reçut parut bizarre aux Français, et lorsque l'archevêque de Paris confirma le jeune Bonaparte à l'École militaire de Paris, il remarqua qu'un saint Napoléon n'existait pas dans le calendrier; sur quoi l'élève répondit qu'il y avait une quantité de saints et que l'année ne compte que 365 jours. En Corse, le prénom n'était pas commun. Il fut, lorsque Napoléon Bonaparte, l'oncle de l'empereur, mourut, en 1767, à Corte, orthographié « Lapulion » sur l'acte de décès. Toutefois, s'il était rare, il ne semblait pas extraordinaire. Napoléon Ier disait qu'il venait d'un Napoléon des Ursins, connu dans les fastes militaires de l'Italie, et il ajoutait que « ce monsieur son homonyme avait très mal fini ». Mais les chroniques corses mentionnent au xvie siècle un Napoléon de Nonza, partisan des Génois, qui se défend contre Sampiero dans la tour de Venzolasca, un Napoléon de Santa Lucia, intime ami de Sampiero, qui succombe à l'affaire des Caselle, un Napoléon de Levie qui se joint aux Français lorsque le maréchal de Thermes débarque dans l'île, le même sans doute qui se distingue à Renty et à qui notre Henri II donne l'accolade sur le champ de bataille.

Le bisaïeul de l'empereur se souvenait peut-être de ces hommes de guerre lorsqu'en 1715 il nommait l'un de ses fils Napoléon. Il avait trois enfants mâles : le premier s'appela Joseph; le deuxième, Napoléon; le troisième, Lucien.

Charles Bonaparte suivit cet exemple. Il décida que ses fils auraient les mêmes prénoms et dans le même ordre : l'aîné s'appellerait Joseph, comme son grand-père; le deuxième et le troisième s'appelleraient Napoléon et Lucien, comme leurs grands-oncles.

Le général Bonaparte, élevé au consulat, eut un instant de la répugnance pour son prénom. Joseph et Lucien lui remontrèrent qu'il avait quelque chose d'imposant et de majestueux qui faisait souvenir des Paléologue et autres dynastes étrangers, qu'il sonnait bien à l'oreille, que le consul était seul en France à le porter, qu'un grand nom seyait à un grand homme. Ces arguments convainquirent Bonaparte, et il disait plus tard à Las Cases que ce nom peu connu, poétique, retentissant, lui avait été précieux.

Est-il né vraiment le 15 août 1769 à Ajaccio ? On a prétendu qu'il avait vu le jour à Corte le 7 janvier 1768 et que son père lui avait attribué l'extrait baptistaire de Joseph pour le rajeunir et lui donner l'âge exigé par le règlement des écoles militaires. Ces fraudes, parfois heureuses, souvent éventées, nullement punies, étaient passées dans l'usage. Un Foulongne de Précorbin entrait à l'École militaire de Rebais à la faveur de l'acte baptistaire de son cadet défunt, et lorsque le ministre découvrait qu'un M. de Laboulaye avait tronqué la date de l'extrait baptistaire de son fils, il se bornait à lui faire reprocher cette « infidélité » par l'intendant de la province. En 1780, le sous-inspecteur général Keralio rapportait que les mestres de camp des troupes du roi se plaignaient de la faiblesse physique de leurs sous-lieutenants et assuraient que les parents obtenaient l'admission de leurs enfants dans les écoles militaires grâce à de faux actes de baptême. Un colonel ne demandait-il pas des lieutenances pour ses deux fils, l'un de cinq ans l'autre de trois ans et demi, en produisant des pièces qui donnaient dix-sept ans au premier et quinze ans et demi au second ? Le fondateur de l'École des orphelins militaires, Paulet, fils d'un marchand de blé, grattant et surchargeant son acte de baptême, changeant l'*u* en *w*, remplaçant « marchand de blé » par *marquis de Black*, ne se disait-il pas gentilhomme irlandais ?

Pour prouver que Napoléon est né en 1768, on allègue d'abord ce mot d'une de ses lettres à Paoli, qui ne quitta l'île qu'au mois de juin 1769 : « Daignez encourager les efforts d'un jeune homme que *vous vîtes naître*. » Mais à cette citation s'oppose une autre citation qui la réfute. « Je naquis, dit Bonaparte dans cette même lettre, quand la patrie périssait : trente mille Français vomis sur nos côtes, tel fut le spectacle qui vint frapper mes regards ; les cris des mourants, les gémissements de l'opprimé environnèrent mon berceau. » Or, la patrie corse périssait en 1769, non seulement au mois de mai, lorsque Paoli fut défait au passage du Golo, mais aux mois d'août, de septembre, d'octobre, de novembre, lorsque les

Français se répandaient de toutes parts, et les cris, les gémissements que l'enfant entendit dès sa naissance, sont les cris, les gémissements des Corses qui devaient se soumettre au roi. Si Napoléon était né le 7 janvier 1768, n'eût-il pas dit au contraire que le spectacle de la Corse victorieuse fut le premier qui frappa sa vue, et, selon ses propres expressions, n'est-ce pas en 1768 que les troupes de Chauvelin, battues à Borgo, repoussées dans leurs attaques, durent se renfermer dans les places fortes, sans plus communiquer entre elles que par des frégates de croisière?

On remarque encore qu'en 1794, le 13 mai et le 27 juillet, dans deux pièces, des Corses affirment que Joseph est né à Ajaccio. Mais ces pièces sont de simples certificats d'identité, nullement destinés à fournir des renseignements précis et minutieusement exacts. Il s'agit simplement de constater que Joseph est Corse réfugié, célibataire, âgé de vingt-cinq ans environ, et peut-être semblait-il dangereux de dire qu'il était né à Corte, au centre de l'insurrection paoliste.

On cite aussi l'acte que Napoléon produisit à son mariage et qui le fait naître le 5 janvier 1768 à Ajaccio. Mais on n'y regardait pas de si près sous le Directoire. Ou bien Napoléon voulut se vieillir pour avoir le même âge que Joséphine — qui, de son côté, assure qu'elle naquit en 1767, bien qu'elle soit née en 1763 — et il se servit sciemment de l'acte baptistaire de son aîné. Ou bien les bureaux de la guerre ont délivré par inadvertance une copie de l'acte baptistaire de Joseph. En tout cas, l'officier de l'état civil, ignorant ou pressé, a mal déchiffré la pièce latine qui lui fut présentée : il a lu le 5 janvier pour le 7 et il a fait naître le marié à Ajaccio et non à Corte, parce qu'il n'a pas compris le mot *Curtis* et n'a vu que le mot *Adjacii* qui se rapporte à la patrie des père et mère.

L'objection la plus grave est tirée des actes baptistaires de Joseph. Ils sont au nombre de deux : l'acte de Corte et l'acte d'Ajaccio. Le premier, certifié par le juge royal de Corte, porte que *Nabulion*, né le 7 janvier 1768 à Corte, a été baptisé le lendemain par le curé de la ville. L'autre, certifié par l'archiprêtre d'Ajaccio J.-B. Levie, est une copie du premier, mais on y lit deux prénoms au lieu d'un seul, *Joseph Nabulione*, et évidemment le prénom français *Joseph* a été ajouté après coup. Le problème n'admet qu'une solution. Letizia eut un fils en 1765. Cet enfant mourut peu après, mais vivait encore lorsque naquit Joseph, et, selon la volonté de Charles Bonaparte, il portait le prénom de Joseph, comme aîné de la famille. Le futur roi d'Espagne, étant le cadet lorsqu'il vint au monde, fut donc appelé Napoléon. Plus tard, devenu l'aîné, il reçut le prénom de Joseph, qui fut inséré dans l'acte d'Ajaccio avant le prénom de *Nabulion*.

Enfin, si Napoléon était réellement l'aîné, la chose se serait ébruitée. Joseph disait plaisamment que Napoléon lui avait escamoté le droit d'aînesse. Mais ses frères et ses sœurs l'ont toujours regardé comme l'aîné. Letizia a vu dans Joseph le chef de la famille jusqu'à l'époque où Napoléon se fut mis hors de pair. Lucien n'a pas cessé de lui vouer une affection où il y avait presque autant d'amour filial que d'amitié fraternelle. Louis préférait Napoléon, dont il fut le compagnon et l'élève à Auxonne et à Valence; mais il reconnaissait Joseph comme l'aîné. Napoléon eut souvent des altercations avec Joseph, et, d'ordinaire, il revenait le premier parce qu'il avait pour lui le respect que les Corses portent à l'aîné. Joseph n'a jamais douté de sa naissance à Corte et de son droit de primogéniture. Il aime Corte comme on aime sa ville natale. « J'ai oublié bien des choses, écrivait-il au duc de Padoue, mais non les premières impressions de mon enfance, cette Restonica dont les eaux si pures se mêlent aux flots si bruyants du Tavignano. » En 1796, lorsqu'il passe à Corte, il loge volontiers dans la maison Arrighi où il est né. Fréquemment, dans ses entretiens avec son cadet, son *fratello minore*, il a le ton un peu haut et légèrement hostile, comme s'il voulait maintenir, suivant le mot de Lucien, sa prérogative expirante; il prétend rester l'aîné; il n'abdique pas la première place dans le cercle domestique, ne se laisse pas brusquer et humilier en face sans prendre sa revanche. C'est à lui, comme à l'aîné, que son père mourant recommandait la famille en 1785, et en 1835, dans une lettre à sa mère, Joseph se rendait ce témoignage, qu'il avait, selon son rôle et devoir, fait ce qu'il avait pu pour les siens sans faillir à ses engagements durant un demi-siècle. « Joseph, dit le prince de Canino, avait reçu le dernier soupir de notre père ; il promit de le remplacer auprès de nous, et il tint parole. »

Mais pourquoi tant insister ? L'acte de naissance de Napoléon existe, et, d'après l'usage universel avant la Révolution, c'est son acte de baptême : il a été signé par le parrain, la marraine et le père de l'enfant, ainsi que par l'économe de la paroisse d'Ajaccio, Jean-Baptiste Diamante : il porte qu'en l'an 1771, le 21 juillet, dans la maison paternelle, par permission du révérend Lucien Bonaparte, les saintes cérémonies et prières ont été administrées à Napoléon, *né le 15 août 1769*. Ce seul document suffit.

Les entours de Napoléon enfant sont peu connus. On a toutefois quelques renseignements sur sa grand'mère, sur son oncle et sa tante Paravicini, sur ses cousins Arrighi, Ramolino et Ornano, sur son parrain Giubega, sur sa nourrice Camilla.

La grand'mère paternelle de Napoléon, Maria-Saveria Bonaparte ou, comme on l'appelait ordinairement, minanna Saveria, celle que Napoléon nomme la première dans sa correspondance de Brienne, habita la maison de la rue Saint-Charles jusqu'à sa mort. Sa belle-fille Letizia, qui vivait avec elle en très bonne intelligence, ne lui reprochait que d'être trop indulgente envers ses enfants. Maria-Saveria était si dévote qu'elle se faisait une obligation d'entendre une messe de plus toutes les fois que Letizia relevait de couches : elle finit par entendre neuf messes chaque jour !

La tante maternelle de Napoléon, Gertrude Paravicini, celle qu'il nomme dans ses lettres *zia* Gertrude, était sa marraine. Elle mourut en 1788 sans laisser d'enfant. Active, diligente, et, comme Letizia, virile, elle montait souvent à cheval pour aller visiter les jardins et les terres de la famille, et Joseph raconte qu'elle fut une seconde mère pour ses neveux, que, lorsqu'il revint du continent, elle lui rendit le séjour d'Ajaccio agréable. Une tradition, narrée, il est vrai, par l'imaginatif Lucien dont les *Mémoires* contiennent tant de tableaux romanesques et de portraits de fantaisie, rapporte qu'elle avait été durant la guerre de l'indépendance une héroïne et bien autre chose que Letizia, qu'elle se battait tout de bon, que Charles Bonaparte s'enorgueillissait d'une sœur aussi intrépide, que Paoli l'admirait, que les montagnards, chantant des vers du Tasse, ne manquaient jamais de substituer le nom de Gertrude à celui de Clorinde.

Elle avait épousé Nicolas Paravicini, son cousin. Ce Paravicini avait servi. Le 23 septembre 1785, de l'École militaire de Paris, Napoléon envoyait une lettre de l'oncle Paravicini et un certificat de vie à un drapier de la rue Saint-Honoré, M. Labitte, qui devait retirer en total ou en partie la pension de l'ancien soldat. Nicolas était préposé à l'inscription maritime d'Ajaccio lorsque le conseil général du département de Liamone le nomma, le 24 mai 1804, ainsi que trois autres, Antoine-Louis Arrighi, Ramolino et le conseiller de préfecture Ornano, pour se rendre à Paris et féliciter le premier consul de « son élévation à l'auguste dignité d'empereur des Français ». Napoléon lui donna quelques biens-fonds qu'il avait achetés au cardinal Fesch : des terres situées au delà du Campo dell'Oro dans le domaine de la Confina, et, non loin de là, une partie de l'enclos de la Torre-Vecchia, à charge de faire bâtir un pavillon de la valeur de 20 000 francs sur un monticule formé par de grosses pierres dans le jardin de dame Gertrude sis au delà du couvent de Saint-François. L'oncle Paravicini s'était remarié avec Marie-Rose Pò, et lorsqu'il mourut, le 3 mai 1813, il laissait une fille, Maria-Antonia. Dans son testament, Napoléon se souvint de cette petite-cousine; il désirait qu'elle fût la femme de Drouot; mais elle avait depuis le 9 octobre 1817 épousé Tiburce Sebastiani.

Une tante maternelle de Letizia, Marianna Pietra Santa, mariée à Benielli, d'Ajaccio, avait une fille, Antoinette, qui, en 1774, épousa un docteur ès lois, avocat au Conseil supérieur, Hyacinthe Arrighi de Casanova. Letizia était donc cousine germaine d'Antoinette Arrighi. Elle logea chez les Arrighi lorsqu'elle habita Corte. L'avocat Hyacinthe fut député du tiers état près la cour, et, en 1784, il fit des démarches à Paris pour tirer Napoléon de l'école de Brienne. Aussi son jeune cousin, devenu cadet-gentilhomme, désirait-il avoir l'honneur et le plaisir de l'entretenir : « Si M. de Casanova, lui écrivait-il, est curieux de voir un de ses compatriotes, un de ses parents, en un mot une personne qui lui est attachée, il n'a qu'à se donner la peine de venir jusqu'à l'École militaire ; c'est là qu'il trouvera son très humble et très affectionné serviteur Buonaparte qui lui témoignera de vive voix sa reconnaissance des démarches qu'il a faites pour le placer, et encore de bien d'autre chose. » Hyacinthe fut sous le Consulat préfet du Liamone, sous l'Empire préfet de la Corse et au commencement des Cent-Jours, membre de la junte de gouvernement.

Son fils aîné, Jean-Thomas, cousin issu de germain des fils de Letizia, eut une brillante fortune. Élève, comme Napoléon, des écoles royales militaires, étudiant à l'Université de Pise, il fut emmené par Joseph Bonaparte au quartier général de l'armée d'Italie, à Leoben, et employé à l'état-major. Napoléon devait le faire divisionnaire et duc de Padoue.

Deux autres fils d'Hyacinthe appartinrent également à l'armée : Antoine, aide de camp de Leclerc, mourut à Saint-Domingue en 1802 ; Ambroise, élève à l'École de Fontainebleau, sous-lieutenant au 1er régiment de dragons, fut tué à Vimeiro.

Hyacinthe avait plusieurs frères, dont deux étaient ecclésiastiques : l'un, Antoine-Louis, fut évêque d'Acqui, dans le Piémont ; l'autre, Joseph-Philippe, devint vicaire général de l'île d'Elbe, et Napoléon priait Joseph en 1806 de lui donner un évêché dans le royaume de Naples.

André Ramolino, cousin germain de Letizia, fut successivement commissaire du gouvernement près l'administration centrale du Liamone, commissaire au tribunal d'appel d'Ajaccio, directeur des contributions et des domaines de la Corse, et, bien qu'il eût rejoint Napoléon à l'île d'Elbe, député du département.

Isabelle, fille du Napoléon Bonaparte qui mourut à Corte en 1767, cousine germaine de Charles, avait épousé Louis d'Ornano. Ces Ornano furent très liés avec les Bonaparte, et ce fut chez eux que Joseph descendit en 1796 pendant que les ouvriers remettaient en état la maison paternelle. Isabelle d'Ornano eut, entre autres enfants, Michel-Ange, député du Golo et consul au Maroc; Bramante, conseiller de préfecture de la Corse; Philippe, qui devint maréchal de France.

Un autre Ornano, frère utérin d'André Ramolino et dit le major Ornano, eut de son temps un certain renom. Il suivit Napoléon à l'île d'Elbe et, avant les Cent-Jours, c'était lui qui transmettait aux affiliés de Corse les instructions de l'empereur.

Un homme remarquable, qui touche de près à la famille Bonaparte, est Laurent Giubega. Lorsque Napoléon fut, ainsi que sa sœur Marianna, baptisé le 21 juillet 1771, les deux enfants eurent le même parrain, Giubega, que Charles Bonaparte appelait « amatissimo signor compadre ». Comme Charles, Giubega s'était rallié sincèrement au gouvernement nouveau, et lorsqu'à la tête de la députation des réfugiés du Monte Rotondo, il harangua le maréchal de Vaux : « Puisque l'indépendance nationale est perdue, aurait-il dit, nous nous honorerons d'appartenir au peuple le plus puissant du monde, et de même que nous avons été bons et fidèles Corses, nous serons bons et fidèles Français. » Il fut, au mois de février 1771, nommé greffier en chef des États, et Joseph Bonaparte assure que le rôle qu'il avait joué dans la guerre, son savoir juridique, sa facilité de parole lui valaient l'affection et le respect d'un grand nombre de ses compatriotes. Certains toutefois l'accusaient de déférer servilement à la volonté des commissaires du roi, de rédiger les mémoires et discours de Marbeuf, et d'être l'instrument de l'oppression des Corses. Il représenta le tiers à la première députation que les Etats envoyèrent à Versailles. En 1789 il fut élu aux Etats généraux par la noblesse dissidente de Calvi, et s'il n'obtint pas le droit de siéger dans l'assemblée, s'il ne fut même pas considéré comme suppléant, il eut permission d'assister, dans la tribune des suppléants, aux séances de la Constituante. C'était, disait le gouverneur Barrin, « un citoyen très instruit des affaires de son pays, attaché au service du roi et fort utile par ses connaissances aux principaux administrateurs de l'île ». En mars 1793 il était à Paris et il prédit que Paoli refuserait de se soumettre et de se démettre. Il regagna Calvi, où il était colonel de la garde nationale, et y mourut au mois de septembre suivant : les tragiques événements de la Révolution et surtout l'exécution de Louis XVI l'avaient tellement frappé qu'il aurait perdu la raison.

Son neveu Xavier fut sous-préfet de Calvi et, dans les derniers temps de l'Empire ainsi que sous la première Restauration, préfet de la Corse. Lorsque Napoléon quitta l'île d'Elbe, il nomma Xavier Giubega l'un des douze membres de la junte de gouvernement, puis lui confia de nouveau la préfecture du département. Aussi Giubega fut-il, après les Cent-Jours, comme « homme dangereux et intelligent », envoyé en surveillance à Toulouse pendant deux ans.

Le fils de Xavier, Hyacinthe, obtint une bourse de Napoléon et fit ses études à Paris, au Lycée Impérial. Comme son père, il entra dans l'administration et, lorsqu'il eut sa retraite, il était sous-préfet à Bastia. Il aimait à rappeler qu'un lien de parenté religieuse unissait les Giubega aux Bonaparte.

Il n'y avait dans la maison des Bonaparte qu'une seule domestique ou gouvernante. Ce fut d'abord mammuccia Caterina, qui reçut Napoléon lorsqu'il vint au monde : femme criarde, têtue, pointilleuse, qui se querellait toujours avec la grand'mère Bonaparte, tout en l'affectionnant beaucoup, et qui promenait les enfants, les soignait, les faisait rire.

Puis ce fut la zélée, la dévouée Saveria, que Joseph ramena sans doute de Toscane. Elle suivit partout Mme Letizia ; elle vieillit avec elle ; elle mourut auprès d'elle à la fin de 1825. Lucien la nomme une espèce de perle, et Napoléon, par un décret du 4 décembre 1813, accordait une pension de 1 200 francs à « la dame Saveria, femme du service de Madame, dont elle avait élevé en Corse tous les enfants. »

Mais un personnage plus important peut-être que Saveria, c'est la nourrice de l'empereur, Camilla Ilari. Mme Letizia n'avait pu allaiter Napoléon. Elle dut lui donner une nourrice, Camilla Carbone, femme d'un marinier ajaccien, Augustin Ilari. Cette Camilla portait à Napoléon une sorte de culte et le préférait même à son propre fils. Lorsque le général, revenant d'Égypte, arriva dans la baie d'Ajaccio et vit les nacelles de ses compatriotes se presser joyeusement autour de son vaisseau, il aperçut au milieu de la foule une femme vêtue de noir qui levait les yeux vers lui et criait : *Caro figlio* ; il lui répondit : *Madre*, et au débarquement, Camilla lui tendit une bouteille de lait en lui disant : « Mon fils, je vous ai donné le lait de mon cœur, je n'ai plus à vous offrir que celui de ma chèvre. »

Il se souvint constamment des soins qu'elle lui avait prodigués. Elle assistait à son couronnement, et, durant le séjour qu'elle fit à Paris, elle l'amusa beaucoup par les histoires qu'elle contait en son patois corse d'une façon vive, animée, gesticulante. Camilla fut présentée au pape, à Joséphine, à toute la famille impériale. Joséphine lui donna des diamants, et le pape, sa bénédiction. Mais Pie VII ne cachait pas la surprise qu'elle lui avait causée par ses saillies pleines de bon sens. L'audience dura plus d'une heure et demie. « Pauvre pape, disait Napoléon, il fallait qu'il eût bien du temps de reste ! »

Lui-même dut pourtant consacrer à la nourrice quelques-uns de ses précieux instants. Il lui avait fait cadeau de deux vignes et d'une maison d'Ajaccio acquises par échange de son cousin André Ramolino. Mais Ramolino s'était défait d'une des deux vignes et tenait de sa femme une moitié de la maison. Homme puissant dans la ville et l'un des principaux personnages du département, il engagea des procès contre Camilla, qui fut condamnée à restituer la moitié de la maison et à recevoir 2500 francs pour une vigne qui valait plus du quadruple.

Camilla, ignorant la loi, ne pouvait se défendre. Elle avait un fils, Ignazio, et une fille, Giovanna. Le fils avait été le compagnon de jeux de Napoléon, et l'écolier de Brienne le mentionne, ainsi que Giovanna, dans une de ses lettres; mais Ignazio prit parti pour les Anglais, finit à force de bravoure et d'adresse, et bien qu'il n'eût aucune instruction, par commander une flûte, et ne demanda jamais rien à l'empereur. Giovanna ou Jeanne avait été la sœur de lait de Napoléon : il l'aimait comme sa propre sœur et il tint sur les fonts de baptême la fille qu'elle eut en 1787 de son mariage avec Dominique Tavera.

Cette fille, Faustine, avait épousé le capitaine de chasseurs corses Poli. Elle se rendit à Paris pour dénoncer Ramolino, eut, non sans peine, une audience de son parrain et, une fois admise en présence de l'empereur, tira de lui tout ce qu'elle voulut. Aux Tuileries, en pleine cour, devant l'impératrice, Napoléon, prenant Mme Poli par la main, s'écriait : « Voici ma filleule, Mesdames, dites maintenant qu'il n'y a pas de belles femmes en Corse! »

La conduite de Ramolino avait vivement irrité l'empereur. Quoi! on ne l'avait même pas informé du litige! On ne lui avait pas même demandé à quel titre il faisait cette donation à Camilla! Il consulta sur-le-champ son comité du contentieux; un rapport fut rédigé et Ramolino dut s'exécuter.

Poli ne fut pas oublié. Il était chef provisoire de bataillon et le ministre l'avait nommé capitaine au régiment d'Isembourg ou 2e régiment étranger. Mais Napoléon fit dire par Duroc à Clarke que Poli ne serait pas convenablement placé dans ce régiment, qu'il fallait lui donner en Corse un petit commandement comme celui de Bonifacio. Mme Camilla Ilari, plus ambitieuse et désormais persuadée que la nourrice de l'empereur pouvait tout exiger et tout obtenir, voulait pour le mari de sa petite-fille le commandement d'Ajaccio. Le ministre lui répondit que la fonction n'était pas vacante et qu'elle revenait, selon les règlements, à un colonel. Napoléon comprit qu'il ferait bien de mettre Poli ailleurs que dans sa patrie. Par un décret du 29 juin 1810 il le confirma dans le grade de chef de bataillon et décida de l'envoyer, en qualité de commandant d'armes de quatrième classe, dans une place de l'île d'Elbe, de Toscane ou de Gênes. Les emplois manquaient. Napoléon ordonna le 8 juillet que Poli partirait aussitôt pour Gênes et y attendrait sa destination. Le 23 décembre Poli était commandant d'armes de Gavi.

Il fut un des plus fidèles serviteurs de Napoléon. En 1814, il le rejoignit à l'île d'Elbe. Au début des Cent-Jours, il tenta de soulever la Corse, parut avec une poignée d'hommes devant Ajaccio et Corte, somma les deux places d'arborer le drapeau tricolore. Membre, avec Pieraggi, Biguglia, Antoine Arrighi, Colonna d'Istria et Ortoli, du comité d'exécution désigné par l'empereur, officier d'état-major du duc de Padoue, qui vint alors en Corse avec le titre et les pouvoirs de commissaire extraordinaire, Poli refusa de poser les armes après Waterloo. Il prêta 90 000 livres à Murat, qui lui donna ses diamants en dépôt, et, avec l'aide de Cauro, de Tavera, de l'abbé Renucci, organisa la résistance dans le Fiumorbo. Vainement le marquis de Rivière essaya de le débusquer de ses positions. Ce ne fut que le 26 mai 1816 que cet audacieux Poli, que les royalistes de Corse nommaient le chef des napoléonistes et l'agent incorrigible des Bonaparte, fit sa soumission au lieutenant-général Willot. Mais il avait consolé le prisonnier de Sainte-Hélène. « Vous seul, disaient Bertrand et Montholon à Poli, avez donné quelques minutes de joie à l'empereur; il ne se lassait pas de relire dans les journaux anglais les bulletins de votre guerre. » Il vécut depuis à Sari, fabriquant de la potasse, exploitant le liège de la forêt voisine, faisant le négoce avec Livourne et Marseille.

CHAPITRE III

Brienne.

Enfance de Napoléon. — Légendes. — Giacominetta. — Le fermier des Bonaparte. — Joseph. — La classe de l'abbé Recco. — Départ pour le continent (15 décembre 1778). — Napoléon et Joseph au collège d'Autun. — Admission à l'École royale militaire. — Recommandation de Marbeuf. — Preuves de noblesse. — Séjour de Napoléon à Thoisy-le-Désert, chez les Champeaux. — L'abbé Hemey d'Auberive. — Départ pour Brienne (12 mai 1779). — Les Écoles militaires. — Règlements. — Instructions de Saint-Germain. — Concours. — Le sous-inspecteur général. — Keralio. — Reynaud de Monts. — Ses rapports. — Pont-à-Mousson, Sorèze, Pontlevoy, Rebais, Tiron, Auxerre, Beaumont, Tournon, Effiat, Vendôme, La Flèche. — L'établissement des Minimes de Brienne. — L'enseignement. — Les Berton. — Patrauld. — Pichegru. — Daboval. — Bar et Javilliers. — Courtalon et Léon. — La religion. — Bonaparte à Brienne. — Accès de nostalgie. — Mortification d'amour-propre. — Patriotisme corse. — Paolisme. — Solitude. — Châtiments et dégradation. — Jeux. — Forteresse de neige. — Les pétards de la Saint-Louis. — Caractère de Napoléon. — Ses études. — Les exercices publics. — Les Barral. — Mme de Montesson. — Les Rouillé d'Orfeuil. — Dégoût du latin. — Mathématiques, géographie, histoire. — Plutarque. — Visite de Charles Bonaparte (21 juin 1784) et arrivée de Lucien. — Résolution de Joseph. — Lettre curieuse de Napoléon à Fesch (25 juin 1784). — Son goût pour la marine. — Reynaud de Monts à Brienne en 1783. — Démarches d'Arrighi. — Napoléon se voue à l'artillerie. — Ses plans. — Reynaud le désigne pour l'École militaire de Paris. — Prétendue note de Reynaud. — Montarby de Dampierre, Castres de Vaux, Laugier de Bellecour, Cominges nommés avec Bonaparte (22 octobre 1784). — Départ de Brienne (30 octobre 1784). — Banquet des anciens élèves (21 août 1800). — Napoléon revoit Brienne (3-4 avril 1805, 29 janvier-1{er} février 1814). — Poncet. — Hauté. — Dupré, Istasse, Le Clerc. — Dupuy, Charles, Geoffroy, Haurioa. — Ce que devinrent Patrauld, Bouquet et les deux Berton. — Les camarades. — Les Mailly, Calvet, Jessaint, Bruneteau de Sainte-Suzanne. — Bourrienne. — Nansouty, Gudin, Laplanche-Mortières, Balathier de Bragelonne. — Bonnay de

Breuille, d'Hautpoul, Picot de Moras. — Caulet de Vauquelin, les Courlet de Vrégille, d'Aboville, Lombard de Combles, Jean de Saint-Marcel. — Les Lepère. — La Personne, Deu de Montigny et Villelongue de Novion. — Vaubercey et Boisjoly. — Les émigrés de l'armée de Condé. — Marguenat. — Signier. — Labretesche. — Tressemanes de Brunet. — Montrond. — D'Orcomte. — Protégés de Napoléon : Rey, Longeaux, Champmilon, Béraud de Courville, les Le Lieur de Ville-sur-Arce, La Colombière, Balay de la Chasnée, Bosquillon de Bouchoir, Bétous. — Deux figures curieuses : d'Argeavel et Jean-Charles Bouquet. — La veuve de Keralio. — Le maréchal de Ségur.

L'enfance de Napoléon fourmille d'anecdotes mensongères. Se peut-il qu'à son baptême, moins de deux ans après sa naissance, le 21 juillet 1771, il ait voulu s'agenouiller pendant que le prêtre prononçait sur lui les prières d'usage, et qu'il se soit écrié en voyant l'eau bénite que sa tête allait recevoir : « Ne me mouillez pas » ? Les historiettes abondent sur ses goûts militaires. Il désirait avoir tout ce qu'avaient les soldats, plumet au chapeau, éperons, épaulettes, sabre, tambour, fusil. Un jour il revint joyeux à la maison avec une moustache superbe qu'un sergent lui avait collée au-dessus des lèvres ; il fit donner un écu à ce militaire : « Acceptez, camarade, disait-il, vous boirez à ma santé. » Lorsque passaient les soldats, il courait se placer dans leurs rangs avec une épée et un petit fusil. Il les suivait au champ de manœuvre. Une fois, au grand amusement des officiers, il tint tête à un grenadier qui faisait semblant de se fâcher, lui demanda raison, ôta son habit, se mit en garde ; l'autre reculait, comme s'il avait peur, et l'enfant fondait sur lui en criant qu'il avait un sabre pour punir les offenses. Il possédait, ajoute un de ses biographes, un grand et un petit uniforme d'officier. On lui donna même un canon en fonte avec un affût, et Napoléon, escorté de ses camarades qui le reconnaissaient pour chef, promenait sa pièce à travers la ville. Il commandait les enfants d'Ajaccio et les conduisait souvent contre les *borghigiani* ou enfants du faubourg. Ce ne furent pendant plusieurs mois que défis, que combats, qu'embuscades, que brusques attaques sur les flancs et par derrière. Napoléon ne cessait d'inventer des stratagèmes et il avait projeté d'attirer ses adversaires du côté des salines, sur le sable, où, en certains endroits, il aurait caché des pierres.

Faut-il croire à ces légendes que le bon Nasica raconte sérieusement? Mme Letizia donner un écu de pourboire, acheter de ses deniers un grand et un petit uniforme, un canon, une épée et des jouets coûteux! Il vaut mieux la laisser parler elle-même sur ces premières années de Napoléon. Elle avait, dit-elle, démeublé une vaste chambre où ses enfants s'amusaient à leur gré dans les heures de récréation ou de mauvais temps. Les autres sautaient, dansaient et barbouillaient des pantins sur le mur; Napoléon battait du tambour, maniait un sabre de bois, dessinait des soldats rangés en ordre de bataille. Il aimait le travail par-dessus tout et avait déjà le goût des chiffres. Les sœurs ou béguines qui lui apprirent à lire et à compter, le nommaient le mathématicien. Elles affectionnaient le bambin et le régalaient de confitures. Un jour qu'il les rencontra sur la place Saint-François, il courut vers elles, en criant : « Qui veut savoir où est mon cœur, le trouvera dans le sein des sœurs », et la grosse sœur Orto dut, pour le faire taire, lui donner des douceurs. Il fut mis ensuite à l'école dite des jésuites. Tous les matins, il emportait un morceau de pain blanc pour son déjeuner; mais il fit connaissance d'un soldat et chaque jour échangea son pain blanc contre du pain de munition. Sa mère le réprimanda : « J'aime mieux le pain de munition, répondit-il, et je dois en prendre l'habitude puisque je serai soldat. » A l'âge de huit ans, ajoute Letizia, il avait une telle passion pour l'arithmétique qu'on lui bâtit sur le derrière de la maison une espèce de chambrette en planches où il se retirait tout le jour pour n'être pas troublé dans ses calculs. Sur le soir, il sortait et marchait par les rues, distrait, négligé dans sa toilette, oubliant de remonter ses bas qui lui tombaient sur les talons, et, comme il avait une petite amie nommée Giacominetta, ses camarades l'accompagnaient en fredonnant :

Napoleone di mezza calzetta
Fa l'amore a Giacominetta.

« Napoléon à mi-chaussette fait l'amour à Jacquelinette ». Il se fâchait parfois et se jetait sur les railleurs, leur lançant des cailloux ou les menaçant d'un bâton et ne comptant jamais ses adversaires ; heureusement il se trouvait toujours quelqu'un pour mettre le holà. En 1777, à la fête du 5 mai, le fermier des Bonaparte vint à la ville avec deux jeunes et vigoureux chevaux. Lorsqu'il partit, Napoléon enfourcha l'une des bêtes et, prenant le galop, devança le paysan, qui lui criait vainement de s'arrêter. Il arriva de la sorte chez le fermier et descendit de sa monture en riant de la frayeur qu'il avait causée. Avant de rebrousser chemin, il examina très attentivement le mécanisme d'un moulin, questionna le bonhomme, lui demanda quelle était la quantité de blé moulu pendant une heure, et, après un instant de réflexion, lui dit que le moulin devait moudre tant en un jour et tant en une semaine. Le calcul était exact, et, lorsque le fermier ramena Napoléon à sa mère, il déclara que le monsieur deviendrait le premier homme du monde si Dieu lui faisait longue vie.

Au témoignage de Letizia se joignent les témoignages de ses fils.

Napoléon avoue que son caractère impérieux perçait déjà et qu'il avait l'humeur turbulente, querelleuse, agressive. Il ne craignait personne, frappant l'un, égratignant l'autre, insupportable à tous par ses algarades. Joseph était son souffre-douleur. Napoléon s'amusait à le mordre, à le battre, et l'aîné avait à peine eu le temps de se remettre et de se reconnaître que le cadet, vif, alerte, extrêmement preste, se plaignait à sa mère, accusait son frère d'avoir commencé.

Joseph, de son côté, raconte que les deux enfants allèrent, avant de partir pour le continent, dans une classe tenue par un abbé Recco, à qui Napoléon devait léguer une somme de 20 000 francs. Les élèves, divisés en Romains et en Carthaginois, étaient assis vis-à-vis les uns des autres sous un immense drapeau, ici, le drapeau de Carthage, là, le drapeau de Rome, qui portait les initiales S. P. Q. R. Joseph, comme l'aîné, était à côté du professeur, sous le drapeau romain. Napoléon, dépité de se trouver sous le drapeau de Carthage, qui n'était pas celui du vainqueur, obtint à force d'instances de passer dans le parti contraire, et Joseph se prêta de bon cœur au changement.

Charles Bonaparte avait, non sans raison, décidé que Joseph serait prêtre et Napoléon soldat. Marbeuf lui promettait pour le cadet une bourse dans une École royale militaire et pour l'aîné un des bénéfices ecclésiastiques dont disposait son neveu Yves-Alexandre de Marbeuf, évêque d'Autun et depuis 1777 ministre de la feuille. Sur le conseil de son protecteur, Charles résolut de placer les deux enfants au collège d'Autun : Joseph y ferait ses études classiques; Napoléon y resterait quelques mois pour apprendre un peu de français.

Le 15 décembre 1778, l'élégant gentilhomme, qui se rendait en cour, comme on disait, et portait à Versailles les vœux de la noblesse corse, s'embarquait pour Marseille. Il emmenait, outre Joseph et Napoléon, son beau-frère Fesch, qui venait compléter ses études de théologie au séminaire d'Aix, et le cousin Aurèle Varese, nommé sous-diacre de l'évêque Marbeuf. Quinze jours plus tard, le 1er janvier 1779, les deux Bonaparte entraient au collège d'Autun.

Cette école était, depuis l'abolition de l'ordre des Jésuites, dirigée par des prêtres séculiers. Les deux frères furent confiés à l'abbé Chardon, qui se chargea de leur donner des leçons de français et qui devait recevoir de Joseph, avec le titre de chanoine du roi d'Espagne, une pension annuelle de 4 000 francs. L'aîné fit sur les professeurs de l'établissement une favorable impression; doux et un peu timide, reconnaissant envers ses maîtres, prévenant, dépourvu d'ambition, gai, mais d'une gaieté tranquille et nullement tapageuse. Napoléon au contraire était pensif et sombre; il avait l'air d'un mécontent; il ne se mêlait guère aux divertissements, et presque toujours il se promenait seul. On le taquina; on lui assura que les Corses étaient lâches puisqu'ils se laissaient asservir; il essuya le propos avec flegme, puis tout à coup, allongeant le bras et gesticulant : « Si les Français avaient été quatre contre un, répondit-il, ils n'auraient jamais eu la Corse; mais ils étaient dix contre un. » Il avait de meilleures dispositions que Joseph. On trouva qu'il apprenait et comprenait avec facilité. En trois mois il sut assez de français pour converser avec aisance et traduire sans trop de fautes de petits exercices. Lorsque l'abbé Chardon lui donnait une explication, il le regardait les yeux grands ouverts et la bouche béante; mais si l'ecclésiastique revenait sur la leçon pour la résumer et la récapituler, Napoléon ne l'écoutait plus, et aux reproches que lui valait son inattention, il répliquait froidement : « Monsieur, je sais déjà cela. » Le ton impérieux qu'il avait parfois, faisait dire qu'il était et serait ambitieux.

Pendant que Napoléon s'exerçait au collège d'Autun à lire et à écrire en français, son père obtenait son admission à l'École royale militaire de Brienne. D'après la déclaration du 24 août 1760 et le règlement du 28 mars 1776, les parents qui proposaient leurs enfants aux écoles militaires, devaient prouver qu'ils ne pouvaient se passer des secours du roi, et envoyer un certificat de pauvreté, signé par l'intendant de la généralité ou par le premier juge royal, par deux gentilshommes voisins de leur domicile, par le gouverneur ou le commandant de la province et par l'évêque diocésain. Dès 1776, Charles Bonaparte avait fourni cette attestation, signée par deux nobles ajacciens, Annibal Folacci et Pierre Colonna d'Ornano, par l'avocat Demetrio Stephanopoli, faisant fonction de juge, et par le subdélégué Ponte. Ces quatre personnages certifiaient que Charles, quoique gentilhomme, était pauvre, qu'il n'avait guère d'autre fortune que ses appointements d'assesseur et ne pouvait donner à ses enfants l'éducation proportionnée à sa naissance.

Mais à ce certificat devait s'ajouter une recommandation puissante. Sur les listes qu'ils soumettaient à la signature du ministre, les bureaux notaient toujours avec soin le nom du personnage influent qui appuyait la requête, et le ministre ne manquait jamais de faire écrire à ce personnage une lettre ainsi conçue : « Le roi a bien voulu comprendre M. *** que vous m'aviez recommandé, dans le nombre des jeunes gentilshommes qui doivent être admis cette année dans les Écoles royales militaires et je vous prie de croire que c'est avec bien du plaisir que j'ai concouru au succès d'une demande à laquelle vous preniez intérêt. » C'est ainsi que devinrent élèves du roi ou boursiers Souchet d'Alvimart, Gassot de Rochefort, Charrier de Fléchac, Foucault de Malambert, Duroc, recommandés l'un par Monsieur, l'autre par la comtesse de Flamarens, le troisième par la comtesse d'Adhémar, le quatrième par le comte de Jumilhac, le cinquième par le comte de Schomberg. Des camarades de Napoléon à Brienne et à Paris avaient pareillement un patron : le comte de Stainville sollicitait pour Laugier de Bellecour ; la maréchale de Richelieu, pour Montarby de Dampierre ; le ministre Vergennes, pour Belchamp et Vaugrigneuse ; le marquis de Courtenveaux, pour Pierre-Joseph de Villelongue ; le comte de Vintimille ainsi que le marquis de Vogüé, pour Gautier de Saint-Paulet ; le comte d'Haussonville, pour Legras de Vaubercey ; le maréchal de Broglie, pour Gréaume. Les enfants de l'île de Corse qui furent portés, comme on disait, sur la feuille du roi et reçus après Bonaparte dans un des collèges militaires, eurent besoin des mêmes protections, et les « états des élèves admis au prochain travail des écoles » marquent que Buttafoco était particulièrement recommandé par M. de Narbonne-Fritzlar ; Matra, par le comte de Marbeuf, le marquis d'Arcambal et l'évêque d'Autun ; Balathier de Bragelonne, par Marbeuf et Boucheporn ; Ornano, par le comte d'Angiviller et le maréchal de camp d'Ornano ; Arrighi, par le ministre de la guerre et Mme la maréchale de Castries.

Ce fut le comte de Marbeuf qui recommanda Napoléon au ministre de la guerre. Par deux fois, en 1778, il écrit en faveur de l'enfant. Une première fois, — dans une lettre qui prouve manifestement que Charles Bonaparte n'a pas commis de faux et n'avait aucun intérêt à intervertir les dates de naissance de ses enfants — il prie le ministre de bien remarquer que l'aîné des Bonaparte paraît se destiner à l'état ecclésiastique, que c'est le cadet, Napoléon, qui doit être agréé de préférence pour les Ecoles militaires, et on lui répond le 19 juillet qu'on a « tenu note » de son observation. Une seconde fois, il demande si le jeune Napoléon est nommé, et on lui répond le 29 octobre qu' « il n'y a pas eu de nomination pour les Écoles militaires depuis qu'on lui a écrit au sujet du fils de M. Bonaparte ».

Mais la recommandation de Marbeuf était d'un grand poids. Le 31 décembre 1778, la veille du jour où il entrait à Autun, Napoléon de Bonaparte fut inscrit sur l'état des élèves que le ministre proposait d'admettre dans les Écoles royales militaires. A côté de son nom, quatre mots : *trois enfants, sans fortune*, résumaient les titres de son père à la faveur du roi. Sur la même liste se trouvaient trois enfants, Le Picard de Phélipeaux, Alexandre Desmazis, Le Lieur de Ville-sur-Arce, qui furent depuis les condisciples de Napoléon. Ils étaient notés ainsi : Phélipeaux, *un enfant, cinq cents francs de rente*; Desmazis, *deux enfants, sans revenu*; Le Lieur, *cinq enfants, sans revenu*.

Nommé par Sa Majesté pour être reçu aux Écoles militaires, Napoléon devait encore faire ses preuves de noblesse par devant d'Hozier de Sérigny, généalogiste et historiographe des ordres du roi. Présenter, comme on disait, quatre degrés du côté du père, telle était la règle stricte, absolue, inviolable, et Senarmont, le grand artilleur, le héros de Friedland, dut payer pension à l'École militaire de Vendôme, et malgré la recommandation du prince de Condé, n'obtint pas la bourse, parce qu'il ne put prouver les quatre degrés. Charles Bonaparte produisit un certificat des principaux nobles d'Ajaccio qui témoignait que la famille Bonaparte avait toujours été au nombre des plus nobles, un arrêt du Conseil supérieur de Corse qui la déclarait noble de noblesse prouvée au delà de deux cents ans, des lettres patentes de l'archevêque de Pise qui reconnaissaient à Charles Bonaparte le titre de noble et de patrice. Le 8 mars 1779, une correspondance s'engageait entre d'Hozier et le gentilhomme corse. Le nom de Ramolino, demandait le juge d'armes de France, était-il nom de famille ou de baptême? Charles Bonaparte portait-il aussi le prénom de Marie? Pourquoi employait-il dans sa signature la particule *de* qui ne se trouvait pas dans les actes? Pourquoi signait-il Buonaparte et non, comme dans l'arrêté du Conseil supérieur de Corse, Bonaparte? Enfin, comment pouvait-on traduire Napoleone en français? Charles répondit aussitôt à ces questions : Ramolino était le nom de famille de sa femme; lui-même avait pour prénoms Charles-Marie; il employait la particule, mais ce n'était pas l'usage en Italie; il écrivait son nom *Buonaparte*; enfin il ne pouvait traduire en français le prénom Napoleone, qui était italien.

Sur ces entrefaites, le 23 janvier 1779, Napoléon avait été désigné par les bureaux de la guerre pour l'École royale militaire de Tiron, où deux années auparavant étaient entrés deux autres enfants corses, Galloni d'Istria et César-Joseph-Balthazar de Petriconi. Mais bientôt, soit sur les instances de Charles Bonaparte, soit parce que de nouvelles vacances s'étaient produites, cette désignation fut changée et Napoléon admis à Brienne.

Il partit d'Autun le 21 avril, après y avoir passé trois mois et vingt jours. Sa pension coûta 111 livres 12 sols 8 deniers. Il devait se séparer de son aîné, qui demeura cinq ans encore au collège d'Autun pour achever ses humanités. Joseph était tout en pleurs. Napoléon ne versa qu'une larme, qu'il tâcha vainement de dissimuler; mais, comme disait le préfet des études, l'abbé Simon — que Joseph fit nommer plus tard évêque de Grenoble — cette larme de Napoléon prouvait sa douleur autant que toutes les larmes de Joseph.

L'enfant fut confié à M. de Champeaux, ancien capitaine au régiment de Nice et seigneur de Thoisy-le-Désert. Ce M. de Champeaux avait obtenu, grâce à l'évêque Marbeuf, une bourse à l'École royale militaire de Brienne pour son troisième fils, Jean-Baptiste-Lazare, qui faisait, comme Napoléon, ses premières classes à Autun. Il emmena Bonaparte avec son fils.

Qu'advint-il ensuite? Les uns disent que M. de Champeaux conduisit les deux élèves à Brienne, qu'il y trouva Charles Bonaparte qui depuis cinq ou six jours attendait Napoléon, que l'entrée du jeune Corse à l'École royale militaire date du 25 avril 1779. Les autres assurent que Napoléon resta trois semaines chez M. de Champeaux, au château de Thoisy-le-Désert. D'autres ajoutent que ce fut le grand vicaire de l'évêque Marbeuf, l'abbé Hemey d'Auberive, qui mena Bonaparte à Brienne.

Le mieux est de croire sur ce point Napoléon, qui, dans une note intime de son adolescence, écrit qu'il est parti pour Brienne le 12 mai. Il a donc été reçu le 14 ou le 15 mai à l'École royale militaire, et cette date paraît d'autant plus certaine que deux de ses condisciples, deux boursiers, La Colombière et Frasans, entrent le 10 mai à Brienne. Du 21 avril au 12 mai Napoléon a passé son temps à Thoisy-le-Désert. Son compagnon, Jean-Baptiste-Lazare de Champeaux, qui ne laisse plus aucune trace, est sans doute tombé malade. Il a fallu, pour mener Napoléon à Brienne, que l'abbé Hemey d'Auberive vînt exprès d'Autun à Thoisy-le-Désert.

Bonaparte se rappelait l'abbé Hemey. Lorsqu'il fit le Concordat, il offrit à Hemey l'évêché de Digne, puis l'évêché d'Agen. L'abbé refusa pour se consacrer entièrement à l'étude : la magie, la verrerie, l'histoire ecclésiastique, la grande édition de Bossuet qu'il préparait avec l'abbé Caron, tout cela l'intéressait plus que l'administration d'un diocèse.

Quant aux Champeaux, royalistes fervents, ils ne voulurent rien devoir à Napoléon. On connaît deux frères aînés de Jean-Baptiste-Lazare de Champeaux. L'un, Louis-Philibert, qui sortit de l'école de Brienne en 1779, fut lieutenant au régiment de Rouergue, servit durant l'émigration aux mousquetaires de la garde du roi, dans la cavalerie noble, dans le régiment des grenadiers de Bourbon, et obtint de la Restauration la retraite de chef de bataillon. L'autre, Étienne, capitaine au régiment de Rouergue, s'enrôla, comme son cadet Louis-Philibert, à l'armée de Condé, et reçut le 18 mars 1797 la croix de

Saint-Louis. Il se signala pendant les Cent-Jours. Dès qu'il sut le débarquement de Napoléon, il quitta ses foyers, arrêta de sa main à Auxerre le général Ameil, gagna Paris, où il se fit inscrire à la compagnie écossaise des gardes du corps, escorta Louis XVIII jusqu'à Gand, revint en Bourgogne, et, au bout de quinze jours, émigra, dit-il, « pour la seconde fois, au milieu des baïonnettes de l'usurpateur ». En 1816, il était lieutenant de roi à Nancy.

Louis XVI avait, sur le conseil du ministre de la guerre Saint-Germain, chargé spécialement douze collèges ou pensions, Sorèze, Pontlevoy, Rebais, Tiron, Auxerre, Beaumont, Tournon, Effiat, Vendôme, La Flèche, Pont-à-Mousson et Brienne, d'élever une portion de ses sujets. Les Bénédictins dirigeaient les écoles de Sorèze, de Pontlevoy, de Rebais, de Tiron, d'Auxerre et de Beaumont-sur-Auge; les Oratoriens, les écoles de Tournon, d'Effiat, de Vendôme et de La Flèche; les chanoines réguliers du Sauveur, l'école de Pont-à-Mousson; les Minimes, l'école de Brienne. Le règlement du 28 mars 1776 déterminait la disposition et la formation de ces collèges. Ils dépendaient du ministre de la guerre, qui en exerçait la surintendance. 600 enfants de la pauvre noblesse y recevaient leur instruction aux frais du roi. Il y en avait 50 au moins et 60 au plus dans chaque établissement. Le monarque payait pour chacun une pension annuelle de 700 livres, versée d'avance par trimestre. Moyennant ces 700 livres, les ordres et congrégations s'engageaient à loger les élèves chacun dans une chambre ou cellule séparée, à leur affecter pour les surveiller plus facilement un bâtiment ou une partie de bâtiment qu'ils occuperaient seuls, à les nourrir, à les habiller, à leur enseigner l'écriture, les langues française, latine et allemande, l'histoire et la géographie, les mathématiques, le dessin, la musique, la danse, l'escrime. N'étaient exceptés de la dépense des collèges que la première fourniture des effets, les frais d'arrivée et le port des lettres adressées aux élèves. Le reste était à la charge de l'école : livres, papier et plumes, encre et poudre, instruments de mathématiques et de musique, fleurets, prix, récompenses, et même les menus plaisirs, fixés à vingt ou quarante sous par mois selon que l'élève avait moins ou plus de douze ans; — il est vrai qu'une décision du 27 juin 1783 supprima ce dernier article comme inutile et interdit tout *argent de poche* ou de *petite dépense*.

Le règlement portait que le roi voulait donner aux enfants de la noblesse le plus précieux avantage de l'éducation publique, les mêler avec les enfants des autres classes, ployer leur caractère, étouffer l'orgueil qu'ils confondaient trop aisément avec l'élévation, leur apprendre à considérer sous un point de vue plus juste tous les ordres de la société. Aussi les supérieurs de ces douze collèges devaient-ils recevoir au moins autant de pensionnaires que de boursiers, et envoyer chaque trimestre au ministre de la guerre, en même temps que l'état de situation des élèves du roi, un état du nombre des pensionnaires. Boursiers et pensionnaires vivaient ensemble, sans qu'il y eût entre eux aucune différence; ils avaient le même uniforme; ils étaient soumis à la même discipline, aux mêmes règles, aux mêmes méthodes d'instruction.

Les élèves du roi entraient dans les collèges à l'âge de huit ou neuf ans. Ils n'étaient reçus que s'ils savaient lire et écrire, et, le jour même de leur arrivée, ils subissaient un examen sur ces deux points. Ils devaient rester au moins six années à l'École militaire, et durant ce temps ils ne pouvaient, sous quelque prétexte que ce fût, aller chez leurs parents, même dans le voisinage. Pareille loi était imposée aux pensionnaires. Une fois inscrits sur les registres, ils ne sortaient plus du collège, à moins que leur instruction ne fût terminée ou que leur famille ne voulût les reprendre tout à fait.

Mais les règlements ne sont pas inflexibles. Dans des cas d'extrême nécessité, ou sur les pressantes recommandations de personnages influents, le ministre accordait un congé. Au mois de juin 1783, il autorisait un élève du roi, camarade de Bonaparte, Rigollot, dont le père, maréchal de camp, était sur le point de mourir, à quitter l'établissement : « La défense, disait-il, ne peut subsister en pareille circonstance. » La même année, à la fin du cours d'études, il donnait des congés à d'Hennezel, de Pont-à-Mousson, à Pasquier, de La Flèche, à Vesc, de Tournon, et à des pensionnaires de Sorèze, Carrière, d'Espagne, La Sabathie, Du Laurens, Marin, qui devaient, par ordonnance des médecins, vivre quelque temps en pleine campagne ou prendre les eaux de Cauterets ou de Barèges. Il permettait au neveu du comte de Puységur d'aller chez son père, au fils du comte de La Salle chez sa mère, au fils de Mme de Grivel, chez son parent, l'évêque du Mans, durant une partie des vacances. Un pensionnaire de Vendôme, Quinemont, passait huit jours chez sa tante, Mme du Vernage, « pour y faire les remèdes dont il avait besoin ». Un autre pensionnaire de Vendôme, Sourdon, sortait toutes les fois qu'il était demandé par sa tante, Mme de Monestié, amie de la comtesse de Rochambeau. Mais le ministre était avare de semblables faveurs. Dès qu'il sut que le jeune Vesc n'était pas malade, il déclara sa permission non avenue, et lorsque Casabianca exprima le désir que son fils Luce pût quitter Effiat pour respirer l'air natal, on lui répondit que l'enfant se portait très bien et resterait à l'École.

En somme, les élèves des Écoles militaires ne jouissaient d'aucun congé. Mais pendant les vacances, du 15 septembre au jour de la Toussaint, ils n'avaient chaque jour qu'une seule classe, qu'ils employaient à revoir les matières de l'année ; leurs récréations étaient longues, et leurs études courtes ; ils faisaient des excursions qu'on nommait les grandes promenades et qui duraient du matin jusqu'au soir.

Les instructions confidentielles données par Saint-Germain aux supérieurs des Écoles royales militaires étaient très sages, et on les lit volontiers, avec une curiosité sympathique, à notre époque où s'ébauchent tant de programmes d'éducation et où sévit, comme au dernier siècle, la manie enseignante. Que l'élève, dit le ministre, s'accoutume à s'habiller lui-même, à tenir ses effets en ordre et à se passer de toute espèce de service domestique; qu'il ait jusqu'à douze ans les cheveux coupés ras, qu'il les laisse croître ensuite et les arrange en queue, non en bourse, qu'il les fasse poudrer seulement les dimanches et fêtes. Qu'il ait une simple couchette avec une paillasse et un matelas, et même dans la saison la plus rigoureuse, à moins qu'il ne soit d'une constitution très délicate, une seule couverture. Puisque la plupart des élèves du roi se préparent au métier des armes et passeront par les grades subalternes, puisqu'ils vivront nécessairement dans une médiocre aisance, ne faut-il pas leur donner une éducation vigoureuse et rude qui leur fera paraître le reste de leur carrière doux et facile? Qu'on façonne donc des corps robustes. Que les élèves cultivent les jeux et surtout ceux qui sont propres à augmenter la force et l'agilité. Qu'ils aient dans leurs mouvements la plus grande liberté. N'ont-ils pas, à leur âge, besoin d'exercice, et resteront-ils, les pauvres petits, assis plusieurs heures de suite? La France, qui veut former des hommes d'action, doit-elle contraindre leur enfance? Pourtant, Saint-Germain ne juge pas la danse, l'escrime et la musique très utiles. Il les regarde comme des objets de dissipation et souhaite qu'on les enseigne pendant les récréations : doit-on faire une occupation sérieuse de choses qui ne seront dans la vie de l'homme qu'un délassement, et ne convient-il pas de montrer d'abord aux enfants la différence entre les études de devoir et les études d'agrément? Ayons avant tout des esprits éclairés et des cœurs honnêtes. Saint-Germain désire donc que tous les collèges adoptent le catéchisme de l'abbé Fleury. Il désire que l'enseignement de la langue allemande soit plus usuel que logique, que les élèves aient des domestiques d'outre-Rhin, qu'ils parlent entre eux l'idiome germanique. Il désire qu'ils apprennent le latin, mais qu'ils se bornent à comprendre les auteurs classiques et n'aillent pas plus loin, qu'ils ne perdent pas leur temps aux vers et aux amplifications de rhétorique. Il désire que les enfants « lient ensemble et mènent de front » l'étude de l'histoire et celle de la géographie, qu'ils se servent de globes et de cartes pour savoir la géographie, qu'ils aient chacun le petit atlas portatif de Robert de Vaugondy, qu'ils lisent fréquemment les biographies des grands hommes et notamment les *Vies* de Plutarque, qu'ils nourrissent leur mémoire des « belles scènes historiques » du théâtre français. Il désire que les disciples des Oratoriens, des Bénédictins et des Minimes connaissent les mathématiques, mais qu'ils ne sachent que l'essentiel, ce qui est nécessaire à l'intelligence de l'art militaire. Qu'on les mette au dessin; mais, dès qu'ils auront acquis l'habitude de manier le crayon et fait quelques progrès en géométrie, qu'on les dirige aussitôt vers le paysage, la fortification, la castramétation et la topographie militaire. Qu'on leur enseigne la morale et la logique, mais en débarrassant l'une et l'autre des superfluités métaphysiques. Qu'on les punisse parfois, mais qu'on ne les frappe pas : les coups dérangent la santé, flétrissent l'âme et dépravent le caractère. Qu'on les prive de leurs plaisirs, qu'on les empêche de jouer, d'aller en promenade, de manger avec leurs camarades; qu'on leur inflige quelque marque humiliante sans abuser pourtant de ces moyens de mortification pour ne pas les familiariser avec la honte.

Lorsqu'ils avaient passé six ans au collège et terminé leur éducation, les élèves du roi étaient placés en qualité de cadets-gentilshommes dans les troupes de Sa Majesté, et destinés à remplir les emplois de sous-lieutenant qui viendraient à vaquer. Saint-Germain avait résolu de ne les nommer qu'après un concours annuel. Ce concours se ferait dans les premiers jours de septembre, au collège de Brienne, le plus central du royaume, en présence d'un inspecteur ou d'un sous-inspecteur des Écoles militaires, aidé de deux examinateurs. Les boursiers qui ne mériteraient pas d'être admis cadets-gentilshommes, resteraient à Brienne pour y subir l'année suivante une seconde épreuve. Les quatre premiers auraient une pension de 150 ou de 100 livres jusqu'à ce qu'ils fussent capitaines. Des médailles seraient distribuées aux maîtres selon le succès de leurs disciples. Mais ce concours n'eut jamais lieu, et l'instruction annoncée par le roi sur la méthode des examens ne parut pas. Il sembla sans doute difficile, sinon impraticable, de conduire à Brienne les élèves des autres collèges, de les y loger pendant les concours et de les répartir ensuite dans l'armée. Les boursiers sortirent donc des Écoles militaires sans examen. Mais on remarqua bientôt qu'à l'exception de ceux qui se vouaient à la marine, au génie et à l'artillerie, ils étaient tous des sujets médiocres ou passables. Pourquoi auraient-ils étudié, puisqu'ils étaient certains d'être placés à leur quinzième année? Un règlement du 4 novembre 1780 décida qu'ils seraient très sévèrement examinés sur tous les objets d'enseignement et qu'ils ne recevraient leurs lettres de cadet-gentilhomme que sur le rapport d'un inspecteur; s'ils n'étaient pas dignes de cette grâce, ils resteraient au collège un an de plus pour continuer leurs études et se préparer à un second examen; s'ils étaient jugés incapables, ils seraient rendus à leur famille, qui viendrait les chercher à ses propres frais.

Les Écoles militaires devaient être, suivant une ordonnance du 25 mars 1776, visitées au moins une fois chaque année par des officiers que distinguaient leur rang et leur mérite. Le roi avait donc créé un inspecteur général et un sous-inspecteur général des Écoles. La première place ne pouvait être donnée qu'à un officier général, et la seconde qu'à un colonel ou lieutenant-colonel. L'inspecteur fut, jusqu'à la Révolution, le marquis de Timbrune-Valence; mais sa grandeur l'attachait à Paris. Le sous-inspecteur faisait la tournée, qui durait du mois de mai au mois de septembre. Il suivait chaque année le même itinéraire : de Paris à Beaumont, de Beaumont à La Flèche, de La Flèche à Tiron, de Tiron à Vendôme, de Vendôme à Pontlevoy, de Pontlevoy à Sorèze, de Sorèze à Tournon, de Tournon à Effiat, d'Effiat à Auxerre, d'Auxerre à Rebais, de Rebais à Brienne, de Brienne à Pont-à-Mousson, de Pont-à-Mousson à Paris. Dix jours étaient consacrés à la visite de chaque établissement.

Deux hommes, le chevalier de Keralio, puis le chevalier Reynaud de Monts, remplirent les fonctions de sous-inspecteur. Tous deux, lorsqu'ils reçurent leur nomination, avaient rang de colonel; tous deux devinrent ensuite brigadiers et maréchaux de camp, et purent être regardés comme des officiers généraux de fortune; mais, remarquait Reynaud, eût-on trouvé des colonels de grand nom ou de riche patrimoine qui se seraient dévoués à ce travail pénible et assujettissant de l'inspection?

Agathon de Guynement, chevalier de Keralio, s'était signalé par sa bravoure au siège de Prague et à la bataille de Coni ainsi que par le zèle qu'il déploya dans la levée et l'instruction d'un bataillon d'Anjou. Il avait trois frères : l'aîné, Auguste-Guy, colonel et gouverneur de l'infant de Parme Ferdinand dont Condillac fut le malheureux précepteur, et deux cadets, l'un, Alexis-Célestin, lieutenant-colonel du régiment d'Auvergne, et l'autre, Louis-Félix, major, traducteur des règlements de l'infanterie prussienne, auteur de *Principes de tactique*, membre de l'Académie des inscriptions. Lorsqu'en 1761 le duc de Deux-Ponts pria Choiseul de lui donner un Français pour éduquer son neveu, le choix du ministre tomba sur Agathon de Keralio. A son retour, en 1773, Keralio reçut la place de sous-inspecteur des Écoles royales militaires. Il fut quelquefois sévère envers des élèves du roi qu'il trouvait moins avancés que les plus jeunes de leurs camarades. Après son inspection de 1782, il renvoyait de La Flèche La Lobbe et Bedée, et remplaçait Bellot à Pontlevoy par un autre Bellot plus studieux que son frère. Mais c'était un très brave homme, qu'on avait surnommé le bon chevalier. Il ne cachait pas son émotion lorsqu'il assistait à une distribution de prix, et Napoléon conte qu'il aimait les enfants, jouait avec eux après les avoir interrogés et retenait à sa table ceux qui lui avaient plu davantage.

Reynaud de Monts était plus rude. Après avoir dirigé l'École de cavalerie de Metz, il commandait les dragons de Penthièvre comme mestre de camp en second, et il se piquait de n'avoir jamais fait que son métier, d'exercer lui-même son régiment, de ne profiter d'aucun semestre, et d'être un des rares officiers qui fussent toujours présents à leur corps, d'un bout de l'année à l'autre. Le 1er juin 1783, il remplaçait Keralio et devenait sous-inspecteur des Écoles militaires dont il ignorait jusqu'alors l'existence. Mais il passait pour « vertueux » et « instruit ». On disait qu'il avait « beaucoup travaillé et cherché à être utile ». Le ministre Ségur le déclarait « digne de cette place de confiance, par son mérite et ses talents », et un élève des Écoles militaires rapporte que Reynaud était un officier loyal qui devait son avancement à ses propres qualités et à la réputation universelle d'une conduite irréprochable.

Le sous-inspecteur général s'assurait de la vocation des élèves du roi. Il envoyait au collège de La Flèche ceux qui, vers l'âge de quatorze ou de quinze ans, désiraient devenir prêtres ou magistrats, et c'est ainsi que des boursiers de Brienne, camarades de Bonaparte, Courlet de Vrégille cadet, Aymar de Franchelins de Montval, Thumery, Charles-François d'Hennezel de Gémenaincourt furent transférés à La Flèche parce qu'ils annonçaient des dispositions pour l'état ecclésiastique; c'est ainsi que le père d'un grand poète, Musset de Patay, fils d'un ancien major du régiment de Chartres-infanterie et élève du roi à Vendôme, fut admis à La Flèche parce qu'il montrait un goût décidé pour le métier de prêtre. Il signalait au ministre ceux qui avaient la vue trop basse pour être officiers. Il désignait ceux qui lui semblaient capables, au bout de six ans d'études, d'être placés dans les régiments. Il faisait passer plusieurs élèves des Écoles militaires de province ou des petites écoles à la grande École de Paris, où ils entraient comme cadets-gentilshommes, recevaient leur brevet de sous-lieutenant et complétaient leur éducation.

C'était donc lui qui donnait aux boursiers les notes de sortie. Keralio les faisait brèves et un peu sommaires. Reynaud les rédigeait longuement et avec détail. Quelle est la taille de l'écolier? Est-il d'un physique gracieux? Sa figure a-t-elle été maltraitée par la petite vérole? Sa tournure n'est-elle pas trop commune? A-t-il une santé constante, un corps robuste et qui n'est pas trop fluet? Son caractère est-il bon, docile ou léger? Sa conduite est-elle réglée? Ses mœurs sont-elles excellentes ou laissent-elles à désirer? Est-il né avec un génie très ordinaire, extrêmement borné, ou ses aptitudes naturelles ont-elles secondé son travail? S'est-il toujours acquitté de ses devoirs de religion? A-t-il suivi son cours de mathématiques avec succès? Est-il en état de répondre sur l'arithmétique, la géographie, l'algèbre? Que connaît-il de son Bezout? Fait-il de grands progrès dans les belles-lettres, ou remplit-il faiblement les objets classiques? A-t-il des notions d'histoire et de géographie? Est-il avancé pour l'allemand? Écrit-il correctement? Sait-il dessiner? A-t-il de la facilité ou de la difficulté à s'énoncer? A-t-il bien profité des exercices d'agrément?

Reynaud ne se contentait pas de dresser ces certificats de sortie. Il examinait tous les boursiers ou les faisait examiner en sa présence sur les diverses parties de l'enseignement — à moins qu'ils ne fussent malades — et quelques-uns, craignant de comparaître devant lui, passaient prudemment à l'infirmerie le temps de l'inspection. Il jugeait s'ils avaient progressé depuis sa précédente visite. Il demandait au supérieur un compte exact de la conduite qu'ils avaient tenue pendant l'année. A plusieurs reprises, il constate dans ses rapports qu'il a trouvé tel ou tel « au même point », que tel autre promet de s'amender et n'est pas absolument « hors d'espérance », que tel autre a « changé à son avantage ». Il prêchait aux élèves du roi l'amour du travail, leur répétait avec insistance qu'il venait les choisir par ordre de mérite, qu'il avait mission de récompenser les bons et de punir les mauvais qui ne pourraient, quel que fût leur âge, participer aux grâces de Sa Majesté.

Toutefois il ne laissait pas de s'attrister. Il n'avait pas le pouvoir de réformer les abus, et, comme il disait, le seul remède qu'il eût, c'était une exhortation passagère. Il avait beau renvoyer des enfants incorrigibles comme Balathier de Bragelonne, ou tancer, menacer d'autres élèves de Brienne, Antoine-Camille de Hédouville, Bosquillon de Bouchoir, Deu de Montigny. Un grand nombre de jeunes gens, insouciants, inappliqués, apathiques, végétaient, écrit-il, sans faire ni bien ni mal, et vainement il souhaitait que le ministre établît le concours général proposé par Saint-Germain pour « balayer cette vieille jeunesse ignorante ». Était-il possible d'user de rigueur et de retenir la plupart des sujets dans les Écoles militaires un ou deux ans de plus? Les parents ne jetteraient-ils pas les hauts cris? Ne serait-ce pas un *tolle* universel? Les familles n'étaient-elles pas persuadées que leur enfant devait être officier puisqu'il savait lire? Ne les voyait-on pas intriguer et « presser de toutes parts » pour le mettre dans un régiment? Le ministre pouvait-il le refuser au colonel qui le demandait? Médiocres ou brillants, les élèves du roi étaient donc placés à tour d'ancienneté, et parfois, au grand regret de Reynaud et malgré ses notes, les plus instruits n'avaient pas la préférence.

La fonction de Reynaud était ainsi, pour parler comme lui, d'un détail immense. Durant l'hiver, il surveillait la maison de Paris, correspondait avec les maisons de province, écrivait aux parents des élèves, mettait au net le compte qu'il devait rendre au ministre. Pendant l'été, il faisait huit à neuf cents lieues pour visiter les Écoles. Aussi déclarait-il, au bout de cinq ans de ce métier, qu'il succombait à la tâche, et il demandait un collègue, un auxiliaire indispensable, un homme compétent qui fût chargé d'examiner les élèves et lui laisserait le soin d'inspecter l'organisation intérieure des établissements. Il eut satisfaction et, dans ses dernières tournées, il était accompagné de l'abbé Charbonnet et de Legendre, qui devaient interroger les boursiers, l'un sur le cours d'études classiques, l'autre sur les mathématiques. Mais, même avec ces deux aides, il assurait qu'il voulait dételer, se tirer d'une galère où il ne pouvait plus ramer, et en 1789 il obtint que l'inspection serait confiée à Charbonnet et à Legendre, qui verraient chacun six Écoles.

En réalité, ces écoles ne méritaient nullement le nom d'*École militaire* qui brillait sur leur grande porte. C'étaient des pensionnats, de simples collèges, tout comme ceux du Plessis et d'Harcourt, et Reynaud de Monts désirait avec raison la suppression du mot *militaire* : il n'y avait, disait-il, et il ne saurait y avoir qu'une École militaire, celle de Paris ; les autres établissements ne devaient porter que le titre d'*École royale* et n'étaient guère utiles que pour une première éducation : les jeunes gens qui, au sortir de ces institutions de religieux et de congréganistes, passaient de plein saut dans un régiment, étaient absolument déroutés, et il fallait, pour qu'ils acquissent les connaissances et les usages qui leur manquaient, les soumettre aussitôt à une règle, les confier à un officier expérimenté, les assujettir à un noviciat militaire qui les « débourrait ».

Si du moins l'enseignement de ces écoles royales avait été uniforme ! Mais le roi abandonnait aux ordres et congrégations dont dépendaient les collèges, le choix des principaux et des maîtres, tous les détails intérieurs de la discipline, la division de l'emploi des journées et les méthodes d'instruction.

Pourtant, Saint-Germain, désireux de mettre les élèves des différentes écoles en état de concourir ensemble aux mêmes épreuves, avait chargé l'abbé Batteux de publier, sous le titre de *Cours d'études*, une série de volumes destinés à simplifier l'enseignement et à faciliter les examens. Aidé de Monchablon, de Vauvilliers, de l'abbé Millot, de Bouchaud, de Goulin et d'autres, Batteux fit paraître ce *Cours d'études* chez l'éditeur parisien Nyon. Ce compendium renfermait tout ce qu'il était possible de savoir, et même davantage, des grammaires, des principes de littérature, des extraits d'auteurs latins et grecs en six parties, une logique et grammaire générale, un *Specimen methodi scholasticae philosophicae*, une arithmétique et algèbre, une géométrie et sphère, une histoire naturelle, le catéchisme de Fleury. Il comptait quarante-neuf volumes ! Un seul exemplaire coûtait 131 livres 10 sous !

Saint-Germain prescrivit aux supérieurs des collèges de se

pourvoir de ces « livres élémentaires de toutes les sciences » et de les employer à l'exclusion de tous les autres ouvrages. Mais le *Cours d'études* était si mauvais, si dénué de mérite, qu'il souleva l'indignation. On cria de toutes parts que Batteux et ses coopérateurs n'avaient pas mis à cette publication l'attention et la sagacité qu'elle exigeait. D'un commun accord les supérieurs des collèges déclarèrent le *Cours* « absolument insuffisant et même vicieux ». Le Conseil de l'École militaire de Paris protesta que les vues du ministre n'avaient été remplies à aucun égard et que la pension obtenue par Batteux sur les fonds de l'École, l'argent distribué à ses collaborateurs, les sommes considérables reçues par l'éditeur Nyon étaient « en pure perte ». Le *Cours d'études* fut proscrit par le public, les établissements refusèrent de se servir de cette compilation indigeste, et en 1782, Ségur, appuyé par le garde des sceaux, décida que Nyon supprimerait sur le frontispice les mots : *à l'usage des élèves de l'École royale militaire.* Ce spéculateur devait-il laisser sur la couverture des volumes ces mots si contraires à la vérité? Un libraire sans scrupules pouvait-il en imposer de la sorte aux lecteurs, tromper par cette étiquette la nation et l'étranger tout ensemble, donner une idée avantageuse de l'ouvrage à ceux qui ne le connaissaient pas, laisser croire à ceux qui savaient l'apprécier qu'il était toujours en usage dans les Écoles militaires, et que plus de 2400 jeunes gens y puisaient leurs leçons? Mais Nyon, quoique averti par le ministre de la guerre et réprimandé par le chancelier, refusa de rayer les mots; il objecta qu'il éprouverait un immense préjudice, et — ce qui était vrai — que la publication avait été rédigée et imprimée par ordre du roi; il exigea du gouvernement une indemnité de 18 000 livres, ou seulement de 9 000, avec la promesse écrite d'être chargé, préférablement aux autres éditeurs, du nouveau *Cours d'études* que le ministre ferait composer pour les élèves des Écoles militaires. Personne n'insista plus. Après tout, qu'importait le titre d'un ouvrage que les collèges ne voulaient pas employer?

Les Écoles royales militaires étaient donc maîtresses d'elles-mêmes et agissaient librement et à leur guise. Aussi se laissaient-elles gagner par cet esprit d'indépendance qui se répandait alors dans tous les états et qui, selon Reynaud de Monts, semblait avoir fait plus de progrès encore parmi les ordres religieux. Que de fois l'inspecteur déplore l'anarchie qui règne dans les Écoles! Il juge que les supérieurs ont une fonction bien difficile, et se plaint qu'ils consacrent leur temps moins à la jeunesse qu'à leurs propres collaborateurs qui n'en font qu'à leur tête, sans souci du règlement et de la discipline. Après sa tournée de 1785, il assure que les ordres religieux auxquels sont confiées les Écoles royales militaires, déplacent à leur gré les supérieurs et les professeurs, que les maîtres sont en guerre ouverte avec le principal, que de cette insubordination et de ce manque d'harmonie résultent « l'engourdissement » des instituts et une insouciance qui rejette sur les élèves les fautes du personnel enseignant. Il conclut que la plupart des Écoles militaires ont donné trop d'importance aux arts d'agrément, qu'elles négligent les études classiques, que la tenue extérieure des élèves est assez bonne, mais qu'on ne veille pas suffisamment à leur propreté intérieure, qu'ils ne changent pas assez souvent de bas et de chemise, qu'ils sont dévorés en été par les puces et les punaises, que leurs aliments, si sains qu'ils soient, ne sont pas préparés avec assez d'attention, que les pensionnaires dont les parents habitent le voisinage sont mieux soignés que les pauvres boursiers dont la famille est loin.

De toutes les Écoles militaires la meilleure était incontestablement celle de Pont-à-Mousson. Elle méritait des éloges sans réserve. Son supérieur, Rüell, homme de savoir et de tact, n'avait pas cessé de la diriger; il animait, stimulait son monde, faisait de temps à autre sur quelque point de morale des conférences instructives semées d'anecdotes, et Reynaud de Monts le proclamait « bien précieux à la patrie ». Les salles de classe, les réfectoires, où les chanoines mangeaient à la même table que les enfants, les cours de récréation, les dortoirs excitaient l'admiration de l'inspecteur. Les élèves avaient une excellente tenue et une politesse parfaite. Ils s'appliquaient à leurs études avec tout le soin et l'intelligence qu'on pouvait désirer. Les professeurs de mathématiques recevaient les louanges de l'examinateur Laplace. Au concours de 1784, trois sujets de Pont-à-Mousson, Gomer, Bigault de Grandrupt et Léonard de Saint-Cyr, étaient nommés élèves d'artillerie. Aussi, lorsque le roi supprima l'École militaire de Paris en 1787, les cadets-gentilshommes qui se destinaient à l'artillerie furent-ils envoyés à Pont-à-Mousson. « L'inspection, disait Reynaud de Monts, serait inutile si toutes les écoles étaient gouvernées comme celle-là; c'est une jouissance réelle que de passer une dizaine de jours en si bonne et si instruite compagnie. »

Après l'École de Pont-à-Mousson, venait celle de Sorèze, dont la réputation était si grande. Elle ne devait toutefois sa célébrité, suivant Reynaud, qu'à son éloignement et à l'habileté du supérieur, dom Despaulx, qui possédait « l'art magique d'endoctriner les étrangers et de ne leur faire voir que ce qu'il voulait ». Elle avait pour professeur de mathématiques et de fortification un savant homme, Paulin, le père du futur général, et pour professeur d'art militaire le beau-frère de ce Paulin, Nicolas Sanson, qui rendit en Italie et en Égypte, comme chef de bataillon, puis comme chef de brigade du génie, d'essentiels services et qui devint comte de l'Empire, général de division et directeur du dépôt de la guerre. Elle avait un cours d'équitation, et un ancien maréchal des logis de dragons, Jean Laugier, auquel succéda un M. de Goursac, y dirigeait le manège. Mais elle regorgeait de pensionnaires et attachait aux exercices d'agrément trop d'importance. Reynaud de Monts jugeait que l'enseignement n'était que passable et que les élèves du roi ne recevaient pas à Sorèze aussi largement qu'ailleurs les soins physiques et moraux, ne se trouvaient pas à Sorèze comme les fils aînés. Dom Despaulx possédait, et au delà, les qualités nécessaires; néanmoins il avait tort de tenir toutes les clefs dans ses seules mains; il ne pouvait prévenir les abus et imposer l'obéissance à ses trop nombreux collaborateurs.

Pontlevoy avait un très bon supérieur, dom Marquet, un de ces hommes rares, disait-on, dont les plans solides et suivis auraient pu servir de modèle aux autres maisons. Malheureusement, il y avait trop d'élèves, les études restaient faibles, les exercices d'agrément prédominaient, et les religieux étaient si insouciants, si insoumis que dom Marquet déclarait, après avoir quitté l'école, que rien au monde ne lui ferait plus reprendre une supériorité.

Rebais, dans la Brie, à trois lieues de Coulommiers, était moins un collège qu'une mauvaise académie de musique, de dessin et d'escrime, un « oratorio d'Italie ». Le supérieur, dom Grandidier, n'avait ni la fermeté ni les talents qu'exige le maniement d'un établissement d'éducation. Reynaud de Monts le traitait de bonhomme et lui souhaitait un successeur énergique et instruit. Les religieux étaient plus distraits, plus dissipés que les gens du monde, parce que la maison, trop voisine de Paris, ne désemplissait pas de parents des deux sexes qui venaient voir leurs enfants. Enfin les élèves avaient peu de subordination.

Tiron, situé dans le Perche, au milieu des bois, semblait ne pas communiquer avec les vivants, et les jeunes gens qui en sortaient, passaient pour grossiers et sauvages. Le supérieur, dom Huët, était doué de qualités vraiment paternelles, et, quoiqu'il n'eût pas de talents extraordinaires, il parvint par son exemple, par son exactitude et sa surveillance, à faire de Tiron une maison bien ordonnée et sagement administrée, où régnaient le calme et la concorde. Mais les professeurs ne le secondaient qu'avec mollesse, et beaucoup d'entre eux n'étaient pas grands clercs. Le seul avantage qu'eussent à Tiron les élèves du roi, c'était d'égaler en nombre les pensionnaires et de participer avec eux à tous les exercices.

L'École d'Auxerre compta parmi ses boursiers le maréchal Davout. Elle fut d'abord la meilleure de toutes et devint ensuite la plus mauvaise parce qu'elle souffrit des troubles et des divisions de la congrégation de Saint-Maur. Dom Rosman, qui la dirigeait avec fermeté, fut destitué en 1783, puis réintégré en 1788. Ces cinq années suffirent. Le collège tombait et serait entièrement tombé sans le sous-directeur, l'actif et dévoué dom La Porte. Il y avait eu tant de changements dans le personnel des religieux que les élèves ne savaient pas s'ils auraient le soir le même professeur que le matin.

L'École de Beaumont-sur-Auge où étudièrent Caulaincourt, le général Evain et le géomètre Laplace, était mal située, sur une éminence, en un endroit privé d'eau et si resserré que les enfants n'étaient pas, dans les récréations, séparés des grands garçons. Le désordre y régnait, et Reynaud de Monts ne pouvait s'y rendre sans un déchirement de cœur. Le supérieur, le Père Cardon, avait la réputation d'un honnête homme et ne manquait ni de connaissances ni de résolution. Mais il n'avait pas assez de souplesse. Les régents lui désobéissaient ouvertement, au vu et su des élèves, qu'ils excitaient contre lui. A la fin de mai 1787 il dut appeler la maréchaussée à son secours. Il partit, et l'École alla de mal en pis. L'année suivante, Reynaud observait que « tout avait bon air, mais que tout venait d'être réparé pour le moment de l'inspection ». En 1789, les jeunes gens, de nouveau mutinés, se donnèrent congé et passèrent un jour entier dans les bois du voisinage. Outré de cet acte scandaleux d'indiscipline et de mauvaise administration, le ministre de la guerre fit transférer les boursiers à La Flèche. Mais n'était-ce pas à Beaumont que Reynaud avait découvert, non sans surprise, un élève du roi, La Frapinière, qui ne savait pas écrire... et qui avait dix-huit ans? En pleine assemblée, Reynaud lui dicta trois lignes : « C'est avec bien de la honte, Monsieur, que je suis forcé d'avouer que, de tous les élèves du roi depuis la création de cet établissement, je suis le premier qui, en sept années, n'ait pu parvenir à lire et à écrire couramment. » L'infortuné mit une demi-heure à tracer cette phrase : elle fourmillait de fautes incroyables.

L'École de Tournon, dans un emplacement « de toute beauté », était la meilleure des Oratoriens. Les études classiques y furent toujours suivies avec zèle. Le goût du travail y régnait ainsi que la discipline. Le grand-préfet, le P. Verdet, traitait avec affection tous les élèves d'un bon caractère et d'heureuses dispositions. Le professeur de rhétorique, doux, calme, méthodique, était le P. Massias, qui fut tour à tour militaire, diplomate et littérateur, d'abord officier d'artillerie, colonel, aide de camp de Lannes, puis chargé d'affaires près du margrave de Bade à l'époque de l'arrestation du duc d'Enghien, et consul général à Danzig, enfin auteur d'ouvrages de philosophie et de politique. Mais la partie des mathématiques était en souffrance, et le supérieur, le P. d'Anglade, intelligent, galant homme, et toutefois affaibli par les ans, aurait dû vivre dans la maison comme émérite et laisser la direction à un Oratorien qui fût dans la vigueur de l'âge.

Effiat, où Desaix fit, sous le nom de Veygoux, ses humanités, avait été pendant quelques années très bien tenu. Mais l'enseignement ne tarda pas à fléchir et à s'abaisser. Les mathématiques, d'abord cultivées avec succès, y furent à peu près nulles. Les études d'agrément y prirent le dessus sur les études sérieuses. Le supérieur, le P. de Lombois, avait d'excellentes qualités, et Reynaud de Monts louait un jour son attention et son ardeur patriotique. Toutefois il était trop indulgent pour les professeurs qui ne l'aidaient pas dans sa tâche.

Vendôme avait trop d'élèves et voulait trop en avoir par « appât du gain » et « cupidité du numéraire ». En 1783 cette École avait 130 enfants; cinq ans plus tard, elle en avait 233, outre une soixantaine d'externes. L'enseignement des mathématiques y était d'une faiblesse extrême. Dans la plupart des matières, les maîtres se montraient insuffisants. Le supérieur, le P. Olivier, n'était pas et ne serait jamais « l'homme propre à la chose ».

Comme Vendôme, l'École de La Flèche, qui n'était pas, à vrai dire, une école militaire — bien qu'elle ait eu pour élèves Clarke, Champagny, Bourmont et les frères Chappe — et que Reynaud de Monts proposait d'appeler la maison royale et ecclésiastique de La Flèche, semblait ne se préoccuper que du chiffre de ses élèves et ne tenir qu'au nombre. Cependant, aussi longtemps qu'elle eut à sa tête le P. Corbin, les enfants furent bien instruits, bien gouvernés, et Reynaud voyait dans toutes les classes une « belle vigueur d'émulation et de travail ». Mais Corbin fut nommé précepteur du dauphin. Son successeur, le P. de Villars, homme distingué, n'avait pas assez de nerf pour mener à la fois une aussi grande maison et un corps aussi considérable de professeurs, pour brider et maîtriser plus de quatre cents écoliers et plus de cinquante doctrinaires dont une partie était encore jeune.

La maison des Minimes de Brienne, un des treize couvents que l'ordre possédait en Champagne dans la première moitié du XVIII° siècle, avait été bâtie à l'entrée de la ville, au pied de la colline sur laquelle se dresse le château — ce château qui domine tout, a écrit Napoléon, — et elle était tenue par la fondation de desservir la chapelle des seigneurs du lieu lorsqu'ils étaient présents et de dire la messe à la paroisse de l'endroit tous les dimanches et mercredis. Elle devint collège en 1730. Mais elle n'avait que des classes élémentaires et ne comptait, comme le couvent, que six religieux profès et un frère convers. Le règlement du 28 mars 1776 en fit une École royale militaire. C'était le seul établissement de ce genre qui fût confié aux Minimes, et il n'avait que 2 149 livres de revenus. Il fallait faire des dépenses pour recevoir les élèves du roi. Mais, sur un arrêt du 19 août 1768 qui sommait les Minimes de supprimer plusieurs de leurs maisons, une assemblée composée des provinciaux de chaque province et de députés des chapitres avait, au mois de mai 1769, résolu d'évacuer quatre couvents, Méchineix, Doulevant-le-Château, Villiers et Notre-Dame de l'Épine. Le 14 septembre 1778, le chapitre de la province de Champagne décidait que les biens et revenus de Doulevant-le-Château seraient affectés au couvent de Brienne. Dès lors les frais d'établissement de l'École étaient en partie couverts. De nouveaux bâtiments s'élevèrent à côté du couvent, et les Minimes se vantaient d'avoir donné des preuves signalées de leur zèle en construisant des locaux qui leur coûtaient plus de 158 000 livres.

Les élèves étaient au nombre de 100 à 150. Ils couchaient dans deux corridors qui contenaient chacun 70 chambres ou cellules. Chaque chambre, de six pieds en carré, n'avait guère d'autre ameublement qu'un lit de sangle, un pot à eau et une cuvette. Le soir, elle était fermée au verrou. L'écolier n'entrait dans sa cellule que pour y dormir et il en sortait dès qu'il était levé. En cas de besoin, une sonnette placée à côté de son lit avertissait un domestique qui veillait la nuit dans les corridors. Tout se passait ou devait se passer sous les yeux des Minimes, qui ne le perdaient pas de vue.

Les salles où les enfants travaillaient servaient à la fois aux études et aux classes.

Ils prenaient leurs repas dans un réfectoire commun qui pouvait contenir cent quatre-vingts personnes. Le menu était suffisant : à déjeuner et à goûter, du pain et, selon la saison, des fruits avec de l'eau ; à dîner, la soupe, le bouilli, une entrée et un dessert; à souper, le rôti, et, outre le dessert, une entrée ou une salade ; pour boisson, du vin mélangé d'un tiers d'eau, ou, comme on disait déjà, de l'abondance.

Les écoliers changeaient de linge deux fois par semaine. Ils portaient un habit de drap bleu aux parements, revers et collet rouges, avec boutons blancs aux armes de l'Ecole militaire, une veste bleue à doublure blanche, et, suivant les circonstances, une culotte bleue ou noire, en serge ou en cadis. En hiver, ils avaient un surtout de même étoffe que l'habit, aux mêmes parements et au même collet, mais à doublure bleue.

Le cours littéraire comprenait la septième ou classe de grammaire, la sixième, la cinquième, la quatrième, la troisième et la seconde. Pas de grec. Le latin était l'étude essentielle, et, entre autres morceaux de poésie française, les élèves récitaient les fables de La Fontaine analogues à celles de Phèdre, et l'épisode d'Aristée traduit par Delille.

Ils expliquaient dans les classes inférieures l'*Appendix de diis*, le *Selectæ*, les Colloques choisis d'Érasme, l'*Histoire romaine* d'Eutrope, les fables de Phèdre, les *Vies* de Cornelius Nepos, les églogues de Virgile, à l'exception de la huitième, et dans les classes supérieures, les *Commentaires* de César, le *Jugurtha* et le *Catilina* de Salluste, le premier et le vingt et unième livres de Tite-Live, les *Catilinaires* de Cicéron et ses plaidoyers en faveur de Milon et de Marcellus, les odes et les satires d'Horace, le premier, le deuxième et le sixième livres de l'*Énéide*, le quatrième livre des *Géorgiques*.

Il y avait toutefois dans chaque classe un cours de langue française et dans les classes supérieures un cours de littérature. On enseignait aux élèves avancés les éléments ou les principales parties de la rhétorique, invention, disposition, élocution. On leur énumérait les figures de mots et de pensées. On leur apprenait qu'il y a trois genres d'éloquence, le genre judiciaire, le genre démonstratif, le genre délibératif, et trois espèces de style, le style simple, plus difficile à attraper qu'on ne se l'imagine et dont La Bruyère offre un exemple dans son portrait du petit-maître; le style sublime, dont l'écueil est l'enflure « fatras pompeux de paroles stériles », le style tempéré, dont le modèle était, selon les Minimes, une scène du *Télémaque*, les adieux de Philoclès à la grotte de Samos. On leur définissait, leur caractérisait les différentes sortes de poèmes, l'épopée et ses principaux représentants, Homère, Virgile, Lucain, le Trissin, Camoëns, le Tasse, Ercilla, Milton et Voltaire; l'apologue et les plus remarquables fabulistes, Ésope, Phèdre, La Fontaine, La Mothe... et l'abbé Le Monnier; la poésie pastorale et les plus admirables poètes bucoliques, Théocrite, Virgile, Racan, Segrais, Mme des Houlières et... Fontenelle; l'ode avec ses écarts, ses digressions et son beau désordre qui n'interdit pas l'unité dans le sentiment; la satire et l'épître, l'épigramme et le madrigal, le sonnet et le rondeau, — et les Minimes ne manquaient pas de citer la pièce de Voiture qui contient en forme de rondeau les règles mêmes du rondeau. Les moines ne dédaignaient pas les auteurs contemporains. Ils lisaient à leurs élèves l'*Essai* de Voltaire sur la poésie épique, des passages de la *Mort de César* et les meilleurs morceaux de la *Henriade*, l'assassinat de Coligny et le discours de Mornay à Henri IV. Mais leurs préférences étaient pour le xviie siècle, pour Corneille et Racine, pour Fénelon et Bossuet, Fléchier, Massillon, Boileau. Ils recommandaient le *Télémaque* et, dans ce livre, la description de la grotte de Calypso, l'oraison funèbre du prince de Condé, celle de Turenne et celle de Montausier ; ils louaient l'hyperbole dont se sert Fléchier, lorsqu'il décrit le deuil des Juifs à la mort de Judas Macchabée, les imprécations de Camille dans *Horace*, les reproches de Clytemnestre à Agamemnon dans *Iphigénie*, le récit des meurtres d'Athalie et l'enthousiasme prophétique de Joad. Leur oracle était Boileau : ils lui empruntaient ses préceptes sur la pureté du langage et sur la façon de mettre de l'ordre dans le discours, son appréciation d'Homère, d'Horace et de Malherbe ; ils vantaient son bon sens, sa fine raillerie des mauvais écrivains, l'éloge délicat de Louis XIV qu'il prête à la Mollesse dans le deuxième chant du *Lutrin* ; ils assuraient qu'on ne pouvait que gagner à suivre un aussi grand maître.

Ils regardaient l'*Histoire des chevaliers de Malte* comme un livre classique, et leurs disciples devaient apprendre par cœur ou résumer le texte de l'abbé de Vertot. Mais ils exposaient, outre l'histoire de Rome et d'Athènes, celle de la France depuis l'origine de la monarchie, et ils racontaient, dans les classes supérieures, le règne des derniers rois, d'Henri IV, de Louis XIII, de Louis XIV, de Louis XV, la guerre de Sept Ans et ses « désastres », les « alliances singulières » de la France, les « conquêtes prodigieuses » des Anglais dans les Indes, et les commencements de Louis XVI, qui « montait sur le trône pour faire le bonheur de la nation ».

Ils ne négligeaient pas la géographie. Les différents systèmes, la sphère, l'usage du globe, l'Asie, l'Afrique, l'Amérique, l'Europe, et, dans l'Europe, les Iles Britanniques, la Russie ou Grande Russie, ce « vaste état » tiré naguère d'une espèce de néant et devenu florissant et policé, l'Allemagne, qui « faisait autrefois partie de l'empire français », la France, ses quatre fleuves, ses rivières, ses ports et ses eaux minérales, ses gouvernements civils et militaires, ses divisions et sous-divisions particulières, les archevêchés et évêchés, les universités et académies, les généralités, pays d'États, parlements, conseils souverains, duchés-pairies, tels étaient les sujets traités par les Minimes. Mais ils se bornaient trop souvent à la nomenclature, et les élèves, doués d'une heureuse mémoire, leur récitaient les cinquante-deux comtés de l'Angleterre et du pays de Galles, les trente-cinq provinces de l'Écosse, les trente-deux comtés de l'Irlande, les principales villes des provinces de la Suède et des gouvernements de la Russie, les capitales des cercles de la Prusse!

A Brienne, comme dans les autres Écoles, les cours de physique et d'histoire naturelle n'existaient pas. On dictait parfois des explications, des théories, et un démonstrateur ambulant venait faire quelques expériences dans le vide, montrer des phénomènes électriques ou magnétiques, un microscope qui grossissait les objets, le sang qui circulait dans le mésentère d'une grenouille.

Les élèves étudiaient en commun les mathématiques et la langue allemande. Ils apprenaient de même le dessin de figure et surtout le dessin de paysage : un militaire ne doit-il pas crayonner pendant la guerre les endroits qu'il veut se rappeler et se mettre dans la tête? De même, la danse : ne fallait-il pas qu'un officier du roi pût briller aux redoutes et dans les assemblées? De même, l'escrime : de futurs militaires ne devaient-ils pas s'exercer de bonne heure à manier l'épée?

Ils avaient même, sous la direction de deux maîtres, Frédéric et Morizot, des leçons de musique vocale et instrumentale. Un talent musical ne flattait-il pas l'amour-propre et n'ouvrait-il pas les meilleures maisons? Aux exercices publics de 1782, quinze écoliers de Brienne exécutaient une entrée à grand orchestre : deux chantaient un duo, et un troisième, une ariette; quatre jouaient un quatuor, et deux autres, le menuet de Mannheim. Mais le 27 juin 1783 le ministre Ségur déclara qu'il serait utile de remplacer le maître de musique par un second maître de langues. Les Minimes établirent aussitôt un maître d'anglais, le sieur Calonne, et les élèves apprirent désormais deux langues vivantes.

L'École royale militaire de Brienne, ainsi outillée et pourvue de professeurs de toute sorte, souffrait malheureusement des mêmes vices que les autres établissements. Les maîtres, à peine installés, étaient envoyés ailleurs. « Voilà bien des fois, écrit Reynaud de Monts en 1787, que le corps enseignant change. » Ils manquaient d'expérience, et l'inspecteur se plaignait que des religieux qui n'avaient pas la vocation pédagogique, fissent leur apprentissage aux dépens de la jeunesse de Brienne. Enfin, la plupart étaient, sinon bornés, au moins trop portés à l'indulgence et au laisser-aller. Les élèves travaillaient à leur guise et ne faisaient que les devoirs qui leur plaisaient, ne pratiquaient que les exercices dont ils avaient le goût. Le système a du bon ; mais de pareils maîtres étaient vraiment trop souples et accommodants ; s'ils s'étaient montrés plus raides, Napoléon aurait fait moins de fautes d'orthographe. « Cette partie de l'éducation de mon grand frère, a dit Lucien, avait été fort négligée ; il semble qu'à l'École militaire on n'y attachait pas grande importance, et j'ai connu plusieurs condisciples de Napoléon qui n'y étaient pas plus forts que lui. » Aussi prétend-on que Napoléon finit par adopter une écriture illisible pour voiler son ignorance de la langue. On ne songe pas qu'il écrivait presque aussi vite qu'il pensait ; que, lorsqu'il devint homme d'action, il ne prenait la plume qu'à contre-cœur ; que quiconque arrive aux grandes affaires, change naturellement d'écriture à cause de la quantité de pièces qu'il faut lire, annoter et signer.

Les Minimes sentaient leur faiblesse. S'ils avaient un instant réussi, s'ils avaient, comme on disait, à peu près coulé à fond tous les religieux de la province de Champagne, ils avouèrent bientôt qu'ils ne pourraient longtemps « non seulement pour le temporel, mais plus encore pour l'enseignement », tenir et soutenir l'École. En 1785, après le départ de Bonaparte, et sans nul doute auparavant, Reynaud de Monts y signalait une sorte d'insouciance et le dégoût du travail : les professeurs n'aimaient pas leur besogne ; les enfants ne faisaient pas de progrès décidés. Il se fâcha, et en 1786 il vit avec surprise que tout avait changé : il trouvait, disait-il, « infiniment d'objets mieux soignés qu'aux années précédentes », il remarquait une « active émulation », et il assurait avec satisfaction que Brienne « cheminait vers le vrai but que tout établissement de ce genre doit se proposer ». Son illusion dura peu. En 1787, en 1788, l'École était en décadence et en désarroi ; le gouvernement l'offrit aux Prémontrés, qui la refusèrent.

La faute incombait surtout aux administrateurs. Lorsque Bonaparte entra dans la maison, le supérieur ou le principal était le Père Lélue. Mais ce Minime n'avait aucune des qualités de l'emploi. Dès le mois de juillet 1777, le ministre de la guerre lui reprochait sa mauvaise gestion et lui prescrivait d'établir une meilleure discipline. Lélue promit de s'amender, et, en dépit de la semonce des bureaux, retomba dans ses négligences et ses erreurs. Il fallut le remplacer. On lui donna pour successeur un Rémois d'origine, le Père Louis Berton. Ce Berton accepta volontiers la mission de remettre l'ordre dans l'École que le père Lélue avait complètement désorganisée : sa haute taille et sa figure rébarbative imposaient à la jeunesse. Valait-il mieux que son devancier ? Au sortir d'un premier entretien, un intelligent élève de Tournon s'étonnait de la différence de ton et de manières entre le principal des Minimes et le supérieur des Oratoriens. « Berton, dit-il, a de la morgue, de l'emphase, au lieu de la noble simplicité du Père d'Anglade. » Un homme fait, l'inspecteur Reynaud de Monts, confirme le témoignage de l'écolier. Il souhaite que l'établissement soit en de meilleures mains, et constate que la direction manque, que Berton, avec de la volonté, n'est pas préparé par sa carrière antérieure à sa tâche malaisée, et ne connaît pas les ressorts de la machine : « Tout tient au chef. Berton fait ce qu'il peut. Mais est-il toujours secondé ? A-t-il le liant, le ton et les manières qui attachent ? C'est ce qu'on croit avoir aperçu lui manquer. » *Il est trop dur*, disait plus tard Napoléon, et

Berton était, en effet, dur de façons, dur de caractère, et, malgré sa rudesse et ses airs de fermeté, ne savait pas se faire obéir.

Le sous-principal, Jean-Baptiste Berton, était le frère du principal. On le surnommait le *moine en ique* parce qu'il avait, dans une certaine circonstance, employé ridiculement une quantité de mots terminés en *ique*. Il avait été, disait-on, grenadier au régiment d'Auvergne, et il gardait le ton de son ancien métier. A Reims, dans les dernières années de sa vie, il était le boute-en-train de la société, faisait des plaisanteries, composait des chansons, débitait des couplets aux repas de noces, et par sa verve, par sa grosse gaîté, attirait nombre de jeunes gens à la loge des francs-maçons, où il était connu sous le nom de frère Jean. Lorsqu'en 1788 le sous-aide-major M. de Pernon vint commander à Brienne la première division des cadets-gentilshommes, on prétendit que pendant les récréations et tandis qu'il surveillait les élèves, Mme de Pernon se laissait distraire et consoler par le Père sous-principal. « Ce bruit, dit un ancien élève de Brienne en une page spirituelle, bien qu'un peu longuette, de ses *Mémoires*, ce bruit était-il ou n'était-il pas fondé? Ce qui se passait entre le moine en *ique* et Mme de Pernon était-il innocent? Ou bien méritait-il l'appellation employée, je crois, officiellement et juridiquement en Angleterre, de *conversation criminelle*? Je l'ignore. S'il y avait péché entre eux, il était bien gros; ce n'était pas de la fornication simple; il y avait adultère et sacrilège. Bien des années après, M. de Pernon étant mort depuis très longtemps, je rencontrai à Bruxelles M. Berton, habitant, demeurant avec Mme de Pernon. M. Berton, qui n'était plus le moine en *ique*, n'avait pas renoncé à la prêtrise, mais il ne l'exerçait plus. S'il avait autrefois exercé certaines fonctions auprès de Mme de Pernon, il est bien probable qu'il ne les exerçait plus aussi, car ils étaient bien vieux l'un et l'autre. Au reste, pourquoi croire qu'il s'était jamais passé rien de mal entre eux? M. Berton ne pouvait-il pas, à Brienne, aller chercher auprès de Mme de Pernon les seuls agréments de la conversation? Et plus tard, bouleversés tous deux par la tempête révolutionnaire, et Mme de Pernon séparée de son mari par la mort, ne peuvent-ils pas s'être réunis pour vivre chastement ensemble, à l'abri du caractère sacré dont M. Berton était revêtu? Dans le doute, il faut toujours supposer le bien plutôt que le mal. » Et, après tout, c'est le bien qu'il faut supposer. Lorsque Pernon mourut, le 27 janvier 1794, il laissait une veuve et quatre enfants. Berton pourvut à leurs besoins ; il entra dans les services civils de l'armée et devint inspecteur des hôpitaux militaires. L'aîné des Pernon, volontaire au 1er bataillon des chasseurs de Reims, et plus tard maréchal des logis au 12e régiment de chasseurs à cheval, sollicitait en 1807 une lieutenance pour ne pas être à charge, disait-il, au généreux et bienfaisant Berton, qui l'avait recueilli « lui, sa malheureuse mère, ses frères et sœur. » Berton, demandant en 1825 à Charles X et en 1826 au dauphin, la croix de la Légion d'honneur, rappelait qu' « au mois d'octobre 1793, dépouillé de son état, il s'était jeté dans les hôpitaux militaires, dans l'espoir bien fondé de venir au secours d'une famille malheureuse qu'il avait adoptée. »

Les maîtres de mathématiques, le Père Patrauld, le Père Kehl, Alsacien de naissance, qui donnait en même temps les leçons de langue allemande, peut-être le Père Lémery, qui devait émigrer en Russie, où il fut employé à l'Institut de l'abbé Nicolle, étaient les meilleurs qui fussent à l'École. On a prétendu qu'ils s'acquittaient assez mal de leur fonction, que c'étaient des ignorants en froc, qu'il fallut, lorsque Patrauld devint procureur de la maison, appeler de Paris un professeur laïque, que, si les moines avaient mieux possédé les sciences, Bonaparte aurait certainement tourné sur ce point toute son invention et tout son génie. Mais Napoléon regardait le Père Patrauld comme un excellent maître, et Reynaud de Monts disait que les mathématiques professées par les religieux allaient bien. Le Père Louis Berton attachait une grande importance à cette partie de l'enseignement. Au mois de mars 1783, il annonçait l'intention d'ouvrir un cours particulier pour les jeunes gens qui se destinaient au génie, et ce cours valut au principal les félicitations du ministre, et à l'École de Brienne la faveur de recevoir en 1788 les aspirants ingénieurs.

Des répétiteurs secondaient ou suppléaient les professeurs de mathématiques. L'un d'eux, Pichegru, fut sans doute chargé de la classe élémentaire et donna des leçons à Bonaparte dans le dernier semestre de 1779 ou dans les premiers mois de 1780. Élevé, grâce à des personnes charitables, au collège d'Arbois, poussé par les Minimes, qui remarquèrent son goût pour les sciences exactes, amené à Brienne par sa tante, sœur de charité, qui vint tenir l'infirmerie de l'École, Pichegru acheva d'apprendre les mathématiques en les enseignant. Il avait alors le petit collet et la soutane du surveillant ; il voulut porter la robe du Minime et entrer dans l'ordre. Mais Patrauld lui remontra que cette profession n'était pas du siècle : « Vous êtes, lui disait-il, fait pour quelque chose de mieux. » Le 30 juin 1780, Pichegru s'engageait dans le 2ᵉ régiment d'artillerie. La Révolution le promut officier. Le club de Besançon le choisit pour président. Les volontaires du Gard, séduits par son civisme, l'élurent lieutenant-colonel. En août 1793, Pichegru se rend à Paris. Il rencontre au ministère de la guerre, dans les bureaux de l'artillerie, le chef de bataillon Goffard, son ancien lieutenant en troisième. Goffard le recommande à Bouchotte, qui le nomme le 22 août général de brigade et le lendemain général de division. En deux jours Pichegru enlève dans le cabinet du ministre ces deux brevets que d'autres avaient tant de peine à conquérir sur les champs de bataille ! Un mois plus tard, il est à la tête de l'armée du Rhin ! Napoléon se le rappelait confusément comme un homme grand et haut en couleurs. Mais est-il vrai que le répétiteur se soit mieux souvenu de son élève et qu'il ait dit aux royalistes que Napoléon avait le caractère inflexible et ne changerait pas de parti ?

On ne sait rien ou presque rien des autres professeurs de Bonaparte.

Le Père Bouquet fut sûrement un de ses maîtres, ainsi que le Père Hanrion.

Le Père Dupuy lui enseigna la grammaire française, et Napoléon conservait un bon souvenir de son jugement et de sa critique puisqu'il lui soumit ses *Lettres sur la Corse*.

Le maître d'escrime Daboval était un Picard, ancien soldat aux gardes françaises. Après avoir servi huit années dans la compagnie de Bombelles, il fut envoyé à Brienne en 1776, par le ministre de la guerre, pour apprendre aux élèves du roi à tirer des armes. Il quitta l'École lorsqu'elle finit, en 1793, entra dans la gendarmerie du département de l'Aube, devint brigadier, obtint sa retraite en 1810 et mourut au mois de février 1834, à l'âge de quatre-vingt-deux ans.

Le maître de danse avait été d'abord le Parisien Jean-Baptiste Bar, qui devait sa place à M⁹ʳ de Brienne, l'archevêque de Toulouse; mais, lorsqu'entra le jeune Corse, Bar quittait l'École pour professer son art à l'Académie royale d'équitation d'Angers. Son successeur fut M. Javilliers, qui s'intitulait académiste, c'est-à-dire directeur d'une académie. Napoléon profita des cours de Javilliers. Aux exercices publics de 1781, il était des trente-sept élèves qui prirent la leçon de marche et de révérences, puis des dix-sept qui exécutèrent ensemble des pas de contre-danse et formèrent par leur réunion une jolie figure pour le plaisir des yeux de l'assistance. Il dansait donc, et il dansa plus tard passablement, bien qu'avec un peu de gaucherie. « Comment trouvez-vous que je danse? » disait-il en 1807 à la comtesse Potocka. « Sire, lui répondait-elle, pour un grand homme, vous dansez parfaitement. » Sous le Consulat, dans les petits bals qui suivaient les représentations ou les concerts de la Malmaison, il dansait quelques minutes, très gaiement, non sans demander les airs déjà vieillis qui lui rappelaient sa première jeunesse. « Nous aimons tous beaucoup la danse, écrit Lucien, et Napoléon aime la danse, et sait aussi bien danser, et, s'il le faut, sauter lui-même qu'il aime à faire danser, ou, s'il le veut, sauter à son bénéfice personnel et, qui mieux est, à celui de ses frères naturels, nos seigneurs les rois, ses nouveaux frères en souveraineté. »

Le maître de dessin était M. Courtalon. Mais peut-être Napoléon connut-il le successeur de M. Courtalon, M. Léon, jeune homme élégant et très recherché dans sa mise. Quelque temps qu'il fît, et bien que les rues de Brienne n'eussent pas de pavé, M. Léon venait à l'École en bas de soie blancs et en escarpins minces aux boucles d'argent. Il avait une culotte de satin bleu de ciel, une veste de satin queue de serin, un habit de drap écarlate, une coiffure à grandes ailes de pigeon poudrée à frimas, et un chapeau à trois cornes qu'il tenait constamment sous le bras pour ne pas endommager sa coiffure.

Telle est l'École de Brienne, à l'époque où Bonaparte y fait ses études, et pour la bien apprécier, il faut revenir au jugement de l'inspecteur Reynaud de Monts. Les élèves ont une tenue passable; leur nourriture est bonne; les salles de classe et les cours de récréations ne sont pas mal; mais, en tout, excepté peut-être en mathématiques, l'enseignement est faible, et les exercices d'agrément, quoique cultivés aux dépens du reste, sont très médiocres. Reynaud se tait sur l'article des mœurs. Il y avait néanmoins à Brienne certains écarts qui n'échappaient pas à l'œil perçant de Bonaparte. Malgré la surveillance, les élèves avaient des habitudes de honteuse dépravation, et les « nymphes » de Brienne étaient aussi réputées dans le monde des écoles royales militaires pour leurs *immodesties* que les « indécents » de Tournon. Quant aux maîtres, quelques-uns avaient évidemment une conduite déshonnête. Napoléon ne dit-il pas qu'élevé parmi les moines, il avait eu l'occasion de connaître les vices et les désordres des couvents? Un autre n'écrit-il pas qu'il était difficile de scandaliser les Minimes? Les enfants suivaient assidûment les exercices religieux. Ils assistaient matin et soir à la prière et allaient à la messe tous les jours, après la première étude. Les dimanches et fêtes, à la grand'messe, après l'Évangile, ils écoutaient une instruction, et après vêpres, une conférence sur la partie du catéchisme qu'ils avaient apprise dans la semaine. Ils se confessaient une fois par mois. Ceux mêmes qui touchaient au terme de leur éducation, avaient un catéchisme particulier, conforme à leur âge et à leurs dispositions. Les autres, divisés en deux classes, avaient soit le grand catéchisme du diocèse, soit un abrégé qui traitait des premiers principes de la religion. Mais, si Napoléon était pieux lorsqu'il entra chez les Minimes, il ne l'était plus lorsqu'il les quitta, et il avait été touché par le souffle d'incrédulité qui circulait dans l'École. Les élèves des classes supérieures se piquaient de mépriser les pratiques du culte. Ils remarquaient avec malignité le temps que les divers prêtres consacraient à l'office quotidien, et assuraient en riant que le hasard avait réuni dans l'établissement de Brienne les diseurs de messes les plus expéditifs. Quatre minutes et demie suffisaient au Père Château, qui ne disait que des messes de mort où il n'y a ni *Gloria*, ni *Credo*, ni autres longueurs. Il fallait neuf à dix minutes au Père Berton, sous-principal, et treize minutes au Père Génin, si vieux qu'il fût. Aussi le Père Avia, qui mettait dix-huit ou vingt minutes à sa besogne, semblait-il ennuyeux et insupportable.

On a dit que les camarades de Napoléon, riches pour la plupart, humilièrent sa fierté; qu'en se payant des douceurs, ils le regardaient avec arrogance et le mettaient au défi d'en faire autant; qu'il rougissait d'être pauvre et que, dans un transport de douleur, il pria son père de le rappeler sur-le-champ en Corse, de lui donner au besoin un état mécanique. Cette lettre, où Napoléon se déclare « las d'afficher l'indigence » et d'être « le plastron de quelques paltoquets », serait du 5 avril 1781. Elle n'est pas authentique. Non seulement un enfant de douze ans ne parle pas ainsi; mais le faussaire se trahit par un simple détail : les élèves du roi, ne recevant pas du dehors de l'argent pour leurs menus plaisirs, n'avaient pas des « amusements dispendieux ». Vaublanc raconte qu'il n'a jamais possédé, durant neuf années d'École militaire, qu'un écu de trois livres — que son oncle lui glissa dans la main —, qu'il en était fort embarrassé et finit par en gratifier un domestique.

On a dit encore que les camarades de Napoléon lançaient des quolibets soit contre sa mère Letizia, qu'ils nommaient

Madame La Joie, soit contre son père, qu'ils qualifiaient d'huissier ou de sergent. A la suite d'une querelle avec un condisciple, Pougin des Ilets, et d'une provocation en duel, Napoléon aurait été mis à la chambre de discipline; mais il aurait écrit à M. de Marbeuf, qui se trouvait près de là, en congé, avouant qu'il avait été vif et violent, mais ajoutant qu'il était déterminé par un motif sacré, qu'il ne pouvait laisser traîner dans la boue son respectable père, qu'il aimait mieux quitter Brienne que de souffrir de tels outrages sans les punir. Cette lettre, datée du 8 octobre 1783, est aussi fausse que la précédente. De même que la précédente, elle a été fabriquée par un libelliste obscur qui s'intitule tantôt le comte Charles d'Og., tantôt le baron de B., et qui n'a fait dans ses élucubrations, comme les *Mémoires sur la vie de Bonaparte* et l'*Écolier de Brienne*, qu'entasser à plaisir les erreurs et les mensonges.

La vérité, c'est que Napoléon eut, surtout au commencement de son séjour à Brienne, des accès de nostalgie. Ne reconnaissait-il pas dans les années suivantes, lorsqu'il s'ouvrait sur son caractère, qu'il avait toujours été mélancolique? Il regrettait la Corse, la beauté de son ciel, la douce chaleur de son climat. Dépaysé, déporté dans la triste et rude Champagne, il songeait avec douleur qu'il avait quitté pour six années au moins cette chère Corse qui restait gravée dans son cœur. Il se disait désespérément qu'il n'avait plus de patrie : « Être privé de sa chambre natale et du jardin qu'on a parcouru dans son enfance, n'avoir pas l'habitation paternelle, c'est n'avoir point de patrie! » Il comprenait que des Groënlandais, transplantés en Danemark, se fussent consumés de langueur : « On leur prodigue en vain tout ce que la cour de Copenhague peut offrir; l'anxiété de la patrie, de la famille les conduit à la mélancolie et de là à la mort. » Il lut avec attendrissement dans les *Jardins* de Delille le célèbre passage où le poète représente un Taïtien qui reconnaît un arbre de son île et croit pour un instant retrouver Taïti : « Potaveri, écrit-il dans le *Discours* de Lyon, est arraché à Taïti; conduit en Europe, il est accablé de soins; l'on n'oublie rien pour le distraire; un seul objet le frappe, lui arrache les larmes de la douleur, c'est le mûrier à papier; il l'embrasse avec transport en s'écriant : « Arbre de mon pays, arbre de mon pays! »

Il eut aussi des mortifications d'amour-propre. Joseph de Montfort raconte qu'à son entrée à l'École royale militaire de Tournon, quelques-uns de ses camarades se plurent à le railler et à le tourmenter. Comme Montfort, comme tous les nouveaux, Napoléon fut d'abord en butte à des sarcasmes. Il prononçait son prénom *Napollione*; ses condisciples l'appelèrent *la paille au nez*, et, au lieu de rire de ce sobriquet et de dédaigner les taquineries, Napoléon bouda, se fâcha, se prit à détester ses compagnons d'études.

Mais élèves et professeurs le qualifiaient-ils de Français? Ses maîtres de géographie faisaient de son île une dépendance de l'Italie, et ne parlaient d'elle qu'après avoir décrit la péninsule, après avoir énuméré successivement les États de la maison de Savoie et de la maison d'Autriche, les seigneuries de Gênes et de Venise, les duchés de Parme et de Modène, le grand-duché de Toscane, l'État de l'Église, le royaume de Naples, la Sicile, la Sardaigne : les Minimes enseignaient, après la conquête de 1769, que la Corse était, non pas terre française, mais pays étranger!

Si parfois des camarades traitaient Napoléon de compatriote, c'était pour le plaisanter, et ils disaient en le narguant qu'il était sujet, non pas de la République de Gênes, mais du roi de France. Lorsqu'au mois de juin 1782, Balathier de Bragelonne, fils du commandant de Bastia, fut admis à l'École des Minimes, des malins imaginèrent, pour faire pièce à Napoléon, de lui présenter le nouveau venu comme un Génois. On endoctrine Balathier. On le mène à Bonaparte. Au seul mot de Génois, Napoléon, furieux, s'écrie en italien : « Serais-tu de cette nation maudite? » et Balathier avait à peine eu le temps de répondre *Si, signor*, que l'Ajaccien le saisissait par les cheveux : on parvint à lui arracher sa victime, mais il fallut plus de quinze jours pour lui persuader que Balathier de Bragelonne était Bastiais.

Ces niches et moqueries de son entourage ne faisaient qu'affermir et enfoncer dans son cœur ses sentiments de patriotisme corse. Il prit l'attitude d'un vaincu qui ne désarme pas et ne cesse de penser à la revanche. A-t-il proféré la menace que lui prêtent les *Mémoires* de Bourrienne : « Je ferai à tes Français tout le mal que je pourrai »? Le mot, venant d'une semblable compilation, ne peut être regardé comme authentique. Mais il louait l'intrépidité des Corses, assurait qu'ils n'avaient été soumis que par des « forces majeures », et lorsqu'on lui disait que sa patrie était esclave, « j'espère, répliquait-il sur le ton de l'indignation, j'espère la rendre un jour à la liberté! Que sait-on? Le destin d'un empire tient souvent à un homme! »

Si l'on parlait de Paoli, il s'échauffait, s'enflammait. Que de fois ce nom avait frappé ses oreilles dans ses premières années! Que de fois, et avec quel frémissement, il avait écouté des vétérans de la guerre de l'indépendance regrettant de ne plus porter le fusil, contant avec fierté leurs aventures, leurs marches sourdes à travers la montagne, leurs soudaines attaques, leurs fuites prudentes, leurs retours, leurs volte-faces, et mêlant à ces dramatiques récits l'éloge de leur chef et de son inébranlable énergie! Que de fois il avait entendu dans la maison d'Ajaccio Charles et Letizia rappeler avec émotion leur liaison avec le grand Pasquale! Ces discours avaient exalté l'imagination de l'enfant. Il aspirait à la gloire de Paoli. Il ne souffrait pas qu'un maître, un camarade fît la moindre critique, le moindre reproche à son idole. « Pourquoi, lui disait à Autun l'abbé Chardon, avez-vous été battus? Vous aviez Paoli, et Paoli passait pour un bon général. — Oui, monsieur, répondait Napoléon, et je voudrais lui ressembler! » Il s'exprimait à Brienne avec la même chaleur sur le compte du vaincu de Ponte-Novo. « Paoli reviendra, s'écriait-il un jour, et s'il ne peut rompre nos chaînes, j'irai l'aider sitôt que j'aurai assez de force, et peut-être à nous deux saurons-nous délivrer la Corse du joug odieux qu'elle supporte! » Paoli, dit un élève, était son dieu. Un autre écrit en 1797 que Paoli est parrain de Bonaparte, lui a donné sur les fonts baptismaux le nom de Napoléon — et, ce qui paraîtra singulier, Lucien reproduit cette erreur dans ses *Mémoires* et assure sérieusement que son frère est filleul de Paoli!

Il resta donc à l'écart, et ceux qui le connurent alors, le représentent sombre, farouche, renfermé en lui-même, semblable à l'homme qui sort d'une forêt et qui, jusque-là, soustrait aux regards d'autrui, ressent pour la première fois les impressions de la surprise et de la méfiance. Le principal avait distribué entre les élèves une grande étendue de terrain qu'ils pouvaient remuer et cultiver à leur guise. Bonaparte décida, força deux de ses camarades à lui céder leur part, et, du sol dont il était maître, il fit un jardin. Il employa l'argent qu'il recevait pour ses menues dépenses à l'achat de piquets, et une forte palissade défendit l'accès de son petit domaine. Il planta des arbrisseaux, les entoura de soins extrêmes et ils donnèrent au bout de deux ans à son enclos l'aspect d'un cabinet de verdure, d'une tonnelle ou, comme on disait, d'un ermitage. Là Bonaparte passait le temps de ses récréations à lire ou à rêver, et malheur, raconte un élève, malheur à ceux qui, par curiosité ou par malveillance, ou par badinage, osaient le troubler dans son repos! Il s'élançait furieux de sa retraite pour les repousser, sans s'effrayer de leur nombre. Il ne prenait aucune part aux amusements. On ne le voyait ni rire ni manifester cette joie bruyante que font éclater les écoliers lâchés dans une cour. S'il s'entretenait avec ses condisciples, c'était pour les gronder ou les désapprouver par des paroles aigres et piquantes. Ceux qu'il tançait ainsi, se fâchaient, se jetaient sur lui à coups de poing; il les attendait de pied ferme et ripostait à tous avec le plus grand sang-froid.

Aussi était-il détesté. « Mes camarades ne m'aimaient guère », avouait-il plus tard. Deux élèves, élus par leurs pairs, étaient chargés de l'administration de la bibliothèque et du prêt des ouvrages. L'un d'eux ne pouvait souffrir Bonaparte. Il l'accueillait avec rudesse, et à diverses reprises remarqua sur un ton de mauvaise humeur que Napoléon n'avait d'autre but, en lui demandant des livres, que de l'ennuyer et de l'importuner. Mais, dit-il, « Bonaparte n'était ni plus patient ni moins entêté que depuis, et il me fit fréquemment sentir que c'était toujours dangereux de le provoquer ».

Dans ces querelles avec ses compagnons Napoléon eut quelquefois le dessous. Il ne se plaignait jamais aux Minimes. A ses yeux, le maître, c'était l'ennemi. Il haïssait, assure un élève, le despotisme des moines. Quand Berton fut envoyé à Brienne pour remplacer Lélue, Napoléon fut un de ceux qui, le soir, allèrent chanter des chansons sous la fenêtre du nouveau principal; Berton les surprit, saisit le « petit Corse » au collet et le mit aux arrêts pour trois jours. Mais le « petit Corse » ne s'amenda pas. Lorsqu'éclataient des révoltes contre les régents, il était à la tête des mécontents et les haranguait. La crainte de la férule ramenait bientôt les mutins au devoir, et Napoléon était le premier châtié. Mais il supportait la correction sans se plaindre et traitait de lâches les camarades auxquels la douleur arrachait des cris ou des larmes. Une seule fois, il fit preuve d'une très vive sensibilité. Puni pour une faute légère par le maître de quartier, il dut dîner à genoux devant la porte du réfectoire, endosser l'habit de bure, mettre un pantalon de l'étoffe la plus grossière, chausser de rudes et informes souliers. Il eut une violente attaque de nerfs et rendit tout ce qu'il avait pris. Le supérieur, averti, leva la punition.

Maîtres et élèves finirent par avoir la même antipathie pour cet enfant bizarre qui vivait dans une sorte d'isolement sauvage et répondait aux remontrances et aux railleries par un silence méprisant ou par des bourrades. On résolut de l'humilier, de le blesser au vif dans son orgueil. Le principal avait imaginé d'organiser militairement l'École et de former de tout son monde un bataillon à plusieurs compagnies. Cette imitation de la vie de régiment amusait les élèves, les habituait à l'obéissance et à la subordination, les accoutumait à prendre leurs rangs et à s'aligner en un clin d'œil, à se rendre aux différents exercices sans tumulte ni confusion. Il y avait, comme à l'École militaire de Paris et comme dans les troupes du roi, des grades et des marques de distinction. Napoléon était capitaine d'une des compagnies. Un conseil de guerre, tenu selon toutes les règles par l'état-major des élèves, déclara que Bonaparte était indigne de commander ses camarades, dont il dédaignait l'affection. On lui lut la sentence qui le dégradait, on le dépouilla de ses insignes, et il fut renvoyé au dernier rang du bataillon. Mais il parut insensible à l'affront, et la fermeté qu'il montra lui conquit l'amitié de l'École. Comme dans un mouvement de repentir et par un revirement naturel à cet âge qui n'est pas sans pitié, boursiers et pensionnaires lui prodiguèrent les témoignages de bienveillance qu'ils lui refusaient naguère. Bien qu'il ne crût pas avoir besoin de consolation, Bonaparte fut touché de leur généreux retour. Il devint plus sociable, il se mêla parfois à leurs parties, il dirigea leurs jeux.

Les divertissements qu'il mit en train répondaient à son caractère, et, selon le mot d'un de ses condisciples, joignaient l'utilité au plaisir. Il proposa d'imiter les courses d'Olympie ou les luttes du cirque romain. Il fit livrer des batailles où les uns représentaient les Grecs ou les Romains, les autres, les Perses ou les Carthaginois. Mais les combattants se jetaient des pierres; quelques-uns furent blessés; le supérieur défendit ces périlleuses distractions et réprimanda sévèrement Bonaparte. L'enfant rentra dans son jardin et reprit pendant les récréations le genre de vie qu'il avait auparavant.

Vint l'hiver mémorable de 1783, où la neige s'amoncela dans la cour de l'École. Les élèves recevaient alors des leçons sommaires de fortification, et un professeur leur enseignait comment on trace une enceinte, ce que c'est que le rempart, le parapet, le fossé, le chemin couvert, la place d'armes, le glacis, et ce qu'on nomme une demi-lune, une lunette, une contre-garde, un ouvrage à corne ou à couronne. Napoléon ouvrit, dit un de ses compagnons, une seconde campagne, engagea des hostilités d'autre sorte, fit succéder la guerre moderne à la guerre antique. Il proposa d'élever un petit fort en neige suivant les principes de l'art. Il traça d'abord l'enceinte. Le lendemain, il dut la recommencer parce que la neige tombée pendant la nuit l'avait effacée. Mais, pour reconnaître ses lignes, il planta des jalons. Ses camarades le secondèrent activement. Ils se servirent des brouettes, des bêches, des pioches qu'ils employaient pour cultiver leurs jardinets. Bonaparte conduisait les travaux et réussit à former un carré parfait, flanqué de quatre bastions et pourvu d'un rempart de trois pieds et demi de longueur. Ce carré fut attaqué et défendu à coups de boules de neige. Napoléon dictait les mouvements. Il menait tantôt l'un, tantôt l'autre des deux partis. Les Minimes encourageaient ces simulacres de combats et applaudissaient les élèves qui se distinguaient par leur ardeur, leur adresse ou l'invention de quelque stratagème. Bonaparte était le plus fécond en expédients et trouvait constamment le moyen d'éveiller l'intérêt des spectateurs en imaginant chaque jour une manœuvre nouvelle. D'avance, disait plus tard un de ceux qui jouaient en 1783 dans la cour de Brienne,

> D'avance nous savions très bien
> Qu'il serait quelque jour l'émule d'Alexandre.
> Dans les combats les plus fameux
> S'il fixa toujours la victoire,
> Tel il s'offrit dans tous nos jeux ;
> Il sut nous présager sa gloire.
> Sans peine il nous fit deviner
> Par les plaisirs de son enfance
> Qu'il était né pour étonner
> Et captiver le monde au gré de sa puissance.

Le soleil de mars mit fin à ces amusements, et l'administration n'en fut pas fâchée à cause des rhumes que les élèves attrapaient en piétinant dans la neige. Mais le renom de la forteresse construite par Bonaparte avait franchi les murs de l'Ecole, et les habitants de Brienne qui venaient la voir par curiosité, admiraient l'intelligence de l'ingénieur.

Un dernier épisode de la période briennoise de Napoléon se place au 25 août 1784. C'était le jour de la Saint-Louis, jour marqué d'une pierre blanche par tous les élèves de France, et regardé comme le plus heureux de la vie scolastique, célébré dans les Écoles militaires de province par des réjouissances et à l'École militaire de Paris par un feu d'artifice qui coûtait 400 livres. A Brienne, la jeunesse s'abandonnait impunément aux démonstrations de joie les plus bruyantes. Quiconque avait quatorze ans, pouvait acheter de la poudre, et les Minimes autorisaient l'usage de petites pièces de canon, de fusils, de pistolets. Durant les quinze jours qui précédaient le 25 août, on ne parlait d'autre chose que de la fête, on nettoyait les armes, on fabriquait des pétards en mettant de la poudre dans une carte qu'on nouait ensuite avec une ficelle fortement enduite de gomme, et le 25, tandis qu'au-dessus de la grande porte du collège, sur la façade qui regardait la ville, un transparent façonné par un élève et revêtu de l'inscription *A Louis XVI, notre père*, représentait le roi appuyé sur la Justice et la Vérité, ce n'était au dedans de l'École, dans les corridors et les cours, que cris, que chants et que détonations. Bonaparte ne prit aucune part à la Saint-Louis de 1784. Assis dans son jardin, il semblait indifférent à l'allégresse commune et insensible à tout ce beau bruit d'artillerie. Mais, au soir, à neuf heures, le propriétaire d'un jardin adjacent réunit une vingtaine de ses amis pour tirer un feu d'artifice. Des étincelles tombèrent sur une boîte qui contenait quelques livres de poudre. Il y eut une explosion. Les élèves, épouvantés, s'enfuirent dans le jardin de Bonaparte, renversèrent les palissades, foulèrent aux pieds les arbustes. Napoléon voyait détruit son berceau de verdure. Outré, pensant au dégât que faisaient ses camarades, et non au danger qu'ils couraient, il se jette au-devant d'eux et les repousse à coups de pioche : il était *enraged*, dit l'un de ses condisciples, émigré plus tard en Angleterre. On le traita d'égoïste et de brutal ; on lui reprocha sa dureté de cœur. Mais peut-être était-il encore exaspéré par les éclats d'une joie qu'il ne partageait pas. « Nos réjouissances en l'honneur du roi, ajoute l'émigré, avaient sans doute excité la mauvaise humeur du républicain. »

C'est ainsi que Napoléon se formait à l'école des Minimes. Il restait court de taille. Son inaction physique dans les premières années de son séjour à Brienne et l'application soutenue de son esprit avaient retardé le développement de ses organes. Bien qu'il fût naturellement vigoureux et dur à la fatigue, et qu'il eût les épaules larges, il semblait de santé faible et délicate, à cause de sa mince stature et de son teint olivâtre que le climat de la France n'avait pas encore altéré. Mais pour qui l'observait de près, il était quelqu'un. Son regard vif, perçant et investigateur, son front large et proéminent, ses lèvres fines et nerveusement contractées, sa physionomie entière, tout en lui trahissait l'ardeur et l'énergie. Son éducation n'avait presque rien adouci de sa rudesse native; le sauvage corse ne s'était pas apprivoisé; il demeurait fougueux, passionné, et il eut à Brienne des accès de colère, des transports de fureur. Ses camarades le trouvaient si différent d'eux-mêmes qu'ils ressentaient en sa présence une sorte de crainte. Son frère Lucien, qui passa quatre mois avec lui dans l'établissement des Minimes, affirme qu'il était très sérieux de son naturel et n'avait rien d'aimable dans les manières; il m'accueillit, écrit Lucien, « sans la moindre démonstration de tendresse, et je dois à ces premières impressions la répugnance que j'ai toujours éprouvée à fléchir devant lui. » Mais, comme Rousseau disait à Boswell en parlant des Corses, ce sont là des caractères où il y a de l'étoffe. La culture française que Napoléon reçut à Brienne n'a pas fait de lui un être passif; en réagissant contre elle, il a gardé sa trempe, et il est de ces rares élèves des Écoles militaires qui, selon le mot de Vaublanc, se formèrent eux-mêmes, puisèrent leurs pensées en eux-mêmes sans être esclaves des pensées d'autrui, et déployèrent dans la Révolution décision et fermeté. Une fois que Napoléon regimbait sous le coup d'une injuste réprimande, le professeur lui dit d'un ton piqué : « Qui êtes-vous donc, monsieur, pour me répondre ainsi? » — « Un homme », répliqua Bonaparte.

Il était déjà homme. Il avait conscience de ses aptitudes

guerrières, déclarait sa vocation irrésistible, assurait que « l'état militaire est le plus beau de tous les corps », et remerciait Dieu « le grand moteur des choses humaines » de lui avoir donné une inclination manifeste pour le métier des armes. Des grades élevés, de grands commandements, le gouvernement de la Corse, voilà ce qu'il entrevoyait dans l'avenir. Il se sentait fait pour entraîner et mener ses semblables. Lorsqu'il rappelait plus tard comment il gardait et défendait son coin de terre, « j'avais l'instinct, disait-il, que ma volonté devait l'emporter sur celle des autres et que ce qui me plaisait devait m'appartenir. »

Nous connaissons moins les études de Bonaparte et ses progrès scolaires que le développement de son caractère. Il vit, de 1779 à 1784, six de ces distributions de prix éclatantes et pompeuses que la bourgeoisie de Brienne et la noblesse des environs honoraient de leur présence, six de ces cérémonies qui, selon le mot du bon Keralio, excitaient les vainqueurs à poursuivre leurs succès et les vaincus à prendre leur revanche. Il entendit ces messes solennelles qu'on chantait le lendemain de la distribution et ce *Te Deum* après lequel les triomphateurs déposaient leurs couronnes, comme un hommage de gratitude, entre les mains du célébrant. Il prit part à ces Exercices publics où, durant plusieurs jours, pour l'édification des familles, les assistants, munis de programmes imprimés, interrogeaient les élèves sur les matières enseignées dans l'année. Ces exercices furent présidés en 1780 par l'évêque de Troyes et abbé-comte d'Aurillac, Barral, en 1781 par le duc d'Orléans, qui venait souvent passer quelques jours chez le comte de Brienne, en 1782 par le duc du Châtelet, en 1783 par l'intendant de Champagne, Rouillé d'Orfeuil.

Le nom de Barral dut en 1781 frapper le jeune insulaire. Il y avait en Corse un Barral, inspecteur des ponts et chaussées, qui, selon Marbeuf, joignait à l'entente de son métier beaucoup de connaissances particulières sur différents objets, et ce Barral est le même que Bonaparte chargeait en 1796 de construire des ponts sur le Pô et l'Adige, le même qu'il nommait à la fin de 1797 chef de brigade du génie et commandant du corps des ingénieurs des ponts et chaussées à l'armée d'Italie, le Barral qui lui communiquait en 1801 d'importantes observations sur l'avantage que la France pouvait tirer des bois de la Corse et des mines de fer de l'île d'Elbe, le Barral à qui le premier consul offrait la préfecture du Liamone. Cet homme de savoir et de talent appartient d'ailleurs à la famille de l'évêque de Troyes qui présidait en 1780 les Exercices publics de Brienne, et trois neveux du prélat furent plus tard au service de Napoléon : l'aîné, président de la cour impériale de Grenoble; le cadet, préfet du Cher; le plus jeune, sénateur, comte de l'Empire, premier aumônier de l'impératrice et archevêque de Tours. Mais ces trois Barral ne durent pas leur fortune au souvenir de leur oncle. Le mariage du cadet, Horace de Barral, avec une fille de Fanny de Beauharnais, leur valait la protection de Joséphine. Avant d'administrer un département, Horace de Barral avait aisément obtenu sa radiation de la liste des émigrés ainsi que le traitement de réforme affecté à son grade de général, et dans une lettre au premier consul, il rappelait à la fois ses campagnes et « la détresse à laquelle étaient réduits ses enfants, neveux de Mme Bonaparte ».

La légende s'est attachée aux distributions de prix des années 1781 et 1783. Mme de Montesson aurait en 1781 couronné Napoléon en lui disant : « Puisse cette couronne vous porter bonheur! » De là viendraient les grâces qu'il fit pleuvoir sur elle et les siens. On oublie que Mme de Montesson tenait à Paris un salon dont Bonaparte appréciait l'influence, qu'elle connaissait les usages et l'étiquette de l'ancienne cour, et qu'elle fut ainsi, suivant l'expression de Lucien, un oracle du génie. « Songez, avait-elle dit à Joséphine, qui répéta cette flatterie délicate à son mari, songez que vous êtes la femme d'un grand homme. »

On prétend encore qu'en 1783, Napoléon, chargé de faire un compliment à Rouillé d'Orfeuil, l'aurait harangué avec violence; que Rouillé, furieux, aurait essayé d'empêcher l'admission du hardi discoureur à l'Ecole militaire de Paris ; que le Père Berton aurait dû courir à Versailles et présenter Bonaparte au roi. Comme si Bonaparte avait été reçu en 1783 à l'Ecole militaire de Paris ! Comme s'il avait pu jouer ce personnage d'orateur qui revenait évidemment au premier du collège et que Berton n'aurait eu garde de confier à un Corse, à un étranger ! Comme si le pauvre Minime eût obtenu si facilement une audience du monarque ! Du reste, Napoléon a été bienveillant pour Rouillé d'Orfeuil ; il le fit baron de l'Empire en 1810 ; il maria l'une de ses filles à un Tascher ; il nomma son fils aîné préfet d'Eure-et-Loir et de l'Eure, un autre fils, chef d'escadron, deux autres, capitaines d'infanterie.

Eut-il des accessits et des prix ? Eut-il un prix de mathématiques que partagea Bourrienne ? Reçut-il un de ces volumes uniformément reliés en veau fauve dont la couverture portait l'écusson royal entouré des insignes de l'ordre du Saint-Esprit et surmonté de la couronne de France avec la légende circulaire : *Praemium et incitamentum laboris* ? Non, sans doute, car lui-même dans ses conversations et ses camarades dans le banquet qu'ils donnèrent en son honneur, n'auraient pas manqué de faire allusion à ses succès scolaires. On a dit que le futur roi de Bavière, alors duc de Deux-Ponts, avait, dans une visite à l'école de Brienne, demandé quels étaient les meilleurs élèves ; que Berton lui présenta le jeune Bonaparte comme le plus distingué de tous, et que le prince donna sa montre à Napoléon, qui la conserva longtemps et qui fit plus tard de la Bavière un royaume : l'anecdote ne mérite pas créance.

Soit par insouciance, soit par dégoût, Bonaparte, dit un de ses camarades, ne s'appliqua pas à l'étude du latin. Les Exercices publics, où il eut son bout de rôle, prouvent en effet que le latin était sa partie faible. En 1780, il doit réciter des fables du premier livre de Phèdre. Mais dans les années suivantes il n'est plus examiné sur le latin. En 1782, des élèves entrés à Brienne soit un an après lui, comme Cominges, soit en même temps que lui, comme La Colombière et Frasans, répondent, ainsi que lui, sur l'histoire ancienne; mais Bonaparte n'explique pas, comme Cominges, La Colombière et Frasans, les deux premiers livres de Phèdre, l'histoire de David dans la seconde partie du *Selectae* et les Colloques choisis d'Érasme.

C'est que Bonaparte, étranger et traité d'abord en étranger, moins strictement assujetti que les autres aux devoirs de la classe, préfère apprendre le français, et ses progrès dans cette langue sont assez marqués pour qu'il soit, aux Exercices publics de 1780, interrogé sur la syntaxe de la petite grammaire de Wailly. Ses condisciples n'assurent-ils pas qu'il avait un peu de difficulté à s'exprimer, mais qu'il parlait avec feu, que tout ce qu'il disait était concis et vigoureux, que son nouvel idiome n'avait pas assez d'énergie pour rendre ce que son esprit sentait vivement?

C'est que Bonaparte a été à Brienne, comme Vaublanc à La Flèche, rebuté par les règles de la grammaire et par ces classifications de verbes qu'il fallait apprendre par cœur et réciter niaisement. « Que m'importait, raconte Vaublanc, que *amare* fût de la première ou de la seconde conjugaison? Mon bon sens me disait que tout cela avait été imaginé par des pédagogues qui ne voyaient que les mots, et non la beauté des pensées. » Napoléon refuse de se plier à des exercices qui lui paraissent stériles, et il regimbe lorsque les Minimes lui commandent de « rendre la raison grammaticale des mots ». Il ne comprend pas qu'on écrive dans une langue morte et qu'on abaisse les classiques de l'ancienne Rome à n'être plus, comme disent les moines de Brienne, que des « sources d'élégance pour la diction latine ». S'il lit les Latins, il se contente de traductions. Pourquoi expliquer, déchiffrer longuement un auteur dans l'original? Ne vaut-il pas mieux le lire rapidement dans la version française? Le latin sert-il à un homme d'épée? N'est-il pas exclu des cours de l'École militaire de Paris? Quelques pensionnaires des écoles provinciales n'en sont-ils pas dispensés, sur le désir des parents, malgré les supérieurs qui prient Reynaud de Monts d'obtenir un ordre du ministre et d'obliger tous les élèves à l'étude du latin jusqu'à la fin de la seconde? Dans le règlement de son Prytanée, Napoléon distingue avec soin entre ceux qui seront soldats et ceux qui se destinent à la carrière civile ; ces derniers seuls « apprendront particulièrement le latin ».

Et de la sorte, quoique élevé dans un collège, Napoléon n'a pas reçu l'éducation du collège. Il n'a pas fait, à proprement parler, ses études classiques, et il s'est trouvé libre de toute tradition, garanti contre toute imitation. Il écrira comme de source, et n'aura pas à s'inspirer des auteurs, sinon, dans ses années de garnison, de Rousseau et de Raynal. La netteté, la résolution de son esprit et sa précision tranchante se marqueront dans son style, car, bien qu'il ne sente pas, de son aveu, ce qu'on nomme le style, il aura un style, sans y songer, un style qui est à lui, un style au tour bref, vif, impérieux ; il ne sentait, dit-il encore, que la force de la pensée, et la force de sa pensée s'empreint dans sa parole.

Son génie, rapporte un disciple des Minimes, s'était tourné vers les branches des connaissances humaines qui devaient être les instruments de sa gloire. Il saisissait avidement les vérités des sciences exactes. Les élèves de Brienne ne commençaient l'étude des mathématiques que lorsqu'ils approchaient de leur douzième année. Mais ceux qui, comme Bonaparte, annonçaient des dispositions prématurées, avaient la permission de suivre le cours, malgré leur âge. Il se fit aussitôt remarquer dans cette matière par son intelligence et son assiduité. Tout le monde disait de lui : « C'est un enfant qui ne sera propre qu'à la géométrie. » Le Père Patrauld faisait son éloge. D'année en année, il avance et progresse en mathématiques : il répond aux Exercices publics d'abord sur l'arithmétique, puis sur la géométrie et l'algèbre, puis sur l'application de l'algèbre à l'arithmétique et à la géométrie, sur la trigonométrie, sur les sections coniques.

La géographie attirait également Napoléon. Il a la mémoire topographique, la mémoire des localités comme celle des faits. Avec quel dédain superbe, en 1809, il parle de ces messieurs de la cour d'Autriche qui n'ont aucune notion de géographie !

Aux Exercices publics, il est interrogé, en 1780, sur la mappemonde et les divisions des quatre parties du monde, en 1782 sur la géographie ancienne et sur la nomenclature de la France, des Pays-Bas, de l'Allemagne, de l'Espagne, du Portugal et de l'Italie.

Mais son étude favorite, c'est l'histoire. Il passait pour le plus infatigable liseur de l'École, empruntait livres sur livres, et l'on disait qu'il eût été plus apte qu'aucun autre à l'emploi de bibliothécaire, mais qu'il était trop avare de son temps et qu'il aurait cru ravir à sa propre instruction les instants qui seraient consacrés aux minutieux détails de cette fonction. Or, les ouvrages qu'il lit sans relâche sont des livres d'histoire, surtout des biographies d'hommes illustres, et ces *Vies* que le ministre Saint-Germain avait chaleureusement recommandées aux supérieurs des Écoles militaires, ces *Vies* de Plutarque qui firent une si profonde impression au xviii° siècle, qui tournaient la tête au marquis d'Argenson, tiraient à Vauvenargues des larmes de joie, guérissaient Rousseau des romans. Bonaparte dévora Plutarque avec enthousiasme. Il y prit ou mieux y fortifia cet esprit républicain, ce caractère indépendant qu'il déployait au début de sa carrière. Ce fut en lisant Plutarque qu'il sentit croître et se développer l'ambition qu'il avait reçue de la nature, le désir de faire grand, l'envie d'avoir un nom et de fixer sur lui les regards de ses contemporains. Le bibliothécaire de l'École des Minimes ne dit-il pas que Napoléon se proposait déjà pour modèles les généraux célèbres de l'antiquité? Le jeune Corse s'engoua donc à Brienne des Léonidas et des Dion, des Curtius et des Decius, des Caton et des Brutus, qui ont « émerveillé le monde ». Né dans un pays qui venait d'être une république, aimant son île natale avec passion, brûlant de se dévouer pour elle, il comprend et admire les généreuses actions que l'amour de la patrie inspirait aux citoyens des vieilles républiques. Oui, c'est alors que « les sentiments se sont agrandis », alors que « l'âme, dégagée des entraves de l'égoïsme, a pris son essor ». Le courage, la vigueur, l'héroïsme des anciens le frappent et l'attachent. Ses camarades le surnommaient le Spartiate. Il méritait l'épithète non seulement parce qu'il était taciturne et monosyllabique, mais parce qu'il adorait Lacédémone. Les palpitations d'un Spartiate, disait-il peu de temps après, étaient celles de l'homme fort, et il rappelait que les femmes de Sparte se montraient triomphantes et couronnées de myrte dans les temples et sur les places lorsque leurs proches étaient tombés pour la patrie, que les trois cents Spartiates des Thermopyles « premier soutien de la liberté, avaient affronté les forces réunies de l'Orient et couru à la mort »; il rappelait Argileonis, la mère de Brasidas, s'écriant, lorsqu'elle sait le trépas de son fils, que Sparte compte encore soixante-dix citoyens plus dignes d'elle; il rappelait Pædaretos exclu du Conseil des Trois Cents et félicitant Sparte d'avoir trois cents citoyens meilleurs que lui; il assurait que chaque trait, chaque mot des Spartiates peint le sublime patriotisme qui les embrasait. Lorsqu'il écrivait ces lignes, il était encore sous l'influence des lectures de Brienne, et le levain de fière énergie et d'ardeur martiale que la Révolution fit fermenter dans son cœur, y avait été déposé par le Plutarque qu'il feuilletait avec émotion à l'école champenoise.

Cinq ans s'étaient écoulés depuis l'entrée de Napoléon à Brienne lorsque, le 21 juin 1784, son père, arrivant de Corse, le fit mander au parloir. Charles Bonaparte venait présenter des mémoires au contrôleur général et notamment solliciter des secours pour dessécher le dernier tiers du marais des Salines. Il venait consulter des médecins de Paris sur sa santé, qui commençait à languir : depuis quelque temps il se plaignait de violentes douleurs d'estomac, surtout après qu'il avait dîné. Il venait conduire à Saint-Cyr sa fille Marianna et deux autres demoiselles, cousines des Bonaparte, Mlles Casabianca et Colonna. Il venait chercher son troisième fils, Lucien, au collège d'Autun et le mener à l'École des Minimes.

Cette visite de Charles Bonaparte est la seule visite que

Napoléon ait reçue de sa famille, et ce fut la seule grande joie et comme la seule bouffée d'air corse qui traversa son enfance. Il n'eut même pas la satisfaction de revoir son père et de l'embrasser une fois encore. Après être resté plus de deux mois à Paris, Charles, pressé de regagner son île, de régler ses affaires domestiques et surtout de prendre les eaux d'Orezza, ne put repasser par Brienne. Il informa Napoléon de cette résolution qui coûtait à son cœur, et le fils, triste, mais résigné, écrivit à son père : « Votre lettre, comme vous pensez bien, ne m'a pas fait beaucoup de plaisir ; mais la raison et les intérêts de votre santé et de la famille qui me sont fort chers, m'ont fait louer votre prompt retour en Corse et m'ont consolé tout à fait. »

Il se consola d'autant mieux que son frère Lucien était avec lui. Conduit l'année précédente au collège d'Autun par l'oncle Fesch, Lucien y avait appris le français, et venait maintenant à l'École de Brienne pour achever ses études. Son père avait essayé d'obtenir une bourse pour lui, comme pour Napoléon, et demandé au ministre Ségur que Lucien fût nommé élève du roi dans une des maisons où Sa Majesté faisait élever les enfants de la pauvre noblesse. Mais, dès la fin de 1782, le ministre avait déclaré que le roi, désireux de répartir ses grâces sur les familles avec égalité, refusait d'admettre en même temps deux frères dans ses écoles militaires, et le règlement du 26 juillet 1783 portait que les parents ne devaient jamais proposer qu'un seul enfant, et que, cet enfant agréé, ils ne pourraient solliciter semblable faveur pour un second que lorsque l'éducation du premier serait terminée. Le cardinal de Bernis demandait au même instant une bourse pour le fils cadet du marquis d'Agrain ; le ministre lui exprima son grand regret de ne pouvoir le satisfaire, parce que l'aîné des d'Agrain était encore à La Flèche. Il répondit pareillement à Charles Bonaparte : Lucien n'aurait sa bourse que lorsque Napoléon aurait quitté Brienne.

Lucien, ou le chevalier de Bonaparte, ainsi qu'il se nommait selon l'usage des écoles et des régiments où étaient deux frères de famille noble, entra donc à Brienne comme pensionnaire, et sa pétulance, la vivacité de son esprit, son amour de la poésie firent impression dans l'établissement des Minimes. Un de ses condisciples, Duval, disait en 1800, après avoir célébré Napoléon :

> Non moins prompt à se déceler,
> Le frère dans le plus jeune âge
> S'empressa de nous révéler
> La profonde raison d'un sage.
> Amant studieux des neuf sœurs,
> Il obtint l'honneur de leur plaire,
> Et, pour prix de tant de faveurs,
> Il leur montrait déjà la tendresse d'un père.

Duval se souvenait que Lucien était frère du premier consul et ministre de l'intérieur; mais il n'eût pas tenu ce langage si Lucien avait été mauvais élève, et ses louanges exagérées renfermaient un peu de vérité. Le témoignage de Napoléon est toutefois plus probant. « Le chevalier, écrivait-il à son père et à l'oncle Fesch, est âgé de neuf ans, et grand de trois pieds onze pouces six lignes. Il est en sixième pour le latin, va apprendre toutes les différentes parties de l'enseignement. Il marque beaucoup de dispositions et de bonne volonté. Il faut espérer que ce sera un bon sujet. Il se porte bien, est gros, vif et étourdi, et pour le commencement, on est content de lui. Il sait très bien le français et a oublié l'italien tout à fait. »

Napoléon n'était pas aussi content de son frère aîné. Au parloir de Brienne, Charles Bonaparte n'avait pu dissimuler à son fils cadet que Joseph lui causait un très vif déplaisir. Non que Joseph fût médiocre écolier. Il avait eu des succès dans ses classes, depuis la sixième jusqu'à la rhétorique. C'était un *optimus adolescens*, à qui ses professeurs donnaient fréquemment comme témoignages de satisfaction de belles images de saints. Il remportait des prix, et parmi les livres qu'il recevait en récompense étaient le *Télémaque* de Fénelon et les *Saisons* de Saint-Lambert, qu'il ne cessait de feuilleter. Grâce aux lectures qu'il faisait à l'insu des maîtres pendant les récréations, il obtenait la première place en composition française. Le principal d'Autun lui attribuait le rôle le plus remarquable, celui de Dorante, dans une pièce scolaire des *Fâcheux*, le chargeait de réciter un compliment en vers au prince de Condé, et assurait qu'il n'y avait dans le collège « ni physicien, ni rhétoricien, ni philosophe qui eût tant de talents que Joseph et qui fît si bien une version ». Charles Bonaparte avait raconté ces détails à Napoléon, tout en se plaignant un peu de la paresse de Joseph. Quel dommage que Joseph ne fût pas plus appliqué! Ne serait-il pas hors de pair s'il travaillait? Par malheur, il était insouciant; à peine s'il envoyait de ses nouvelles à sa famille d'Ajaccio, et ses lettres n'avaient que deux lignes. « Je suis persuadé, répondait Napoléon, qu'il n'écrit pas davantage à l'oncle Fesch; pourtant il m'écrit très souvent. » Mais quelle fut la surprise de Napoléon lorsque son père lui confia que Joseph voulait être soldat et, malgré toutes les remontrances, quitter la soutane pour l'épée! Pourrait-il, s'écriait Charles Bonaparte, se tirer d'un combat et avait-il assez de hardiesse pour affronter les périls d'une action?

Comme son père, Napoléon désapprouva Joseph, et, le 25 juin 1784, dans une lettre à Fesch, il blâmait vertement son frère qui n'avait plus aucun penchant pour le séminaire et l'Église. Quoi! Joseph avait déjà commencé ses études de théologie, et il allait se démentir! Monseigneur d'Autun l'exhortait à persister, lui promettait un gros bénéfice, et Joseph, sûr de devenir évêque, sûr d'être un jour le soutien de sa famille et de procurer aux siens mille avantages, renonçait soudainement à « prendre le bon parti »! Il désirait être militaire! Mais avait-il le courage? Saurait-il endurer les fatigues d'une campagne? Sans doute, il serait un bon officier de garnison; il était fort bien fait; il avait des talents de société et l'esprit propre aux futiles compliments. Mais, ajoutait Napoléon,

> Qu'importe à des guerriers ce frivole avantage?
> Que sont tous ces trésors sans celui du courage?
> A ce prix, fussiez-vous aussi beau qu'Adonis,
> Du dieu même du Pinde eussiez-vous l'éloquence,
> Que sont tous ces dons sans celui de la vaillance?

Dans quel corps entrerait Joseph? Dans la marine? Il lui faudrait deux ans pour apprendre les mathématiques, et il ne pouvait supporter la mer. Dans le génie? Il n'aurait les connaissances nécessaires que dans quatre ou cinq ans, et ne serait alors qu'élève à l'école de Mézières. Dans l'artillerie? Il travaillerait dix-huit mois pour être élève et autant pour être officier, et l'étude n'était pas compatible avec la légèreté de son caractère. Dans l'infanterie? Ah! vraiment, c'était l'arme qui convenait à Joseph et qui flattait ses goûts : ne rien faire, battre le pavé toute la journée, être un mauvais sujet, comme le sont les trois quarts de ces « minces » officiers d'infanterie! Non, Joseph avait déjà quelques tours sur la conscience; il était frivole et prodigue; on devait tenter un dernier effort pour l'engager à l'état ecclésiastique, et, s'il tenait bon, le rappeler en Corse, le mettre sous les yeux de son père, et le faire entrer au barreau.

Voilà sur quel ton s'exprimait alors Napoléon Bonaparte. Cette lettre est-elle d'un enfant ou plutôt d'un homme et d'un maître? Quel verbe d'autorité! Quel accent impérieux! Quelle expérience précoce! Napoléon connaît à fond le caractère indolent et léger de son aîné, qui, de la vie militaire, ne goûte et ne goûtera que le laisser-aller, l'oisiveté, les mœurs faciles de garnison. D'une façon vive, serrée, très nette et très précise, un peu sèche néanmoins, il expose, énumère les divers partis que peut prendre Joseph. Il combat résolument son changement de carrière. Pratique, positif, et comme s'il avait dans ses heures de solitude médité longuement sur la situation et l'avenir des siens, comme s'il devinait la plaie d'argent dont souffrent les Bonaparte, il conclut que Joseph doit être prêtre, doit être évêque : *quels avantages pour la famille!*

Mais Joseph s'entêta. Ni son frère Napoléon ni son oncle Fesch ne purent le dissuader. Il déclara qu'il porterait l'uniforme, et pour mieux montrer qu'il voulait se donner de la peine et faire preuve de mérite dans sa profession, il jura de se vouer à l'artillerie ou au génie, les deux corps que les familles préféraient à tout autre parce qu'ils obligeaient l'officier à travailler sa vie entière. Son père céda. Durant son séjour à Paris, dans une lettre datée du 18 juillet 1784, il sollicita le ministre Ségur de placer Joseph dans le génie ou l'artillerie. Joseph, écrivait-il, avait, selon le certificat du principal, fini ses classes avec distinction au collège d'Autun, et ne pouvait retourner en Corse pour perdre le fruit de son éducation. Il se disait destitué de toute protection, se jetait avec confiance aux pieds de Ségur, invoquait le cœur paternel de Ségur en faveur d'une famille nombreuse et dévouée au monarque, priait Dieu d'accorder à Ségur une parfaite santé, de le conserver longtemps aux siens et à la France.

Le ministre répondit à Charles Bonaparte qu'il fallait, pour être admis dans l'artillerie ou le génie, se présenter à un concours et que le candidat ne pouvait comparaître devant son juge, soit Laplace, soit Bossut, sans être agréé ou avoir une lettre d'examen. Or, Joseph, qui venait d'opter décidément pour l'artillerie, était certain d'être agréé : il n'avait qu'à faire preuve de quatre degrés de noblesse, comme Napoléon avant sa réception à Brienne. Mais encore devait-il se munir d'un certificat de bonne conduite et d'instruction qu'il présenterait au commandant de l'école d'artillerie à Metz, où avait lieu le concours. Encore devait-il subir une interrogation qui ne roulerait que sur les mathématiques. Après mûre réflexion, Charles Bonaparte tira Joseph du collège d'Autun et l'emmena en Corse : le jeune homme n'avait pas vu sa mère depuis cinq ans; il passerait quelques semaines à Ajaccio; après ce temps de vacances il reviendrait sur le continent pour se préparer, comme Napoléon, à l'examen de l'artillerie.

Napoléon n'avait pas d'abord choisi l'arme de l'artillerie. Sur le conseil du comte de Marbeuf, il avait résolu d'être marin. C'était alors une mode d'entrer au service de mer. La réputation d'un corps qui se prétendait, depuis le règne de Louis XIV, le premier corps militaire du royaume, les progrès de l'art de la navigation, le voyage de Bougainville, les campagnes de Verdun de la Crenne, de Fleurieu et de Borda, le rôle glorieux des flottes françaises dans la guerre de l'indépendance américaine qui venait de finir, l'attente d'une lutte nouvelle que l'Angleterre ne manquerait pas de rallumer pour reprendre sa revanche, tout excitait les jeunes gentilshommes à briguer un grade sur les bâtiments de Sa Majesté. Un Corse, le futur conventionnel Luce Casabianca, qui commanda l'*Orient* dans l'expédition d'Égypte et périt à la bataille d'Aboukir, n'avait-il pas été, en 1778, à sa sortie de l'École royale militaire de Rebais, nommé par M. de Sartines aspirant garde de la marine au département de Toulon? Un autre Corse, César-Joseph-Balthazar de Petriconi, n'était-il pas, en 1782, envoyé, lui aussi, à Toulon comme aspirant? Napoléon voulait courir la même carrière que ses compatriotes Casabianca et Petriconi. Il comptait être employé, lui aussi, sur les côtes de Provence, trouver des occasions fréquentes de revoir la Corse, son île native, comme dit Lucien, à laquelle il donnait la préférence sur toute autre localité; il supportait la mer; il était leste, agile, et sa vivacité, sa prestesse, sa petite taille le prédisposaient à la vie maritime. Le Corse, lisons-nous dans un mémoire du temps, « est fait pour être bon matelot; pendant la guerre de l'indépendance américaine, des bergers, des montagnards ont servi sur les vaisseaux du roi; ils sont aussi braves que les marins des autres nations tant pour le feu que pour les manœuvres. » Napoléon s'intéressa toujours aux choses de la marine. Sa correspondance avec l'amiral Bruix et le ministre Decrès témoigne de connaissances techniques, et, en se rendant à l'île d'Elbe sur une frégate anglaise, il étonna, confondit le capitaine, les officiers et l'équipage par sa profonde entente des moindres détails du métier.

Le sous-inspecteur général des écoles militaires, Keralio, destinait Napoléon à la marine. Il l'avait remarqué en 1781 et en 1782 dans ses visites à Brienne, et se plaisait à l'exciter de toutes manières; il croyait voir en lui les étincelles d'un véritable mérite et il désirait l'envoyer aussi tôt que possible à l'École militaire de Paris, dans la compagnie des cadets-gentilshommes où entraient les meilleurs boursiers des collèges de province. Mais Keralio fut remplacé le 1er juin 1783 par

Reynaud, de Monts, et, bien qu'il eût ordre d'accompagner son successeur dans une partie de la première tournée, pour lui donner les renseignements nécessaires et lui faire connaître la manière de procéder, il ne vint pas chez les Minimes. Ce fut Reynaud de Monts qui, en 1783, inspecta Brienne. Il ne désigna pour l'École militaire de Paris que deux élèves, Le Lieur de Ville-sur-Arce et Picot de Moras, qui, nés tous deux au mois de janvier 1768, avaient un an de plus que Bonaparte, et il ne jugea pas que Napoléon pût être placé dans la marine : le jeune Corse n'avait encore passé que quatre ans et quatre mois à Brienne, et son éducation devait, selon le règlement, durer au moins six années complètes.

Cette nouvelle consterna Charles Bonaparte, qui comptait que Napoléon quitterait Brienne en 1783. Aussi en 1784, pendant son séjour à Paris, rédigeait-il un nouveau mémoire au ministre. Napoléon n'avait-il pas tourné ses études vers la marine, à l'instigation de M. de Marbeuf? Ne s'était-il pas comporté d'une manière distinguée? N'avait-il pas si bien réussi dans ses examens que M. de Keralio voulait l'envoyer d'abord à l'École de Paris, puis au département de Toulon? Le père attribuait l'ajournement de Napoléon à la retraite de Keralio. « Elle a, disait-il, changé la destinée de mon fils, qui n'a plus de classe au collège à la réserve des mathématiques et qui se trouve à la tête d'un peloton, avec le suffrage de tous ses supérieurs. » Et il assurait à Ségur qu'on ne pouvait faire une plus grande charité que de soulager une famille abandonnée, une famille nombreuse qui servirait le roi comme elle l'avait servi jusqu'alors et qui redoublerait de zèle pour le bien public. Il le priait de *placer* Napoléon, c'est-à-dire de le recommander au ministre de la marine et de donner sa bourse à Lucien : c'était à ses propres frais, ajoutait-il, qu'il avait mis son troisième fils à Brienne, et les moyens de payer la pension lui faisaient défaut. On lui répondit, comme naguère, que Lucien n'aurait de bourse qu'après le départ de Napoléon. Il n'insista pas. Mais il chargea son cousin Hyacinthe Arrighi de Casanova, alors député des États de Corse à la cour, d'agir en sa faveur, et Napoléon exprimait bientôt « sa reconnaissance des démarches qu'Arrighi avait faites pour le placer ». Arrighi, alléguant qu'il avait deux enfants et ne possédait que trois cents livres de rente, obtint alors que son fils Jean-Thomas serait inscrit sur la feuille du roi et admis dans une des écoles militaires de province. Mais peut-être avait-il parlé du jeune Bonaparte au ministre, à Monseigneur, comme on disait, ou à l'inspecteur général Timbrune ou au sous-inspecteur général Reynaud de Monts. En 1779, l'abbé de Luker priait le ministre d'admettre un élève de Pontlevoy, son parent, M. d'Apchon, dans la compagnie des cadets-gentilshommes ; le ministre lui répondit que d'Apchon paraissait digne de cette grâce et qu' « on s'en occuperait volontiers dans le temps ». Bonaparte fut sans doute recommandé par Arrighi comme d'Apchon par l'abbé de Luker.

Mais sur ces entrefaites Napoléon avait abandonné la marine pour l'artillerie. Letizia s'effrayait des dangers qu'il courrait sur mer, et lui faisait dire qu'il aurait à combattre le feu et l'eau tout ensemble ; Joseph, qui ne rêvait plus que de canons, représentait à son frère que le corps royal de l'artillerie l'emportait sur les autres corps de l'armée par la distinction et le savoir.

Napoléon n'eut pas de peine à prendre ce parti. L'artillerie avait, selon l'expression du temps, le plus d'analogie avec la marine. De même que la marine, elle était à la mode, et les bureaux se plaignaient déjà de la « surabondance » des candidats. Elle passait pour la première de l'Europe. On la nommait un « corps à talents » et l'on disait, comme le prince de Ligne, que cette partie était en France *portée au suprême*. Elle occupait dans l'infanterie le rang du 64ᵉ régiment ; mais elle déclarait fièrement qu'elle n'était ni infanterie ni cavalerie ; qu'elle ne devait pas figurer dans l'infanterie ; que, si la valeur des services et leur multiplicité décidaient du pas, la première place lui appartenait sans conteste ; que l'ancienneté seule lui donnait la préséance ; qu'elle avait pris le rang de ses soldats créés en 1671 au lieu de prendre le rang de ses officiers, dont l'origine remontait, par une succession ininterrompue, jusqu'au XIIe siècle, où il y avait déjà des maîtres de l'artillerie.

A la vérité, il était assez malaisé d'y entrer; il fallait s'appliquer aux mathématiques, rester sur les bancs de l'école deux ou trois années de plus que les autres, courir le risque d'un échec, et combien de sujets, comme le chevalier de Mautort, renonçaient à l'artillerie contre le vœu de leurs parents en alléguant leur répugnance pour les sciences abstraites, la chance des examens, la honte qu'ils auraient s'ils étaient refusés une ou deux fois, la difficulté de trouver ailleurs une sous-lieutenance s'ils arrivaient à l'âge de dix-neuf ou vingt ans sans avoir été reçus au corps royal dont M. de Gribeauval était le premier inspecteur !

Mais les officiers de l'artillerie avançaient sûrement, quoique avec lenteur. Lieutenant en second, lieutenant en premier, lieutenant en premier avec commission du capitaine, capitaine en second, capitaine en premier, capitaine en premier avec rang de major, major ou chef de brigade, lieutenant-colonel, colonel, commandant d'école, inspecteur général, telle était la série ascendante des grades. On sauvegardait les droits de l'ancienneté, et, par exemple, le plus ancien capitaine en second devenait capitaine de sapeurs; le plus ancien capitaine de sapeurs, capitaine de bombardiers; le plus ancien capitaine de bombardiers, capitaine de canonniers. Toutefois un officier pouvait être, pour inconduite ou incapacité, *borné* ou retardé dans son avancement, et en 1789, trois capitaines « bornés à leur état » se plaignent inutilement que dix de leurs cadets aient été nommés chefs de brigade. Trois emplois de chef de brigade, sur cinq, et un emploi de capitaine en second et de lieutenant en premier, sur trois, étaient donnés au choix. Chaque année, dans chaque garnison de l'artillerie, le commandant de l'école, le colonel, le lieutenant-colonel, les chefs de brigade et le major désignaient à la pluralité des voix, parmi les capitaines en premier et les lieutenants, les trois sujets les plus dignes d'avancer, et leurs votes, écrits et signés, étaient transmis à Gribeauval. Chaque année, le comité ou, comme on disait, l'assemblée des inspecteurs généraux de l'arme décidait si les capitaines en premier étaient propres à la majorité ou à la brigade, si les majors, chefs de brigade et lieutenants-colonels étaient bons pour un régiment, si les colonels étaient bons pour les directions d'artillerie ou les commandements d'école, si les commandants d'école étaient bons à l'inspection.

Les jeunes gens de petite noblesse et de petite fortune se vouaient donc à l'artillerie ou au génie, lorsqu'ils avaient le goût de l'étude et du travail. Ces deux armes étaient les seules où la faveur et la richesse ne pouvaient prendre la place due au mérite, les seules où les plus instruits avaient la préférence et montraient leur valeur réelle sans craindre de passe-droit, les seules où un gentilhomme pauvre et laborieux eût des chances certaines d'arriver aux grades supérieurs, s'il acquérait les lumières indispensables à son métier et remplissait avec intelligence les commissions dont il était chargé. Et lors même que les officiers quittaient le corps royal pour le service de l'état-major ou pour toute autre fonction, ne possédaient-ils pas des connaissances dont ils tiraient grand profit dans quelque emploi que ce fût?

Napoléon savait qu'il pouvait encore être admis à l'École militaire de Paris, où plusieurs jeunes gens se préparaient à l'examen d'artillerie. Mais, se souvenant que Reynaud de Monts n'avait, l'année précédente, envoyé au corps des cadets-gentilshommes que deux élèves des Minimes, croyant que, malgré sa force en mathématiques, sa faiblesse dans les objets classiques ferait obstacle à son admission, il avait abandonné, ce semble, l'idée d'être, comme on disait, tiré par distinction de son école provinciale pour être amené à Paris.

Il pensait se présenter en 1785 à l'examen d'élève d'artillerie et, après s'être préparé dans une des écoles de l'arme, subir en 1786 l'examen d'officier. Un pensionnaire de Brienne, David-François Gondallier de Tugny, ne fut-il pas admis en 1785 au concours des élèves d'artillerie, le douzième sur quarante-neuf? Au mois de septembre 1784, quelques jours avant l'arrivée du sous-inspecteur général, Napoléon écrivait donc à son père qu'il resterait encore un an à Brienne, que Joseph devait le rejoindre, que non seulement les trois frères Bonaparte, Joseph, Napoléon, Lucien, auraient ainsi la consolation d'être ensemble, mais que Joseph pourrait aller avec lui à l'examen de l'artillerie. Comme élève du roi, Napoléon n'avait aucune démarche à faire pour concourir; comme pensionnaire, Joseph aurait à solliciter la faveur d'être compris dans l'état des sujets agréés; mais, ajoutait Napoléon, « puisque vous avez pour lui une lettre (c'est-à-dire une lettre d'examen), tout est dit ». Il est vrai que Joseph ne savait encore rien en mathématiques. Mais, au lieu de l'envoyer, comme voulait Charles Bonaparte, à Metz, à l'un des collèges des Bénédictins, où il serait dans une classe d'enfants, ne valait-il pas mieux le mettre à Brienne, où son cadet le guiderait et le conseillerait, où le Père Patrauld s'engageait à lui donner ses soins, où le supérieur Berton l'assurait d'un très bon accueil et l'invitait à venir en toute confiance? Napoléon comptait avoir l'assentiment de son père, et il espérait que Joseph, partant de Corse vers le 26 ou le 27 octobre, serait à Brienne le 12 ou le 13 novembre. Il ne croyait donc pas quitter le collège des Minimes, ne soupçonnait nullement les intentions du sous-inspecteur Reynaud de Monts.

Il dut éprouver une joyeuse surprise. Reynaud de Monts le jugea digne d'entrer au corps des cadets-gentilshommes. Dès l'année précédente, à la fin de sa première tournée, le sous-inspecteur avait proposé d'envoyer à Paris les élèves du roi qui se vouaient à l'artillerie, au génie, à la marine, et qui ne pouvaient prendre le dernier degré d'instruction que dans un établissement de la capitale où les professeurs étaient fort au-dessus des professeurs de province, et il avait obtenu du ministre l'autorisation d'appeler à la grande École les boursiers des petites écoles qui se recommanderaient non seulement par leurs talents, leurs connaissances et leur conduite, mais par leur aptitude aux mathématiques. Muni de ce pouvoir,

Reynaud, qui n'avait tiré de Brienne en 1783 que deux cadets-gentilshommes, choisit en 1784 cinq disciples des Minimes pour les placer dans la compagnie : un futur officier de cavalerie, Montarby de Dampierre ; un candidat au génie, Castres de Vaux ; trois candidats à l'artillerie, Laugier de Bellecour, Cominges et Bonaparte.

L' « État des élèves destinés à passer à l'École de Paris » a disparu. La note que le sous-inspecteur Reynaud aurait donnée à Bonaparte et que citent tous ses biographes, n'est pas authentique. Elle a sans doute le ton et le tour des bulletins de Reynaud, et l'auteur dit bien que M. de Buonaparte *s'est toujours distingué par son application aux mathématiques.* Mais le reste du certificat dénonce le faussaire. *Caractère soumis, doux, honnête et reconnaissant* : Reynaud n'avait pas l'habitude d'accumuler ainsi les épithètes. *Il sait très passablement son histoire et sa géographie* : l'éloge n'est pas assez fort. *Il est très faible dans les exercices d'agrément* : Napoléon n'était pas « très faible » dans les exercices de la danse et des armes. *Ce sera un excellent marin* : Reynaud ne se prononçait pas si formellement sur la carrière des élèves du roi et il savait que Napoléon se destinait, non plus à la marine, mais à l'artillerie. *Digne d'entrer à l'École de Paris* : Reynaud aurait dit plutôt : *Mérite de passer à l'École de Paris*, et ces mots, du moins à cette époque, précèdent toujours la note au lieu de la terminer. Enfin, pourquoi le sous-inspecteur omet-il les « objets classiques », le latin, le français, le dessin, l'allemand, l'écriture ?

Une décision récente — elle datait du 23 juillet 1784 — prescrivait de n'admettre les cadets-gentilshommes à l'École militaire de Paris que dans le courant d'octobre. Les quatre élèves des Minimes, Montarby de Dampierre, Castres de Vaux, Laugier de Bellecour et Cominges, furent donc, ainsi que Bonaparte, nommés un mois après l'inspection, et c'est par une lettre du 22 octobre que Louis XVI leur donne « une place de cadet-gentilhomme dans la compagnie des cadets-gentilshommes établie en son École militaire » et prie l'inspecteur général, M. de Timbrune-Valence, de les « recevoir et faire reconnaître en ladite place ».

Ils eurent des fortunes diverses.

Montarby de Dampierre fut un des sujets les plus distingués de la compagnie des cadets-gentilshommes. L'administration le nomma commandant de la première division, et, lorsqu'il dut quitter l'École militaire, le 13 août 1787, elle lui donna comme témoignage de satisfaction, une épaulette, une contre-épaulette et une dragonne de sous-lieutenant, une paire de bottes molles, une paire d'éperons, deux paires de souliers. A la suppression de l'établissement, il eut, ainsi que trois autres, Davout, des Montis de la Chevallerie et Souchet d'Alvimart, un cheval du manège. Après avoir appartenu successivement au régiment de Royal-dragons et à la garde constitutionnelle du roi, Montarby émigra. Il fit les campagnes de l'armée de Condé, et, en 1800, regagna la France. Treize ans plus tard, il consentait à prendre du service sous son ancien camarade de Brienne, et, devenu capitaine au 4ᵉ régiment des gardes d'honneur, il combattait bravement à Leipzig et avec cinquante hommes se jetait, à Hanau, au milieu des escadrons ennemis. La Restauration le promut colonel d'infanterie et l'envoya à l'île Bourbon, où il lutta contre les Anglais, puis à la Martinique, où il mourut de la fièvre jaune.

Castres de Vaux émigra pareillement et servit au corps du duc de Bourbon, ensuite aux chasseurs de Le Loup et au régiment autrichien de Murray, enfin à l'armée de Condé, où il fut, comme lieutenant du génie, blessé d'une balle à la joue, le 1ᵉʳ décembre 1800, à la défense du pont de Rosenheim. De retour en France, il entra dans le corps des ingénieurs géographes et devint chef de bataillon. Davout, qui se rappelait son compagnon d'études de l'École militaire, le revit en 1809 et loua la façon dont Castres avait, après la campagne, aidé Pernety à tracer la nouvelle frontière de la Haute Autriche. Il le prit comme aide de camp et lui trouva d'excellentes qualités. Castres était aux côtés du maréchal durant le siège de Hambourg et se signala plus d'une fois, notamment au 31 mars 1814, où il retrancha la digue de Merkenfeld. Il avait le caractère droit, loyal, étranger à l'intrigue. En 1805, Suchet lui proposait de le présenter à Napoléon : « Vous êtes, lui disait-il, l'ancien condisciple de l'empereur; réclamez-vous de lui; demandez-lui le grade de capitaine, et vous serez mon aide de camp. » Castres refusa. Il ne voulut devoir son avancement qu'à lui-même et à sa propre conduite. On lui reprochait en 1815 d'avoir servi l'usurpateur contre les alliés; il répondit qu'il avait défendu la patrie lorsqu'il ne pouvait plus défendre le roi et qu'il s'était cru obligé de combattre des étrangers dont il avait, durant l'émigration et surtout à l'armée de Condé, apprécié la mauvaise foi. La Restauration le fit, en 1823, maréchal de camp.

Laugier de Bellecour, né à la fin de 1770, était le plus jeune des cinq élèves de Brienne que Reynaud de Monts envoyait à l'École de Paris. Il avait à peine quatorze ans. Aussi eut-il d'excellentes notes, et peut-être passait-il pour meilleur mathématicien que Bonaparte. Mais, s'il avait l'intelligence vive, il était pétulant, dissipé. Il entra dans l'artillerie, émigra et fit les campagnes de l'armée de Condé. On ne sait s'il revint en France. Toutefois, il ne se rappela jamais au souvenir de Napoléon. Les deux jeunes gens s'étaient aimés; le Corse, grave, sérieux, austère, finit par rompre avec le Lorrain d'humeur légère et de mœurs équivoques.

Cominges, officier d'artillerie, de même que Laugier de Bellecour et Bonaparte, eut une folle jeunesse. Le 8 août 1789, il disparut de Douai, sa garnison, parce que son colonel l'avait condamné à la prison pour dettes crapuleuses, et le 12 septembre suivant, l'inspecteur général Thiboutot, après avoir pris l'avis des lieutenants, capitaines et officiers supérieurs du régiment ainsi que du commandant en chef de l'École, proposait de le destituer : Cominges, disait-il, avait déjà quitté le régiment une première fois lorsqu'il était aux arrêts sous clef; il faisait une dépense qui n'était pas en rapport avec ses moyens et il se livrait au jeu avec une incorrigible passion qui

« compromettait son honneur et son habit »; enfin, il avait reçu sans nulle déférence et avec un air d'insensibilité les blâmes que ses camarades lui adressaient en corps sur sa mauvaise conduite. Pourtant, Cominges reparut au régiment, et fut, sur l'ordre du ministre, non pas destitué, mais incarcéré. Il émigra et prit part à la campagne de 1792, dans l'armée des princes. Mais cet effort lui suffit. Il revint en France et servit un an au 24º régiment de cavalerie, « pour se soustraire à la persécution ». On a dit qu'il était à Bâle le 24 novembre 1797, lorsque Bonaparte passa par cette ville pour se rendre au congrès de Rastadt, qu'il se serait présenté sans façons, avec une grande inconvenance, et que Napoléon, piqué, lui aurait désormais refusé toute audience. D'autres rapportent qu'après le 18 brumaire, le premier consul fit à Cominges un accueil flatteur et l'admit à sa table, mais que, pendant le dîner, Cominges parla politique sur un ton cavalier et en termes qui déplurent. D'autres, avec plus de vraisemblance, racontent que Bonaparte lui reprocha d'avoir si peu payé de sa personne dans les deux partis. Quoi qu'il en soit, Cominges obtint à Reims un emploi de finance : il fut directeur de l'octroi et il témoigna sa reconnaissance à Napoléon en acceptant le commandement de la garde d'honneur rémoise et en se battant à la tête des gardes nationales dans les premiers mois de 1814.

Napoléon et ses quatre condisciples partirent de Brienne le 30 octobre 1784. Un Minime les conduisait, car les élèves qui se rendaient des collèges militaires à Paris, étaient toujours amenés par un religieux de la maison d'où ils sortaient. Le ministre recommandait expressément aux supérieurs d' « user de beaucoup de circonspection dans le choix de cette personne », et un arrêté du 26 septembre 1783 portait que les frais de route seraient payés sur les fonds de l'École militaire et que le « conducteur » recevrait vingt-six sols par lieue, toute dépense comprise. Le voyage des cinq élèves et de leur mentor coûta 338 livres. L'année précédente, lorsqu'un Minime avait amené Le Lieur de Ville-sur-Arce et Picot de Moras, le trésorier de l'École militaire lui avait déboursé 149 livres 10 sols.

Le jeune Corse pleurait-il comme firent quelques-uns de ses camarades, comme fit un candidat au génie en partant de Tournon? « Je versais des larmes, écrit Montfort, en quittant cet asile où les cinq dernières années de mon enfance venaient de s'écouler dans la paix, l'insouciance, et, je puis dire, le bonheur. »

Son nom est désormais inséparable du nom de Brienne; la ville s'appelle Brienne-Napoléon, et sur la place publique s'élève une statue de bronze qui représente Bonaparte penchant la tête et méditant, un livre à la main gauche et la droite dans le gilet mi-ouvert. Mais, de son vivant, les anciens élèves de Brienne rendaient à leur condisciple un hommage éclatant. « N'était-il pas naturel à ceux qui ont sucé les mêmes principes que Bonaparte, de payer un juste tribut de gloire au plus grand d'entre eux? » Le 21 août 1800, à Paris, à l'établissement des Quatre-Marronniers, se réunissaient en un banquet quelques maîtres de Brienne, les deux Berton, Patrauld, Bouquet, Avia, Deshayes, et des élèves, Fauvelet, Cominges, La Colombière, Bouquet jeune, etc. Un chemin de feuillage menait à une tente dressée sur l'eau. Le buste de Bonaparte couronné de lauriers se dressait sur un modèle de forteresse et rappelait à l'assistance de récents exploits : la prise du fort de Bard et la conquête de la Lombardie. Les toasts furent annoncés chacun par une salve d'artillerie. Le premier était ainsi conçu : « Au général Bonaparte, premier consul, notre ami et notre camarade. » Bouquet jeune fit le panégyrique de celui qu'il nommait le nouvel Alexandre; d'autres, Duval, Laforêt, Failly, chantèrent des couplets, et Cominges, s'adressant aux Minimes, les pria d'épargner à leurs élèves le reproche d'ingratitude :

> Un seul pour tous vous a payés;
> Jouissez de sa gloire,

et il proposa de boire au héros français et à sa clémence.

Quoiqu'invité par une députation de ses anciens camarades,

Napoléon n'assistait pas au banquet, et il eut raison. Mais jamais il n'oublia l'école champenoise, la patrie de sa pensée, comme il l'appelait, l'endroit où il avait ressenti les premières impressions de l'homme. A Sainte-Hélène, il léguait à la ville de Brienne une somme d'un million de francs qui serait prélevée sur son domaine privé. Parfois, lorsqu'il entendait le son des cloches, il se reportait avec émotion à ses années de Brienne et il croyait éprouver de nouveau certaines sensations de son enfance. A sa visite au prytanée de Saint-Cyr, des souvenirs de l'Ecole des Minimes lui reviennent en foule : il désire que les lits des élèves soient, comme à Brienne, séparés par des cloisons; il insiste sur les facultés de l'enseignement qui lui sont chères, sur les sciences exactes, sur l'histoire, sur la géographie; il conseille au directeur Crouzet d'inspirer aux écoliers le goût de la lecture; la bibliothèque, dit-il, doit leur distribuer, sur leur demande et d'après un catalogue qui sera mis sous leurs yeux, des livres choisis et surtout des ouvrages d'histoire et des *Vies* particulières des grands hommes.

Il n'avait reçu des propriétaires du château de Brienne aucun bienfait. Mais le récit de leurs splendeurs et de leurs chasses avait frappé son imagination. Un jour, à la Saint-Louis, avec ses camarades de l'École, il avait visité le château, et les maîtres du logis l'avaient remarqué à cause de son nom étranger. Dans le parc, devenu pour la circonstance comme une sorte de Tivoli, il avait vu ces fêtes extraordinaires que les Brienne donnaient à la population d'alentour et où se rendaient avec Ralph, le Franconi de l'époque, une foule de saltimbanques et de chanteurs, d'opérateurs et de danseurs de corde, de marchands de coco et de pain d'épice. Il savait enfin que les Brienne avaient par leur crédit obtenu du ministre Saint-Germain l'établissement d'une école militaire à Brienne et qu'ils s'étaient toujours intéressés à la prospérité du collège. Le premier consul fit donc bon visage à Mme de Brienne, veuve de l'ancien ministre de la guerre. Toutes les fois qu'elle venait, en le nommant son fils ou son dieu, invoquer l'ancien élève des Minimes, et si fatigant que fût le bavardage de la vieille châtelaine, il l'accueillait avec une affectueuse bienveillance. En 1805, lorsqu'il allait partir pour Milan, la bonne dame le pria de s'arrêter à Brienne. Il accepta, et, comme dit Norvins, avant de revoir l'Italie, berceau de sa gloire, revit Brienne, berceau de son éducation. Le 3 avril, au milieu de la multitude accourue de tous les villages des environs et poussant des vivats, il arrivait par la rampe qui conduit à l'esplanade où est assis le château, saluait Mme de Brienne sur le perron et prenait possession de l'appartement que le duc d'Orléans occupait autrefois. Il déjeuna dans la pièce où le savant Deparcieux faisait chaque année aux invités un cours d'électricité et de physique expérimentale. Lorsqu'après le repas, il passa dans le salon, un curé du voisinage, vêtu d'une redingote brune, s'approcha. C'était un des professeurs ou des condisciples de Napoléon. « Qui êtes-vous? » lui dit l'empereur. Le curé, déconcerté, répondit qu'il était curé. « La soutane, lui répliqua Napoléon, a été donnée aux prêtres pour qu'on les reconnaisse toujours de près ou de loin, et je ne reconnais pas un curé en redingote; allez-vous habiller. » Le curé courut changer de vêtements chez son confrère de Brienne et revint en soutane. « A présent, dit Napoléon, je vous reconnais et je suis très content de vous voir », et il s'entretint avec lui de l'École des Minimes.

Au soir, le dîner fut long; le visage du souverain trahissait déjà l'impatience; les convives restaient silencieux, embarrassés. Mais un accident se produisit. Dans son empressement, le maître d'hôtel répandit une saucière sur la nappe et presque sur les genoux de l'empereur. La figure de Mme de Brienne exprima le plus profond désespoir. Elle fut si piteuse que Napoléon éclata de rire; sa gaîté mit les assistants à leur aise, et chacun sortit de table avec satisfaction.

Le lendemain, de très bonne heure, l'empereur, escorté de Louis de Canisy — neveu et filleul de Mme de Brienne, qu'il avait fait son écuyer et qu'il fit baron de l'Empire, — alla voir l'École militaire. Ce n'étaient plus que des ruines. Supprimée en 1793, devenue bien national, convertie en fabrique de caissons et, après la translation des ateliers à Sampigny, vendue à vil prix, l'École militaire avait été totalement démolie en 1799. Il ne restait que le couvent, la Minimière, autrefois habitée par les moines et professeurs, et cette allée de tilleuls bientôt célèbre et consacrée dans la mémoire des hommes, l'allée où les soldats de l'Empire vinrent affiler leurs sabres au tronc des vieux arbres, l'allée qui fut longtemps un pèlerinage d'où les visiteurs emportaient pieusement des feuilles et des fragments d'écorce. Napoléon avait cru qu'il pourrait rétablir l'École et qu'il n'aurait à dépenser que quelques centaines de mille francs. Il jugea que cette restauration lui coûterait des millions. Cette pensée l'attrista, et, pour la chasser, il piqua des deux, sortit de Brienne par la route de Bar-sur-Aube, et se jetant à gauche, se laissant entraîner par la vitesse de son cheval arabe et par la rapidité de ses propres sensations, traversant les champs, les bois et les villages, saluant au passage certains endroits qu'il reconnaissait, goûtant la joie de revoir seul, sans gêne et sans contrainte, comme il lui plaisait, les lieux où il s'était promené jadis avec ses camarades sous la conduite des Minimes, se plaisant à pousser au delà des horizons de l'écolier, courut durant trois heures au triple galop et fit près de 60 kilomètres. Caulaincourt, son grand-écuyer et aide de camp, Canisy et les officiers de sa suite avaient essayé de le joindre, de le traquer, mais ils l'eurent bientôt perdu de vue. Enfin, Caulaincourt tira dans l'air un coup de pistolet. Napoléon entendit le signal de rappel et revint, tout heureux de la traite qu'il avait fournie, riant de la surprise qu'il avait causée à ses serviteurs, leur racontant qu'il était allé il ne savait où, et que le château de Brienne, aperçu dans le lointain, avait guidé son retour : son cheval, couvert de sueur, rendait le sang par les naseaux et demeura fourbu.

Rarement Napoléon se montra plus aimable qu'en ces deux jours d'avril 1805. Il donna 12 000 francs au maire de Brienne pour payer les dettes que la commune avait contractées pendant la Révolution. On écrivait à Paris qu'il avait mis dans sa visite une grâce infinie. Tous ceux qui l'accompagnaient étaient enchantés, transportés. La joie faisait tourner la tête à Mme de Brienne. Elle refusa pourtant de vendre sa terre à l'empereur. « Je n'ai jamais vu, s'écriait Napoléon, une vieille femme plus opiniâtre : elle est veuve et n'a pas d'enfants ; que lui importe son château ? » Mais lorsqu'il disait à la comtesse : « Brienne, c'est beaucoup pour moi », elle lui répondait : « Pour moi, c'est tout. »

Il revit Brienne une seconde fois. « Cette plaine, avait-il dit en 1805, serait un beau champ de bataille. » Lorsqu'il revint à Brienne le 29 janvier 1814, la plaine était un champ de bataille. Il dut prendre et reprendre la ville ; il dut emporter de vive force le château et le défendre contre le retour de Blücher ; il dut, le soir, à la lueur des incendies, tirer l'épée contre un parti de Cosaques qui l'avait subitement chargé, et il aurait péri, si Gourgaud n'avait d'un coup de pistolet brûlé la cervelle au Russe dont la lance effleurait déjà la poitrine impériale. Après avoir parcouru le monde, il était ainsi, contre toute attente, ramené dans les endroits où s'était formée sa jeunesse, et il ne manqua pas de raconter à son entourage des anecdotes de ses années d'études : « Pouvais-je croire alors que j'aurais à protéger ces mêmes lieux contre les Russes ? » Mais il fallut le lendemain lutter encore, nettoyer la plaine, établir au château le quartier général. Il fallut le surlendemain attendre Marmont, qui tardait. Il fallut le 1er février livrer une grande et décisive bataille : elle fut perdue, et c'était la première que Napoléon perdait sur le territoire français. Ainsi, remarque un de ses officiers, se rapprochaient les deux extrémités de sa vie, et sa fortune trouvait son terme là même où elle avait commencé !

Napoléon se rappelait tous ceux qu'il avait connus à Brienne. En 1805, il se ressouvenait d'un nommé Poncet, ancien domestique de l'École, qui depuis s'était fait boulanger, et il lui envoyait de l'argent par son écuyer de service. Hauté, concierge de la Malmaison, qui reçut de l'empereur, outre ses gages annuels de 600 francs, plusieurs gratifications, avait été portier de l'École de Brienne. C'est, dit-on, à la femme Hauté qu'un jour de réjouissance Napoléon refusa l'entrée de la salle des fêtes ; il commandait le poste, et la bonne dame, fort mécontente, se répandait en injures : « Qu'on éloigne, s'écria Bonaparte avec l'emphase d'un écolier nourri de l'histoire romaine, qu'on éloigne cette femme qui apporte ici la licence des camps ! »

Les maîtres, Daboval, Le Clerc, le P. Dupuy, le P. Charles, le P. Geoffroy, le P. Hanrion, le P. Bouquet, les deux Berton ne furent pas oubliés.

Daboval, le maître d'armes, eut à diverses reprises des marques de la munificence impériale.

Sur le maître d'écriture, la tradition varie. Le *Mémorial*, qui le nomme Dupré, raconte qu'il vint à Saint-Cloud et obtint une audience par l'entremise de Duroc. « Le bel élève que vous avez fait là ! lui dit Napoléon, je vous en fais mon compliment », et il le renvoya avec le brevet d'une pension de 1 200 francs. Selon d'autres, le maître d'écriture de Bonaparte aurait été le Minime Istasse, qui vivait sous l'Empire à Sault-les-Rethel. Son ancienne profession lui avait valu le nom de frère Istasse. Il était devenu arpenteur-géomètre et ne sortait jamais sans son jalon d'équerre. Un jour, Napoléon passa par Rethel. Frère Istasse résolut de lui présenter une pétition, et il joignit à sa requête, comme pièces à l'appui, quatre petites tablettes d'ivoire, réunies en forme de memento, que le jeune Bonaparte avait apportées d'Ajaccio et laissées à son professeur. Mais il perdit contenance et à peine put-il remettre son placet à Berthier en balbutiant qu'il avait été le maître d'écriture de l'empereur. Berthier redit ces mots à Napoléon, qui gagnait sa voiture en hâte : « Possible, répondit l'écolier de Brienne, mais il ne devrait pas s'en vanter. » Le frère Istasse reçut une gratification ; toutefois il ne put se consoler d'être resté coi devant l'empereur et surtout d'avoir donné ses tablettes d'ivoire, qui ne lui furent pas rendues. De pareilles anecdotes ne doivent être accueillies qu'avec défiance. Il vaut mieux croire que le professeur d'écriture est le sieur

Le Clerc, qui faisait encore son métier à Brienne en 1787 et en 1788; ce Le Clerc, envoyé comme professeur d'écriture, dès la fondation de l'établissement, au collège de Saint-Cyr, logé dans la maison, pourvu d'un traitement annuel de 1 000 francs, reçoit sa nomination officielle le 24 avril 1801.

Le P. Dupuy devint bibliothécaire de la Malmaison. Il touchait 3 600 francs par an, mais la Malmaison n'avait que très peu de livres, et ces livres étaient dans le cabinet de travail, où Dupuy n'avait pas accès. L'excellent homme se fit viticulteur. Il achetait à Garches et à Suresnes des carrés de vignes sur pied, et manipulait les raisins, corrigeait leur verdeur et leur acidité, fabriquait un vin de Champagne pétillant et sucré qu'il vendait à bon prix. Lorsqu'il mourut, en 1807, Napoléon écrivit à Joséphine : « Parle-moi de la mort de ce pauvre Dupuy; fais dire à son frère que je veux lui faire du bien. »

Le P. Charles, qui prépara l'enfant à sa première communion, reçut plusieurs fois dans sa retraite de Dôle la visite du lieutenant Bonaparte. Il obtint une pension de 1 000 francs, et le premier consul joignit, dit-on, au brevet un autographe : « Je n'ai point oublié que c'est à votre vertueux exemple et à vos sages leçons que je dois la haute fortune à laquelle je suis arrivé; sans la religion, il n'est point de bonheur, point d'avenir possible; je me recommande à vos prières. » En 1800, lorsqu'il traversait Dôle pour se rendre en Lombardie, il voulut revoir le P. Charles : il le fit appeler pendant le relai, et le vieil ecclésiastique, touché de cette attention et versant des larmes, lui dit : *Vale prosper et regna!*

Le P. Geoffroy, curé de Brienne, avait fait faire à Bonaparte sa première communion. Non qu'il fût chargé de catéchiser les disciples des Minimes. Mais il avait revendiqué les élèves, pensionnaires et domestiques du collège comme ses paroissiens, et en 1777, dans un mémoire au ministre de la guerre, il réclamait le droit d'exercer sur l'École autant que sur la ville de Brienne ses fonctions pastorales. Malgré les Minimes, qui lui contestaient cette juridiction, il gagna sa cause devant l'évêque de Châlons et obtint, en reconnaissance de sa prérogative, que deux enfants de l'École militaire fissent chaque année leur première communion dans l'église paroissiale. Napoléon fut, dit-on, de ces deux élèves et il eut l'heur, après avoir reçu le sacrement, de s'asseoir à la table du curé Geoffroy, qui lui servit un excellent repas. En 1805, il s'enquit de Geoffroy près du vicaire Legrand et le fit appeler. Mais le curé, déjà vieux, brisé par les fatigues de l'émigration, n'aimant plus que la solitude et le silence, répondit qu'il n'avait rien à demander. « C'est un brave homme, dit Napoléon, mais diablement sévère. Combien sa cure valait-elle autrefois? — Mille écus. — Les vaut-elle encore aujourd'hui? — Non, il faudrait qu'elle fût élevée à la première classe. » Napoléon éleva la cure de Brienne à la première classe durant la vie de l'abbé Geoffroy.

Le P. Hanrion, qui mourut curé de Bercenay-le-Hayer, était en 1814 curé de Maizières lorsqu'il vit l'empereur traverser le village; il vint se jeter à sa botte et la presser avec émotion. Napoléon le reconnut, l'accueillit affectueusement, et le bon prêtre, exalté, tout fier de se retrouver près de son élève, voulut lui servir de guide. Il enfourcha le cheval du mameluk Roustan et suivit l'empereur au milieu de la bataille jusque devant Brienne. Mais il reçut une balle au talon et, désarçonné, roula dans la boue. Il refusa de prendre une autre monture et se traîna jusqu'au presbytère. Après l'affaire, Napoléon le plaisanta sur sa chevauchée et le décora de la croix de la Légion d'honneur. Les curés du voisinage ne pardonnèrent jamais cette distinction à leur confrère.

Le P. Patrauld eut une carrière bizarre, et nombre de légendes ont couru sur son compte. On assure qu'il jeta le froc aux orties dès le commencement de la Révolution, qu'il aida le cardinal de Loménie à s'empoisonner, qu'il voulut faire des deux petites-nièces du prélat, Mlles de Canisy, de simples paysannes pour les marier à deux de ses neveux, qu'il tint à Paris un magasin de porcelaines, qu'il projeta de louer avec Napoléon et Fesch, dans la rue des Marais, une maison en face de celle de Bourrienne, qu'il fût secrétaire de Bonaparte en Italie et écrivit les lettres du général à Pie VI. En réalité, Patrauld, devenu procureur de l'établissement des Minimes, chargé de se rendre à Paris en 1788 pour opérer la translation des meubles et livres de l'École militaire, avait plu aux Brienne, à l'archevêque et au ministre de la guerre, par sa souplesse et son intelligence. En 1789, Loménie l'appelait à Sens comme son agent et homme de confiance, et durant le voyage du cardinal en Italie, Patrauld, muni de sa procuration, régla les comptes des fermiers. En 1791, l'ancien Minime était secrétaire du nouvel évêché et vicaire épiscopal. En 1793 il se déprêtrisait pour se consacrer entièrement à la famille de Loménie, très gravement menacée. Il la servit, malgré les plus grands risques, avec autant d'énergie que d'adresse, faisant la navette de Sens à Paris, sollicitant Danton et Barère, multipliant les démarches auprès du comité de sûreté générale et parvenant à soustraire des cartons une lettre compromettante, arrêté une première fois et relâché, plaçant après la catastrophe des Loménie les demoiselles de Canisy dans un pensionnat de Chaillot, suspecté, poursuivi de nouveau et se cachant dans un village de la Haute-Saône, rendant plus tard ses comptes et obligé d'engager un procès en l'an VIII pour obtenir la restitution de ses débours. En 1796 il rejoignit Bonaparte à l'armée d'Italie ; mais il aimait mieux calculer sur le papier la courbe des projectiles que d'en calculer les effets. Après avoir fait partie, avec Maurin et Reboul, de l'agence militaire qui remplaça provisoirement, au mois de mai, les autorités de Milan, il entra dans l'administration des domaines, gagna, dit-on, son million, revint en France, spécula, joua, eut hôtel à Paris, maison de campagne à Suresnes, et finit par se ruiner. La seule ressource qui lui restait, c'était d'apitoyer le premier consul. « J'ai déjà payé vos dettes, répondit Napoléon à Patrauld, je ne peux plus rien pour vous, et ne saurais faire deux fois la fortune d'un homme. » Pourtant, il lui acheta ses orangers de Suresnes, qui furent transportés à la Malmaison, et il lui paya une pension.

Le principal Louis Berton et le professeur Bouquet furent

employés par Napoléon dans l'instruction publique. Lorsqu'il créa dans l'ancienne maison de Saint-Cyr un collège qui formait une division du prytanée, il nomma Berton économe et Bouquet premier maître d'études. Lorsqu'il chargea Crouzet de la direction du collège de Saint-Cyr, il lui donna pour successeur au collège de Compiègne l'ex-directeur de l'École de Brienne. Lorsqu'il fonda le lycée de Reims, il appela de Compiègne le Rémois Berton et le mit à la tête du nouvel établissement. Berton fut proviseur et Bouquet censeur. Mais, quoiqu'il se fût vanté de faire le bien partout où il passait, et d'obtenir des succès par l'excellence des dispositions qu'il avait prises et par un règlement qu'il avait rédigé pour le régime intérieur de la maison et emprunté presque entièrement aux règlements de l'École royale militaire, Berton ne fit que des sottises. Reynaud de Monts l'avait deviné. Susceptible, impétueux, violent, incapable de supporter la contradiction et de raisonner juste, aigri par les désagréments qu'il s'attirait, malade et attribuant aux autres le dérangement de sa santé, s'imaginant qu'il avait des ennemis personnels et se livrant contre eux à de vives récriminations, s'absentant deux mois sans demander un congé, sans annoncer l'époque de son retour, tel fut Berton au lycée de Reims. Un jour, au grand étonnement du public, il déclarait qu'il ne donnerait pas de vacances, pas de prix, comme si ces mesures pouvaient dépendre de sa bonne ou mauvaise humeur. Pas de discipline. Les élèves, mal surveillés par de très jeunes maîtres qui finissaient à peine leurs études, agissaient à leur guise; ils brisaient les ardoises du toit, enlevaient les plombs, arrachaient les planches, mettaient les murs à découvert; ils sortaient trop souvent; ils découchaient. Un bureau d'administration, composé du sous-préfet, du maire, du président et du procureur général de la cour de justice criminelle, devait vérifier la comptabilité du procureur-gérant : Berton, qui remplissait ces fonctions, refusa de soumettre ses livres au bureau d'administration et déclara qu'il n'était justiciable que du ministre. Le bureau lui remontra l'inconduite des élèves :

Berton répliqua qu'il mandait au gouvernement tout ce qui se passait et qu'il n'avait aucune plainte à former. Fontanes dut intervenir : le lycée se désemplissait et, s'il n'avait pas eu de bons professeurs, il eût été désert. Au mois d'août 1808, Berton et Bouquet furent mis à la retraite : le premier eut une pension de 3 000 francs; le second, une pension de 1 000 francs. Berton, assombri, désespéré, finit par perdre la raison. Lorsqu'il mourut, en 1811, il ne mangeait plus depuis quarante-deux jours et ne buvait que de l'eau qu'il allait puiser à la rivière.

Son frère, Jean-Baptiste Berton, recourut, non sans succès, à la protection de Napoléon. En 1800, grâce à la recommantion de Bonaparte, il était nommé économe de l'hôpital militaire du Val-de-Grâce. Mais en janvier 1804, sur un rapport de Lacuée, les administrateurs de la maison furent destitués et l'économe arrêté. Berton se justifia, rappela qu'il avait été l' « instituteur » de Bonaparte, écrivit au premier consul qu'il avait eu l'honneur de contribuer, avec les autres maîtres de Brienne, à son éducation. Six mois plus tard, il partait pour l'Italie. Il y fut membre du conseil d'administration de l'hôpital militaire d'Alexandrie, exerça quelques jours à Milan les fonctions d'agent général des hôpitaux, alla reprendre possession de l'hôpital de Parme, fit réparer celui d'Acqui, se rendit plusieurs fois à Turin pour surveiller celui de Moncalieri. En 1805, durant le séjour de Napoléon à Alexandrie, il revit son ancien élève et eut, dit-il, le bonheur de le désabuser sur son compte dans une audience particulière. Lorsqu'il prit sa retraite, il était inspecteur de l'hôpital militaire de Bruxelles.

Les camarades furent, comme les maîtres, protégés, poussés, avancés, parfois comblés de faveurs.

Mailly, fils du bailli de Brienne, était desservant du petit village de Chalette et n'avait que 500 francs de traitement. En 1805 il fit appel, ainsi que son frère Théodore, au souvenir de l'empereur. Sur-le-champ Napoléon ordonna de le placer dans une cure. Quant à Théodore Mailly, qui semble avoir émigré, il le nomma sous-lieutenant au régiment d'Isembourg, puis lieutenant dans la légion hanovrienne.

Calvet de Madaillan, plus tard député de l'Ariège et questeur du Corps législatif, fut nommé, le 12 avril 1813, chevalier et baron de l'Empire.

Bourgeois de Jessaint était Champenois, et plus d'une fois les Minimes dirigèrent les promenades de leurs élèves vers la ferme que son père possédait à Crécy. Il avait été maire de Bar-sur-Aube lorsque Napoléon, se souvenant du fourrier Jessaint — Jessaint portait à l'École de Brienne les galons de fourrier — le bombarda préfet de la Marne. Ce fut un préfet légendaire. Il se maintint à son poste durant trente-huit ans, de 1800 à 1838. « Respectons en lui, disait Louis XVIII, le principe de la légitimité. » Napoléon l'avait créé baron de l'Empire et lui avait donné une dotation de 4000 francs. Il nomma son fils sous-préfet, d'abord à Troyes, puis à Genève. Sur les instances de Jessaint, il établit à Châlons l'École des arts et métiers : « Jessaint, dit-il au Conseil d'État, m'a fait une demande pour Châlons. » Sous tous les régimes, Jessaint fut probe, désintéressé. On ne lui reprochait que sa bonté, sa « paternité ». Il sut, à la levée des gardes d'honneur, ne composer le contingent que d'enrôlés volontaires. Le duc de Doudeauville le proclamait un brave homme, loyal, délicat, qui rendait mille services. Le gouvernement de Juillet lui prouva son estime d'une façon touchante : lorsque Jessaint quitta la préfecture, il eut pour successeur son petit-fils Bourlon.

Bruneteau de Sainte-Suzanne quitta Brienne pour se rendre à La Flèche et se vouer à l'état ecclésiastique. La Révolution le fit soldat, et, parce qu'il savait un peu de physiologie et d'anatomie, officier de santé, puis chirurgien. En 1802, il entrait dans l'administration. Sous-préfet de Saint-Hippolyte du Doubs, préfet de l'Ardèche, de la Sarre, du Tarn, baron de l'Empire, il servit Napoléon sous les Cent-Jours : la Restauration l'emprisonna six semaines et lui refusa toute pension.

Le plus fameux de ces camarades de Napoléon est Fauvelet de Bourrienne, qui faisait ses études à Brienne avec Villemont de Fauvelet, son frère aîné, et s'intitulait conséquemment le chevalier de Villemont de Fauvelet. Il ne fut pas à l'École des Minimes, comme disent ses prétendus *Mémoires*, l'intime ami de Bonaparte. Mais Bonaparte se sentit attiré vers lui par sa vive intelligence et peut-être par son nom, qui lui rappelait un Bourienne, chirurgien-major des hôpitaux de Corse depuis de longues années. Il le revit une première fois en 1792 et une seconde fois en 1795. Arrêté comme émigré, Bourrienne fut sauvé par la recommandation toute-puissante du général en chef de l'armée de l'intérieur. Durant la campagne d'Italie, à plusieurs reprises et notamment lorsqu'il se préparait à entrer en Allemagne, Bonaparte manda Bourrienne près de lui. Il le savait actif, souple et versé dans la langue allemande : Bourrienne avait étudié le droit public à l'Université de Leipzig, rempli les fonctions de secrétaire à la légation de Stuttgart, et d'ailleurs il avait une belle main : il concourait à Brienne pour le prix d'écriture. L'ordre de Bonaparte le tira d'un terrible embarras; il ne pouvait obtenir sa radiation de la liste des émigrés. Il est attaché dès lors à la personne du général; il le suit en Égypte, où il surveille et dirige l'imprimerie française; il devient son secrétaire et son confident. Mais il aimait trop l'argent et n'avait d'autre pensée que de s'enrichir par tous les moyens. Napoléon lut bientôt dans son *œil de pie* d'indignes convoitises. Chaque fois qu'il parlait de millions, il voyait Bourrienne tressaillir, se lécher les lèvres, s'agiter sur sa chaise. Il le fit conseiller d'État : mais en 1802, Bourrienne était compromis dans l'énorme faillite des frères Coulon, à qui son influence avait valu l'équipement de la cavalerie. Napoléon le nomma chargé d'affaires à Hambourg. Là, Bourrienne tripota derechef et noua des relations avec les Bourbons. L'empereur ne le rappela qu'en 1812 : « S'il avait eu moins de cupidité, disait-il, je ne l'eusse jamais éloigné de moi. »

D'autres condisciples se signalèrent dans les guerres de la

Révolution et de l'Empire, ceux-ci comme généraux, Nansouty, Gudin, Laplanche-Mortières, Balathier de Bragelonne; ceux-là comme colonels ou chefs de bataillon, Bonnay de Breuille, d'Hautpoul, Picot de Moras, Caulet de Vauquelin; comme capitaines, les Courlet de Vrégille, d'Aboville, Lombard de Combles, Jean de Saint-Marcel; comme ingénieurs, les Lepère.

Nansouty, un des grands cavaliers du premier Empire, était fils d'un officier du régiment de Bourgogne à qui cinquante ans de services avaient valu la majorité du Château-Trompette. Après avoir fait ses études d'abord à Brienne, puis à Paris, dans la compagnie des cadets-gentilshommes, où il acquit la réputation d'un très bon sujet et reçut la plus haute distinction scolaire, la croix de l'Ordre de Notre-Dame du Mont-Carmel, exclusivement réservée aux élèves de l'Ecole militaire, il entra comme sous-lieutenant au régiment de Bourgogne et à la fin de 1786 sollicita, sans payer de prix, la réforme de capitaine de cavalerie ou de dragons : il rappelait les services de son père; il n'avait pas de fortune, ajoutait-il, et il était chef de famille; le grade de capitaine seul lui permettrait de « servir utilement et d'employer le peu de talents que l'on avait bien voulu récompenser à l'École militaire et qui lui avait mérité l'approbation de ses supérieurs et même les bontés du maréchal de Ségur ». Recommandé par la duchesse de Brancas et par la maréchale de Beauvau, il obtint le grade qu'il désirait. Il n'émigra pas : adjoint aux adjudants généraux, à la prière de Valence, qui le présentait de la part de Mme de Montesson, aide de camp de Luckner, lieutenant-colonel, puis colonel, il était général de brigade lorsque Bonaparte le retrouva. Lui-même a dit qu'il avait fait toutes les campagnes de 1792 à 1814, assisté à toutes les batailles et contribué au gain de quelques-unes. Mais Napoléon se souvenait du camarade de Brienne : Nansouty fut général de division, premier chambellan de l'impératrice, premier écuyer de l'empereur, colonel-général des dragons, commandant de la cavalerie de la garde impériale, chargé, au mois de janvier 1814, de faire un rapport d'ensemble sur toutes les troupes à cheval. Il reçut des dotations, entre autres le domaine de Mlawa, en Pologne, estimé en capital à plus de 200 000 francs, et une somme égale, moitié en argent, moitié en rentes sur l'État, à condition d'avoir un hôtel à Paris. Mais il avait épousé la sœur de Mme de Rémusat, Alix de Vergennes, et, de même que les Rémusat, il souhaitait en 1814 la chute de l'Empire et regardait le retour des Bourbons comme le retour du repos et de la liberté. Il quitta l'empereur en pleine bataille de Laon, revint à Paris, et fut le premier des officiers généraux qui envoyèrent leur adhésion au gouvernement provisoire.

Gudin qui fut à Brienne en 1780 et en 1781, est-il le général qui, selon Philippe de Ségur, était, par un rare assemblage, à la fois probe et habile, intrépide, juste et doux? On pourrait en douter, malgré les témoignages contemporains, si Charbonnel, son gendre, n'affirmait qu'il fut disciple des Minimes. Napoléon le fit général de division, comte de l'Empire et gouverneur de Fontainebleau. Lorsque Gudin mourut à Smolensk, après avoir eu les deux jambes brisées à Valoutina, l'empereur écrivit à la veuve : « Je prends part à vos regrets; la perte est grande pour vous; elle l'est aussi pour moi. Vous et vos enfants aurez toujours des droits auprès de moi. Élevez-les dans des sentiments qui les rendront dignes de leur père. » Mme Gudin eut une pension de 12 000 francs sur le trésor de France, et chacun de ses enfants reçut une dotation de 4 000 francs sur le domaine extraordinaire. Un des fils du général était en 1815 page de l'empereur et il fut un de ceux qui, sur le champ de bataille de Ligny, secoururent et veillèrent les blessés prussiens. « Le jeune Gudin, dit Napoléon, se distingua par sa pitié. »

Laplanche-Mortières, un des hommes à la fois les plus aimables et les plus braves de l'armée française, page du roi à la grande écurie, officier au 9e régiment d'infanterie ci-devant Normandie, servit à Saint-Domingue et sur mer dans les premières années de la Révolution et reçut quatre blessures, sans quitter le banc de quart, à ce rude combat que la *Sémillante* engagea, le 27 mai 1793, à la hauteur du cap Finistère, contre une frégate anglaise. Il avait le commandement d'une demi-brigade lorsqu'il fut nommé par Bonaparte adjudant supérieur du palais des consuls. Il prit une brillante part aux divertissements de la Malmaison, et sur le théâtre de société, dans la troupe d'amateurs qu'avait enrôlée Hortense Beauharnais, il jouait les étourdis à la perfection, comme Bourrienne, les fripons, Savary, les valets, et Marmont, les traîtres. Il eut des missions importantes, et le premier consul l'envoyait à Charles IV et à Godoy, le chargeait de s'enquérir des forces militaires de l'Espagne. Promu général de brigade en 1803, Laplanche-Mortières mourut de maladie trois ans plus tard, en Italie. Sa femme obtint de l'empereur, outre une somme de 15 000 francs, une pension de 3 000 francs, et sa mère, une pension de 1 500 francs.

Balathier de Bragelonne, fils du lieutenant de roi à Bastia, avait eu pour parrain Marbeuf et pour marraine Mme de Varese. Son père n'eut pas à se plaindre de Napoléon. Réformé sous la Révolution, il fut nommé en 1797, par le général de l'armée d'Italie, chef de bataillon et commandant d'armes de Bastia, et lorsque cette ville, devenue place de troisième classe, fut commandée par un chef de brigade, lorsque Balathier reçut du ministre l'ordre de se rendre au Mont-Cenis, le premier consul prescrivit de laisser le vieux soldat sous le ciel de la Corse et lui confia le commandement de Calvi. Le Balathier qui fut condisciple de Napoléon n'était pas un bon élève, et à la fin de 1786, l'inspecteur Reynaud de Monts, qui lui reprochait de donner le plus mauvais exemple, pria ses parents de le retirer sans esclandre. Balathier s'engagea dans le régiment provincial corse, et il eût peut-être végété toute sa vie si la Révolution n'eût éclaté. Emprisonné lors de l'insurrection de Bastia que Paoli réprima si durement, échappé de Corse, il rejoignit l'armée de Condé, puis regagna son île pour être sous-lieutenant à la solde anglaise, obtint de Gentili, après la reconquête du pays, le grade de lieutenant des sapeurs auxilinaires, réussit, grâce à Vignolles, à entrer comme capitaine au service de la république cisalpine, et s'élevant peu à peu, se signalant en Espagne à la tête des Italiens, sous Macdonald et Suchet, au passage du Guadalquivir, aux sièges de Sagonte et de Tarragone, devint général de brigade. Il avait revu Bonaparte en 1805 à Milan, et il disait plus tard bizarrement et à mots couverts qu'il avait eu avec son ancien camarade, en pleine audience, une vive altercation et une scène extrêmement remarquable. Chef d'état-major des troupes italiennes à la Grande Armée en 1813, il fut blessé à Bautzen et pris par les Russes, qui le reléguèrent à Grodno. La Restauration l'admit au service de France. Sous les Cent-Jours, Napoléon lui offrit le commandement de Strasbourg et voulut l'envoyer en Corse avec mission de rallier les royalistes au gouvernement impérial. Balathier accepta le département de l'Yonne, où il avait des parents; mais il sut louvoyer, et les députés de la région, entre autres Bourrienne, son condisciple d'autrefois, attestaient à la fin de 1815 qu'il avait « paralysé les mesures de rigueur prescrites par l'usurpateur ». Il commandait à Arras en 1828 lorsqu'il tomba soudain en démence; il se croyait lieutenant général à Lille et distribuait à tout venant des grades et des décorations.

Bonnay de Breuille, entré, au sortir de Brienne, à l'École militaire de Paris, était capitaine en 1792, et à Jemappes marchait à la tête de sa compagnie, qui faisait partie du 1er bataillon des grenadiers de l'avant-garde, lorsqu'il reçut à la jambe droite un coup de boulet qui lui emporta le mollet. Il fut dix-huit mois en danger de mort et resta boiteux. Suspendu comme noble et employé, malgré sa suspension, dans les commissions et tribunaux des Ardennes, adjudant de place à Hesdin, chef de bataillon d'une demi-brigade, il se rappela, le 7 octobre 1801, à son condisciple de Brienne et lui demanda deux choses : avancement et tranquillité, le grade de colonel et le commandement d'une place dans l'intérieur de la République. Quatre jours plus tard, le 11 octobre, un arrêté du premier consul le nommait chef de brigade et commandant d'armes de troisième classe. Mais le ministre tardait à lui donner un poste. Bonnay alla voir Bonaparte, qui lui renouvela verbalement sa promesse et chargea Duroc de l'exécuter ; il fit agir en sa faveur Lacuée, Kellermann et son parent Morland, chef d'escadron de la garde des consuls, et il eut le commandement de Neufbrisach, puis, grâce à Clarke, qui « voulut bien accorder sa protection spéciale à un ancien élève de l'École militaire », le commandement de Thionville. Il était à Nimègue lorsqu'il eut ordre, le 4 janvier 1814, d'évacuer la ville. Bonnay de Breuille se rendit à Maëstricht et, après avoir commandé quelques jours le fort de Wijk, remplit pendant le blocus les fonctions de chef d'état-major de la division militaire. Les Bourbons l'envoyèrent à Thionville comme lieutenant de roi. Sous les Cent-Jours, il acclama Napoléon : « L'empereur, écrivait-il, ne doutera pas de l'entier dévouement d'un de ses collaborateurs dans les Ecoles militaires. » Il est vrai qu'en 1814, il avait assuré Louis XVIII du respectueux attachement d'un ancien cadet-gentilhomme et qu'après Waterloo il protesta que sa naissance, l'éducation qu'il avait reçue à l'École militaire, et une opinion qui ne dépendait pas des événements, l'engageaient à ne reconnaître que Louis XVIII comme souverain légitime.

D'Hautpoul, élève de l'École du génie à Mézières, où sa belle mine et son élégance lui valurent plusieurs bonnes fortunes, envoyé à Namur, puis à Valenciennes, où Tholosé l'employa comme adjoint durant le siège de 1793, fut destitué sur une lettre du conventionnel Ferry, son ancien professeur. Il était chevalier de Malte, et un jour, le 4 juin 1792, à Mézières, par une juvénile bravade, à la surprise du commandant Villelongue et de ses maîtres et camarades, il avait paru dans les salles d'instruction de l'Ecole avec la croix de l'ordre ; Ferry refusa de le recevoir et, au mois de septembre 1793, le dénonça au ministre Bouchotte : « Sa réception était un attentat contre la constitution ; il ne pouvait être admis que comme étranger, et il fut reçu comme Français. » Retiré à Sens, où il exerça le métier de menuisier et reçut une blessure au bras dans une émeute, réintégré, regardé comme un excellent officier qui joignait de grandes connaissances à une éducation soignée, d'Hautpoul accompagna dans l'expédition d'Egypte son condisciple de Brienne, qui le fit chef de bataillon. Ce fut lui qui vint porter à Bonaparte, au nom de Belliard, la convention du Caire. Mais on aurait tort de croire que ce message lui ait nui. Bonaparte félicita sincèrement les officiers et soldats de l'armée d'Orient de la bravoure qu'ils avaient déployée pour conserver l'Egypte. D'Hautpoul fut confirmé dans le grade de chef de brigade que Kléber lui avait provisoirement conféré. S'il n'a pas été général, c'est que le nombre des généraux du génie comme de l'artillerie était très limité, et s'il essuyait un refus en 1809, lorsqu'il servait Murat et désirait rentrer dans l'armée française, il obtenait en 1810 la direction de Grenoble et en 1811 l'autorisation de résider à Genève. Malade, souffrant de ses blessures, il prit sa retraite en 1816.

Jean-Louis Picot de Moras connut Bonaparte non seulement à Brienne, mais à l'École militaire de Paris. Chevalier de Malte, il fit de 1791 à 1793, sur les galères de l'ordre, ces trois caravanes ou campagnes qui n'étaient, selon le mot de Napoléon, que de ridicules promenades et qui n'avaient d'autre résultat que de donner des fêtes et des bals dans les ports de la péninsule. Il ne revint pas en France; mais durant la guerre d'Italie, avant que Poussielgue se rendît à Malte, il quitta l'île pour dire à son ancien condisciple que les chevaliers de la langue française feraient bon marché de leur fidélité à l'ordre, que le grand-maître Hompesch n'était pas homme à se défendre vigoureusement, que le consul de Russie, O'Hara, actif et audacieux, était le seul qui fût à redouter. Il rentra dans l'arme du génie avec son grade, et Bonaparte certifia la légalité de son absence. « Ordre, écrivait le général le 6 octobre 1797, de reviser le jugement du citoyen Picot-Moras, officier du génie, dont l'absence légale de son corps a été depuis constatée. » Picot accompagna Bonaparte à Malte; ce fut lui qui somma O'Hara de déguerpir. Il était chef de bataillon lorsqu'il reçut à Aboukir une blessure mortelle.

Un de ses frères, Henri, qui devait finir sa carrière comme ingénieur en chef de la place de Besançon, fut, ainsi que lui, élève des Minimes ; le comte de Brienne paya quelque temps sa pension, et il est le seul qui au mois de décembre 1788 ait été porté sur la feuille du roi. Il était capitaine de grenadiers lorsqu'à la prière de son frère Jean-Louis et pour rester avec lui, il obtint de Bonaparte l'autorisation de servir comme adjoint de première classe dans l'arme du génie. Plus tard, en sollicitant du consul un grade plus élevé, il invoquait l'estime et l'affection dont le général avait honoré son aîné : « Le premier consul se rappellera peut-être l'amitié qu'il eut pour son ancien camarade, le chef de bataillon du génie Picot, qui partagea ses périls et mourut glorieusement sous ses yeux dans les champs d'Aboukir. » Il fut admis comme lieutenant en second à l'École de Metz et, en raison de ses services, de ses talents distingués et du rang qu'il avait occupé dans la ligne, nommé extraordinairement au grade de capitaine. Le premier consul, disait l'arrêté, ne l'avait-il pas jugé digne de distinction en lui faisant quitter la compagnie de grenadiers, et la mort de son frère ne lui donnait-elle pas des droits à la reconnaissance nationale ?

Un troisième frère de Picot de Moras, Joseph, lieutenant au 11ᵉ régiment de dragons, fut tué à Eylau. Le 6 mai 1807, du camp de Finkenstein, l'empereur accordait à sa veuve une pension de 600 francs.

Caulet de Vauquelin ne vit Napoléon à Brienne que de loin et durant une année, et ne se rappela jamais à son souvenir ; mais il combattit et mourut pour lui. Aide de camp de Rochambeau à Saint-Domingue, employé au quartier général de l'armée d'Espagne, gouverneur des forts de Rota et d'Arco, commandant d'armes au Mont-Cenis, ardent, valeureux, avide de se mesurer avec les Anglais, qui l'avaient pris deux fois, protégé par d'Hastrel, qui le jugeait animé du désir d'être utile, et par Soult, qui vantait son dévouement et sa brillante intrépidité dans toutes les affaires, Vauquelin était pendant les Cent-Jours chef de bataillon adjoint à l'état-major de Gérard, et périt à Ligny.

De même, les Courlet de Vrégille, d'Aboville, Lombard de Combles, Jean de Saint-Marcel ne semblent pas avoir eu recours à leur glorieux condisciple ou du moins on ne sait rien de leurs rapports avec lui.

Les Courlet de Vrégille furent tous deux capitaines du génie. Le cadet, Mansuit, envoyé de Brienne à La Flèche, dut, sous la Révolution, renoncer à l'état ecclésiastique, essuya, comme il dit, des persécutions et notamment une détention de quatorze mois, entra tardivement dans le génie et fit plusieurs campagnes, entre autres celle de 1800, à la division Decaen, et celle de 1805, à la division Walther; mais, à la fin de 1808, il donnait sa démission pour cause de mauvaise santé.

D'Aboville, Lombard de Combles et Jean de Saint-Marcel, à qui la Révolution donna très tôt le grade de capitaine, quittèrent le service en 1793 parce qu'ils étaient suspects ou craignaient de le devenir. Tous trois appartenaient à la caste des ci-devant, et Jean de Saint-Marcel était l'aide de camp de La Noue, qui fut, après le désastre d'Aix-la-Chapelle, accusé de trahison et traduit devant le tribunal révolutionnaire.

Quatre frères Lepère faisaient leurs études à Brienne avec Bonaparte, et trois d'entre eux le suivirent en Égypte : l'aîné, Jacques, comme ingénieur en chef des ponts et chaussées; le cadet, Gratien, comme ingénieur ordinaire; le troisième, Hyacinthe, comme commissaire des guerres. Jacques et Gratien, que Bonaparte avait en 1798 chargés d'une mission temporaire à Flessingue, rendirent de grands services à l'expédition. Bonaparte nomma Jacques membre de la commission des arts et de la section de mathématiques de l'Institut d'Égypte, le chargea plus tard des travaux du camp de Boulogne, le fit inspecteur divisionnaire des ponts et chaussées à Paris. C'est le Lepère auquel le rapport du 19 nivôse an IX décernait ce magnifique hommage : « Lepère retrouve le système de canaux qui fécondait l'Égypte et le canal de Suez qui unira le commerce de l'Europe au commerce de l'Asie. » Quant à Gratien, il fut attaché aux travaux de Cherbourg et de Paris, et, lorsqu'il désira servir l'empereur à l'armée d'Italie avec le même grade qu'en Égypte, il obtint les fonctions d'ingénieur en chef au port militaire de la Spezzia.

Napoléon a donc bien traité ses camarades de Brienne; mais le plus grand nombre se souvinrent de la promesse qu'ils avaient faite aux *Exercices publics*, lorsqu'ils juraient au noble personnage qui les présidait, de défendre en gentilshommes français les droits et la personne sacrée de leur roi.

Un d'eux, La Personne, l'un des plus laborieux et des plus sages de l'École, eut une fin prématurée et tragique. Garde du corps de Monsieur, il avait émigré. En 1794, il regagna la Flandre, où habitait son père; il fut arrêté et condamné à mort par le tribunal militaire de Lille.

Deu de Montigny eut un destin aussi tragique. Il avait à Brienne de très mauvais bulletins, et ne s'appliquait à rien, n'avait de goût pour rien; *zéro* ou *peu de chose*, telle était sa note en toutes les matières; il ne « faisait » passablement qu'à l'escrime, et Jean-Baptiste Berton ne lui attribuait d'autre mérite que du physique et de la bonne conduite, une taille gigantesque et des mœurs. Il est, déclarait Reynaud de Monts, d'une ignorance crasse. Aussi le pauvre diable était-il encore à Brienne en 1790, et il assurait qu'il aimait mieux tirer la charrue que de rester six mois de plus au collège, qu'il se verrait forcé de prendre la fuite. Ses parents l'emmenèrent en émigration. Il revint, servit dans l'armée républicaine, et, reconnu, jeté à Reims dans la même prison que l'abbé Musart et le Père Loriquet, eut la tête tranchée.

Un autre élève de Brienne, Villelongue de Novion, désigné par Reynaud de Monts en 1785 pour l'École militaire de Paris, entra dans l'infanterie après avoir préparé l'examen de l'artillerie et fut sous-lieutenant au régiment de Normandie; il périt à Oberkamlach.

Vaubercey et Boisjolly défendirent Louis XVI au 10 août. Vaubercey, sous-lieutenant au régiment de Chartres, devenu simple garde du roi, reçut à l'attaque des Tuileries deux coups de feu, qui le mirent en danger de mort. Les Bourbons le nommèrent lieutenant de gendarmerie et adjudant de place à Sedan.

Boisjolly, fils et neveu de trois chevaliers de Saint-Louis qui prirent leur retraite comme brigadiers des gardes de corps, neveu de ce Vouillers qui fut chef d'état-major de Dumouriez dans la campagne de l'Argonne, était lieutenant au régiment d'Auvergne au début de la Révolution. Le 29 juin 1791, il dut avec ses camarades céder à l'insurrection des soldats qui s'assemblaient en bataille sur la place de Phalsbourg et envoyaient leurs sergents-majors, accompagnés de deux fusiliers armés, signifier aux officiers d'évacuer la ville pour sept heures du soir. Il se rendit à Paris et il était au Château lorsque la royauté s'écroula dans la journée dite de la Saint-Laurent. Il fut incarcéré durant la Terreur et vécut dans la retraite sous le Consulat et l'Empire : « Appelé plusieurs fois, écrit-il, à servir encore sous un gouvernement qui ne me convenait pas, j'ai constamment refusé. »

Plusieurs se tinrent à l'écart. Gallois de Hautecourt, lieutenant au Royal-Hesse-Darmstadt, ne fit que la campagne de 1792, à l'armée du duc de Bourbon, et La Coudre, lieutenant au régiment d'Armagnac, s'éloigna de France sans avoir aucune part aux entreprises de l'émigration.

Mais beaucoup s'enrôlèrent dans l'armée de Condé, et même après le licenciement de 1801, lorsqu'ils revinrent dans leur pays natal, ne demandèrent rien au camarade de collège qui s'était saisi du pouvoir : Collinet de la Salle, capitaine au régiment de Languedoc, breveté chef de bataillon par la Restauration ; le chevalier de La Boulaye, sous-lieutenant au régiment d'Austrasie, un des blessés d'Oberkamlach ; La Roche-Poncié, lieutenant à la légion de Maillebois et gendarme de la garde ; Laval, sous-lieutenant au régiment de Perche ; Le Duchat, lieutenant au régiment de Normandie et, pendant l'émigration, au régiment des grenadiers de Bourbon, décoré de l'ordre de Saint-Louis lorsque Louis XVIII était à Mittau ; de

Lor, sous-lieutenant au régiment de l'Ile-de-France; Rigollot, lieutenant au régiment de La Marine; Villelongue, lieutenant au régiment de Royal-Comtois.

Pareillement, Marguenat, Signier, Labretesche, Tressemanes de Brunet, Montrond, d'Orcomte s'obstinèrent dans leur foi bourbonienne.

Marguenat, capitaine de cuirassiers et aide de camp de son père, qui commanda l'établissement de Karikal et gouverna l'île de Tabago, passa vingt ans en Angleterre; il avait quitté la France en 1787 et ne la revit qu'en 1815.

Signier, lieutenant au régiment de Condé en 1789, revint dans l'Aisne sans abjurer son attachement à la monarchie légitime, et, en 1815, il refusait de signer la nouvelle constitution et l'adresse de la ville de Laon à l'empereur, rejoignait l'armée royale à Cambrai, assistait au blocus de Bouchain. La Restauration le nomma chef de bataillon.

Le Laonnais Labretesche, compatriote de Signier, était en 1792 à l'armée des princes. Après le désastre, il s'engagea résolument dans les troupes autrichiennes pour la durée de la guerre. Le sous-lieutenant de Royal-Auvergne fut près de six ans simple soldat aux Vert-Laudon! Il ne retourna dans sa patrie qu'en 1804, avec le grade d'enseigne. Les Bourbons lui donnèrent la croix de Saint-Louis et le brevet de capitaine.

Tressemanes de Brunet, qui fut, au sortir de Brienne, cadet-gentilhomme à l'École militaire de Paris, prit part à la campagne de 1792 dans l'armée du duc de Bourbon. Mais il était chevalier de Saint-Jean de Jérusalem; il alla faire quatre caravanes sur les galères de l'ordre, regagna la France à la fin de 1799, après la capitulation de Malte, et devint maire de Grasse sous la Restauration.

Montrond, lieutenant en second au régiment de Vivarais, ne prêta pas à la Constituante un serment qu'il qualifiait de « serment d'infidélité ». En 1797, lorsque « l'esprit paraissait favorable au retour du bon ordre », il rentra sur le territoire français, mais le quitta derechef au 18 fructidor. Il revint en 1801 et renonça, dit-il, à tous les emplois « malgré les occasions qui lui furent offertes sous le gouvernement de l'usurpateur Bonaparte, dont il avait été le condisciple ». Aux Cent-Jours, ou, comme il s'exprime, « lors des cent jours de deuils et de crimes, à l'apparition du fléau de l'humanité », il suivit le duc d'Angoulême à Valence pour commander en second les gardes nationales de la Drôme, et, après Waterloo, marcha, à la tête des habitants de Carpentras, contre les fédérés assemblés à Avignon. Les Bourbons lui donnèrent la croix de Saint-Louis et un brevet de capitaine. Mais Montrond n'était pas content. Il recourut à Bourrienne, à la fois « bon camarade » et « digne soutien de la royauté »; il demanda une lieutenance de roi, un commandement de place, un emploi de chef de bataillon dans la légion de la Drôme, une solde de retraite. Rien ne vint : il resta capitaine en disponibilité sans solde.

D'Orcomte, que Bonaparte devait revoir à l'École militaire de Paris, était lieutenant au régiment de Bresse lorsqu'il émigra. Il servit de 1792 à 1801 dans les rangs des émigrés. En 1815, il refusa le serment à Napoléon, fit sous le duc d'Angoulême la campagne du Pont-Saint-Esprit, et reçut du comte Charles de Vogüé, inspecteur général des gardes nationales du Gard, la mission d'organiser et de commander la garde nationale de l'arrondissement d'Uzès.

Quelques émigrés n'ont cependant pas répudié les bienfaits de leur camarade de Brienne : De Ray, Longeaux, Champmilon, Béraud de Courville, les deux Le Lieur de Ville-sur-Arce, La Colombière, Balay de la Chasnée, Bosquillon de Bouchoir, Bétous.

On a prétendu que Ray alla voir Bonaparte après vendémiaire et le tutoya; que le général, vexé, lui tourna le dos, et, dans une seconde visite, ne lui adressa pas la parole. Pourtant Napoléon fit donner à Ray une place d'inspecteur aux vivres, et, si Ray ne put accepter cette fonction à cause d'une maladie de poitrine dont il mourut trois ans plus tard, faut-il accuser Napoléon et dire avec Mme de Bourrienne que l'emploi était misérable? Ray, dévoué à la royauté, avait combattu la

Convention au siège de Lyon, où son père, ancien cordon rouge, trouva la mort ; Napoléon n'avait-il pas fait pour ce jeune homme tout ce qu'il pouvait faire?

Longeaux, barisien de naissance et de domicile, lieutenant au régiment de Royal-Roussillon, servit en 1792 à l'armée des princes et, durant trois ans, comme lieutenant, dans les rangs autrichiens, notamment aux chasseurs de Le Loup. Il fut si brave et reçut de telles blessures qu'il dut se retirer en 1796, après avoir obtenu des Bourbons la croix de Saint-Louis et, du gouvernement autrichien, la médaille d'or de Marie-Thérèse : aussi la Restauration lui donnait-elle la retraite de capitaine. Mais il dut à l'ancien condisciple de Brienne un emploi avantageux. Un jour, Napoléon passe à Bar-le-Duc. Il voit Longeaux à la portière de sa voiture, et avant que l'autre ait le temps d'ouvrir la bouche : « Vous êtes Longeaux, que faites-vous? Que voulez-vous? — Servir Votre Majesté. — Je penserai à vous. » Les chevaux l'entraînent. Six mois après, Longeaux occupait une place dans l'administration.

Champmilon était capitaine au régiment de l'Ile-de-France lorsqu'il émigra. En 1810 il demanda du service. Napoléon le nomma capitaine au 4° régiment étranger, et deux ans plus tard, Champmilon obtenait le grade de chef de bataillon.

Béraud de Courville, filleul du comte d'Artois, quitta l'École de Brienne pour être page de son parrain, puis un de ses gardes du corps, et fit toutes les campagnes de l'émigration jusqu'à l'année 1800. A son retour, il devint, grâce à Bonaparte, chef de bureau à l'administration des contributions indirectes. Mais il était aux yeux de Napoléon plus qu'un camarade de collège. Il était le beau-frère de son aide de camp Muiron, et, après Arcole, le général avait déjà fait un mensonge au Directoire pour que Béraud de Courville fût rayé de la liste des émigrés : « Ce jeune homme, écrivait-il, avait quatorze ans lorsqu'il a été mis sur la liste des émigrés, étant en pays étranger pour son éducation. » Lorsque Napoléon débarqua de l'île d'Elbe, Béraud de Courville prit le commandement d'une compagnie de volontaires royaux.

L'aîné des Le Lieur de Ville-sur-Arce, sous-lieutenant au régiment de l'Ile-de-France, devait, après l'émigration, se vouer à l'horticulture, et il a écrit sur la culture du rosier, du dahlia, du maïs et des arbres fruitiers des ouvrages qui n'ont trouvé, dit-il lui-même, qu'un petit nombre de lecteurs et qui ne donnent pas à l'auteur assez de réputation pour le dédommager de ses travaux. Napoléon le fit administrateur des parcs, jardins et pépinières de la Couronne. Le Lieur conserva cet emploi sous la Restauration et dédia sa *Pomone française* à la duchesse d'Angoulême comme il dédiait naguère son traité de la culture du rosier à Joséphine. Mais le ton des dédicaces est différent. Il remercie la duchesse de voir avec intérêt ses efforts; il assure Joséphine qu'il a créé de nouvelles variétés de roses pour multiplier ses hommages, et ajoute galamment que la rose, reine des fleurs, est l'emblème de la souveraine que chérissent les Français.

Le cadet des Le Lieur, un des plus intimes amis de Bonaparte, son camarade à Brienne et au régiment de La Fère, était capitaine-commandant d'artillerie à la veille de l'invasion austro-prussienne. Il émigra et, après avoir fait la campagne de 1792 à l'armée des princes, se rendit à Londres, où il n'eut, dit-il, d'existence que par les talents que lui avait valus l'éducation des Écoles militaires. Lorsque le comte d'Artois tenta de débarquer sur les côtes de France, Ville-sur-Arce appartint à l'expédition sous les ordres de l'ancien inspecteur marquis de Thiboutot. Mais Bonaparte se souvenait de lui, et Ville-sur-Arce, major dans l'artillerie de la République cisalpine, combattit en Italie sous Richepanse, Watrin, Miollis et Moreau. Il était chef d'escadron à Antibes lorsque le premier consul l'appela à Paris pour lui demander des renseignements sur l'artillerie cisalpine et voulut l'employer dans sa garde. Marmont, cousin germain de Ville-sur-Arce, l'attacha à son état-major. Après la campagne de 1800, l'émigré fut sous-commissaire des relations extérieures à Cronstadt. Au bout de deux ans, il reprit sa place, comme chef d'escadron, dans l'état-major de Marmont. En 1809, Napoléon le revit à Schoenbrunn et l'envoya sous-inspecteur aux revues à l'armée d'Espagne. Capturé par les Anglais à l'héroïque sortie d'Almeida, transféré à Lisbonne et de là dans le Hampshire, à Alresford, délivré par cartel d'échange et grâce aux démarches de Marmont, qui l'avait recommandé chaudement à Wellington, Le Lieur de Ville-sur-Arce se maria, et reçut de l'empereur, par décret du 1ᵉʳ janvier 1812, une dotation de 4 000 francs constituée sur le domaine de l'Illyrie. Il rejoignait l'armée de Portugal lorsqu'il rencontra Marmont qui rebroussait chemin. Il revint à Bayonne et, dès lors, jusqu'à la chute de l'Empire, en Allemagne, en France, ne quitta plus Marmont : puisque ses fonctions de sous-inspecteur étaient nulles, disait-il, il resterait sur le champ de bataille et serait toujours prêt à servir si le maréchal, manquant de monde, avait des ordres à lui donner. Sous la première Restauration, Marmont, capitaine des gardes du corps, fit nommer son cousin sous-inspecteur aux revues de la compagnie de Raguse. Mais Ville-sur-Arce était fatigué, épuisé : lorsqu'au retour de l'île d'Elbe, il se présentait au lever de Napoléon, son ancien camarade le trouvait défait : « Sa Majesté, écrit alors Ville-sur-Arce, fut frappée de la manière dont j'avais changé, et eut la bonté infinie de m'en parler. » Employé à Besançon pendant les Cent-Jours, admis à la retraite au mois de septembre 1815, Ville-sur-Arce mourut en 1820.

La Colombière sortit de Brienne, comme Bonaparte, pour être cadet-gentilhomme à l'École militaire de Paris. Il émigra pendant que son régiment, le régiment d'Aunis, était aux Antilles, gagna la Trinité, de là l'Espagne, où il fut sous-lieutenant au régiment d'Hibernie, et revint en France sous le Consulat. Avec Fauvelet et Cominges, il invita Bonaparte, au mois d'août 1800, à la réunion des anciens élèves de Brienne. En 1804, le premier consul le nommait inspecteur principal des vivres à la Grande Armée. Quatre ans plus tard, La Colombière rentrait, comme lieutenant, au service de Sa Majesté Catholique, non plus de Charles IV, mais du roi Joseph, et Soult, qui l'attacha comme capitaine, puis comme chef de bataillon, à son état-major, le jugeait très zélé, très instruit et très bon officier. Après les revers d'Espagne, il fut réadmis au service de France et adjoint à l'inspecteur aux revues. La Restauration le fit chef du bureau de l'état civil au ministère de la guerre, et il fournit alors à des milliers de familles les renseignements qu'elles sollicitaient sur leurs enfants morts, blessés ou captifs en Allemagne, en Russie, en Italie. Mais si le maréchal Soult le protégeait, le duc de Feltre lui reprochait de n'avoir pas suivi Louis XVIII à Gand. Au bout de quinze mois, La Colombière dut quitter le ministère et, après avoir exercé les fonctions de sous-inspecteur aux revues à Tours et à Besançon, prendre sa retraite.

Balay de la Chasnée fut désigné, comme La Colombière et Bonaparte, pour l'École militaire de Paris, et il était sous-lieutenant au régiment de Rouergue lorsqu'il émigra. Fut-ce en invoquant le nom de Napoléon qu'il devint quartier-maître du palais à la cour du roi Jérôme? En 1814 il demandait la croix de Saint-Louis. Il ne l'obtint pas : commis d'un ancien capitaine de Royal-infanterie, M. de Marcellet, qui tenait à Hambourg un magasin de marchandises anglaises, Balay avait été mis en prison pour avoir volé 3 000 francs de dentelles à son patron.

Bosquillon de Bouchoir, que Reynaud de Monts jugeait fort ignorant, sous-lieutenant d'infanterie en 1789, soldat à l'armée de Condé durant huit ans, entra, comme Balay de la Chasnée, au service du roi Jérôme. Il était capitaine en 1808 dans un régiment westphalien et, en 1814, dans un régiment français. La Restauration le fit capitaine d'habillement d'une légion départementale.

Bétous, sous-lieutenant aux chasseurs cantabres, quitta le service en 1791 pour vivre sur son bien à Mézin, près Nérac. On sait sur lui une ou deux anecdotes. Le jardinet qu'il avait à Brienne dans la cour de l'école touchait à celui de son condisciple corse. Une palissade fut établie pour séparer les deux terrains. Pendant que Bétous tenait les piquets, Bonaparte les enfonçait à coups de serpe. Soudain, l'outil tombe à faux, et frappe la main de Bétous entre le pouce et l'index. Le sang jaillit. Napoléon, désolé, maudissant sa maladresse, embrasse son camarade : « Pardonne-moi, petit Gascon, pardonne-moi ». Toute l'école nomma dès lors Bétous le *petit Gascon*. En 1808, Napoléon passait à Agen. Bétous, qui commandait la garde d'honneur, obtint par l'intercession de Nansouty que son fils serait admis aux pages. L'empereur parlait quelquefois au jeune Bétous. « Petit Gascon, lui disait-il un jour, ton père n'a rien à me demander? — Sire, répondit le page, vous avez comblé tous ses vœux en m'attachant à votre personne. » Devenu sous-lieutenant de cavalerie, le jeune Bétous disparut dans la campagne de Russie. Le vieux Bétous montrait souvent la cicatrice qu'il avait au doigt : « Napoléon, remarquait-il fièrement, n'a fait pendant vingt ans de guerre qu'une seule blessure, et c'est moi qui l'ai reçue ».

Une figure singulière est celle de D'Argeavel. Fils du directeur des aides de Bar-sur-Aube, D'Argeavel servit, au sortir de Brienne, trois années durant comme grenadier dans le régiment de Boulonnais-infanterie, puis entra dans les gardes du corps, à la compagnie de Villeroy. Mais il fit des dettes qu'il ne paya pas; il dut en 1787 quitter la compagnie, et gagna la Pologne. A son retour à Paris, sous la Révolution, il se surnomma le Sarmate, assura qu'il avait été l'aide de camp du général des armées comte Rzewuski et se qualifia de lieutenant-colonel. Il connaissait le conventionnel Drouet, qui promettait de l'emmener à l'armée du Nord comme adjoint dans la nouvelle administration des charrois, lorsqu'il fut traduit devant le tribunal révolutionnaire. Le 1er septembre 1793, à l'Opéra, pendant la représentation de l'*Offrande à la Liberté*, tandis que les acteurs défilaient autour de la statue de la déesse et chantaient le couplet : *Amour sacré de la patrie*, D'Argeavel, dont le cerveau était travaillé par le punch et le vin de champagne, cria halte aux comédiens et, de sa loge, cracha plusieurs fois avec affectation vers la statue. Le parterre, indigné, le hua: « A bas! à la guillotine! » D'Argeavel fut arrêté; mais il protesta qu'il avait commis une « étourderie involontaire », et les juges l'acquittèrent. Quelques années plus tard, il se rappelait au souvenir de son ancien condisciple, qui partait pour l'Égypte, et il assure que Bonaparte le manda par un ordre particulier, le nomma membre d'une commission, lui fit à diverses reprises témoigner sa satisfaction par Berthier. Et, en effet, D'Argeavel créa au Caire, près de la place Ezbekieh, dans le vaste palais d'un bey fugitif, en un jardin ombragé d'orangers et coupé de rigoles, le *Tivoli égyptien* : les abonnés s'y réunissaient pour causer, lire et jouer; l'armée y venait aux jours de fête et y trouvait des plaisirs de toute sorte promis par les affiches de D'Argeavel : balançoires, danses, musique militaire, illuminations, jongleurs, psylles, almées. Ce fut D'Argeavel qui organisa, avec orchestre et rafraîchissements, le bal où Bonaparte vit et aima Mme Fourès. Depuis, il essaya de rentrer dans l'armée. Il voulait, en 1806, se rendre à Varsovie pour « reprendre son rang parmi les confédérés polonais », et il s'offrit en 1809, lorsque les Anglais débarquèrent à Flessingue. En 1813, il demandait un emploi de capitaine dans le régiment des gardes d'honneur qui se formait à Versailles; mais il avait été dans cette ville commissaire de police, et sa nomination aux gardes d'honneur aurait produit un mauvais effet. Il sollicita le commandement d'une place de troisième classe ou d'un dépôt de prisonniers de guerre; mais ses services en Pologne n'étaient pas constatés, et s'il pouvait prétendre au grade de lieutenant, et par suite à un emploi d'adjudant de place ou de secrétaire-écrivain, il manquait d'expérience et il avait depuis trop longtemps abandonné l'armée pour être de quelque utilité. D'Argeavel vécut de ses rentes et, dit-il, de la bienfaisance de Napoléon et de Murat, dont il était pensionnaire.

Mais le plus curieux personnage de cette galerie briennoise, et l'un des moins sympathiques, est Jean-Charles Bouquet, neveu d'un des Minimes. Lorsque éclata la Révolution, il était à Reims, sa ville natale, chez ses parents, et s'appliquait, dit-il, à l'étude des plantes et aux mathématiques. Volontaire au 1er bataillon de la Marne, puis lieutenant dans un bataillon belge, il se signala par l'ardeur de ses principes, par ses discours dans les clubs, par ses dénonciations : il dénonçait le maréchal de camp Fleury; il dénonçait, après le 10 août, Lafayette à l'Assemblée législative; il dénonçait aux Jacobins de Paris les trois généraux Houchard, Kilmaine et Tourville. Nommé sous-lieutenant dans un régiment d'infanterie et envoyé en Vendée, il conquit l'affection de Carrier, qui le fit commissaire des guerres, et Bouquet, qui prétendait plus tard qu'il avait dû se défendre des fureurs de Carrier, remerciait alors le représentant avec effusion, lui conseillait de châtier impitoyablement les contre-révolutionnaires et de « se montrer féroce ». Il savait se faire des amis, s'insinuer dans leur confiance, exploiter leur crédit. Un instant, à l'armée du Nord, il avait obtenu, grâce à Achille Dampierre, fils aîné du général en chef et son camarade de Brienne, une place provisoire d'adjoint à l'état-major. Lorsqu'il écrivait à Bouchotte, il disait « bien des choses » au frère du ministre, son ancien compagnon d'armes. Dès qu'il apprit les premières victoires de son condisciple Bonaparte, il déclara que l'air salin et marécageux de la Bretagne lui devenait contraire, qu'il connaissait l'Italie, qu'il était lié d'une amitié de collège avec le général et désirait le rejoindre. Il se rendit en Lombardie, et Bonaparte l'accueillit avec faveur, le surnomma l'enfant gâté de la Révolution, le recommanda spécialement à l'ordonnateur en chef Denniée, le chargea d'approvisionner les troupes qui gardaient Vérone et Mantoue. Mais, si Bouquet déployait de l'activité, du talent, il n'avait guère de probité, et cet enfant, dit un officier, parut aussi âpre au gain qu'un homme fait. Lorsqu'il apposa les scellés au mont-de-piété de Padoue, il enleva des bijoux, des effets précieux sans nulle vergogne, et offrit à Victor une part de son vol. Victor, indigné, signala sur-le-champ à Bonaparte cette dilapidation, qu'il qualifiait de monstrueuse; « ce commissaire, ajoutait-il, a eu l'impudence de compromettre votre épouse en disant que ce dont il s'emparait était destiné pour elle ». Arrêté, traduit devant un conseil de guerre, convaincu, Bouquet fut condamné à cinq ans de fers. Il interjeta appel : le conseil de revision de la Lombardie cassa la sentence, et un second conseil militaire, qui siégeait à Milan, acquitta Bouquet : sur sept membres, trois le jugèrent innocent. Relâché selon la loi et renvoyé à Paris, au ministre, qui lui permit de rentrer dans ses foyers, il redemanda du service. Mais on annonçait de Reims et de Châlons qu'il n'avait rien pendant la Révolution et qu'il possédait actuellement des propriétés considérables. Le ministre le mit au traitement de réforme. Bouquet s'obstina. Il écrivit à Bonaparte qu'il avait besoin d'un emploi pour exister et faire exister son oncle; il en appelait à Bonaparte, juste et impartial; il voulait, disait-il, le forcer à tel prix que ce fût d'oublier une grande faute; il le priait de n'être pas inexorable, de le placer en Egypte ou dans le fond de la Vendée. A deux reprises il crut avoir trouvé l'occasion de fléchir Bonaparte. Il organisa le 21 août 1800 le banquet des anciens élèves de Brienne, y glorifia le 18 brumaire, « aurore d'un beau jour », et dans sa harangue, comme dans le *Précis* de la réunion qui vante la chaleur et le feu du jeune Bouquet, dépeignit sa disgrâce : « Vous, Bourrienne, s'écriait-il, fixez vos regards sur ceux de vos condisciples que le malheur et un sort aveugle n'ont cessé de poursuivre, sur ceux que quelques erreurs passagères et des persécutions tiennent dans une inaction qui tue et dessèche les âmes les plus fortes! » Il était alors surveillant au collège de Compiègne, où son oncle était professeur et Louis Berton, directeur. Le 25 juin 1801, Bonaparte venait avec Joséphine déjeuner chez Berton. Au lieu de se cacher, Bouquet s'élance vers la voiture et offre la main à la femme du premier consul. Bonaparte le chasse. Mais Bouquet ne se rebuta point. Il se plaignit au ministre, réclama sa place de commissaire des guerres ou un brevet d'officier dans les troupes légères à cheval. Le ministre répondit qu'il était impossible de le réemployer. Par trois fois, Bouquet revint à la charge. Privé de son traitement de réforme parce qu'il n'avait pas le nombre légal d'années de service, il assurait à Lacuée de Cessac en 1811, puis en 1813, que Sa Majesté impériale « entendrait avec bonté le nom de celui qu'elle avait beaucoup aimé », faisait son propre éloge, prônait les talents qu'il avait reçus de la nature et d'une éducation soignée, son activité peu ordinaire, son imagination industrieuse dans les plus grands besoins d'une armée. En 1815, il implorait l'empereur : « Sire, vous aimiez beaucoup mon oncle à Brienne; il est mort, et, avec lui, toutes mes ressources », et Bouquet suppliait Napoléon de l'admettre un seul instant en sa présence et de nommer le « compagnon chéri de son enfance » commissaire des guerres, ou capitaine d'état-major, ou sous-préfet, ou secrétaire général de préfecture. Sous la Restauration, il sollicita la demi-solde, et sa requête fut appuyée par un ami de Brienne qu'il avait retrouvé, le maréchal de camp Berton, par le commissaire ordonnateur Aubernon, par le lieutenant général La Houssaye, par le marquis de Béthune-Sully qui le connaissait particulièrement. Mais il eut encore de retentissantes aventures. Il s'était marié trois fois : la première, par l'intermédiaire de l'adjudant général Landrieux, avec la citoyenne Champion de Cicé, autrement dite Mlle de Voisenon, qui redoutait pour sa famille l'effet de la loi des otages et qui ne tarda pas à se séparer de lui par le divorce; la deuxième fois, avec une demoiselle Lecourt, sœur d'un agent d'affaires; la troisième fois, avec une demoiselle Duperray. Au mois de mai 1830, il fut traduit devant la cour d'assises de la Seine : il était accusé d'avoir fait avaler des épingles à son enfant, d'avoir empoisonné sa seconde femme et tenté d'empoisonner la troisième. Après de vifs débats qui mirent tout Paris en émoi, il fut acquitté. Vécut-il, comme auparavant, d'expédients et d'emprunts? Au mois d'août 1854, à l'âge de quatre-vingt-deux ans, il postulait le secours annuel que le décret du 14 décembre 1851 accordait aux anciens militaires octogénaires de la République et de l'Empire, et il prétendait que Napoléon Ier lui donnait par an sur sa cassette une somme de 2 400 francs!

Deux noms purs et glorieux cloront la liste longue et pourtant incomplète des personnages que Napoléon a connus de près ou de loin durant son séjour à Brienne. Ce sont les noms de Keralio et de Ségur.

Marie-Nicole Rivet, veuve de Keralio, touchait sous la monarchie une pension de 2 000 livres qui fut supprimée sous la Révolution, remplacée par un secours annuel de 500 francs, et qui, soumise à la diminution légale des deux tiers, finit par se réduire à 166 francs. En 1808, elle sollicita le rétablissement de son ancienne pension. N'avait-elle pas, disait-elle, quelques droits à la générosité de Napoléon? Et Keralio n'avait-il pas servi sa patrie durant un demi-siècle, inspecté pendant plusieurs années les écoles militaires, et, en cette qualité, présidé à l'éducation de l'empereur? Le 11 janvier 1810, un décret particulier accordait à Mme de Keralio, en considération des services de son mari, une pension annuelle de 3 000 francs.

Napoléon ne fut pas moins reconnaissant envers le maréchal de Ségur qui signa le 22 octobre 1784 son brevet de cadet-gentilhomme. Il apprit, sous le Consulat, que l'ancien ministre vivait dans la misère. Par un arrêté du 5 mars 1800, qui ne fut pas imprimé, il décida que Ségur jouirait des appointements d'un général de division réformé. Ségur alla le remercier aux Tuileries. Le premier consul vint à la rencontre du vieux maréchal, l'entretint courtoisement et le reconduisit jusqu'à l'escalier. Là, Ségur eut une joie suprême : il reçut les honneurs décernés autrefois à son grade; sur le perron du palais, la garde consulaire, formant la haie, lui présentait les armes, et les tambours battaient aux champs; saisi d'émotion, se rappelant le passé, Ségur versa des larmes et crut défaillir.

CHAPITRE IV

L'École Militaire.

L'École militaire de Paris. — Élèves et pensionnaires. — Externes. — Les classes et les jours de congé. — La section d'artillerie. — Les exercices militaires. — L'uniforme. — La cour de récréation. — Le fort Timbrune. — Dortoir, réfectoire, parloir. — Visites des étrangers. — Les bâtiments. — Timbrune-Valence. — Valfort. — L'état-major. — Personnel considérable. — Professeurs. — Le Paute d'Agelet et Louis Monge. — Tartas et Delesguille. — Baur. — Domairon. — Maîtres d'équitation et d'escrime. — Service médical. — Clergé. — Discipline de l'École. — Luxe et dépenses. — Le mémoire attribué à Napoléon. — Mort de Charles Bonaparte (24 février 1785). — L'examen de l'artillerie. — Préparation des cadets-gentilshommes. — L'École de Metz. — Labbey et Prévost. — Bonaparte reçu d'emblée lieutenant en second (1er septembre 1785). — Laplace. — Picot de Peccaduc, Phélipeaux et Desmazis. — Les élèves de la section d'artillerie, Baudran, Fleyres, Montagnac, d'Ivoley, Delpy, Najac, Chièvres d'Aujac, Lalle..nt, d'Anglars, Neyon, Lustrac, Venzac, Clinchamps, Dalmas, Richard de Castelnau, Tugny. — Les élèves de la section du génie, Boisgérard, Vigier, Fages-Vaumale, Teyssières, La Chevardière, Moulon, Saint-Legier, Gassot, Maussabré de Saint-Mars, Bernard de Montbrison, Frévol de Lacoste. — Camarades de Bonaparte qui servirent dans l'infanterie et la cavalerie. — Les émigrés. — Billouart de Kerlerec, Montmorency-Laval, les Fleury. — Besolles. — La Baronnais. — Pluviers de Saint-Michel. — L'Église de Félix. — La Lande de Vernon. — Puységur. — Maussabré de Gastesouris. — Aucapitaine. — Auboutet. — La Haye-Montbault. — Forbin de Gardanne. — Quarré de Chelers. — Sauzillon. — Mesnard. — Les gardes du corps. — Castelpers et Talaru. — Les gardes françaises. — Gréaume, Morsan et Malartic. — Les ralliés. — Le Clerc de Juigné. — Forbin Labarben. — Girardin de Brégy. — Saint-Paulet. — La Myre. — Barlatier de Mas. — Montrond. — Marcillac. — Oudan et Chabannes. — Guillermin. — La Bruyère. — Champeaux. — Souchet d'Alvimart. — Jugements sur le cadet-gentilhomme Bonaparte. — Sa note de sortie. — Les rouflées du petit noble. — Napoléon et Laugier de Bellecour. — Amour de la Corse et de Paoli.

L'Ecole militaire de Paris, sise dans la plaine de Grenelle, auprès de l'Hôtel des Invalides, comme si son fondateur eût voulu, selon le mot de Mme de Pompadour, ranimer les vieux guerriers et égayer la fin de leur carrière par la vue consolante de la jeunesse, avait été créée sous le règne de Louis XV, par un édit de janvier 1751, sur les vives instances et grâce aux infatigables efforts de Pâris du Verney. Aussi l'administration de l'Ecole fit-elle faire en 1785, à ses propres frais, un buste du célèbre financier. Le grand écusson royal de Louis XV se détachait, parmi des trophées d'armes et de drapeaux, sur le fronton de la façade, et la salle du Conseil contenait le portrait du roi et quatre tableaux de Le Paon, qui représentaient les batailles de Fontenoy et de Lawfeld et les sièges de Tournay et de Fribourg. Mais n'était-il pas juste de rappeler les traits du premier intendant de l'établissement, et, comme disait le ministre Ségur, d'élever ce monument des services distingués que Pâris du Verney avait rendus à la maison?

Le 1er février 1776, sous le ministère du comte de Saint-Germain, l'Ecole fut supprimée par une déclaration royale. Saint-Germain jugeait avec raison qu'elle tenait plus de l'ostentation que de l'utilité, qu'elle était administrée sans économie, qu'au lieu de préparer de pauvres gentilshommes au métier de soldat, elle les élevait comme s'ils étaient princes, sans que leur éducation fût proportionnée à l'état qu'ils auraient dans la société. Les élèves furent répartis dans des collèges de province. 600 jeunes gens, et non plus 250, reçurent leur instruction aux frais du roi dans les mêmes institutions que les autres Français.

Mais Saint-Germain sentait qu'il était nécessaire de créer une école spéciale. Il fit décider que les élèves les plus méritants des écoles militaires de province viendraient à Paris, sous le nom de cadets-gentilshommes, en nombre indéterminé, achever leurs études et apprendre les éléments de l'art de la guerre à l'ancien hôtel du Champ de Mars. Il n'avait donc détruit la fondation de Pâris du Verney que pour la rétablir et en faire une Ecole militaire supérieure. Le 17 juillet 1777 paraissait l'ordonnance du roi : Sa Majesté voulait, disait-elle, multiplier les avantages d'une seconde éducation en faveur de la noblesse qui se destinait aux armes et lui faciliter l'entrée comme l'apprentissage du service ; elle appelait donc à Paris l'élite des élèves des écoles royales militaires, âgés au 1er octobre de treize ans au moins et de quinze ans au plus.

A l'École de Paris, de même que dans les écoles provinciales, les pensionnaires se mêlaient aux boursiers. Outre les élèves du roi ou, comme on les nommait tout simplement, les *élèves*, de jeunes nobles, pourvus d'un extrait baptistaire qui constatait qu'ils avaient treize ans au moins et seize ans au plus, d'un certificat du généalogiste d'Hozier de Sérigny, et de témoignages suffisants de capacité, étaient admis à l'Hôtel dans les quinze premiers jours d'avril ou d'octobre et instruits aux dépens de leurs parents, qui déboursaient pour eux, indépendamment de quatre cents livres pour les frais de leur habillement et de leur équipement, une somme annuelle de deux mille livres, payable par quartier et d'avance. L'École avait soin de se munir de renseignements sur la solvabilité des familles. Au mois de juin 1785, lorsque le comte de Pierreclau désirait lui confier son fils, elle s'informait en Bourgogne et apprenait que le père jouissait d'une fortune assez considérable. Si M. de Beaurepaire tardait à payer la pension de son fils, le ministre le sommait : « Vous ne devez pas ignorer, lui écrivait Ségur, que cette éducation coûte beaucoup plus à l'Ecole militaire qu'elle n'en tire de profit, et vous devez penser qu'il est juste de lui payer du moins ce qu'on est convenu de lui donner. » Beaurepaire ne s'exécute pas ; Ségur enjoint de l'actionner judiciairement. D'ailleurs, n'était pas pensionnaire qui voulait. Il fallait être *agréé*, et pour être agréé, se recommander d'un puissant personnage ou avoir un père qui eût rendu des services au roi et qui pût invoquer les services de ses aïeux ou, comme on disait, de ses auteurs. C'est ainsi que le fils du marquis de Longecourt est protégé, proposé par le marquis de Gouvernet ; le fils de la comtesse de

Maupeou d'Ableige, par son oncle Croismare, ancien commandant en chef de la petite écurie du roi; le fils de Lambert de Cambray, par un autre Croismare, officier des gardes du corps; le jeune Morges, par le comte de Blot; Asselin-Desparts, par le duc d'Orléans; Blacas d'Aups, par le nonce du pape. Mais d'emblée et sur une simple demande le comte de Lusace fait admettre à l'Ecole militaire, moyennant pension, son fils cadet, le chevalier de Saxe, et en 1780, en 1781, le marquis de Gaillon, naguère capitaine de cavalerie, le marquis de Piercour, d'une vieille famille de Normandie, le marquis d'Hautpoul-Seÿre, ancien capitaine d'infanterie, le marquis de Fremeur, maréchal de camp, le marquis de Lescure, mestre de camp de dragons, le marquis de Froissard-Bersaillin, lieutenant aux gardes françaises, le marquis d'Aulan, la marquise de Gabriac, le baron de Saint-Pastou, le maréchal de camp d'Hodicq, les comtes de Broglie, de Blangy, de Montbron, de Sainte-Suzanne, MM. Le Normand d'Etioles et Le Peletier de Saint-Fargeau obtiennent la même grâce pour leurs fils; le baron de Périer, colonel d'infanterie, pour son beau-fils, le comte de Thalas; le comte de Kersallo, camarade de collège du ministre Montbarey, pour son fils et pour son neveu et pupille Fournas; le comte de Virieu, le commandeur de Villefranche, le chevalier de Saint-Aignan, le chevalier de Bernis, pour leurs neveux.

Pensionnaires et élèves étaient logés, nourris, vêtus uniformément. On pensait établir entre eux le principe d'une solide émulation et instituer de la sorte « une espèce de concours perpétuel, ouvert à toute la noblesse sous les yeux de Sa Majesté ». Et, à la vérité, on se trompait. Les pensionnaires se destinaient rarement au génie, à l'artillerie, à la marine, et leurs parents ne les mettaient à l'Ecole que pour leur donner quelque teinture des sciences, pour les former à la subordination militaire et les accoutumer aux exercices du corps, pour leur ouvrir l'entrée du manège qui passait, après celui de la grande écurie du roi, pour le premier de l'Europe par le talent de ses écuyers et la beauté de ses soixante chevaux fins et espagnols, entiers et très vifs, dont quelques-uns coûtaient huit cents et mille livres. Mais l'instruction était la même. Le règlement prescrivait l'égalité la plus complète entre les élèves et les pensionnaires. Les uns ne se distinguaient des autres que parce qu'ils assistaient plus souvent à des cours spéciaux. Tous, dès qu'ils étaient admis à l'Ecole militaire, avaient le même rang que les cadets-gentilshommes qui servaient dans les troupes du roi; ils obtenaient des lettres de sous-lieutenant à quinze ans révolus; ils étaient nommés officiers dans les régiments à condition d'avoir passé deux ans au moins dans l'Hôtel.

L'Ecole recevait six externes, appartenant à de grandes familles. Mais ils ne suivaient que les cours d'équitation et ils devaient, avant leur admission, demander, selon la formule d'usage, l'agrément de monter au manège. Ils fournissaient chacun leur cheval et ils ne pouvaient prendre de leçons que pendant une année. A la fin de 1785, ces six externes étaient M. de Tourzel, le comte de Charost, qui avait remplacé un Jumilhac, le baron et le prince de Montmorency, M. de Tavannes et M. de Châlon, qui avait au mois de mai remplacé le marquis de La Force. En juillet 1786, le comte Hippolyte de Chabrillan et le fils de la marquise de Rastignac succédaient à Tourzel et à Charost, et déjà le fils du ministre Calonne sollicitait une des autorisations que le ministre accorderait après le départ de Tavannes et des deux Montmorency.

A l'époque où Bonaparte était à l'Ecole militaire de Paris, les études étaient assez bien disposées et réparties. On avait appliqué quatre excellents principes : 1° chaque classe durait deux heures; 2° il ne devait pas y avoir dans chaque classe plus de vingt à vingt-cinq élèves; 3° les élèves avaient toujours dans la même branche d'études le même professeur; 4° ils ne chômaient jamais; si le maître tombait malade, ils n'étaient pas réunis à une autre classe, et un suppléant se tenait prêt à continuer le cours. Ce fut à la rentrée de 1781 que ce programme s'exécuta. La compagnie des cadets-gentilshommes forma deux divisions égales, la première et la seconde. Chaque division comprit trois classes, la première, la deuxième et la troisième, composées sans doute, selon l'usage introduit par le règlement de 1769, de forts, de médiocres et de faibles. Il y eut huit objets ordinaires d'instruction : les mathématiques, la géographie et l'histoire, la grammaire française, la grammaire allemande, la fortification, le dessin, l'escrime, la danse; et chacun de ces objets fut enseigné dans les trois classes de chaque division par le même maître. Il y avait donc huit professeurs par division ou seize professeurs pour les deux divisions. Chaque classe avait quotidiennement huit heures de travail, quatre le matin, de 7 à 9 et de 10 à 12, et quatre le soir, de 2 à 4 et de 5 à 7, avec des pauses d'une heure réservées aux récréations et aux repas. Elle recevait ainsi, le premier jour, quatre leçons en quatre genres d'étude; le deuxième jour, quatre autres leçons en quatre autres branches; le troisième jour, les mêmes leçons que le premier jour; le quatrième, les mêmes que le second, et ainsi de suite, de façon qu'il n'y avait que vingt-quatre heures d'intervalle entre les leçons de même sorte.

Il avait fallu pourvoir aux jours de congé : jeudis, dimanches, fêtes. Ces jours-là, les cadets avaient quatre heures d'étude, deux le matin et deux le soir, et ils les employaient à lire de bons livres et à faire leur correspondance. Ceux dont l'écriture était mauvaise, recevaient les leçons du calligraphe et « maître à écrire » Daniel. Ceux qui se destinaient à la marine suivaient le cours de langue anglaise. Il y avait donc aux jours de congé huit salles d'études, dont deux surveillées par le maître d'écriture et le maître d'anglais, et les six autres, par des professeurs. Ces six professeurs remplaçaient en outre leurs collègues malades, parce qu'il ne fallait pas, disait-on, laisser un seul instant une partie des cadets manquer d'instruction dans un seul genre d'étude, et le règlement prévoyait qu'ils auraient, outre leurs seize heures par quinzaine, des classes à tenir durant plusieurs jours et peut-être durant des semaines entières.

Tel était le programme de 1781. Mais peu à peu le nombre des professeurs augmenta. Le latin n'entrait pas d'abord dans l'éducation des cadets-gentilshommes, et l'on racontait plaisamment que lorsqu'il disparut de l'ancienne Ecole, le professeur, l'abbé Valart, auteur d'un *Rudiment* et précepteur de Gribeauval, avait mis ses livres sur une charrette et crié aux élèves : « Malheureux, l'antiquité vous abandonne, vous êtes perdus! » En 1785, le cours de grammaire latine fut rétabli et confié à l'un des professeurs d'histoire, Hugnin.

Il n'y avait pas à l'Ecole de chaire de droit public. Mais le ministre Ségur pensait, comme la plupart de ses contemporains, qu'il fallait entendre les intérêts des princes, que l'état politique n'était pas incompatible avec l'état militaire et qu'un jour plus d'un cadet-gentilhomme, plus d'un officier se tournerait volontiers vers la diplomatie. Il se souvenait que son prédécesseur Choiseul avait voulu former certains élèves aux négociations et envoyé Bourgoing à l'université de Strasbourg. Le 19 mai 1784, il instituait un cours de morale et de droit public.

On n'avait pas songé, lorsque l'Ecole fut restaurée, à créer une classe particulière pour les élèves qui se destinaient aux armes savantes. Mais il y eut un candidat au génie, puis deux candidats, puis trois, et en 1785, lorsque Bonaparte était à l'Hôtel, une douzaine de cadets-gentilshommes se préparaient aux examens de l'Ecole de Mézières : Boisgérard, Castres de Vaux, Du Moulin des Coutanceries, Fages-Vaumale, Gassot de Rochefort, La Chevardière de La Grandville, Maussabré de Saint-Mars, Picot de Moras, Puniet de Cavensac, Saint-Legier de La Saussaye, Teyssières de Miremont et Vigier. Il fallut leur donner un professeur spécial pour leur enseigner le cours de l'examinateur Bossut.

D'autres cadets annonçaient l'intention d'entrer dans l'artillerie ou la marine, et s'il n'y avait guère chaque année qu'un ou deux sujets qui fussent disposés à servir sur les vaisseaux du roi, vingt à vingt-cinq voulaient appartenir au corps royal. On dut organiser de nouvelles classes pour ces vingt-cinq aspirants. On les réunit en une seule section parce qu'ils étudiaient le même cours, le cours de leur examinateur Bezout, et on leur donna deux professeurs particuliers de mathématiques, l'un qui leur faisait deux classes quotidiennement, matin et soir, l'autre qui suppléait son collègue en cas de maladie et aux jours de congé. Ils eurent dans l'espace de deux semaines vingt classes de mathématiques, cinq classes de langue allemande, cinq classes de géographie et d'histoire, cinq classes de grammaire française et cinq classes d'escrime. Ils allaient aux classes de mathématiques durant les heures où les autres cadets suivaient les cours de sciences, de fortification, de dessin et de danse. De la sorte, ils ne perdaient, comme on disait, que les instructions qui ne leur étaient pas nécessaires. Mais ils assistaient, ainsi que leurs camarades des autres armes, aux quatre cours d'histoire, de langue allemande, de grammaire française et d'escrime.

Les exercices militaires, de même que l'équitation et la voltige, étaient considérés à l'Hôtel comme récréation. Mais ils avaient leur importance. Deux fois par semaine, le jeudi et le dimanche, les cadets faisaient des exercices à feu. Tous les jours, les élèves les moins forts maniaient le fusil et chacun avait pour instructeur un camarade plus ancien. Aux jours de congé ou de fête, dans une classe qu'on nommait la classe d'ordonnances, un des sous-aides-majors enseignait les ordonnances militaires. Il n'en commentait que trois : sur les exercices et évolutions, sur le service des places, sur les crimes et délits, et il n'insistait que sur l'essentiel, exposant la théorie des choses que les cadets pratiquaient, les interrogeant sur les principes de la marche et du maniement des armes, s'assurant qu'ils pouvaient expliquer les mouvements d'une façon claire et commander une troupe, voire un bataillon, leur faisant lire chaque ordonnance article par article, l'éclairant par des exemples et des anecdotes, tenant une « espèce de conférence » sur les devoirs de l'officier qui « doit tout aux bontés du roi ».

Quelques mois avant l'entrée de Bonaparte, les cadets-gentilshommes avaient été organisés comme un régiment. Le ministre Ségur voulait qu'il y eût, outre la division classique, une division toute militaire. Le 26 mai 1784, il venait à l'Hôtel et passait en revue la compagnie, qui s'était mise sous les armes. Il lisait un règlement approuvé sept jours auparavant par le roi : la compagnie formerait quatre divisions, partagées chacune en pelotons ; des cadets commanderaient les pelotons et les divisions ; un cadet aurait le titre de commandant en chef des quatre divisions ; commandant en chef, commandants de division, chefs de peloton devaient veiller à la tenue, au bon ordre et à la police ; ils avaient autorité sur leurs camarades et pouvaient, hors des classes, leur infliger des punitions dont ils rendaient compte. Aussitôt le gouverneur nommait au ministre les jeunes gens — c'étaient les sujets à la fois les meilleurs et les plus énergiques — auxquels le Conseil d'administration avait conféré les différents grades. Le commandant en chef et les quatre commandants de division sortaient des rangs. Ségur les félicitait, leur disait qu'il était satisfait de leur conduite, les engageait à mériter de plus en plus les marques de confiance qu'ils recevaient de leurs supérieurs. Puis la compagnie défilait devant le ministre, et désormais, lorsqu'aux jours de fête ou de congé, elle fit des promenades, tambours et fifres en tête, elle se partagea en quatre divisions qui se formèrent chacune sur trois rangs.

Le commandant en chef était Picot de Peccaduc, élève de la section d'artillerie. Il eut pour successeurs Nepveu de Bellefille, Baulat, La Lande de Vernon et Boisgérard. Mais les cadets n'adoptèrent pas la dénomination de commandant en chef. Ils lui préférèrent celle de sergent-major, courte et moins pompeuse, déjà prescrite par les règlements antérieurs du 13 décembre 1759 et du 3 juillet 1772. « Il sera établi un sergent-major, avait dit Monteynard, et ce sera toujours celui d'entre les élèves en grade qui réunira le plus de suffrages pour les talents, la bonne conduite et l'exactitude à remplir tous ses devoirs. » Bonaparte était donc sous l'impression de ses souvenirs de 1785 lorsqu'il donnait le titre de sergent-major aux chefs des compagnies de son Prytanée, et l'ancienne École royale militaire de Sorèze le décerne encore aujourd'hui au premier de ses élèves.

Les cadets changeaient de linge trois fois par semaine. Ils étaient habillés de neuf deux fois par an, aux mois d'avril et d'octobre. En 1783, ils avaient un habit bleu à collet jaune et à doublure rouge, avec des trèfles en argent et un parement fermé par de petits boutons, une veste de drap écarlate où les poches n'étaient que figurées, une culotte rouge. Depuis le règlement de 1784, ils portaient un habit bleu à collet rouge et à doublure blanche avec des galons d'argent, une veste et une culotte en serge minorque, et un col où l'administration prévoyante avait fait mettre du cuir au lieu de carton. Leur chapeau était brodé d'argent ou garni d'un bord de poil de chèvre et d'un bouton d'uniforme. Ceux qui montaient à cheval recevaient chaque année trois paires de gants; les autres, une seule paire.

La cour de récréations était comme le centre de l'existence des cadets. Ils la traversaient continuellement pour aller à la chapelle, au réfectoire, aux classes, au manège, aux endroits où ils faisaient leurs exercices, et, le soir, elle était éclairée par douze gros réverbères. Mais on avait beau, depuis 1780, y répandre, à la fin de l'automne, du sable qu'on ôtait au printemps. Les cadets se plaignaient de son extrême humidité, et chaque hiver la plupart y attrapaient du rhume et des engelures. Ce ne fut que très tard, au mois de mars 1787, que le ministre autorisa le Conseil de l'École à y faire deux chaussées pavées.

Cette cour était en 1784 bornée presque de tous côtés par les murs récemment blanchis des salles de classe. On y plaçait aux heures de récréation quatre chevalets, chacun d'une longueur de six pieds; les élèves posaient leurs habits sur ces pièces de bois et suspendaient leurs chapeaux à des crochets aux têtes arrondies scellés dans la muraille. La paume, le volant, le ballon étaient leurs jeux favoris. Parfois les ballons volaient trop haut et se logeaient dans les gouttières voisines, où des ouvriers avaient mission de les repêcher.

Outre la cour de récréations, les cadets avaient encore à leur disposition, derrière le dortoir, un vaste espace de terrain, nommé la promenade, pourvu de huit bancs de chêne, borné à ses deux extrémités par des pilastres et des barreaux de grilles, bordé sur toute sa longueur par des barrières formées de planches en bois blanc. On y avait bâti deux petits hangars et, à l'époque où Napoléon était à l'Hôtel, on y éleva une sorte de redoute pour donner aux jeunes gens l'idée exacte d'une ville fortifiée. Ce fort reçut le nom du gouverneur et s'appela le fort Timbrune. Il fut construit par les élèves, surtout par ceux qui se destinaient au génie et que le Conseil avait à cet effet muni libéralement de genouillères. Il était d'abord de terre et de gazon; plus tard, le Conseil le fit faire en planches de bateau qui furent peintes en rouge. Au milieu de la redoute était un obélisque de fonte exécuté par les frères Perrier. Un anonyme contemporain a dit que Napoléon allait passer ses heures de récréation dans un bastion du fort Timbrune et qu'on le voyait souvent appuyé sur le parapet, tenant à la main Folard, Vauban ou Cohorn, appliquant la pratique à la théorie, dessinant les moyens de défense et d'attaque; mais cet auteur débite trop d'erreurs sur l'École militaire pour mériter créance.

Il y avait aussi des salles où les cadets prenaient leurs ébats lorsqu'il faisait mauvais temps. Ils y jouaient au trictrac, aux échecs, aux dames, avec les jeux que l'administration leur fournissait, et qu'elle envoya plus tard, après la suppression de l'École, à Brienne ou à Pont-à-Mousson. D'aucuns s'amusaient à déchirer les cartes de géographie qui pendaient aux murs; aussi, au mois de décembre 1786, le Conseil décidait-il de coller ces cartes sur toile et de les appliquer sur des planches de sapin.

Les cadets couchaient dans un grand dortoir; ce dortoir était presque entièrement construit en bois, éclairé par des réverbères et chauffé par plusieurs poêles de faïence. Chaque cadet devait avoir sa cellule ou sa chambre, et cette chambre avait un simple ameublement : une couchette de fer avec rideaux de toile d'Alençon, une chaise de bois, un bas d'armoire en placage à l'embrasure de la fenêtre, et dans ce bas d'armoire les trois paires de souliers réglementaires, un portemanteau en bois fixé au mur, une trousse qui contenait les objets de toilette, compas, peigne, brosse et sac à poudre, un petit miroir, une cuvette d'étain, un pot à eau en faïence, un vase de nuit. Mais cette salle, si vaste qu'elle fût, ne suffisait pas, et tous les ans, au mois d'octobre, lorsqu'arrivaient les pensionnaires et les élèves du roi, il en résultait un peu d'embarras et de confusion. Une partie des jeunes gens couchait pendant quelque temps soit dans des chambres noires, soit à l'infirmerie. Il paraît même que, malgré le règlement et sans doute à cause du manque de place — il y avait 126 cadets à l'Hôtel au mois d'avril 1784 — Napoléon partagea, durant son séjour à l'École, la chambre de Desmazis, son *binôme.*

Après avoir eu plusieurs réfectoires qui renfermaient chacun une table de cinquante couverts, l'École n'avait en 1784 qu'un seul réfectoire, situé entre deux cours, en face du parloir, et à peu de distance de la cuisine. Il pouvait contenir quatre cents personnes, et l'officier chargé de la surveillance l'embrassait facilement du regard. Les cadets y prenaient leurs repas par tables de dix. Ils s'asseyaient du même côté, sur un banc, et n'avaient vis-à-vis d'eux que leur chef de peloton : il était, de la sorte, plus aisé de faire le service et d'établir le bon ordre. Ils n'avaient de bancs que depuis la fin de 1783, parce que le Conseil avait remarqué que les chaises de bois causaient trop de mouvement et de bruit. L'ancienne École n'employait que de la vaisselle d'étain ; dans la nouvelle École, les cadets avaient des plats et assiettes de faïence, ainsi que des carafons de verre.

Le parloir où Napoléon reçut un jour la visite de son cousin Arrighi de Casanova, était l'ancien réfectoire des domestiques de l'Hôtel. Mais il avait un air coquet et attrayant. On y voyait un grand tableau qui représentait Louis XV. Les rideaux étaient de toile de coton blanche, et les tentures, de damas rouge d'Abbeville. Une moquette fond ras à roses vertes et blanches recouvrait les banquettes et les sièges.

Les classes mêmes avaient un aspect riant, bien que les fenêtres qui donnaient sur la cour des récréations, fussent tendues de grillages soutenus par des barres de fer. Les murs étaient revêtus d'un papier à fond bleu sur lequel brillaient les fleurs de lis et les chiffres du roi en couleur d'or. De longs rideaux pendaient aux croisées et aux portes, qui toutes étaient vitrées. Chaque classe avait une estrade et, de cette estrade, le professeur, installé dans un fauteuil, dictait son cours et interrogeait son jeune auditoire. Les élèves étaient assis en face du maître, sur des bancs, à des tables, où le Conseil avait, au mois de mars 1784, fait fixer et attacher les encriers que ces messieurs avaient coutume d'emporter, d'égarer ou de briser. Le soir, quand tombait l'obscurité, les garçons venaient allumer les chandelles; mais le Conseil avait reconnu les vices de ce système d'éclairage, et depuis le mois de juillet 1784, les chandelles étaient remplacées par des réverbères.

Tous les étrangers de marque visitaient l'École militaire. Les anciens purent raconter à Bonaparte qu'ils avaient vu le 2 juin 1782 le comte du Nord, le 15 juillet 1784 le roi de Suède Gustave III, et le 11 septembre suivant le prince Henri de Prusse, qui voyageait sous le nom de comte d'Oels. Le cérémonial était, dans de pareilles circonstances, toujours le même. Le gouverneur et l'administration de l'Hôtel recevaient le personnage. Les cadets, rangés en bataille sur le gazon de la cour royale, lui présentaient les armes, manœuvraient et défilaient devant lui. Il louait la précision de leurs mouvements et de leurs exercices. Puis il se rendait à la salle du Conseil, à la chapelle, au manège, au réfectoire, au dortoir et dans les classes. Dans la salle du Conseil, il admirait le portrait de Louis XV, les portraits des ministres de la guerre, les toiles de Le Paon, et le dessus de porte où figurait Minerve entourée d'attributs militaires. A la chapelle, d'ailleurs humide, il se contentait de jeter un coup d'œil sur les onze tableaux qui reproduisaient les principaux épisodes de la vie de saint Louis.

Au manège, il voyait plusieurs cadets monter à cheval. Dans les classes, il faisait des questions soit aux professeurs soit aux élèves, et ouvrait au hasard quelques livres. Après quoi, il se retirait en exprimant sa satisfaction très grande.

L'édifice original construit par Gabriel n'était pas seulement un des plus beaux et des plus imposants édifices de Paris, remarquable par les huit colonnes corinthiennes qui se dressaient au milieu de sa façade, par ses trois portes fermées de grilles, par son fronton et les statues qui le surmontaient, par son dôme, sa plate-forme et son horloge encadrée de guirlandes. C'était un bâtiment vaste, immense, où vivait tout un monde. On avait fait, selon les termes d'un règlement de 1780, la division générale et la distribution particulière des logements de façon à combiner l'ordre, la convenance et la commodité, autant que le permettait la disposition des lieux. L'administration occupait les principaux bâtiments qui donnent sur le Champ-de-Mars. L'état-major tenait l'aile gauche, pour communiquer facilement avec l'administration. Les écuyers avaient l'aile en retour du corps de bâtiment de l'état-major. Les cadets logeaient dans l'aile droite, ainsi que les ecclésiastiques et les professeurs qui devaient « être à portée des élèves et former dans cette partie un ensemble général ». Les ecclésiastiques demeuraient dans l'aile située à droite du bâtiment des cadets; les professeurs habitaient l'aile en retour du bâtiment des ecclésiastiques et la suite de cette aile qui leur avait été de tout temps destinée au-dessus des classes; les maîtres de dessin avaient les appartements dont les jours étaient les plus beaux. Dans les combles étaient les domestiques, réunis en deux dortoirs, ainsi que la ravaudeuse, le tailleur et le perruquier. Une inscription curieuse, affichée dans les endroits les plus fréquentés de l'Hôtel, défendait à tous, même aux cadets, de mettre sur les terrasses, chéneaux et fenêtres des caisses ou des pots remplis ou vides et d'élever des pigeons et autres volatiles ou quadrupèdes qui causent des dégradations.

Le gouverneur de l'Hôtel, inspecteur général des Ecoles militaires, était le lieutenant général marquis de Timbrune-Valence. Mais Timbrune avait reçu le commandement de l'Ecole comme il aurait reçu le commandement d'une place forte, et ce grand seigneur se bornait à signer les actes et à lire les rapports.

Son second, sous-inspecteur général des Écoles militaires, était Reynaud de Monts. Mais Reynaud courait la province, où il s'efforçait loyalement, consciencieusement, de tout voir et de tout noter : l'ordonnance du 6 novembre 1779 le chargeait seulement de la correspondance avec les Écoles militaires et de tous les détails qu'elle pouvait comporter.

Le véritable chef de l'École militaire de Paris au temps de Bonaparte était Valfort. Il s'appelait en réalité Silvestre et avait pour père un bourgeois de Tarare. Mais sous le nom de sa mère, Valfort, qu'il avait sans scrupule et selon l'usage de l'époque fait précéder de la particule, ce roturier s'était élevé de rang en rang, par sa bravoure et son mérite, au grade de lieutenant-colonel des grenadiers de l'Orléanais, et à sa retraite, en 1791, il obtint le brevet de maréchal de camp. Il avait eu d'abord le titre de directeur général des affaires de l'École; il devait en cette qualité, comme disait Ségur à Timbrune, examiner les professeurs qui se présentaient pour être admis à l'Hôtel, les surveiller dans l'exercice de leurs fonctions avec une attention suivie, les diriger, leur imposer l'exactitude, et le ministre jugeait que Valfort possédait toutes les connaissances nécessaires pour bien remplir cet emploi. Mais à la fin de 1783 mourut le commandant de la compagnie des cadets, le baron de Moyria. Le ministre saisit l'occasion de terminer les discussions qui se produisaient fréquemment entre le directeur des affaires et le commandant de la compagnie et de « fixer les limites de l'autorité ». Il réunit les deux charges en une seule, la direction générale des études, et la confia à Valfort, qui toucha désormais six mille livres par an. Ce fut à Valfort que les professeurs s'adressèrent par écrit ou de vive voix pour faire punir les cadets dont ils étaient mécontents.

Valfort était secondé dans sa tâche par cinq officiers, un aide-major et quatre sous-aides-majors auxquels il communiquait, selon les termes de l'ordonnance, une portion de son pouvoir, mais qui devaient lui rendre un compte quotidien de leurs observations. L'aide-major, ancien sous-aide-major du régiment de Vermandois, M. de La Noix, avait dès sa jeunesse dressé les recrues et obtenu, en 1769, à la fois la commission et la réforme de capitaine. Les quatre sous-aides-majors, MM. de Pernon, de Tarragon, du Puy et de Mars, étaient attachés chacun à la police et à la conduite d'une des quatre divisions organisées militairement par le règlement du 19 mai 1784.

Six autres personnages complétaient l'état-major de l'École : le contrôleur général Pelé, sur qui roulaient les détails de l'administration économique intérieure ; le trésorier général Choulx de Biercourt ; le garde des archives Haquin, le futur général que Napoléon devait revoir en 1796 et charger du commandement des trois places de Ceva, de Mondovi et de Cherasco ; le commissaire des guerres David, qui constatait l'effectif et faisait la revue tant de la compagnie des cadets que de la compagnie d'invalides détachée pour la garde de l'Hôtel.

Un Conseil d'administration qui se tenait tous les mois, connaissait toutes les affaires importantes relatives à l'administration supérieure et générale de l'établissement ; il était présidé de droit par le ministre de la guerre, surintendant de la maison, et composé de six membres : Timbrune, Reynaud, Valfort, Pelé, l'aide-major La Noix et l'archiviste Haquin, qui remplissait les fonctions de secrétaire. Un Conseil d'économie qui se réunissait une fois chaque semaine, réglait les dépenses ordinaires et traitait tous les détails qui concernaient la manutention économique et journalière de l'Hôtel. Un Conseil de police avait lieu trois fois la semaine et délibérait sur les questions qui concernaient le bon ordre et la discipline de l'École.

Le nombre des subalternes était considérable. Il y avait la compagnie d'invalides, commandée par un capitaine, un capitaine en second et un lieutenant : elle comptait quatre tambours et deux musiciens, quatre sergents, quatre caporaux, quatre appointés et quatre-vingt-six bas-officiers factionnaires. Il y avait huit capitaines des portes, dont un capitaine de l'infirmerie et un capitaine des jeux, spécialement chargé de la surveillance des récréations. Il y avait le contrôleur, l'inspecteur et le sous-inspecteur des bâtiments. Il y avait les employés des bureaux : le secrétaire de la direction générale des études, les deux commis du contrôleur général, un chef et un commis de la comptabilité. Il y avait le contrôleur de la bouche. Il y avait le concierge de l'École, le suisse de la grille royale, les deux portiers des grilles du Champ-de-Mars, le portier de la chapelle. Il y avait une ravaudeuse, la veuve Morangis ; une femme de charge, la dame Pillon ; le tailleur Maurice, dont le vaste logement renfermait, dans des portemanteaux, les habits des cadets et, dans une armoire, leurs chapeaux de rechange accrochés à des clous ; le perruquier Darridole, le doyen des employés de la maison, qui durant trente-trois ans fit la perruque à messieurs les élèves et qui leur donnait depuis 1784, pour relever leurs cheveux, non plus des bouts de chandelle, mais des bâtons de pommade. Il y avait trois garçons de classe, un garçon pour les salles d'armes et de danse, un autre pour la salle du Conseil, un garde des prisons, quatre garçons de bureau, un garçon de la bibliothèque, onze garçons de dortoir, un garçon de chapelle et une servante des enfants de chœur, un garçon des magasins de fourrages, quatorze palefreniers pour le manège et un garde-magasin. Il y avait l'arquebusier ou armurier et le dérouilleur, qui ne cessaient d'être présents sur le terrain lorsque les cadets faisaient les exercices à feu. Il y avait le personnel de l'infirmerie : un portier, une cuisinière et six infirmiers. Il y avait le personnel de la cuisine et de l'office : ici, un chef, un argentier coupeur de pain, un garçon d'office, deux relaveurs et un porteur d'eau ; là, un chef, un chef en second, un aide de cuisine, un pâtissier, un garçon de cuisine et deux récureurs. Il y avait un garçon de pourvoirie et, dans le service dit le service commun, un chef des domestiques, un facteur des lettres, un surveillant des gardes-latrines, deux gardes-latrines, un balayeur chargé de nettoyer tous les jours les latrines et de jeter de l'eau dans les angles des bâtiments pour empêcher que l'urine n'y séjourne, deux porteurs de bois, deux scieurs, un fumiste ou ramoneur, un fontainier et trois charretiers, qui disposaient de dix chevaux pour transporter le bois qu'ils allaient chercher au chantier de l'Hôtel ou l'eau qu'ils puisaient soit à la rivière, soit aux puits.

Tous les professeurs, ainsi que le bibliothécaire Arcambal, touchaient par an 2 400 livres d'appointements, et chacun devait, en entrant à l'École, déposer aux archives un certificat de catholicité et de bonnes vie et mœurs.

Dez, Grou, Verkaven, Le Paute d'Agelet, Louis Monge, Legendre enseignaient les mathématiques. Legendre faisait la classe aux élèves qui se destinaient à l'arme du génie. Le Paute d'Agelet et Louis Monge dirigeaient les études de la section d'artillerie et de marine; ils furent donc les professeurs de Napoléon. Le Paute d'Agelet était membre de l'Académie des sciences, et le 24 janvier 1785, les administrateurs de l'École venaient le féliciter de son admission dans la savante société et lui offrir deux médailles, l'une de bronze, l'autre d'argent, frappées en l'honneur de la journée du 5 juillet 1769, où le roi avait posé la première pierre de la chapelle de l'Hôtel. Louis Monge, frère du célèbre Gaspard et déjà employé à l'École militaire avant la suppression de 1776, professeur-adjoint, comme son aîné, à l'École du génie de Mézières, chaudement recommandé par le ministre de la marine Castries, appuyé par le Conseil d'administration, qui louait son mérite et ses talents, était rentré à l'Hôtel au mois de mai 1781 : Napoléon devait le nommer examinateur des aspirants de la marine et chevalier de l'Empire.

Halm, Dubois de Sainte-Marie et Méon enseignaient le dessin.

Fleuret cadet, Rousseau et Marteau enseignaient la fortification, c'est-à-dire le dessin de la fortification et de la carte.

Hugnin, Delesguille, Tartas et Petit enseignaient la géographie et l'histoire. Tartas et Delesguille furent les professeurs de Bonaparte, le premier pendant les jours de congé, le second aux jours ordinaires. Napoléon se souvint d'eux. Il nomma Tartas bibliothécaire à l'École spéciale militaire de Fontainebleau. Delesguille fut encore mieux loti. Son élève le revit quelquefois et lui parla de ses anciennes leçons; il se rappelait un cours sur le connétable de Bourbon; mais Delesguille, disait-il, reprochait au connétable d'avoir combattu le roi, tandis que le véritable et unique crime de Bourbon, que Delesguille ne marquait pas suffisamment, c'était de s'être joint à l'étranger pour combattre sa patrie. Admis, sous la Révolution, dans les bureaux du Comité de salut public et du Comité de législation, Delesguille était entré au ministère de la guerre et, comme premier commis au bureau de l'infanterie, exact, probe, connaissant à fond les lois et les arrêtés, examinant avec scrupule les affaires contentieuses de l'arme, il passait pour un des serviteurs les plus laborieux et les plus utiles de l'administration. Nommé en 1803 professeur d'histoire à l'École spéciale militaire de Fontainebleau, il ne put accepter cette fonction qui l'éloignait de Paris. Mais en 1804 il devenait sous-chef au bureau de l'infanterie : « Sa Majesté avait daigné en plusieurs circonstances l'honorer de ses bontés et témoigner de l'intérêt pour son avancement. » En 1808, par un décret signé du palais des Tuileries, il recouvrait la pension de quinze cents francs que la royauté lui avait accordée vingt années auparavant et que la Révolution avait supprimée. Le ministre Clarke invoquait dans son rapport « le double intérêt que lui inspirait un collaborateur estimable, un professeur qui n'avait laissé aux élèves de l'École militaire que d'honorables souvenirs; son zèle pour ses devoirs, ajoutait Clarke, et les succès attachés à ses leçons sont connus de Votre Majesté qui a daigné lui témoigner elle-même qu'elle en a conservé la mémoire. » Delesguille prit sa retraite en 1811, à l'âge de soixante-dix ans, et jusqu'à sa mort toucha deux pensions, celle de sous-chef de bureau et celle de professeur.

L'anglais était enseigné par Roberts, et l'allemand par Hamman, Baur et Matterer. Le maître de Napoléon fut Baur, Allemand de nation ou peut-être un de ces Alsaciens qui n'ont d'autre mérite que la connaissance de leur langue maternelle et qui gâtent encore ce mérite qu'ils jugent le plus grand de tous, par leur vanité naïve, par leur plaisanterie lourde, par leur humeur de cuistre.

Un autre professeur de langue allemande, plus intelligent et plus instruit que Baur, auteur d'une *Grammaire* et d'une traduction des meilleurs drames d'outre-Rhin, Junker, faisait, ainsi que Floret, le cours de morale et de droit public.

Collandière et Domairon enseignaient la grammaire française. Domairon fut le maître de Napoléon. Il était connu par un *Recueil* des faits mémorables de l'histoire de la marine et des découvertes, par la continuation du *Voyageur français* et surtout par ses deux volumes intitulés *Principes généraux des belles-lettres*. Ce dernier livre contenait les règles et enseignements que Domairon dictait dans ses classes. Il eut l'honneur d'une traduction allemande. Des Français l'admirèrent : « il réunit sur ces matières, écrivait un des anciens disciples de Domairon, tous les objets que l'homme du monde ne doit pas ignorer; il manquait aux élèves de l'École militaire et il a produit sur leur esprit et leur cœur le plus grand bien. » Le Conseil d'administration autorisa le bibliothécaire Arcambal à acheter deux cents exemplaires des *Principes généraux* parce qu'il y avait dans les autres genres d'étude auxquels s'appliquaient les cadets-gentilshommes, des précis élémentaires, et qu'un ouvrage de cette espèce était « absolument nécessaire et n'avait jamais été fait ». Ne valait-il pas mieux, avait dit Valfort, que les professeurs et les élèves eussent un manuel pour employer d'une façon profitable, les uns à l'enseignement, les autres à l'étude, le temps qu'ils perdaient en classe à dicter et à écrire leurs leçons? Les *Principes* comprenaient deux parties. La seconde traitait des productions littéraires en prose et en vers. La première était plus aride. Il fallait y passer, avouait Domairon, par les épines de la grammaire avant d'arriver aux fleurs de l'éloquence et de la poésie. En trois sections, l'auteur exposait : 1° l'art d'écrire correctement, et il faisait connaître la nature des mots et leur arrangement dans le discours ; 2° l'art d'écrire agréablement, .. il dissertait sur le style et les différentes espèces de style ; 3° l'art d'écrire pathétiquement. Il s'efforçait d'être utile à ses cadets-gentilshommes, et pour qu'ils connussent en entrant dans la société la manière de bien écrire une lettre et le cérémonial qu'on y doit observer, il insistait sur le style épistolaire, énonçait des préceptes, citait des exemples. Mais s'il y avait dans les *Principes* d'intéressants extraits des auteurs, certains endroits étaient propres à rebuter l'écolier : Domairon distinguait quatre sortes de descriptions : l'hypotipose, qui raconte un fait avec tant de feu qu'on croit le voir ; l'éthopée, qui retrace les mœurs et le caractère ; la posographie, qui peint l'extérieur des objets, et la topographie, qui représente les lieux, à l'instar de Gresset dans la *Chartreuse!* Aussi le ministre Ségur, tout en approuvant l'impression du livre, le jugeait-il trop considérable, trop plein de détails, et il défendit à Domairon de mettre sur le titre que cet ouvrage était à l'usage des cadets-gentilshommes. Le grammairien, disait-il, voulait épuiser son sujet dans tous les points, et les matières qu'il embrassait étaient en si grand nombre que les cadets n'auraient pas le temps de les étudier ; Domairon devait se souvenir que ses jeunes auditeurs se destinaient à l'état militaire, qu'ils avaient à l'École d'autres exercices que ceux de la grammaire, et, s'il se servait de ses *Principes généraux* dans ses cours, il se réduirait aux notions indispensables et se garderait de donner à ses élèves des connaissances superflues. Domairon se dépita, mais il n'était pas au bout. Persuadé que son livre serait adopté dans les Écoles militaires de province, il l'avait fait imprimer à ses frais au lieu de le céder à un libraire. Il pria l'administration de l'Hôtel d'acquérir mille exemplaires des *Principes* : il assurait que Reynaud de Monts et Valfort avaient promis de venir à son secours et d'acheter son œuvre pour les élèves du roi. Valfort le semonça rudement : il avait, répondit-il, encouragé Domairon à publier l'ouvrage et il s'était engagé sans doute à prendre deux cents exemplaires pour le compte de l'Hôtel ; mais ces deux cents exemplaires suffisaient, et l'École militaire n'avait pas besoin à beaucoup près d'un si grand nombre de volumes ; Domairon se trompait s'il espérait vendre l'édition entière à l'établissement ; sa demande était indiscrète et ne méritait aucune considération. Pour conclure, le ministre Ségur déclara que Domairon seul devait supporter les dépenses d'impression. Bonaparte n'oublia pas l'auteur des *Principes généraux*. C'était Domairon qui lui avait commenté Corneille, et lorsque le professeur lisait en chaire la fameuse scène

Soyons amis, Cinna, c'est moi qui t'en convie,

l'auditoire ajoutait tout bas ce vers d'un facétieux cadet :

On trouve le bonheur dans les bras d'une amie.

Lorsque Chaptal dressa la liste des candidats à l'inspection générale des études, Bonaparte réserva l'une des places à Domairon. Mais pendant la Révolution le grammairien avait disparu. On savait qu'il avait ouvert, au printemps de 1795, à Paris, rue Christine, un cours de langue française en vingt leçons au prix de vingt-cinq livres par personne. Mais depuis on perdait sa trace. On s'enquit de lui près des libraires. Il demeurait introuvable. Enfin, au bout de quelque temps, pendant le voyage de Normandie, au mois de novembre 1802, Chaptal découvrit l'homme. Domairon était maître de pension à Dieppe ; le ministre le mena sur-le-champ au premier consul, qui l'accueillit à merveille et lui fit payer les huit mille francs échus de son traitement.

Les cadets-gentilshommes avaient d'excellents maîtres d'équitation : Du Tertre, Bongars et surtout d'Auvergne, que le Conseil d'administration déclarait « infiniment précieux ».

C'était le d'Auvergne dont le cheval barbe battait au Champ-de-Mars, à la joie et aux applaudissements de Paris, le cheval persan du prince de Nassau monté par un jockey anglais, le d'Auvergne que ses élèves écoutaient comme un oracle et qui, selon le mot d'un homme du métier, donnait du talent à quiconque avait été trois ans son disciple. Mais Bonaparte ne suivit pas les cours de d'Auvergne. Les cadets qui se destinaient à l'artillerie, au génie, à la marine, à l'infanterie n'allaient pas au manège. Grâce à ces exclusions, ceux qui devaient entrer dans la cavalerie, avaient quatre leçons en quinze jours. Néanmoins, bien qu'il n'ait pas été l'élève de d'Auvergne, Napoléon fut bon écuyer à force de galoper durant les congés qu'il passait en Corse. Il tomba plusieurs fois; mais, disait-il à son frère Louis, il faut tomber trois fois pour n'être plus une recrue. On rapporte qu'il manquait de grâce lorsqu'il était en selle, et un de ses aides de camp assure qu'il ne fut pas excellent cavalier; il savait pourtant fournir de très longues traites sans se fatiguer, et il eut cette hardiesse qu'inspire l'habitude, une hardiesse de casse-cou.

Les professeurs d'escrime étaient les trois Estienne, Estienne l'aîné, Estienne cadet et Estienne le jeune, qui défendaient à leurs élèves de se servir d'un masque et leur enseignaient à tirer le visage découvert, à n'agir que des poignets, sans faire de grands mouvements, en tenant toujours au corps la pointe de leurs fleurets de Solingen.

Les maîtres de danse étaient Feuillade et Duchesne; mais Napoléon, comme tous les aspirants de l'artillerie, n'eut pas le temps d'aller à leurs classes.

Le docteur Mac-Mahon, fixé à l'Hôtel depuis trente-trois ans et qui, selon le témoignage du Conseil, veillait avec des soins et des succès constants à la santé d'une jeunesse délicate et la plus intéressante du royaume, le chirurgien-major Garre, les deux chirurgiens aides-majors Dussault et Du Four, regardés unanimement comme d'excellents sujets, l'apothicaire Delpech-La Mothe, attaché à l'École depuis 1757, le chirurgien-dentiste Bourdet, le chirurgien-herniste Pipelet, l'oculiste

Grandjean assuraient le service médical. Quatre filles de la Charité, dont la supérieure était la sœur Loumagne, tenaient l'infirmerie et recevaient chacune cent livres par an. Au mois de février 1787, le ministre augmenta leur traitement, qui fut porté à cent vingt livres parce que tout avait renchéri et qu'elles étaient « obligées d'avoir des habits plus propres et plus frais » que les autres sœurs. Est-ce en souvenir d'elles que Napoléon annonçait en 1802 l'intention de « redonner à ces bonnes filles toutes leurs prérogatives, afin de les mettre à même de continuer le bien qu'elles ont fait » ?

La religion avait à l'École militaire autant d'importance qu'à Brienne et ses pratiques étaient exactement suivies. Chaque matin, à six heures, prière et messe à la chapelle. Avant et après chaque repas, *Benedicite* et *Grâces*. Avant le coucher, à huit heures trois quarts, prière à la chapelle. Tous les dimanches et fêtes, catéchisme, grand'messe, vêpres. Une fois par mois, confession. Tous les deux mois, communion. Le clergé était donc nombreux. Il y avait deux directeurs du spirituel, faisant les fonctions curiales. L'archevêque de Paris les choisissait toujours parmi les docteurs de Sorbonne. C'étaient, au temps de Bonaparte, l'abbé Bourdon et l'abbé Genêt, ce dernier, lourd, pesant en toutes choses, farcissant d'histoire ses sermons et connu par une phrase que l'École répétait malicieusement : « L'empire romain, commencé sous Auguste, s'écroula sous Augustule. » Il y avait un chapelain, un sacristain, un diacre d'office et maître des enfants de chœur, un sous-diacre d'office, un organiste, deux chantres, un serpent et quatre enfants de chœur. Encore, dans les solennités et notamment aux deux Fêtes-Dieu, appelait-on des prêtres et des chantres du dehors. Mais la cérémonie la plus imposante était celle du 10 mai, où avait lieu le service fondé pour le repos de l'âme du roi Louis XV. La chapelle, ou, comme on disait, la paroisse de l'École militaire était ce jour-là décorée avec pompe et éclairée par cinq cent cinquante cierges de différente grosseur que le cirier reprenait au poids.

Bonaparte avait fait sa première communion à Brienne. Il

reçut le sacrement de confirmation pendant qu'il était à l'École militaire. Ce fut l'archevêque de Paris, Antoine-Eléonor-Léon Le Clerc de Juigné, qui lui administra ce sacrement. A l'époque du concordat, Napoléon offrit à Mgr de Juigné le siège de Lyon. Mais Juigné ne revit la France qu'en 1803. Il fut l'année suivante nommé membre du chapitre impérial de Saint-Denis. Dans une audience qu'il obtint de l'empereur, il objecta ses infirmités et son grand âge, assura qu'il ne pourrait assister au chœur ni remplir aucune fonction. Napoléon répondit qu'il le dispensait de tout et lui donnait quinze mille livres de rente pour reconnaître ses vertus et honorer le chapitre. Le 7 juin 1808, il le fit comte de l'Empire.

Un travail constant, ininterrompu, ponctuellement fixé, telle était la règle de l'École militaire. Le Conseil disait volontiers que tous les exercices se faisaient à la minute et que la division du temps se calculait à la seconde. Mais, de leur côté, les cadets répétaient qu'ils auraient succombé s'ils s'étaient appliqués également à tous les objets d'instruction.

La discipline était rigoureuse. Il y avait trois punitions : la prison, les arrêts simples, les arrêts au pain et à l'eau. Les cadets-gentilshommes ne devaient, sous aucun prétexte, recevoir d'argent de leur famille. Ils ne sortaient jamais, et Napoléon ne put aller voir sa sœur Marianna au couvent de Saint-Cyr durant la huitaine qui suivait les quatre grandes fêtes annuelles ; tout au plus obtint-il, à la veille de son départ, la permission de se rendre, sous l'escorte d'un capitaine des portes, chez l'évêque Marbeuf. Seul, le sergent-major avait le droit de sortir sans être accompagné.

L'administration de l'École était même plus sévère que le ministre. Le 29 novembre 1781, à l'heure de la récréation, pendant que le sous-aide-major de service et deux capitaines des portes conduisaient les cadets en promenade sur les boulevards neufs, le chevalier Banyuls de Montferré, tout chagrin de la mort de son protecteur, le comte de Broglie, qui lui promettait un emploi dans le régiment de Bretagne, s'échappa sans être aperçu, gagna Orléans, et là, ne sachant que devenir, s'enrôla. Timbrune déclara que Montferré ne pouvait rentrer à l'Hôtel, où il serait d'un dangereux exemple; le ministre, plus indulgent, décida que le fugitif reviendrait à l'École militaire et ferait quinze jours de prison.

Au mois de novembre 1782 Timbrune écrivit à Ségur que des rapports désavantageux lui faisaient suspecter les mœurs de trois cadets, Circourt, Maillet et Moulon, et il demandait qu'ils fussent renvoyés au collège de Pont-à-Mousson, d'où ils venaient. Mais le ministre répondit qu'il ne fallait pas sévir sur de simples rapports dénués de preuves, que les trois élèves étaient soupçonnés et non convaincus de penchants vicieux, qu'on devait les surveiller avec le plus grand soin et, à la première occasion, les placer dans les troupes du roi : les renvoyer à Pont-à-Mousson, c'était, au lieu de les corriger, les exposer à une humiliation continuelle et inspirer à leurs camarades des idées malsaines.

Laugier de Bellecour, le condisciple de Napoléon à Brienne, avait, durant les six premiers mois de l'année 1785, justifié la bonne opinion qu'il donnait de lui aux Minimes; mais au bout de ce semestre il se dissipa, et à chaque quinzaine officiers et professeurs se plaignirent de lui. On usa d'abord de tous les moyens de douceur, et on le punit ensuite. Ni les observations ni les châtiments ne le ramenèrent à la subordination et à la pratique de ses devoirs. Le Conseil résolut, au mois de novembre, de le renvoyer à Brienne : il y ferait, disait-on, un retour salutaire sur lui-même, et son expulsion imposerait à ceux de ses camarades qui, comme lui, regimbaient contre la règle. Le ministre désapprouva le Conseil et statua que Laugier de Bellecour resterait à l'Hôtel, à condition de s'amender.

Malgré ses sévérités et les minuties de son programme, l'École ne faisait pas de rudes et râbles sous-lieutenants. Elle donnait un grand soin à l'éducation. Fidèle à l'esprit du siècle, le gouvernement voulait que ses officiers fussent des hommes du monde, qu'ils eussent ce savoir-vivre et ces manières aimables, prévenantes dont se piquaient alors les gens de guerre et que le maréchal de Belle-Isle recommande dans ses belles instructions au comte de Gisors. Les professeurs suppléants qui surveillaient les cadets aux jours de fête et de congé, avaient mission de corriger leur correspondance et de les façonner au style simple et précis qui sied à des militaires. Accoutumer les élèves à ce ton de politesse qu'il est si rare, si difficile d'acquérir dans une école publique, les habituer à répondre sans hésitation et avec fermeté, former leur jugement plutôt que charger leur mémoire, leur apprendre à raisonner juste et à discuter les préceptes pour mieux s'en pénétrer, telle était une des principales tâches que le règlement imposait aux maîtres.

L'hôtel du Champ-de-Mars eut donc ses mérites. Mais ce ne fut pas une école de guerre. Ses élèves n'avaient pas une évidente supériorité sur les élèves des collèges de province. Trop jeunes lorsqu'ils étaient reçus dans l'établissement, trop jeunes lorsqu'ils en sortaient, ils n'étudiaient pas l'histoire et l'art de la guerre, et en 1806, lorsque Napoléon lisait le *Traité de tactique* de Jomini : « Dans nos écoles militaires, s'écriait-il, on ne nous apprenait rien de semblable! » Toutefois ce vice ne frappait pas les contemporains. Ils reprochaient à l'École de Paris d'avoir des pensionnaires qui devaient leurs lettres de cadet-gentilhomme et par suite leur rang de sous-lieutenant à la fortune de leurs parents. Ils se plaignaient que les élèves du roi, tant de la grande école que des petites écoles, fussent inégalement traités : dès qu'un d'eux était demandé par un colonel ami de sa famille, bien qu'il n'eût que quinze ans, il partait comme sous-lieutenant, et ses anciens qui ne connaissaient pas de colonel attendaient deux, trois années avant d'être placés par le ministre, entraient parfois dans le même régiment que leur cadet, et avaient la douleur d'être pour la vie en arrière de celui qu'ils auraient dû devancer par la date de leur réception à l'Hôtel, par leur conduite et par leurs talents. Mais ce qu'on blâmait surtout, c'était la splendeur et le faste qu'étalait l'École. Contrairement aux principes d'économie qu'avait prêchés Saint-Germain, l'administration de l'Hôtel persistait à mettre de l'ostentation en toutes choses. Inutilement Ségur remarquait dès 1781 des « abus trop évidents » et blâmait le Conseil d' « entretenir fort chèrement un grand nombre d'ouvriers », « d'adopter une manière dispendieuse pour l'approvisionnement de plusieurs objets ». Inutilement, en 1786, il assurait, chiffres en mains, que les personnes employées à l'Hôtel consommaient presque la moitié du total des denrées. Inutilement il déclarait que les cadets étaient à l'École pour être bien instruits et non bien alimentés et qu'ils ne seraient pas à plaindre s'ils avaient la même table que dans les collèges. Le Conseil ne savait, selon l'expression de Ségur, se départir de l'idée que sa gestion était aussi bonne qu'elle pouvait l'être. Les dépenses de bouche restaient considérables, et si les cadets n'avaient d'autre boisson aux repas et aux goûters que l'abondance, leur nourriture était recherchée, raffinée. Les élèves du roi la trouvaient beaucoup mieux apprêtée — c'est leur mot — que dans les Écoles de province. Un potage, un bouilli, deux entrées, trois desserts, voilà pour le dîner. Un rôti, deux entremets, une salade, trois desserts, voilà pour le souper. Le dessert d'une journée comprit 1 600 cerneaux, 3 200 poires de bon-Dieu, 300 poires à deux têtes, 250 poires de Rambourg, 900 reines-claudes, 190 pêches. Avec quelle complaisance, quel heureux ressouvenir de gourmandise satisfaite un cadet a transcrit sur son atlas le menu du 6 janvier 1784 : « pour les Rois, on a eu du poulet, du gâteau et des choux-fleurs, de la salade aux betteraves, des échaudés et des marrons » !

Bientôt se firent entendre, comme avant la réforme de 1776, de vives critiques. On disait que l'École entretenait un personnel énorme, qu'une pareille éducation ne convenait pas à des jeunes gens sans fortune, que le mélange de ces pauvres cadets avec des fils de famille qui payaient deux mille francs de pension leur donnait des idées de grandeur et des goûts de dépense qui leur nuiraient dans le cours de leur vie. On calculait que chaque élève coûtait par an 4 282 livres et que cette somme, vraiment exorbitante pour un seul, suffirait à défrayer de tout six élèves des collèges militaires de province. Ne fallait-il pas supprimer cet établissement que les descriptions de Paris vantaient comme le prodige du siècle et proposaient à l'admiration de la postérité la plus reculée, mais qui ne devait sa naissance qu'à la gloriole de Pâris du Verney et de Mᵐᵉ de Pompadour? Ne valait-il pas mieux augmenter le nombre des écoliers de Brienne, de Tournon et autres endroits? Qu'importe, ajoutait-on, que des religieux donnent l'éducation? Il ne s'agit pas de former des gens de guerre puisqu'on ne peut être soldat à quinze ou seize ans; il s'agit d'arracher à la misère une foule de nobles qui n'ont pas de pain, de retirer du fond des provinces de très bons gentilshommes qui croupissent dans la pauvreté, de pousser un millier d'entre eux dans la carrière où leur inclination les entraîne et de leur faire prendre le parti de l'Église, des armes ou de la robe.

Brienne, successeur de Ségur, n'hésita pas. Vainement Timbrune et Reynaud de Monts s'opposaient à toute réforme, protestaient qu'il fallait aux écoles militaires un *chef-lieu*, et que ce chef-lieu, c'était l'hôtel du Champ-de-Mars. Le comte de Brienne déclara l'établissement de Paris absurde, trop cher, inutile à tous égards : « On cherche, s'écriait-il, un peu de merveilleux pour élever des sous-lieutenants d'infanterie! » Le règlement du 9 octobre 1787 supprima l'École. Une partie de l'institution, lisait-on dans les considérants, semblait consacrée au luxe et à la magnificence; abolir l'École, c'était rendre au trésor royal de grosses sommes absorbées par de vaines dépenses.

On croit d'ordinaire que, durant son séjour à l'École militaire, dans un mémoire qu'il aurait envoyé au sous-principal de Brienne, le cadet-gentilhomme Bonaparte a critiqué les somptuosités de l'Hôtel du Champ-de-Mars. L'auteur du mémoire s'indigne que l'Etat entretienne un nombreux domestique autour des élèves, leur donne des repas à plusieurs services, les exerce dans un manège très coûteux. Les cadets ne prendront-ils pas, au lieu des « qualités du cœur », des sentiments de suffisance et de vanité? Lorsqu'ils regagneront le logis paternel, n'auront-ils pas honte de leurs parents? Ne mépriseront-ils pas leur « modeste manoir » et la « modique aisance de leur famille »? Pourquoi ne les obligerait-on pas, sinon à faire leur petite cuisine, du moins à manger du pain de munition, à soigner eux-mêmes leur tenue, à nettoyer leurs souliers et leurs bottes? Ne peut-on les éduquer plus simplement, les assujettir à un régime plus sobre, les rendre ainsi plus robustes, capables de braver les intempéries, de supporter les fatigues de la guerre et d'inspirer aux soldats qui seront sous leurs ordres, le respect et un aveugle dévouement?

Mais l'auteur de ce mémoire n'est ni Bonaparte ni un cadet-gentilhomme de 1785. Il écrit que les élèves devraient battre et brosser leur uniforme. Or, les cadets-gentilshommes de 1785 battaient et, comme ils disaient, vergetaient leurs habits, et chacun d'eux avait pour cet usage un martinet ou fouet à plusieurs lanières.

Toutefois, ce mémoire exprime les idées de Bonaparte. « Nous étions, racontait-il plus tard, nourris, servis magnifiquement, traités en toutes choses comme des officiers qui jouissent d'une grande aisance, plus grande certainement que celle de la plupart de nos familles, et fort au-dessus de celle dont beaucoup de nous devaient jouir un jour. » Il appliqua dans les établissements qu'il organisa nombre des dispositions de l'École militaire de Paris, et il déclarait que les règles de l'ancienne monarchie avaient prévu tous les cas et reçu l'éclatante sanction de l'expérience. Mais il se rappelait ce qu'il avait lu dans Rollin sur l'éducation des enfants en Grèce et notamment en Crète : « leur vie était dure et sobre, c'était une éducation militaire. » Il voulut que les élèves fussent soldats avant de commander à des soldats, et il leur fit apprendre et pratiquer tous les détails techniques. Les jeunes gens de Saint-Germain durent panser et ferrer leurs chevaux; ceux de Saint-Cyr, balayer la chambrée et manger à la gamelle. Pas de domestiques. Les élèves faisaient eux-mêmes leur cuisine, allaient au bois ou aux provisions; ils avaient la soupe, le bouilli, un plat de légumes, du pain de munition, et pour toute la journée une demi-bouteille de vin.

Le séjour de Napoléon à l'Ecole militaire de Paris fut attristé par la mort de son père. Charles Bonaparte avait un cancer à l'estomac et, depuis quelque temps, il était sujet à des vomissements opiniâtres. Les médecins d'Ajaccio regardaient son mal comme incurable et pensaient très justement qu'on ne pouvait plus que prolonger sa vie. « Lorsque la maladie, dit Napoléon en un endroit de son *Discours* de Lyon, se manifeste par l'estomac, le médecin épuise en vain son expérience; le centre de la restauration est attaqué; plus ou peu de secours à espérer de l'art. » Déjà, l'année précédente, à Paris, Charles avait consulté La Sonde, médecin de la reine, qui lui recommanda de faire une cure de poires. Mais ses souffrances augmentaient de plus en plus. Dès le mois de novembre 1784, il reprenait le chemin du continent, non seulement pour conduire dans un collège de Metz son fils aîné Joseph, qui se préparait à l'examen de l'artillerie, mais pour recourir derechef à la Faculté.

La traversée fut pénible. Rejetés sur la côte par la tempête, obligés de gagner Calvi, non sans difficultés, et là de se rembarquer, Charles et Joseph n'abordèrent en Provence qu'après avoir subi un nouveau et affreux coup de vent. Charles avait le vif désir de revoir à Paris le médecin La Sonde, qui lui inspirait la plus grande confiance. Mais, en passant à Aix pour faire visite à son beau-frère, le séminariste Fesch, il s'entretint avec le professeur Turnatori, qui lui conseilla de se rendre à Montpellier. Docile à cet avis, il se rabattit sur Montpellier et y descendit dans une petite maison particulière très bien située qui lui fut enseignée par un ancien ami d'Ajaccio, l'abbé Pradier, aumônier du régiment de Vermandois. Là, en cette moderne Epidaure, comme dit Lucien, le gentilhomme corse se soumit au traitement de praticiens renommés, de La Mure, de

Sabatier, de ce Barthez à qui Napoléon devait donner en 1801, ainsi qu'à Corvisart, le titre de médecin du gouvernement, des appointements annuels de douze mille francs et la mission spéciale d'éclairer le ministre de l'intérieur dans tous les cas où des épidémies et des maladies contagieuses menaceraient la santé publique. Mais Charles était perdu. L'ennemi des Jésuites, l'homme qui frondait la religion, applaudissait à Voltaire et se piquait d'être sceptique, revint alors à la dévotion. Il n'y avait pas assez de prêtres pour lui à Montpellier. L'abbé Pradier, l'abbé Coustou, vicaire à l'église Saint-Denis, et Fesch, accouru d'Aix en toute hâte, rassérénèrent ses derniers instants par de pieuses conversations. Mme Permon, qu'il avait connue à Ajaccio, l'entoura des soins les plus affectueux et fut, selon l'expression de Joseph, un ange consolateur pour le père et une mère tendre pour le fils. Elle appartenait à la famille Stephanopoli, qui prétendait descendre des Comnène, et elle était la sœur de Demetrio, avocat au Conseil supérieur de Corse. Sa fille Laure devait épouser Junot et, sous le nom de duchesse d'Abrantès, publier des Mémoires inexacts et mensongers, destinés à rehausser les Permon, qui auraient rendu les plus grands services à Napoléon, et à rabaisser les Bonaparte, qui n'auraient récompensé tant de bienfaits que par l'ingratitude. Le 24 février 1785 Charles succombait. Avant de mourir, il pressentit l'avenir de son fils cadet. Souvent, lorsque le mal, dans de terribles accès, agissait sur son cerveau, il demandait Napoléon. « Où est Napoléon, s'écriait-il, où est mon fils Napoléon, lui dont l'épée fera trembler les rois, lui qui changera la face du monde? Il me défendrait de mes ennemis! Il me sauverait la vie! » Paroles prophétiques, affirmées par deux témoins irrécusables, par Fesch et par Joseph, qui les rappellent presque en rougissant et avec la crainte de provoquer un sourire incrédule!

Il fut enseveli dans un des caveaux de l'église des Pères Cordeliers. En 1802, le Conseil municipal de Montpellier voulut lui élever un monument. Ne fallait-il pas rendre hommage à « l'auteur des jours si précieux pour la France », à celui dont l'illustre fils faisait le bonheur de la nation entière ? Honorer ainsi la cendre de Charles Bonaparte, c'était parler au cœur du premier consul et lui donner un touchant témoignage de l'amour des habitants de Montpellier. Le projet du monument fut adopté : l'artiste aurait représenté la Ville, environnée de la Religion et d'autres figures allégoriques, ouvrant de la main gauche le sépulcre et montrant de la main droite un piédestal où serait l'inscription : « Sors du tombeau, ton fils Napoléon t'élève à l'immortalité. » Mais le premier consul répondit que son père était mort depuis plus de quinze ans et qu'il serait malséant de renouveler le souvenir d'un événement étranger au public. Louis Bonaparte fit exhumer, à l'insu de Napoléon, la dépouille mortelle de son père; disloqué lorsqu'on le retira du cercueil, mis dans du coton, enfermé en une caisse doublée de plomb, confié le 24 mai 1803 à la diligence par un ami du défunt, l'entrepreneur de messageries Jean Bimar, qui déclara que le coffre contenait une pendule, le corps fut transporté à Saint-Leu-Taverny, au milieu du parc, puis, lorsque le prince de Condé racheta le château, enlevé nuitamment pour être caché dans les caveaux, et enfin, à l'époque de la translation des restes de Napoléon aux Invalides, placé dans la crypte de l'église de Saint-Leu.

La douleur de Napoléon fut extrême lorsqu'il sut la mort de son père. Elle ne s'exprime pas dans ses lettres avec autant de naturel et de vivacité qu'on le voudrait. Le ton est digne, mais un peu froid, cérémonieux, solennel. Il y a dans ces lignes tracées par un enfant de seize ans trop de soin et d'apprêt. Évidemment, elles ont été revues et retouchées un jour de congé par le professeur suppléant qui tenait, comme on disait, la classe de correspondance, par Dez, Tartas, Méon, Matterer ou Fleuret. Il écrit à l'archidiacre Lucien, qui devenait le tuteur des enfants et se chargeait d'arranger les affaires embrouillées par la gestion négligente de Charles : « Dieu sait quel était ce père ! Sa tendresse, son attachement, hélas ! tout nous désignait en lui le soutien de notre jeunesse ! Et le ciel l'a fait mourir, en quel endroit ? A cent lieues de son pays, dans une contrée étrangère, indifférente à son existence, éloigné de tout ce qu'il avait de plus précieux. Un fils l'a assisté dans ce moment terrible; ce dut être pour lui une consolation bien grande, mais certainement pas comparable à la triste joie qu'il aurait éprouvée s'il avait terminé sa carrière dans sa maison, près de son épouse et au sein de sa famille! » Sa lettre à sa mère est du même style convenable, décent. Il prie Letizia de se soumettre à la destinée, lui rappelle que les circonstances exigent la résignation, la remercie de ses bontés, lui promet de redoubler de soins tendres et de reconnaissance pour la dédommager un peu de la perte cruelle qu'elle a faite.

Il fallait cependant s'arracher à sa douleur. Il fallait se soustraire aux pensées qui le transportaient tantôt à Ajaccio, dans la maison désolée et veuve de son chef, tantôt à Montpellier, dans la chambre du mourant, tantôt au parloir de Brienne, où son père l'avait entretenu pour la dernière fois, lui témoignant sa confiance, délibérant avec lui sur la carrière de Joseph, convenant avec lui que Joseph n'était pas fait pour le métier des armes. Il fallait apprendre les matières de l'examen d'artillerie.

Louis XV avait en 1720 fondé des écoles d'artillerie, pourvues chacune d'un professeur et d'un aide-professeur de mathématiques ainsi que d'un maître de dessin, dans les villes où les troupes de l'arme tenaient garnison. Dix aspirants pouvaient suivre les exercices de chaque école et, leurs études terminées, se rendaient à Metz à un concours général où un membre de l'Académie des sciences les examinait et les déclarait dignes du grade d'officier. En 1756 fut instituée à La Fère l'École et compagnie des élèves du corps royal. Elle comptait 50 sujets. Un académicien — c'était Camus — les inspectait tous les six mois; si ses rapports leur étaient favorables, ils recevaient, après deux ans de séjour, le brevet d'officier; s'il les reconnaissait incapables, ils étaient renvoyés à leur famille.

En 1766, la compagnie, qui depuis l'année précédente se composait de 60 élèves, se transféra de La Fère à Bapaume. Elle fut supprimée en 1772, — pour être rétablie en 1791 à Châlons-sur-Marne par l'Assemblée constituante — et une ordonnance du 8 avril 1779 décida qu'il y aurait désormais dans chaque école d'artillerie six places d'élèves appointés à quarante livres par mois, portant l'uniforme d'officier sans les épaulettes, et soumis au commandant de l'école, qui veillait à leur police et discipline; le nombre de ces places serait d'ailleurs réduit ou augmenté suivant les circonstances.

Selon les « arrangements » de 1779, quiconque, au temps de la jeunesse de Bonaparte, voulait devenir officier d'artillerie, était d'abord aspirant. Les aspirants étaient *agréés* ou autorisés par le ministre, qui leur envoyait, quelques mois avant les épreuves, une *lettre d'examen*. Ils devaient produire un certificat de bonne conduite et d'instruction signé de leur supérieur ou du maître chez lequel ils avaient étudié, et justifier, en outre, par leur extrait baptistaire, qu'ils avaient soit quatorze, soit quinze ans accomplis. Étaient agréés à l'âge de quatorze ans les petits-fils, fils ou frères d'officiers du corps royal; à l'âge de quinze ans, les jeunes gens qui faisaient les preuves exigées dans les autres corps, c'est-à-dire qui présentaient non seulement un certificat d'extraction signé par quatre gentilshommes et constatant qu'ils étaient nés dans l'état de noblesse, mais encore — depuis la décision du 22 mai 1781 — un certificat du généalogiste et historiographe des ordres du roi.

L'examen des aspirants était public et avait lieu à Metz, à l'École d'artillerie, devant le commandant de l'établissement et les officiers supérieurs de l'arme. Ils devaient démontrer des questions tirées du premier volume du *Cours de mathématiques* de Bezout et relatives à l'arithmétique, à la géométrie et à la trigonométrie rectiligne. S'ils échouaient, ils avaient le droit de se présenter une seconde fois. S'ils étaient reçus, ils allaient dans une école d'artillerie, et, l'année suivante, subissaient un second examen public, l'examen d'officier, sur les quatre volumes du *Cours* de Bezout : il ne s'agissait plus de savoir le premier tome ; il fallait savoir le deuxième tome, qui concernait l'algèbre et l'application de l'algèbre à la géométrie, savoir le troisième tome, qui traitait des principes généraux de la mécanique et de l'hydrostatique ainsi que des éléments du calcul différentiel et du calcul intégral, savoir le quatrième tome, qui renfermait l'application des principes de la mécanique à divers cas de mouvement et d'équilibre. Admis, les élèves d'artillerie obtenaient le grade de lieutenant en second. Refusés, ils pouvaient tenter la chance une fois encore ; mais ils étaient inexorablement exclus d'un troisième concours.

Il y avait donc trois degrés : 1° *aspirant* ou candidat ; 2° *élève* ; 3° *officier*. Mais il arrivait que des aspirants franchissaient d'un bond le second et le troisième degré et méritaient, par leur profonde connaissance du *Cours* de Bezout, d'être faits d'emblée officiers, sans avoir été élèves d'une école d'artillerie. Chaque année, plusieurs aspirants qui, selon l'expression du temps, étaient en état de présenter les quatre volumes, exécutaient ce tour de force, et le général Poissonnier des Perrières raconte avec orgueil au début de ses Mémoires qu'il n'a pas été élève, qu'il fut officier dès son premier examen. La promotion des lieutenants en second de 1783 ne compta que deux aspirants ; mais celle de 1784 en compta huit ; celle de 1785, vingt ; celle de 1786, dix-sept ; celle de 1789, quatorze.

L'examinateur, qui recevait quatre mille livres d'appointements annuels et quinze cents livres d'indemnité de voyage, était, comme auparavant, membre de l'Académie des sciences. Ce fut d'abord Bezout, de 1779 à 1783, et, après la mort de Bezout, Laplace, que le ministre choisit, non seulement parce que le suffrage unanime de l'Académie l'avait désigné, mais parce que Laplace, ami particulier de Bezout et son collaborateur, ne changerait pas le cours de mathématiques adopté pour l'examen. Chaque année le savant se rendait à Metz pour interroger les élèves du corps royal de l'artillerie ainsi que les autres sujets qui se destinaient à ce corps, et il dressait deux listes par ordre de mérite : 1° la liste des *élèves* et *aspirants* qui avaient fait preuve de l'instruction suffisante pour être officiers; 2° la liste des *aspirants* « susceptibles de passer à l'état d'*élèves* ». En 1783, sur 89 sujets, 71 furent examinés : il y eut 33 lieutenants en second et 14 élèves d'artillerie. En 1784, 144 sujets étaient agréés; 87 se présentèrent; 32 furent admis comme lieutenants en second, et 41, comme élèves d'artillerie. En 1785, l'année où Bonaparte était candidat, sur 202 jeunes gens que le ministre avait autorisés, 136 affrontèrent l'examen; 58 furent nommés officiers, et 49, élèves d'artillerie. 47 élèves briguaient le titre de sous-lieutenant; 38 réussirent et 9 échouèrent; de ces 9, deux qui paraissaient pour la seconde fois devant Laplace, furent renvoyés à leur famille, et l'examinateur déclara publiquement que le ministre avait résolu de maintenir dans toute sa rigueur cet article de l'ordonnance; les sept autres, à qui le règlement accordait un second examen, restèrent dans les écoles.

L'École militaire de Paris avait, dès sa création, fourni des officiers à l'artillerie. Selon le règlement de 1764, les élèves qui montraient du goût et de l'aptitude pour cette arme étaient dispensés de passer par l'École de La Fère ou de Bapaume et nommés sous-lieutenants. Mais, afin que le corps royal n'eût contre eux aucune espèce de jalousie, ils devaient se présenter à l'examinateur Camus et prouver qu'ils avaient la capacité nécessaire pour obtenir ce grade; ceux qui n'étaient pas suffisamment instruits étaient obligés, ainsi que les aspirants, d'aller à l'École de La Fère ou de Bapaume et de concourir pour le grade de lieutenant en second avec les autres élèves de l'arme. Cet article du règlement subsista dans l'établissement du Champ-de-Mars après la réforme de 1777. Les cadets-gentilshommes qui se destinaient à l'artillerie, durent se rendre à Metz devant Bezout pour être admis dans le corps royal, soit comme officiers, soit comme élèves, suivant le degré de leur savoir — et le premier consul se souvenait de ces prescriptions de l'ancien régime lorsqu'il décidait que les élèves du Prytanée qui se vouaient à la carrière militaire auraient, à leur sortie, des places de sous-lieutenant dans l'infanterie ou devraient subir l'examen pour obtenir des emplois dans la marine, le génie ou l'artillerie.

La préparation des cadets-gentilshommes fut d'abord, et naturellement, insuffisante et incomplète. Au premier concours de l'artillerie, à la fin de juillet 1779, l'École militaire de Paris, à peine réorganisée, n'envoya personne, et sur 59 candidats, Bezout ne reçut que 3 officiers et 18 élèves : les maîtres, disait-il, n'avaient ni professé son cours ni pratiqué sa méthode, et les aspirants, qui d'ailleurs avaient manqué de temps, étaient totalement déconcertés.

En 1780, deux cadets-gentilshommes, Foville et Villèle, qui se présentaient à l'examen des élèves d'artillerie, ne furent pas reçus, bien que leurs professeurs, Dez et Le Paute d'Agelet, eussent certifié qu'ils savaient bien le premier volume du *Cours* de Bezout.

En 1781, six cadets-gentilshommes, Foville, Villèle, Chambon de la Barthe, Coigne, Cardaillac, d'Achon, éprouvèrent le même échec. Foville et Villèle, qui ne pouvaient plus subir l'examen, entrèrent comme sous-lieutenants dans l'infanterie, celui-ci au régiment de Foix, celui-là au régiment d'Anjou.

En 1782, Chambon de la Barthe fut reçu élève, le 35me sur 43. Ses trois camarades, Coigne, Cardaillac et d'Achon, refusés pour la seconde fois, furent exclus d'une troisième épreuve. Chambon devait rester à l'Hôtel pour se préparer à l'examen d'officier; mais il ne cacha pas à Timbrune et à Valfort qu'il désirait s'en aller : on craignit que son application ne se soutînt pas et qu'il ne finît par se décourager; il fut envoyé à l'École de Metz.

En 1783, Gribeauval, voulant éviter la grosse dépense que causait le voyage, fit décider que les cadets-gentilshommes seraient désormais examinés non pas à Metz, mais à Paris, à l'École militaire, en présence des officiers du corps qui seraient alors dans la capitale, et cette année-là, sur 14 élèves d'artillerie admis par Bezout, 5 appartenaient à l'Hôtel du Champ-de-Mars : le 8e, Flavigny de Chambry; le 9e, Chevillon; le 10e, d'Astin; le 11°, Raymond de la Nougarède; le 12°, Hédouville. Tous les cinq demeurèrent un an encore à l'École militaire pour continuer leur instruction. Mais, au mois de décembre, l'un d'eux, Chevillon, eut, à force d'instances, comme Chambon de la Barthe l'année précédente, une place d'élève titulaire à l'École d'artillerie de Metz.

En 1784, pour la première fois depuis la réorganisation de l'Hôtel, des cadets-gentilshommes furent reçus officiers du corps royal. Quatre se présentaient, les quatre admis comme élèves avec Chevillon l'année d'avant. D'Astin fut le 11e et Flavigny de Chambry, le 20°. Hédouville et Raymond de la Nougarède échouèrent.

A ce même concours de 1784, sept aspirants de l'École militaire de Paris devenaient élèves d'artillerie : Le Lieur de Ville-sur-Arce était le 7me; Vaugrigneuse, le 21e; Le Vicomte, le 23e; Marie du Rocher de Collières, le 25e; La Parra de Lieucamp de Salgues, le 33e; Ferdinand de Broglie, le 35e; Légier, le 37e. Ces sept cadets-gentilshommes ne restèrent pas à l'Hôtel. Ils furent envoyés aux écoles du corps : Hédouville, Le Vicomte et Broglie à l'École de La Fère; Raymond de la Nougarède et Marie du Rocher de Collières, à l'École de Douai; Le Lieur de Ville-sur-Arce et Légier, à l'École de Verdun; La Parra de Lieucamp de Salgues à l'École de Metz; Vaugrigneuse, à l'École de Valence, et tous les sept, ainsi que Chambon de la Barthe en 1782 et que Chevillon en 1783, quittèrent volontiers l'École militaire non seulement pour jouir de la liberté comme leurs camarades du même âge qui servaient dans la troupe, mais pour être attachés à des établissements où, grâce à l'entraînement et aux leçons de chaque jour, les élèves se préparaient sérieusement, solidement, à l'examen d'officier.

La plupart des lieutenants sortaient en effet des écoles d'artillerie. A l'examen de 1783, il y eut 31 élèves du corps royal sur 33 officiers; à l'examen de 1784, 24 élèves sur 32 officiers; à l'examen de 1785, 38 sur 58; à l'examen de 1786, 44 sur 61; à l'examen de 1789, 27 sur 41.

De ces Écoles, celle de Metz passait pour la meilleure. Il y avait sans doute à l'École de Verdun un répétiteur habile, Mazurier, et à celle de La Fère, un officier, quartier-maître trésorier du régiment de Toul, Fabre, dont Laplace vante les soins éclairés et les utiles services. Quatre des élèves de Mazurier, Dommartin, Talhouet, La Lance de Villers, Le Lieur de Ville-sur-Arce, et trois élèves de Fabre, Hédouville, Le Vicomte et Ferdinand de Broglie, furent reçus lieutenants sur la même liste que Bonaparte. Mais l'examen avait lieu à Metz, et par suite Metz était devenu le centre des études d'artillerie. Aspirants, élèves affluaient à Metz. Ce fut là qu'Alexandre-François de Senarmont envoya son fils. Ce fut là que Charles Bonaparte projeta d'envoyer Joseph, un instant épris du métier de canonnier. Ce fut là que Marmont se rendit en 1791 afin d'avoir plus de chances de réussir, et dans ses Mémoires, l'âme encore émue, il retrace l'impression que fit sur lui cette grande ville de guerre, pleine de troupes, pleine de mouvement et de vie, pleine d'une studieuse activité. Laplace s'enthousiasmait à la vue de cette fièvre des esprits. « C'est un aspect tout à fait digne de votre attention, écrit-il à Gribeauval, que celui d'une nombreuse jeunesse, ardente à s'instruire, secondée par d'excellents maîtres. »

Il y avait à Metz l'École d'artillerie, qui comptait 27 élèves en 1785, cette École que Chambon en 1782 et Chevillon en 1783 préféraient à l'École militaire de Paris, que deux autres cadets-gentilshommes, Vaugrigneuse et Dalmas, préféraient en 1786 à l'École de Valence, qu'un cadet de la même promotion, Amariton de Montfleury, préférait à l'École de Strasbourg. Il y avait des institutions où les candidats étaient dressés avec soin, comme celle du répétiteur Hougnon, qui ne manquait pas de mérite, puisqu'en 1779, lorsque Bezout n'admit que trois officiers — tous trois Lorrains, Favre, Vercly et Simon de Faultrier, — deux d'entre eux, Favre et Faultrier, étaient disciples de Hougnon. Il y avait le collège de Saint-Louis, dirigé par les chanoines réguliers de Saint-Pierre ès Monts. Il y avait le collège que les bénédictins de l'abbaye de Saint-

Symphorien installaient à grands frais en 1768 et que le principal, dom Collette, nommait une pépinière d'officiers. Il y avait le pensionnat que ces mêmes bénédictins fondaient en 1784 dans l'abbaye de Saint-Clément, sur l'invitation du comte de Caraman, à condition que la pension serait fixée à quarante louis par mois, — et aussitôt le roi décidait qu'il serait destiné spécialement aux élèves et aspirants du corps royal, le ministre Ségur envoyait un règlement, et le prieur, dom Piéron, signait superbement « dom Piéron, prieur de Saint-Clément, directeur de l'école d'artillerie établie par le roi dans cette maison ».

À l'École de Metz enseignaient de très bons maîtres, le professeur de mathématiques Le Brun et le répétiteur Allaize, qui reçut du ministre, en 1786, deux cents livres et, en 1789, trois cent livres de gratification parce qu'il « employait tellement son temps qu'il n'avait pas le moindre repos », et que Napoléon nomma professeur de mathématiques appliquées à l'École spéciale militaire. Au collège de Saint-Symphorien enseignait dom Énard, que Laplace jugeait excellent. Au collège de Saint-Louis enseignaient l'abbé Thorin et le savant abbé Plassiart, qui ne cessait, dit Laplace, de présenter à l'examen nombre de sujets fort instruits. Ces professeurs messins avaient une réputation. Le corps royal les connaissait et leur témoignait sa confiance. Chaque année, l'examinateur applaudissait à leur méthode et demandait pour eux au ministre de la guerre soit des éloges, soit des gratifications. Ne fallait-il pas encourager des maîtres qui se livraient avec succès à un enseignement si pénible et si important tout ensemble? Ne fallait-il pas leur donner des marques éclatantes de satisfaction pour entretenir leur zèle et leur patience? En 1782, le ministre récompensa Plassiart par une somme de cent écus; Énard sollicita la même grâce que son collègue, et en 1783 obtint, lui aussi, trois cents livres.

De là venait la supériorité des candidats de Metz sur tous les autres. Elle perçait dans la hardiesse et l'indépendance de leurs manières. Les élèves de l'École d'artillerie avaient déjà l'air frondeur et se piquaient de porter l'uniforme sans embarras, de marcher l'épée au côté avec l'assurance des vieux officiers; plusieurs menaient joyeuse vie, faisaient des dettes, s'amusaient à rosser leurs créanciers juifs, à les frapper du poing et du pied, à leur arracher les poils de la barbe, à les jeter par la fenêtre; ce qui n'empêchait pas ces usuriers de revenir à la charge et d'escroquer à nos étourdis de nouveaux billets. « Metz, s'écrie un élève, offrait tant de distractions à la jeunesse! » Mais, si quelques-uns perdaient leur temps, la plupart s'adonnaient avec zèle à l'étude. Le nombre des candidats excitait l'émulation. Les professeurs, qui suivaient assidûment les examens, s'inspiraient des interrogations de Bezout et de Laplace, perfectionnaient leur méthode d'enseigner, et, jouissant sur-le-champ et sur les lieux mêmes du succès de leurs disciples, mettaient dans l'exécution de leur tâche un intérêt plus vif et une véritable passion. Bezout disait que les collèges de Metz étaient une précieuse ressource pour l'artillerie, et Laplace aurait voulu réunir dans cette ville autant d'élèves que possible.

Quiconque n'allait pas à Metz ou n'entrait pas aux écoles d'artillerie, n'avait donc pas de très grandes chances d'arriver de prime saut au grade de lieutenant en second. Et d'année en année croissait la difficulté de l'examen et haussait son niveau. Laplace avouait qu'il devenait bon gré mal gré plus exigeant, qu'il posait des questions des plus en plus ardues, que les sujets étaient de plus en plus distingués et redoublaient d'ardeur pour réussir, qu'à chaque concours l'instruction lui paraissait meilleure et que les jeunes gens qui tenaient la tête répondaient avec plus de précision et de clarté.

Mais la section d'artillerie de l'École militaire avait des professeurs distingués, aussi diligents et consciencieux que versés dans les mathématiques. Laplace loua ses efforts en 1784. « L'École militaire de Paris, dit-il, a présenté cette année un plus grand nombre de sujets qu'elle ne l'avait fait encore; leur instruction, qui m'a paru bonne et solide, est due aux soins de MM. Monge et Le Paute d'Agelet. » Ces deux maîtres consentirent, il est vrai, au mois de mai 1785, à suivre La Pérouse dans son voyage autour du monde. Il fallait incontinent les remplacer. Le Conseil de l'École, préoccupé des examens de fin d'année, ne voulait ni dérangement ni interruption dans les classes. Deux jeunes répétiteurs, Labbey et Prévost, furent chargés de l'intérim. Le Conseil avait reçu de toutes parts des témoignages avantageux de leurs talents, de leurs connaissances et de leurs mœurs. Labbey et Prévost firent de leur mieux durant les derniers mois de l'année scolastique. *Attrape qui peut!* disait Cousin, un de leurs devanciers, lorsqu'il démontrait au tableau le carré de l'hypoténuse. Labbey et Prévost s'appliquèrent si bien que leurs élèves attrapèrent, comprirent leurs leçons, et l'École militaire de Paris eut en 1785 un succès sans précédent.

Vingt-cinq cadets-gentilshommes se destinaient à l'artillerie : chiffre considérable qu'il suffit de citer pour donner une idée du prestige qu'exerçait le corps royal sur les jeunes esprits! C'étaient, outre Bonaparte, Cominges et Laugier de Bellecour : Amariton de Montfleury, d'Anglars, Baudran, Beauvais, Chièvres d'Aujac, Clinchamps, Dalmas, Delpy de la Roche, Desmazis, Fleyres, Gondallier de Tugny, d'Ivoley, Jacques de Gaches de Venzac de Neuville, Lallemant de Villiers, Lustrac, Montagnac, Najac, Neyon de Soisy, Phélipeaux, Picot de Peccaduc, Richard de Castelnau et Roux d'Arbaud. Mais le gouverneur de l'École, M. de Timbrune-Valence, ne demanda des lettres d'examen que pour dix-huit élèves de la section d'artillerie, et il les classait de la sorte : d'abord Desmazis, qui avait échoué en 1784; puis Picot de Peccaduc, Roux d'Arbaud et d'Ivoley, qui ne s'étaient pas présentés en 1784, bien qu'ils eussent reçu des lettres d'examen; enfin, quatorze candidats qu'il rangeait ainsi, et, ce semble, par ordre de mérite : Phélipeaux, Bonaparte, Cominges, Dalmas, d'Anglars, Beauvais, Laugier de Bellecour, Chièvres d'Aujac, Richard de Castelnau, Amariton de Montfleury, Najac, Jacques de Gaches de Neuville, Lustrac et Clinchamps. Tous ces aspirants furent agréés sans objection et comparurent devant Laplace, excepté

Laugier de Bellecour, qui n'avait pas atteint quinze ans accomplis, et Roux d'Arbaud, qui voulut accompagner Monge et Le Paute d'Agelet dans leur voyage autour du monde. Le ministre savait que M. de Timbrune ne proposait que des sujets suffisamment instruits, et lorsque M. de Jobal le priait en 1783 de comprendre Bonniot de Chevillon sur la liste des candidats, il répondait que ce cadet-gentilhomme ne pouvait être inscrit que sur le témoignage de ses chefs, et n'était pas sûrement en état de concourir cette année-là, puisque M. de Timbrune ne l'avait pas mentionné.

Ce fut sans doute entre le 6 et le 12 septembre que Laplace interrogea Bonaparte : il a quitté Metz le 6, et il envoie le 12 son rapport général à Gribeauval. L'examen eut lieu dans une salle de l'École militaire spécialement destinée aux épreuves des cadets. Des rideaux de toile anglaise étaient pendus aux fenêtres. Deux tableaux d'ardoise, placés sur une estrade, servaient aux démonstrations. Des bancs disposés en étage et couverts de damas d'Abbeville, des tables à pieds fixes dont quelques-unes étaient pourvues d'appuis en fer pour porter les dessins, des chevalets sur lesquels les assistants déposaient leurs manteaux, complétaient l'ameublement de la salle d'examen. De même que les années antérieures, les officiers d'artillerie qui se trouvaient à Paris et les deux hommes de confiance du premier inspecteur, son principal collaborateur, le colonel d'Angenoust, et son chef de bureau, le commissaire des guerres Rolland de Bellebrune, étaient venus à l'École militaire pour donner à l'épreuve, comme disait Gribeauval, une « authenticité nécessaire, laquelle ne pouvait être telle à Paris qu'à Metz, faute d'officiers du corps en suffisance ».

La double liste des lieutenants en second et des élèves ne fut connue des concurrents qu'entre le 23 et le 28 septembre. Mais elle était toujours datée du premier de ce mois, au contraire de la liste des élèves du génie : les candidats à l'École de Mézières se présentaient en décembre à l'examen, mais leur nomination portait la date du 1er janvier suivant.

La liste des officiers d'artillerie était longue. Elle comprenaît cinquante-huit noms, et celle de l'année d'après, qui contint soixante et un noms, fut plus considérable encore. De pareilles promotions étaient évidemment trop fortes, trop disproportionnées, et il aurait mieux valu, comme on fait aujourd'hui, fixer à l'avance le nombre des reçus. En 1785, les quinze derniers de la liste n'eurent pas de place; ils allèrent dans les écoles d'artillerie attendre les lieutenances qui vaqueraient successivement, et ils furent à la fois élèves et lieutenants, pourvus des appointements d'élève et du titre de lieutenant surnuméraire, observant les mêmes règles de police que les élèves et assistant aux mêmes exercices d'instruction que les lieutenants. Aussi personne ne s'étonna que le ministre, voulant sortir, comme il disait, de l'engorgement et de la situation surabondante où se trouvait le corps royal, suspendît l'examen en 1787 et en 1788, deux années de suite, et qu'en 1789, après les épreuves qui valurent à quarante et un sujets le grade de lieutenant en second, il décidât de ne plus faire tous les ans que des promotions de vingt-cinq sujets et de n'admettre désormais au concours des officiers que les élèves des écoles d'artillerie et non plus les aspirants, qui ne pourraient se présenter que pour être élèves.

Sur les cinquante-huit jeunes gens admis en 1785 comme lieutenants en second dans l'arme de l'artillerie, il y avait quatre cadets-gentilshommes de l'École militaire de Paris : Picot de Peccaduc, Phélipeaux, Bonaparte et Desmazis cadet. Picot de Peccaduc était 39e; Phélipeaux, 41e; Bonaparte, 42e et Desmazis, 56e. Desmazis, un des quinze derniers de la liste, fut envoyé, non pas dans un régiment, mais dans une école, et si sa nomination date, comme celle de Bonaparte et des autres, du 1er septembre 1785, il ne reçut ses lettres de lieutenant que le 16 juin 1786.

L'École militaire avait un pareil succès au concours des élèves. Deux cadets-gentilshommes, d'Anglars et Jacques de Gaches de Venzac de Neuville, échouaient pour la seconde fois. Mais sur 49 jeunes gens qui furent attachés comme élèves aux écoles d'artillerie, 8 appartenaient à l'Hôtel : Cominges,

Richard de Castelnau, Dalmas, Beauvais, d'Ivoley, Amariton de Montfleury, Najac et Chièvres d'Aujac.

Le 42° sur 581. Le résultat était beau. Nombre de concurrents avaient suivi la filière : aspirants, de même que Bonaparte, ils devenaient d'abord élèves; puis, au bout d'un ou de deux ans, officiers. Bonaparte fut nommé officier sans avoir été élève, et voilà pourquoi Las Cases dit dans le *Mémorial* que Napoléon fut reçu à la fois élève et officier d'artillerie. Mais, durant les dix mois qui précédèrent son examen, avec quelle ardeur il étudia son Bezout, ce Bezout qu'il fallait, selon le mot de Gribeauval, suivre exactement dans les écoles et qui ne laissait rien à désirer pour l'instruction géométrique des élèves et des apprentis officiers, ce Bezout que l'empereur regarda toujours comme un cours complet de mathématiques et qu'il proposait d'enseigner aux futurs militaires de son Prytanée ! On a huit mauvais vers qu'il écrivait alors sur un exemplaire du quatrième tome de Bezout :

> Grand Bezout, achève ton cours.
> Mais avant, permets-moi de dire
> Qu'aux aspirants tu donnes secours.
> Cela est parfaitement vrai.
> Mais je ne cesserai pas de rire
> Lorsque je l'aurai achevé
> Pour le plus tard au mois de mai,
> Je ferai alors le conseiller.

Ces vers, obscurs et boiteux, méritent un commentaire. A l'instant où Napoléon les griffonne, sans doute au commencement de 1785, il n'a pas terminé le cours de Bezout. Mais il comprend, il aime le *grand* mathématicien qui donne secours aux aspirants d'artillerie ; il compte l'achever bientôt, pour le mois de mai au plus tard, et alors, puisqu'il possède les matières de l'examen et n'a plus qu'à les revoir et, comme on dit, à les repasser, il pourra rire, se mettre à l'aise, et, commodément, sans inquiétude ni souci, conseiller les camarades. Quatre mois avant l'examen, il est donc prêt ou il croit l'être.

Il n'eut pas de grade à l'École militaire. Il ne fut ni commandant en chef ou sergent-major, ni commandant de division, ni chef de peloton. Il ne porta, ni, comme le sergent-major, les trois galons d'argent à chaque manche, ni, comme le commandant de division, le galon sur chaque avant-bras, ni, comme le chef de peloton, le galon à l'avant-bras droit. Il ne reçut pas, le 17 janvier 1785, comme ses camarades Picot de Peccaduc, Phélipeaux et Nepveu de Bellefille, la croix de l'ordre de Notre-Dame du Mont-Carmel, cette croix au ruban cramoisi qui portait d'un côté l'effigie de la Vierge, de l'autre un trophée orné de trois fleurs de lis, et que le comte de Provence, grand maître de l'ordre, accordait tous les ans à trois des élèves les plus distingués de l'École militaire. Mais cette croix n'était donnée aux cadets-gentilshommes qu'au bout de leur troisième année d'études, et Napoléon ne demeura qu'un an à l'Hôtel. Dix mois de travail lui suffirent pour enlever son premier grade dans l'armée. Il rattrapait son camarade, Le Lieur de Ville-sur-Arce, et laissait derrière lui ses deux condisciples de Brienne, Cominges et Laugier de Bellecour. Sans doute, dix-neuf des cinquante-huit lieutenants en second de la promotion de 1785 étaient, comme Napoléon, des aspirants qui devenaient officiers sans avoir été élèves d'artillerie. Sans doute, malgré ses seize ans, il n'était pas encore le plus jeune : trois sujets, Gomer, Bellegarde et Benjamin de Faultrier sont nés en 1770, et onze autres, en 1769. Mais les cadets-gentilshommes reçus sous-lieutenants étaient ses aînés : Picot de Peccaduc et Phélipeaux, de deux ans, et Desmazis, d'un an. Il avait le droit d'être fier du résultat obtenu, et d'assurer en 1788 qu'il avait su profiter des bienfaits du roi et, grâce à son labeur constant, entrer dans le corps royal de l'artillerie *dès le premier examen*.

Napoléon se souvint de son examinateur Laplace avec reconnaissance. Laplace, à vrai dire, s'acquittait parfaitement de sa tâche délicate. Un peu triste, vêtu d'un habit noir, obligé de se servir d'un garde-vue à cause de la faiblesse de ses yeux, il imposait par la gravité de son aspect et paraissait sévère. Toutefois, il était mesuré, poli, bienveillant, et, sous l'Empire, conservait encore les façons cérémonieuses de l'ancien régime. Nombre de candidats, songeant aux conséquences d'un succès ou d'un échec, songeant que Laplace allait fixer leur destinée, avaient, lorsqu'il les appelait au tableau, de l'inquiétude et des battements de cœur. Plus d'un qui subit depuis les plus terribles épreuves et montra dans les dangers de la guerre une incroyable énergie, ressentit devant Laplace une insupportable anxiété, et Marmont raconte qu'au premier moment son intelligence s'arrêta, et que, sa tête s'égarant, il ne put même dire son nom. Mais Laplace savait calmer l'émotion des jeunes gens, les tranquilliser et les remettre. Il écrivait un jour qu'il tâchait de se rendre digne de la confiance du ministre, qu'il interrogeait les candidats avec douceur et les écoutait avec patience, qu'il pesait les mérites de chacun avec la plus scrupuleuse exactitude. Tous les chefs de l'artillerie confirmaient ce témoignage, et de différents côtés Gribeauval recevait l'assurance que Laplace procédait très sagement à ses examens et employait les moyens les plus propres à bien connaître et apprécier les futurs officiers du corps royal.

Devenu premier consul, Bonaparte nomma Laplace ministre de l'intérieur. Mais ce mathématicien éminent était, comme Gaspard Monge, un administrateur médiocre, et Napoléon discerna bientôt que Laplace, cherchant partout des subtilités, portant partout l'esprit des infiniment petits, ne saisissait aucune question sous le vrai point de vue et n'avait que des « idées problématiques ». Il le fit sénateur, chancelier du Sénat, grand officier de la Légion d'honneur, comte de l'Empire. Il prit son fils pour officier d'ordonnance. Il accepta la dédicace de la *Mécanique céleste* et admira la clarté parfaite de l'ouvrage : « C'est pour moi, disait-il, une nouvelle occasion de m'affliger de la force des circonstances qui m'a dirigé dans une autre carrière où je me trouve si loin de celle des sciences. » De Vitepsk, en 1812, il remerciait Laplace de son *Traité des probabilités*, une de ces œuvres qui « perfectionnent les mathématiques, cette première des sciences, et contribuent à l'illustration de la nation ». D'ailleurs, Laplace, véritable homme de cour, flattait Napoléon avec art ; il l'avait encouragé à faire le coup d'État du 18 brumaire, et on le savait si intimement lié avec Bonaparte qu'il fut chargé par le Sénat de le sonder, de demander si le général consentirait au consulat décennal. Mais, au retour de Leipzig, l'empereur fut cruel envers l'académicien : « Vous êtes changé, lui dit-il, et très amaigri. » — « Sire, répondit Laplace, j'ai perdu ma fille. » — « Vous êtes géomètre, répliqua Napoléon, soumettez cet événement au calcul et vous verrez qu'il égale zéro. » Rien ne montre mieux l'endurcissement, l'insensibilité de cœur qui naquit chez Napoléon de l'accoutumance des guerres, de l'exercice de la toute-puissance et du spectacle de la servilité des hommes.

Comme Bonaparte, trois élèves de l'École militaire de Paris, Picot de Peccaduc, Le Picard de Phélipeaux et Desmazis, devaient à Laplace leur brevet de lieutenant en second. Tous trois s'enrôlèrent dans l'armée de l'émigration. Mais quel fut leur destin, et quels rapports eurent-ils par la suite avec leur camarade d'école et de promotion ?

Le Breton Picot de Peccaduc était le plus brillant élève de l'Hôtel du Champ-de-Mars. Commandant en chef des quatre divisions de l'École ou sergent-major, il exerça cette charge de la façon la plus distinguée. Le 26 septembre 1785, le Conseil décidait de lui offrir un étui de mathématiques, composé de quinze pièces, un exemplaire de l'*Architecture* de Belidor et un exemplaire du *Cours* de Bezout, tous deux reliés en veau, les *Tables* de logarithmes de La Caille, le *Traité de fortification* de Leblond, la *Géographie* de La Croix et le petit atlas de Le Rouge. Deux mois après, de Strasbourg, sa garnison, Picot de Peccaduc remercia le Conseil : sa plume, disait-il, ne pouvait que tracer faiblement sa reconnaissance ; il s'efforcerait, par son application soutenue aux devoirs et aux travaux de son métier, de se rendre digne des bienfaits dont l'administration de l'Hôtel l'avait comblé : « Votre zèle paternel ne se borne pas à diriger la conduite de vos élèves dans le peu de temps qu'ils ont le bonheur de vivre sous vos ailes; vous vous plaisez encore à suivre des yeux leur conduite dans la carrière qu'ils parcourent, après qu'ils sont privés de cet abri salutaire. » Le Conseil lui répondit qu'il avait voulu témoigner publiquement sa satisfaction au jeune officier qui s'était acquitté de ses fonctions de commandant en chef avec tant d'exactitude et d'assiduité : Picot de Peccaduc avait laissé de lui des impressions ineffaçables qui présageaient son heureux avenir; l'École se féliciterait constamment de l'avoir eu pour élève. Picot était adjudant-major lorsqu'il émigra. Après avoir servi comme capitaine d'artillerie au régiment de Rohan, il entra dans l'armée autrichienne. Il était major d'infanterie quand il fut pris à Ulm, en 1805, par son ancien camarade de l'École militaire, et il avait le grade de colonel lorsqu'il tomba de nouveau, en 1809, aux mains de Napoléon. Ce fut un autre cadet-gentilhomme, Davout, qui le captura. « Sire, écrivait le maréchal à l'empereur au lendemain du combat de Tann, parmi les prisonniers autrichiens qui ont été faits hier se trouve un sergent-major de la compagnie des cadets de l'École militaire; la circonstance dans laquelle il se trouve m'a déterminé à le recommander à l'escorte qui le conduit à Neustadt, et à donner connaissance à Votre Majesté de ce qui a rapport à lui. » En 1811, comme s'il renonçait pour toujours à la France, Picot de Peccaduc germanisa son nom et s'appela désormais Herzogenberg. Promu général-major, il fit la campagne de 1813 et il était aux batailles de Dresde et de Culm. Blessé grièvement, il obtint après sa guérison le commandement d'une colonne mobile et, aux Cent-Jours, il fut un instant à la tête du corps qui bloquait Schlestadt. En 1820, le ministère autrichien lui confia la direction de l'Académie des ingénieurs, qui s'était révoltée. Herzogenberg rétablit la discipline et, par un habile mélange de douceur et de sévérité, s'acquit l'estime et l'affection des élèves. Aussi, l'année suivante, fut-il nommé par surcroît curateur de l'Académie des chevaliers. Il était feld-maréchal-lieutenant lorsqu'il mourut, à l'âge de soixante-sept ans, et les officiers sortis des deux écoles qu'il avait gouvernées, évoquèrent souvent dans leurs entretiens l'originale figure de ce Peccaduc-Herzogenberg à la taille imposante, à l'attitude martiale, à la voix si puissante qu'on la comparait au roulement lointain du tonnerre, de ce Français qui s'était fait Autrichien, mais qui gardait dans ses manières la gravité bretonne et regrettait peut-être sa première patrie; car jamais on ne le vit sourire.

Phélipeaux fut un adversaire plus rude de Napoléon. Déjà, sur les bancs de l'École militaire, les deux jeunes gens ne pouvaient se souffrir, et Picot de Peccaduc, qui s'asseyait entre eux pour s'opposer à leurs disputes, dut quitter sa place parce qu'il recevait de chaque côté des coups de pied qui lui noircissaient les jambes : le Vendéen et le Corse, le royaliste et le républicain avaient évidemment une insurmontable antipathie l'un pour l'autre. Phélipeaux émigra pour servir à l'armée des princes et au corps de Condé. Mais, en 1796 il gagne le centre de la France, prend le nom de Passaplan, rallie deux mille insurgés, s'empare de Sancerre au mois de mars, y arbore le drapeau blanc durant huit jours; puis, battu, cerné, se cache à Orléans. Arrêté au mois de juin et conduit à Bourges, il s'échappe, rejoint l'armée de Condé, l'abandonne de nouveau, et revient en France pour tenter l'évasion de Sidney Smith emprisonné au Temple. Revêtu de l'uniforme d'adjudant-major et escorté d'amis dévoués, de Loyseau, de Bois-Girard et de Tromelin, il se présente au geôlier, exhibe un faux ordre de translation, enlève Smith, qui feint de le suivre avec répugnance, et l'emmène en Angleterre. Nommé colonel par le gouvernement britannique, il accompagna Sidney Smith dans le Levant, et ce fut lui qui repoussa les Français devant Saint-Jean d'Acre, les accablant de leur grosse artillerie que Smith avait capturée en mer, redressant les remparts à mesure qu'ils tombaient, traçant des lignes de contre-attaque, creusant deux tranchées qui, semblables à deux côtés de triangle, prenaient en flanc tous les ouvrages de l'assiégeant, luttant avec la dernière opiniâtreté, et, de l'aveu de Bonaparte, ne laissant pas de repos, même la nuit, aux agresseurs. Par bonheur pour son camarade d'école, il mourut de fatigue ou de maladie. On a prétendu que Napoléon n'avait jamais parlé de lui. Il le citait à O'Meara : « c'était, témoignait-il, un Français qui avait étudié avec moi. » Il le citait à Las Cases : « Phélipeaux, disait-il à son compagnon de Sainte-Hélène, était de votre taille », et Las Cases, sorti de l'École militaire de Paris en 1784, répondait à l'empereur : « Sire, il y avait bien plus d'affinités encore. Nous avions été intimes. En passant par Londres avec Sidney Smith, Phélipeaux me fit chercher partout; je ne le manquai que d'une demi-heure; mais il est bizarre de voir qu'à Saint-Jean d'Acre ceux qui dirigeaient les efforts opposés, fussent de la même nation, du même âge, de la même classe, de la même arme, de la même école. »

Alexandre Desmazis, voué par des traditions de famille à l'artillerie, fils du chevalier Desmazis, colonel au corps royal, neveu d'un Desmazis, colonel au même corps, d'un Desmazis, maréchal de camp et commandant d'école, et d'un troisième Desmazis, capitaine dans l'arme, fut l'intime ami de Napoléon à Paris ainsi qu'à Valence et à Auxonne. Désigné pour être à l'Hôtel du Champ-de-Mars son instructeur d'infanterie, il s'acquitta de sa tâche avec tant de bienveillance qu'il gagna l'affection de son élève. C'était d'ailleurs et ce fut constamment un homme de la société la plus douce et la plus polie. Dans sa jeunesse, il se montrait ardent, volontiers amoureux, et plus d'une fois Bonaparte, faisant le mentor, se piquant d'être calme et rassis, lui reprocha, du droit de sa « froide tranquillité », d'avoir trop de chaleur et de feu : « Souvenez-vous, lui disait-il, que je me suis toujours rendu digne de votre amitié et qu'elle fut le juge qui vous rappela à vos devoirs. » Desmazis émigra, fit la campagne de 1792 et, après avoir appartenu durant trois années à l'armée anglaise, entra comme capitaine au service du roi de Portugal. Mais Bonaparte ne l'avait pas oublié. En 1802, Desmazis abandonnait les drapeaux de Sa Majesté Très Fidèle et retournait en France pour être administrateur des bâtiments de la couronne. Il se démit de son emploi après l'abdication de Fontainebleau. Mais le 25 mars 1815 l'empereur le réintégrait dans ses fonctions.

Napoléon combla la famille de son ami. L'aîné d'Alexandre, Gabriel Desmazis, fut pourvu, comme son cadet, d'une brillante sinécure et devint administrateur de la loterie impériale. Un oncle des deux frères, Henry Desmazis, ancien capitaine au régiment de Grenoble, vivait en Italie, et, après avoir été répétiteur de mathématiques à l'École d'artillerie de Turin, dirigeait l'arsenal de Milan : le ministère refusait de lui payer sa solde de retraite, parce qu'il exerçait des fonctions étrangères au service de l'empereur; mais Alexandre Desmazis écrivit à Clarke et invoqua « quelques traces qu'un ancien élève de l'École militaire pouvait avoir laissées dans le souvenir du ministre », il sollicita Napoléon, et le vieil Henry Desmazis ne perdit pas ses droits.

On connaît moins les autres cadets-gentilshommes qui formaient à l'École militaire la section d'artillerie et qui suivirent les mêmes cours spéciaux que Bonaparte.

La plupart émigrèrent ou, comme on disait, abandonnèrent.

Baudran, reçu d'emblée lieutenant en 1786, abandonna dans les derniers mois de 1791.

Fleyres commandait la division des cadets-gentilshommes qui se rendit à Pont-à-Mousson après la suppression de l'École militaire de Paris, et le Conseil lui offrit, comme deux ans auparavant à Picot de Peccaduc, un étui de mathématiques et plusieurs ouvrages scientifiques. Il était lieutenant en premier lorsqu'au mois de mai 1792 il démissionna.

Montaguac alla servir à l'armée de Condé jusqu'à la fin de 1793.

D'Ivoley, élève d'artillerie, ne passa pas l'examen d'officier. Mais, durant l'émigration, il obtint directement et par grâce spéciale le brevet de lieutenant en second. Au retour des

Bourbons, il se contenta toutefois d'un grade de lieutenant dans la légion de l'Ain, son département.

Delpy de La Roche rejoignit les princes après le 10 août 1792; il fit la campagne de 1793 à l'armée de Condé et servit trois ans, de 1794 à 1796, au corps de Rotalier, à la solde anglaise. Sous la seconde Restauration, il fut attaché, comme capitaine, à l'École de Saint-Cyr, puis à celle de La Flèche, et les élèves qu'il commandait regardaient curieusement la croix de l'ordre de Notre-Dame du Mont-Carmel qu'il avait eue en 1786, lorsqu'il était cadet-gentilhomme.

Najac était capitaine en second comme Delpy de La Roche, lorsqu'il émigra. Les Bourbons lui donnèrent le grade de capitaine en premier et le commandement de l'artillerie à Agde.

Chièvres d'Aujac, devenu premier lieutenant, servit les princes durant cinq ans, comme firent Delpy et Najac. A son retour en France, il obtint, par l'entremise de Lauriston et sur un mot de Bonaparte, la place de receveur des contributions directes à Rouen. Son fils, plus tard chef de bataillon au corps d'état-major, fut admis en 1809 à l'école de Saint-Cyr, et reçut une blessure à Leipzig.

Lallemant de Villiers, jugeant l'examen de l'artillerie trop difficile, entra comme sous-lieutenant, à la fin de 1787, au régiment de Piémont-infanterie. Il servit dans l'émigration à l'armée des princes et au régiment de Hohenlohe. La Restauration lui donna le brevet de capitaine.

D'Anglars échoua deux fois à l'examen d'artillerie, et il était sous-lieutenant au régiment de Champagne lorsqu'éclata la Révolution. Il prit part à l'expédition de Quiberon, dans la légion de Béon. Deux de ses frères furent fusillés par les républicains. Lui-même, gravement blessé à l'épaule et au bras droit, transporté à l'hôpital de Vannes, traduit devant la commission militaire, n'échappa qu'en persuadant à ses juges qu'il sortait des prisons d'Angleterre. Il fut acquitté. Mais il était estropié pour le reste de ses jours. La croix de Saint-Louis et la retraite de capitaine furent sa récompense en 1815.

Neyon de Soisy entra pareillement dans l'infanterie. Il n'émigra pas et il était à l'armée du Midi, au camp de Jausiers, le premier lieutenant de son régiment — le 91º, ci-devant Barrois, — faisait déjà les fonctions de capitaine et attendait une des places vacantes. Mais, le 28 août 1792, les soldats s'ameutaient contre les officiers nobles, les sommaient de partir, leur montraient une corde qu'ils apportaient pour les pendre. Neyon dut donner sa démission et regagner son village de Drillancourt, dans la Meuse. Depuis, à différentes reprises, il s'efforce de reprendre l'uniforme. Mais c'est en vain. Le 15 août 1793, le ministre lui objecte qu'il est de la classe proscrite. Neyon s'obstine, veut partir avec la réquisition de la Meuse : le commissaire du département refuse de l'inscrire. Il court à Sedan se présenter au conventionnel Massieu : Massieu le relègue à vingt lieues des frontières. Il se rend à Nancy pour s'enrôler dans les hussards : Pflieger lui défend de s'engager. Enfin, en octobre 1796, lorsqu' « un jour plus pur éclaire son pays », il prie le ministre de l'employer dans cette armée d'Italie « dont le général a été son compagnon de jeunesse, d'étude et de service » ; on lui répond qu'il y a vingt mille officiers réformés qui doivent être replacés immédiatement et de préférence à d'autres.

Lustrac, Venzac, Clinchamps renoncèrent, eux aussi, à l'artillerie.

Clinchamps, sous-lieutenant au régiment du Maréchal de Turenne, abandonna son emploi en 1790.

Venzac, lieutenant au régiment d'Aunis, fit de même en 1791.

Lustrac, lieutenant au régiment de Provence, émigra, mais, à son retour, consentit à servir son ancien camarade de l'École militaire. A la fin de 1805, le ministre de la guerre le nommait maréchal des logis au 11ᵉ bataillon *bis* du train d'artillerie. Lustrac s'acquit bientôt la réputation d'un fort bon sujet plein d'intelligence et de zèle. Il était adjudant-major lorsqu'il périt en 1812 dans la retraite de Russie. Malade, déjà blessé et dépouillé par les Cosaques à l'affaire du 18 octobre devant

Moscou, il avait pourtant dépassé Kovno; mais il voulut s'arrêter une heure pour se réchauffer; des Juifs qui conduisaient son traîneau l'assassinèrent.

Dalmas devait accompagner Bonaparte en Dauphiné au sortir de l'École militaire et, comme lui, applaudir au nouvel ordre de choses. Il était capitaine d'artillerie lorsqu'il fut suspendu à la fin de 1793. Il regagna Castelnaudary, sa ville natale. En 1799 il se mit à la tête des gens du canton de Nailloux et se joignit au rassemblement qui s'intitulait l'armée royaliste du Midi. Mais il ne tarda pas à poser les armes. Il crut en 1809 que Napoléon traverserait Castelnaudary, et résolut de se présenter à son ami de Valence et de Paris. L'empereur ne vint pas. Toutefois Dalmas était content de son destin; il vécut tranquillement à Nailloux et fut maire de la commune. Andréossy était son cousin : Dalmas ne sollicita jamais sa protection, et il ne voulait voir Napoléon en 1809 que pour obtenir un brevet de sous-lieutenant de cavalerie en faveur d'un sien frère, Henri Dalmas, employé des ponts et chaussées et porte-guidon de la garde d'honneur à cheval de Castelnaudary.

Comme Dalmas, Richard de Castelnau n'émigra pas, et la Révolution le fit capitaine-commandant. Mais, comme Dalmas, sa noblesse, si mince qu'elle fût, le rendit suspect; attaché à l'état-major de l'armée des côtes de Brest, adjoint aux adjudants généraux, il fut suspendu par les représentants au mois de septembre 1793. Comme Dalmas, il ne reparaît plus dans les camps.

Gondallier de Tugny fut, avec Bonaparte, le seul des cadets-gentilshommes de la section d'artillerie qui devint général. Mais il n'émigra pas, n'encourut ni soupçon ni disgrâce, et il joua son rôle dans toutes les campagnes de la Révolution, à l'armée de la Moselle et à celle du Rhin, assista comme capitaine à de grandes actions, à l'affaire d'Arlon, à la conquête de l'Alsace, aux blocus de Luxembourg et de Mayence, à la bataille de Hohenlinden. Promu chef de bataillon par le premier consul et colonel par l'empereur,

Tugny dirigea le parc du 11ᵉ corps et plaça la batterie du centre dans l'île de Lobau. Le roi Joseph le prit à son service, le fit général de brigade et commandant en chef de l'artillerie napolitaine. Murat le nomma général de division et ministre de la guerre et de la marine. Napoléon le créa baron de l'Empire et l'employa durant les Cent-Jours. La Restauration ne lui reconnut que le grade de maréchal de camp.

Comme leurs camarades de la section d'artillerie, les élèves de la section du génie étudiaient surtout les mathématiques. Ils étaient donc en relation avec Bonaparte. L'un d'eux, Puniet de Cavensac, admis à l'École de Mézières à la suite de l'examen qui eut lieu au mois de décembre 1785, se noya en se baignant dans la Meuse ; les autres émigrèrent, à l'exception de Boisgérard.

Boisgérard se présenta quatre fois à l'École de Mézières. Mais l'épreuve était difficile, et le jeune homme passait, malgré ses échecs, pour un des élèves les plus distingués de l'Hôtel du Champ-de-Mars ; son examinateur, l'abbé Bossut, tout en le refusant, le jugeait bon sujet et intelligent. Aussi Boisgérard fut-il sergent-major de la compagnie ; il obtint la croix de l'ordre de Notre-Dame du Mont-Carmel ; il commanda la division des cadets-gentilshommes qui se rendit à Brienne lorsque l'École militaire de Paris fut supprimée, et le Conseil lui donna, outre un étui de mathématiques et plusieurs ouvrages scientifiques, une somme de soixante livres en argent, destinée à lui payer une épaulette, une contre-épaulette et une dragonne de sous-lieutenant, six paires de manches de bottes, quatre paires de souliers, une paire de bottes molles et une paire d'éperons. Il devait être un des héros du siège de Mayence et un des meilleurs officiers du génie qu'ait eus la France.

Vigier, lieutenant en premier, servit de 1792 à 1801 au corps de Condé. Les Bourbons le nommèrent à leur retour chef de bataillon. Sous les Cent-Jours, il regagna ses foyers en déclarant qu'il ne pouvait reconnaître une autorité illégitime.

Fages-Vaumale fit campagne en 1792 à l'armée des princes, aux côtés de son père, dans la compagnie écossaise des gardes du corps. Trois ans plus tard, il entrait définitivement au service de la Grande-Bretagne et commandait une compagnie d'ouvriers militaires en Corse. En 1814, il reçut à la fois la croix de Saint-Louis du gouvernement des Bourbons et une pension de cent livres sterling du gouvernement anglais.

Teyssières de Miremont eut une existence aventureuse. Il sert d'abord au corps de Condé, puis dans l'armée autrichienne. En 1795, il guide une des colonnes qui percent devant Mayence les lignes assiégeantes. Wurmser en 1793, Saxe-Teschen en 1794, l'archiduc Charles en 1796, l'attachent à leur état-major. Après Campo-Formio, il se rend en Portugal et, comme major, assiste le prince de Waldeck, fait des reconnaissances et construit des fortifications sur la frontière du Beira. Les Bourbons lui donnèrent la croix de Saint-Louis et le grade de chef de bataillon.

La Chevardière de La Grandville prit part à la campagne de l'armée des princes, appartint jusqu'en 1802 à l'état-major du prince d'Orange et, sous l'Empire, vécut dans les Ardennes, son pays natal. Napoléon, a-t-il dit, « se souvint à diverses reprises que j'avais été à l'École militaire avec lui; mais bien servir mon roi a toujours été mon premier désir. » En 1814, il aimait mieux « s'exposer aux persécutions » que d'accepter un grade de l'empereur, et, en 1815, il suivit Louis XVIII à Gand. La Restauration le fit lieutenant-colonel.

Moulon, Saint-Legier de la Saussaye, Gassot de Rochefort, Maussabré de Saint-Mars renoncèrent au génie.

Moulon, sous-lieutenant au régiment de Lorraine-infanterie, fit trois campagnes de l'émigration et prit du service en Russie.

Saint-Legier de la Saussaye, sous-lieutenant au régiment de Provence, alla guerroyer à Saint-Domingue dans la légion britannique, où le gouverneur de la Jamaïque le nomma lieutenant, puis capitaine.

Gassot de Rochefort et Maussabré de Saint-Mars, entrés,

avant la Révolution, le premier au régiment d'Auvergne, le second au régiment de Médoc, obtinrent à l'armée de Condé le grade de capitaine, que la Restauration leur confirma ; mais Gassot ne rentra pas dans l'armée et Maussabré était lieutenant-colonel lorsqu'il eut sa retraite.

Quelques semaines après l'arrivée de Bonaparte à l'Ecole militaire, le 5 janvier 1785, trois cadets-gentilshommes, admis à l'examen du génie en décembre 1784, partaient de Paris pour se rendre à Mézières. C'étaient Morot de Grésigny, Bernard de Montbrison et Frévol de Lacoste.

Le méridional Montbrison, envoyé à Schlestadt au sortir de Mézières, devait se fixer en Alsace. Il n'émigra pas ; mais il quitta le service à la nouvelle de la journée du 20 juin 1792 et, dit-il, éprouva beaucoup de persécutions, non seulement pour lui, mais pour son père, ancien officier de Royal-Comtois, qui mourut au bout de six mois d'emprisonnement. Eut-il recours à Bonaparte ? En tout cas, ses ouvrages le signalèrent à l'attention de Fontanes. Après avoir publié, en 1805, des considérations sur l'institution des banques et sur la prépondérance maritime et commerciale de l'Angleterre, il fit paraître, en 1807, des *Propos de table* suivis de contes et de fables où il invoquait comme ses maîtres La Fontaine et Pfeffel, « Homère de l'allégorie ». Sa poésie était à la fois docte et galante ; aux réminiscences d'Horace, il mêlait des allusions à l'Empire, et après Iéna et la consécration de l'épée du grand Frédéric dans le temple de Mars, il buvait

> A la gloire, aux drapeaux en nos murs transportés.
> Au héros, au triomphe, aux dépouilles opimes.

Le 18 décembre 1810, l'ex-capitaine du génie était nommé professeur d'histoire à la Faculté des lettres de Strasbourg, et, trois jours plus tard, le 21 décembre, recteur de l'Académie. Le choix était excellent, car le recteur Montbrison fut, assure Kellermann, un fonctionnaire estimable et zélé. Par son mariage avec l'unique fille de la baronne d'Oberkirch, Montbrison était d'ailleurs un des premiers propriétaires du Bas-Rhin.

Louis-Etienne Frévol de Lacoste devint capitaine et périt à l'armée des Pyrénées-Orientales, assassiné par des paysans espagnols. Bonaparte ne le vit que deux mois ; mais il semble avoir fait amitié avec lui. Au commencement de 1801, le père de Lacoste écrivait à Berthier et à Marescot qu'il avait deux fils dans le corps du génie : « L'aîné, disait-il, fut tué à l'armée : il était du même âge et avait étudié à Paris avec le premier consul; l'autre suivit en Egypte l'illustre Bonaparte. » Cet autre portait les prénoms d'André-Bruno. Napoléon l'affectionnait à cause de son habileté, de sa fécondité de ressources, de son courage calme et enjoué, peut-être aussi en souvenir du cadet-gentilhomme Louis-Etienne. Il le promut capitaine après le siège de Jaffa et capitaine de première classe après le siège de Saint-Jean d'Acre. Il le confirma dans le grade de chef de bataillon, que Lacoste avait reçu provisoirement de Kléber. Il le fit en 1806 colonel. En 1807, au quartier de Finkenstein, il l'attachait à sa personne comme aide de camp. En 1808, il le nommait général de brigade du génie et comte de l'Empire avec cinquante mille francs de dotation, moitié sur la Westphalie, moitié sur le Hanovre. Mais, le 1ᵉʳ février 1809, à Saragosse, Lacoste tombait atteint d'une balle au front à l'instant où, après l'explosion d'une mine, il excitait des Polonais à s'emparer d'un îlot de maisons.

Bonaparte connut encore à l'Ecole de Paris nombre de cadets-gentilshommes qui se destinaient à l'infanterie ou aux troupes à cheval.

Quelques-uns succombèrent trop tôt pour assister au spectacle extraordinaire que leur camarade offrit au monde.

Grandoit, sous-lieutenant au régiment de Rohan, et Saint-Geniès, sous-lieutenant aux gardes françaises, décédèrent en 1789.

Circourt, sous-lieutenant au régiment de Piémont-infanterie, mourut en 1812 à Besançon, où il s'était retiré, deux années avant le retour des Bourbons, pour lesquels il avait combattu dans le corps de Condé.

Corvisart de Fleury, capitaine à Royal-Comtois, périt au mois d'août 1792, à Saint-Domingue, où il avait suivi le deuxième bataillon de son régiment.

Le Roux du Feugueray, fils du lieutenant de roi pour les villes et châteaux de Dieppe et d'Arques, reçut une blessure mortelle dans un des combats livrés par l'armée de l'émigration.

Billouart de Kerlerec, enseigne de vaisseau, devenu sous-lieutenant dans le régiment d'Hector, fut pris par les républicains à Quiberon et fusillé à Auray avec un ancien élève de l'Ecole militaire, son compatriote Kerret de Keravel.

Achille de Montmorency-Laval avait juste treize ans lorsqu'il entra comme pensionnaire dans la compagnie des cadets-gentilshommes. Aide de camp du comte de Vioménil, qui commandait les troupes légères à l'armée de Condé, il se signala par sa bravoure. Mais le 13 septembre 1793, à l'affaire de Bundenthal, il eut les deux jambes fracassées par plusieurs coups de fusil et mourut peu de jours après.

Un parent de Laval, Maximilien de Fleury, eut un sort tragique. Il y avait à l'Ecole militaire, au temps de Bonaparte, deux Rosset de Fleury. L'aîné, Hercule, duc de Fleury, suivit Louis XVIII dans l'émigration et devint premier gentilhomme de la chambre du roi. Le cadet, Maximilien, qui n'avait pas émigré, fut arrêté durant la Terreur et enfermé au Luxembourg. Il y était depuis quelques mois et se faisait remarquer par sa gaieté, par son entrain juvénile : il avait transformé le préau de la prison en une cour de récréations où les détenus jouaient aux barres et à la balle. Mais un Montmorency-Laval qu'il aimait beaucoup fut un des quarante-neuf que le Comité de salut public enveloppa dans l'attentat d'Admiral et la conjuration de Batz. Outré d'indignation, Maximilien de Fleury écrivit au président du tribunal révolutionnaire qu'il partageait les sentiments des accusés et souhaitait de partager leur destin : il fut aussitôt adjoint à la fournée, condamné, revêtu de la chemise rouge et guillotiné.

Plusieurs qui n'émigrèrent pas furent plus heureux que

Fleury. Sous-lieutenant aux dragons de Bourbon, Delpuech de Comeiras avait en 1790, à la tête d'un détachement, repoussé la populace amiénoise qui voulait piller l'évêché, et les municipaux de la ville lui décernèrent par reconnaissance le titre de citoyen d'Amiens. Mais Comeiras ne fit pas davantage. Il rentra dans son pays natal, à Saint-Hippolyte du Gard, et s'il fut un instant enfermé au fort par ordre du comité de surveillance, qui lui reprochait l'émigration de son frère, il servit dans la garde nationale et traversa sans autre encombre la Révolution et l'Empire.

Du Saulzet prétendit, au retour des Bourbons, que « les désordres de la Révolution l'avaient forcé de quitter la France »; mais on prouva qu'il n'avait pas émigré, et il n'eut pas la croix de Saint-Louis, qu'il sollicitait.

Quelques-uns se découragèrent et ne prirent part qu'aux premières campagnes de l'émigration. Le Roy de Lenchères, sous-lieutenant au régiment de Béarn, ne vit que l'expédition de Champagne et le siège de Maëstricht : aussi n'eut-il pas la croix de Saint-Louis et n'obtint-il de la Restauration que le brevet de lieutenant.

Guéroult, sous-lieutenant aux dragons de la Reine, ne fit que deux campagnes, celle de 1792 et celle de 1794 : s'il eut la croix, il ne reçut, comme Le Roy de Lenchères, d'autre brevet que celui de lieutenant.

Mais la plupart des cadets-gentilshommes de l'Ecole militaire qui servaient dans l'infanterie et la cavalerie, allèrent grossir la « France extérieure » et, lorsqu'ils posèrent les armes, refusèrent de se rallier à Napoléon.

Du Garreau de Grésignac et Combes de Miremont, sous-lieutenants au régiment de Béarn; Droullin de Tanques, sous-lieutenant au régiment d'Enghien; Gohin de Montreuil, sous-lieutenant au régiment du Maréchal de Turenne; Broc de La Villeaufourrier; Beaurepaire, sous-lieutenant aux chasseurs de Normandie; Broé, sous-lieutenant à Royal-Bourgogne; Clérembault de Vendeuil, sous-lieutenant aux dragons d'Orléans; Quelen du Plessis, sous-lieutenant aux chasseurs de Guyenne;

Saporta, sous-lieutenant aux dragons d'Angoulême; Visdelou de Bedée, sous-lieutenant à Dauphin-dragons, firent soit dans l'infanterie, soit dans la cavalerie noble de l'armée de Condé, toutes les campagnes de l'émigration et obtinrent des Bourbons la croix de Saint-Louis et le brevet de capitaine.

Plusieurs méritent une mention. Besolles de Cauderoue, sous-lieutenant au régiment de Chartres, servit d'abord en Espagne dans la légion de la Reine, sous les ordres de Preïssac, vint en 1796 à l'armée de Condé et fut blessé au combat d'Oberkamlach : il prétendit, au retour de Bourbons, qu'il avait reçu des princes, en 1791, un brevet de major, et ne put faire la preuve.

Collas de la Baronnais, lieutenant aux chasseurs des Cévennes, émigra parce qu'il avait été, disait-il, élevé à l'Ecole militaire par la munificence du roi. Il assista, comme fourrier de la coalition de Bretagne, au siège de Thionville, où fut tué l'un de ses frères, officier au régiment de Poitou. Il prit part, comme sous-lieutenant du régiment du Dresnay, à l'expédition de Quiberon. Il servit comme aide-major dans la division de l'armée royale que commandait un autre de ses frères, Victor-Amédée de la Baronnais. Sous la Restauration, il était maire de Lamballe.

Pluviers de Saint-Michel, sous-lieutenant au régiment de Navarre, combattit dans les rangs de l'armée des princes et parmi les défenseurs de Maëstricht, puis devint adjudant de Cobourg et de l'archiduc Charles, qui l'employèrent à leur correspondance avec le corps de Condé, aux suspensions d'armes, à l'échange des prisonniers et au traitement des blessés : ses services dans l'armée autrichienne furent appréciés comme s'ils avaient été rendus dans l'armée française, et les Bourbons lui donnèrent le brevet de capitaine.

L'Eglise de Félix, qui naquit le 14 août 1769, un jour avant Napoléon, était lieutenant au régiment d'Aunis lorsqu'il partit en 1792 avec le futur amiral Du Petit Thouars pour aller à la recherche de La Pérouse et de son camarade d'école, le cadet-gentilhomme Roux d'Arbaud. Arrêté au Brésil, transféré à Lisbonne, il sollicita du service de Sa Majesté Très Fidèle et entra dans la marine portugaise, où il fit cinq campagnes.

La Lande de Vernon, sous-lieutenant à Royal-Picardie, fut un des meilleurs élèves de l'École militaire : il était commandant en chef de la compagnie, obtint, au mois de juillet 1787, la croix de l'ordre de Notre-Dame du Mont-Carmel et reçut du Conseil, avant de quitter l'établissement du Champ-de-Mars, une épaulette et une contre-épaulette de sous-lieutenant, une dragonne, six paires de manches de botte, quatre paires de souliers, la paire de bottes dont il se servait au manège, le prix d'une paire de bottes neuves et d'une paire d'éperons. Il émigre, fait la campagne de 1792, reste deux ans comme simple dragon, puis comme sous-lieutenant, au régiment hollandais de Byland, combat durant trois années comme premier lieutenant des hussards de Carneville à l'armée de Condé, passe avec le corps de Carneville au service de l'empereur, entre aux chasseurs à cheval de Bussy, devient adjudant du général Palffy, qu'il voit tomber à la Chiusetta et qu'il enlève et rapporte du milieu de la mêlée, et, blessé deux fois, d'abord au siège de Coni et ensuite au siège de Gênes, donne sa démission comme premier lieutenant aux dragons de La Tour, pour vivre désormais à Nancy, sa ville natale.

Puységur, sous-lieutenant aux dragons d'Angoulême, qui fit l'expédition de Champagne dans les gardes du comte d'Artois, et celle de Quiberon dans le régiment d'Hervilly, fut employé par le roi dans les provinces méridionales et classé comme capitaine au retour des Bourbons.

Maussabré de Gastesouris, agrégé aux gardes du corps dans la campagne de 1792, volontaire aux hussards de la légion de Mirabeau, cadet aux hussards de Choiseul, sous-lieutenant au régiment de Mortemart, passa dix-huit ans à Guernesey dans une compagnie d'émigrés organisée pour la défense de l'île, regagna la France en 1815, et obtint des Bourbons le grade de chef de bataillon, après avoir commandé un petit corps dans l'armée royale de la Sarthe.

Aucapitaine, sous-lieutenant au régiment de Brie, servit

l'Angleterre dans le régiment de Castries jusqu'à la paix de 1802, et, dans la compagnie des vétérans étrangers, jusqu'à la fin de 1814 : il eut, à son retour en France, la retraite de chef de bataillon.

Auboutet de la Puiserie, lieutenant à Royal-Guyenne, reçut dans l'émigration le brevet de chef d'escadron avec la croix de Saint-Louis. Il avait un grade à l'École militaire de Paris et il en était fier ; on le nommait Auboutet *le galon*. Ce fut lui qui montra le premier maniement des armes à Bonaparte. Fier, indépendant, il vécut, au retour de l'exil, dans le Poitou, sans jamais rien demander ni à Napoléon ni aux Bourbons.

La Haye-Montbault, sous-lieutenant de dragons, servit à l'avant-garde de l'armée des princes, puis, sous le nom de Zaun, qui signifie *haie* en allemand, dans les chasseurs de Le Loup. Mais lorsqu'il vit les Autrichiens revendiquer Valenciennes, y agir en maîtres, et, comme il dit, mettre aux portes de la ville leurs armes sculptées sur pierre de taille, il quitta les Impériaux pour se rendre en Angleterre et entrer dans la formation des cadres destinés à des expéditions sur les côtes de France. En 1796, seul et à ses frais, il partait de Jersey et venait guerroyer en Vendée jusqu'à la pacification. Il eut des occasions d'entrer dans l'administration ou dans l'armée; mais il déclara qu'il ne voulait « tenir en aucune manière au gouvernement de Bonaparte et ne servir ni militairement ni civilement contre les Bourbons ». En 1814, au retour du comte d'Artois, il s'enrôla comme simple cavalier dans la garde à cheval de Paris. La Restauration lui donna le grade de chef d'escadron.

Forbin de Gardanne, sous-lieutenant au régiment de Soissonnais et chasseur noble de l'armée de Condé, se laissa nommer en 1813 chef de légion de la garde nationale de Marseille. Mais il était un des blessés d'Oberkamlach, affichait son royalisme et se vantait de descendre du Palamède de Forbin qui réunit le comté de Provence à la couronne, du chef d'escadre qui rivalisait d'audace et de gloire avec Jean Bart et Tourville, du bailli qui, sous Louis XIV, organisait les mousquetaires noirs et la maison du roi. En 1815, il se portait à Gap avec une compagnie de canonniers volontaires pour s'opposer à la marche de Napoléon débarqué, suivait l'état-major du duc d'Angoulême et, à la nouvelle de Waterloo, parcourait la banlieue de Marseille, levait huit bataillons pour protéger la ville contre le maréchal Brune. Les Bourbons le firent lieutenant-colonel.

Quarré de Chelers, sous-lieutenant aux carabiniers en 1788, fut sous l'Empire chef d'état-major des gardes nationales du Pas-de-Calais, son département. Mais il était royaliste dans l'âme; il avait eu en Italie et en Allemagne des missions de Louis XVIII; grâce au duc de Fleury, son beau-frère, il devint à la seconde Restauration sous-lieutenant aux gardes du corps avec le brevet de lieutenant-colonel.

Sanzillon, sous-lieutenant aux chasseurs du Hainaut, était neveu de l'évêque de Pergame, premier aumônier de Madame Adélaïde, et fils d'une gouvernante des enfants de France qui surveilla l'éducation des ducs d'Angoulême et de Berry. Aussi devait-il émigrer en 1791 et, disait-il fièrement, sans serment ni démission. Il reçut au combat de Berstheim un coup de sabre à l'épaule, servit au corps de Condé jusqu'au licenciement de 1801 et, après avoir obtenu le grade de capitaine de cavalerie, rejoignit à Rome son oncle l'évêque. Il était colonel de gendarmerie lorsqu'il demanda sa retraite en 1830.

Mesnard, sous-lieutenant aux dragons de Conti, fut pendant l'émigration aide de camp du duc de Berry, et cette fonction lui valut le brevet de colonel, le grade de maréchal de camp et la pairie. Premier écuyer de la duchesse, il la suivit en Vendée et à Nantes jusque dans la cachette de la maison du Guiny. Au temps où il était à l'Hôtel du Champ-de-Mars, il semble s'être signalé par son appétit, et une caricature dessinée par un cadet-gentilhomme le représentait regardant de travers les merlans que mangeait son voisin de table Rosières. Il avait refusé de rappeler au premier consul ses liaisons d'autrefois et de lui prêter un serment que sa conscience repoussait; mais on dit qu'il conservait fidèlement le souvenir des heureux temps de camaraderie qu'il avait passés à l'École militaire et qu'il ne reniait pas la gloire de l'Empire.

Six des condisciples de Bonaparte entrèrent aux gardes du corps du roi : Battincourt, Chazeron, Thiéry de la Cour, dans la compagnie de Noailles ; Castelpers et Talaru, dans la compagnie écossaise ; Rosières de Sorans, dans la compagnie de Beauvau.

Castelpers, devenu capitaine de cavalerie, eut la jambe cassée à l'affaire de Memmingen en 1796 ; il fut, sous la première Restauration, sous-préfet de Bagnères et obtint sous la seconde le grade et la retraite de chef d'escadron.

Talaru, neveu du marquis de Talaru, lieutenant général, et fils du vicomte de Talaru, premier maître d'hôtel de la reine, eut, au sortir de l'École militaire, un avancement rapide : il était capitaine aux dragons de la Reine en 1788 et il avait promesse d'être nommé colonel du premier des trois régiments de la reine qui viendrait à vaquer. Promu, au retour des Bourbons, colonel de cavalerie « pour tenir rang », il fut pair de France et, en 1823, avant de se rendre comme ambassadeur en Espagne, reçut le grade honoraire de maréchal de camp.

Huit camarades de Napoléon entrèrent aux gardes françaises et y devinrent enseignes avec rang de capitaine : Quineville, Des Touches, Saint-Geniès, Saint-Mesmin, Gréaume, Champigny, Sens de Morsan et Malartic. Cinq émigrèrent et furent lieutenants, avec brevet de lieutenant-colonel, dans le corps d'infanterie que les officiers des gardes françaises levèrent à leurs frais et qui s'appela le corps des hommes d'armes à pied parce que le nom de gardes françaises était souillé par la défection du régiment.

Saint-Mesmin ne fit que la campagne de 1792.

Bochart de Champigny prit part à l'expédition de Champagne comme sous-aide-major et se rendit en 1795 à la Martinique, où il fut capitaine des milices.

Gréaume reçut au retour des Bourbons un brevet de colonel d'infanterie et fut deux ans prévôt du département de la Vienne.

Sens de Morsan, nommé lieutenant-colonel sous la seconde Restauration, fut lieutenant de roi à La Fère durant deux années. Mais il était incapable ou plutôt insouciant, nullement militaire, et, d'autre part, il ne possédait guère, disait-on, d'autre moyen d'existence que son épée : il avait perdu dans la Révolution une brillante fortune et notamment sa belle terre de Morsan, dans le département de l'Eure. Les Bourbons reconnurent les preuves de fidélité constante qu'il leur avait données en lui conservant de 1818 à 1830 son traitement de réforme.

Malartic passa deux ans, de 1790 à 1792, aux États-Unis comme aide de camp du général Sinclair. Blessé sur les bords du lac Érié, il resta dans le fort Jefferson jusqu'au jour où il prit le chemin de l'Europe pour se mettre à la disposition des princes émigrés. Après avoir servi dans le corps des hommes d'armes à pied et aux hussards de Salm-Kirbourg, il entra dans le régiment de Hompesch, sous les drapeaux de ces Anglais qu'il avait combattus en Amérique. Il était, en 1800, sous le nom de Sauvage — que ses aventures d'outre-mer lui avaient sans doute suggéré — chef d'état-major de son ancien camarade des gardes françaises, Bourmont, et il contribua très activement à l'organisation de l'armée royaliste de l'ouest. La Révolution l'avait frustré d'une belle fortune, car il était neveu et héritier d'un Malartic, gouverneur général de l'Ile-de-France et des établissements de l'Inde. Aussi eut-il en 1814 le grade de maréchal de camp que Bourmont demandait pour lui dès 1799, à la prise du Mans. Des contemporains l'ont accusé de mauvaise foi et de duplicité. Lorsqu'après l'attentat de la machine infernale, tous les officiers vendéens, même Bourmont, furent arrêtés à Paris, Malartic échappa seul à la proscription et, en pareille circonstance, il fut toujours épargné. Faut-il croire avec Tercier qu'il avait d'anciennes relations avec Desmarest et Fouché ? Ou

Bonaparte le ménageait-il parce qu'il se rappelait la communauté d'études de l'École militaire ?

La plupart des cadets-gentilshommes camarades de Bonaparte eurent donc, pour parler comme lui, le cœur blanc, et non le cœur bleu. On ne sait si plusieurs furent, comme Chièvres d'Aujac, de ces émigrés qu'il a généreusement placés dans les administrations et notamment dans les droits réunis. Mais on peut assurer que très peu d'entre eux se rallièrent à l'Empire ou consentirent à entrer dans l'armée nationale.

Le Clerc de Juigné, neveu de l'archevêque de Paris, était capitaine au régiment de cuirassiers lorsqu'il émigra. Dès le mois de juillet 1793, après avoir pataugé dans les boues de la Champagne et de la Flandre, il renonçait au métier et se retirait à Fribourg, où vivait toute la tribu des Juigné. En 1806, il demanda du service, et Napoléon le fit lieutenant en premier des gendarmes d'ordonnance, puis capitaine de cuirassiers. Mais, en 1810, Juigné, dont la santé était délabrée, donnait sa démission.

Palamède de Forbin Labarben, sous-lieutenant au corps des carabiniers de Monsieur, avait émigré pour rejoindre le comte de Provence. Dès le mois de septembre 1796, bien qu'il fût officier au régiment d'Autichamp à cocarde blanche, et bien que son père, maréchal de camp, eût été fusillé après le siège de Lyon, il regagnait la France. Napoléon le nomma capitaine aux gendarmes d'ordonnance et aux gardes d'honneur. Mais Forbin fut fait prisonnier à Vimeiro et relâché sur parole; il n'eut pas l'avancement qu'il espérait; peut-être prévit-il la chute de l'Empire; en 1813, il donnait sa démission.

Girardin de Brégy, membre du corps législatif et commandant d'une des légions de la garde nationale de Paris, fut, comme son frère Stanislas, ami du premier consul, qui lui rappelait quelquefois à table ou à la promenade le beau temps de l'École militaire. Son fils Amable, qu'il eut de Mlle Contat, se signala par ses sentiments napoléoniens, et le général Letellier, dont il fut aide de camp, disait qu'il était dévoué comme on l'est rarement à la personne de l'empereur. Blessé à Bautzen, blessé à Lœwenberg, blessé à Leipzig, le lieutenant Amable de Girardin fut promu capitaine pendant les Cent-Jours et il se vantait d'être entré le troisième dans la chambre du duc d'Angoulême fait prisonnier à La Palud. Dénoncé pour des propos très lestes qu'il s'était permis sur les Bourbons, il fut éloigné de l'armée sous la Restauration. Aussi, en 1830, prenait-il un fusil, et il assure qu'il a, sinon dirigé les assaillants, du moins marché le premier cinq heures durant à l'attaque du Palais-Royal, du Théâtre-Français, de la rue Saint-Honoré et de la rue de Rohan.

Gautier de Saint-Paulet, lieutenant au régiment d'Auvergne, avait émigré et, en 1798, à la prise de Malte, il était lieutenant-colonel de chasseurs au service de l'ordre. Il regagna le Comtat-Venaissin, son pays natal, et fut député du Vaucluse. Napoléon, qui le revit à Paris, se souvint de son condisciple de l'École militaire et le nomma baron. Saint-Paulet était major des gardes nationales de son département lorsqu'au mois de février 1814 il écrivit à Clarke; il protestait de son dévouement à Napoléon : « Au moment où Sa Majesté appelle auprès de son auguste personne tous les Français et tous les anciens militaires comblés de ses bienfaits, comment ne m'empresserais-je pas de répondre à un appel si honorable? » Et il demandait une place de major dans un régiment de ligne. Clarke le remercia et le pria de rester à son poste. Les Bourbons le firent chef d'escadron de gendarmerie.

La Myre, sous-lieutenant au régiment du Roi, rentra dans sa patrie dès la fin de 1795 et fut, en 1806, capitaine de la garde nationale d'élite de la Somme et, en 1813, chef d'une cohorte du même département : la Restauration lui refusa la croix de Saint-Louis.

Barlatier de Mas donna sa démission en 1791, non pour émigrer, mais pour faire, dit-il, un établissement. Sous l'Empire, il était, comme La Myre, chef de cohorte des gardes nationales de son département. Dans la campagne de Zélande, il commandait une légion et, en 1811, il sollicitait la croix de la Légion d'honneur : « J'ai servi, écrivait-il, toutes les fois et tout le temps que les gardes nationales ont été mises en activité », et il ajoutait qu'il serait le plus heureux homme du monde s'il était décoré par celui qu' « il avait eu le bonheur de connaître dans son enfance ».

Montrond, sous-lieutenant aux dragons du Roi, est moins connu que son frère Casimir, le beau Montrond, qui, comme lui, avait été pensionnaire à l'École militaire de Paris, et qui fut le mari de la *Jeune Captive*, l'amant de Pauline Bonaparte et l'intime ami, l'aboyeur de Talleyrand. Il émigra, sans toutefois s'engager dans l'armée de Condé, revint en France sous le Consulat, et obtint du roi Joseph, sur la recommandation de Talleyrand, le poste d'administrateur du duché de Bénévent. Capitaine de cavalerie napolitaine, puis chef d'escadron adjoint à l'état-major, il prit part à la campagne de Russie et à la défense de Danzig. Lorsque Murat fit défection, il quitta le service de Naples, et Murat, pour l'obliger, lui envoya une démission de maréchal de camp. Aussi Montrond voulait-il être maréchal de camp sous la seconde Restauration. On lui répondit qu'il n'avait pas le brevet de ce grade, qu'il s'était offert à l'usurpateur, qu'il sollicitait sous les Cent-Jours l'emploi de colonel. En 1816, il fut éloigné de Besançon parce qu'il se liait avec les officiers de la garnison.

Marcillac, capitaine à Royal-Picardie, fit la campagne de 1792 à l'armée des princes comme aide de camp de son oncle, le marquis de Laqueuille, servit de 1793 à 1795 dans l'armée espagnole, accompagna Souvorov en 1799 à travers la Suisse. En 1800 il rentrait à Paris et demandait une audience à son condisciple de l'École militaire. Huit jours après, Duroc lui rendait visite : Bonaparte, qui partait pour l'Italie, ne pouvait le recevoir, mais il se souvenait de lui; Marcillac devait rester en France et, puisqu'il était jeune, s'attacher au gouvernement de la jeunesse; il appartiendrait à l'état-major du premier consul et serait bientôt général de brigade. L'émigré refusa les offres de Bonaparte et fort inutilement tenta de soulever le Rouergue, dont le comte d'Artois lui avait donné le commandement. Douze ans plus tard, lorsqu'il eut perdu l'espoir d'une restauration des Bourbons, il sollicita et obtint la sous-préfecture de Villefranche d'Aveyron. En 1814 il se tournait contre l'Empire et dirigeait sur le camp de Wellington un convoi de bœufs requis dans la Corrèze et destiné à l'armée de Soult. Nommé par Vitrolles, en avril 1815, commissaire du roi dans l'Aveyron, il arrêta les fonds publics envoyés à la recette générale de Rodez et se saisit des courriers qui portaient les décrets impériaux. Il fut destitué par Napoléon. Mais lorsque, au mois de juillet, il voulut s'emparer de l'administration de l'Aveyron, les autorités refusèrent de le reconnaître, et au mois d'août suivant, à l'instant où il demandait la préfecture du Cantal ou du Lot, il perdit la sous-préfecture de Villefranche. La Restauration, comme l'Empire, le jugeait hautain, impérieux, indépendant et d'ailleurs déplacé dans l'arrondissement de Villefranche, son propre pays, où il voyait à regret ses domaines vendus et montrait de l'humeur aux acquéreurs de ses biens. Il rentra dans l'armée et fut quelque temps colonel à l'état-major. Mais, bien que chaudement recommandé par le duc d'Havré, il ne put être maréchal de camp.

Cinq camarades de Bonaparte à l'École militaire avaient servi la Révolution : Oudan, Chabannes, Guillermin, Labruyère et Champeaux.

Oudan, sous-lieutenant au régiment Royal, était capitaine dès 1792, mais fut destitué deux ans plus tard.

Chabannes entre au régiment d'infanterie de Lorraine en 1786. Mais, bien qu'il ait dix-huit ans, bien qu'il ait rang de sous-lieutenant depuis trois années, bien qu'il soit le premier des élèves de l'École militaire à placer, le colonel duc de Mortemart, qui ne le connaît pas, se plaint d'être « forcé » de le recevoir. Aussi, deux ans après, Chabannes abandonne le régiment de Lorraine pour le bataillon de garnison du régiment de Navarre. Licencié, puis simple soldat au 72me, puis brigadier au 24me chasseurs, il quitte l'armée pour toujours au mois d'août 1794. Que devint-il? En 1852 et en 1853, à Bordeaux, où il végète, il obtient un secours du ministre de la guerre, et il termine ainsi sa requête dernière : « Le pauvre vieillard de quatre-vingt-cinq ans est toujours dans la plus dure détresse; j'ai l'honneur d'être, Monseigneur le maréchal, votre respectueux serviteur, De Chabannes, ancien condisciple à l'École militaire de l'empereur premier et ancien officier ! »

Guillermin de Montpinay, sous-lieutenant au régiment d'infanterie de La Fère, servait en Corse lorsqu'il fut nommé chef de bataillon par les représentants. Mais suspecté, désireux d'éviter une arrestation, il refusa de regagner le continent et resta dans l'île. En 1801, il se rendait de son propre mouvement à Saint-Domingue, puis entrait dans l'état-major de l'armée, passait par tous les degrés et en deux ans devenait chef d'escadron provisoire. De retour en France après la capitulation de Saint-Domingue, il fut confirmé chef d'escadron parce que ses services antérieurs « faisaient considérer ces promotions moins comme un avancement que comme un renouvellement de grades ». Mis en 1812 à la disposition de Suchet pour être employé dans les places de l'Espagne, Guillermin commanda la citadelle de Tortose assiégé. La Restauration l'attacha durant neuf ans au dépôt de la guerre et, en 1824, le nomma lieutenant-colonel d'un régiment de ligne. Mais, après n'avoir vécu que dans les états-majors, il ignorait tous les détails de l'infanterie et ne savait pas diriger les évolutions sur le terrain : il eut dès 1825 son traitement de réforme.

La Bruyère demeura trois ans et demi à l'École militaire et il se piquait plus tard d'avoir reçu une éducation soignée : il avait, disait-il, remporté à Rebais des prix de mathématiques et de dessin; il avait, à l'Hôtel du Champ-de-Mars, étudié le cours complet de l'abbé Bossut; il avait suivi les leçons de d'Auvergne, et lorsqu'il sortit de l'École, il était le plus adroit pour monter sur les sauteurs. Ce fut un des braves soldats de la Révolution. Il servit au régiment de Bassigny avec un autre preux, Beaupuy, et le remplaça comme capitaine de grenadiers. Au siège de Mayence, en 1793, il commanda le village de Kostheim et les lignes entre le fort Saint-Philippe et le fort Saint-Joseph. Il accompagna les *Mayençais* en Vendée : un jour, il fut laissé pour mort et rappelé à la vie par Merlin de Thionville, qui le fit emporter après avoir bouché ses plaies, faute de charpie, avec de l'herbe et du foin; une autre fois, assailli par un chouan, manquant de plomb, il charge son pistolet avec une de ses dents arrachée de la veille et tue l'adversaire. Réformé, il écrivit à Bonaparte : il s'adressait avec confiance au premier consul, ancien élève de l'École militaire et son contemporain, pour réclamer ses droits : il avait vingt-cinq blessures! Bonaparte le fit rétablir dans le grade d'adjudant-commandant et inscrire sur le tableau de l'état-major général de l'armée; il le nomma général de brigade, baron de l'Empire, grand officier de la Légion d'honneur, et lui donna des rentes en Westphalie. Mais le 3 décembre 1808, à la prise de Madrid, La Bruyère recevait un coup de feu à la gorge et mourait dans les bras de Billy, son aide de camp.

Pierre-Clément de Champeaux, allié à ces Champeaux que Napoléon avait connus à Autun et à Thoisy-le-Désert avant de se rendre à l'École de Brienne, fut un de ses meilleurs camarades de l'École militaire. Il entra dans la cavalerie et, profitant des chances de la Révolution, chargé par Custine de porter à la Convention les drapeaux conquis à Spire, acclamé, durant cette brillante mission, dans les théâtres de Paris, devint rapidement colonel. Mais il fut suspendu comme noble, au mois de novembre 1793, par les représentants Saint-Just et Le Bas. Trois ans plus tard Bonaparte le demandait au ministre de la guerre : Champeaux, disait-il, était un officier ferme et intrépide qui maniait avec succès la cavalerie et saurait discipliner un régiment très pillard, le 7º *bis* de hussards. Mais Champeaux ne put obtenir le 7º *bis* parce que le chef de brigade, qu'on croyait admis à la retraite, avait fait une courte absence qui ne l'empêchait pas de rejoindre son régiment. Champeaux sollicita le 10º chasseurs, qu'il avait eu sous ses ordres à l'armée du Rhin; mais Ordener était déjà nommé. Pourtant, le ministre voulait « répondre à l'intérêt décidé que Bonaparte semblait prendre au sort de Champeaux »; il proposa d'envoyer le colonel en Italie à la suite d'un régiment de troupes à cheval, et le Directoire donna Champeaux à Bonaparte. En 1800, Champeaux recevait du premier consul le commandement de la gendarmerie du quartier général de l'armée de réserve et le brevet de général de brigade ; il menait à Marengo le 1ᵉʳ et le le 8ᵉ dragons ; mais, atteint d'un coup de feu à la poitrine, il mourut de sa blessure quelques semaines plus tard, à Milan.

Napoléon n'oublia pas la famille de son camarade. Le nom de Champeaux, inscrit sur la liste des émigrés, fut rayé définitivement, et ses héritiers entrèrent en jouissance de ceux de ses biens qui n'étaient pas encore vendus. Deux fils du général, Achille et Gaston, furent placés au prytanée français, puis au lycée de Bordeaux, sous la surveillance de leur oncle. L'aîné, Achille, le sujet le plus distingué de l'établissement, partit à seize ans avec le grade de sergent-major dans un des régiments provisoires qui se formaient à Bayonne, et périt en Espagne. Le cadet, Gaston, fut mis en 1813 à l'École militaire de Saint-Cyr ; il devait être capitaine d'infanterie et sous-préfet de Limoux. Il rappelait volontiers que Napoléon faisait grand cas de son père et que Pierre-Clément de Champeaux, tué à Marengo, avait été « enlevé ainsi aux hauts emplois militaires que lui assuraient sa bravoure reconnue et son titre de camarade de l'empereur. » Lorsque Napoléon visita le lycée de Bordeaux, il eut pour Gaston de Champeaux d'affectueuses paroles : « Votre père, lui dit-il, était un de mes meilleurs officiers de cavalerie, et je l'ai beaucoup regretté ; il a laissé à votre frère et à vous un noble exemple à suivre ; je donnerai le temps à votre frère de gagner ses épaulettes, mais j'aurai soin de lui. »

L'abbé Edme-Georges Champeaux de Vauxdimes, oncle du général, avait vaillamment rempli les fonctions d'aumônier à l'armée de Condé ; il ne se bornait pas à composer un *Manuel des guerriers émigrés* ; sur les champs de bataille où il enlevait les blessés et bénissait les mourants, il eut plus d'une fois ses habits percés de balles. Napoléon le nomma proviseur du lycée de Bordeaux et recteur de l'Académie d'Orléans.

Le personnage le plus curieux de cette galerie des cadets-gentilshommes qui terminèrent leurs études à Paris avec Bonaparte, est peut-être Souchet d'Alvimart. Il était, comme Champeaux, à Marengo, et peut-être eût-il mieux valu pour cet homme aventureux et bizarre de rester sur le champ de bataille. Officier aux dragons de la Reine, il émigra, mais ne rejoignit pas l'armée de Condé. Aide de camp de Polignac, alors premier écuyer du comte d'Artois, il se préparait à partir pour Quiberon lorsque l'ambassadeur du sultan, Mahmoud effendi, lui offrit de servir la Porte. Il alla fortifier Anapa, fit campagne contre les Russes sur les bords de la mer Caspienne, et, après un séjour dans l'île de Rhodes, poussa jusqu'à Jérusalem et de là en Égypte, à la rencontre de son camarade de l'École militaire. D'Alvimart comptait obtenir un des premiers grades de l'armée et devenir promptement un des lieutenants du vainqueur d'Arcole et des Pyramides : Bonaparte lui proposa d'accompagner la commission des arts qui partait avec Denon et Desaix pour la haute Égypte. Piqué, accoutumé à n'agir qu'à sa guise et par coup de tête, d'Alvimart gagna la France quelques semaines avant le général en chef, et, par l'entremise de son parent Benezech, fut employé, sous les ordres de Gobert, à diverses reconnaissances sur les frontières d'Helvétie ; aussi se vantait-il plus tard d'avoir déterminé trois lignes de défense entre Bâle et Sainte-Ursanne. A son retour d'Orient, par un arrêté du 18 avril 1800 qui ne fut pas imprimé, le premier consul décida que l'ancien cadet-gentilhomme serait attaché à un régiment de troupes légères à cheval en qualité de capitaine et servirait comme adjoint à l'état-major de l'armée de réserve. Après Marengo, d'Alvimart eut la promesse d'un brevet de chef d'escadron, et Masséna le nomma provisoirement chef de brigade ou colonel. Mais le ministre ne le confirma que dans le grade de chef d'escadron. D'Alvimart se plaignit très vivement, et, sur la recommandation de Benezech, fut envoyé à Saint-Domingue. « Je désire, lui aurait dit Bonaparte, que vous accompagniez Leclerc, qui a besoin d'un sujet de confiance auprès de lui. » Il se signala de nouveau, négocia des emprunts à La Havane, à Caracas, à la Nouvelle-Grenade, et Rochambeau, qui le chargea de porter des dépêches au gouvernement, demanda qu'il fût promu définitivement chef de brigade. On répondit à d'Alvimart qu'il n'avait pas quatre ans de service comme chef d'escadron. Furieux, il écrivit à Bonaparte qu'il n'avait éprouvé que des malheurs, qu'il menait l'existence la plus déplorable : « A l'époque où vous abordâtes en Égypte, vous ne pouvez avoir oublié les bassesses que je fis pour lier mon sort à votre fortune dans un temps où personne n'en faisait. On cherche à rapprocher votre nom de celui de Henri IV; mais jamais le vainqueur de la Ligue ne se fût conduit de la sorte vis-à-vis de ceux qu'il avait connus lorsqu'il n'était encore que le pauvre Béarnais! » Sans se fâcher, le premier consul ordonna de l'employer au camp d'Utrecht : *le mettre en Batavie*, écrivait-il le 1ᵉʳ février 1804. Mais bientôt arrivait au ministère une lettre écrasante de Marmont : « Cet officier, rempli de prétentions et dépourvu de zèle et de volonté de servir, témoigne hautement le regret d'être employé à une armée active et le désir d'être en non-activité; cette opinion fait scandale ici. » D'Alvimart fut mis au traitement de réforme. Il se lamenta, et, au passage de Napoléon à Mons, lui adressa un mémoire tout plein d'excuses et de protestations de repentir : il implorait la clémence de l'empereur, alléguait qu'il avait été complètement déçu dans ses espérances d'avancement, avouait que sa manière de s'exprimer était blâmable. L'année suivante, en 1805, il recevait l'ordre de se rendre à l'état-major de la Grande Armée. Mais il était parti pour l'Amérique, et il fut rayé des contrôles parce qu'il avait quitté sans autorisation le territoire français. « Mon plus grand tort, disait-il plus tard, a été de faire la guerre en amateur. » Il ne revint en France que pour reprendre le chemin de l'autre hémisphère. Joseph Bonaparte, roi d'Espagne, le chargea d'aller au Mexique pour discipliner le camp de Xalapa et en réalité pour empêcher une révolte. D'Alvimart fut-il alors, comme il l'a déclaré, mandé à Venise pour recevoir les instructions de Napoléon? Eut-il une conférence avec le ministre des Indes d'Azanza? Quoi qu'il en soit, le Mexique refusa de reconnaître Joseph, et d'Alvimart, prisonnier de guerre, remis aux Anglais, puis aux Espagnols, fut enfermé dans la citadelle de Ceuta parce qu'il avait voulu « révolutionner » la Nouvelle-Espagne. Il n'eut sa liberté qu'en 1820, au bout de dix ans. Cet épisode de sa vie qui tenait, dit-il, des romans de l'abbé Prévost, acheva d'assombrir et de déranger son esprit. A son retour en France, il prétendit que Joseph l'avait nommé lieutenant général et il ne cessa jusqu'à sa mort de revendiquer ce titre. Il se représentait comme une victime de Bonaparte : Bonaparte était son ennemi depuis l'adolescence et l'avait toujours persécuté, l'admettant dans son état-major pour lui causer des désagréments, lui offrant la place de gouverneur des pages au lieu d'un commandement et s'irritant de son refus, l'envoyant en Hollande pour l'humilier, au Mexique pour l'éloigner, à Saint-Domingue pour le faire périr. Pourtant, dans ses diatribes contre Napoléon, il jetait des idées justes et de curieuses réflexions : « Je n'avais, s'écriait-il un jour, qu'à bien saisir le moment; j'étais toujours sûr de trouver grâce auprès de Bonaparte. A chaque instant, j'étais libre de lui rappeler que nous étions sortis des mêmes bancs, que nous avions sucé le même lait, et mille autres choses qui paraissent folles aujourd'hui sous le règne des Bourbons, car le respect inné qu'ils inspirent est peut-être ce qui milite le plus en faveur de la légitimité. » Et une autre fois : « Bonaparte mit de sa main sur un rapport du ministre qu'il n'ignorait pas que j'avais plus de talent qu'il faut pour faire un bon général, mais que je le savais trop, que patience et soumission devaient être ma devise, et qu'alors je ne manquerais pas de droits auprès du gouvernement. »

Dès qu'un personnage devient célèbre, ceux qui l'ont connu sans trop soupçonner son mérite prétendent qu'ils l'ont deviné et se piquent d'avoir été prophètes. Les maîtres de l'École militaire se vantaient plus tard d'avoir pronostiqué à Napoléon une brillante carrière. Delesguille, son professeur d'histoire, aurait en 1785 exalté la sagacité de son esprit et la profondeur de ses réflexions : Bonaparte, aurait-il dit, est Corse de caractère comme de nation, et il ira loin si les circonstances le favorisent. Domairon, son professeur de belles-lettres, aurait été frappé de la bizarrerie de ses amplifications qu'il appelait du granit chauffé au volcan. Valfort, lisant dans les journaux les prodiges de la campagne d'Italie, assurait que le cadet-gentilhomme Bonaparte l'avait étonné par son génie. Tous ces jugements ont été portés après coup. Mais ils partent de gens qui n'étaient pas mathématiciens, et ils prouvent qu'à l'École militaire Napoléon ne visait pas seulement à la perfection particulière, qu'il visait à la perfection générale de son esprit, et que, tout en se préparant à l'examen, tout en étudiant les quatre volumes de Bezout, il prêtait l'oreille aux leçons de littérature et d'histoire. Seul, le maître d'allemand, Baur, se trompa grossièrement sur son compte. Il prit Bonaparte pour un imbécile et refusa de l'interroger. « Vous rappelez-vous, disait Napoléon à Girardin de Brégy, ce butor d'Allemand qui ne voulait jamais me faire répéter parce que je n'étais qu'une bête? » Un jour, au mois de septembre 1785, Baur remarqua l'absence du Corse. On lui dit que Bonaparte passait l'examen d'artillerie. — « Il sait donc quelque chose? » demanda Baur. — « Comment, lui répondit-on, c'est un des forts mathématiciens de l'École. » — « Eh bien, répliqua niaisement Baur, j'avais toujours pensé que les mathématiques n'allaient qu'aux bêtes. » Bonaparte avait pourtant commencé l'étude de l'allemand à Brienne, où le Père Kehl dressait les élèves à conjuguer les cinq classes des verbes irréguliers, à faire des thèmes et des versions, à mettre en allemand les *Colloques* d'Érasme ou l'*Histoire des empereurs romains*, et en français le *Magasin historique* ou *La Mort d'Abel*. Il avait même figuré dans les Exercices publics de 1781 avec sept autres de ses camarades qui devaient répondre sur les principes de la grammaire et traduire les huit premières historiettes du *Magasin historique*. Mais bien qu'il ait regretté plus tard de ne savoir ni l'allemand ni l'anglais et qu'à la bataille d'Abensberg il eût désiré haranguer les braves Bavarois dans leur idiome maternel, il dédaignait les langues étrangères et se contentait d'avoir appris le français. D'ailleurs ne savait-il pas l'italien?

La plupart des biographies de Bonaparte reproduisent une note qui lui fut donnée lorsqu'il sortit de l'École militaire de Paris et qui le représente « capricieux, hautain, extrêmement porté à l'égoïsme, énergique dans ses réponses, prompt et sévère dans ses reparties, ambitieux et aspirant à tout, digne qu'on le protège ». Cette note est apocryphe. L'administration de l'École n'écrivait pas dans ce style; elle se bornait à dire que le cadet-gentilhomme était « susceptible » d'entrer dans un régiment, et quelle note pouvait-elle donner à Bonaparte qui venait d'enlever brillamment après concours son grade de lieutenant en second?

Mais à l'École militaire de Paris, comme au collège de Brienne, Bonaparte fut très laborieux et très méditatif. Une fois, pendant que Desmazis, malade, était à l'infirmerie, il résolut de ne voir personne. Il se dit indisposé, obtint la permission de garder la chambre et, muni de provisions, les volets fermés, passa deux ou trois jours dans la solitude et le silence, rêvant, lisant, écrivant, comme Malebranche, à la lueur d'une lampe. Il ne sortait même pas pour satisfaire d'impérieux besoins. Selon l'usage du Midi, il jetait par la fenêtre son superflu. Un camarade se fâcha; il vint frapper à la porte de l'ermite, le querella, le provoqua. Les deux élèves furent mandés à l'état-major et Bonaparte reçut une verte réprimande. « Je ne savais pas, dit-il plaisamment à Desmazis, que l'état-major mît son nez dans ces cas-là. »

Pourtant, s'il s'isolait quelquefois, il se mêlait le plus souvent aux disputes de ses camarades. Les gentilshommes de haute naissance, un prince de Rohan-Guéménée, qualifié de cousin du roi, un duc de Fleury, un Laval-Montmorency, un Puységur, un Monteynard, un Talaru, et d'autres qui payaient deux mille livres de pension, méprisaient les boursiers, et plusieurs raillèrent le fils du hobereau corse. Napoléon riposta.

Dans la cour de l'Hôtel, comme huit ans auparavant dans la rue d'Ajaccio, il faisait le coup de poing. A diverses reprises il a raconté que les petits nobles se colletaient ou, selon une expression de l'École, se peignaient avec les grands seigneurs. « Que de rouflées, s'écriait-il, j'ai alors données! »

Il ne fut donc pas à Paris taciturne et sombre comme à Brienne. Tout contribue à le rendre plus communicatif, plus expansif. Non seulement il fait cause commune avec les boursiers contre les pensionnaires, mais il est dans son élément. L'École ressemble à une ville de guerre. On s'y exerce militairement; on y voit des patrouilles et des sentinelles; on y entend, non comme à Tournon, le son de la crécelle, non comme à Brienne, le son de la cloche, mais, comme à Rebais, le roulement du tambour. Il vit, non plus comme à Brienne, dans un monde de moines et d'écoliers, mais au milieu d'officiers ou d'apprentis officiers. Le métier des armes et la prochaine sous-lieutenance sont le sujet habituel des conversations, et durant les classes, des cadets impatients écrivent déjà sur le verso des cartes de leur atlas ou à la marge de leurs livres le nom, l'uniforme, la garnison de leur futur régiment. Dans ces entretiens Bonaparte s'ouvre et se déboutonne. Le contact incessant des vingt-cinq aspirants qui se préparent à l'examen de l'artillerie assouplit son caractère. Il noue des amitiés et il voue à Desmazis une profonde affection. N'a-t-il pas retrouvé dans la cour et les salles de l'Hôtel des camarades de Brienne, d'Orcomte, Picot de Moras, Montarby de Dampierre, Castres, Cominges, Laugier de Bellecour? Mais il est toujours résolu, entier dans ses idées. On dit qu'à l'École champenoise il s'était fait des ennemis par l'austérité de son caractère et que plusieurs de ses condisciples, vicieux et dépravés, l'avaient pris en haine parce qu'ils lisaient dans son regard le blâme de leur conduite. Ce trait, qui semble vrai, s'applique surtout au Bonaparte de l'École militaire de Paris. Lorsqu'il remarque que Laugier de Bellecour se dérange et se dissipe, il l'admoneste, le somme de s'arracher à des fréquentations dangereuses : « Monsieur, vous avez des liaisons que je n'approuve pas ; j'ai réussi à conserver vos mœurs pures, et vos nouveaux amis vous perdront ; choisissez entre eux et moi ; je ne vous laisse pas de milieu ; il faut être homme et vous décider. » Laugier répond que Bonaparte se trompe. « Je suis toujours le même et toujours votre ami. » — « Choisissez, réplique Bonaparte, et prenez mes paroles pour un premier avis. » A quelque temps de là, deuxième avertissement de Bonaparte et pareille réponse de Laugier. Enfin, une troisième fois, le Corse aborde le Lorrain : « Monsieur, lui dit-il sèchement, vous avez méprisé mes avis ; c'était renoncer à mon amitié ; ne me parlez plus jamais. »

Il n'affecte pas l'indépendance et ne transgresse pas les règles de la discipline. Mais dans ses conversations il fait l'éloge de Paoli, assure qu'il aurait voulu combattre avec le grand Pasquale, l'aider, lui prêter main-forte. Ses goûts littéraires s'étaient éveillés ; il devenait maître de la langue, s'essayait à versifier, et il eut l'idée de composer un poème sur la liberté de la Corse. L'œuvre commençait par un rêve : endormi dans une caverne, il voyait la patrie lui apparaître en songe ; elle lui mettait un poignard dans la main et lui disait : « Tu seras mon vengeur. » Il déclama ce passage à Laugier avec enthousiasme et en brandissant une vieille lame rouillée.

Un cadet qui couvrait de caricatures les pages blanches de son atlas fit alors une charge amusante de Bonaparte. Il le représenta marchant au secours de Paoli. Un vieux professeur essaie de retenir Napoléon par la perruque. Mais le jeune homme, le regard torve, l'air déterminé, s'éloigne d'un pas ferme, les deux mains appuyées sur un bâton. Au-dessous de cette pochade, le dessinateur anonyme a écrit les mots : « Bonaparte, cours, vole au secours de Paoli pour le tirer des mains de ses ennemis. »

Cette fermentation de patriotisme que la Corse excitait dans le cœur de Bonaparte, ne passait donc pas inaperçue. Quelquefois, à la salle d'armes, dans l'intervalle des leçons, tandis qu'il se promenait les bras croisés derrière le dos, ses cama-

CARICATURE DU CADET-GENTILHOMME BONAPARTE
par un de ses camarades de l'École Militaire de Paris (1785)

rades le taquinaient et l'appelaient le Corse : aussitôt il saisissait son fleuret et, au milieu des éclats de rire, ferraillait seul contre tous. Comme à Brienne, il glorifiait ces Corses que l'Europe avait admirés dans la résistance qu'ils opposaient au roi de France. Comme à Brienne, il réprouvait l'injustice, l' « ingénérosité » d'une guerre faite par un grand peuple à une petite nation, et lorsque ses condisciples assuraient que les Français étaient peu nombreux, qu'on n'avait qu'à lire les relations de la campagne : « Où vous n'étiez que 600, disait Napoléon, vous étiez 6 000, et contre de malheureux paysans ! » et, outré de colère, il appelait Desmazis ou Laugier : « Viens, laissons ces lâches », et Desmazis ou Laugier le suivait en s'efforçant de l'apaiser.

Mais les propos de Bonaparte revinrent aux oreilles de Valfort et des administrateurs de l'École. On jugea que l'amour de la Corse ne devait pas l'emporter sur la reconnaissance due aux bontés du monarque. On manda Napoléon. « Monsieur, lui dit-on, vous êtes élève du roi; il faut vous en souvenir et modérer votre amour pour la Corse, qui, après tout, fait partie de la France. » Cette semonce ne calma pas la fièvre patriotique de Bonaparte. Un jour, au confessionnal, où les cadets-gentilhommes étaient tenus de se rendre une fois par mois, un des directeurs spirituels de l'École lui fit très imprudemment une remontrance sur ses sentiments corses. Comme sa mère Letizia s'indignant au tribunal de la pénitence contre des questions inconvenantes, Napoléon s'irrita ; il s'échappa, cria tout haut, si haut que ses camarades purent l'entendre : « Je ne viens pas ici pour parler de la Corse, et un prêtre n'a pas mission de me chapitrer sur cet article ! »

Quelle hardiesse de langage dans la maison de Louis XV, dans cet établissement où l'ambition de servir le roi faisait, comme dit un cadet-gentilhomme, la base de l'éducation ! Bonaparte rompait en visière aux idées du monde qui l'entourait. Il s'insurgeait ou, pour employer un de ses italianismes, il *s'insorgeait* contre la France. Était-ce bravade ou désir de se distinguer? Non. L'âme du jeune Corse était pleine d'un sentiment qui devait se répandre et déborder. Mais il y a dans ces assertions si audacieuses et si franches autre chose encore qu'un fervent patriotisme; il y a déjà cette décision, cette volonté ferme, ce caractère énergique que Napoléon déploiera bientôt dans les troubles de son île et au siège de Toulon.

CHAPITRE V

Garnisons et congés.

Départ pour Valence (30 octobre 1785). — L'École d'artillerie. — Le régiment de La Fère. — M. de Lance. — D'Urtubie. — Sappel. — Labarrière. — Soinc. — Degoy. — Quintin. — Masson d'Autume, La Gohyere et Coquebert. — Coursy et Hennet du Vigneux. — Grosclaude, dit Grosbois. — Vie militaire de Bonaparte. — Ses dépenses. — Son logis. — Les Bou. — Service tout de famille. — La société de Valence. — L'abbé de Saint-Ruf. — M. de Josselin. — Mme du Colombier. — Caroline du Colombier. — Mlle de Saint-Germain. — Promenades. — Séjour à Lyon. — L'émeute des deux sous. — Le premier semestre. — Arrivée à Ajaccio (15 septembre 1786). — Délices du retour. — L'oncle Lucien. — Joseph. — L'affaire de la pépinière. — Congé (16 mai-1er décembre 1787) et voyage à Paris. — Second congé (1er décembre 1787-1er juin 1788). — Nouvelles démarches de Napoléon. — Départ pour Auxonne (1er juin 1788). — Semestres et congés. — Etapes de La Fère. — Auxonne. — Le chirurgien Bienvelot. — Rolland de Villarceaux et Jullien de Bidon. — Les capitaines du régiment. — Molines, Labarrière, Boubers, Drouas, Manscourt, Verrières, d'Urtubie, Gassendi. — Les lieutenants en premier : Lariboisière, Baltus, Roquefère, Deroche, Cirfontaine, Parel, Nexon, La Motte, Malet, La Grange, les Du Raget. — Les lieutenants en second : Sorbier, Fontanille, Marescot, Vauxmoret, Ménoire, Savary, Vaugrigneuse, Carmejane, Mabille, Mongenet, d'Andigné, Bussy, les Damoiseau, Huon de Rosne, Du Vaizeau, Le Pelletier de Montéran, Saint-Germain, Bouvier de Cachard, Mallet de Trumilly. — Lombard et Naudin. — Espièglerics et piques des lieutenants. — La Calotte. — Projet de constitution. — Études techniques de Napoléon. — L'École d'Auxonne. — Le baron Du Teil. — La commission du mois d'août 1788. — Mémoire de Bonaparte. — Floret. — Napoléon à Seurre (1er avril-29 mai 1789). — L'émeute d'Auxonne (19 juillet 1789). — La masse noire (16 août 1789). — Second semestre de Napoléon. — Départ pour la Corse (15 septembre 1789).

Les quatre cadets de l'École militaire, reçus lieutenants en second à l'examen de l'artillerie, avaient eu chacun la destination qu'ils désiraient et que M de Timbrune-Valence demandait pour eux, le 28 septembre, à M. de Gribeauval : Picot de Peccaduc, le régiment de Metz; Phélipeaux, le régiment de Besançon; Bonaparte et Desmazis, le régiment de La Fère, qui tenait garnison à Valence. Dès le mois de juin 1783, l'administration toute paternelle de l'artillerie avait décidé que le chevalier Desmazis serait placé dans le même régiment que son frère aîné le capitaine. Quant à **Bonaparte**, s'il avait souhaité d'aller à Valence, c'était sans doute, selon l'expression du temps, pour la facilité des routes de semestre, et il espérait être bientôt détaché dans son île; le régiment d'artillerie qui casernait à Valence fournissait toujours les deux compagnies nécessaires à la Corse, parce qu'il était plus près du lieu d'embarquement.

Le 28 octobre, Bonaparte sortit de l'École militaire. Il passa ce jour ainsi que le lendemain à prendre des dispositions pour son voyage, à faire des visites, notamment à l'évêque d'Autun, Mgr de Marbeuf, qui demeurait au rez-de-chaussée du palais abbatial de Saint-Germain des Prés, à voir quelques endroits de ce vaste Paris qu'il connaissait si peu. Suivant l'usage, un capitaine des portes l'accompagnait. Ce bas-officier ne quittait les cadets-gentilshommes qu'à l'instant où ils montaient en diligence, et lorsqu'ils devaient, comme Napoléon, souper et coucher dans le voisinage du bureau des messageries pour attendre le départ du véhicule, il restait avec eux et payait la dépense qui lui était remboursée sur les fonds de l'École. Le 30 octobre, les deux lieutenants Bonaparte et Desmazis prenaient la voiture qui les menait vers le Midi. Ils avaient avec eux leur camarade Dalmas, qui se rendait à Valence comme élève d'artillerie et qui fut reçu l'année d'après à l'examen d'officier.

L'École payait aux élèves leur place dans les voitures publiques et leur allouait des frais de route. Ils avaient eu d'abord 26 sols par lieue. Mais ce viatique parut insuffisant. Le 22 août 1781, le Conseil résolut de leur donner 100 sols par journée de voyage, et, en outre, une somme de 24 livres qui leur fournirait de quoi vivre jusqu'au moment où ils toucheraient le premier mois de leurs appointements. Le concierge et garde-meuble Lemoyne avait chargé de remettre cet argent aux cadets-gentilshommes. Il donna 157 livres 16 sols à Bonaparte, Desmazis et Dalmas ; 148 livres 8 sols à Picot de Peccaduc et à Amariton de Montfleury qui se rendaient à Strasbourg ; 127 livres 8 sols à Phélipeaux, qui prenait le chemin de Besançon ; 104 livres 16 sols aux quatre élèves envoyés à l'École d'artillerie de Metz, d'Ivoley, Chièvres d'Aujac, Cominges et Richard de Castelnau ; 84 livres 12 sols à Najac, élève de l'École d'artillerie de Douai.

Bonaparte et ses deux compagnons emportaient le trousseau prescrit par les règlements, ou, comme disait le Conseil, leurs effets et nippes : douze chemises, douze cols, douze paires de chaussons, douze mouchoirs, deux bonnets de coton, quatre paires de bas, une paire de boucles de souliers et une paire de boucles de jarretières. Ils avaient aussi trois choses que les cadets-gentilshommes de Paris avaient seuls droit d'avoir et que les élèves des écoles militaires de province ne recevaient pas à leur sortie : une épée, un ceinturon, une boucle de col en argent. Ils portaient encore l'uniforme de l'Hôtel, et ce dut être un crève-cœur pour Bonaparte et Desmazis de ne pouvoir revêtir le costume du corps royal. Mais ce ne fut que plus tard, par deux délibérations, l'une du 21 novembre, et l'autre du 12 décembre 1785, que le Conseil de l'École décida de donner aux cadets qui rejoignaient un régiment d'infanterie, l'habit blanc garni de boutons ; aux cadets qui devenaient sous-lieutenants de chasseurs ou de dragons, sinon l'uniforme exact, du moins un habit, une veste et une culotte des couleurs de leur corps ; aux cadets qui entraient dans l'artillerie, le génie ou la marine, l'uniforme de leur arme, lequel ne serait autre que l'habit bleu de l'Hôtel modifié et arrangé par le tailleur Maurice.

Les trois jeunes gens qui partaient pour Valence étaient montés dans la diligence de Lyon, une des plus renommées du royaume à cause de l'exactitude de sa marche et de la promptitude de ses relais. On dînait le premier jour à Fontainebleau et l'on couchait à Sens. Puis, par Joigny, Auxerre, Vermanton, Saulieu, Autun, on atteignait Châlon-sur-Saône. Là, les voyageurs quittaient la voiture de terre pour prendre, comme on disait, une diligence d'eau et descendre la Saône jusqu'à Lyon. Arrivés à Lyon, ils s'embarquaient sur le Rhône dans un bateau de poste qui les conduisait à Valence, en une journée, et tous remarquaient qu'après avoir navigué paisiblement sur la Saône de même que sur un canal, avec des mariniers aimables et au milieu d'agréables paysages, le Rhône leur offrait un trajet difficile et parfois dangereux, une nature sauvage, des matelots brusques et rudes.

Il y avait peu de temps que Valence, déclarée place de guerre, possédait son école et son régiment d'artillerie. Après de longs pourparlers, les magistrats avaient obtenu du comte de Saint-Germain que l'École de Besançon fût transférée dans leur ville, et le 13 juillet 1777 le régiment dit de Toul faisait son entrée à Valence au milieu des cris d'enthousiasme. Les fêtes qui furent données à la troupe par la population durèrent huit jours et même davantage. Mais l'année n'était pas écoulée que le ministre Montbarey, successeur de Saint-Germain, restaurait l'école de Besançon : Valence, disait-il, avait trop peu de ressources pour subvenir aux frais du nouvel établissement, et le roi, dans l'état de ses finances, ne pouvait élever des ouvrages de fortification qui mettraient l'artillerie en sûreté. Le 1er mars 1778, le régiment de Toul regagnait Besançon.

Valence protesta, demanda le remboursement de ses dépenses, accusa Montbarey de céder aux instances d'une tante riche qui vivait à Besançon et dont il devait hériter. Cinq ans plus tard, après avoir multiplié les mémoires et les démarches, la ville eut enfin gain de cause. Cette fois, elle avait une rivale plus proche et plus ardente; elle se mesurait avec Grenoble. Mais le premier inspecteur Gribeauval et ses collaborateurs étaient hostiles à la capitale du Dauphiné et développaient contre elle des arguments terribles. Grenoble était une cité trop opulente et dissipée, où les soupers se prolongeaient très avant dans la nuit, où le parlement et les grandes corporations répandaient le goût du plaisir, et les officiers, obligés de suivre le torrent, ne se livraient pas sérieusement à l'étude de leur métier. Pareillement, les soldats, qui buvaient le vin à bas prix, s'abandonnaient au libertinage. Les désertions étaient fréquentes; on n'avait que trois ou quatre lieues à faire pour passer en Savoie, en pays étranger, des émissaires venaient au fort Barraux et même jusqu'à Grenoble pour débaucher les hommes, et le roi de Sardaigne ne composait son artillerie que de canonniers français. Durant la belle saison, le régiment ne s'exerçait que très rarement avec les bouches à feu pour ne pas troubler l'élevage des vers à soie. Les débordements du Drac, grossi par les orages ou par la fonte des neiges, avaient en certaines années inondé l'arsenal, et l'on pouvait craindre que l'artillerie, obligée de partir soudainement pour une expédition de guerre, ne laissât ses engins et attirails submergés sous quatre pieds d'eau. Valence offrait au contraire des avantages considérables; pas de luxe ni de richesse; un air salubre, une abondance de fruits, de légumes, d'herbages et de subsistances variées, des environs couverts de bois, des casernes belles et saines, des bâtiments spacieux et commodes pour l'enseignement de la théorie. Le régiment de Toul n'avait fait que passer à Valence; mais il y avait trouvé des ressources de toute sorte, et notamment une société paisible telle qu'elle doit être pour une troupe qui « se livre constamment à des occupations méditatives ».

Le 5 juin 1783, l'École était réintégrée à Valence, et au mois d'octobre La Fère-artillerie vint y tenir garnison. Maire et échevins se hâtèrent de faire tracer, sur le plan du professeur Dupuy de Bordes, un nouveau polygone. Le terrain leur valut annuellement un loyer de 2 636 livres 13 sols payé par le roi; mais le surplus des dépenses restait à leur charge, et il n'y avait, au témoignage des officiers, dans l'est de la France, aucun emplacement plus militaire et plus avantageux au service du roi, aucun lieu d'exercices plus commode et plus étendu, aucun polygone sur plus grande échelle. Il n'était séparé de la ville et des casernes que par la route de Lyon en Provence, et la troupe qui s'y rendait parcourait le même espace qu'en campagne, lorsqu'elle sort des tentes pour manœuvrer en avant de ses faisceaux; il avait des hangars assez vastes pour renfermer toute l'artillerie; on pouvait, en temps de guerre, y former un parc et y mettre les équipages les plus considérables. Le but des batteries se trouvait au pied d'une montagne; la batterie de siège était à 280 toises de ce but; la batterie de bombes, située sur le même front, envoyait ses projectiles à 250 toises et, pour tirer à de plus grandes distances, à 500 toises, par exemple, avait suffisamment de terrain derrière elle; la batterie de pièces de campagne dressée à gauche de la batterie de siège, sans en gêner le service, pouvait également étendre son tir à 500 toises. Il est vrai qu'en 1788 le front du polygone où s'exerçaient les sapeurs n'était pas encore achevé; mais son chemin couvert avait assez d'élévation pour qu'ils pussent le couronner après avoir cheminé en sape durant 30 toises sur la capitale, et les habitants regardaient curieusement ces hommes qui venaient travailler avec leur cuirasse et leur pot-en-tête, comme sous le feu de l'ennemi, et pour avoir à la guerre l'habitude de leur armement. Bref, l'école de Valence fut bientôt en renom, et dans l'année 1786, deux officiers russes, MM. de Landskoy, y étaient admis, sans avoir toutefois l'autorisation de porter l'uniforme du corps royal.

Les troupes du corps royal consistaient alors en 7 régiments d'artillerie, 9 compagnies d'ouvriers et 6 compagnies de mineurs. Il y avait dans les régiments d'artillerie des canonniers, des bombardiers et des sapeurs. Canonniers, bombardiers, sapeurs avaient des exercices communs : la construction des batteries, les manœuvres, l'artifice ou la conservation et réparation des munitions, le service du canon de bataille. Mais les canonniers étaient destinés principalement à la construction des batteries et au tir du canon de bataille et du canon de siège; les bombardiers, au service des mortiers, des pierriers et des obusiers; les sapeurs, à la sape dans les sièges.

Chaque régiment d'artillerie, divisé en deux bataillons, comprenait 20 compagnies : 14 compagnies de canonniers, 4 compagnies de bombardiers et 2 compagnies de sapeurs. Chaque bataillon formait 2 brigades, la première composée de 4 compagnies de canonniers, et la seconde, de 3 compagnies de canonniers et d'une compagnie de sapeurs. Les 4 compagnies de bombardiers constituaient une cinquième brigade. Chaque brigade avait à sa tête un chef de brigade dont le grade équivalait à celui de major.

Dans chacune des 20 compagnies du régiment, 71 hommes : 1 sergent-major, 4 sergents, 1 fourrier (qui n'existait qu'en temps de guerre), 4 caporaux, 4 appointés, 8 canonniers ou sapeurs de première classe — ou, dans la compagnie de bombardiers, 4 artificiers et 4 bombardiers de première classe, — 16 canonniers ou sapeurs ou bombardiers de deuxième classe, 32 appointés et 1 tambour. Dans chaque compagnie, un capitaine en premier et trois officiers subalternes, un lieutenant en premier, un lieutenant en second et un lieutenant en troisième. Le capitaine en premier instruisait son monde dans les exercices de théorie et de pratique et veillait à l'entretien et au bien-être des soldats. Le lieutenant en premier et le lieutenant en second commandaient spécialement une des quatre escouades de la compagnie, mais se livraient surtout aux études d'artillerie. Le lieutenant en troisième, toujours tiré des sergents-majors et ne pouvant prétendre qu'aux emplois de quartier-maître et d'aide-major, était particulièrement chargé du service, de la tenue et de la discipline de la compagnie ainsi que des exercices qui se rapportaient à l'infanterie.

Les deux compagnies de sapeurs étaient commandées nominalement par le chef de la brigade, capitaine titulaire, et en réalité par un capitaine en second. Outre ces deux capitaines de sapeurs, il y avait encore, dans chaque régiment d'artillerie, douze capitaines en second; de même que les lieutenants, ils ne roulaient que dans ce régiment pour leur avancement; mais ils n'appartenaient à aucune compagnie; ils étaient *à la suite*, et ils changeaient souvent de destination, allaient aux forges, aux manufactures d'armes, aux fonderies, aux arsenaux et dans les places où avaient lieu de grands travaux et des mouvements considérables, non seulement pour aider les officiers supérieurs, mais pour passer par différents genres d'instruction et connaître toutes les parties de l'artillerie.

Le régiment de La Fère où entrait Bonaparte était un des meilleurs de l'arme. Richoufflz, un de ses capitaines, chargé de faire des recrues, annonçait dans un *avis à la belle jeunesse* que les plaisirs y régnaient, que les soldats dansaient trois fois et jouaient aux battoirs deux fois par semaine, qu'ils employaient le reste du temps aux quilles, aux barres et à l'escrime; qu'ils étaient bien récompensés, qu'ils avaient la haute paye et plus tard des places de gardes d'artillerie et d'officiers de fortune avec soixante livres d'appointements mensuels. Séduisante, mais trompeuse affiche ! La Fère-artillerie était un régiment laborieux, infatigable, très matinal. Les inspecteurs généraux s'accordaient à dire qu'il ne montrait aucune négligence dans aucune partie, qu'il marchait, évoluait, se mettait en bataille presque aussi régulièrement qu'un régiment de ligne, qu'il faisait au mieux les manœuvres d'infanterie, quoiqu'il suffit au soldat de les bien figurer et à l'officier de les bien entendre. Trois fois par semaine, notamment les jours de marché, où le bruit du canon aurait incommodé paysans et bourgeois, il se rendait à l'école de théorie. Trois autres fois, il allait à l'école de pratique, s'exerçait au service des canons de siège, des mortiers et des pièces de campagne, fabriquait l'artifice de guerre — et le *Traité* que le régiment possédait sur cette fabrication, passait pour un des meilleurs traités du corps royal, — tirait des balles ardentes et des fusées de signaux, brûlait des tourteaux et des fagots goudronnés, éprouvait dans l'eau des fusées à bombe, des lances à feu et des étoupes, exécutait les manœuvres de chèvre ou de force qui mettaient le matériel en mouvement soit avec le secours des machines de l'artillerie, soit avec le levier simple et quelques cordages. Et ces jours-là, le régiment de La Fère était debout dès l'aurore, et, comme s'exprime en mauvais vers le capitaine Gassendi, s'arrachait au repos

> Pour suivre les travaux
> Au champ du polygone
> Là, nos soldats pointant
> Le lourd bronze qui tonne,
> D'abord tirent au blanc;
> Puis de fusils s'armant,
> A la voix qui l'ordonne.
> Au pas rapide ou lent,
> En arrière, en avant,
> Marchent en s'alignant,
> Ou forment la colonne,
> Allant au pas de flanc!

La Fère était d'ailleurs un beau régiment qui faisait, selon le mot de l'époque, l'ornement de la ville où il tenait garnison, que ce fût Valence, Auxerre ou Douai. Les hommes, robustes et capables d'exécuter les manœuvres les plus lourdes de l'artillerie, étaient de bonne espèce, et avaient, disait-on, de la carrure, de la jambe, de la figure, beaucoup de propreté sans recherche. Ils observaient strictement la discipline, et leur subordination était si bien établie qu'à Valence ni le commandant de la place, ni le commandant de l'École, ni le magistrat ni le bourgeois n'élevait aucune plainte contre La Fère. Les officiers avaient « une bonne façon de penser » et « un bon esprit »; ils vivaient cordialement entre eux et avec autant d'union qu'on en pouvait désirer; pas de tracasseries: pas de partis; mais de la sagesse et de l'honnêteté. En 1786, en 1787, en 1788, le maréchal de camp La Mortière prodiguait ses éloges à la jeunesse assez nombreuse du régiment. Même en 1789, au mois de septembre, après les premiers excès de la

Révolution et des troubles auxquels La Fère ne resta pas étranger, il assurait que les officiers se trouvaient à tous les appels, qu'un d'eux était constamment à l'appel du soir, qu'aucun mouvement répréhensible ne se produisait dans les deux bataillons, que la population n'avait qu'à se louer des détachements partout où ils passaient.

Tel était le régiment où Bonaparte — Napolionne de Buonaparte, comme le nomment les états de revue et les rapports d'inspection — servait en qualité de lieutenant en second. Il avait pour colonel M. de Lance, pour lieutenant-colonel M. d'Urtubie, qui fut bientôt remplacé par M. de Sappel, pour major M. de Labarrière, pour aide-major M. Soine, pour quartier-maître trésorier M. Degoy.

M. de Lance, ancien serviteur du roi, excellent colonel, universellement estimé dans le corps royal, non pas, il est vrai, bon à tout, comme d'Aboville, Sénarmont et Campagnol, mais, selon le jugement de l'assemblée des inspecteurs généraux, propre au commandement d'une École, joignait une grande douceur de caractère à la profonde connaissance de son métier. Il était, depuis 1784, brigadier d'infanterie et devait avoir en 1788 le brevet de maréchal de camp dans la ligne. Mis à la retraite en 1791, il partit mécontent, plein de mauvaise humeur, rappelant ses campagnes de Flandre et d'Allemagne, les assurances de vive satisfaction qu'il avait reçues du ministre de la guerre et les difficultés qu'il avait surmontées à Brest et en Bretagne lorsqu'il installait des batteries de côte et dirigeait l'embarquement de l'artillerie pour l'Inde et les colonies. En 1802, sa veuve implorait les bontés du premier consul et demandait une pension alimentaire et viagère. Napoléon dicta sur-le-champ une note : il désirait donner 12 000 francs à Mme de Lance et concilier ce désir avec les lois. Mais les lois n'autorisaient pas une telle gratification. Mme de Lance obtint, à titre de récompense nationale et en raison des longs et utiles services de son mari, une pension de 900 francs.

Le lieutenant-colonel, vicomte d'Urtubie, était l'aîné des

deux Hurtebise dits d'Urtubie, et avait onze ans de plus que le chevalier son cadet, qui servait dans le même régiment en qualité de capitaine. Il se plaignait d'être « avancé déjà en âge », et son plus vif désir était de revenir à La Fère, au milieu de sa famille et dans le lieu de sa naissance, le seul endroit où il se trouvait heureux. La Révolution exauça ses vœux en le faisant commandant d'artillerie et directeur de l'École de La Fère. Mais elle le nomma général de brigade, et presque aussitôt l'aîné des d'Urtubie, qui se qualifiait naguère de vicomte, fut suspecté, destitué, arrêté, relâché, mis à la retraite.

Sappel, qui remplaça d'Urtubie en 1788 comme lieutenant-colonel, et M. de Lance en 1791 comme colonel du régiment de La Fère, recourut au premier consul lorsque son fils, malade, reçut l'ordre de se rendre à Pondichéry pour y être sous-directeur de l'artillerie. « Daignez permettre, écrivait le vieux Sappel à Bonaparte le 28 octobre 1802, qu'un ancien militaire qui a eu l'honneur de servir plusieurs années avec vous, ose se rappeler à votre souvenir et prenne la liberté de solliciter vos bontés pour le seul enfant qu'il ait ; je viens de le voir arriver chez moi dans l'état le plus déplorable. » Et Sappel priait le premier consul de donner à son fils une autre destination : sa requête fut exaucée.

Le major, M. de Labarrière, qui s'était signalé dans la guerre de Sept Ans, notamment à la course de Zell et à la bataille de Crefeld, unissait à la bravoure l'expérience et la connaissance du détail. Il avait, disait-on, tout le savoir, toute l'activité et toute la volonté nécessaires à l'emploi de confiance qu'il remplissait. En 1789, comme le plus ancien des majors et chefs de brigade du corps royal, il fut nommé lieutenant-colonel et directeur d'artillerie à Toulon.

L'aide-major, M. Soine, fils de tailleur, et tailleur avant d'entrer au régiment, comptait dix campagnes, dont trois sur mer, et avait été prisonnier des Anglais. Ferme et vigilant, comme disait d'Urtubie, occupé sans cesse de ses fonctions, faisant le bien des soldats et sachant les contenir, il devait se proclamer en 1789 « ami du régime nouveau », s'élever durant les premières guerres de la Révolution au grade de colonel et, en 1794, exercer l'emploi de directeur d'artillerie à Bruxelles.

Le quartier-maître-trésorier, Degoy, ou, ainsi qu'on l'appelait, M. de Goy, fut un des amis de Napoléon, qui, dans une lettre du 27 juillet 1791, lui envoie ses respects. C'était un ancien canonnier, et il devait sa place à son mérite, à son labeur assidu. Ses chefs s'accordaient à louer son zèle, son activité, sa fermeté. Ses inspecteurs le notaient comme un sujet d'une grande distinction, et « comme tout ce qu'on peut désirer en soin, intelligence et conduite ». Il avait depuis quatorze ans le grade de lieutenant en troisième et il instruisait parfaitement la troupe dans le service du canon de bataille lorsqu'il fut en 1780 nommé quartier-maître d'un des deux bataillons de La Fère. Il géra cet emploi à l'unanime satisfaction et porta dans sa comptabilité tant d'ordre et de clarté qu'il fut en 1785, quelques mois avant l'arrivée de Bonaparte, élu par le conseil supérieur du régiment quartier-maître-trésorier. En 1788 il recevait une commission de capitaine parce qu'il était, selon le règlement, depuis trois années au moins le premier et le plus ancien des lieutenants de fortune. La Révolution le fit chef de bataillon comme elle fit général un autre canonnier dont la carrière ressemble beaucoup à celle de Degoy, Laprun, qui fut à l'armée de Rochambeau aide-major et quartier-maître du second bataillon du régiment d'Auxonne, qui devint ensuite, comme Degoy, quartier-maître-trésorier du régiment, qui, comme Degoy et pour les mêmes motifs, obtint sous l'ancien régime une commission de capitaine et la croix de Saint-Louis. Napoléon se rappelait Degoy. Le quartier-maître du régiment de La Fère fut nommé inspecteur aux revues, et son fils, élève du gouvernement à Saint-Cyr. Lorsqu'il mourut en 1810, Mme Degoy ne s'adressa pas en vain à l'empereur. Elle était veuve, écrivait-elle, d'un ancien militaire qui « avait eu l'honneur de servir dans le même régiment que Sa Majesté et pour lequel Elle avait conservé de la bienveillance en le nommant inspecteur aux revues ». Bien qu'elle ne remplît pas les conditions prescrites par la loi, elle obtint une pension de 600 francs.

Bonaparte appartenait à la cinquième brigade que commandait M. de Quintin et à la compagnie de bombardiers qui eut successivement pour capitaine en 1785 et en 1786 M. Masson d'Autume, en 1787 et en 1788 M. de La Gohyere, en 1788 et en 1789 Antoine-François de Coquebert. Son lieutenant en premier fut d'abord M. de Coursy, puis Hennet du Vigneux. Le lieutenant en troisième, l'officier de fortune, était Grosclaude, dit Grosbois.

Le chef de brigade Quintin avait, comme le major Labarrière, pris part, durant la guerre de Sept Ans, à la course de Zell ainsi qu'à l'expédition de Brême. Le vicomte d'Urtubie le jugeait très ferme, mais juste et bon, plein de talent et de cœur, « fait pour aller au grand et être placé partout ». Il servit la Révolution et devint lieutenant-colonel, puis colonel de La Fère. Mais il ne s'est pas, ce semble, rappelé au souvenir de Napoléon, et lorsqu'il demanda sa retraite en l'an VII, il s'adressait à un autre officier du régiment, le général Drouas; il est vrai que Bonaparte était alors en Égypte.

Les trois capitaines de Bonaparte qui se succédèrent rapidement parce que les compagnies de bombardiers étaient confiées aux moins anciens, devaient sous la Révolution démissionner ou émigrer. La Gohyere était, selon l'inspecteur Rostaing, un officier rempli de connaissances qui donnait le meilleur exemple et montrait la meilleure volonté. Mais Bonaparte n'eut guère de relations avec lui; de 1784 au mois de novembre 1787 La Gohyere fut employé à Strasbourg pour diriger la construction des nouveaux magasins de l'artillerie, et lorsqu'il parut à sa compagnie, Napoléon était en congé.

Pareillement, Coquebert, qui remplaça La Gohyere, fut détaché quelque temps à la manufacture d'armes de Charleville, et sa présence au régiment coïncide avec un long congé de son lieutenant; il vit Napoléon quatre mois en 1789 et quatre autres mois en 1791; on nous dit d'ailleurs qu'il joignait à une scrupuleuse exactitude dans toutes les parties du service une grande aménité de caractère.

Le capitaine dont Napoléon se souvint avec le plus de gratitude, fut le premier qu'il connut en entrant au corps, Philippe Masson d'Autume. Le nom de d'Autume était écrit sur son brevet d'officier signé du roi et ainsi conçu : « Ayant donné à Napoleone de Buonaparte la charge de lieutenant en second de la compagnie de bombardiers de d'Autume du régiment de La Fère de mon corps royal de l'artillerie... » Masson d'Autume ne commanda la compagnie de Bonaparte que jusqu'au 11 juin 1786 ; mais il eut pour son lieutenant d'obligeantes attentions, et lorsque le régiment tenait garnison à Auxonne, il offrit plusieurs fois à Napoléon l'hospitalité dans le château qu'il possédait à Autume, à deux lieues de Dôle. Il était noté comme un très bon sujet, et les inspecteurs jugeaient qu'il avait de l'acquis, remplissait tous ses devoirs et s'entendait particulièrement à la levée des recrues. Il n'émigra qu'au lendemain du 10 août, après avoir servi dans l'armée du Centre, où d'Hangest, qui le qualifie d'excellent officier, l'avait fait attacher à l'équipage d'artillerie. Mais durant la campagne de 1792, il suivit l'armée des princes comme volontaire ; en 1793, il assistait dans les rangs du régiment autrichien de Hohenlohe aux combats qui furent livrés autour de Trèves ; en 1796 il fut de la seconde expédition de Quiberon sous les ordres du comte d'Artois. A son retour en France, il eut une audience du premier consul, et Bonaparte l'accueillit aimablement, lui promit de ne pas l'oublier, l'assura qu'il serait conservateur des forêts dans le département du Jura. Rien ne vint ; impatienté, Masson d'Autume écrivit directement à Bonaparte pour solliciter une pension de retraite. Le premier consul accorda sans retard la solde de retraite à son ancien capitaine. Mais les lois s'opposaient à cette décision. D'Autume, au lieu de trente ans, avait vingt-neuf ans, cinq mois et dix-sept jours de services effectifs. On tourna la difficulté. Il reçut un brevet de capitaine dans les vétérans, acheva de la sorte le temps qui lui manquait, et obtint sa pension. En outre, il eut un emploi qui lui valut par an 2 400 francs : il fut nommé conservateur de la bibliothèque de l'École d'application d'artillerie à Châlons, puis de la bibliothèque de l'École d'application de l'artillerie et du génie à Metz. Pourtant, il demeurait royaliste au fond du cœur. Son fils unique était capitaine dans le corps de l'artillerie étrangère des Antilles, sous le drapeau anglais. Aux Cent-Jours, Masson d'Autume refusa de prêter serment à Napoléon, et après Waterloo souhaita, comme récompense de son zèle, soit une place dans la maison du roi, soit une direction d'artillerie, soit le commandement d'une École ou d'une forteresse. Il fut breveté lieutenant-colonel et retraité dans ce grade, tout en conservant ses fonctions de bibliothécaire.

Le lieutenant en premier de Bonaparte, Bigeon de Coursy de la Cour aux Bois, fils d'un colonel de l'armée, neveu d'un colonel du corps royal et d'un maréchal de camp commandant d'École, était, comme les Desmazis, les Faultrier, les Du Teil, issu d'une famille vouée à l'artillerie. Il passait pour un très bon officier plein de zèle et d'activité. Durant quatre ans, de 1784 à 1788, il surveilla l'exécution des travaux du polygone de Valence et il s'acquitta parfaitement de sa tâche. Nommé capitaine en second quelques mois après l'arrivée de Bonaparte, il fut employé à l'École d'artillerie. Il donna sa démission en 1791 et passa le reste de sa vie à Valence, où il mourut au commencement de la Restauration. Faut-il croire que Napoléon ne manquait pas, chaque fois qu'il traversait la ville, d'aller voir son ancien lieutenant en premier et de le remercier des conseils de jadis? Ce que nous savons, c'est que Montalivet avait avec Coursy des relations d'amitié, qu'en 1805 il demanda si Coursy pourrait obtenir une pension en raison de ses longs services et de ses infirmités, mais que le bureau de l'artillerie répondit que Coursy ne comptait pas trente années de services et n'avait aucun droit à une pension après avoir donné volontairement sa démission.

Le lieutenant Hennet du Vigneux, qui remplaça Coursy le 11 juin 1786, était très bien noté par le lieutenant-colonel d'Urtubie, qui louait ses dispositions, sa bonne volonté et son caractère charmant. Il émigra sous la Révolution et il était à cette sortie de Menin où les royalistes français, animés par le courage du désespoir, se firent jour, non sans pertes cruelles, à travers l'armée républicaine : Hennet eut son frère tué à ses côtés. Napoléon se souvint de lui, et en 1809, de son propre mouvement et sans présentation, le nommait inspecteur général des contributions directes et du cadastre : l'emploi rapportait 12 000 francs.

Grosclaude, dit Grosbois, lieutenant en troisième, officier zélé, intelligent et très exact, servait depuis vingt-quatre ans au régiment de La Fère. Il était, comme un très grand nombre de canonniers, originaire de la Franche-Comté, car le Comtois, disait-on alors, avait l'ambition de servir dans l'artillerie. Sous la Révolution, il quitta son nom de guerre, s'appela désormais Grosclaude, et s'élevant de grade en grade, devint chef de bataillon. En février 1794, il recevait du représentant Laurent, qui reconnaissait à la fois son expérience et son civisme, le commandement en second de l'artillerie de Maubeuge, et au mois de juin suivant, lors du troisième passage de la Sambre, il dirigeait le feu des batteries qui couvraient la levée du pont de Moriceau. Il prit sa retraite en 1803 après avoir fait toutes les campagnes de la liberté aux armées du Nord et du Rhin.

Voilà donc Bonaparte à Valence. Le voilà, comme tout cadet-gentilhomme, habillé, d'après l'ordonnance, aux frais de l'École militaire, et revêtu de cet uniforme d'artilleur qui lui fut toujours cher et qu'il jugeait le plus beau du monde : culotte de tricot bleu ; veste de drap bleu aux poches ouvertes ; habit bleu de roi au collet et aux revers bleus, aux parements rouges, aux pattes de poche lisérées de rouge, aux boutons jaunes et portant le numéro 64 — puisque l'artillerie est le 64ᵉ régiment d'infanterie ; — épaulette ornée d'une frange de filés d'or et de soie, losangée de carreaux de soie feu sur fond de tresse d'or, traversée dans toute sa longueur par deux cordons de soie feu ; col de basin blanc dépassant le collet de l'habit ; manchettes de batiste ou de mousseline. Le voilà, comme les jeunes gens qui sortent du collège, embarrassé, contraint, n'osant s'informer de choses qu'il rougit d'ignorer, craignant de recevoir la dénomination la plus insupportable pour un jouvenceau de cette époque, celle de blanc-bec. Le voilà montant ses trois gardes comme simple canonnier, puis comme caporal, puis comme sergent, faisant en ces deux derniers grades la petite et la grande semaine, servant trois mois en qualité de soldat et de bas officier pour connaître tout le détail — et c'est ainsi que les cadets-gentilhommes des régiments d'infanterie et de cavalerie passaient par les grades subalternes, comme par une école d'obéissance et d'instruction, durant une période de temps que le colonel déterminait selon leur intelligence et leur zèle. Le voilà bientôt, au mois de janvier 1786, lorsque le commandant de l'École, le maréchal de camp Bouchard, le croit suffisamment instruit, le voilà reçu officier, et dès lors montant la garde en vertu de son grade d'officier au poste de la place des Clercs, assistant en qualité d'officier à la construction des batteries, à l'artifice, à la manœuvre et aux exercices de ses bombardiers lorsqu'ils servent, soit par demi-escouades, les mortiers et les pierriers, soit par escouades entières, les obusiers et le canon de bataille. Le voilà à l'école de théorie, dans ce couvent des Cordeliers où les moines louent un local à la ville, tantôt à la salle de mathématiques où le professeur Dupuy de Bordes, chargé de rafraîchir et de compléter le savoir des officiers du corps royal, démontre la géométrie, la mécanique, le calcul différentiel et intégral, expose comment on applique sur le terrain les principes de la trigonométrie, discute les avantages et les imperfections des différents systèmes de fortification, enseigne les parties de la physique et de la chimie que doit connaître un lieutenant de La Fère; tantôt à l'école de dessin où le maître Séruzier donne à ses élèves des leçons de lavis et leur apprend à dessiner des plans, des profils, des cartes et surtout les attirails, machines et outils de l'artillerie; tantôt à la salle des conférences, où les chefs de brigade et les capitaines en premier, devant le commandant de l'École et le colonel du régiment, s'efforcent de transmettre à leurs cadets les lumières de leur expérience et traitent notamment du matériel, de la façon de charger et de pointer les bouches à feu, de la fabrique des poudres, des fers coulés, de la défense et de l'attaque des places, de la disposition des batteries et des mines, de la tactique en campagne. Le voilà, au sortir de ces exercices théoriques et pratiques, entrant chaque matin chez le père Couriol, à l'angle des rues Vernoux et Briffaud, tirant d'un tiroir en tôle au-dessous de l'âtre du four deux petits pâtés chauds, buvant un verre d'eau, et, sans mot dire, jetant ses deux sous au pâtissier.

Le voilà combattant avec les difficultés de la vie. Il touchait 800 livres d'appointements annuels, 120 livres d'indemnité de logement données par la province, et, par surcroît, ainsi que tous les élèves du roi, jusqu'à ce qu'ils fussent lieutenants en premier, une pension de 200 livres sur les fonds de l'École militaire. Quelquefois, très rarement, il recevait de l'oncle Lucien un léger subside ou, comme disaient les canonniers, un petit renfort de bourse. C'étaient donc 1 200 livres environ par an : somme mince qui suffisait à peine aux besoins du jeune officier. Il faut payer le loyer de la chambre qu'il a prise au premier étage de la maison de Mlle Bou, à l'angle de la Grande-Rue et de la rue du Croissant, payer sa pension au cuisinier Charles Gény qui tenait depuis 1775 dans la rue Pérollerie l'auberge des *Trois Pigeons* où mangeaient messieurs les lieutenants, payer une foule de menues dépenses, traitement au chirurgien-major et à la musique, abonnement à la comédie et au cabinet littéraire, frais de bals. Il faut tout à coup débourser cinquante écus pour un nouvel uniforme : le ministre, donnant au corps royal des étrennes dont les officiers l'auraient volontiers dispensé, prescrit de légers mais coûteux changements : les revers de l'habit auront un passepoil de drap écarlate; les parements et le liséré de la patte de poche seront également de drap écarlate, et non plus de drap rouge; l'épaulette des lieutenants sera traversée dans le milieu de la longueur par un seul cordon de soie tressée couleur de feu; pendant la saison d'hiver, du 1ᵉʳ octobre au 1ᵉʳ avril, les officiers porteront des bas noirs et une culotte de laine noire. Tantôt c'est l'habit qui se râpe et montre la corde, bien qu'il soit de forte et solide étoffe; mais quel vêtement résisterait longtemps au travail du polygone, aux gardes, aux exercices, à un service qui commence à cinq heures du matin et dure toute la journée? Tantôt c'est le linge qui s'use et qui doit être réparé : chemises, cols de basin, manchettes de batiste bordées, selon l'ordonnance, d'un ourlet plat, sans broderie ni feston. Tantôt ce sont de petits présents : lorsque les hommes tirent à la cible, ne sied-il pas de donner quelque chose à ceux qui font de beaux coups? Tantôt, ce sont des réceptions : un régiment, un détachement passe; les officiers de La Fère lui offrent un repas, et chacun paie sa part de ce banquet.

Mais Napoléon avait un bon gîte. Venu dans la maison Bou avec un billet de logement, il y resta comme locataire. M. Bou, son propriétaire, était d'humeur joviale. Après avoir acquis une petite fortune en fabriquant des boutons de poil de chèvre, après avoir revêtu la charge de consul, le père Bou avait tenu jusqu'à l'année 1785 un café-cercle où se réunissaient des lettrés et des notables de Valence, le libraire Aurel et l'imprimeur Viret, le procureur du roi Bérenger, le juge-mage Boveron, les Blachette, les Charlon, les Mésangère, le curé Marbos, le commissaire des guerres Sucy. Sa fille Marie-Claudine, qui touchait à la cinquantaine, avait eu des aventures. Mais c'était une personne d'un esprit vif et d'une intelligence élevée. Elle causait avec agrément et avait une instruction peu ordinaire; bonne d'ailleurs, obligeante, serviable. Elle réparait le linge du jeune lieutenant, lui raccommodait ses chemises, mettait des jabots aux unes et des manchettes aux autres. Lorsque Napoléon partit pour Auxonne, « nous ne nous reverrons plus, lui disait le père Bou, et vous nous oublierez ». — « Vous et Mˡˡᵉ Bou, répondit Bonaparte en posant sa main sur son cœur, vous êtes logés là, et dans cette place les souvenirs ne changent pas de garnison. » Le père Bou mourut en 1790, mais sa fille vécut jusqu'au 4 septembre 1800. Bonaparte la vit pour la dernière fois au retour d'Égypte, à la porte de Valence, et lui fit cadeau d'un cachemire de l'Inde et d'une boussole d'argent. Elle avait un frère d'un second lit, employé de commerce à Lyon. Il n'eut pas à se plaindre de Bonaparte. Élu administrateur du district de Valence et envoyé à Nice en 1794 pour demander des grains aux représentants Ritter et Turreau, il fut cordialement accueilli par Napoléon, qui lui donna le vivre et le couvert. Nommé plus tard agent de change à Paris, il obtint de l'empereur plusieurs audiences.

Aux agréments du logis qu'il avait à Valence se joignaient pour Bonaparte les douceurs du métier. Le corps royal de l'artillerie, ainsi que le corps royal du génie, avait des traditions invariables de bienveillance et d'affabilité. C'était une opinion répandue partout et comme une phrase consacrée par l'usage, que les bureaux avaient soin, en plaçant les officiers des deux armes, d'unir les convenances particulières aux intérêts du service. On ne séparait pas les deux frères, et on mettait dans le même régiment non seulement les Desmazis, mais les d'Anthouard, les d'Autume, les Boisbaudry, les Damoiseau, les Du Raget, les Genizias, les Gomer, les Labarrière, les Lauriston, les Nacquart, les d'Urtubie. L'artillerie, a dit Napoléon, « était le meilleur corps et le mieux composé de l'Europe ; le service était tout de famille ; les chefs étaient entièrement paternels, et les plus braves, les plus dignes gens du monde, purs comme l'or, trop vieux parce que la paix avait été longue. Les jeunes officiers riaient d'eux parce que le sarcasme et l'ironie étaient la mode du temps ; mais ils les adoraient et ne faisaient que leur rendre justice. » Avec quelle gaieté piquante le capitaine Gassendi se moque de ses camarades qu'il entend quelquefois

> Soupirer leurs ennuis, gémir de leurs travaux,
> Se plaindre de leur sort, se regarder esclaves !

Avec quelle reconnaissance il parle de son supérieur, aussi aimable qu'éclairé, M. de Saint-Mars, maréchal de camp d'artillerie, qui sait lui rendre le labeur agréable et ne cesse d'être aimable tout en donnant des ordres :

> En arrivant, j'oublie
> Le chef, le directeur, et ne vois que l'ami!

En même temps qu'il entrait dans l'armée, Napoléon faisait ses débuts dans la société. L'élève de l'académiste Javillier n'avait pu suivre à l'École militaire les cours de Feuillade et de Duchesne. Il prit à Valence des leçons de danse et de maintien d'un M. Dautel, qui se vantait plus tard d'avoir dirigé ses premiers pas dans le monde. Mais il n'eut jamais les façons dégagées et désinvoltes des marquis de l'ancien régime. Il ne savait ni entrer dans une chambre ni en sortir, ni saluer, ni se lever, ni s'asseoir comme les gens du bel air. En 1791, il félicitait son frère Louis d'avoir à l'âge de douze à treize ans autant de politesse et de bonne grâce qu'un homme dans la trentaine. Il se rappelait sans doute qu'en 1785 et en 1786, à Valence, il n'avait pas, comme Louis, une « jolie éducation », qu'il était timide, contraint, incapable de se mettre à l'aise avec des visages nouveaux.

Mais il était Corse, et cette origine prévenait en sa faveur; l'accent italien rendait sa parole plus piquante; l'uniforme de l'artillerie seyait à sa jeunesse; plus d'un Français pensait, en le voyant, à ces insulaires dont parle l'abbé de Germanes, qui sortaient de leur patrie dans leur enfance et qui plaisaient par la vivacité de leur esprit, par l'honnêteté de leur caractère et par la sensibilité de leur âme. Toutes les personnes qu'il connut alors à Valence lui firent un aimable accueil et lui témoignèrent beaucoup d'attentions. C'était M. Jacques de Tardivon, ancien prieur de la Plâtière et abbé général de l'ordre de Saint-Ruf, à qui Mgr de Marbeuf, évêque d'Autun, l'avait recommandé : M. de Tardivon avait en 1773 consenti à la suppression de son ordre et de son abbaye en échange d'une rente viagère de 10 000 livres et à condition de garder ses prérogatives d'abbé crossé et mitré; le salon de son hôtel de Saint-Ruf réunissait la noblesse valentinoise, et ses dîners fins, délicats, arrosés de vins généreux, lui valurent le renom du meilleur amphitryon de la vallée du Rhône, et du plus sobre, car il avait une santé chétive, et aux repas qu'il donnait se mettait à la diète.

C'était M. de Josselin, autrefois lieutenant-colonel du régiment d'infanterie d'Artois, qui sortait en 1785 d'un échevinage de deux ans. Il avait épousé Jeanne-Thérèse de Tardivon, sœur de l'abbé, et il faisait, de façon très avenante, les honneurs de la maison de son beau-frère. Il devait applaudir, ainsi que M. de Tardivon, à la Révolution naissante, commander en chef la milice bourgeoise de Valence et, en qualité de commissaire du roi, avec Sucy et Rigaud de l'Isle, présider à l'organisation des administrations de la Drôme.

C'étaient trois dames auxquelles MM. de Tardivon et de Josselin avaient à leur tour recommandé Bonaparte : Mme Lauberie de Saint-Germain, Mme de Laurencin et Mme Grégoire du Colombier.

Mme du Colombier, née Anne Carmaignac, invita Bonaparte à sa maison de campagne de Basseaux, et à Basseaux Napoléon fit d'autres connaissances : M. des Aymard, oncle du Coston qui fut son minutieux biographe; M. de Bressac, président au Parlement de Grenoble; M. Roux de Montagnière, garde du corps; le négociant Roche, qui possédait une villa à Planèze; les dames Dupont, qui habitaient tantôt Valence, tantôt le village d'Étoile.

Il goûtait surtout la conversation de Mme du Colombier, et il a parlé d'elle avec une vive gratitude. Elle avait cinquante-quatre ans en 1785. C'était une Lyonnaise spirituelle, instruite, fort distinguée, pleine de tact, et Napoléon jugeait comme Rousseau, dont il lisait alors les *Confessions*, que les entretiens intéressants et sensés d'une femme de mérite sont plus propres à former un jeune homme que toute la pédantesque philosophie des livres. Elle lui rendit des services et lui donna d'excellents avis. Lorsqu'elle apprit qu'il travaillait à une histoire de la Corse, elle le recommanda chaudement à l'abbé Raynal, qui connaissait M. de Tardivon et descendait chez l'abbé de Saint-Ruf lorsqu'il allait de Paris à Marseille. Dès les commencements de la Révolution elle prédit à Bonaparte un grand avenir, assura qu'il jouerait incontestablement dans cette crise un rôle considérable. « N'émigrez pas, ajoutait-elle, on sait comment on sort, on ne sait comment on rentre », et Napoléon lui répondait qu'il vaut mieux devoir le bâton de maréchal à la nation qu'aux étrangers.

Elle avait une fille. Le lieutenant d'artillerie aima Mlle Caroline du Colombier. Mais sa passion ne ressembla pas à celle qu'il décrit dans son *Dialogue sur l'amour*, à celle qu'éprouvait son camarade Desmazis, qui, féru d'une Adélaïde, marchait à grands pas, les yeux égarés et le sang bouillonnant. Elle était très platonique et innocente. S'il eut de petits rendez-vous avec Caroline, ce fut pour éviter ces « fréquentes visites qui font parler un public méchant et qu'une mère alarmée trouve mauvaises ». Il n'avait encore que dix-sept ans, et il a dit depuis qu'une fois, dans l'été, au point du jour, il passa dans la société de Caroline du Colombier de délicieux instants... à manger des cerises. Charmants enfantillages que le prisonnier de Sainte-Hélène aimait d'autant plus à se rappeler que leur délicatesse et leur pureté donnaient plus de douceur à ses souvenirs! Et peut-être lisait-il à sa jeune amie ce passage des *Confessions* où Jean-Jacques raconte le dessert qu'il fit dans un verger avec Mlles Galley et de Graffenried, lorsqu'il jetait du haut d'un arbre des bouquets de cerises dont ses deux compagnes lui rendaient les noyaux à travers les branches.

Mlle Caroline du Colombier épousa quelques années plus tard, en 1792, un capitaine démissionnaire du régiment de Lorraine, M. Garempel de Bressieux de Saint-Cierge, et vécut désormais avec son mari au château de Bressieux, près de Tullins, dans le département de l'Isère. Mais Napoléon ne l'avait pas oubliée. Au retour d'Égypte, du relai de la Paillasse, il voulait envoyer aux dames du Colombier qu'il croyait à Basseaux, un courrier chargé de leur présenter les hommages du vainqueur des Pyramides. Peut-être pensait-il à Mme de Bressieux lorsqu'il imposait, malgré sa mère, à sa sœur Maria Nunziata le prénom de Caroline. En 1804, au camp de Boulogne, à Pont-de-

Briques, il reçut une lettre où l'amie d'autrefois lui recommandait son frère. Il répondit presque aussitôt à *Mme Caroline Bressieux* — il tenait à montrer qu'il se rappelait le prénom de sa chère Valentinoise — : « Madame, votre lettre m'a été fort agréable. Le souvenir de madame votre mère et le vôtre m'ont toujours intéressé. Je saisirai la première occasion pour être utile à votre frère. Je vois par votre lettre que vous demeurez près de Lyon; j'ai donc des reproches à vous faire de ne pas y être venue pendant que j'y étais, car j'aurai toujours un grand plaisir à vous voir. »

Le 12 avril 1805, il passait à Lyon pour se rendre au sacre de Milan. Mme de Bressieux se présenta et reçut le plus gracieux accueil. Elle correspondit avec l'empereur, et au mois de février 1806 Napoléon lui écrivait : « Madame Bressieux, j'ai reçu votre lettre; elle me donne une nouvelle preuve de votre attachement pour moi. Vous me demandez, avec un intérêt auquel je suis sensible, un mot qui vous assure que ma santé continue d'être bonne. Je saisis avec plaisir l'occasion de faire ce que vous désirez. » Elle eut d'ailleurs toutes les grâces qu'elle sollicita : des amis rayés de la liste des émigrés, des places pour son frère, pour son mari, pour elle-même. Elle fut dame d'honneur de Letizia. Son mari devint administrateur général des forêts, baron de l'Empire, président du collège électoral de l'Isère. Son frère, Philippe-Robert du Colombier, qu'elle qualifiait de « vrai sans-souci », était un de ces hussards de Bercheny qui firent défection avec Dumouriez, et il avait servi, comme capitaine, puis comme major, dans l'armée autrichienne, aux hussards de Barco et aux cuirassiers de Charles de Lorraine : il fut nommé capitaine au premier régiment étranger, dit de La Tour d'Auvergne. Un jour, Mme de Bressieux recommandait à Napoléon le poète Lebrun, l'homonyme et le rival de Lebrun-Pindare : l'empereur, qui se rappelait parfaitement l'auteur de l'*Ode à la Grande Armée*, répondit assez justement : « Ce jeune homme a de la verve, mais on dit qu'il s'endort », et Lebrun, à qui Mme de Bressieux rapporta le mot, composa le *Vaisseau de l'Angleterre*.

Une autre jeune fille de Valence, Mlle de Lauberie de Saint-Germain, qui devait épouser en 1797 son cousin Montalivet, fit sur le cœur de Napoléon une impression profonde. Il avait, disait-il, aimé ses vertus et admiré sa beauté. Elle fut en 1805 nommée, avec Mmes de Bouillé, de Marescot et de Turenne, dame du palais de l'Impératrice. Mais, fièrement, elle déclara que la femme avait sa mission en ce monde, et qu'elle regarderait comme une calamité la faveur impériale si elle ne pouvait soigner son mari lorsqu'il aurait la goutte et nourrir les enfants que lui donnerait la Providence. Napoléon lui répondit qu'il se soumettait aux conditions qu'elle lui posait : « Vous serez, ajoutait-il, épouse et mère comme vous l'entendrez. »

Ces visites du lieutenant Bonaparte aux dames de Valence l'entraînaient très loin de son logis. Pour aller à Basseaux, il faisait près de trois lieues à pied. Mais il goûtait fort ces voyages pédestres que Rousseau avait mis à la mode, et, s'il ne cheminait pas avec la même lenteur que Jean-Jacques, s'il ne s'arrêtait guère, s'il se pressait toujours vers le terme de sa promenade, il marchait volontiers comme il n'a plus marché depuis, comme on marche lorsqu'on est jeune et alerte, sans bagages, sans suite, sans devoirs urgents. Il entreprit quelques excursions dans le Dauphiné. Avec le guide Frémond et un camarade du régiment il gravit la montagne de Roche-Colombe au mois de juin 1786. M. des Aymard lui avait vanté cette ascension. « Je ferai la course avec plaisir, lui répondit Bonaparte, j'aime à m'élever au-dessus de l'horizon. » Un autre jour, avec le libraire Aurel, il se rendit par Romans et Saint-Jean-en-Royans à la Chartreuse de Bouvantes. Il lia connaissance à Romans avec un homme d'esprit qui se nommait Lambert, et chaque fois qu'il revint dans cette ville, il entrait au café Coppin, sur la grand'place, et demandait M. Lambert.

Quelles que fussent les distractions de Napoléon durant son séjour à Valence, il ne cessait néanmoins de penser à la Corse. Son seul amour, c'était la Corse, et le seul objet qui lui donnait une réelle et intense émotion, qui lui faisait tourner la tête et pétiller le sang, c'était la terre natale dont Joseph l'entretenait dans ses lettres, cette île que son frère lui représentait embaumée par les exhalaisons des myrtes et des orangers, cet Ajaccio, dont le golfe était aussi beau que celui de Naples, et où, disait son aîné, l'on jouissait d'un climat délicieux et d'une situation unique par son pittoresque et son aménité. S'il n'avait reçu au mois d'octobre 1785 l'ordre extraordinaire de rejoindre son régiment à Valence, il eût, à sa sortie de l'École militaire, volé vers Ajaccio, et quelques jours après avoir passé son examen devant Laplace, le 23 septembre, en priant le drapier Labitte de toucher la pension de l'oncle Paravicini, il annonçait « l'obligation de retourner en Corse dans le commencement du mois prochain ». Mais les cadets-gentilshommes devaient se rendre à leur destination sitôt qu'ils étaient nommés sous-lieutenants, et ils ne pouvaient s'absenter la première année de leur entrée au corps : ainsi l'avait prescrit une ordonnance du 25 mars 1776. Napoléon fut navré. Il écrivit en Corse, deux fois avant de quitter Paris, et trois fois pendant les trois semaines qui suivirent son arrivée à Valence, pour consoler les siens et se consoler lui-même. Il alla voir à Tournon, à quatre lieues de Valence, un sien compatriote, un artiste du nom de Pontornini, pour causer avec lui de la patrie, et ce ce Pontornini qui l'appela bientôt son *caro amico*, lui fit son portrait, le premier qu'on ait de Bonaparte : profil ferme et accentué, cheveux longs et couvrant la moitié du front, bouche fine, et dans l'ensemble de cette physionomie d'un jeune homme de seize ans une expression singulière de sérieux et de gravité.

Mais Napoléon avait droit, au bout d'une année de service, à un semestre, et il attendait, non sans impatience, le moment de partir. A mesure que cet instant s'approchait, il sentait croître son attachement pour la Corse, et dans son cœur, rempli de l'image du pays natal, les souvenirs d'autrefois se réveillaient avec une force singulière. Ajaccio, son golfe, ses rues, la maison paternelle, tous les objets qu'évoquait la mémoire du lieutenant, faisaient sur lui l'impression la plus douce et la plus vive. Il ne voyait, ne comprenait plus d'autre félicité que celle d'être dans son île. « Je suis, écrivait-il le 3 mai 1786, absent depuis six à sept ans de ma patrie. Quels plaisirs ne goûterai-je pas à revoir dans quatre mois mes compatriotes et mes parents! Des tendres sensations que me fait éprouver le souvenir des plaisirs de mon enfance, ne puis-je pas conclure que mon bonheur sera complet? »

Avant de partir pour la Corse, il dut aller à Lyon avec sa compagnie pour réprimer l'émeute des *deux sous*. C'était une de ces révoltes si fréquentes à Lyon au xviii° siècle entre artisans et marchands. Les ouvriers en soie ou ovalistes demandaient une augmentation de salaire de deux sous par aune. Les chapeliers ainsi que les compagnons et manœuvres maçons se joignaient à eux. Les cabaretiers excitaient les uns et les autres : ils se plaignaient de la rigueur du fermier qui selon l'usage levait dans le mois d'août au nom de l'archevêque Montazet le droit de « banvin » ou treizième sur la vente du vin. L'agitation commença le 7 août et dura jusqu'au 10. Le duc de Tonnerre, commandant en chef du Dauphiné, envoya de Valence à Lyon le second bataillon de La Fère, auquel appartenait la compagnie de Bonaparte. Le 14 août, tandis que le lieutenant-colonel d'Urtubie restait à Valence avec le premier bataillon, le colonel de Lance, le major Labarrière, les chefs de brigade Durand, Quintin et d'Aulx arrivaient à Lyon et s'établissaient au faubourg de Vaise, qui touchait au quartier Bourgneuf tout peuplé d'ouvriers. Bonaparte logea d'abord chez des gens très obligeants et complimenteurs. « Comment te trouves-tu? lui dit un camarade. — Je suis dans un enfer, répondit-il; mes hôtes ne me laissent ni entrer ni sortir sans m'accabler de prévenances, je ne puis être seul un instant. — Je voudrais bien être à ta place. — Eh bien, changeons. » Le marché s'exécuta et Bonaparte alla demeurer dans une maison de la montée de Montribloud.

Cependant la sédition s'apaisait. Trois artisans avaient été pendus. Nombre de mutins se dirigeaient vers la frontière; mais au Pont-de-Beauvoisin et au fort de l'Écluse la troupe les forçait de rebrousser chemin. La présence du bataillon d'artillerie, d'un détachement de Royal-Marine et des chasseurs du Gévaudan acheva d'affermir le calme. Le 16 août, le prévôt des marchands Tolozan de Montfort proposait de renvoyer à Valence la moitié des canonniers et bombardiers de La Fère. Mais le régiment, comme les autres régiments de l'arme, devait changer de garnison dans l'automne de 1786, et dès le mois de juillet Gribeauval jugeait nécessaire qu'il partît le 15 septembre de Valence pour Douai. Le second bataillon de La Fère attendit à Lyon le premier bataillon, et le 21 septembre le régiment tout entier s'engageait sur la route de Flandre.

Quant au lieutenant Bonaparte, après avoir passé près de trois semaines à Lyon et assisté le 29 août à la revue du commissaire principal des guerres Millin de Grandmaison, il avait regagné Valence. Le 1er septembre, il quittait le logement de M¹¹ᵉ Bou. La date est certaine. « Parti de Valence, écrit-il dans une note intime, à Ajaccio le 1er septembre 1786. » Légalement, le congé de semestre commençait au 1er octobre. Mais, selon un usage établi, les officiers qui se rendaient de France en Corse ou de Corse en France devançaient d'un mois l'époque ordinaire des départs. La rareté des communications, la longueur du voyage, la difficulté de la traversée faisaient aux gens de guerre originaires de Corse ou employés dans cette île des conditions particulières et leur donnaient de petits avantages. C'est ainsi que Ségur avait prescrit au Conseil de l'École militaire, par une lettre du 12 mars 1784, d'accorder aux anciens élèves qui servaient dans les garnisons de Corse l'avance de l'année courante de leur pension. Les inspecteurs généraux passaient sur le continent deux revues, l'une entre le 1er juin et le 1er août, l'autre entre le 1er août et le 1er octobre; l'inspecteur des troupes de Corse n'était tenu qu'à une seule revue, entre le 1er avril et le 1er juin.

Napoléon vit sans doute à ce premier voyage le monument de Saint-Remy qu'il a décrit dans le *Discours* de Lyon, et il admira la majesté de l'ouvrage. De même que Rousseau contemplant le pont du Gard, il crut vivre un instant avec les fiers

Romains, avec Paul-Emile, Scipion et Fabius. « Des montagnes, a-t-il dit, dans l'éloignement d'un nuage noir, couronnent la plaine immense de Tarascon où cent mille Cimbres restèrent ensevelis; le Rhône coule à l'extrémité, plus rapide que le trait; un chemin est sur la gauche; la petite ville, à quelque distance; un troupeau, dans la prairie. » Et il se mit à rêver.

Il passa par Aix : il voulait saluer l'oncle Fesch, qui n'avait pas encore terminé ses études de théologie, embrasser son frère Lucien sorti naguère de Brienne pour se vouer, comme Fesch, à l'état ecclésiastique, et il devait au directeur du petit séminaire, M. Amielh, une visite qu'il avait promise à ce digne homme depuis l'année précédente.

D'Aix, il alla s'embarquer à Marseille ou à Toulon. C'était là que les voyageurs qui se rendaient en Corse prenaient ordinairement passage, soit sur des bâtiments de commerce, soit sur un des dix bateaux de poste ou de correspondance qui dépendaient du ministère de la guerre et servaient au transport des troupes.

Le 15 septembre, il était à Ajaccio. « Je suis, écrit-il, arrivé dans ma patrie sept ans neuf mois après mon départ, âgé de dix-sept ans un mois. » Il revit avec une joie indicible sa mère, son frère aîné, le grand-oncle Lucien, et un touchant témoignage de Joseph qui revenait plus tard comme par élans aux jours heureux de sa jeunesse, atteste les sentiments affectueux que le lieutenant d'artillerie éprouvait pour les siens et les épanchements de cœur qu'il avait avec eux : « Ah! dit Joseph vingt ans plus tard, jamais le glorieux empereur ne pourra m'indemniser de ce Napoléon que j'ai tant aimé et que je désire retrouver tel que je l'ai connu en 1786, si l'on se retrouve aux Champs Élyséens! » Il revit tous ceux à qui, de Brienne, de Paris, de Valence, il envoyait ses compliments, ses deux grand'mères, minanna Saveria et minanna Francesca, l'oncle Paracivini et la tante Gertrude, sa marraine. Il revit sa mère de lait, sa nourrice dévouée, et il tint sur les fonts baptismaux la petite-fille de Camilla Ilari, Faustine Tavera, la future madame Poli, qui naquit le 20 mai 1787 à Ajaccio.

Certaines conversations de Napoléon et le *Discours* de Lyon retracent la plupart des impressions qu'il reçut de son séjour. Il goûta ce qu'il nomme alors les délices de la vie, les délices de la douce reconnaissance, du tendre respect et de la sincère amitié. Il sentit, comme il s'exprime encore, tous les feux de l'amour de la patrie. Non sans émotion, il parcourut les endroits où s'était passée son enfance. « Voilà, se disait-il, le théâtre de mes premiers jeux, et ces mêmes lieux sont aujourd'hui témoins de l'agitation que la première connaissance des hommes produit dans mes sens! » Il jouit de la nature avec passion, et cette jouissance lui sembla la plus précieuse des jouissances parce qu'elle n'était accompagnée ni de regret ni de fatigue ni d'aucune espèce d'ébranlement violent. Il plaignait quiconque n'est pas « touché par l'électricité de la nature ». Durant des heures entières au jardin de Milelli, soit sous la grotte formée par deux gros blocs de granit que surmonte un troisième, soit dans le bois épais d'oliviers, tout près de l'humble maison, soit à l'ombre d'un grand chêne vert qui distinguait ce bois des bosquets d'alentour, il rêvait, lisait, griffonnait, sans pouvoir s'arracher de cette calme retraite et en maudissant le fâcheux qui venait l'importuner. Quelquefois au soir, il se promenait dans les prairies, lorsque les moutons sortaient pour paître et joignaient leurs bêlements à la voix des pâtres, ou bien il descendait sur la plage et à la vue du soleil couchant qui paraissait « se précipiter dans le sein de l'infini », il s'abandonnait à une mélancolie qu'il ne savait maîtriser. D'autres fois, au retour d'une longue excursion, à la lumière argentée de la lune, il s'extasiait sur la beauté de la nuit et sur le silence des choses. Il ne cessait d'admirer sa chère Corse, si nouvelle pour lui, déclarait qu'elle est « ornée de tous les dons », affirmait avec enthousiasme que tout était meilleur dans son île que sur le continent. L'odeur de la terre, cette odeur qu'il n'a plus retrouvée nulle part, cette odeur aromatique qui s'exhale des plantes et des arbustes de la montagne, cette odeur que l'anglais Boswell jugeait si pénétrante et si fraîche, causait à Napoléon une sorte d'enivrement. Même s'il eût fermé les yeux, dit-il, elle lui aurait suffi pour deviner le sol corse. Dans ses courses à travers les vallées et les gorges, sur le sommet des collines, il ne rencontrait que des gens hospitaliers et avenants. Partout, comme pour lui souhaiter la bienvenue et l'attacher plus fortement à la nation, les paysans l'accueillaient avec confiance. Jamais un accident, jamais une insulte, et ces hommes avaient une trempe particulière, une remarquable énergie de caractère, je ne sais quoi de fier et d'original qui venait de leur isolement : l'officier du corps royal ne rougissait pas de pareils compatriotes! Il lui arriva de s'égarer, de se réfugier chez un berger, et là, dans cette chétive cabane, couché sur des peaux, le feu à ses pieds, il se félicitait de l'aventure, de ce qu'elle avait de piquant et d'imprévu : « Quelle situation ! » s'écriait-il.

Mais le sens pratique s'alliait chez Bonaparte à l'imagination. Au sein de ce bonheur domestique qu'il savourait pour la première fois, au milieu des lectures qu'il faisait « abrité par l'arbre de la paix et par l'oranger », dans ses promenades à travers un pays dont il découvrait les beautés, il était préoccupé de sa besogneuse famille et cherchait les moyens de lui être utile, de la tirer de ses embarras. N'avait-il pas en 1785, lorsqu'il sortait de l'École militaire, à l'audience de l'évêque d'Autun, demandé pour son frère Lucien une bourse au petit séminaire d'Aix? Ne venait-il pas à Aix, au mois de septembre 1786, pour s'enquérir des progrès de Lucien et le recommander à M. Amielh? Ne songeait-il pas que son autre frère Louis avait eu huit ans le 2 septembre et pouvait être inscrit sur l'état des enfants de la pauvre noblesse que le roi admettait dans les collèges? Malheureusement les Bonaparte craignaient d'être désormais oubliés ou desservis : ils avaient perdu deux patrons, deux hommes qui les avaient toujours favorisés et protégés, les personnages les plus influents de l'île; l'intendant Boucheporn avait quitté la Corse en 1785 pour administrer Pau et Bayonne, et Marbeuf, à qui Napoléon devait sa place d'élève du roi, mourait à Bastia le 20 septembre 1786, cinq jours après que l'officier d'artillerie débarquait à Ajaccio.

Napoléon était depuis son arrivée l'âme de la maison. Il aida, soutint le grand-oncle Lucien. L'archidiacre avait la taille moyenne, les pieds et les mains très petits, la tête grosse, et un extrême penchant à l'égoïsme. Mais il était intelligent et instruit. Il exerçait une autorité considérable dans la ville ainsi qu'aux alentours; les gens du pays venaient soumettre leurs querelles à sa décision, et il les renvoyait en les bénissant; « archidiacre de Corse, a dit Napoléon, vaut évêque de France ». Les Bonaparte le regardaient comme leur chef et leur second père. Ses soins incessants et surtout son économie avaient rétabli les affaires de la famille que les dépenses de Charles Bonaparte avaient dérangées. Il avait mandé les colons, les bergers, les locataires; il avait réglé, ordonné tout. C'était lui qui tenait la bourse, et il n'en déliait les cordons qu'à son corps défendant, avec un soupir, blâmant les prodigalités de son neveu Charles, énumérant les dettes que le défunt avait laissées et qui n'étaient pas encore acquittées; c'était, rapporte Napoléon, son refrain accoutumé. Il s'opposait aux réparations qu'exigeait la campagne entièrement délabrée de Milelli. Napoléon aimait ce petit bien et prétendait qu'il fallait l'exploiter et y faire des frais pour en tirer quelque revenu; l'oncle assurait que c'était perdre son argent que de l'employer à l'amélioration du domaine. Parfois s'élevaient d'amusantes discussions. Napoléon taquinait l'archidiacre à propos des chèvres, qui sont nombreuses en Corse et qui gâtent les arbres : « On devrait, disait-il, les chasser de l'île. » Mais Lucien Bonaparte avait de gros troupeaux de chèvres; il les défendait en patriarche et traitait son neveu de novateur; « Voilà bien, répliquait-il, vos idées philosophiques; chasser les chèvres de la Corse! » Napoléon lui citait alors le règlement de juillet 1771. Les bergers menaient-ils les chèvres dans les lieux incultes et abandonnés? Les tenaient-ils à trois cents pas au moins des vignes, bois, champs, prés et autres endroits cultivés? Et lorsque les propriétaires faisaient paître cet animal sur leur terrain, ailleurs que dans les vignes et les bois, le conduisaient-ils en laisse et l'attachaient-ils à un piquet? A Sainte-Hélène, il déclare encore qu'un des besoins les plus urgents de la Corse est un bon code rural qui protège l'agriculture contre les incursions des bestiaux et prescrive la destruction des chèvres. Fesch était de son avis. Au mois d'octobre 1800 il avançait que le gouvernement ferait un bien incalculable s'il ordonnait sur-le-champ par un arrêté l'anéantissement de ces bêtes nuisibles : il connaissait dans les environs d'Ajaccio trois propriétés où il y avait deux cent mille oliviers sauvages qu'on négligeait de greffer par crainte de travailler pour les chèvres; « sans l'abattement des chèvres, ajoutait Fesch, point d'agriculture en Corse, comme sans le désarmement point de tranquillité; c'est le moment de porter ce coup salutaire, la guerre et les vicissitudes de la Révolution ayant diminué les chèvres des deux tiers. »

Cependant l'archidiacre Lucien vieillissait. Il avait soixante-huit ans en 1786. La goutte qui le prit dès la trentaine pour ne plus le lâcher, le clouait au logis. Il mangeait et digérait bien, parlait, lisait, dormait; mais depuis le mois de juin 1785 il ne pouvait remuer les genoux et il restait dans son lit, sans presque faire de mouvement, sans jouir du soleil. Joseph, il est vrai, l'avait quelque temps suppléé. A son retour d'Autun, le jeune homme, toujours féru du métier militaire, avait étudié le cours de Bezout pour être en état de passer l'examen d'artillerie. Mais il suivit son père à Montpellier, et Charles Bonaparte, avant de mourir, lui fit promettre formellement de renoncer à la carrière des armes et de regagner la Corse pour se consacrer entièrement à ses devoirs de famille. Joseph tint son serment. « Nous avons été, écrivait-il à Fesch en 1826, les conseils et les appuis de notre bonne mère, aux premiers jours de son veuvage. » Il revint à Ajaccio, s'efforçant de rapprendre l'italien qu'il avait oublié, escortant sa tante Gertrude Paravicini lorsqu'elle se rendait au jardin à travers le faubourg, se plaisant aux travaux de la campagne, nouant des amitiés, se liant avec un habile avocat, Pozzo di Borgo, qui lui prêtait son aide dans les affaires d'intérêt, et, à mesure qu'il se familiarisait avec la langue et qu'il connaissait les cultures propres à la Corse, ne pensant plus à endosser l'uniforme du corps royal. Toutefois, puisqu'il s'attachait au pays, ne ferait-il pas bien d'être, comme on disait, gradué, et d'entrer soit au barreau, ainsi que Napoléon l'avait proposé dès 1784, soit, à l'exemple de son père, dans la magistrature? Sur l'avis du grand-oncle Lucien, il partit pour la Toscane et suivit les cours de l'Université de Pise. Le 24 avril 1788, grâce à quatre-vingts écus que lui envoyait l'archidiacre, il prenait ses degrés et devenait docteur *in utroque jure*, en droit civil et en droit canon. Il avait dès lors des titres suffisants pour obtenir une place dans les tribunaux de Corse et, qui sait? pour s'asseoir au Conseil supérieur sur le siège que Charles Bonaparte avait refusé.

Exact, rangé, désireux, comme l'archidiacre et sa mère Letizia, de maintenir l'ordre dans la maison et d'augmenter les minces ressources de la famille, Napoléon se consacra donc pendant son congé au service des siens. Une des plus graves affaires qu'il fallait régler était celle de la pépinière. En 1782, Charles Bonaparte avait obtenu la concession d'une pépinière de mûriers; il devait toucher 8 500 livres à titre d'avance, et recevoir en outre le prix de la greffe, estimée à un sol par arbre; en retour, il s'engageait à commencer cinq ans après, en 1787, la distribution des mûriers. Il toucha 5 800 livres. Mais, au mois de mai 1786, le contrat fut résilié : il n'y avait plus, disait-on, de plantation à faire, et le ministère se lassait de dépenses inutiles. Or, Letizia avait déjà fait, comme d'ordinaire, sa plantation; elle sollicita de l'intendant La Guillaumye une avance, de même qu'aux années précédentes; l'intendant lui répondit par un refus.

Napoléon déclara que sa mère était lésée et devait avoir une indemnité. Il écrivit un mémoire sur la culture du mûrier. Il étudia l'affaire de la pépinière, rassembla les pièces, les envoya à l'intendant. Il réclamait pour Letizia 1 550 livres qui compléteraient le total des avances échues avant la résiliation du contrat et 1 500 autres livres que la greffe des arbres avait coûtées, c'est-à-dire 3 050 livres en tout. Ces 3 050 livres jointes aux 5 800 livres payées antérieurement feraient une somme de 8 850 livres que Mme Letizia devrait au gouvernement, mais qu'elle rembourserait aisément, dès qu'on voudrait, puisque les mûriers de la pépinière valaient sûrement 9 000 livres.

Le meilleur moyen de venir à bout de ses prétentions était d'aller en France et de se présenter en personne aux bureaux de contrôle général. Napoléon résolut de demander au ministre de la guerre la prolongation de son semestre. Ces congés particuliers ne pouvaient être accordés que dans des circonstances extraordinaires, « les plus privilégiées », ou en cas de grave maladie bien constatée. Mais on était si bon, si facile dans le corps royal qu'on acceptait allégations et témoignages sans les contrôler scrupuleusement. Napoléon se dit malade, et il était en effet, depuis le mois de mars, tourmenté d'une fièvre tierce. Le 21 avril 1787, il envoyait au colonel de Lance un certificat de maladie signé par un médecin et un chirurgien d'Ajaccio, et il sollicitait un congé de cinq mois et demi à compter du 16 mai, avec appointements, « vu son peu de fortune et une cure coûteuse ». Il eut son congé, du 16 mai au 1er décembre, et le 12 septembre il s'embarquait pour la France.

Ce fut dans cette fin de l'année 1787 qu'il connut son Paris. Il logeait à l'hôtel de Cherbourg, rue du Four-Saint-Honoré. Il fréquenta les théâtres, et notamment les Italiens. Il se promena dans les allées et les galeries du Palais-Royal, cherchant parfois à lier conversation avec les filles, leur parlant du métier qu'elles faisaient, étudiant leur caractère, recevant des réponses qui le rebutaient, se disant qu'elles n'étaient que des bûches, qu'elles avaient des façons inconvenantes et l'air grenadier, que leur genre de vie était odieux, qu'il se souillait en leur donnant un seul regard, et cependant, poussé par la curiosité de ses sens et par l'ardeur naissante de son tempérament, souhaitant d'approcher d'une femme, et, un soir de novembre, attiré par une Nantaise au teint pâle et à l'allure timide qui d'une voix douce lui raconta ses aventures; ce fut sa première maîtresse. Il se rendit à Versailles dans un de ces coches de prix modéré qu'on nommait « voitures de la cour »; ils étaient, a-t-il dit, très confortables et l'on s'y trouvait en bonne compagnie, mais la rapidité n'était pas leur fort, et ils mettaient cinq heures à faire la route. Dans les huit jours qui suivirent la Toussaint, il alla sans doute à Saint-Cyr pour voir sa sœur Marianne à une des époques prescrites par le sévère règlement de la maison de Saint-Louis. Surtout, il tâcha de finir l'affaire de la pépinière, multipliant les démarches, obtenant du ministre Brienne une lettre de recommandation pour le contrôleur général, ne trouvant pas les pièces au bureau des finances, rédigeant un mémoire détaillé où il exposait, expliquait le litige, s'efforçant d'enlever une décision favorable, assurant que son père avait entrepris cette plantation de mûriers par patriotisme et dans le désir de joindre à son intérêt propre l'intérêt de la chose publique, représentant que lui-même avait anticipé sur son congé et quitté la Corse pour plaider la cause de sa mère, retraçant avec vivacité les inquiétudes de la signora Letizia, priant le ministre de saisir cette occasion de faire le bien selon les règles de l'équité la plus stricte, lui promettant la profonde gratitude des Bonaparte et le contentement intérieur, « paradis de l'homme juste », ajoutant, non sans fierté, qu'il s'agissait d'une somme d'argent « qui ne compense jamais l'espèce d'avilissement qu'éprouve un homme de reconnaître à chaque moment sa sujétion ».

Le temps s'écoula. Le contrôleur général ne fit aucune réponse. Le congé de Napoléon allait expirer. Mais le jeune lieutenant avait demandé dès le 7 septembre une seconde prolongation; il lui importait beaucoup, disait-il, d'assister aux délibérations des États de Corse pour y discuter des droits essentiels à sa modique fortune, et sa présence était d'une nécessité si absolue qu'il ne sollicitait pas d'appointements et n'hésitait pas à faire un voyage qui lui causerait des frais considérables. Il eut une seconde prolongation de congé, pour six mois, du 1er décembre 1787 au 1er juin 1788.

Il arriva le 1er janvier 1788 en Corse. Sa mère avait grand

besoin de lui. Jamais peut-être elle ne fut si pauvre, si embarrassée. Il fallait élever quatre enfants en bas-âge, Louis qui avait dix ans, Pauline qui en avait huit, Caroline qui en avait six, Jérôme qui en avait quatre; il fallait payer la pension de Lucien au petit séminaire d'Aix; il fallait défrayer Joseph pendant son séjour à l'université de Pise. Aussi ne pouvait-elle acquitter ses dettes et rendre au lieutenant général Du Rosel de Beaumanoir les vingt-cinq louis prêtés à Charles Bonaparte. « Vous savez l'état de la famille, écrivait-elle à Joseph, et il est inutile de vous dire de dépenser le moins possible. » Elle n'avait pas de bonne, et elle priait son fils aîné de lui ramener d'Italie une servante de quarante ans qui sût faire sa petite cuisine, coudre, repasser, pour trois ou quatre francs par mois.

Dès le retour de son fils cadet, Letizia le mit en réquisition; et Napoléon, devenu l'homme d'affaires de la famille, correspondit derechef avec M. de la Guillaumye, tantôt pour solliciter en faveur de Louis une place d'élève du roi dans une des Écoles militaires, tantôt pour obtenir que des particuliers pussent planter sur la fameuse pépinière, tantôt pour demander le paiement de quatre mille arbres que Mme Letizia avait livrés sur les ordonnances de l'intendant, tantôt pour regretter que le gouvernement ne prît aux Bonaparte qu'un petit nombre de mûriers ou pour rappeler que le dernier tiers du marais des Salines n'était pas encore desséché et que la ville attendait avec impatience la fin de cet ouvrage, qu'il fallait s'y mettre sur-le-champ non seulement parce que l'opération, entamée immédiatement, coûterait une somme très modique, et dans quelques années, entraînerait de grosses dépenses, mais parce que le printemps était la saison la plus propice et qu'en hiver l'abondance des eaux, en été l'infection de l'air s'opposaient aux travaux.

Ces pétitions réitérées et un voyage que fit Napoléon à Bastia n'eurent pas grand résultat. Fut-ce parce que le *Douze*, le député de la noblesse, Charles Bonaparte, que les commissaires du roi, gouverneur et intendant, avaient intérêt à ménager, n'était plus là, et que l'administration ne se souciait guère des requêtes et récriminations d'un lieutenant d'artillerie? Non : La Guillaumye était un homme droit, honnête, estimé des insulaires qui le préféraient hautement à son prédécesseur Boucheporn. Lorsque M°¹⁰ Letizia eut rempli toutes les formalités, elle toucha la valeur des mûriers qu'elle avait donnés à diverses personnes sur les ordonnances de l'intendant. Mais trop peu de Corses voulaient cultiver le mûrier, et le prix des arbres leur semblait trop élevé. Quant au desséchement des salines, La Guillaumye le jugeait utile, mais fort coûteux : « La circonstance, disait-il, ne paraît pas favorable, et il vaut mieux attendre des temps plus heureux. »

Napoléon ne se rebuta pas. Dans l'été de 1788, à Auxonne, d'où, en sa vie studieuse et active, au milieu des lectures et des exercices, il suivait du regard la situation des affaires de la maison Bonaparte, il conçut un jour le dessein de revenir à Paris, d'y passer quelques semaines, d'y frapper de nouveau à toutes les portes. « Envoyez-moi trois cents francs, écrivait-il à l'archidiacre Lucien ; cette somme me suffira pour aller à Paris ; là du moins on peut se produire, faire des connaissances, surmonter des obstacles ; tout me dit que j'y réussirai ; voulez-vous m'en empêcher faute de cent écus? » Le grand-oncle refusa les cent écus. Sans perdre cœur, Napoléon recourut à Fesch : la vigne de la Sposata ne rapporterait-elle pas assez pour le défrayer du voyage? Fesch répondit que la Sposata ne donnerait que douze mezzini, que la famille Bonaparte était à court d'argent, que Napoléon n'avait qu'à contracter un emprunt à Auxonne. Notre lieutenant se résigna. « Le triste état de la famille, répliquait-il, m'a affligé d'autant plus que je n'y vois pas de remède. Vous vous êtes abusé en espérant que je pourrais trouver ici de l'argent à emprunter. Auxonne est une très petite ville et j'y suis d'ailleurs depuis trop peu de temps pour pouvoir y avoir des connaissances sérieuses. Ainsi, du moment que vous n'espérez pas dans votre vigne, je n'y pense plus et il faut abandonner cette idée du voyage de Paris. »

A. Monsieur
Monsieur l'Abbé Joseph
intendiaire de la ? à L
Dijon à Aix ? Bourbon

triste état de la famille m'a affligé. D'autant plus que je n'ai
pas de ... Vous vous êtes abusé en espérant
que je pourrois trouver ici p[our] de l'argent à emprunter.
Turonne est une très petite ville et j'y suis d'ailleurs depuis
trop peu de tems pour pouvoir y avoir des connoissances
sérieuses, ainsi du moment que vous n'espérez pas dans votre
ligne, je n'y pense plus et il faut abandonner l'idée
du voyage de paris.

Si vous aviez été à paris vous auriez mal fait de mener
avec vous Isoard il n'auroit pu que vous embarasser.
le boulversement inattendu opéré dans le ministere portera
sansdoute encor du retard dans la solution de cette trop
desiré affaire. j'ecrivis cependant de nouveau à
Vous savez que je viens de recevoir reponse de ... j'ai lu
il me dit qu'il reconnois que joseph a de ... les particulieres
pour obtenir une place dans les tribuneaux à laquelle
lesira la ... avec plaisir que pour le
moment des personnes proposées depuis plusieures
années empecheront qu'il ne soit placé mais qu'il sera
impossible pour passer son tour & &.

Si vous m'aviez détaillé les circonstances du voyage de Bonelli en Italie vous m'auriez fait plaisir qu'est devenu l'abbé ? qu'est devenu le bonnet de docteur ?

J'étois sur le point de faire passer au théâtre l'ouvrage d'Ancher je vous en-reliais mais le facheux contretems de la disgrace de m.r l'archeveque de Sens arrivé avant hier. m'oblige a des changemens considérables il est possible même que j'entende les états généraux.

Étudiez à votre aise que j'ai appelé demoiselle j'ai étourdie l'adresse c.a.d la rue ouverte des pauli ne manquez pas cette connaissance dans l'ensuite de la presentation des députés à la cour les gazetiers ont mis le Comte pour servis-il devenu comte ?

vous me ferez plaisir de me donner des nouvelles d'oci soit du parlement ou de tous ce qui est digne d'attention. Je vous apprendrois merveille nouvelle si je vous disois que m.r Necker avoit été nomé secrétaire d'état en Italie.

donne moi des nouvelles de la famille. que dit-on de l'affaire
de M. Beaumarchais. Comment s'est-elle terminée ?
Je vous assure d'exagération au medisan que la
sposata ne produirait que 12 miggia.
Je suis indisposé. Les grands travaux que j'ai dépuis ces jours
derniers en sont cause. Vous savez mon cher oncle que
le général d'ici n'a pas en grande force de calcul. aussi pour
le décharger de construire au Polygone plusieurs orages
qui exigent des grands calculs et pendant 15
matinées sous à la tête de 200 hommes
j'ai été occupé. Cette marque inouï de faveur
au peu excité contre moi les capitaines qui
prétendent que c'est leur faire tort que de
charger un lieutenant d'une de besogne si
pénible et qui lorsqu'il y a plus de 30 travailleurs devrait
y avoir un d'eux. Mes camarades aussi m'ont donné
une jalousie mais tout cela se dissipe. ce qui me révolte
plus est l'inaxactitude qui me empêche par tous bonne
adieu. Dit bien des choses à m'oncle. et donnez
moi d'occasion fréquentes des nouvelles. Je ne vous écris de la
Faille sur notre projet.
le 28 aout 1788.

Il correspondit de nouveau avec l'intendant de Corse. D'Auxonne, au mois d'avril 1789, il se plaignit à La Guillaumye que sa mère n'eût encore livré que quelques centaines de mûriers, lorsque le roi devait en prendre dix mille : la culture ou, comme il dit en se servant d'un mot de Raynal, la cultivation des arbres que sa mère devait conserver et qui pouvaient être transplantés ailleurs, était très ruineuse ; chaque arbre causait une augmentation de dépense de plus d'un sol, et, conséquemment, la pépinière se trouvait dans le plus mauvais ordre. L'intendant séjournait alors à Paris. « Pardonnez, lui mandait Bonaparte sur un ton passablement ironique et impertinent, si jusqu'au centre des plaisirs je viens vous importuner de nos affaires ; il faut bien jouer le tout ou rien, lorsqu'il n'y a pas d'autre parti à prendre. » La Guillaumye lui répondit, non sans raison et avec une pointe de raillerie, que les plaisirs au centre desquels Napoléon voulait bien le placer n'étaient que les affaires de sa généralité, et qu'il y ferait entrer le plaisir de solliciter auprès du ministre une décision favorable.

Tant de retards et de refus chagrinaient Letizia qui finit par se lamenter et par crier misère. Napoléon ne cessait de consoler sa mère et de lui montrer en perspective une compensation certaine. « Nous en serons quittes, lui disait-il, pour nos longues et pénibles attentes, et l'on nous dédommagera de tout. » Mais la Révolution éclatait. Il dut s'avouer que « cette période était malheureuse pour les finances de France » et que le gouvernement ne se presserait pas de payer des indemnités à la veuve de Charles Bonaparte. Et néanmoins il ne se décourageait pas, ne se lassait pas de croire qu'il obtiendrait justice ; il ajoutait foi aux promesses des bureaux qui lui conseillaient la patience et lui affirmaient que les dettes de l'État seraient réglées l'une après l'autre. En 1792, de Paris, il demandait à Joseph les papiers de la pépinière, et avant de regagner son île il les laissait à un M. Marchand qui lui semblait un homme sûr. Au mois de janvier 1793, d'Ajaccio, il priait ce Marchand de se remuer davantage : « Je vous ai remis, lui mandait-il, toutes les pièces qui concernent la liquidation que je réclame; c'est dans ce but que l'on m'avait fait espérer que mon tour viendrait; je m'en suis fié à vous et ne m'en suis plus embarrassé. » En 1795, lorsqu'il guettait à Paris une occasion de percer, il cherchait encore avec son frère Louis à terminer l'affaire de la pépinière.

Le 1ᵉʳ juin 1788, après avoir revu son frère Joseph qui revenait de Pise avec le diplôme de docteur, Napoléon s'embarquait pour le continent. Il n'avait pas paru au régiment depuis vingt et un mois! Mais les longues vacances n'effarouchaient pas le corps royal de l'artillerie. Le colonel ne servait chaque année que cinq mois, du 1ᵉʳ mai au dernier jour de septembre, et pouvait le 1ᵉʳ octobre aller où l'appelaient ses affaires. Le lieutenant-colonel et le major s'entendaient pour que l'un d'eux fût présent au corps, et l'autre avait le droit de s'éloigner six mois, du 1ᵉʳ octobre au 1ᵉʳ avril. Pareillement, les chefs de brigade, les capitaines, les lieutenants en premier et en second avaient, de deux années l'une, ce même congé de semestre. Il suffisait que le capitaine et le lieutenant en premier de la compagnie ne fussent pas tous deux absents dans le même temps, et pourvu que le colonel eût donné sa permission, pourvu que l'inspecteur eût approuvé le colonel, les officiers quittaient sans souci leur régiment pour courir le monde, voir Paris ou vivre simplement dans leur famille. Encore, en 1787 et en 1788, le capitaine Fuschamberg et le lieutenant en premier La Grange, le capitaine d'Arcy et le lieutenant en premier Parel avaient-ils un semestre à la même époque. Encore ces semestres duraient-ils plus de six mois. Peu à peu la coutume s'était établie de les prolonger jusqu'au 15 mai, et en 1788 une décision provisoire du Conseil de la guerre les fixa du 15 octobre au 1ᵉʳ juin. Le mot *semestre* signifiait donc dans l'armée de l'ancien régime un espace de sept mois et demi! Mais beaucoup d'officiers ne se contentaient pas des semestres. Ils demandaient sous divers prétextes des congés particuliers ou congés de la cour, et c'est ainsi que Napoléon ne faisait plus, selon l'expression de Lucien, qu'aller et venir de France en Corse; c'est ainsi qu'un camarade de Napoléon, le lieutenant d'artillerie Romain, qui fut pourtant un officier consciencieux et zélé, passa les deux tiers de son temps loin de sa compagnie, mêlant les congés aux semestres, visitant l'Italie dans l'hiver de 1788 et au printemps de 1789, s'amusant l'année suivante à Marseille et à Valence pendant plus de six mois, séjournant en Vendée durant la mauvaise saison de 1790 et assistant à Paris au retour humiliant des fugitifs de Varennes. Au mois d'avril 1789 le commissaire des guerres Naudin comptait qu'à La Fère-artillerie huit capitaines sur dix-huit et douze lieutenants en premier sur vingt étaient absents. Du Teil, commandant de l'école d'artillerie d'Auxonne, se plaignait très amèrement de cette fréquence des congés. « Il est inouï, écrivait-il, de dire la facilité avec laquelle les lieutenants en obtiennent! » Et il gourmandait la faiblesse des colonels. Les officiers de fortune, les lieutenants en troisième, les seuls qui fussent permanents et qui ne pouvaient s'absenter que sur des congés particuliers, n'avaient-ils pas fini par avoir, en dépit de l'ordonnance, leur part des semestres? Ne prétendaient-ils pas qu'ils devaient aller chez eux par moitié chaque année? Et, ajoutait Du Teil, y avait-il une prétention plus nuisible au bien du service et plus contraire à tous les principes? Mais le pli était pris, et malgré la Révolution, malgré les troubles et les émeutes, jusqu'à la fuite du roi, les officiers partirent en semestre et obtinrent des congés, soit, comme on disait, pour travailler au rétablissement de leur santé, soit pour vaquer à leurs affaires particulières. Au mois de novembre 1790, il n'y avait au régiment de Toul-artillerie que trois capitaines présents sur vingt! Deux se trouvaient détachés à Brest et à l'île d'Aix; cinq avaient eu des congés à diverses époques, et dix étaient en semestre.

La Fère avait fait bien des étapes pendant la longue absence de Bonaparte. Il était arrivé le 19 octobre 1786 à Douai, et la ville lui semblait désagréable : les denrées de première nécessité infiniment chères, l'eau malsaine, pas de vin, de la très petite bière à sept sols, la bière ordinaire à neuf sols, la livre de viande à cinq sols et demi, et, avec de bons légumes, des choux qui donnaient la fièvre parce qu'ils étaient cultivés dans les marais. Mais le régiment ne demeura pas un an à Douai. Il y eut en 1787 des apparences de guerre. Les patriotes de Hollande s'étaient révoltés contre le stathouder; la France les protégeait; l'Angleterre et la Prusse tenaient pour le prince d'Orange. 150 artilleurs allèrent se mettre au service des patriotes. Dans les commencements du mois d'août, 50 canonniers du régiment de La Fère, munis d'un congé d'une année, sortaient de Douai par bandes de sept ou huit, à quatre jours de distance les uns des autres; ils gagnaient Givet, y déposaient leurs armes, y troquaient leur uniforme contre des habits bourgeois envoyés de Paris, y contractaient un engagement de six mois ou d'un an envers la République de Hollande et, avec les mêmes précautions et dans le même secret, se rendaient à Gertruydenberg. Là, ils se réunissaient sous les ordres du capitaine Labarrière, du lieutenant en premier Richoufflz de la Viéville et du lieutenant en troisième Badier. Mais le 1er octobre, au poste de Halfweg, ils furent accablés par les Prussiens qui s'étaient jetés brusquement sur le territoire hollandais. Deux canonniers périrent; le lieutenant Richoufflz, qui reçut plusieurs coups de baïonnette, et quinze de ses hommes furent pris, conduits à Wesel et au mois de décembre relâchés.

Tandis que le détachement commandé par le capitaine Labarrière se battait en Hollande, le régiment de La Fère allait en Normandie et en Bretagne. Le 18 octobre, il quittait Douai pour défendre le littoral et s'opposer, le cas échéant, au débarquement des Anglais. Mais la prompte invasion des Prussiens avait tout décidé; la Hollande était soumise, et la France, renonçant à la guerre, accepta les faits accomplis. Les batteries de côte furent entièrement désarmées. Les officiers de La Fère absents par semestre ou par congé avaient eu ordre le 19 octobre de rejoindre le régiment à la fin de l'année ; cet ordre fut révoqué le 30 octobre. Neuf compagnies avaient gagné Dieppe, le Havre, Cherbourg, et les onze autres marchaient sur Saint-Servan, Brest et Port-Louis ; le 31 octobre, le ministre leur prescrivait un mouvement rétrograde, et le 5 novembre leur fixait une nouvelle destination. Le régiment de La Fère avait été relevé à Douai par le régiment de Besançon, qui était remplacé à Auxonne par le régiment de Metz. Le ministre arrêta que le régiment de Metz rentrerait en Franche-Comté, que le régiment de Besançon resterait à Douai, et que, dans les derniers jours de décembre, le régiment de La Fère irait à Auxonne, une de ses garnisons ordinaires, pour reprendre les exercices et instructions des écoles de théorie et de pratique.

Les deux bataillons de La Fère arrivèrent à Auxonne, l'un, le 19, l'autre, le 25 décembre. Ils avaient couru les chemins durant près de dix semaines, et leurs officiers purent féliciter Bonaparte d'avoir échappé aux ennuis et aux fatigues de ce long voyage : des routes abominables, une pluie continuelle, de mauvais gîtes, tout le monde mécontent, le capitaine Du Hamel revenant en hâte de son semestre sur l'avis de M. de Lance pour commander quatre compagnies à Cherbourg et jurant qu'il obtiendrait une indemnité du bureau de l'artillerie, le vieux lieutenant-colonel d'Urtubie montrant à Fougères de la résolution et de la fermeté pour dissiper un rassemblement de soldats débandés qui projetait de piller les magasins du roi, mais ne cessant de geindre, se plaignant de faire la navette, répétant à qui voulait l'entendre que des trajets si pénibles altéraient sa santé, et regrettant de ne passer à Paris que pour se mettre entre les bras des médecins !

Auxonne logeait les officiers ou leur payait leur logement. Le lieutenant Bonaparte prit gîte, comme la plupart de ses camarades, dans l'un des deux pavillons qui flanquaient les casernes, le pavillon dit de la Ville. Sa chambre, qui n'avait qu'une fenêtre, était simplement meublée : un lit, une table, un fauteuil, six chaises de paille et une chaise de bois. Le climat d'Auxonne ne lui convint pas tout d'abord. Les marais des alentours, les nombreuses inondations de la Saône, les vapeurs pestilentielles de l'eau qui remplissait les fossés des remparts, rendaient la ville très insalubre, et dans l'été de 1783 une épidémie que le général Du Teil qualifie d'affreuse, avait atteint tous les soldats et presque tous les officiers. Napoléon eut une fièvre continue qui l'assiégeait quatre jours durant, le lâchait quatre jours, puis le reprenait. Ce mal l'affaiblit et lui donna le délire. Les derniers mois de 1788 ne furent pour lui qu'une longue convalescence. Mais en janvier 1789, lorsque le temps se rétablit, et, comme il dit, lorsque disparurent les vents et les brouillards, les glaces et les neiges, il se remit à vue d'œil. Il avait été soigné par un Messin, le chirurgien-major Bienvelot, licencié en médecine, qui passait pour un excellent docteur et qui, de l'avis de tous les officiers de La Fère-artillerie, possédait talent, zèle et activité. Ce Bienvelot, entré au régiment quelques mois après Bonaparte, y resta trente ans. A une revue du Champ-de-Mars, le premier consul le reconnut. « Êtes-vous toujours aussi original? » dit-il à son ancien Esculape. — « Pas tant que vous, répondit Bienvelot, pas tant que vous qui ne faites rien comme les autres et que personne n'a encore pu imiter. »

Les légendes abondent sur ce séjour de Napoléon à Auxonne : il se promenait seul autour de la ville; il avait constamment des livres ou des papiers à la main; lorsqu'il s'arrêtait, c'était pour tracer sur la route des figures de géométrie avec le fourreau de son épée; il arrivait fréquemment en retard à la pension; il essaya avec Desmazis et un autre camarade de ne vivre que de laitage, etc.

Sûrement, il se livra dans ses loisirs d'Auxonne à un labeur assidu. Il faillit avoir une rechute. Ce travail de cabinet était, selon ses propres expressions, innaturel, destructif de la constitution, et il fut quelquefois dans cet état fébrile et maladif qu'il décrit en un passage de son *Discours* de Lyon, où le sang s'embrase à cause du défaut d'exercice. Par moments, sa santé l'inquiétait, et, ainsi qu'il disait à l'oncle Fesch au mois d'août 1788, ne lui paraissait pas trop bonne. Mais il était pauvre, craignait la dépense, voulait donner au libraire, et à nul autre, le peu d'argent de poche qui lui restait à la fin de chaque trimestre. « Je n'ai pas d'autre ressource ici que de travailler, écrivait-il en juillet 1789. Je ne m'habille que tous les huit jours; je ne dors que très peu depuis ma maladie; cela est incroyable; je me couche à dix heures et me lève à quatre heures. Je ne fais qu'un repas par jour. »

Aussi prétend-on qu'à cette époque de son existence il vivait retiré, hargneux, dépourvu d'amis, se passant d'affection, épris d'une sorte de fier et farouche isolement. Mais ne parlait-il pas avec émotion de la *divine amitié*? « Quel est, dit-il, l'infortuné qui n'a point deux connaissances intimes parmi ses camarades? » L'homme qui tient ce langage a trouvé des gens qu'il aime et qui le paient de retour. Il a, selon le mot de Napoléon, des connaissances intimes parmi ses camarades. Ces « connaissances intimes », c'étaient, outre l'inséparable Desmazis et le fidèle Le Lieur de Ville-sur-Arce, les lieutenants en second Rolland de Villarceaux et Jullien de Bidon.

Rolland de Villarceaux devait démissionner en 1792. Trois ans plus tard il revit à Paris son compagnon d'armes de La Fère, et Napoléon se l'attacha sur-le-champ, lui proposa de l'emmener en Turquie, le choisit pour aide de camp après le 13 vendémiaire, voulut le faire son homme de confiance. Mais durant la guerre d'Italie Rolland abandonna le général pour le Directoire. Et pourtant, de l'aveu de Napoléon, il aurait pu se ménager une grande faveur, s'il avait su s'y prendre, et de façon ou d'autre, par exemple dans un rendez-vous de chasse, obtenir une demi-heure d'audience : il possédait ce droit des premières années qui ne se perd jamais. Rolland de Villarceaux manqua donc sa fortune. Mais Bonaparte n'usa pas de rigueur; il lui fit avoir en Italie une place d'agent des contributions; il le réintégra dans le grade de capitaine d'artillerie; il le nomma préfet du Tanaro, des Apennins, du Gard, et, aux Cent-Jours, il lui avait confié la préfecture d'Eure-et-Loir, puis celle de l'Hérault, lorsqu'il sut que Rolland s'était prononcé contre lui.

Comme Rolland de Villarceaux, Jullien de Bidon, que le régiment de La Fère ne connaissait que sous le nom de Bidon, entra sous le Consulat dans l'administration. Il n'avait pas émigré et s'était signalé dès le commencement de la Révolution par son civisme. Durant un congé de semestre, en 1790, dans son village natal, à La Palud, il forma et exerça la garde nationale, et il se vantait d'avoir en toute occasion mérité et obtenu le titre de vrai et franc patriote. Détaché à l'armée du Rhin, il reçut des représentants Lacoste et Baudot le grade d'adjudant général chef de bataillon et se distingua devant Germersheim dans la journée du 14 juillet 1794, où il rallia le 10e régiment de chasseurs à cheval. Il suivit Bonaparte en Égypte et commanda la place et la province de Rosette, puis le château d'Aboukir. L'activité dont il fit preuve et l'exactitude de ses rapports plurent au général en chef : « J'ai vu avec plaisir, lui écrivait Bonaparte, le zèle que vous mettez à faire passer les subsistances. Continuez, je vous prie, à nous envoyer autant de blé que vous pourrez. » Jullien avait avec lui son frère Auguste, capitaine d'infanterie, qui était son adjoint; il sollicita pour lui les faveurs de Napoléon. « J'ai reçu, lui répondait le général, votre dernière lettre. Je vous prie de me faire passer les états de service de votre frère, et je verrai ce que je puis faire pour lui. » Mais Auguste Jullien mourut de la peste. Un autre frère de Bidon, Thomas-Prosper, mourut également en Égypte. Aide de camp de Saint-Hilaire, puis de Bonaparte, et devenu rapidement un des meilleurs officiers de l'état-major, envoyé à Rome avec Marmont et Charles pour imprimer dans l'esprit du pape et des Romains l'idée la plus avantageuse de l'armée française, il fut tué par des Arabes sur la route du Caire à Rosette. Napoléon le regretta sincèrement et donna le nom de Jullien à l'un des forts qu'il fit bâtir en Égypte. Il informa l'adjudant général qu'il prenait part à sa peine et demanda au gouvernement une pension de seize cent francs pour sa mère; cette perte, ajoutait-il, « ne fait qu'accroître l'amitié que je vous ai vouée ». A son retour d'Égypte, Jullien de Bidon, adjudant général chef de brigade ou adjudant commandant, fut préfet du Morbihan et eut ordre de détruire ce qui restait de « brigands » dans la région. Il reçut quinze mille francs pour meubler son hôtel; il toucha deux mille francs d'augmentation par mois pour avoir un train de maison et des chevaux, et à diverses reprises Napoléon lui témoigna sa satisfaction, lui promit des preuves particulières de son estime. Pendant treize ans Jullien administra le Morbihan, et à la fin de 1812, il se vantait de son zèle : tous les émissaires que l'Angleterre dirigeait contre l'empereur par Vannes ou Lorient, et notamment Debar, « que Sa Majesté lui avait elle-même recommandé d'une manière spéciale », avaient trouvé la mort dans le département! Mais, s'il cessait de servir dans l'armée, il gardait ses droits à l'avancement, et le premier consul le promut général de brigade. « J'ai reçu ma nomination, écrivait Jullien; que je sois jugé utile dans la carrière administrative ou rappelé dans les rangs de mes anciens camarades, ma patrie et le héros qui fait son bonheur et sa gloire, peuvent compter sur mon dévouement sans bornes. » Le général-préfet fut en outre comte de l'Empire et conseiller d'État en service extraordinaire.

Les autres officiers de La Fère étaient attachés à Napoléon par les liens d'une bonne camaraderie, et la plupart méritent une mention dans sa biographie. Au nombre des capitaines que Bonaparte connut de 1785 à 1791 étaient d'Issautier, Du Hamel, Belleville, Menibus, Montperreux, Lépinay, Roche de Cavillac, Fuschamberg, Hennet de Lambresson, Molines, Labarrière, Boubers, Drouas, Manscourt, Verrières, d'Urtubie, Gassendi. La Révolution devait les séparer, et comme elle fit dans chaque régiment, dans chaque ville, presque dans chaque famille, changer subitement leur destin à tous, imposer la retraite à ceux-ci, jeter ceux-là soit en prison, soit dans l'exil, élever quelques-uns aux plus hauts grades.

D'Issautier quitta le service au 1ᵉʳ juin 1791 avec une pension de seize cents livres.

Du Hamel se signala par sa prudence, par les peines qu'il prit pour maintenir la discipline militaire dans les troubles du Mâconnais, tant en 1789 qu'en 1790, et le commandant du duché de Bourgogne disait qu'il fallait lui compter ces deux années comme campagnes de guerre. Aussi Du Hamel fut-il employé dans son grade à l'école d'artillerie de Châlons. Mais il ne tarda pas à démissionner.

La Gohyere, Coquebert, Belleville avaient donné l'exemple. Belleville, quoique royaliste fervent, signa le 3 juillet 1791 le serment de fidélité à l'Assemblée constituante. Mais le 30 mai 1792, de Longwy, il envoyait sa démission au colonel Sappel : « sa santé et des affaires majeures de famille lui imposaient la loi de renoncer au service ».

Menibus émigra, de même que Masson d'Autume, et fit les campagnes de l'émigration : campagne de 1792 à l'armée des princes et campagne de 1793 à 1801 dans l'armée de Condé, où son frère Menibus de Vassy, capitaine au régiment de Béarn, réussit à se pousser au poste d'aide-major général. A son retour, il vécut à Rouen. Le 29 septembre 1802, il demandait du service au ministre de la guerre. Inscrit sur la liste des émigrés et dépossédé de tout son bien, il n'avait plus aucune ressource. « J'ai, ajoutait-il, servi dans le même régiment que le premier consul, j'ai aussi l'avantage d'en être connu. » Il eût mieux fait de recourir directement à Bonaparte. Le ministre répondit sèchement que Menibus avait donné volontairement sa démission et ne pouvait, d'après les lois, être réintégré.

D'autres capitaines se rallièrent à la Révolution et contribuèrent à nos succès par leur expérience et par la confiance qu'ils inspiraient aux soldats.

Montperreux était en 1792 directeur d'artillerie à Besançon, et Lépinay, lieutenant-colonel sous-directeur à l'île de Ré.

Roche de Cavillac, lieutenant-colonel en 1791, fut nommé chef de brigade par Dampierre en 1793. Mais le ministre refusa de le confirmer dans ce grade, et Roche dut prendre sa retraite la même année.

Fuschamberg, un des officiers les plus instruits et les plus actifs de son arme, commandait le passage du Rhin qui fut tenté le 16 septembre 1793 à Niffer sur l'ordre des représentants. L'opération, mal conçue, ne put réussir. Mais Fuschamberg fut arrêté par Lacoste, traduit devant un tribunal militaire, acquitté, réincarcéré par Hentz à l'instigation de Lacoste. Le 9 thermidor le sauva.

Hennet de Lambresson, devenu lieutenant-colonel, était directeur d'artillerie à Dunkerque lorsque la ville fut menacée par les Anglais en 1793. La population, inquiète, soupçonneuse, exigea son départ. Il fut envoyé à Saint-Omer, et trois semaines plus tard, suspendu de ses fonctions. Carnot, qui le connaissait, lui fit donner une pension de retraite.

Molines avait, quatre années avant l'arrivée de Bonaparte au régiment, encore besoin de s'instruire. Mais il s'appliquait, dessinait assez bien, et l'on finit par le regarder comme très exact et très sage, « un peu joueur, mais sans dérangement ». Quoique sa famille fût reconnue noble depuis un temps immémorial, il accepta le nouveau régime et fit comme chef de bataillon quatre campagnes aux armées d'Italie et des Alpes. Sa connaissance des choses du métier lui valut les éloges de Kellermann. En 1797 il se retirait dans l'Ardèche, son pays natal, après avoir servi près de trente-cinq ans.

Labarrière ou, comme on le nommait, le chevalier de Labarrière, frère cadet du major de La Fère-artillerie, capitaine depuis 1778 et plus tard colonel, prit part au blocus de Mayence et à la défense de Mannheim, organisa les parcs de l'armée d'Italie et mourut en 1800 à Brest, où il avait obtenu la direction de l'artillerie, ce poste tranquille et sûr que la plupart des vieux officiers souhaitaient et qu'il n'avait cessé de solliciter au milieu des combats et des marches.

Boubers, Drouas, Manscourt, Verrières devinrent généraux de brigade; d'Urtubie et Gassendi, généraux de division.

Le chevalier de Boubers, comte de Mazingan, se distingua dans la campagne du Nord en 1793. Dumouriez assure en un passage de ses *Mémoires* que Boubers, qui lui avait des obligations particulières, « travailla » très activement le corps des canonniers en faveur de la Convention. C'était Boubers qui, après la destitution du malheureux Mérenveüe, commandait en chef l'artillerie française à Wattignies. Nommé général de brigade par les représentants, mais infirme, vieilli, suspecté comme noble, il prit sa retraite dès la fin de l'année 1796. Lorsqu'il voulut rentrer au service, il alla voir — c'était le 10 juillet 1800 — son ancien lieutenant, devenu premier consul, qui le désigna pour le commandement d'armes de Calais. Plus tard, à deux reprises, lorsque Boubers désira sa réintégration dans le corps de l'artillerie ou même dans la ligne, il rappela ses relations d'autrefois avec Napoléon : « l'ancienneté de mes services et de mon zèle à remplir fidèlement et exactement mes devoirs sont très connus de Votre Majesté ».

Drouas passait au régiment de La Fère pour très laborieux et très instruit. Il se trouvait sous les ordres de Bonaparte aux journées de vendémiaire où il dirigeait l'arsenal de Paris, et il fut un instant commissaire provisoire de l'organisation des armées pour l'artillerie et le génie. Napoléon le nomma membre du conseil de perfectionnement de l'École polytechnique, le chargea de remplacer Marmont à la tête de l'artillerie en Hollande, l'envoya comme chef d'état-major de l'arme au corps d'observation du maréchal Brune. En 1809, Drouas prenait sa retraite, qu'il demandait depuis un an, à cause de graves infirmités, et non sans regretter, disait-il, une carrière dans laquelle il ne pouvait plus utilement servir son souverain et son pays. Mais en 1814 Napoléon le rappelait à l'activité pour lui confier le commandement de l'artillerie de Paris.

Après avoir eu, disait-on, beaucoup de vivacité et de dissipation, Manscourt avait été noté comme un homme d'esprit qui s'appliquait avec succès, démontrait avec intelligence et dessinait assez bien. Il eut sous le nouveau régime un prompt avancement qu'il dut à ses sentiments républicains. Depuis 1789, mandait-il au ministre, son imagination ne s'était nourrie que des principes de la Révolution. Le 5 août 1793, à son grand étonnement, il était nommé général de brigade dans son arme, et ce fut lui qui dirigea le feu des batteries au 13 septembre suivant, dans la journée de Pirmasens. Mais quoiqu'il eût remercié le ministre de cette « faveur inattendue », sa rapide promotion avait excité la jalousie de ses anciens et le mécontentement des bureaux. On rappela sa noblesse qui pourtant était mince, on prétendit qu'il n'avait pas rejoint son poste assez vite; il fut suspendu et n'obtint sa réintégration dans le corps de l'artillerie que comme chef de brigade. Il accompagna Bonaparte en Italie et en Égypte, et ce fut son camarade d'Auxonne qui lui rendit le grade de général. Par malheur, Manscourt, commandant d'Alexandrie, prit sur lui d'envoyer aux Anglais un parlementaire avec une lettre que Bonaparte jugeait indigne de la nation, et il protégea trop ouvertement des commissaires des guerres et des gardes-magasins accusés de friponnerie. Il encourut la disgrâce de Bonaparte, qui le remplaça par Marmont. Au retour d'Orient, il demanda la direction de Grenoble; elle lui fut refusée. Il démissionna : « Je m'étais flatté, écrivait-il le 10 décembre 1801 sur un ton imprudent, que le cœur du premier consul saisirait cette occasion d'ajouter à la récompense à laquelle mon ancienneté de service me donnait des droits, la douceur de terminer ma carrière au milieu de la famille de ma sœur; je croyais que la sensibilité, d'accord avec la justice, n'était pas incompatible avec les qualités d'homme d'État; mais, par je ne sais quelle fatalité, ces deux motifs n'ont pu déterminer le premier consul à m'accorder la préférence. » Il vécut désormais à Auxonne, et vainement à plusieurs reprises il sollicita sa rentrée dans l'armée; vainement il eut en 1806 une audience de Napoléon, qui le renvoya au ministre de la guerre; vainement il déclara qu'à Auxonne « ses anciens rapports avec Sa Majesté et son dévouement pour elle étaient connus » : il ne fut plus employé.

Verrières eut ainsi que Manscourt un avancement soudain Les représentants le nommèrent général de brigade en 1793, et ce fut lui qui mena l'artillerie de l'armée de la Moselle, sous les ordres de Hoche, à la bataille de Kaiserslautern et au déblocus de Landau. Mais accusé de négligence par Duquesnoy, le *râfleur de généraux*, destitué, emprisonné, traduit au tribunal militaire, absous, réintégré, de même que Manscourt, comme chef de brigade, il ne recouvra le grade de général qu'en 1799 après avoir revu Napoléon. « Je dois à Bonaparte, écrivait-il, l'avantage d'avoir commandé en chef l'artillerie aux sièges de Ceva, du château de Milan, de Mantoue, et d'avoir dirigé les établissements d'artillerie des îles du Levant. » Toutefois Napoléon reconnut bientôt qu'il était bavard et dénué de vigueur. Il lui refusa le brevet de général de division. En 1808, à Paris, pendant un congé de Verrières, qui commandait à Glogau la basse Silésie, il lui dit avec brusquerie : « Vous ne retournerez pas à votre gouvernement », et l'année suivante il le mit à la retraite. Verrières réclama; Napoléon radouci lui donna une dotation de deux mille francs, le nomma baron de l'Empire, lui offrit le commandement du Helder, que Verrières n'accepta pas à cause de la rigueur du climat, et, en 1812, à une audience nouvelle, annonça l'intention de le placer. Verrières désirait Strasbourg; il fut envoyé à Landau. Mais il révéla tant de faiblesse et d'incapacité que Napoléon le réadmit à la retraite en 1814. Le décret ne put être exécuté : l'ennemi bloquait Landau. Durant le blocus, qui dura quatre mois, Verrières ne fit que des commérages. Aussi n'eut-il pas le grade de lieutenant général qu'il sollicitait instamment de Louis XVIII. « Bonaparte, dont j'étais capitaine, disait-il, me regardait comme âgé dès le commencement de son service ; je craignais toujours de me montrer à lui, et, négligeant l'avancement et les titres dont il m'eût été facile de me faire avantage, je me contentais d'obtenir le seul sentiment qu'il ne pouvait me refuser, celui de l'estime. » Comme Bonaparte, Louis XVIII mit Verrières à la retraite : c'était la troisième, et elle fut définitive.

Théodore d'Urtubie était le cadet du vicomte d'Urtubie, lieutenant-colonel de La Fère. Une erreur d'enregistrement lui avait attribué la croix de Saint-Louis dévolue à son frère aîné ; ses anciens protestèrent, et les bureaux lui mandèrent que le ministre, « sans lui ordonner de quitter la croix, l'engageait à ne pas la porter » jusqu'à ce que vint son tour. Il publia ce *Petit manuel de l'artillerie* qui se vendit sous la Révolution à des milliers d'exemplaires, mais qui, selon Lariboisière, n'était pas aussi excellent que le croyaient et le public et l'auteur, et ne renfermait pas tous les éléments de la science. D'Urtubie, général de brigade en 1793, fut général de division en 1797. Mais il n'avait vu qu'une bataille et fait qu'une campagne, celle de 1761. Le 7 janvier 1800, le premier consul, ne voulant conserver aucun officier qui n'eût servi activement dans les guerres de la liberté, lui enjoignit de se rendre à l'armée du Rhin et de faire au moins la campagne prochaine. D'Urtubie obéit et prit sa retraite l'année suivante. Bonaparte le nomma administrateur à la caisse d'amortissement.

De tous les capitaines qui fussent alors au régiment de La Fère, le plus remarquable était Gassendi. Il avait une vaste intelligence et une culture étendue. Ses chefs le jugeaient non seulement exact à son service, mais encore doué de très grandes aptitudes pour les sciences et désireux d'acquérir sans cesse des connaissances nouvelles. Géomètre appliqué, comme disaient ses inspecteurs, et amateur de littérature, Gassendi collaborait aux *Étrennes du Parnasse* et publiait à l'usage des officiers du corps royal un *Aide-mémoire* qui, selon le mot de Senarmont, réunit tous les principes dans un cadre très resserré et très utile. Bonaparte s'entretint volontiers avec lui. Gassendi aimait la Corse, exaltait le courage que les habitants de l'île avaient déployé contre l'envahisseur, et narrait ainsi cette héroïque réponse d'un soldat de Paoli :

« Dans cette île où la guerre étale tant d'horreurs,
Du sort qui vous attend que le nôtre diffère !
Compare-les tous deux, trop farouche insulaire :
Si nous sommes blessés, par des soins bienfaiteurs
Nous sentons adoucir l'excès de nos douleurs ;
Mais vous, percés de coups, à votre heure dernière,
Baignant de votre sang la rive solitaire,
Couchés sur des rochers à l'ombre des buissons,
Que faites-vous sans soins, sans secours ? — Nous mourons. »

Il parlait du Tasse avec ravissement et il avait mis en vers sept chants de la *Jérusalem délivrée*, un chant de l'*Enfer* de Dante, des passages d'Arioste, des madrigaux de Guarini. Sa propre poésie est légère, galante, érotique dans le goût de l'époque. Mais il assurait, selon la coutume, que sa vie était moins libertine que sa muse, et, disait-il,

> Essayait d'imiter sur sa lyre amoureuse
> Le cygne de Mantoue et celui de Tibur.

Il affectionnait La Fontaine, et surtout ses contes :

> O bonhomme immortel,...
> Tout, jusqu'à tes défauts, est une grâce en toi.

Il nommait Jean-Jacques Rousseau

> Misanthrope irascible et coquin vertueux,

et pourtant louait l'amour du genre humain qui le guide et l'échauffe, louait la vigueur de sa polémique

> Qui fit trembler Voltaire et terrassa Christophe.

Il détestait les docteurs de Sorbonne et les « dévots ténébreux ». D'une façon vive et piquante il retraçait son existence d'artilleur. C'est ainsi qu'il vantait les délices du corps de garde où le lit de camp

> Donne un air d'attentat qui séduit les cruelles.

Quelquefois il regrettait d'avancer lentement et il se représentait avec mélancolie

> obscurément utile,
> Remplissant ses devoirs dans un art difficile,
> Marchant sans protecteur, sur soi seul appuyé.

Mais il avait conscience de son mérite, et il était philosophe. Il se moquait des fats aux doubles épaulettes et des apprentis généraux qui venaient faire les importants et s'évertuaient à fatiguer sans raison le pauvre soldat :

> Moi, j'exécute, juge et siffle leurs manœuvres.

Et il décochait cette épigramme à un grand seigneur ignorant :

> ... Qui pourrait ne pas rire en voyant
> Ce jeune colonel, ce superbe impudent,
> Imbécile neveu d'un héros magnanime,
> Nous disant qu'il reçoit un mémoire anonyme
> Signé des officiers de tout son régiment?
> Joins au nom les talents, si tu veux mon estime!

Son admiration pour Napoléon fut sans bornes. Il le comparait en 1798 aux personnages poétiques qui fascinaient alors les esprits :

> Les récits d'Ossian plaisent à ton courage;
> Des héros qu'il vanta tu rassembles les traits,

et il saluait avec enthousiasme le vainqueur d'Italie, « brillant de renommée », il acclamait le nouveau maître de la France,

> .... ce César choisi par la victoire
> Qui nous présente un joug tout rayonnant de gloire.

Il le défendit contre Moreau, contre Mme de Staël :

> L'inconséquente Staël des fadeurs romantiques
> Passe subitement aux rêves politiques,
> Disant tout, jugeant tout, et se trompant sur tout,
> Fatigue ses lecteurs et lasse ses critiques...
> Sa rage a redoublé son insigne laideur.

Mais Bonaparte méritait l'affection de Gassendi. Il le protégeait durant la Révolution contre les soupçons des conventionnels. Il lui donnait le commandement du parc de l'armée de réserve en 1800 et le félicitait d'avoir conduit au passage du Saint-Bernard la marche des canons avec tant d'intelligence qu'elle n'avait pas causé le moindre retard. Il le fit général de brigade, général de division, directeur de l'artillerie au ministère de la guerre, inspecteur général, conseiller d'État, sénateur. Dans les derniers jours de 1812 et au commencement de 1813 il l'appela aux conseils qu'il tint aux Tuileries avec

Clarke, Lacuée et Daru. Il le nomma au mois de janvier 1814 membre du Comité de défense de Paris.

Les principaux lieutenants en premier du régiment de La Fère en 1785 étaient Baston de Lariboisière, Baltus, Roquefère, Deroche, Rulhière, Cirfontaine, Parel, Nexon, Cavey de la Motte, Malet, Vimal de La Grange et les deux frères Du Raget.

Cinq d'entre eux, Baston de Lariboisière, Baltus, Roquefère, Deroche, Rulhière se rangèrent sans hésitation ni scrupule sous les drapeaux de la Révolution.

Baston de Lariboisière était de dix ans plus âgé que Bonaparte. Les inspecteurs louaient son zèle et son intelligence, assuraient qu'il travaillait beaucoup et avec succès, qu'il donnait de belles espérances. C'est le Lariboisière qui devint général de brigade, général de division, comte de l'Empire, premier inspecteur et commandant en chef de l'artillerie de la Grande Armée ; le Lariboisière qui, à Austerlitz et dans la poursuite des Prussiens après Iéna, poussait ses pièces à portée de mitraille ; qui, à Eylau, sous le feu terrible des Russes, gardait ses positions sans fléchir un instant ; qui, malgré l'ordre du jour de Napoléon, valut pendant le siège de Dantzig autant de gloire aux canonniers que Chasseloup-Laubat aux sapeurs ; qui contribua plus qu'aucun autre au gain de la bataille de Wagram ; qui, dans la campagne de 1812 où il fut, avec Eblé, selon le mot d'un officier, la colonne et le soutien de son arme, foudroya Smolensk, décida de la victoire à la Moskowa en massant ses batteries, refoula Kutusov à Viasma, et, accablé de fatigue, mourut au terme de la retraite à Kœnigsberg. Sa veuve eut une pension de 6 000 francs, et son fils, nommé chambellan au retour de Russie, fut pendant les Cent-Jours officier d'ordonnance de l'empereur et chargé d'une mission en Vendée. Nul général d'artillerie, a dit Napoléon, ne servit avec plus de distinction, ne montra plus d'habileté que Lariboisière.

Baltus est moins connu. Admis tout jeune dans le corps

royal, il était lieutenant en second depuis cinq mois lorsqu'il atteignit sa seizième année d'âge. Mais il eut sous la Révolution un avancement très lent. Ce fut Napoléon qui, par un ordre exprès, à la fin de 1799, le nomma chef de bataillon. En 1803, Baltus, gravement malade, donnait sa démission et assurait que son respectueux dévouement au premier consul était inaltérable, qu'en cas de guerre, si sa santé se rétablissait, il lui offrirait de nouveau ses services comme simple volontaire. Un an plus tard, en 1804, il désira rentrer dans le corps de l'artillerie : il fut réintégré à son rang par son ancien camarade du régiment de La Fère. Il a été d'ailleurs un des meilleurs soldats de Napoléon, et Davout le jugeait plus propre à faire la guerre qu'à gouverner un arsenal. Il commandait en 1805 l'artillerie des grenadiers de la division Oudinot et en 1807 celle du 8º corps. Sur le champ de bataille de Friedland il dirigea le feu de 32 canons, et à Wagram il réunit 42 pièces qui consommèrent toutes leurs munitions. Baron de l'Empire en 1809, chef de l'état-major de son arme au corps d'observation de Hollande en 1810, général de brigade, il eut sous ses ordres en 1811 l'artillerie de l'armée d'Allemagne à Hambourg, en 1812 celle du corps de Davout, en 1813 celle du corps de Vandamme et celle du 3º corps des réserves de cavalerie qui se rassemblait à Hanau. La première Restauration lui confia l'École de Metz. A la nouvelle du retour de Napoléon, il voulut rester fidèle aux Bourbons, et le 20 mars 1815 il publiait une lettre où il nommait l'empereur un étranger et le plus perfide des hommes : « Buonaparte ne fut jamais Français et ne s'est fait connaître que par le sang des braves qu'il a versé pour assouvir l'ambition la plus effrénée. » Mais il vit Napoléon acclamé par la France presque entière et il fut mis à la tête de l'artillerie du 4º corps qui se formait à Metz : il pria le ministre Davout d'assurer Napoléon de son dévouement. La seconde Restauration le fit tardivement lieutenant général.

Roquefère fut camarade de Napoléon au régiment de La Fère et à celui de Grenoble. Il servit la Révolution, mais une malchance le poursuivit, et, dit son compagnon d'armes Gouvion, il eut sa part des malheurs causés par la fatalité du nouveau régime. Il avait commandé l'artillerie au camp de Tournoux où Kellermann et Gouvion rendaient les meilleurs témoignages de son zèle et de ses talents, lorsqu'il fut appelé devant Toulon par Bonaparte. Arrêté sur l'ordre du comité révolutionnaire de Manosque, suspendu par le représentant Dherbez-Latour, jeté dans la prison de Forcalquier, il n'obtint sa liberté qu'à la fin de 1794 et ne fut pas réintégré. Mais il savait, selon sa propre expression, que ses infortunes exciteraient l'intérêt d'anciens camarades de qui dépendait son sort. Il écrivit à Andréossy, et à la veille du 18 brumaire, il pria le vainqueur de Lodi et des Pyramides de le recommander au ministre de la guerre. « Bonaparte, mon cher Roquefère, lui répondit Marmont, sera fort aise de trouver l'occasion de vous être utile. » Le 12 mars 1800, le premier consul décidait que Roquefère rentrerait au service avec le grade de capitaine-commandant. Employé à l'armée de réserve, Roquefère se signala sous les yeux de Joseph Bonaparte au passage du grand Saint-Bernard par son adresse et son activité. Détaché plus tard à l'armée d'Espagne comme chef de bataillon, il commanda son arme au premier siège de Saragosse, et, à la fin du second siège, où il était chef de l'état-major de l'équipage d'artillerie, ce fut lui qui, au cinquante-sixième jour de tranchée ouverte, se rendit dans la place en parlementaire. Malade et mécontent, il donna sa démission en 1812 pour se retirer dans son château de Roquefère, près de Carcassonne, et finir, comme il disait, maire du petit village dont ses pères étaient seigneurs.

Roche ou Deroche, fils du capitaine Roche de Cavillac, avait été, de même que Napoléon, cadet-gentilhomme à l'École militaire de Paris, et il connaissait la Corse puisqu'il aida son père à reconstruire en 1785 le magasin à poudre d'Ajaccio. Comme Roquefère, il eut du guignon et ne put devenir colonel. Pourtant, il fit les campagnes de la Révolution sur les bords de l'Escaut et de la Meuse; il servit avec Sugny en

Italie, servit dans le royaume de Naples, à l'armée de Venise, à celle de Dalmatie. Lorsqu'il vit à Douai le premier consul, il fut recommandé au général Dulauloy, et le 15 juillet 1800, il écrivait à Bonaparte : « Je suis le seul de vos anciens camarades qui n'ait point eu d'avancement. Je serais donc le seul sur lequel vos faveurs ne daigneraient pas s'étendre ! Cependant, je ne crois pas avoir démérité, ayant fait continuellement la guerre comme les autres. » Il ne fut nommé chef de bataillon qu'en 1803 et il avait ce grade lorsqu'il prit sa retraite dix ans plus tard, après avoir été sous-directeur d'artillerie en Hollande, à Groningue et à Coevorden.

Chriseuil de Rulhière appartenait à une famille très honorablement connue. Son oncle, l'académicien, est l'auteur de cette *Histoire de l'anarchie de Pologne* qui resta manuscrite jusqu'à l'année 1806 où Napoléon la fit publier. Son arrière-grand-père, son grand-père, son père avaient exercé les fonctions d'inspecteur des brigades de la maréchaussée de l'Ile-de-France. La Révolution ne ménagea pas sa famille. Son beau-frère, sous-lieutenant de la maréchaussée, fut en 1791 égorgé à Courbevoie par le peuple qui voulait enlever les drapeaux des Suisses. Son père, commandant la garde à cheval et le guet de Paris, puis colonel de la gendarmerie nationale, fut abandonné par sa troupe au 10 août sur la place du Carrousel, enfermé à La Force, massacré le 2 septembre et enfoui dans les carrières de Charenton. Pourtant, Chriseuil de Rulhière n'émigra pas. De Givet où il était, il ne demandait au ministre un congé de six semaines que lorsqu'il savait le Brabant conquis et la frontière des Ardennes assurée : « J'ai perdu mon père dans la journée du 2 septembre, écrivait-il, et cet événement a donné naissance à des affaires de famille qui exigent ma présence à Paris. » Il était encore au régiment de La Fère dans le mois d'avril 1793, mais la Terreur l'obligea de quitter son emploi. Bonaparte, qui l'aimait, le revit à Milan en 1797 et le chargea de remplir les fonctions de commissaire français près d'un des trois départements que formaient les I[les] Ioniennes, le département de la mer Egée. « C'est un homme instruit, disait-il au Directoire, et extrêmement désintéressé. » De Corfou, de Zante, Rulhière correspondit avec le général, et du Caire, Bonaparte le pria de faire fabriquer avec des raisins secs l'eau-de-vie dont l'armée avait besoin, d'activer le commerce des Iles Ioniennes avec l'Egypte : « Continuez, ajoutait-il, à bien mériter de ces peuples par votre conduite sage et philanthropique, et croyez au désir vrai que j'ai de vous donner des preuves de mon estime et de l'amitié que vous savez que je vous porte ; soit en Egypte, soit en France, soit ailleurs, vous pouvez compter sur moi. » Comme Rolland de Villarceaux et Jullien de Bidon, Rulhière était destiné par Napoléon à la carrière civile. Il fut sous-préfet de Falaise, et ses administrés assuraient qu'il avait fait le bien et obtenu l'estime de tout le monde. Il fut secrétaire général du commissariat de police en Piémont. Il fut préfet du département de la Roër. Mais il emportait de Turin le germe d'une maladie mortelle, et il ne put rejoindre son poste d'Aix-la-Chapelle. Durant la route, il souffrit des maux d'estomac si violents qu'il dut s'arrêter à Genève pour consulter Odier et à Paris pour se reposer : il se fit appliquer des sangsues ; il eut des saignements de nez et des vomissements ; de son lit, il demandait au ministre un congé de quelques décades ; le 15 juin 1802, il expirait. Napoléon le regretta. Il avait nommé son frère aîné Philippe sous-préfet de Falaise, et sous la Restauration, Philippe racontait volontiers qu'il était entré dans l'administration par l'entremise de son cadet, qui « avait servi dans l'artillerie avec Bonaparte ». A son voyage de Normandie, le premier consul interrogea Philippe de Rulhière : « Êtes-vous, lui dit-il, frère du Chriseuil, ancien officier au régiment de La Fère-artillerie, décédé peu de temps après avoir été nommé préfet de la Roër ? »

Les autres lieutenants en premier du régiment de La Fère, Cirfontaine, Parel, Nexon, Cavey de la Motte, Malet, Vimal de la Grange, les deux Du Raget, émigrèrent.

Germay de Cirfontaine prit part à l'expédition de Champagne en 1792, suivit en 1795 le rassemblement d'officiers d'artillerie aux ordres de Quiefdeville et reçut des Bourbons un brevet de chef de bataillon.

Parel, d'abord volontaire à l'armée des princes, commanda durant deux ans l'artillerie du régiment de Salm à la solde anglaise, et obtint sous la Restauration le grade de chef de bataillon avec la retraite de capitaine.

Nexon fut avec Romain, Denis et Prévost, un des officiers qui, sur l'ordre de Condé, se jetèrent dans Mayence en 1792 à l'approche de Custine ; il commanda durant deux années l'artillerie du régiment de Rohan.

Cavey de la Motte fit les deux premières campagnes de l'émigration à l'armée de Condé, et le 25 décembre 1793, à la défense de Lauterbourg, reçut un coup de feu dans le corps : aussi obtenait-il au mois de mai 1794 la croix de Saint-Louis.

Le chevalier Claude-Joseph de Malet, frère cadet de Claude-François de Malet, le fameux conspirateur, était fort bien noté par le général Du Teil : il avait une application qui ne se démentait pas ; il savait très bien son cours de mathématiques, possédait des connaissances en chimie et en physique, dessinait « autant qu'il en faut pour bien rendre son idée ». Toutefois d'Urtubie lui reprochait d'aimer passionnément la musique et jugeait que ce goût trop décidé le détournait des détails. Il était fervent royaliste, et regardait le gouvernement de Louis XVI comme le plus juste, le plus doux, le plus libre du monde. Second capitaine au 5ᵉ régiment en 1791, il alla de Strasbourg à Coblenz demander au nom d'un grand nombre de ses camarades les ordres du prince de Condé. Au mois d'avril 1792 il émigrait. Les succès du nouveau système et l'exemple de son frère qui combattait pour la Révolution à la tête des volontaires du Jura, le découragèrent un instant, et le 29 mars 1793 il écrivait au ministre Bouchotte qu'il avait quitté l'armée à cause du délabrement de sa santé, mais qu'il conservait le désir de servir la patrie, et il sollicitait sa réintégration dans l'artillerie : on lui répondit que le motif et l'époque de sa démission ne paraissaient pas favorables au succès de sa requête. Arrêté, relâché, mais conspirant toujours, il semble avoir eu l'humeur inquiète et bizarre de son aîné. Qui sait même si les conseils de Claude-Joseph n'ont pas déterminé Claude-François à tenter l'incroyable entreprise du 23 octobre 1812? « Mon frère, disait Claude-Joseph, honora sa vie par une mort d'autant plus glorieuse qu'elle eut pour cause les intérêts de la monarchie. » Au régiment de La Fère, il ne s'avisait pas du mérite de Napoléon, et il ne conçut jamais comment et pourquoi son camarade était monté si haut. « Bonaparte, assurait-il, était d'une capacité intellectuelle très médiocre; tout au plus était-ce une espèce de fou », et il jurait que Napoléon, envahissant l'Italie en 1796, n'avait aucun talent, ne savait faire manœuvrer correctement un peloton; que la conquête du pays était due aux machinations politiques plutôt qu'à l'intelligence du général; que la plupart des victoires de la République devaient être attribuées, non pas au génie militaire des chefs, mais à la bravoure des soldats et aux intrigues des sectaires. Ses idées sur la Révolution étaient très singulières. Selon Malet, il y avait depuis longtemps une secte qui voulait le pouvoir et cherchait à le saisir par tous les moyens. Cette secte, c'était la franc-maçonnerie, universellement répandue, organisée par grades, administrée régulièrement et dans des chapitres tenus à différentes époques, la franc-maçonnerie qui se proposait un autre but que l'amusement et les repas où ses membres ont plaisir à manger ensemble et à choquer leurs verres d'une certaine façon, l'ambitieuse franc-maçonnerie qui depuis des siècles par de continuelles intrigues sapait le trône et l'autel. Qu'on étudie l'histoire, disait Malet. La franc-maçonnerie n'est-elle pas une transformation de l'ordre des Templiers et de cette Sainte-Vehme dont les tribunaux secrets furent le modèle des comités de surveillance? Quelle ressemblance frappante entre la Révolution française et la guerre des paysans! Les Allemands ne voulaient-ils pas au xvie siècle porter en France la liberté comme les Français voulurent de nos jours la porter chez tous les peuples? Qu'était-ce que le calvinisme, sinon cette même secte révolutionnaire qui, sous le masque de la religion, attaquait l'autorité royale? Les mots seuls étaient changés ; mais en réalité les révolutionnaires ne combattaient-ils pas, sous le nom de calvinistes, les royalistes ou catholiques, comme les patriotes combattirent les royalistes ou aristocrates? Qu'est-ce que la Fronde, sinon cette même secte qui menace l'ordre social, et l'aurait détruit, sans Mazarin? Louis XIV la comprime. Mais sous Louis XV elle fait abolir la compagnie des jésuites, ce rempart de la royauté qui eut sûrement opposé un grand obstacle à la Révolution. Sous Louis XVI, elle suscite les incrédules ou les philosophes, et ces « traîtres » qui sont près du trône, provoquent une disette ; ils créent une réputation à Saint-Germain, et Saint-Germain, devenu ministre, réforme la maison du roi, premier appui de la monarchie, et mécontente l'armée qui se recrute désormais dans la canaille et s'insurge facilement ; ils entraînent la France à protéger la révolte de l'Amérique ; ils propagent des mensonges contre le roi et sa famille ; ils fondent dans les petites villes des clubs qui préparent le mouvement et fournissent d'utiles renseignements sur l'opinion des plus notables personnages ; ils entrent aux États généraux, et dès le mois d'octobre 1789 essayent de s'emparer du souverain. N'ont-ils pas tenu à Strasbourg en 1784 une assemblée qui discute si le gouvernement monarchique est le meilleur qui convienne à la France? Les couleurs nationales qu'ils établissent et les écharpes de leurs officiers civils n'étaient-elles pas en usage dans les loges? Et qu'on n'objecte ni Robespierre ni Bonaparte. La secte, prétend Malet, s'est toujours servie de mannequins pour arriver à ses fins, et Robespierre a été son mannequin ; elle l'a représenté comme doué de moyens et pénétré de l'amour du bien public ; mais, après l'avoir proclamé un grand homme, elle l'a renversé : de même que Carrier qu'ils firent périr en lui reprochant les noyades qu'ils avaient précédemment approuvées, Robespierre fut à la fois l'agent et le bouc émissaire des révolutionnaires ; il exécuta leurs décrets et endossa leurs horreurs. Quant à Bonaparte, plus célèbre que Robespierre et moins nul, il a été, comme Robespierre, le mannequin des sectaires qui le choisirent après lui avoir fait la réputation d'un génie et sur le refus de Moreau qui n'avait pas accueilli leurs propositions : Bonaparte joua le rôle qu'ils lui avaient prescrit; de là, durant le temps de sa puissance, leur complet assoupissement; ils étaient contents, heureux; ils vantaient les actes les plus despotiques de Napoléon qui travaillait pour eux. Le mot de *grande nation* qu'ils prononçaient avec emphase signifiait, non pas la nation française, mais, selon le langage allégorique dont ils usaient volontiers, la nation révolutionnaire, et, si Napoléon avait vaincu la Russie, et par suite brisé tous les trônes, ils se seraient débarrassés de lui d'une manière quelconque, et rejetant sur lui seul, comme naguère sur Robespierre, tous les malheurs, ils auraient profité du bouleversement universel pour partager entre eux la souveraineté de l'Europe et restaurer le gouvernement féodal. Plusieurs n'avaient-ils pas, avant la chute de Bonaparte, c'est-à-dire de leur propre autorité, le titre de prince ou de duc?

Vimal de La Grange devait combattre, de même que la plupart des émigrés, à l'armée des princes, servir dans les troupes hollandaises, faire durant quatre années le métier de gouverneur dans la riche maison des Borcel d'Amsterdam, appartenir aux canonniers nobles du corps de Condé, et après avoir suivi comme aide de camp le général Willot en Italie et à Port-Mahon, regagner la France à la fin de 1803 pour comploter, ainsi que Malet, contre son ancien camarade du régiment de La Fère et s'aboucher au nom de Willot avec divers agents des Bourbons. Mais il était soupçonné, observé. Un matin de novembre 1804 il vit le sous-préfet et le brigadier de gendarmerie entrer dans sa maison, à Ambert, et saisir ses papiers. On ne découvrit rien de suspect. Il résolut alors d'aller à Paris pour demander un emploi à l'empereur, « avec lequel il avait eu l'honneur de servir autrefois dans le même régiment ». On lui refusa la permission de quitter Ambert. Il la prit. A la fin de 1807, il montait dans la diligence et se rendait droit à Paris. Arrêté et enfermé au Temple parce qu'il ne s'était pas muni d'un passeport, il fut relâché au bout de huit jours. La police n'avait rien trouvé à sa charge. Mais elle le renvoya sur-le-champ à Ambert et le mit sous la surveillance de l'administration locale, en lui intimant l'ordre de ne pas s'éloigner de cette résidence sans une autorisation spéciale du ministre, et vainement dans les années suivantes La Grange sollicita la faveur de n'être plus surveillé, protesta qu'il était digne de cette grâce par sa conduite et par son dévouement à l'empereur et roi. Il obtint de Louis XVIII le grade de lieutenant-colonel.

Les Du Raget, frères jumeaux, ne rentrèrent en France qu'après avoir combattu les armées républicaines de 1792 à 1801 en Hollande et en Allemagne. Ils manquaient de tout. Fils d'un pauvre aide-major du fort Mortier, ils n'avaient pu se soutenir au service sous l'ancien régime que par les grâces du roi. Napoléon nomma l'aîné, Pierre-François, trésorier civil du 4° régiment d'artillerie à pied, et quelques semaines plus tard, lorsque le Conseil d'État eut désapprouvé cette sorte d'emploi, trésorier de l'École d'application où Philippe Masson d'Autume était bibliothécaire. Pareillement, il nomma le cadet, Louis-Alexandre, trésorier civil du 4° régiment d'artillerie à cheval, puis quartier-maître-trésorier au régiment de La Fère, d'abord avec rang de lieutenant, ensuite, lors de son passage à Turin, avec rang de capitaine en second. Mais Louis-Alexandre Du Raget, bon officier, plein de zèle et d'honneur, était un médiocre quartier-maître qui se laissait tromper. Il prétexta qu'il était malade et résigna ses fonctions. Gassendi disait que Du Raget, admis par grâce de l'empereur, devait se retirer puisque sa santé l'empêchait de servir. Sorbier obtint que Du Raget serait employé comme capitaine à l'armée d'Italie : « Je conviens avec vous, répondait-il à Gassendi, que c'est par grâce que Du Raget se trouve au nombre des officiers d'artillerie; mais il ne faut pas oublier que les faveurs qui l'y ont porté viennent de l'empereur, qui s'est rappelé un officier qu'il avait connu et qui est recommandable par beaucoup de qualités. »

Les lieutenants en second de La Fère-artillerie avaient à

cause de la conformité de grade et d'âge une plus étroite liaison avec Bonaparte. Les principaux furent, de 1785 à 1791, outre les quatre amis intimes de Napoléon, Desmazis, Le Lieur de Ville-sur-Arce, Rolland de Villarceau et Jullien de Bidon, les lieutenants Sorbier, Fontanille, Marescot, Vauxmoret, Ménoire, Savary, Vaugrigneuse, Carmejane, Mabille, Mongenet, d'Andigné, Belly de Bussy, les deux Damoiseau, Huon de Rosne, Deschamps du Vaizeau, Le Pelletier de Montéran, Saint-Germain, Mallet de Trumilly et Bouvier de Cachard.

Sorbier devait arriver aux plus hauts grades, devait être général de division, commandant en chef de l'artillerie de la Grande Armée, premier inspecteur. Mais il s'enorgueillissait surtout d'avoir formé la première compagnie d'artillerie à cheval et d'être, comme il disait, le fondateur d'une arme qui avait contribué puissamment à la gloire de la France.

Fontanille était second capitaine au 7ᵉ régiment d'artillerie lorsque, entraîné par ses camarades, il donna sa démission en 1792. Mais six semaines plus tard il éprouvait, assurait-il, un regret mortel, déplorait ce « pas d'école », priait son colonel de le faire réintégrer et de lui servir de père. Son compatriote Vallier, député de l'Isère, affirma son civisme, protesta qu'il n'avait pris ce parti que parce qu'il essuyait quelques désagréments. Le ministre Servan était dauphinois; il remit Fontanille en activité. Fontanille ne parut pas! On patienta sept mois, et en avril 1793 il fut destitué : la versatilité de sa conduite, disait-on, et son irrésolution prouvaient qu'il n'était pas pénétré des principes révolutionnaires. Mais deux représentants du peuple, Gauthier et Dubois-Crancé, lui rendirent provisoirement son rang de capitaine d'artillerie, l'employèrent aux ateliers de Rive-de-Gier à la fabrication des balles, l'appelèrent devant Lyon assiégé. Fontanille commanda le parc de La Guillotière, et après la prise de Lyon envoya des Hautes-Alpes un imposant convoi d'artillerie à son ancien camarade Bonaparte. Rentré dans son grade et détaché à l'arsenal de Grenoble, il démissionna de nouveau en 1798. L'homme qui naguère applaudissait à la mort du « tyran » Louis XVI et à la chute de l' « infâme » Toulon, était redevenu royaliste, et en 1815 il se mit comme lieutenant-colonel à la tête des volontaires royaux du Dauphiné. Aussi fut-il rétabli capitaine d'artillerie et promu en 1824 chef de bataillon.

Marescot de la Noue ou Marescot le jeune était le cadet de Samuel Marescot qui fut premier inspecteur du génie. Il servit dans l'artillerie aux armées du Rhin et de la Moselle, et assista, sous les ordres de Hoche, à la bataille de Frœschwiller et au débloquement de Landau. Autorisé par le Comité de salut public, sur les instances de son frère, à passer dans l'arme du génie, il eut part aux sièges des places du Nord, du Quesnoy, de Condé, de Valenciennes, de Maëstricht. Il était chef de bataillon lorsqu'il démissionna sous prétexte de fatigue et en réalité pour faire un beau mariage. Napoléon le remit en activité et l'employa durant cinq ans dans l'état-major. « Je vous rappelle, avait écrit Samuel Marescot à l'empereur, la promesse que vous m'avez faite de réintégrer mon frère ; il a eu l'avantage de servir dans le même régiment d'artillerie qui a été le berceau de votre gloire. » Marescot de la Noue accompagna son aîné en 1808 au delà des Pyrénées. Mais la disgrâce de Samuel, qui fut destitué pour avoir signé la capitulation de Baylen, et le mauvais état de sa santé le découragèrent. En août 1809, il obtint du roi Joseph l'autorisation de rentrer en France pour prendre les eaux pendant trois mois. Il partit. A cette nouvelle le ministre de la guerre se fâcha et enjoignit à Marescot, qui aurait dû demander sa permission, de regagner l'Espagne ou, s'il était souffrant, de s'arrêter et de rester à Bayonne. Mais Marescot était déjà dans ses foyers. Il donna sa démission en assurant qu'il était trop malade pour se rendre utile. Seize mois après, elle fut acceptée. Clarke, craignant de réveiller le souvenir de Baylen, n'osa la mettre plus tôt sous les yeux de Napoléon.

Vauxmoret, qui devint colonel, fit les guerres de la Révolution à l'armée de la Moselle, à celle de Rhin-et-Moselle, à celle d'Allemagne, à celle d'Helvétie, à celle d'Italie. Il était au blocus de Mayence, à la bataille de Zurich, aux sièges de

Kehl et de Gênes. Il commanda le parc à Hanovre et au camp de Bruges. Il fut directeur d'artillerie à Bruxelles, à Bayonne, à Rome, à Cherbourg. Il avait pris sa retraite lorsqu'il sut en 1815 le débarquement de Napoléon : « J'ai appris, écrivait-il au ministre, avec la plus vive peine la témérité de Bonaparte », et il sollicitait des ordres pour voler à la défense du roi.

Comme Vauxmoret, Ménoire fit toutes les campagnes de la Révolution. En 1793, il était capitaine et aide de camp du général d'Hangest. En 1813, il était colonel et commandait le parc du 4e corps de la Grande Armée. Fatigué de la guerre, tourmenté par des douleurs rhumatismales, il demanda, de Mayence, une direction dans l'intérieur. Mais Sorbier était très mécontent de lui ; il jugeait que Ménoire venait, par son insouciance et sa mollesse, de compromettre le service de l'artillerie, et que ce serait d'un mauvais exemple de l'employer dans l'intérieur ; Ménoire dut prendre sa retraite.

Ponce de Savary, fils d'un ancien major du château de Sedan, était l'aîné de deux frères, dont l'un devint aide de camp de Desaix et de Bonaparte, duc de Rovigo et ministre de la police. Il fit toutes les campagnes de la liberté jusqu'à la paix de Lunéville sans nulle interruption aux armées du Nord et du Rhin. Mais sous le Consulat il n'était encore que capitaine d'une compagnie d'ouvriers. Moreau et Eblé proposaient de le nommer chef de bataillon. Le ministre répondit que le premier consul avait résolu de différer tout avancement pour placer les officiers pourvus d'un grade surnuméraire. Ponce de Savary écrivit directement à Bonaparte le 28 juin 1801. « Savary, disait-il, a l'honneur de demander au premier consul qu'il veuille bien faire donner suite à la demande faite pour lui par le général en chef Moreau et le général Eblé. » Bonaparte décida que le ministre lui ferait un rapport aussi tôt que possible. Il lut ce rapport le 6 juillet, et se convainquit de la distinction particulière que Savary s'était acquise. Le 18 juillet, Savary recevait le brevet de chef de bataillon au 1er régiment d'artillerie, à ce régiment de La Fère où il avait été, comme Bonaparte et avec Bonaparte, lieutenant en second.

Vaugrigneuse, cadet-gentilhomme à l'École militaire de Paris durant trois ans et chevalier de l'ordre de Notre-Dame du Mont-Carmel, ne fut lieutenant en second à La Fère qu'au mois de juillet 1791, lorsque Bonaparte avait quitté le régiment. Mais il était en 1785 avec Dalmas, élève de l'Ecole d'artillerie de Valence, et il avait fait alors la connaissance de Napoléon. De même que Dalmas, il abandonna l'Ecole de Valence pour celle de Metz. Mais, après avoir en 1789 passé l'examen d'officier, il vint, comme lieutenant en second surnuméraire, à l'École d'Auxonne et il revit Bonaparte. Ses camarades et ses chefs l'aimaient pour sa douceur et la gentillesse de ses manières : Faultrier louait son caractère qui lui captivait l'estime et l'amitié ; Rostaing le notait doux, honnête et d'un bon exemple. Capitaine de l'arme, il prit part à la campagne de Belgique, aux affaires de Jemappes et de Liège, au blocus de Luxembourg, aux opérations de l'armée de Sambre-et-Meuse. Fait prisonnier à Ancône en 1799 et rentré sur parole, il resta durant les années 1800 et 1801 au parc d'artillerie de l'armée du Var à Antibes et à Toulon. Embarqué sur la flotte du contre-amiral Linois avec sa compagnie, il assista sur le vaisseau le *Formidable* aux combats d'Algésiras et de Cadix. En 1802 et en 1803 il était à Saint-Domingue : il y dirigea l'artillerie du fort Dauphin et du môle Saint-Nicolas. Parti de l'île en 1804, retenu par la maladie à Cuba, il se rendit à Charleston, et de là regagna la France. Il voulut alors — c'était au mois de mars 1805 — communiquer à Napoléon des détails sur les pays qu'il avait parcourus et lui donner des preuves de son dévouement. L'empereur le renvoya à Duroc. « Je l'ai connu, disait-il, très honnête homme ; je désire savoir ce qu'il faut faire pour le rendre utile. » Vaugrigneuse fut nommé chevalier de la Légion d'honneur et chef de bataillon au 6ᵉ régiment d'artillerie. Mais ses aventures n'étaient pas terminées. Envoyé à Boulogne comme sous-directeur de l'équipage de siège, il commande, après le départ de la Grande Armée, l'artillerie de côte à Ambleteuse. En 1806, il est à l'armée de Hollande; en 1807, au siège de Stralsund; en 1808, à la bataille de Tudela; en 1809, aux terribles assauts de Saragosse. Les dernières années de sa carrière militaire s'écoulèrent en Espagne, dans les deux places de Lerida et de Tortose où il était à la tête de l'artillerie.

Carmejane, nommé lieutenant en second à La Fère le 1er septembre 1789, connut Bonaparte durant quelques mois, au commencement de l'année 1791. Mais, comme a dit sa veuve, il n'avait pas d'ambition et ne songea pas à profiter des circonstances pour arriver rapidement à la fortune et aux honneurs. Il refusa sous la Révolution le grade de général et, malgré les souvenirs de camaraderie qui l'unissaient à Napoléon, se contenta sous l'Empire du grade de colonel. Ce ne fut que sous la Restauration, à sa retraite, à cause de l'excellente réputation qu'il avait dans son arme, qu'il obtint le brevet de maréchal de camp *ad honores*. Il avait été à Valmy, à Lembach, à Mertensee, au blocus de Mayence, à Sacile, à Raab, à Wagram, et, au mois d'avril 1814, il fut un des défenseurs de Gênes. Après Wagram où il eut un cheval tué sous lui, il reçut le titre de baron avec quatre mille francs de rentes, et Napoléon, ayant su combien Carmejane s'était distingué dans cette journée, ajouta de sa propre main trois mille francs de plus à la dotation.

Mabille était Nantais et fils d'un capitaine garde-côtes. Il avait eu, à la Montaigne, un domestique de la maison pour parrain et sa nourrice pour marraine. D'Urtubie le tenait pour un officier exact et zélé. Mais, après avoir prêté le serment exigé par l'Assemblée nationale, Mabille émigra. Napoléon le plaça dans l'administration des postes et le fit inspecteur de la banlieue à la division de Paris.

Mongenet était chevalier de Malte. Il alla faire ses caravanes durant trois ans, de 1788 à 1791, tout en gardant ses appointements de lieutenant. Nommé capitaine à son retour en France, il émigra, resta quelques mois à l'armée de Condé et, après la campagne de 1792, revint à Malte. En juin 1798, il voyait apparaître Bonaparte et la flotte française. Il suivit en Orient son camarade de Valence, redevint capitaine d'artillerie et reçut à la fin de 1801 le grade de chef de bataillon. Son avancement fut assez rapide. « L'empereur, écrivait-il au mois d'avril 1807, m'a fait la faveur de me mener en Égypte; je suis depuis sept ans dans le grade de chef de bataillon d'artillerie qui m'a été conféré après la prise du Caire, où j'ai été blessé; j'espère qu'à la promotion des colonels il daignera se rappeler favorablement un ancien officier du régiment de La Fère. » Il fut promu colonel au mois d'août 1808, et, après avoir commandé l'artillerie de l'armée d'Illyrie, général de brigade au mois de juin 1813. Les Bourbons lui confièrent l'École de Besançon. Mais Mongenet ne séparait pas l'empereur de la patrie; il se rallia sous les Cent-Jours à Napoléon et vécut dans la retraite sous la seconde Restauration.

D'Andigné de Sainte-Gemme, chevalier de l'ordre de Saint-Jean de Jérusalem, comme Mongenet, devait quitter la France en 1791, avec un autre camarade de Bonaparte, Picot de Moras, pour faire ses caravanes à Malte. Au lieu de revenir au bout de deux ans, à l'expiration de son congé, il resta dans l'île. Comme Mongenet, il suivit en Orient son camarade du régiment de La Fère, et, sur le sol d'Égypte, Bonaparte le réintégra dans l'artillerie, le rétablit capitaine en second, le fit capitaine en premier. Le 21 mars 1801, à la bataille d'Aboukir, d'Andigné eut la jambe emportée par un boulet de canon. Aussi, à son retour en France, ne fut-il pas employé activement. Chef de bataillon, inspecteur de la manufacture d'armes de Versailles, sous-directeur d'artillerie à Toulouse, où il dirigea les travaux de l'arsenal avec la plus grande économie, il prit sa retraite en 1810. Il était le cadet de d'Andigné qui s'évada du château de Joux avec Suzannet et qui, après s'être caché dix-huit mois, gagna l'étranger pour reparaître en 1814 et obtenir de Louis XVIII le brevet de lieutenant général. Des deux d'Andigné, l'un a donc servi Napoléon, l'autre l'a combattu; et ce fut en invoquant le nom de son frère que le

Vendéen vint par deux fois se présenter au premier consul et le presser de restaurer les Bourbons. « Croyez, lui avait dit Bonaparte, que je serai fort aise de vous convaincre de l'estime que j'ai pour vous ; votre frère qui s'est distingué à la bataille d'Aboukir, se l'était méritée. »

Belly de Bussy appartint durant quatre années à l'armée de l'émigration. Il vivait depuis 1797 sur sa terre de Beaurieux, dans l'Aisne, lorsqu'à l'improviste, pendant la campagne de France, il revit son compagnon d'armes de La Fère-artillerie. Le soir du 6 mars 1814, l'empereur, causant avec le maître de poste de Berry-au-Bac, apprenait qu'un ancien officier du nom de Bussy, maire de Beaurieux, connaissait très bien le pays. Était-ce Bussy du régiment de La Fère ? Napoléon l'envoya chercher, et, sur-le-champ, Bussy le renseigna, le conseilla, guida la cavalerie de la garde dans le vallon d'Oulches. Le 11 mars, un décret signé à Soissons remettait Belly de Bussy en activité de service avec le grade de colonel d'artillerie et le nommait aide de camp de l'empereur. Bussy reçut en outre douze mille francs pour s'équiper. Il suivit Napoléon dans toutes les batailles, à Craonne, à Laon, à Arcis-sur-Aube, à Saint-Dizier. Sous les Cent-Jours, et quoiqu'il eût obtenu de Louis XVIII la croix de Saint-Louis, il reprit son poste d'aide de camp. Il était plein d'ardeur et d'espoir ; il croyait après Ligny que les Anglais renonçaient à la lutte et que les Français entreraient en triomphe à Bruxelles. Après Waterloo, il accompagna Napoléon jusqu'à Laon, où il eut ordre de rester. Les Bourbons le mirent à la demi-solde, et, le 12 novembre 1829, lorsqu'il eut accompli ses trente ans de service, lui donnèrent la pension de retraite de maréchal de camp parce qu'il avait dix ans d'exercice de colonel d'artillerie. Grâce à la rencontre inattendue de Napoléon en 1814, Belly de Bussy est un des rares colonels de l'ancienne armée qui aient été retraités dans le grade de général de brigade.

Il y avait deux frères Damoiseau à La Fère-artillerie. Le cadet, ou chevalier de Damoiseau, ne vint au régiment qu'en 1788 et il montrait, disait l'inspecteur Rostaing, la meilleure volonté; il émigra, servit comme capitaine d'artillerie dans la légion de Mirabeau, reçut à l'affaire de Germersheim dix-sept blessures qui lui valurent la croix de Saint-Louis, et alla périr en Vendée à la tête d'une colonne de chouans. L'aîné, Marie-Charles-Théodore, est le Damoiseau qui fut membre du Bureau des longitudes et de l'Académie des sciences. Au régiment de La Fère, il était exact à remplir les devoirs de son état; mais ses chefs se plaignaient qu'il eût peu de conduite, tout en ajoutant avec leur indulgence coutumière qu'il était encore jeune et qu'il changerait. Canonnier noble à l'armée des princes et à l'armée de Condé, il fit comme lieutenant les campagnes de 1795 et de 1796 dans l'armée piémontaise et servit le roi de Portugal, qui le nomma capitaine d'artillerie de terre et major d'artillerie de marine. En 1807, les Français envahirent le Portugal. Damoiseau s'offrit à eux, guida leurs mouvements, et le général Taviel, qui l'avait placé dans son état-major, proposa de le garder et de le faire chef de bataillon. Mais lorsqu'en 1792 Damoiseau avait émigré, il n'était capitaine que depuis un an. Un décret signé le 13 février 1809 par Napoléon le remit en activité : il fut attaché comme capitaine à son ancien régiment de La Fère, employé à l'état-major d'artillerie du 8ᵉ corps de l'armée d'Espagne, et ne prit rang qu'à la suite, et, comme on disait, à la queue des capitaines qui avaient alors un an de service dans ce grade. Après avoir protesté d'abord et rappelé qu'il était major de Sa Majesté Très Fidèle, Damoiseau remercia le ministre. « Le désir de servir Sa Majesté Impériale et Royale, écrivait-il, principalement dans le corps où j'ai eu le bonheur d'en être connu, ne me fait pas hésiter un instant d'accepter l'emploi pour lequel vous me destinez. » Nommé en 1810 chef de bataillon adjudant de côtes, il était à Antibes lorsque Napoléon débarqua sur la plage du golfe Jouan. Il excita bourgeois et soldats à rester dévoués au roi. Louis XVIII, reconnaissant, le fit venir à Paris; il exauçait ainsi les désirs de l'astronome, qui n'avait cessé de demander une grande ville, afin de « jouir des avantages qu'on y trouve pour la culture des sciences ».

La plupart des lieutenants en second de La Fère-artillerie ont donc servi tôt ou tard leur ancien camarade de régiment. Quelques-uns pourtant, Huon de Rosne, Deschamps du Vaizeau, Le Pelletier de Montéran, Saint-Germain, Bouvier de Cachard, Mallet de Trumilly, demeurèrent inébranlablement fidèles aux Bourbons.

Huon de Rosne et Deschamps du Vaizeau émigrèrent des premiers ; au mois d'octobre 1791, Huon était à Worms, et Du Vaizeau, à Heidelberg. Mais Du Vaizeau, canonnier au parc de l'artillerie noble de l'armée de Condé, disparaît après 1794, sans laisser de trace, et Huon de Rosne succombe le 13 octobre 1793 à l'affaire des lignes de Wissembourg en tirant le canon contre les républicains qui s'embusquent dans les vignes d'Oberotterbach.

Le Pelletier de Montéran était premier lieutenant lorsqu'il émigra. Il servit en 1792 à l'armée de Condé, appartint l'année d'après au rassemblement d'officiers d'artillerie qui se formait à Ostende sous les ordres de Quiefdeville, le quitta pour raison de santé, le rejoignit en 1795 et le suivit à la seconde expédition de Quiberon ou expédition de l'île d'Yeu. En 1801, il fut un des trois officiers de l'arme qui, selon les instructions du comte d'Artois et sous le commandement du baron des Lyons de Moncheaux, se rendirent de Londres à l'armée des royalistes de Bretagne. Le bruit courut à Paris qu'il avait été pris et incarcéré à Vannes. Ses amis s'émurent et intercédèrent en sa faveur auprès de Bonaparte. Mais la nouvelle était fausse : Le Pelletier avait regagné l'Angleterre. « Le premier consul, lui écrivait-on, se rappelant d'avoir été lié avec vous dans le régiment de La Fère où vous serviez ensemble, a paru prendre un grand intérêt à ce qui vous regarde ; il a accueilli notre demande et promis votre liberté. »

Saint-Germain a, ainsi que Carméjane, ainsi que Mallet de Trumilly, connu Bonaparte dans les premiers mois de 1791. Il servit à l'armée de Condé avec ses deux frères qui moururent, l'un, des fatigues de la guerre en 1795, l'autre, l'année suivante, à l'affaire d'Oberkamlach. Il n'alla pas en

Russie avec les Condéens parce qu'il était malade ; mais il gagna la Suisse, et en 1798 il venait porter à Paris les lettres des cantons helvétiques qui prévoyaient l'invasion de leur territoire et celles des députés royalistes réfugiés en Suisse après le 18 fructidor. En 1799 il était major dans l'armée royale de Bretagne ou légion de Fougères, commandée par son compatriote Picquet du Boisguy. Arrêté par méprise à Paris après la pacification de 1800, détenu au Temple, traduit au tribunal criminel du Calvados qui l'acquitta, Saint-Germain fut, comme Vimal de La Grange, mis en surveillance jusqu'à la fin de l'Empire. Sous les Cent-Jours il coopéra, dit-il, à l'organisation de l'armée royale en Normandie. La Restauration le fit, sur sa demande, capitaine de gendarmerie.

Bouvier de Cachard assistait à l'expédition de Champagne et à la défense de Maëstricht. Après diverses aventures, il entra dans l'armée hollandaise à la solde britannique, sous les ordres directs du prince d'Orange. Il servit en 1799 dans l'armée anglo-russe et, à la fin de cette année, dans la brigade hollandaise qui tint la campagne jusqu'aux derniers jours de 1802, tantôt sur la frontière de Hollande, tantôt dans le Hanovre et l'évêché de Munster. Sous l'Empire, il établit une librairie à Hambourg, dans la maison où un autre émigré, Marcellet, avait un magasin de marchandises anglaises. Au retour des Bourbons, il fut nommé lieutenant-colonel et, après avoir suivi Louis XVIII à Gand, colonel et baron. Il était directeur d'artillerie à Nantes lorsqu'il reçut au bout de quarante-trois années de service le grade honorifique de maréchal de camp.

Mallet de Trumilly — qui appartenait, non au régiment de La Fère, mais à l'École d'Auxonne, — fit toutes les campagnes de l'émigration. Le 30 septembre 1796, au combat de Biberach, il eut la jambe cassée au-dessous du genou. Aussi reçut-il, dès le 15 septembre 1800, la croix de Saint-Louis et, sous la Restauration, le grade de chef de bataillon de la garde royale.

Mais outre les lieutenants et les capitaines de La Fère-artillerie, il y avait alors à Auxonne deux hommes qui tenaient de près au régiment et qui furent les amis de Bonaparte : le professeur Lombard et le commissaire Naudin.

Napoléon avait eu à Valence de très bonnes relations avec son maître de mathématiques, Dupuy de Bordes, et, en 1801 lorsque Dupuy, attaché à l'École de Grenoble depuis le mois d'octobre 1792, et déjà vieillissant, infirme, incapable de voyager, fut soudainement transféré par le ministre de la guerre à l'École de Turin, il ne demandait pas en vain la protection du premier consul. Il rappelait ses services, rappelait qu'il avait fourni beaucoup d'élèves à l'École polytechnique : « Je réclame, ajoutait-il, l'estime que vous aviez pour moi à Valence, veuillez venir au secours d'un homme pour qui jadis vous aviez quelques bontés. » *Le placer comme professeur d'artillerie à Grenoble*, écrivait Bonaparte en marge de la lettre.

Le jeune Corse eut pareillement d'excellents rapports avec Lombard, qui donnait des leçons de mathématiques à l'école d'artillerie d'Auxonne. Ce Lombard était, ainsi que Dupuy de Bordes, un vieux serviteur de l'arme. Lorsque Dupuy de Bordes fut nommé à Turin, il exerçait son emploi depuis quarante-cinq ans, et son père auquel il avait succédé, s'était acquitté de la même tâche pendant cinquante-cinq années. Lombard enseignait à l'école d'Auxonne depuis quarante ans et il passait pour le doyen des professeurs du corps royal. Il avait publié en 1783 une traduction des *Principes d'artillerie* de Robins commentés par Euler, et en 1787 des *Tables* du tir des canons et des obusiers. Les gens compétents regardaient ses œuvres comme grandement utiles, parce qu'elles exposaient des idées sûres et claires appuyées sur des expériences. Son cours était fort apprécié. Gribeauval et les inspecteurs généraux jugeaient qu'il remplissait ses fonctions de la façon la plus distinguée, qu'il appliquait parfaitement la théorie à la pratique, qu'il possédait une profonde connaissance du tir des bouches à feu, qu'il expliquait très lucidement à ses élèves le tir à ricochet et leur en développait les effets avec assiduité. Il était d'ailleurs désintéressé, modeste, et bien qu'il n'eût pas de fortune, n'avait jamais sollicité, jamais obtenu la moindre grâce pécuniaire. On finit par lui octroyer en 1787 une gratification de trois cents livres. Mais en 1795, Eblé mentionnait avec éloge les nombreuses épreuves et observations de Lombard sur presque tous les objets du métier et le plaçait parmi ces hommes précieux qui contribuaient autant que les meilleurs officiers à la supériorité de l'artillerie française. Bonaparte aimait Lombard, qui pressentait, dit-on, sa destinée et répétait volontiers que ce jeune lieutenant « irait loin ». Les Lombard se rendaient chaque soir à la direction d'artillerie, chez Pillon d'Arquebouville, pour faire leur partie de loto. Napoléon les accompagna quelquefois, et l'on assure qu'il s'asseyait ordinairement à côté de Mme Lombard dont il portait le sac à ouvrage.

Naudin, commissaire des guerres et du corps royal, était un homme d'un solide mérite dans sa spécialité. Secrétaire du parc de l'armée d'Allemagne, il avait vu les affaires de Corbach, de Minden, de Villingshausen et de Warbourg. Lorsque l'artillerie de marine fut réunie à l'artillerie de terre, il fut envoyé au port de Rochefort, et, à l'époque où se formait l'artillerie nouvelle, durant quatre années et demie, attaché comme secrétaire à la personne de Gribeauval. Mais ce qui mit entre Bonaparte et Naudin la plus grande intimité, ce fut le souvenir de la Corse. Le commissaire avait passé quinze ans dans l'île, et il parlait au lieutenant de son séjour, racontait qu'en sa qualité de garde général d'artillerie il avait visité toutes les places et tous les postes, qu'il avait souvent couru des dangers, qu'il ne pouvait, à cause de l'affluence des bandits, voyager qu'avec de grosses escortes, qu'il assumait alors une tâche immense, mais que ses chefs et notamment M. de Villepatour déclaraient qu'il connaissait les moindres détails et s'acquittait des multiples obligations de son métier avec une extrême ponctualité. Il aimait à rappeler qu'il avait en moins de six semaines rassemblé et renvoyé aux Génois les pièces de canon qu'ils avaient laissées dans les citadelles; c'était, disait-il, un travail de confiance qu'il avait exécuté avec peine, mais à la vive satisfaction de la cour et de ses supérieurs. Depuis le mois d'octobre 1783 il était à Auxonne, où le ministre Ségur l'avait chargé *par choix* de gérer le nouveau département établi pour le service de l'artillerie. Lourde besogne! L'arsenal de construction, l'école et le régiment d'artillerie, la compagnie d'ouvriers, voilà quelle était son ordinaire occupation. Mais il devait en outre surveiller l'entrepôt des vivres, l'hôpital, le logement et le passage des troupes, passer la revue des officiers du génie et des autres officiers à la suite, régler toutes les questions militaires qui concernaient à Auxonne l'intendance de Bourgogne. Bonaparte n'oublia pas l'excellent Naudin. De Toulon, au mois de janvier 1795, il saisissait l'occasion de lui présenter ses compliments; « si tes relations de service, mandait-il à un commissaire des guerres, te mettent dans le cas d'écrire au citoyen Naudin, fais-le rappeler de moi. » Lorsqu'il fut général en chef de l'armée de l'intérieur, il attacha Naudin à l'Hôtel des Invalides et obtint du ministre Aubert-Dubayet que son ami d'Auxonne serait commissaire-ordonnateur dans cette maison. Naudin n'eut pas la place promise. Mais il se rendit en Italie, sur le désir de Napoléon qui l'avait réclamé, sans dissimuler qu'il était un peu vieux et en louant toutefois son caractère probe et sévère. Il mourut inspecteur aux revues en 1805. L'empereur, usant d'une expression qu'il affectionnait, le nommait le Nestor des administrateurs, comme il nommait Kléber le Nestor de l'armée d'Égypte, comme il nomme dans les *Lettres sur la Corse* Giocante le Nestor de son parti. Et, de son côté, Naudin disait complaisamment qu'il avait une sécurité profonde dans les bontés de Napoléon qui lui accordait depuis plusieurs années estime et amitié. Lorsqu'eut lieu l'attentat de la machine infernale, il écrivait au premier consul : « Agréez, je vous prie, mon compliment bien sincère et celui de ma femme pour la conservation de vos jours dans les derniers dangers qu'ils viennent de courir, et qui ont mis aussi la République près de sa perte; nous en rendons de bien bon cœur nos actions de grâces au ciel. »

Il est donc faux de prétendre que Bonaparte ait été, dans ces années d'Auxonne et de Valence, sombre et morose; qu'il ait eu des crises fréquentes de sauvagerie; qu'il ait fui la société de ses compagnons ou qu'il y ait porté une âme renfermée, désireuse de s'esquiver et de retourner à ses rêves. Il était communicatif, et, comme il dit du militaire de son *Souper de Beaucaire*, la confiance le rendait babillard. Même plus tard, lorsqu'il régna, ses entraînements de conversation n'étaient pas toujours prémédités. Ne le voit-on pas en 1796, pendant la campagne d'Italie, aimable, familier, plaisantant volontiers et sans nulle amertume, se mêlant parfois aux jeux de l'état-major? A plus forte raison avait-il déjà dans sa vie de garnison une bonne dose de gaieté. A Brienne et à l'École militaire de Paris, il s'était évidemment contraint; il avait des examens à subir et se savait enfermé pour longtemps, privé de vacances et de liberté durant plusieurs années. A Valence et à Auxonne, il était heureux, et ne se contenait plus, ne se surveillait plus comme auparavant. Le plaisir de porter l'uniforme de l'artillerie, l'orgueil de compter parmi les officiers du corps royal, le sentiment d'indépendance que donne un grade laborieusement conquis, la cordialité des relations entre les lieutenants de La Fère qui se tutoyaient fraternellement, l'avaient rasséréné, l'avaient égayé, déridé. Il eut alors l'enjouement de la jeunesse, et il prenait sa part de tous les divertissements, de toutes les espiègleries.

Il assistait aux dîners de corps et aux repas de gala à l'*Écu de France*, chez Faure, l'hôtelier attitré des capitaines du régiment, le grand traiteur de Valence, l'un des meilleurs cuisiniers de ce pays de bonne chère, et en 1811, lorsqu'il recevait les députés des départements, il allait droit au maire de Valence et président des délégués de la Drôme, M. Planta, lui disait en souriant : « Eh bien, monsieur Planta, comment se portent vos compatriotes? Sont-ils toujours aussi gourmands que de mon temps? » Planta balbutiait, ne savait que répondre à cette question inattendue. « Et le restaurateur de l'*Écu de France*, poursuivait l'empereur, fait-il toujours ces excellents pâtés? Oh! Faure est une des célébrités de Valence, et je ne l'ai pas oublié. »

Aussi capitaines et lieutenants célébraient-ils la Sainte-Barbe chez Faure. Le 4 décembre 1785, dans un banquet très bruyant et, comme dirent les convives, très cassant, Napoléon fêta joyeusement la patronne de l'artillerie, et le soir, au bal que les officiers offraient dans les salles de l'hôtel de ville, il dansa plusieurs fois avec une jolie personne apparentée en Corse, Mlle Mion-Desplaces.

Comme les étourdis de son âge, il s'amusait aux dépens des vieux officiers. Un jour, au polygone, un chef de brigade, présent à l'exercice du canon, suivait le tir avec sa lorgnette, s'inquiétait, assurait que le but n'était jamais atteint, demandait à ses voisins s'ils avaient vu que le coup portait. Nul n'avait garde de lui dire que Bonaparte et ses amis escamotaient le boulet chaque fois qu'ils chargeaient. Mais il eut la fantaisie de compter les projectiles ; il rit de la niche que lui faisaient les lieutenants, et les mit aux arrêts.

Un autre jour, le lieutenant-colonel d'Urtubie fit venir Bonaparte pour lui reprocher je ne sais quelle mauvaise plaisanterie ; il l'admonesta bénignement, et il croyait que le jeune homme allait s'excuser et le remercier : « Vous n'avez plus rien à m'ordonner, lui dit Napoléon avec flegme, j'ai l'honneur de vous saluer », et il sortit, laissant le lieutenant-colonel tout ébahi.

Parfois, ces grands enfants prenaient en grippe un de leurs capitaines, si bon fût-il, et décidaient de le mystifier ; ils s'attachaient donc à ses pas, se trouvaient partout où il était, le contredisaient avec une extrême politesse, contestaient très courtoisement chacune de ses assertions, lui fermaient la bouche, dès qu'il parlait, par une objection exprimée dans les termes les plus honnêtes, et le forçaient à déguerpir.

Il arrivait même aux lieutenants de se jouer de méchants tours les uns aux autres. A la veille d'un polygone de parade ou d'une de ces visites que de hauts personnages faisaient à l'école d'artillerie, les canons que Bonaparte devait commander furent encloués ; mais il était trop alerte et il avait l'œil trop vif pour se laisser attraper ; il eut bientôt réparé le mal.

Quelques-uns se querellaient et, selon le mot de Napoléon, avaient des piques. Entraînés par Malet, nos lieutenants étaient devenus mélomanes, et il fallut leur défendre de jouer d'aucun instrument depuis la retraite du soir jusqu'au roulement du matin. Comme ses camarades, Napoléon prenait des leçons de musique; il avait pour maître un vieil artiste nommé Terrier. Mais Belly de Bussy, qui logeait au-dessus de lui, s'habitua dans ses loisirs à sonner du cor. Bonaparte, que Bussy assourdissait et empêchait de travailler, patienta, puis se fâcha, et un jour, sans employer le *tu* traditionnel : « Mon cher, dit-il à Bussy qu'il rencontra dans l'escalier, votre cor doit bien vous fatiguer. — Non, pas du tout. — Eh bien, vous fatiguez beaucoup les autres. — J'en suis désolé. — Vous feriez mieux d'aller plus loin pour sonner du cor tout à votre aise. — Je suis maître dans ma chambre. — On pourrait vous donner quelque doute là-dessus. — Je ne pense pas que personne fût assez osé. » Les deux lieutenants devaient se battre : la Calotte ordonna que Bussy irait corner ailleurs et que Bonaparte serait plus endurant.

Bonaparte avait rédigé la constitution de la Calotte du régiment de La Fère. La Calotte était une société formée par les lieutenants et les sous-lieutenants. Le plus ancien lieutenant exerçait une sorte de police, et lorsque des camarades n'avaient pas une conduite digne d'un vrai militaire, lorsqu'ils manquaient à l'honneur, se livraient à la crapule ou prenaient envers autrui, notamment envers les dames, un ton grossier et impoli, il les blâmait au nom du régiment, et c'est ainsi qu'à Douai en 1789, un des amis de Bonaparte à Brienne et à Paris, Cominges, subit une réprimande du chef de la Calotte, qui lui reprocha de se soustraire à ses engagements. Le coupable devait essuyer la mercuriale sans se fâcher. Parfois il était châtié publiquement, recevait la bascule, passait par les pots d'eau, sautait sur la couverture. Cette institution maintenait l'esprit de corps et donnait aux officiers cette urbanité, cette politesse délicate, cette « honnêteté » qui les faisait regarder en Europe parmi les gens de guerre comme des modèles de courtoisie et de savoir-vivre. Elle établissait entre des hommes revêtus du même grade une égalité nécessaire, qu'ils fussent riches ou pauvres, venus de Versailles ou de leur province, issus de grande ou de petite noblesse. Elle fournissait aux subalternes un moyen de protester contre des actes trop rigoureux du commandement, d' « éviter l'arbitraire des chefs ». La Calotte osait blâmer des colonels, des généraux. En 1778, au camp de Paramé, sur un tertre d'où la foule contemplait les manœuvres, deux colonels rudoyèrent des dames bretonnes et leur prirent leurs chaises, qu'ils offrirent à des dames de la cour; la Calotte décida qu'ils seraient publiquement bernés; son arrêt allait être exécuté lorsque Ségur averti fit battre la générale et par cette alerte soudaine rompit les desseins du tribunal des lieutenants.

Napoléon fut chargé par ses camarades de fixer les principaux points d'une constitution de la Calotte. Il expose d'abord dans son projet que la Calotte naquit d'un plan de défense commune et qu'elle a pour but de faire respecter par les supérieurs des jeunes gens imbus des idées d'honneur. Mais « il faut être respectable pour être respecté » : l'avantageuse constitution de la Calotte est devenue l'instrument des fantaisies particulières et a été dans plusieurs régiments une source de vexations. On doit donc établir cette loi fondamentale que tous les membres de la Calotte sont égaux. On doit reconnaître le plus ancien lieutenant comme chef-né de la Calotte, voir en lui l'organe de l'opinion publique, l'investir d'une telle autorité qu'il empêche et punisse tout ce qui pourrait compromettre le corps. On doit, de peur qu'il n'abuse de sa puissance, lui adjoindre deux infaillibles, le plus ancien lieutenant en premier et le plus ancien lieutenant en second, qui aient chacun le droit de faire une motion contre lui. Bonaparte développe ensuite quelle sera la police des assemblées et quelle place les calotins prendront dans la chambre, quelle sera la procédure lorsqu'un accusé comparaîtra devant le tribunal : choix des avocats, plaidoyer pour et contre, manière de recueillir les suffrages. Il propose la création d'un grand maître des cérémonies qui connaisse le texte de la loi et maintienne l'ordre et la règle. Il examine des cas particuliers : combien de voix auront les nouveaux arrivés, comment l'assemblée témoignera son mécontentement au premier lieutenant, comment elle prononcera la déposition du chef ou des infaillibles ou du grand maître des cérémonies.

Son travail achevé, Bonaparte le remit au lieutenant en premier Vimal de La Grange, qui convoqua la Calotte dans sa chambre. Napoléon n'assistait pas à la lecture. Mais bien que les feuilles du cahier fussent attachées par un ruban rose, le projet était rédigé sur un ton si grave, si doctoral que les assistants se prirent à rire et à plaisanter. Comment tenir son sérieux lorsque Bonaparte comparait le chef vigilant de la Calotte à l'aigle aux yeux perçants pour qui la nuit n'a pas de ténèbres, à l'Argus aux cent têtes qui doit, s'il s'endort, être frappé du glaive de la loi? Comment ne pas se dérider lorsqu'il parlait de la tâche « glorieuse et pénible » que la Calotte lui avait confiée, des assemblées d'été « majestueuses, sublimes » où se réunissait la république entière, de l'opposition possible, des nouveaux votants qui « jetteraient le vaisseau du bien public sur quelque roche malfaisante » et qui ne devaient avoir à eux tous que trois voix ; lorsqu'il exigeait du grand maître des cérémonies « la chaleur et une bonne poitrine » ; ou encore lorsqu'il vouait au dernier supplice tout membre qui proposerait inutilement de chasser ou de déposer le chef? N'était-on pas tenté de qualifier, comme lui, de « toiles d'araignée », ces lois qu'il avait, disait-il, méditées dans la profondeur de la retraite?

Pourtant, le projet reçut l'approbation d'un comité de trois membres nommé par la Calotte. Des camarades de Bonaparte en prirent copie. Si puéril qu'il soit, il est inspiré par de nobles sentiments. Napoléon a, suivant sa propre expression, le respect du grade et de l'habit. Il ne comprend pas qu'il puisse y avoir des officiers dont la conduite soit une contradiction continuelle à la dignité de l'uniforme. Il voudrait que le chef de la Calotte eût assez d'influence pour « ramener au ton général » celui qui s'écarte de l'honneur. Il désire que ce chef maîtrise la « brûlante jeunesse » et réprime la fureur des duels, qu'un lieutenant en second qui ne compte pas deux ans de services ne se batte que si son témoin est son aîné de trois promotions : l'ancien apaisera la querelle ou conseillera son cadet, saura, grâce à son expérience, empêcher des scènes « à la fois ridicules et barbares ».

C'est dans ce séjour d'Auxonne que Napoléon apprend solidement, complètement son métier d'artilleur. Comme tous les lieutenants en second, il avait besoin d'approfondir le détail, et il déclarait plus tard qu'à l'époque de sa jeunesse, la plupart des officiers n'auraient pu, dès leur arrivée au corps, instruire les recrues, ni aller à une batterie ou à un siège. Combien étaient incapables de mettre les prolonges, de diriger une manœuvre de force, de composer un artifice ! Combien devaient recourir aux leçons des vieux sergents ! Mais Bonaparte était un des plus zélés du régiment et il fut bientôt un des plus experts.

Le polygone d'Auxonne était moins commode et moins spacieux, il est vrai, que celui de Valence. Cependant, en s'arrangeant avec des particuliers, La Fère portait ses pièces dans la prairie d'alentour. Ce fut là qu'en 1788 et en 1789 Napoléon suivit les instructions de pratique, assistant au tir de la batterie de campagne et de celle du siège, dirigeant parfois, trop rarement, le tir de ses bombardiers vers la perche qui servait de but, — car les jeunes officiers du corps royal (et c'était un des vices de cette arme pourtant si remarquable) étaient plus souvent spectateurs qu'acteurs, et des lieutenants qui comptaient quinze ans de services n'avaient jamais commandé un exercice d'infanterie ou de canon.

A l'école de théorie il entendit deux fois par semaine, dans les salles de conférences, les capitaines du régiment disserter sur la construction des tranchées et les manœuvres d'une troupe appuyée par l'artillerie. Il fut un des auditeurs les plus assidus de Lombard, aux démonstrations publiques, aux leçons particulières que le maître donnait soit dans son logis, soit sur le terrain, pour appliquer les principes de la géométrie à la levée des plans et au tracé des fortifications de campagne. Quelques-unes des notes que Bonaparte prit au cours de Lombard ont été conservées. Elles mentionnent fréquemment l'anglais Robins que Lombard, son traducteur, ne manquait pas d'invoquer, et traitent de sujets divers : inflammation de la poudre, pression de sa force sur le boulet, action de l'air sur les projectiles, principales occasions où il faut employer de grandes ou de petites charges, utilité du canon rayé et différentes façons de le charger.

Il fit des progrès dans le dessin. Le professeur Collombier était excellent, et en moins d'une année, grâce à ses soins, après avoir exécuté vingt-quatre dessins, entre autres les trois systèmes de Vauban, le système de Cormontaigne, des colonnes avec leur entablement et piédestal, un plan d'édifice, des vues de plaines et de châteaux, les officiers connaissaient les proportions des constructions, les ordres d'architecture et les règles de la perspective.

Bonaparte sut donc en très peu de temps tout ce qu'il fallait savoir. Ne disait-il pas que si deux ans d'école sont nécessaires aux élèves du génie, un an suffit aux élèves de l'artillerie et qu'ils peuvent dans les six mois connaître toutes les sortes d'armes, toutes les espèces d'artifices, toutes les manœuvres de force? Les lumières qu'il acquit si rapidement, des vues nouvelles qu'il émit, des changements qu'il proposa, le firent bientôt remarquer des officiers supérieurs du régiment, et quelques-uns le signalèrent comme un homme qui parviendrait sûrement à une des premières places du corps royal.

Il ne se contentait pas de ce qu'il voyait et entendait à l'école de pratique et de théorie. La grande ordonnance de 1720 recommandait aux officiers d'avoir de l'ambition, d'étudier chez eux, d'aller par leurs méditations et leur application au delà des instructions données, d'acquérir par des progrès quotidiens le premier mérite de leur profession. Comme s'il se souvenait de cet article du règlement, Bonaparte lisait les ouvrages sur l'histoire de son arme. Il lisait, la plume à la main, les *Mémoires* de Surirey de Saint-Remy, surtout les passages qui concernent le calibre, la dimension et les charges des pièces. Il lisait le travail publié par M. de Vallière en 1772 sur les avantages des pièces longues, qui tirent plus juste et ont moins de recul que les pièces courtes ; mais il était contre M. de Vallière pour M. de Gribeauval, qui « avait le génie de l'artillerie » ; il adhère nettement au nouveau système qui ne laisse « rien à désirer du côté de la perfection » ; il sait que les canons français ont été pendant la guerre de Corse, grâce à M. de Gribeauval, d'un service prompt et facile ; les changements qu'il fera plus tard, seront dans l'esprit de Gribeauval, et le premier inspecteur, s'il était revenu, ne les eût pas désavoués ; Gribeauval avait beaucoup réformé, beaucoup simplifié ; Napoléon réformera, simplifiera encore. Il lisait aussi dans la traduction française de son ami Lombard les *Principes d'artillerie* de Robins, commentés par Euler, et notait, entre autres endroits, les pages qui traitent de l'utilité du canon rayé et des diverses façons de le charger ; il louait ce livre sous le Consulat : « un aide-mémoire classé d'une manière convenable et quelques principes de théorie qui se trouvent dans Lombard et Robins, fourniraient un bon ouvrage pour l'artillerie. » Enfin, il suivait d'un regard attentif les réformes qui se projetaient et s'exécutaient dans le corps royal : au mois de janvier 1789 il écrit à sa mère que le Conseil de la guerre rédige une nouvelle ordonnance : « Nous verrons ce qu'ils veulent faire de nous. Il paraît toutefois que le génie sera malmené. L'on parlait, il y a deux mois, de le réduire à cent cinquante officiers. Cette perspective n'est pas plaisante pour eux, et, dans le fait, ils sont trois cent cinquante, et cela est certainement trop. »

Le maréchal de camp baron Jean-Pierre Du Teil dirigeait alors l'école d'artillerie d'Auxonne et, selon l'ordonnance, il avait toute autorité sur le régiment attaché à son École, réglait le service et les différentes instructions, se faisait rendre compte des petits détails de la troupe, passait des revues et des inspections, transmettait les ordres relatifs à la discipline et à l'administration. Il avait en outre depuis 1783 le commandement d'Auxonne, et les habitants autant que les gens de guerre devaient lui obéir en tout ce qui concernait la défense et la conservation de la ville. Aussi s'intitulait-il « commandant en chef l'artillerie à Auxonne et supérieurement le régiment de ce corps qui y tient garnison, chargé en outre du commandement de la place par brevet du roi ». C'était un excellent officier, droit, intègre, et, comme disait l'inspecteur Gomer, « inflexible dans la marche et les devoirs de ses fonctions qu'il connaissait très bien ainsi que celles de ses subordonnés ». On ne lui reprochait que sa sévérité, et Gomer souhaitait qu'il eût le ton moins dur. Auxonne où il avait eu des querelles de préséance avec deux magistrats qu'il traitait de misérables chicaneurs, lui déplaisait fort, et contrairement à l'avis de Gribeauval, il ne pensait pas que l'artillerie dût tenir garnison dans les petites villes. Y avait-il des ressources dans ces bicoques, des gens de science, des artistes, de la bonne compagnie? Toujours les mêmes usages ; aucun ton militaire, aucune émulation entre les corps comme dans les grandes villes; les officiers fréquentant les fêtes et se jetant dans la crapule; les soldats s'ennuyant et enclins à la désertion; les bourgeois trop familiers; les robins se targuant de leur importance; des disputes et des procès s'engageant sur des riens! Mais il aimait passionnément le corps royal, qu'il nommait le berceau et le tombeau de sa race. Il disait volontiers que les Du Teil ne connaissaient depuis plusieurs siècles d'autre état que l'état militaire et d'autre arme que celle de l'artillerie : son père, son oncle qui mourut de blessures reçues devant Fribourg, son cousin tué à Crefeld, deux de ses frères qui succombèrent aux Indes, un troisième frère que Bonaparte connut au siège de Toulon, tous servirent dans l'artillerie, et, si Jean-Pierre Du Teil eut l'amertume de mettre deux de ses fils dans l'infanterie, il eut la consolation et la joie de voir les trois autres, dont l'aîné, officiers du corps royal, et il put sous la Révolution, lorsqu'il fut inspecteur général, les attacher à sa personne comme aides de camp. Il était fier de son École d'Auxonne et il la surveillait exactement : il imposait un strict règlement pour la salle de dessin, et il exigeait des élèves du professeur Collombier qu'ils apprissent surtout à dessiner à la plume, parce que ce genre de dessin était aussi facile et expéditif qu'essentiel ; il recommandait spécialement certaines opérations de guerre qu'il jugeait très nécessaires parce que la plupart des officiers de La Fère, et même des chefs de brigade, n'avaient pas encore fait campagne ; il aurait voulu que tout lieutenant nouvellement promu n'eût de semestre ou de congé qu'après avoir subi devant un conseil composé de ses supérieurs une sorte d'examen. Son École passait donc pour la meilleure du corps, et il en fit les honneurs à de très notables personnages. Lorsque les deux princes de Wurtemberg vinrent le 27 juillet 1786 assister aux instructions de pratique, il les accueillit avec le plus grand appareil et assura qu'ils avaient été satisfaits et étonnés. A vrai dire, ces réceptions lui étaient onéreuses, et il se plaignait justement de n'avoir qu'un traitement annuel de 8 400 livres. Mais une gratification l'indemnisait de ses frais extraordinaires. Après avoir en 1784 reçu le prince de Condé et le prince Henri de Prusse et pris des mesures pour recevoir le roi de Suède, il obtint une somme de trois mille livres.

Ce vieil officier, rude et rébarbatif d'apparence, et au fond très bienveillant, remarqua le lieutenant Bonaparte à une visite de corps où la conversation roula sur l'artillerie. Il comprit ce que valait Napoléon et pressentit ses talents militaires. Aussi, à Sainte-Hélène, l'empereur pensait-il quelquefois au commandant de l'école d'Auxonne et il légua par testament aux fils ou petit-fils de Du Teil une somme de cent mille francs « comme souvenir de reconnaissance pour les soins que ce brave général avait pris de lui ». Mais, avant sa chute, il avait déjà témoigné sa gratitude à la famille du baron Jean-Pierre. Lorsqu'Alexandrine Du Teil perdit son mari, le capitaine du génie Patris, qui mourut devant Tarragone, elle eut le 10 février

1812, aux termes de la loi, une pension de 300 francs ; mais elle pria l'empereur de la traiter comme les veuves d'Austerlitz, lui rappela qu'elle était « la plus jeune des filles du brave général d'artillerie Du Teil », et le 18 mai suivant, de Dresde, Napoléon lui donnait une pension de 2 000 francs. Le cinquième fils de Du Teil, Alexandre, qui servit dans les rangs des émigrés jusqu'en 1795, avait obtenu sous le Directoire un emploi dans l'administration militaire des subsistances, et ce fut lui qui approvisionna la division Lecourbe dans le pays des Grisons et l'armée de réserve au pied du Saint-Bernard. Il eut une audience du premier consul le 16 janvier 1801 et lui présenta un mémoire ; Bonaparte promit d'envoyer la requête au ministre de la guerre : « Je ferai, ajoutait-il, quelque chose pour vous. » Un mois plus tard, à une lettre où Alexandre Du Teil demandait une place de commissaire des guerres, d'adjoint ou toute autre fonction que le premier consul jugerait convenable, Bonaparte joignait cette apostille : « recommandé au ministre de la guerre, le placer dans une administration ». Grâce à Napoléon, Du Teil fut inspecteur général des droits réunis, puis directeur des contributions indirectes de la Somme.

Hostile à la routine, le général Du Teil n'exécutait pas chaque année servilement et d'une façon uniforme les prescriptions de l'ordonnance. *Varier*, tel était son programme, ou, comme il disait, son prospectus. Pourquoi s'appesantir sur des choses déjà connues ou sur des détails trop minutieux ? Le commandant d'école ne pouvait-il prendre sur lui-même, s'écarter des principes de l'ordonnance, conformer son plan théorique et pratique aux circonstances et au degré de science de ses officiers, et de son propre chef diversifier ses instructions de toutes les manières, enseigner par exemple à son monde de quoi il fallait faire ressource pour se servir des bouches à feu si les machines manquaient pour en faciliter la manœuvre ? Une question qui le préoccupait vivement à cette époque était celle du jet des bombes par le canon. Comment, dans une ville mal approvisionnée, l'officier d'artillerie emploierait-il des bombes de différents calibres s'il n'avait pas de mortiers ou si ses mortiers étaient sans affûts? Le maréchal de camp Le Duc pensait qu'on pourrait en ce cas user du canon, et l'idée, disait Napoléon, méritait un accueil favorable. Du Teil avait déjà fait, pour éclaircir ce point, quelques expériences en 1784 et en 1786. Le 8 août 1788, il nommait Napoléon membre d'une commission qui devait étudier le tir des bombes avec des pièces de siège de 16, 12 et 8 sans affût, avec le tronçon d'un canon de 24, avec des mortiers de 12, 10 et 8 d'un calibre supérieur à celui des projectiles. Les autres membres de la commission étaient, outre le professeur Lombard, le chef de brigade Quintin, les capitaines Du Hamel, Menibus et Gassendi, les lieutenants en premier Hennet du Vigneux, Rulhière et Deschamps du Vaizeau. Seul, Bonaparte représentait les lieutenants en second. Les épreuves durèrent quatre jours, le 12, le 13, le 18 et le 19 août. Ce fut Napoléon, comme le plus jeune, qui mit pièces et mortiers en batterie et rédigea le procès-verbal. Tout joyeux et fier du rôle qu'il avait joué, il écrivait le 29 août à Fesch qu'il avait dirigé de *grands travaux* : « Vous saurez, mon cher oncle, que le général d'ici m'a pris en grande considération au point de me charger de construire au polygone plusieurs ouvrages qui exigeaient des grands calculs et, pendant dix jours, matin et soir, à la tête de deux cents hommes, j'ai été occupé. Cette marque inouïe de faveur a un peu irrité contre moi les capitaines, qui prétendent que c'est leur faire tort que de charger un lieutenant d'une besogne si essentielle et que, lorsqu'il y a plus de trente travailleurs, il doit y avoir un d'eux. Mes camarades aussi montrent un peu de jalousie; mais tout cela se dissipe. »

Le procès-verbal de Bonaparte, accompagné non seulement d'un tableau des portées, mais d'observations et de conclusions, était net et précis. Il fit évidemment une très favorable impression sur Du Teil. Les épreuves avaient réussi : on pouvait tirer juste et vite des bombes de tout calibre en se servant des pièces même les plus endommagées.

Mais le lieutenant Bonaparte n'était pas satisfait. Le 30 mars

1789, il rédigeait un mémoire où il exprimait ses vues personnelles sur la manière la plus avantageuse de disposer les canons pour le jet des bombes. On reconnaît dans ce mémoire l'homme pratique qui va droit au but, qui ne veut pas perdre, comme il dit, de précieux instants en vains tâtonnements, recommencer plusieurs fois l'ouvrage inutilement, « travailler au milieu des pièces en suspens », être pris de court « au moment du besoin ». Napoléon montrait qu'il fallait bien moins de temps et bien moins de matériaux pour placer en batterie les pièces de campagne ainsi employées que pour établir une plate-forme de mortier; il développait les moyens les plus simples d'appuyer la culasse et de soutenir la volée; il indiquait par quel calcul facile, par quelle formule on trouverait l'angle sous lequel on voulait tirer. Mais plusieurs points n'étaient pas élucidés encore. Comment déterminer la portée des pièces? Et quelle charge devait-on mettre dans les divers calibres pour ne pas trop détériorer la tranche de la bouche? On n'avait fait à cet égard que des « essais insuffisants, incomplets », et Bonaparte proposait au général Du Teil de nouvelles expériences « suivies, raisonnées et méthodiques ».

Il a donc, dans ce séjour d'Auxonne, singulièrement profité des leçons de Lombard et des encouragements de Du Teil. Il subit pourtant une punition. Eut-il de la négligence? N'avait-il pas exécuté strictement certaines instructions de Du Teil? Quoi qu'il en soit, il fut mis aux arrêts et le sergent Floret envoyé en prison. Ce Floret devint capitaine et Napoléon, qui le retrouva dans la campagne de 1806, lui rappela le polygone d'Auxonne : « Te souviens-tu que le sergent Floret fut mis en prison pour huit jours et le lieutenant Bonaparte aux arrêts pendant vingt-quatre heures? — Oui, sire, répondit Floret, vous avez toujours été plus heureux que moi. » La chambre, où Napoléon fut enfermé, avait pour mobilier une vieille chaise, un vieux lit, et une vieille armoire. Sur l'armoire un *Digeste*, in-folio plus poudreux, plus vermoulu, plus vieux encore que tout le reste. Sans plume ni crayon, sans papier ni livres, Bonaparte dévora le volumineux bouquin aux pages jaunies et aux marges surchargées de notes manuscrites. Lorsqu'il sortit, il était saturé de Justinien et de toutes les décisions des légistes romains. Mais il avait une telle mémoire qu'au Conseil d'État, dans les discussions sur les articles du code civil, il citait, à la surprise de Treilhard, des passages du *Digeste* d'Auxonne.

Une autre mission lui fut confiée au mois d'avril 1789. La population de Seurre avait massacré deux marchands de blé qu'elle traitait d'accapareurs. Le commandant en chef du duché de Bourgogne, le marquis de Gouvernet, dépêcha sur-le-champ à Seurre trois compagnies de bombardiers du régiment de La Fère, celle de Gassendi, celle de Belleville et celle de Coquebert. Le capitaine Coquebert était détaché à Charleville et le lieutenant en premier Hennet du Vigneux avait son semestre; Bonaparte eut donc le commandement de la compagnie. Pareillement, le lieutenant en second Ménoire conduisait la compagnie Gassendi, et le lieutenant en troisième Laurent, la compagnie Belleville. La troupe quitta Auxonne le 1ᵉʳ avril. Lorsqu'elle arriva, les troubles avaient cessé. Mais Du Teil était outré. Pourquoi, s'écriait-il, faire marcher les détachements par compagnies? Ne pouvait-on prendre des hommes dans tout le régiment et leur donner pour chefs des capitaines et des lieutenants en premier, des lieutenants *tenants*? Et il déplorait que les compagnies ne fussent dirigées que par des jeunes gens qui n'avaient que de très faibles notions du service militaire, que les soldats envoyés à Seurre, à Saulieu, à Cluny, à Seyssel et en d'autres endroits de la Bourgogne pour rétablir l'ordre, n'eussent pas à leur tête des officiers qui pussent leur imposer par l'expérience et la fermeté. « On fait marcher une compagnie, disait-il, le capitaine ne l'a pas encore jointe depuis trois ans qu'il est nommé parce qu'il est mal à propos employé à des fonctions prétendues utiles; le lieutenant en premier est en congé : il n'y a pour commander cette compagnie qu'un lieutenant en second de deux jours, et voilà une troupe abandonnée à elle-même! »

Napoléon resta deux mois à Seurre. Il y logea dans la rue Dulac qui porta longtemps le nom de Bonaparte, et l'on montrait encore dans ces dernières années la chambre qu'il avait occupée. Le 29 mai, avec son lieutenant en troisième Grosbois-Grosclaude, il regagnait Auxonne.

C'est sans doute après son retour, dans l'été de 1789, qu'il manqua de se noyer. Un jour qu'il nageait dans la Saône, une crampe le saisit; il défaillit; il sentait la vie s'échapper de lui; il entendait ses camarades s'agiter, courir sur la berge, crier qu'il était perdu, demander des barques pour le repêcher; enfin, il coula dans le fond de la rivière. Mais sa poitrine vint frapper contre un banc de sable; sa tête émergea; il reprit connaissance, et grâce à ses efforts, et surtout au courant, regagna le bord, sortit de l'eau, non sans beaucoup vomir, et, avec l'aide de ses amis, se rhabilla, revint en hâte à son logis.

D'autres émotions lui étaient réservées dans cet orageux été de 1789. Pour la première fois, il vit une émeute, et Auxonne lui offrit le spectacle de cette insurrection populaire qui s'allumait alors sur tous les points du royaume. Le 19 juillet, à trois heures de l'après-midi, une cinquantaine de bateliers et de portefaix s'attroupèrent, sonnèrent le tocsin à la tour d'une église et maltraitèrent le syndic de la ville et un échevin qui leur faisaient des remontrances. La populace s'ébranla. Trois bandes se formèrent et allèrent détruire les corps de garde aux portes d'Auxonne. L'une d'elles rencontra le receveur des tailles et après l'avoir arrêté, le mena prisonnier à la maison commune où trois des émeutiers le gardèrent à vue et refusèrent obstinément de le relâcher malgré les efforts des officiers du bailliage et de la municipalité, des commandants, du subdélégué. Durant ce temps, la foule envahissait le bureau des traites et l'appartement du receveur, brisait les portes et les fenêtres, lacérait les registres, fracassait les meubles, et les précipitait dans la rue. Cette scène n'eut un terme que lorsqu'un piquet de La Fère se présenta. Mais sur-le-champ les séditieux coururent chez le receveur des octrois et de nouveau mirent en pièces les registres, les papiers, les meubles. De nouveau repoussés, ils revinrent au bureau des traites, achevèrent le sac de la maison, et lorsqu'ils n'eurent plus rien à ravager en cet endroit, se rendirent chez le contrôleur des actes. Ils ne purent qu'enfoncer les portes et casser les vitres. Un détachement conduit par le lieutenant civil et le procureur du roi arrivait; la nuit s'étendait sur Auxonne; le régiment de La Fère prenait les armes. Le calme semblait rétabli lorsqu'à six heures du matin un grand nombre de paysans rejoignirent les rebelles. Vainement les soldats, animés par la présence des notables et des habitants d'Auxonne, se jetaient de tous côtés à la rencontre de ces bandes de révoltés. Les corps de garde des commis des octrois furent dévastés; quelques riches particuliers, rançonnés; et le grenier à sel eût été pillé si les officiers de la gabelle n'avaient offert de vendre du sel à quiconque en voudrait pour six sols la livre. Enfin la garnison et la bourgeoisie, fatiguées, irritées d'employer inutilement tous les moyens de douceur, résolurent d'un commun accord de charger leurs fusils; elles menacèrent de faire feu sur les *brigands*; elles les arrêtèrent séparément; elles chassèrent de la ville les gens de la campagne; elles placèrent à chaque porte d'Auxonne deux pièces de canon. Dans la matinée du 20 juillet la tranquillité régnait comme l'avant-veille.

Le régiment de La Fère avait d'abord protégé l'insurrection. Tandis que la populace pénétrait dans le bureau des traites, plus de trois cents artilleurs la regardaient avec une curiosité mêlée de sympathie, et il fallut que le colonel vînt leur ordonner de rentrer aux casernes. Lorsque la troupe arriva devant la maison du receveur des octrois, elle se contenta d'environner les mutins, mais ne les empêcha pas de continuer leur œuvre de destruction, et ce furent les officiers qui mirent fin au désordre à force de prières et de supplications.

Le 16 août, à son tour, le régiment s'insurgeait. La plupart des hommes se réunirent et, s'avançant en colonne serrée et profonde, se rendirent à la maison du colonel. Ils réclamèrent la *masse noire* contenue dans la caisse du régiment. Les officiers municipaux, revêtus de leur écharpe, accoururent et avec eux un détachement de cinquante canonniers, commandé par le capitaine Boubers et les lieutenants Roquefère et Bouvier de

Cachard. Mais les émeutiers avaient la supériorité du nombre. Le colonel céda, leur livra la masse noire. Ils s'adjugèrent les fonds et exclurent du partage les cinquante hommes du détachement; ils s'enivrèrent de vin; ils forcèrent les officiers qu'ils rencontraient à boire avec eux et à danser la farandole. Boubers, qui, par mégarde, avait en gesticulant frappé l'un d'eux de son épée, eût été sans doute égorgé, si deux sergents-majors, grands et forts, d'Hautecourt et Paris, ne l'avaient enlevé par les épaules et porté chez l'officier municipal Sardet. Encore dut-il se sauver le même jour, à dix heures du soir, et, pour sortir de la ville sans encombre, se déguiser en femme, et, sous l'escorte de quelques dames d'Auxonne, se glisser sur le rempart, descendre dans le fossé, de là gagner les champs. A la suite de cette mutinerie, on décida de disperser le régiment et de le répartir en différents endroits sur les bords de la Saône. On assurait qu'ainsi disposé, il réprimerait les troubles de la contrée, et Du Teil gémissait : « Les troupes ne connaissent plus l'ordre et elles vont le maintenir! »

Bonaparte voyait avec regret ces actes d'indiscipline et il a dit que s'il avait reçu l'ordre de tourner ses canons contre le peuple, l'habitude, le préjugé, l'éducation, le nom du roi l'auraient déterminé à obéir sans hésitation. N'avait-il pas à Seurre dissipé un léger semblant d'émeute en commandant à haute voix de charger les armes et en criant aux habitants attroupés : « Que les honnêtes gens rentrent chez eux, je ne tire que sur la canaille! » Mais il regardait ces désordres comme les convulsions inséparables de l'enfantement du nouveau régime, et il jugeait déjà, ainsi qu'il l'a dit plus tard, qu'aucun homme ne pouvait s'opposer à ce grand mouvement national, qu'il n'y avait pas de force individuelle « capable de changer les éléments et de prévenir les événements qui naissaient de la nature des choses et des circonstances ». Il se prenait à penser que la Révolution tournerait à l'avantage de la Corse, que sa chère île touchait peut-être, elle aussi, à une époque de rénovation. « Quel changement a-t-on fait en Corse? » écrivait-il alors, et il ne cessait de se demander si sa patrie ne verrait pas s'ouvrir « la perspective d'une amélioration dans son état ».

Il résolut de solliciter un semestre. Sans doute il s'était absenté naguère pendant vingt et un mois; mais sur ces vingt et un mois, il avait eu douze mois et demi de congés particuliers qui ne comptaient pas, et son premier semestre ayant duré du 1er septembre 1786 au 15 mai 1787, il avait droit deux ans après, c'est-à-dire au 1er septembre 1789, à un second. Du Teil proposait brutalement de refuser tout semestre à cause des « brigandages populaires et des circonstances fâcheuses de la part des troupes ». Il assurait que les chefs, trop peu soutenus et appuyés, ne voudraient plus répondre des événements. Il répétait qu'il manquait déjà beaucoup trop d'officiers, que dans l'hiver de 1789 comme dans les précédents il n'y aurait plus à Auxonne, au siège du régiment, que deux ou trois capitaines au lieu de dix, et une douzaine de lieutenants au lieu d'une trentaine, qu'il ne fallait tout au plus accorder qu'un très petit nombre de congés, non à ceux qui se disaient malades — l'abus était trop grand, — mais à ceux qui prouveraient qu'ils avaient des affaires importantes à régler. Le marquis de Gouvernet répondit à Du Teil qu'il serait fort dangereux d'entreprendre de pareilles innovations, si bonnes qu'elles fussent, en un moment où l'esprit d'insubordination avait gagné les régiments et celui de La Fère plus que tout autre ; ce serait, ajoutait Gouvernet, s'exposer à des rébellions de funeste conséquence, et mieux valait suivre les usages, attendre une époque plus calme pour établir des règles qui contrarieraient les officiers et les soldats. Du Teil n'insista pas. Lui-même prenait un congé. Son château de Pommier, dans le Dauphiné, avait été pillé, dévasté; il devait, écrivait-il au ministre, « réparer les dégâts qu'il avait essuyés par l'irruption frénétique des brigands et remédier aux maux d'un faible patrimoine qui suffisait à peine à sustenter sa nombreuse famille ».

Napoléon eut donc son semestre. Après tout, il était au dépôt d'Auxonne, et Du Teil ne voulait refuser le semestre qu'aux officiers de La Fère qui commandaient les détachements répandus dans la province de Bourgogne. Ni le colonel de Lance, ni l'inspecteur La Mortière, ni le ministre La Tour du Pin ne firent d'objection à la demande de Bonaparte. Le colonel jugea que Napoléon n'avait plus besoin de s'instruire et que l'absence de ce lieutenant en second ne nuirait aucunement au service. L'inspecteur partagea l'avis du colonel, et le 9 août pria le ministre d'autoriser Bonaparte à s'éloigner dans le courant du mois de septembre : cet officier, disait-il, était dans le cas de profiter d'un semestre d'hiver et n'avait qu'une saison favorable pour se rendre en Corse et faire la traversée. Le 21 août, le ministre accordait le semestre, qui devait durer, selon la récente décision du Conseil de la guerre, du 15 octobre 1789 au 1er juin 1790, et il permettait à Bonaparte de partir un mois à l'avance. « A M. de La Mortière, lit-on dans le résumé des signatures données le 21 août par La Tour du Pin, pour approuver qu'un lieutenant du régiment de La Fère qui va passer le prochain semestre en Corse, sa patrie, parte en septembre. »

Bonaparte ne manqua pas de s'arrêter à Valence. Il alla voir l'abbé de Saint-Ruf et s'entretint avec lui de la Révolution. « Du train que prennent les choses, aurait dit M. de Tardivon, chacun peut devenir roi à son tour ; si vous devenez roi, monsieur de Bonaparte, accommodez-vous de la religion chrétienne, vous vous en trouverez bien. » Napoléon répondit plaisamment que s'il devenait roi, il ferait l'abbé de Saint-Ruf cardinal.

Il lia connaissance, en descendant le Rhône, avec une Mme de Saint-Estève qui conduisait en Provence une jeune amie, Mlle de Sade, pensionnaire d'un couvent de Paris et mariée depuis à M. de La Devèze. Cette dame avait fait mettre sa voiture sur le bateau. Lorsqu'elle y remonta pour partir en poste, elle offrit une place au lieutenant. Il refusa, et bien qu'elle eût un domestique qui lui servait de courrier, lui demanda seulement la permission d'être son second courrier, afin qu'elle n'eût pas de guide à payer. Aux relais, il s'approchait des voyageuses et conversait avec elles. Quelques heures après le départ, il dit en riant à Mme de Saint-Estève : « Imaginez-vous qu'on a voulu vous arrêter et que j'en suis la cause; vous avez une femme de chambre, vous avez une demoiselle de compagnie, car Mlle de Sade vous appelle Madame, vous avez deux courriers, dont l'un porte l'uniforme; on vous a prise pour la comtesse d'Artois qui émigre, mais j'ai fait remarquer que son signalement ne répondait pas au vôtre. »

NOTES ET NOTICES

I. Les juridictions royales de Corse.

Les onze juridictions étaient Bastia, Ajaccio, Corte, Rogliano, Vico, Oletta, Sartène, Cervione, Calvi, Porta et Bonifacio. Chaque juridiction, comme nous l'avons dit (p. 17) se composait d'un juge royal, d'un assesseur, d'un procureur du roi et d'un greffier. La juridiction de Bastia avait seule deux assesseurs. Voici pour les années 1772-1773 les noms des membres de la juridiction d'Ajaccio et le chiffre exact de leur traitement :

Armand, juge, Français, 1 800 livres;
Cattaneo, procureur du roi, Corse, 1 000 livres;
Buonaparte, assesseur, Corse, 900 livres;
Guyot, greffier, 600 livres;
X..., huissier, 400 livres;
Pesce, sbire, 312 livres;
    et portier de la maison où se tiennent les audiences, 72 livres.

II. Provinces et députés des États.

Il y avait dix provinces en Corse : Bastia, le Nebbio, le Cap-Corse, Aleria, Corte, Calvi, la Balagne, Ajaccio, Vico et Sartène. Les provinces de Bastia, d'Ajaccio et de Corte nommaient chacune trois piévans; le Cap-Corse et Sartène, deux; le Nebbio, Aleria, Calvi, la Balagne et Vico, un. Les députés de la noblesse et du tiers étaient élus ainsi qu'il suit : Bastia, six; Ajaccio, cinq; Corte, trois; le Cap-Corse et Sartène, deux; le Nebbio, Aleria, Calvi, la Balagne et Vico, un. Les douze nobles qui formaient la commission intermédiaire, étaient toujours huit du pays d'au deçà des monts et quatre du pays d'au delà; pour les élire, on proposait successivement tous les nobles au choix de l'assemblée, et on comptait ensuite les voix pour et contre. Charles Bonaparte, député noble de la piève d'Ajaccio, député à l'assemblée de la province d'Ajaccio, puis aux États de Corse, fut élu membre de la commission des Douze, le 18 mai 1772 par 78 votants; il eut 54 voix favorables et 24 contraires.

III. Sionville.

Jean-Prosper Sionville, né le 2 juin 1715 à Salmonville-la-Sauvage (Seine-Inférieure), volontaire au régiment de Montmorency (1728), ingénieur volontaire au siège de Philipsbourg (1734), ingénieur géographe de l'armée de Maillebois en Corse (1739), lieutenant de la compagnie franche d'infanterie de Provisy (1ᵉʳ avril 1743), capitaine d'ouvriers volontaires royaux (3 avril 1746), lieutenant-colonel du régiment de Bouillon (1ᵉʳ février 1757), colonel à la suite de la légion royale (30 novembre 1762), employé en Corse (juin 1768), brigadier (3 janvier 1770), maréchal de camp (1ᵉʳ mars 1780), mort à Sartène au mois de septembre 1789. Tous les généraux qui commandèrent en Corse ont fait l'éloge de Sionville. Le maréchal de Vaux le nomme un très bon officier, et fort nécessaire. Marbeuf assure qu'aucun officier n'a eu autant de travail et de fatigue à essuyer, qu'il est l'homme le plus propre au pays, qu'il porte partout une incroyable activité : « Je ne puis assez me louer de son zèle et de son intelligence dans les affaires de la nation dont il connaît bien le génie ». Barrin avait la plus grande confiance dans l'expérience et l'autorité de Sionville : « Cet excellent officier général, disait-il, commande depuis longtemps dans la partie d'au delà des monts où les peuples sont très remuants, et connaît non seulement le pays, mais tous les individus ». Et lorsqu'il apprit la mort de Sionville, il lui fit cette oraison funèbre : « La mort de Sionville, arrivée dans le moment où il était le plus nécessaire, a privé le service du roi de ses connaissances et de sa bonne tête, et moi de ses conseils : depuis que j'ai l'honneur de commander ici, je n'ai pris aucun parti intéressant sans l'avoir consulté, quand j'en ai eu le temps ; j'en suis aussi affligé qu'embarrassé ». Mais les Corses accusèrent Sionville d'avoir déployé, même en leur prenant leurs armes et en veillant à la tranquillité du pays, un caractère capricieux et cruel, *truce e bisbetico*. Il inclinait, dit Ambrosio Rossi, au *barbaro, feroce e minaccioso*. Peu d'instants avant sa mort, il avait tenté de s'opposer, avec le juge royal Vidau, à la formation de la garde nationale de Sartène. Le peuple l'accueillit par des menaces et des huées ; Vidau s'enfuit ; Sionville, rentré dans sa maison, mourut d'une fièvre violente, et, écrit Renucci, les larmes de la reconnaissance publique ne baignèrent sûrement pas la tombe de ce fauteur si ardent de l'arbitraire.

IV. Jacques-Pierre Abbatucci.

Giacomo-Pietro Abbatucci, né le 7 septembre 1723, était, de l'aveu des Français, l'homme d'au delà des monts qui passait pour avoir le plus de talents et le plus de réputation. « Il a, disait Marbeuf à Choiseul, de l'esprit et du crédit, et doit avoir un grand parti » ; c'est, écrit Pommereul, le seul Corso digne et capable d'être le rival de Paoli. La monarchie, reconnaissante de ses services, le nomma capitaine de dragons dans la légion corse avec rang de lieutenant-colonel (1er septembre 1769), puis lieutenant-colonel du régiment provincial corse (23 octobre 1772) et lieutenant-colonel titulaire du même régiment (25 juillet 1777). Mais il s'était attiré l'inimitié de Marbeuf et de Sionville. Le 5 juin 1779 il fut condamné par le Conseil supérieur, pour subornation de faux témoins, à neuf ans de galères. Un arrêt du Parlement d'Aix (17 juillet 1786) le réhabilita. Il fut réintégré dans son grade de lieutenant-colonel (1er janvier 1787) et attaché au régiment provincial corse en cette qualité avec 2 400 livres d'appointements annuels et une gratification de 20 000 livres qui lui tint lieu du traitement dont il aurait joui depuis sa condamnation. Le 6 septembre 1789 il recevait la croix de Saint-Louis. Candidat à la Convention, il échoua contre Moltedo au troisième tour de scrutin. Il était maréchal de camp depuis le 1er mars 1791 et commandait les gardes nationales de Talavo et de Bastelica, lorsque Paoli rompit avec la Convention. Après avoir cherché, comme il dit, à donner le signal de l'insurrection, Abbatucci, cédant à des forces supérieures, se retira dans Calvi ; employé dans cette place comme général de brigade, il vint à Toulon, après la capitulation, et servit à l'armée d'Italie. Il ne fut pas compris dans l'organisation du 25 prairial an III ; mais, recommandé au Directoire comme une victime de l'ancien régime par les députés de la Corse, il fut nommé général de division (16 avril 1796) et attaché à l'armée d'Italie le 20 avril suivant. Vieux, cassé, peu capable de mouvoir et de manier des troupes, il fut froidement accueilli par son compatriote, Bonaparte, et lorsqu'il alla prendre les bains d'Aix, le jeune général lui écrivit d'y rester jusqu'à nouvel ordre. Admis à jouir du traitement de réforme de son grade (7 décembre 1796), pourvu d'une pension de 1 800 francs après avoir appartenu vingt-trois ans, six mois et onze jours aux armées (26 mars 1798). Abbatucci se retira en Corse. Au mois de mai 1800, Carnot proposa de l'employer dans l'île; le premier consul refusa. Abbatucci mourut le 17 mars 1813. Il avait donné quatre fils à la France : l'un, le plus connu, qui devint général de brigade et périt au pont d'Huningue; l'autre qui fut tué devant Toulon comme sous-lieutenant; un autre qui mourut d'une blessure reçue au siège de Calvi; un quatrième, aide de camp de son frère le général.

V. Du Rosel de Beaumanoir.

Philibert Du Rosel de Beaumanoir était né le 17 avril 1715 à Montilly, dans l'élection de Vire et la généralité de Caen. Cadet au mois de mars 1732, lieutenant de milice l'année suivante, lieutenant en second au régiment de Saintonge, plus tard le 82ᵉ (1ᵉʳ janvier 1734), enseigne (8 septembre 1734), lieutenant en premier (1ᵉʳ juin 1735), lieutenant de la compagnie de grenadiers (17 mars 1743), capitaine (19 août 1743), aide-major (15 décembre 1747), il fut, après avoir fait, comme on disait, la guerre de 1733 et de 1741, c'est-à-dire les guerres de succession de Pologne et d'Autriche, nommé major le 5 juin 1748 et il remplit cette fonction durant dix ans avec une grande exactitude et application. « Bon major, écrivait-on de lui, mais qui n'est pas secondé; c'est aujourd'hui ce qu'il y a de meilleur dans le régiment de Saintonge. » Lieutenant-colonel (3 février 1758), embarqué dans l'armée de M. de Conflans en 1759 et blessé à la tête le 20 novembre de cette année sur le vaisseau le *Formidable*, noté de nouveau comme un officier qui « a de l'esprit » et qui « est très bien à la tête de Saintonge », il fut, après avoir passé six ans, de 1763 à 1768, avec ce régiment à Cayenne, à la Martinique, à la Guadeloupe, et obtenu le grade de brigadier (20 février 1761), promu maréchal de camp (20 avril 1768) et employé dans l'île de Corse, en résidence à Ajaccio. Le 1ᵉʳ janvier 1784 il recevait le brevet de lieutenant général. Il avait été nommé commandeur (26 février 1777), puis grand'croix de l'ordre de Saint-Louis (25 août 1787). Il mourut à Caen le 16 mars 1806.

VI. Lettre de Du Rosel de Beaumanoir à Bonaparte.

(Cf. dans Coston, I, 36-41, le fragment d'une lettre antérieure de Beaumanoir au premier consul.)

Citoyen Premier Consul,

Le citoyen Durosel Beaumanoir, ancien lieutenant général des armées françaises, grand'croix de l'ordre de Saint-Louis, jouissant d'une pension de retraite de 18 300 livres non compris 4 000 livres sur l'ordre de Saint-Louis, réduite au maximum par l'Assemblée Constituante, laquelle, par la loi du 18 fructidor an VII, était susceptible d'être convertie en solde de retraite de 6 000 livres et avait été fixée à cette somme dans un travail du citoyen Normandie, mis depuis longtemps sous les yeux du Conseil d'État pour obtenir son visa. Ce travail a passé ensuite dans les mains du citoyen Defermon, directeur général de la dette publique : depuis ce temps, le citoyen Beaumanoir se trouve privé de l'espoir d'obtenir cette pension, vu qu'on n'en veut plus accorder aux militaires portés sur la liste des émigrés.

Il est affreux pour le citoyen Beaumanoir, à l'âge de quatre-vingt-huit ans, après avoir perdu toute sa fortune par les événements de la Révolution, ayant de plus à sa charge un frère âgé de quatre-vingt-neuf ans, et très infirme, de se voir privé des seuls moyens d'existence que soixante années de service devaient lui assurer, et dans un temps où les infirmités de la vieillesse ajoutent encore à notre détresse en nous formant de nouveaux besoins. Le citoyen Beaumanoir supplie le Premier Consul de jeter un coup d'œil sur sa position et de vouloir bien ordonner particulièrement au citoyen Defermon de lui présenter sa liquidation.

A Caen, le 22 fructidor an X de la République française.

Durosel Beaumanoir.

VII. Lettre de Charles Bonaparte à Laurent Giubega.

Ajaccio, 18 maggio 1776.

Amatissimo signor compare,

Io non farò qui un' apologia della condotta del signor X.... Non solamente in Ajaccio, ma in tutta la giurisdizione, dove ha usate le più dure violenze e le misure le più arbitrarie, perchè queste saranno discussioni da sottoporsi alla ventura assemblea dei stati, ma vi dirò soltanto che in Ajaccio esso ha mosso un tumolto, con far sperare l'esenzione della decima, e con insinuare che io era quello che mi opponevo per invidia, atteso che di questa decima ne sono esente, esso per pregiudicare me, e qualche altro particolare, ha ridotti all' infinito li prodotti della comunità, dicendo di voler distruggere li bestiami, e senza riflettere che il Rè nella sua ordinanza vuole conservarli, esentarli e favorirli, ed ha eletto per periti tre che sanno di estime di terre quanto ne sapete voi, e questi erano Giovan Pietro Levie mercante, Giuseppe Susini ed il signor Cuneo; esso ha ricusato le predette funzioni. Il resto si decifrerà a suo luoco e tempo.

Veniamo à noi. Il signor conte di Marbeuf parte, ed io vorrei venire ed augurargli il buon viaggio; muio di voglia di vederlo, e quantunque non posso vantarmi della sua corrispondenza al mio affetto, tuttavia il diavolo mi vuole in questo verso. Non è possibile che io non le sii vivamente attaccato; frattanto vorrei che procuraste di sapere se questa mia venuta li farà piacere, perchè sarebbe disgrazioso che io senza grato nè grazia mi prendessi questo strapazzo.

Se sapero che aveste da essere cosi presto in Bastia, avrei imbarcato il vino, perchè mi imagino che il signor Guidi sia impaziente, ma sarà per la prima occasione. Li miei ossequii alla signora Maria, compresi tutti li suoi dilettissimi geniti.

Voi sapete che io sono vostro aff° compare.

C. Buonaparte.

P.-S. — Il signor Saverio di Alata essendo alquanto indisposto, mi ha fatto pregare il signore Antoni a far le sue veci. Secondate questa operazione.

VIII. Les Marbeuf.

Louis-Charles-René, comte de Marbeuf, fils d'un lieutenant général, était né à Rennes, le 4 novembre 1712. Successivement enseigne au régiment de Bourbonnais (13 octobre 1728), lieutenant (7 juillet 1729), capitaine (23 avril 1732), aide-major général de l'infanterie (1er mai 1747), colonel (15 février 1748), brigadier d'infanterie (3 septembre 1759), maréchal de camp (25 juillet 1762), lieutenant général (23 octobre 1768), il fut nommé le 4 août 1772 commandant en chef des troupes françaises en Corse. Il touchait un traitement de 71 208 livres, 45 208 livres comme commandant en chef, 15 000 comme lieutenant général, 4 000 comme grand'croix de Saint-Louis, 4 000 sur le département des finances comme gentilhomme de la chambre du roi de Pologne et duc de Bar, 3 000 à titre de pension sur le trésor de la guerre. En 1784, à l'âge de soixante-douze ans, il se maria : « Mes parents et amis, disait-il, me voyant seul de mon nom, ont exigé que je me marie, pour pouvoir le perpétuer ». Il mourut le 20 septembre 1786 à Bastia et y fut enseveli dans l'église de Saint-Jean-Baptiste.

Sa veuve, fille d'un maréchal de camp, Catherine-Salinguerra-Antoinette de Gayardon de Fenoyl, née le 6 juin 1765, avait reçu, par décision du 28 septembre 1783, une pension de 8 000 livres assurée à titre de douaire sur le trésor royal. Napoléon lui donna, le 22 juillet 1809, une dotation de 15 000 livres et la nomma, le 19 juin 1813, baronne de l'Empire. Elle mourut à Paris le 18 mars 1839.

Son fils Laurent-François-Marie, né à Bastia le 26 mai 1786, élève pensionnaire de Fontainebleau (22 septembre 1803), caporal (21 avril 1804), sous-lieutenant au 25e régiment de dragons (16 janvier 1805), lieutenant (21 novembre 1806) et adjudant-major au même régiment (10 novembre 1807), officier d'ordonnance de l'Empereur (29 octobre 1808), baron de l'Empire (9 décembre 1809), chef d'escadron aux chasseurs à cheval de la garde impériale (6 avril 1810), colonel du 6e régiment de chevau-légers (14 octobre 1811), mourut de ses blessures le 25 novembre 1812, à Marienpol, grand-duché de Varsovie.

IX. D'Ambrugeac.

Louis-Alexandre-Marie de Valon du Boucheron d'Ambrugeac, époux d'Alexandrine-Marie de Marbeuf, était né le 7 octobre 1771 à Paris. Sous-lieutenant de remplacement au régiment du Maine (6 juillet 1786), adjudant-major au même régiment (1er février 1791), il émigra au mois de juillet 1791 et servit comme capitaine au régiment allemand de Wittgenstein (novembre 1791-novembre 1792), puis aux uhlans britanniques (1793-1796). Nommé chef de bataillon au 96e (16 février 1810), major en second au même régiment (20 juillet 1811), major en premier au 69e (13 mars 1813), il fut promu colonel du 100e de ligne le 16 juillet 1813 et reçut, le 15 mars 1814, la croix de la Légion d'honneur. Bien accueilli par les Bourbons, nommé colonel du 10e de ligne qui prit un instant le nom de Colonel-Général (11 juin 1814), il reçut le 5 avril 1815 du duc d'Angoulême, le brevet de maréchal de camp : « C'est au brave et fidèle régiment d'infanterie Colonel-Général, lui disait le duc, qu'il faut attribuer les succès de la journée du 2 avril (l'affaire du pont de Loriol); c'est de vous qu'il a pris l'exemple de la bravoure et du dévouement au roi. » Promu lieutenant général le 16 décembre 1823, mis en non-activité le 7 octobre 1836, d'Ambrugeac mourut le 25 mars 1844.

X. Giubega.

Lorenzo Giubega descendait d'une ancienne famille génoise. En 1015 un Agnolo Giubega aurait, à la tête de Génois et de Pisans, chassé les Sarrasins de la Sardaigne. Au XVIe siècle, Dom Pierre-François Giubega, qui s'établit à Madrid, est qualifié dans son testament (24 juillet 1516) « magno avocato fiscale regio e generale intendente della camera del Rè », et ses deux frères, Dom Claude et Jean-Antoine, sont, l'un, abbé de l'abbaye de Mont-Cassin, l'autre, secrétaire du duc de Milan, François Sforza. Ce Jean-Antoine eut un fils, Jean-César, dont le fils, Pasqualino, capitaine au service de Gênes, vint se fixer à Calvi en 1572. L'arrière-petit-fils de Pasqualino, François-Xavier Giubega, fut à deux reprises syndic de la ville de Calvi et eut d'Anne Panattieri huit enfants dont Laurent était l'avant-dernier. Laurent, né à Calvi le 28 octobre 1733, fit ses études à Gênes sous la direction de son frère aîné, l'archidiacre Pascal, et y exerça quelques années la profession d'avocat. Il regagna la Corse pour prendre part avec son frère Damien à la guerre contre les Français. Procureur du roi, d'abord à La Porta d'Ampugnani, puis à Ajaccio, greffier en chef des États de Corse (6 février 1771) pendant vingt ans, il s'était marié à une noble Génoise, Maria Rogliano, dont il eut plusieurs enfants morts en bas âge. Une fille lui restait, Annette, qui fut demandée en mariage par Joseph Bonaparte; mais Joseph semblait trop pauvre pour cette héritière qui d'ailleurs, contre le gré de son père, épousa le médecin Massoni. Durant le siège de Calvi, Annette, atteinte par un éclat de bombe, reçut à la cuisse une blessure dont elle demeura boiteuse toute sa vie. Elle mourut à Calvi, veuve et sans enfants, en 1851, à l'âge de soixante-douze ans. Cette reine manquée aurait dans ses derniers jours connu la misère, sans les secours de ses cousins.

Le frère de Laurent, Damien Giubega, eut deux fils : Vincent et Xavier.

Vincent, né à Calvi le 9 août 1761, docteur en droit civil et canonique, attaché en 1784 à l'ambassade de France près la république de Gênes, devenu prêtre et vicaire général de l'évêché de Sagone, quitta l'île pendant l'occupation anglaise et, à son retour, fut nommé juge au tribunal de cassation par les électeurs du département. Napoléon le fit en 1800 juge au tribunal d'appel d'Ajaccio; trois mois plus tard Vincent Giubega mourait à l'âge de trente-neuf ans. Ses gracieuses poésies, pleines de goût et de naturel, lui ont valu le surnom d'Anacréon ou de Parny de la Corse; il en détruisit un grand nombre par scrupule religieux; ses sonnets, et notamment le poème composé en l'honneur du retour de Paoli, méritent d'être lus.

Xavier, né à Calvi le 8 juin 1766, capitaine d'une compagnie de garde nationale soldée à Calvi (9 novembre 1789-26 mai 1793), capitaine de la compagnie franche des volontaires de la Corse (21 mai 1793), passe après la capitulation de Calvi avec cette compagnie (qui se nomma la compagnie franche de Giubega) à l'armée d'Italie dans un bataillon sans numéro qui fut amalgamé à la 1re demi-brigade d'infanterie légère devenue la 17e, puis est nommé adjoint à l'adjudant général Arena (20 janvier 1795), et à l'adjudant général Du Prat (3 juillet 1795) et chargé par le représentant Peyre d'aller à La Valette et autres lieux circonvoisins (6 décembre 1795) ramasser les déserteurs. Il entre dans l'administration, et on le trouve inspecteur de 2e classe des vivres (30 avril 1796), agent en chef des vivres (22 septembre 1796), agent spécial des contributions et finances à la suite de l'armée française à Rome (28 septembre 1798-5 mars 1799). Sous-préfet de Calvi et (dit en 1810 le sénateur Casabianca), administrateur probe et intelligent, il reçoit le 6 avril 1815 la préfecture de la Corse.

Le fils de Xavier, Pascal-Hyacinthe, né le 21 septembre 1789 à Calvi, secrétaire général de la préfecture de Corse (11 septembre 1830), sous-préfet de Sartène (31 décembre 1830), de Corte (26 avril 1833), de Sisteron (24 juillet 1837), révoqué en février 1848 par le commissaire du gouvernement, réintégré sur la recommandation de Guinard et de son propre fils, Laurent, étudiant en droit, qui combattit aux journées de février et « sortit de la lutte avec une main blessée et les vêtements en lambeaux », nommé sous-préfet de Bastia (11 août 1848), fut mis à la retraite le 3 mai 1858.

XI. Poli.

Don Bernard Poli, né à Solaro, entré au service dans le bataillon des chasseurs corses du Liamone, nommé provisoirement capitaine (23 septembre 1805), confirmé dans ce grade (19 juin 1806), chef de bataillon provisoire du 4e des chasseurs corses du Liamone (25 novembre 1807), autorisé par le ministre à épouser Faustine Tavera (16 novembre 1808), envoyé par le général Morand avec un corps de 500 hommes dans le grand-duché de Toscane (5 juin 1809), mis en non-activité (8 novembre 1809), confirmé par l'Empereur dans le grade de chef de bataillon pour être employé en qualité de commandant d'armes de 4e classe (29 juin 1810), commandant à Gavi du 23 décembre 1810 jusqu'au jour de l'évacuation de la place (8 mai 1814), officier d'état-major d'Arrighi

(11 mai 1815), est admis au traitement de réforme le 1er janvier 1819 et en jouit jusqu'au 31 décembre 1823. « Sa conduite, écrivait Montelegier en janvier 1824, a été exemplaire et lui a valu la reconnaissance des autorités par suite desquelles son fils a été admis à l'École royale militaire de La Flèche; il est essentiel qu'il ait une existence qui le retienne et l'attache au gouvernement. » Le 4 novembre 1824, sa pension fut liquidée.

XII. Les conditions d'admission aux Écoles royales militaires.

Questions auxquelles doivent répondre les parents des enfants proposés pour les Écoles royales militaires.

1° Sont-ils en état de faire preuve par titres de quatre degrés de noblesse, du côté du père seulement?
2° Nom et surnoms du père.
3° Son âge.
4° Est-il au service ou s'est-il retiré?
5° Est-il chevalier de Saint-Louis?
6° La mère est-elle vivante?
7° Nom et surnoms de l'enfant proposé. Produire son extrait baptistaire.
8° Quel est le nom des frères et sœurs de l'enfant proposé?
9° Cet enfant a-t-il des frères au service du roi, des oncles ou d'autres parents?
10° Sait-il lire et écrire?
11° Est-il bien conformé? En rapporter le certificat.
12° Est-il élevé dans la maison paternelle, dans des pensions ou collèges?
13° Quel est le lieu de l'habitation des parents, la généralité, l'élection, la subdélégation? Où peut-on leur écrire?
14° Quel est l'état de la fortune des parents? En rapporter le certificat.

XIII. Lettre du ministre au père d'un candidat aux Écoles royales militaires.

Cette lettre a été écrite par Ségur aux mois de novembre et de décembre 1782 à plusieurs pères de famille (notamment à M. de Polignac, résidant à Condom) qui demandaient l'admission de leur fils dans une des Écoles royales militaires : elle est remarquable par un ton d'exquise politesse qui sent tout à fait son ancien régime.

Votre fils, Monsieur, pour lequel vous sollicitez une place d'élève dans l'une des écoles royales militaires, sera proposé au roi à la nomination de cette année concurremment avec les jeunes gentilshommes qui aspirent à la même grâce, et je désire bien sincèrement que Sa Majesté, à qui je ne laisserai ignorer aucun des motifs qui peuvent rendre votre demande susceptible d'être accueillie, veuille bien comprendre cet enfant dans le nombre des sujets qu'elle jugera à propos d'agréer.

Je suis, Monsieur, votre très humble et obéissant serviteur.

XIV. Keralio.

Keralio, né à Rennes le 23 mars 1723, volontaire au régiment d'Anjou (1er avril 1738), lieutenant en second (27 octobre 1738), lieutenant en premier (19 avril 1739), aide-major avec rang de capitaine (27 septembre 1745), capitaine au régiment des grenadiers de France (1er janvier 1752), aide-major (1er juillet 1752), major d'une brigade (8 juillet 1756), et major du régiment avec rang de colonel (1er novembre 1759), sous-inspecteur général des écoles royales militaires (9 décembre 1773), brigadier (1er mars 1780), maréchal de camp (1ᵉʳ avril 1780), admis à la retraite le 16 mai 1783, quitte l'École militaire de Paris le 1ᵉʳ juin suivant et obtient une pension de 6 000 livres : 3 000 sur les fonds de l'École militaire, 3 000 sur le trésor royal. Mort le 13 février 1788 à Forbach.

XV. Reynaud de Monts.

Marie-Antoine-Serapion Reynaud de Monts, né le 30 octobre 1738 au château de Monts, près Arlanc (Puy-de-Dôme), page de la Dauphine (1ᵉʳ avril 1754), cornette dans les carabiniers (28 avril 1759), lieutenant (2 janvier 1760), capitaine à Royal-cavalerie (27 avril 1761), chargé de l'instruction de l'École de cavalerie de Metz (18 septembre 1764), major de Penthièvre-dragons (25 août 1767), avec rang de mestre de camp (2 mars 1773), mestre de camp en second (18 avril 1776), sous-inspecteur général des écoles royales militaires (1ᵉʳ juin 1783), brigadier (1ᵉʳ janvier 1784), maréchal de camp (9 mars 1788).

XVI. Le personnel de Brienne en 1787.

Le P. Berton, supérieur.
Le P. Berton, sous-principal.
Le P. Patrauld, procureur.
Le P. Génin, curé.
Le P. Berton, professeur de seconde.
Le P. Cornu, professeur de troisième.
Le P. Bouquet, professeur de quatrième.
Le P. Le Roi, professeur de cinquième.
Le P. Tisserand, professeur de sixième.
Le P. Clerinex,
M. l'abbé Pérignot, } professeurs de grammaire.
Le P. Cornu, préfet des classes.
M. l'abbé Pérignot,
M. l'abbé Jacquier,
M. l'abbé Liard,
M. l'abbé Bély, } sous-préfets.
Le P. Kehl,
Le P. Lémery,
Le Sʳ Desponts, } professeurs de mathématiques.
Le P. Kehl, maître de langue allemande.
Le Sʳ Calonne, maître de langue anglaise.
Le Sʳ Léon, maître de dessin.
Le Sʳ Le Clerc, maître d'écriture.
Le Sʳ Paquet, maître de danse.
Le Sʳ Daboval, maître d'escrime.

XVII. Le personnel de Brienne en 1788.

P. Louis Berton, principal.
P. Jean-Baptiste Berton, sous-principal.

Professeurs et maîtres.

P. Génin, curé.
P. Patrauld, procureur.
P. Bouquet,
P. Henrion, } préfets.
P. Avio,

P. Chateau, professeur de troisième.
P. Roi, professeur de quatrième.
P. Caillier, professeur de cinquième.
P. Tournier, professeur de sixième.
P. Kehl,
P. Lémery, } mathématiques.
M. Desponts,
Abbé Chable,
Abbé Pérignot,
Abbé Bély, } sous-préfets.
Abbé Brésillon,
Abbé Burton,

Maîtres.

P. Kehl, allemand.
M. Calonne, anglais.
M. Léon, dessin.
M. Le Clerc, écriture.
M. Daboval, escrime.
(M. Liesse, danse.)

XVIII. Daboval.

Pierre Daboval, né à Vignacourt, dans la Somme, le 25 avril 1752, fut soldat aux gardes françaises du 14 octobre 1768 au 18 mai 1776 et professeur d'escrime ou, comme on disait, maître d'armes et d'exercices à l'École militaire de Brienne, du 1ᵉʳ octobre 1776 au 1ᵉʳ octobre 1793. Jean-Baptiste Berton faisait son éloge et déclarait qu'il s'était « acquitté de ses fonctions avec autant de zèle que d'activité » et « concilié dans tous les temps le suffrage et l'estime des préposés à l'administration de ladite École ». Daboval fut ensuite, du 28 mars 1794 au 17 août 1798, employé au parc de constructions de Brienne, comme chef des haut-le-pied, puis, durant les cinq derniers mois de 1798, à la barrière de la ville. Enfin, il entre dans la gendarmerie du département de l'Aube. Le 21 décembre 1798 il est nommé gendarme. Mais il avance lentement; il ne devient brigadier que le 2 août 1809, et il prend sa retraite presque aussitôt, le 10 février 1810, après 35 ans, 8 mois et 23 jours de services et campagnes. Il mourut en février 1834 à Nogent-sur-Seine où il s'était retiré.

XIX. Bar.

On ne sait rien du maître de danse Javilliers. On est mieux informé sur son prédécesseur. Jean-Baptiste Bar, placé à Brienne par Mᵍʳ de Loménie (22 mars 1776), protégé par Keralio qui, de Pontlevoy, le 22 juin 1781, atteste sa « bonne conduite et tenue », professeur à Angers en 1779, demande un secours à Napoléon en 1811, et produit le témoignage du Père Lélue qui reconnaît qu'il est resté plus de trois ans à Brienne. Ce certificat, signé du 30 avril 1779, prouve que Lélue était encore principal lorsque Bonaparte fut reçu à l'École.

XX. Hanicle.

On a pu croire, d'après le témoignage de Montholon (*Hanicle, curé de Saint-Séverin, notes écrites par ses amis et recueillies par un de ses vicaires,* 1870), que Napoléon eut pour maître à Brienne le capitaine Hanicle. « Il comparait, a dit Montholon, le caractère de cet officier à celui du maréchal Sérurier : il se rappelait en particulier avoir été mis par lui aux arrêts pour avoir frappé violemment sur le pied d'un de ses camarades avec une petite bêche qui lui servait à faire des redoutes en terre, travail que ce camarade avait détruit d'un coup de pied. » Montholon s'est trompé. Hanicle n'est venu à Brienne qu'après le départ de Napoléon. Cet Hanicle (Jean-Baptiste-Marie-Joseph), né à Prévent dans l'Artois, était entré au 8ᵉ régiment de dragons le 15 mars 1757; il y devint maréchal des logis (5 avril 1763), maréchal des logis en chef (17 janvier 1774), adjudant (2 mai 1781) et obtint son congé absolu le 8 avril 1787; il est alors nommé capitaine des portes à l'École militaire de Paris, et, après la suppression de l'établissement, attaché à l'École militaire de Brienne où les aspirants ingénieurs furent envoyés sous la conduite de M. de Pernon et eurent Verkaven pour professeur de mathématiques. « Sous M. de Pernon, dit un cadet de Brienne, était le capitaine des portes, M. Hanicle, ancien maréchal des logis de dragons, chargé de nous surveiller, mais dont nous ne reconnaissions pas l'autorité; nous ne lui accordions que le droit de faire des rapports contre nous, mais non de nous donner des ordres : le bonhomme s'enivrait quelquefois; il était fort drôle quand il avait une bouteille de vin de trop dans le corps. » Hanicle, qui s'intitulait plus tard ancien capitaine de cavalerie et qui ne fut jamais, ce semble, que capitaine... des portes, obtint le 23 janvier 1794 le commandement de l'École nationale des trompettes. Mais le 10 juin 1796, il mourait d'une fluxion de poitrine et d'une fièvre maligne causée par les fatigues de sa fonction. Comme il était mort en activité après 32 ans, 5 mois et 12 jours de services, sa veuve eut, en vertu de la loi du 21 brumaire V, une pension de 1 500 francs qui fut réduite à 400 francs par la loi du 14 fructidor VI. Son fils, Juste-Nicolas, qui était infirme et reçut jusqu'à l'âge de douze ans un secours annuel de 133 fr. 33, devint curé de Saint-Séverin.

XXI. Documents sur Brienne.

Nous n'avons sur le séjour de Napoléon à l'École des Minimes, outre de très menus détails glanés de tous côtés, que deux sources essentielles, deux brochures rarissimes : 1° *Some account of the early years of the military school of Brienne*, by M. C. H., one of his school-fellows (Londres, 1797); 2° *Traits caractéristiques de la jeunesse de Bonaparte et réfutation de différentes anecdotes qui ont été publiées à ce sujet* (Leipzig, 1802).

Le *Some account*, œuvre d'un émigré, a été traduit en français par Bourgoing sous le titre : *Quelques notices sur les premières années de Bonaparte* (Paris, Dupont, an VI), et cette version est généralement exacte, bien que Bourgoing se soit permis, de son propre aveu, des corrections et des additions. L'auteur aurait été, selon la préface d'une réimpression de 1814, un homme probe, sincère et judicieux. Il nous dit que sa famille était étrangère et qu'il est venu à Brienne quinze ou dix-huit mois après Bonaparte. Or, il y avait à l'École des Minimes un Cuming de Craigmillen, fils du capitaine des chasses du prince Xavier de Saxe : il est d'origine étrangère, il est venu à Brienne un an après Bonaparte, il avait le caractère fort doux et une conduite très régulière (cf. pièce LXXX). Mais, que Cuming ou tout autre ait composé le *Some account*, le récit est authentique et porte la marque de la vérité. L'émigré avait bonne mémoire : seul des biographes de Napoléon, il cite Reynaud de Monts, et non Keralio, comme l'inspecteur qui désigna Bonaparte pour l'École militaire de Paris.

L'auteur des *Traits caractéristiques* a voulu renchérir sur l'émigré d'Angleterre qui ne parle que de Brienne, et il prétend avoir été le camarade de Napoléon et à Brienne et à Paris. Or, il n'a sûrement pas été cadet-gentilhomme à l'École militaire : il nomme parmi les condisciples de Napoléon des jeunes gens comme Lauriston, Dupont, Moncey, Murat, qui ne furent jamais admis dans la compagnie. Mais il a pu faire ses études à Brienne : il mentionne le Père Patrauld et Balathier de Bragelonne; il sait ce qu'était une école royale militaire. Toutefois, il est moins intéressant, moins véridique que l'auteur du *Some account*, et il insiste trop sur les fortifications de neige et sur les pétards de la Saint-Louis; somme toute, il ne laisse pas d'inspirer la méfiance. Las Cases l'a consulté, et on croit lire le *Mémorial* lorsqu'on lit dans les *Traits caractéristiques* que Keralio, « qui a écrit la *Tactique*, démêla le héros futur, le fit causer et dit au principal : « Voilà un jeune homme de grande espérance ».

On trouve encore quelques minces détails dans une brochure introuvable, mais citée par la *Bonapartiana*. L'auteur des *Traits caractéristiques* s'amuse à réfuter cette brochure, et il a raison sur plusieurs points; il a tort de priser si peu le témoignage, si altéré qu'il soit, de Laugier de Bellecour.

XXI bis. Lettre du ministre de la guerre à Ch. Bonaparte.

Cette lettre est évidemment la réponse du ministre à la lettre de Charles publiée par Coston (II, 39-40); ce qui étonne de prime abord, c'est que les bureaux objectent l'âge trop avancé de Lucien; mais Charles avait dit que Lucien était dans sa neuvième année.

Fontainebleau, 17 octobre 1783.

Le Roi ayant décidé, Monsieur, par son règlement du 26 juillet dernier, que deux frères ne pouvaient être élevés en même temps dans les Écoles militaires, la demande que vous formez en faveur de votre second fils ne serait admissible qu'autant que l'éducation de celui qui est à Brienne serait entièrement terminée, si d'ailleurs l'âge trop avancé de cet enfant n'était déjà un obstacle invincible à la grâce que vous sollicitez pour lui.

Je suis, Monsieur, votre très humble et affectionné serviteur.

M. de Buonaparté, assesseur à Ajaccio.

XXII. Montarby de Dampierre.

Nicolas-Laurent Montarby de Dampierre était fils de messire Étienne-Louis de Montarby de Dampierre, seigneur de Dampierre-en-Bassigny, et de dame Gabrielle-Josèphe de Roze, qui furent tous deux dénoncés par le comité révolutionnaire de Langres, condamnés par le tribunal révolutionnaire de Paris et exécutés le 12 juillet 1794. Il naquit à Dampierre le 10 août 1769. Admis élève du roi à la nomination du 31 décembre 1779 parce que ses parents ont cinq enfants et 2 000 livres de rente, il entra le 22 octobre 1784 à l'École militaire de Paris avec rang de sous-lieutenant dans les troupes le même jour. Sous-lieutenant de remplacement au régiment de Royal-Dragons (27 août 1787), réformé (1er mai 1788), replacé (15 septembre 1788), il assista le 31 août 1790 à l'affaire de Nancy qui compta pour une campagne de guerre et peu de temps après entra comme sous-lieutenant dans la garde à cheval du roi, 2e division, compagnie de Sommièvres, où il resta jusqu'au licenciement (30 novembre 1791-30 mai 1792). Il émigra, servit à l'armée des princes, puis de 1793 à 1796 comme capitaine des hussards de Choiseul, en 1797 et en 1798 comme capitaine des hussards de Rohan. Il regagna la France en 1800, mais ne prit du service sous Napoléon qu'en 1813. Capitaine au 4e régiment des gardes d'honneur, il partit le 3 août 1813 pour l'armée. La Restauration l'employa aux colonies. Nommé chef de bataillon et commandant le bataillon supplémentaire du 5e léger (23 octobre 1814), promu chevalier de Saint-Louis (26 octobre 1814), il alla défendre l'île Bourbon contre les Anglais; mais il eut de vives discussions avec le maréchal de camp Bouvet de Lozier et revint en France. Le 26 février 1817, on le faisait colonel d'infanterie, mais il prenait rang du 18 août 1815. Quelques mois plus tard (13 août 1817), il recevait le commandement militaire de la Martinique. Il y mourut de la fièvre jaune le 8 novembre 1818.

Son frère cadet, Louis-Charles-Marie, né le 8 décembre 1770, élève à Brienne et camarade de Bonaparte, sous-lieutenant au régiment de Navarre, lieutenant (17 décembre 1786-15 octobre 1791), prit part à la campagne de 1792 dans l'armée des princes où il appartenait, sous les ordres du marquis de Mortemart, à la compagnie de Navarre. Mais il souffrit tellement dans la retraite de Champagne qu'il ne put faire d'autre expédition. Aussi, sous la Restauration, eut-il beau rappeler le souvenir de son aîné et assurer qu'il avait servi les Bourbons aussi fidèlement que ses ancêtres l'avaient fait depuis l'an 1375, qu'il avait le premier, à Langres, arboré la cocarde blanche et crié « vive le roi »; il n'eut ni la croix de Saint-Louis ni le grade de chef de bataillon qu'il sollicitait.

XXIII. Castres.

Henri-Alexandre-Léopold de Castres de Vaux, né le 10 avril 1771 à Vaux-les-Rubigny dans les Ardennes, admis élève du roi à la nomination du 31 décembre 1779 parce que ses parents n'ont que 300 livres de rente, entré à Brienne au mois de juillet 1780, cadet-gentilhomme à l'École militaire de Paris (22 octobre 1784) avec rang de sous-lieutenant du 10 avril 1786, fut reçu à l'École du génie de Mézières le 15 février 1792, le 6ᵉ sur 20. Il émigra vers le 15 mai de la même année et fut le 6 juillet suivant admis parmi MM. les officiers du génie par la commission spéciale que les princes avaient établie à Coblenz. Il fit la première campagne à l'armée du duc de Bourbon, puis entra dans l'armée autrichienne, aux chasseurs de Le Loup où il servit deux mois, et au régiment de Murray où il fut vingt-deux mois; il assista donc sous les drapeaux de François II aux campagnes de Flandre de 1793 et de 1794. Il rejoignit alors l'armée de Condé (25 décembre 1794). Après le licenciement, il fut admis comme ingénieur géographe au bureau topographique de Bavière (22 mars-24 décembre 1801). En 1802, il regagnait la France. D'abord simple dessinateur au dépôt de la guerre, ensuite sous-lieutenant ingénieur géographe (20 juin 1803), il fit un chemin rapide : capitaine (23 septembre 1805), chef de bataillon (23 juillet 1809), aide de camp de Davout (21 juillet 1811), adjudant-commandant ou colonel (19 novembre 1813), employé à la brigade des ingénieurs géographes chargés de la démarcation des limites des Pyrénées (7 novembre 1814), de nouveau attaché à Davout (21 mars 1815), mis en non-activité (27 décembre 1815), employé à la commission de démarcation des frontières du Nord (26 mars 1817), il est nommé maréchal de camp le 11 août 1823, et commande divers départements. Il mourut à Rennes le 12 octobre 1832.

XXIV. Laugier de Bellecour..

Pierre-François-Marie Laugier de Bellecour, fils de Louis-André, baron de Laugier et seigneur de Bellecour, et de Mᵐᵉ Anne-Charlotte du Mesnil de Laugier, né le 24 novembre 1770 à Nancy, admis aux Écoles royales militaires après le travail du mois de décembre 1780 et sur la recommandation du comte de Stainville, élève du roi à Brienne et à l'École militaire de Paris. Il fut admis élève d'artillerie, le 40ᵉ sur 48, au concours de 1786, et quitta l'École militaire le 11 décembre de cette année pour se rendre à Metz à la suite de l'École d'artillerie. Mais, avec la permission du ministre, il fut réinstallé (3 avril 1788) parmi les cadets-gentilshommes transférés à l'École de Pont-à-Mousson, d'où il sortit le 4 décembre 1788 pour être élève titulaire d'artillerie à Metz. Reçu lieutenant en second, le 40ᵉ sur 41, au concours de 1789, et attaché de nouveau, faute de places, à l'École de Metz, nommé second lieutenant à la 4ᵉ compagnie des mineurs (1ᵉʳ avril 1791), il émigra au mois de décembre 1791, fit la campagne de 1792 à l'armée du duc de Bourbon et rejoignit au mois de mars 1793 le corps de Condé. Il y devint l'intime ami de Romain, qui raconte qu'il était avec sa mère au quartier général de Rothenbourg et y apprit brusquement la mort de son père guillotiné à Nancy.

XXV. Cominges.

Jean-Joseph comte de Cominges, né le 22 août 1770 à Avenay, admis élève du roi à la nomination du 31 décembre 1779 parce que ses parents n'ont que 250 livres de rente, entre à Brienne en 1780. Cadet-gentilhomme à l'École militaire de Paris le 22 octobre 1784, il est, au concours du 1er septembre 1785, reçu le 21e sur 49 sujets que Laplace « a jugés susceptibles de passer à l'état d'élèves d'artillerie ». Admis le 25e sur 61 au concours des officiers de 1786, lieutenant en second au régiment de Besançon (5 avril 1787), lieutenant en premier (1er avril 1791), second capitaine (6 février 1792), il donne sa démission, émigre au mois d'avril, est remplacé le 18 mai 1792. Il fait la même année la campagne dite de l'armée des princes et assiste au siège de Thionville et à la prise de Verdun. En 1794, il rentre sur le sol français et sert un an comme cavalier au 24e régiment. Domicilié à Reims (4, rue de la Vignette), il est colonel de la garde d'honneur de 1808 à 1814 et entre au mois de janvier 1814 dans la garde nationale. Au retour des Bourbons, il sollicita la croix de Saint-Louis et le grade de chef de bataillon. Il envoya un état de ses services, attesté par quatre officiers d'artillerie et anciens élèves de l'École militaire, Belly de Bussy, Montarby de Dampierre et les deux Desmazis; il rappela qu'il était « issu d'une des plus anciennes familles de la noblesse du royaume »; il allégua sa situation : « Un emploi de finance qu'il occupait, se trouvait réduit de plus d'un tiers en appointements » et, durant l'invasion, il avait eu le bras cassé à Beaurieux, dans l'Aisne, et « avait été extrêmement pillé par les troupes ennemies ». La commission des émigrés jugea qu'il devait être classé comme capitaine, à cause de son peu de services, et qu'il n'avait pas droit à la croix de Saint-Louis. Pourtant, Cominges fut nommé chef de bataillon honoraire le 26 janvier 1816 et chevalier de Saint-Louis le 29 février suivant. On le trouve en 1817 à Paris chef de division à l'administration des contributions indirectes.

XXVI. Le certificat de Brienne.

Le premier qui ait publié la note donnée à Bonaparte par le sous-inspecteur général est le rédacteur des *Annales de l'Europe* (1810, VII, 104), qui n'indique pas sa source. C'est de ce recueil que Salgues l'a tirée (*Mémoires pour servir à l'histoire de France sous le gouvernement de Napoléon Buonaparte*, 1814, I, p. 71), et Salgues déclare que la note a été faite après coup. Suivant lui, Napoléon est né en 1768, non en 1769, et les éloges décernés à l'écolier « contrastent ridiculement avec son caractère; il est probable qu'il demanda ce certificat à l'un de ses anciens professeurs à l'époque où il s'occupait du projet de descendre en Angleterre; il était alors nécessaire qu'il se donnât pour un marin » (et le rédacteur des *Annales* dit en effet que Napoléon sera « le plus grand des marins s'il rend au monde la liberté des mers »). Chateauneuf (*Hist. de Napoléon Bonaparte*, 1815, p. 9) prétend que la note est authentique. Il assure l'avoir copiée sur le registre original qui fut acheté en 1794 parmi les livres du ministre Ségur par le libraire parisien Royez et vendu douze ans plus tard pour 600 francs à Louis Bonaparte. Mais il cite une phrase que Reynaud de Monts n'eût jamais écrite (« état des élèves *susceptibles d'entrer au service* ») et, d'un bout à l'autre de son livre, il a démarqué Salgues. Il dit, comme Salgues, que Napoléon se présenta en 1781 (!) au concours d'artillerie. Il prend à Salgues la note que Delesguille aurait donnée à Napoléon; il lui prend, en les abrégeant, tous les détails sur l'expédition de la Madeleine, la révolte de Paoli et la défense d'Ajaccio par Masseria, sur la journée de Pâques 1792 — qu'il place, comme Salgues, en 1793, — sur le général Collin, sur le commissaire marseillais qui somme Letizia de sortir du théâtre, sur le *Souper de Beaucaire*, etc. De même, il prend à Salgues le certificat de Brienne, et, pour mieux cacher son emprunt, parle de l'original qu'il aurait vu, supprime, change, ajoute des mots.

XXVII. Notes de Keralio.

1777. BEAUMONT. *De la Morélie des Biards.* Sagesse exemplaire, une application infinie, succès inégaux, il vient de finir sa troisième.
De la Morélie des Biards. Très sage, plein de zèle et d'application, plus d'ouverture pour les sciences que son frère cité ci-dessus; ces deux frères sont jumeaux et ce dernier a également fini sa troisième.
Du Gaillard d'Heilimer. Sujet distingué à tous égards; il a fini sa seconde.
1777. TIRON. *M. d'Averton.* A des dispositions pour les sciences, réussit dans les mathématiques et le latin, et est de bonnes mœurs; il est en seconde.
M. du Verne réunit les meilleures qualités; il est sage, soumis, et s'occupe avec autant de fruit que d'assiduité. S'il est une exception à la règle (il aura quatorze ans révolus à l'époque du 1er octobre), elle doit être en sa faveur et peut-être serait-il d'un bon exemple de lui donner cette distinction.
M. de Bertrandi est également un très bon sujet.

XXVIII. Notes de Reynaud de Monts.

État des élèves destinés à passer cette année à l'École de Paris.

1785. PONTLEVOY. *M. de Saint-Cricq* (Antoine-Jean-Paul), né le 21 janvier 1771. Taille de quatre pieds, sept pouces, sept lignes. Excellent sujet. La plus belle âme possible. De l'aptitude pour les sciences, du travail et des succès, on lui a quelquefois reproché de l'amour-propre. En seconde.
M. Dupont du Chambon de Mézillac (François), né le 15 janvier 1768. Taille de quatre pieds, neuf pouces, cinq lignes. Il a été malade une partie de l'année. Sans cela, il se serait distingué. Il a cependant su tirer parti de son temps, au point de se trouver à peu près au niveau. Bon caractère, esprit solide. En seconde.
M. le Vicomte de la Villegourio (Charles-Marie-Jean-Baptiste), né le 30 décembre 1769. Taille de cinq pieds, deux pouces, une ligne. Il a fait cette année tout ce qui a dépendu de lui pour réparer le temps perdu dans les précédentes. Il a passablement réussi. Sa conduite est régulière. Ses mœurs sont fort pures. En rhétorique.
M. de Thezan de Luc (Étienne-Charles), né le 11 décembre 1770. Taille de quatre pieds, sept pouces, neuf lignes. Est né avec toutes sortes de dispositions heureuses, mais n'en a pas tiré tout le parti qu'il eût pu. Rien ne le prouve mieux que, sans s'être donné beaucoup de peine, il est parvenu au pair des élèves de son âge qui ont le plus travaillé. Bon caractère, et sa conduite irréprochable. En seconde.
1785. VENDÔME. *M. de Séguin de Piegon* (Alexandre), né le 20 juin 1770. Taille de quatre pieds, cinq pouces. Caractère bon, conduite régulière. Objets classiques assez bien remplis. Mathématiques (Bossut), arithmétique, algèbre, médiocrement. Allemand, passablement. Dessin, assez bien. Écriture médiocre. Exercices d'agrément, faibles. A fini sa seconde.
M. de Saint-Germain (Claude-Clair-Louis-Élisabeth), né le 24 avril 1768. Taille de quatre pieds, onze pouces, dix lignes. Caractère doux, honnête et sensible. Conduite régulière. Objets classiques : assez bien pour l'histoire et le français, médiocrement pour le reste. Mathématiques (Bezout), arithmétique et géométrie, médiocrement, ainsi que pour l'allemand. Dessine passablement. Écrit correctement. Exercices d'agrément, assez bien. A fini sa seconde.
M. de Terrasson (René-Cyprien-Gabriel), né le 15 mai 1770. Taille de quatre

pieds, huit pouces, trois lignes. Caractère honnête et sensible. Conduite fort sage. Objets classiques très passablement remplis. Mathématiques (Bossut), arithmétique, algèbre, médiocrement. Il s'applique. Médiocre pour l'allemand et le dessin. A profité des exercices d'agrément. A fini sa troisième.

M. de Robiou de Troguindy (Jean-Marie), né le 1er décembre 1768. Taille de quatre pieds, neuf pouces, dix lignes. Caractère doux, honnête et sensible. Conduite très sage. Objets classiques passablement remplis. S'est appliqué. Mathématiques (Bezout), arithmétique et géométrie, passablement. Anglais, assez bien. Dessin, de même. Écriture, bien. Exercices d'agrément, assez passablement. A fini sa troisième.

1785. Tiron. *M. Poulain de Martené* (Thomas-Jean-Baptiste), né le 1er août 1767. Taille de cinq pieds, un pouce, trois lignes. Si la conduite de cet élève eût toujours été la même qu'elle est depuis huit ans, il n'eût pas été jusqu'à ce jour appelé à l'École de Paris ; ce qui fait qu'il y est destiné aujourd'hui malgré son âge, c'est la certitude où l'on est qu'il sera en état de subir le premier examen pour l'artillerie, ayant suivi le cours de Bezout avec beaucoup de succès. Ses progrès ne sont pas moins sensibles dans le dessin et dans les exercices du corps. Son caractère s'est soutenu en bien depuis longtemps. A fini sa rhétorique.

1786. Brienne. *M. Balay de la Chasnée* (Jean-Antoine-François), né le 27 février 1771. Taille de quatre pieds, sept pouces, six lignes. Bonne constitution, quoique avec l'air délicat, d'une santé constante. Conduite régulière. A fait des progrès sensibles dans les mathématiques, où il a vu jusqu'aux sections coniques. N'a pas fait dans le cours classique tous les progrès qu'on aurait attendus de sa facilité. Il possède cependant passablement l'histoire et la géographie et explique assez bien l'anglais. A fini sa seconde.

M. de Guérin de Tarneau (Charles-Thomas-Pierre-Antoine), né le 7 juillet 1772. Taille de quatre pieds, huit pouces, trois lignes. Conduite excellente. Santé parfaite. Caractère bon. Constitution solide. A fait des progrès sensibles dans les mathématiques où il a vu jusqu'aux sections coniques. A également bien profité de son cours classique, de l'histoire et de la géographie. Il explique assez couramment l'anglais. A fini sa seconde.

1787. Beaumont. *M. de Carmejane* (Charles-Michel), né le 6 juillet 1772. Taille de quatre pieds, quatre pouces. Il a fini sa seconde. Caractère très doux. Conduite très sage. Beaucoup de dispositions et de progrès dans sa classe, comme aussi dans les mathématiques. Il en est à la troisième partie du cours de Bezout, à l'application de l'algèbre à la géométrie. Réussissant bien dans les autres exercices. A de la religion et s'approche exactement des sacrements. Mérite de passer à l'Ecole de Paris.

1787. Tiron. *M. de Tilly* (Clément), né le 3 février 1769. Taille de cinq pieds, un pouce, trois lignes. Il finit sa seconde. Conduite très régulière ; beaucoup de zèle pour ses devoirs en général. Défaut absolu de succès dans le latin, faute de principes. Il doit à l'assiduité de son travail ceux qu'il obtient dans l'étude des mathématiques. Il y joint des talents supérieurs dans les différentes parties du dessin. Mérite de passer à l'École de Paris.

1787. Pontlevoy. *M. de Mauvise* (Louis-Claude), né le 4 septembre 1769. Taille de cinq pieds, trois pouces, neuf lignes. Il a fait deux ans de philosophie. D'un caractère honnête et prévenant. Remplit bien ses devoirs de religion. Il a fort bien fait sa philosophie. Il dessine très bien et a fait de grands progrès dans les mathématiques, où il a vu le calcul intégral et différentiel du cours de Bezout. Il a très passablement réussi dans les exercices d'agrément. Mérite de passer à l'École de Paris.

1787. Pont-a-Mousson. *M. de Marionnetz* (Joseph-Louis-Anne), né le 23 mai 1771. Taille de quatre pieds, onze pouces, quatre lignes. A fini sa seconde. D'un caractère excellent, d'une santé parfaite et d'une conduite irréprochable. A fort bien fait son cours d'études et a suivi celui des mathématiques avec un tel succès qu'il fut l'année dernière reçu élève d'artillerie. Il eût été indubitablement reçu officier cette année, s'il y eût eu examen. Il explique passablement l'anglais et a assez bien profité des exercices d'agrément. Mérite de passer à l'Ecole de Paris.

M. d'Anthouard de Vraincourt (Charles-Nicolas), né le 7 avril 1773. Taille de quatre pieds, huit pouces. A fini sa troisième. Caractère excellent. Jeune homme aimable. D'une santé excellente. Conduite irréprochable. A bien suivi son cours d'étude et était assez avancé en mathématiques pour avoir été reçu élève d'artillerie, s'il y eût eu examen. Explique bien l'allemand et a commencé l'anglais. A passablement profité des exercices du corps. Mérite de passer à l'École de Paris.

1788. BEAUMONT. État d'un élève du roi désigné pour passer dans la compagnie des cadets-gentilshommes à l'École de Pont-à-Mousson, se destinant à l'artillerie. *M. Angot* (Antoine-Constantin), né le 1ᵉʳ août 1772. Taille de six pieds. Caractère léger, mais docile. Des mœurs excellentes. D'une bonne santé. A bien suivi son cours d'étude, ainsi que celui des mathématiques, a parcouru avec succès les quatre volumes de Bezout. Dessine passablement. Explique bien l'allemand et écrit cette langue. Son corps est trop fluet pour avoir pu faire de grands progrès dans les exercices d'agrément. Il écrit correctement. A fini sa seconde.

1788. TIRON. États des élèves du roi désignés pour passer dans la compagnie des cadets-gentilshommes à l'École de Pont-à-Mousson, se destinant à l'artillerie. *M. de Quelo de Cadouzan* (Jean-Marie-Joseph), né le 31 janvier 1772. Taille de quatre pieds, onze pouces, six lignes. Caractère paisible et très honnête. Conduite la plus sage et la mieux soutenue. N'est pas doué de la plus grande facilité; mais il sait y suppléer par l'assiduité au travail qui lui procure des succès satisfaisants, particulièrement dans l'étude des mathématiques dont il fait sa principale occupation. A fini sa troisième.

M. Le Hantier de Glatigny (Charles-René), né le 14 avril 1773. Taille de cinq pieds, deux pouces. Caractère le plus tranquille; timidité excessive; conduite sage et vertueuse. Continue de s'appliquer avec le même zèle et le même succès à l'étude du latin et des mathématiques. Quant aux autres parties d'enseignement, quoiqu'il s'en occupe moins, il n'est pas sans y faire des progrès assez satisfaisants. A fini sa troisième.

1788. VENDÔME. État d'un élève du roi désigné pour passer dans la compagnie des cadets-gentilshommes à l'École de Pont-à-Mousson, se destinant à l'artillerie. *M. de la Nouë* (François-Louis), né le 15 novembre 1772. Taille de quatre pieds, onze pouces, trois lignes. Cet élève a quelque difficulté de prononcer, mais c'est un excellent sujet. Possède bien son arithmétique et sa géométrie. Ses parents le destinent à l'artillerie. Le jeune homme le désire et le mérite. A fini sa troisième.

1788. PONT-A-MOUSSON. État d'un élève du roi, désigné pour entrer dans la compagnie de MM. les cadets-gentilshommes se destinant à l'artillerie. *M. Du Roc* (Gérard-Christophe). Taille de quatre pieds, cinq pouces, trois lignes. Caractère doux et sensible. De la meilleure conduite. A parfaitement suivi son cours d'étude et a fait les progrès les plus satisfaisants dans les mathématiques, et a profité de tous les autres objets de l'enseignement. A fini sa seconde.

1788. BRIENNE. État d'un élève du roi qui a été désigné pour entrer dans la compagnie des cadets-gentilshommes se destinant au génie. *M. d'Hautpoul* (Charles-Marie-Benjamin), né le 4 septembre 1772. Taille de quatre pieds, dix pouces, six lignes. Caractère bon et doux. Conduite sage et très régulière. Se distingue constamment par son application et son amour pour l'étude. Il fait bien au latin, à l'histoire, à la géographie et aux mathématiques dont il répète l'arithmétique, la géométrie et l'algèbre; bien aussi dans la langue allemande, assez bien dans le dessin et l'escrime. A fini sa troisième.

1788. Brienne. *M. de Tressemanes de Brunet* (Louis-Raymond-Désiré), né le 20 septembre 1771. Taille de quatre pieds, onze pouces, six lignes. A fini sa seconde. D'une santé constante. Le fond du caractère est bon, mais parfois entêté. Sa conduite est des plus régulières et ses mœurs bien pures. A vu toute la trigonométrie et fort bien fait son cours d'étude; il explique passablement l'anglais. A peu réussi aux exercices d'agrément. Mérite de passer à l'École de Paris.

M. de Clozier (Charles-Louis), né le 4 février 1772. Taille de quatre pieds, quatre pouces, neuf lignes. A fini sa seconde. Bonne constitution, santé excellente. Caractère doux et aimable, conduite très régulière, mœurs bien pures. S'est appliqué constamment à tous ses devoirs, a bien fait son cours d'étude, a vu la trigonométrie, sait bien l'arithmétique, explique passablement l'anglais, et a fait quelques progrès dans les exercices d'agrément. Mérite de passer à l'École de Paris.

M. de Rison (Maurice-François-Alexandre-Marie), né le 2 juillet 1772. Taille de quatre pieds, huit pouces, trois lignes. A fini sa troisième. D'une santé et d'un caractère excellents; de la physionomie la plus heureuse; a réussi dans presque tous les genres. Né avec de la facilité, il en a tiré parti et doit aller loin, s'il modère sa vivacité. A vu la géométrie et la trigonométrie. Il explique passablement l'anglais et a bien commencé ses exercices d'agrément. Mérite de passer à l'Ecole de Paris.

M. de Spinette (Charles-François), né le 30 septembre 1772. Taille de quatre pieds, cinq pouces, neuf lignes. A fini sa troisième. Joint à une santé excellente le meilleur caractère. Son ardeur pour le travail ne s'est jamais démentie. Aussi a-t-il fait les progrès les plus satisfaisants dans tous les genres. Sait bien l'arithmétique, a vu la géométrie et la trigonométrie. Il sait un peu d'allemand et a quelques dispositions pour les exercices du corps. Mérite de passer à l'École de Paris.

1788. Tournon. État d'un élève du roi qui a été désigné pour entrer dans la compagnie des cadets-gentilshommes se destinant au génie. *M. Puniet de Montfort* (Joseph), né le 6 avril 1774. Taille de quatre pieds, six pouces, six lignes. C'est bien le meilleur sujet de l'École; il joint à de bonnes qualités un grand fonds de modestie, le discernement d'un homme fait, l'innocence et la simplicité d'un enfant de six ans. L'attention la plus scrupuleuse n'apercevrait pas en lui l'apparence même d'un défaut; il réussit dans toutes les parties de l'enseignement; il possède fort bien l'arithmétique et la géométrie jusqu'aux surfaces. Il a besoin de revoir le reste de la géométrie; il entend bien l'allemand; on est content de ses progrès dans le dessin. En rhétorique.

XXVIII *bis*. Le banquet des anciens élèves de Brienne.

Voir sur ce banquet le *Précis de la réunion des élèves de l'École militaire de Brienne, an VII*, dont Bouquet jeune est sans doute l'auteur. Il est signé : Berton aîné et jeune, Patrauld, Bouquet, Deshayes, Avia, Fauvelet, Duval, Florensol, Cominges, Dugré. Colombière, Bouquet jeune, Laval aîné et cadet, Laforêt, Jannard, Duluc, Dubelloy, Delaure, Sourbier, Saint-Pollet, Vauquelin, Bonamy cadet, Curel, Dampierre cadet, Patrauld jeune, Fay, Berton, Simon, Poinsault, Pinel, Failly, etc.

Les premiers signataires sont les fonctionnaires de l'École. Viennent ensuite les camarades de Bonaparte : Fauvelet, frère aîné de Bourrienne; Duval (d'Essertennes ou d'Oligny); Cominges; Dugré (Du Gretz du Mont Saint-Père); de la Colombière; Bouquet jeune; Laval; Laforêt; Jannard-Croiset; Du Luc; Du Belloy; De Lor.

Les autres élèves ne sont pas des camarades de Bonaparte ou n'ont fait que l'entrevoir.

Sourbier est Antoine-Nicolas Paviot de Sourbier, né le 25 juillet 1776, pensionnaire à Brienne (11 mars 1787), fils d'un lieutenant de cavalerie, brigadier dans la compagnie des gendarmes bourguignons.

Saint-Paulet est le cadet-gentilhomme de l'École militaire de Paris (pièce CLX), amené sans doute par Cominges et La Colombière qui boivent avec lui « à l'union inaltérable des élèves des Écoles militaires de Brienne et de Paris ».

Vauquelin (pièce XLIII).

Curel est Charles-Emile de Curel, fils de Nicolas-François de Curel qui devint colonel du génie. Né le 28 janvier 1779 à Toul, pensionnaire à Brienne (30 septembre 1787), admis à l'École de Metz (8 avril 1793), lieutenant du génie de 2ᵉ classe (20 février 1796) et de 1ʳᵉ classe (20 avril 1796), capitaine de 2ᵉ classe (18 août 1799), employé dans les places fortes de l'Est, puis à l'armée d'Italie, fait prisonnier à Alexandrie et échangé (8 septembre 1800), il meurt à Breslau le 2 octobre 1807 d'une fièvre nerveuse.

Dampierre cadet est sans doute Augustin de Dampierre, né à Hans le 15 septembre 1780, pensionnaire à Brienne (21 octobre 1787) et qui devint maréchal de camp.

Patrauld jeune, neveu du P. Patrauld, était pensionnaire à Brienne en 1787.

Berton est Joseph Berton (pièce LXXX) — à moins que ce ne soit Sébastien Berton, né le 30 octobre 1773 à Reims, pensionnaire à Brienne le 5 mai 1785 (ce Sébastien Berton, parti en 1793 comme réquisitionnaire, réformé en 1801, entré, sans doute sur la recommandation de son oncle J.-B. Berton, dans l'administration des hôpitaux militaires, meurt à Montmédy le 20 mars 1832 comme garde-magasin).

Simon est Sébastien Simon, entré à l'École comme pensionnaire le 17 mai 1787.

Poinsault est Pierre-François Poinsot, né le 26 novembre 1778, pensionnaire le 17 mai 1787.

Pinel est Jean-Cécile Pinel, né à Paris le 14 mars 1778; il fait ses études à Brienne de 1786 au 15 août 1792; novice timonier sur le *Pégase* et congédié pour faiblesse de santé, capitaine à la légion des Francs, puis à la 14ᵉ demi-brigade légère, employé au secrétariat particulier du ministre Milet-Mureau, attaché au bureau de la gendarmerie, envoyé à l'armée de réserve à la suite du commissaire-ordonnateur, il entre définitivement dans la gendarmerie en mai 1802.

Failly est sans doute Charles-Armand de Failly, né le 22 mai 1780, élève du roi le 20 septembre 1788.

XXIX. Les Berton.

Louis-Sébastien Berton, né à Reims le 6 mars 1746, fit d'assez bonnes études à l'Université de sa ville natale, s'engagea, dit-on, au régiment du Roi, puis quitta le service pour entrer chez les Minimes. Il fit sa profession le 27 août 1765 au couvent de Reims. Principal du collège de Brienne jusqu'à la Révolution, grand vicaire de l'évêque constitutionnel de Sens, passant la Terreur dans cette dernière ville où il instruisait un jeune homme et cultivait un jardin, il fut nommé par Bonaparte économe du collège de Saint-Cyr : le décret, daté du 20 juillet 1800 et signé par Lucien Bonaparte, ministre de l'intérieur, porte que « Le Breton (sic) s'occupera sans délai de l'établissement du régime économique ». Le 28 mars 1801, Berton succédait, comme directeur du collège de Compiègne, à Crouzet, qui venait au collège de Saint-Cyr remplacer Sallior. Proviseur du lycée de Reims en 1803, mis à la retraite en 1808, il mourut le 20 juillet 1811. « Si cet homme, a écrit Lacatte-Joltrois dans sa *Biographie rémoise* manuscrite, n'eût pas revenu dans son pays, on l'aurait toujours regardé pour un personnage important. Qu'avait-il ou que lui restait-il? Un ton plus dur que sévère, sans cependant savoir se faire obéir.

Les mémoires qu'il fit dans lesquels on remarquait la dureté de son caractère, ne lui donnèrent aucune confiance. Il faut avouer cependant que les discours qu'il prononçait aux distributions des prix étaient toujours bien faits et faisaient admirer son éloquence. Voilà tout. Il négligea sa place, se livra aux plaisirs de la table, et se perdit, et, s'il est vrai qu'il se laissa mourir, comme on dit, en se privant de manger, et ne buvant que de l'eau pendant quarante-deux jours, qu'il allait chercher lui-même dans une cruche à la rivière (il demeurait alors dans la rue du Cerf), que penser de cet homme ? »

Jean-Baptiste Berton, né à Reims le 16 février 1757, s'engagea comme son frère après avoir fait ses études, faillit mourir d'un coup d'épée, et, lui aussi, entra chez les Minimes. Il prononça sa profession à Vitry-le-François le 14 avril 1780. Sous-principal du collège de Brienne, principal sous la Révolution après le départ de son frère jusqu'au 1er octobre 1793, directeur de l'hôpital militaire provisoire de Brienne, sécularisé par un bref du pape Pie VI (24 mars 1796), économe de l'hôpital militaire de Morlaix, qu'il quitte au mois de nivôse an VII pour se rendre successivement aux armées du Rhin, du Danube et d'Helvétie, économe de l'hôpital militaire du Val-de-Grâce (11 février 1800), membre du conseil d'administration de l'hôpital militaire d'Alexandrie (7 août 1804), inspecteur de l'hôpital de Bruxelles (1er janvier 1807), agent en chef du service des hôpitaux au corps d'observation des côtes de l'Océan (12 mars 1808), de nouveau envoyé à Bruxelles (11 septembre 1808), il prit sa retraite après la chute de l'Empire et obtint une pension civile de 1 418 francs. Il mourut à Reims le 19 février 1837. « Plus homme du monde qu'homme religieux, a dit Lacatte-Joltrois, appelé ordinairement frère Jean par les francs-maçons et même dans la société, il égayait par ses bons mots, par ses facéties plus souvent érotiques qu'autrement, et poète dans l'occasion, par des chansons de table, couplets pour noces, etc., homme nuisible pour beaucoup de jeunes gens qu'il attirait à la loge et qu'il divertissait. Son frère Louis-Sébastien Berton s'est toujours respecté : mais, lui, il oubliait d'y penser. »

XXX. Les Mailly.

Il y avait à l'École de Brienne trois frères Mailly, fils du bailli de l'endroit : Théodore Mailly, Mailly du Montois et Mailly du Frenay. Théodore fut nommé sous-lieutenant au régiment d'Isembourg au 2e régiment étranger par décret impérial du 27 mars 1806 et lieutenant dans la légion hanovrienne le 9 juin 1808. Sur le Mailly qui fut desservant de Chalette, voir Bourgeois, *Hist. des comtes de Brienne*, p. 301, et la *Corresp.* de Napoléon, X, 373. Le troisième Mailly est peut-être le Mailly que Jean-Baptiste Berton avait emmené aux armées comme « commis de confiance » et qu'il ne put placer à l'hôpital militaire du Val-de-Grâce.

XXXI. Jessaint.

On consultera sur lui, non sans profit, la plaquette de Sellier, *Notice biographique sur le vicomte de Jessaint* (Châlons, 1854) ; mais les détails suivants ne sont pas inutiles. Claude-Laurent Bourgeois de Jessaint était né le 25 avril 1764 à Jessaint. Il sortit de Brienne en 1782 et fut dès 1785 nommé receveur particulier des finances, à condition de n'exercer cette charge que lorsqu'il aurait atteint sa majorité. Maire de Bar-sur-Aube en l'an III, président de l'administration municipale du canton de Bar en l'an IV, préfet de l'Aube (21 février 1799), baron de l'Empire (15 août 1809), il ne quitte sa préfecture que le 12 novembre 1838. Son fils, auditeur au Conseil d'État en 1810, fut sous-préfet de Troyes en mars 1811 et de Genève en avril 1812.

XXXI bis. Bruneteau de Sainte-Suzanne.

Alexandre-François Bruneteau de Sainte-Suzanne, né au Mothé, commune de Poivre (Aube), le 29 décembre 1769, élève du roi à Brienne au mois d'août 1780, passé à l'école de La Flèche en octobre 1782, volontaire au 1er bataillon de l'Aube (1er septembre 1791), mis en réquisition pour le service des hôpitaux de l'armée du Nord (1er avril 1793), étudiant en médecine et chirurgie à Reims, envoyé à Strasbourg pour y « profiter des leçons et de l'émulation de l'École de santé » (21 juin 1796), chirurgien de deuxième classe (16 janvier 1797) et de première classe (12 décembre 1800) au 2e régiment d'artillerie à cheval, sous-préfet de l'arrondissement de Saint-Hippolyte du Doubs (27 octobre 1802), député au Corps législatif pour le département du Doubs (17 août 1804), préfet de l'Ardèche (16 mars 1806) et de la Sarre (7 août 1810), baron de l'Empire avec une dotation de 500 francs de rente sur l'octroi du Rhin (19 août 1812), préfet du Tarn (6 avril 1815), traduit devant une commission militaire à Rodez (15 juillet 1815) et mis en liberté après une détention de six semaines, préfet de l'Aisne (14 mai 1821), remplacé le 14 juillet 1823 par le comte d'Argout au grand regret et malgré les réclamations de tout le département, conseiller d'État en service extraordinaire, mort en 1840.

XXXII. Les Mémoires de Bourrienne.

Le premier tome des Mémoires de Bourrienne est presque la seule source où ont puisé les biographes de la jeunesse de Napoléon. Mais Villemarest, l'arrangeur de ces Mémoires, a commis de telles erreurs qu'il faut les signaler... *ab uno, disce omnes.*

Tout d'abord, Bourrienne n'a pas été l'intime ami de Napoléon à Brienne. L'émigré traduit par Bourgoing ne le connaît pas, et Joseph dit nettement : « Il est faux qu'à cette époque Bourrienne fût l'ami de Napoléon; il fut seulement le serviteur du général Bonaparte qui se rappela de l'avoir eu pour camarade et crut pouvoir compter sur ses opinions politiques. »

Villemarest-Bourrienne prétend avoir « tiré du registre de Berton » une note sur la sortie de Napoléon. Mais il n'a pu consulter un registre disparu sous la Révolution, et la note est fausse : 1° Napoléon n'est pas sorti de Brienne le 17 octobre, puisque ses lettres de cadet-gentilhomme sont datées du 22; 2° Berton, qui ne prévoyait pas la grandeur de l'écolier, n'aurait jamais écrit les mots suivants : « Le même jour, sont sortis, avec Napoléon de Buonaparte, MM. de Montarby, de Cominges, de Castries (*sic*), Laugier de Bellecour ».

Il a pris l'anecdote sur l'hiver de 1783 à 1784 dans le *Some account* et les *Traits caractéristiques.*

Il parle du ballon de Blanchard au milieu des pages qu'il consacre à Brienne au lieu de placer l'incident au chapitre de l'École militaire de Paris, et lorsqu'il attribue cet acte d'étourderie et d'audace à Dupont de Chambon, il copie et Salgues et l'auteur des *Traits caractéristiques.*

Il dit, d'après une note du principal, que Bonaparte vint dans un de ses semestres à l'École de Brienne et y raconta sa liaison avec Raynal. Napoléon a revu Brienne pour la première fois en 1805.

« Les élèves, dit le compilateur, étaient invités tour à tour à la table du principal. » Le principal n'avait pas de table particulière; les religieux mangeaient ensemble dans une même salle; les élèves restaient au réfectoire avec les surveillants.

« Le sieur Dupuis alors sous-principal. » Le Père Dupuy était simple professeur.

« Paoli, répliqua Bonaparte, était un grand homme, il aimait son pays, et jamais je ne pardonnerai à mon père, qui a été son adjudant, d'avoir concouru à la réunion de la Corse : mon père aurait dû suivre la fortune de Paoli et succomber avec lui. » Napoléon aimait trop son père pour le regarder comme un traître, et, à ses yeux, Charles n'avait pas concouru à la réunion de la Corse.

« A la bibliothèque il lisait avec avidité... » Ce passage est tiré du *Some account*.

« Notre principal avait Louis pour prénom. » Les élèves célébraient le 25 août la fête du roi, et non celle du principal.

« Nous avions fabriqué des pétards. » Voir le *Some account* et les *Traits caractéristiques*.

« Le jeune Gudin fut tout noir de l'explosion. » L'événement date de 1784 : or, Gudin aîné était sorti de Brienne en 1782 et Gudin cadet y entrait en 1785.

« Les moines ont été forcés de faire venir de Paris M. Durfort et M. Desponts; sans ce secours, l'École n'allait plus. » Durfort ne figure pas sur les listes, et Reynaud de Monts assure en 1787 que « les mathématiques enseignées par les religieux vont bien », mais que « les enfants qui sont sous un professeur laïque sont en souffrance ».

« L'inspecteur des écoles militaires était chargé de faire tous les ans un rapport sur chaque élève, soit qu'il fût aux frais de l'État, soit qu'il fût à la charge de sa famille. » Il n'examinait que les élèves du roi et dans son rapport ne faisait qu'énumérer les pensionnaires, en marquant d'un astérisque les gentilshommes.

« J'ai copié la note qui suit du rapport de 1784. J'ai même voulu en acheter le manuscrit qui a probablement été dérobé au ministère de la guerre. C'est Louis Bonaparte qui en a fait l'acquisition. » Villemarest a copié tout simplement la note de Chateauneuf.

« Je n'ai pas pris copie de la note qui me concernait, parce que la modestie m'aurait toujours empêché de m'en servir. » L'inspecteur ne donnait de notes qu'aux élèves du roi, et Bourrienne était pensionnaire!

« En 1783 le duc d'Orléans voulut bien présider à la distribution des prix. » Ce fut en 1781.

« Bonaparte eut avec moi le prix de mathématiques. » Le fait a été suggéré à Villemarest par les *Traits caractéristiques* : « Bourrienne, dit l'auteur, était l'émule de Bonaparte dans la partie des mathématiques. »

« Compte-rendu au roi par M. de Keralio. » Les notes données par l'inspecteur — qui était en 1784 Reynaud de Monts, et non pas Keralio — ne portaient pas ce préambule.

« Bonaparte ne pensait nullement à la marine. » Villemarest oublie qu'il a cité plus haut cette ligne de Charles Bonaparte : « Mon fils a tourné ses études du côté de la marine ».

« Napoléon crut devoir faire un mémoire qu'il adressa à Berton. » Ce mémoire n'a pu être rédigé par Napoléon (cf. p. 209).

« Il ne resta pas longtemps à l'École militaire de Paris; ses supérieurs, lassés de son caractère tranchant, devancèrent l'époque de son examen. » Comme si Napoléon avait pu devancer l'époque d'un examen fixé par Ségur et Gribeauval!

Peut-on croire désormais aux Mémoires dits de Bourrienne? Non : mais il faut les lire, et en les lisant avec précaution, on y trouvera quelquefois à prendre et à apprendre. Bourrienne a dû, puisqu'il fut payé, fournir, outre son nom, quelques pièces originales, et l'adroit et intelligent Villemarest a, de son côté, recueilli des documents authentiques (la lettre de Charles Bonaparte à Ségur, les notes de Mme de Bourrienne sur Bonaparte en 1795, le rapport sur le 13 vendémiaire, etc.).

XXXIII. Nansouty.

Nansouty (Étienne-Marie-Antoine Champion de), fils du major du Château-Trompette, né au Château-Trompette le 30 mai 1768, élève à Brienne, puis à l'École militaire de Paris (22 octobre 1782), sous-lieutenant dans Bourgogne-infanterie (26 mars 1785), capitaine de remplacement au régiment de Franche-Comté-cavalerie (6 avril 1788), réformé la même année avec ledit régiment et incorporé en qualité de capitaine de remplacement dans le régiment de Lauzun-hussards (24 mai 1788), adjoint à l'adjudant général Poncet (20 décembre 1791), lieutenant-colonel au 2ᵉ chasseurs à cheval (5 mars 1792) et au 9ᵉ cavalerie (4 avril 1792), colonel ou chef de brigade (9 novembre 1793), général de brigade (29 août 1799), général de division (24 mars 1803), commandant des 2ᵉ et 4ᵉ divisions de cuirassiers (19 octobre 1811), colonel général des dragons (16 janvier 1813), commandant de la cavalerie de la garde impériale (29 juillet 1813), mort à Paris le 12 février 1815. Cf. Thoumas, *Les grands cavaliers du premier Empire*, II, p. 1-58. Remarquons que Nansouty n'a pu connaître Napoléon à l'École militaire de Paris; le 31 octobre 1784, la veille du jour où Bonaparte quittait Brienne, il recevait du concierge-garde-meuble Lemoyne la somme de 156 livres pour se rendre à Huningue où le régiment de Bourgogne tenait garnison.

XXXIV. Gudin.

Gudin de la Sablonnière (César-Charles-Étienne), né le 3 février 1768 à Montargis, gendarme surnuméraire de la garde du roi (28 octobre 1782), sous-lieutenant de remplacement au régiment d'Artois (2 juillet 1784), sous-lieutenant (8 septembre 1784), lieutenant (1ᵉʳ janvier 1791), adjoint provisoire aux adjudants généraux de l'armée du Nord (4 juin 1793), aide de camp du général Ferrand (31 octobre 1793), adjudant général chef de bataillon (26 décembre 1793), adjudant général chef de brigade (13 juin 1795), général de brigade (5 février 1799), général de division (6 juillet 1800), comte de l'Empire (7 juin 1808), blessé à Valoutina le 19 août 1812, mort à Smolensk trois jours après. Il avait un frère, Pierre-César, né le 30 décembre 1775. Ce Pierre-César fut pensionnaire à Brienne où il entra le 16 octobre 1785 et portait le nom de Gudin des Bardelières. Il était capitaine et aide de camp de son aîné lorsque Napoléon le nomma, sur la demande du général, chef de bataillon. Plus tard l'empereur le fit colonel du 16ᵉ de ligne, baron de l'Empire (14 février 1810), général de brigade (11 janvier 1812).

XXXV. Laplanche-Mortières.

Claude-Joseph de Laplanche-Mortières — qui signe L. Mortières — naquit à Aulnay, dans l'Aube, le 28 juin 1772. Il était fils d'un mestre de camp de cavalerie. Au sortir de Brienne, il fut page du roi à la grande écurie (25 avril 1785-1ᵉʳ octobre 1787), puis entra au régiment de Normandie comme sous-lieutenant (6 février 1788). Lieutenant (20 mars 1791) et capitaine (9 juillet 1792) au même régiment, chef de brigade de la 1ʳᵉ légion des Francs qui devint la 14ᵉ demi-brigade (14 septembre 1796-29 août 1803), il fut nommé adjudant supérieur du palais des consuls le 2 octobre 1802. Promu général de brigade (29 août 1803), employé au corps des grenadiers de la réserve (13 décembre 1803), commandant des dix dépôts de troupes à cheval de l'armée de Naples, il mourut de maladie à Chieti le 28 octobre 1806. Cf. (notamment p. 40 et 76) les *Mémoires* de Bigarré qui servit avec lui au régiment de Normandie et à la légion des Francs. « Il était aussi homme d'honneur qu'il était bon camarade; élevé à Brienne avec Bonaparte, il dut à ce souvenir d'être appelé par celui-ci à Paris, fit presque toutes les campagnes et est mort officier général. »

XXXVI. Balathier de Bragelonne père.

Balathier de Bragelonne (Antoine-Anne), né à Bragelonne, dans la Côte d'Or, le 11 décembre 1734, cadet au régiment de Rouergue (2 mars 1748), lieutenant (1ᵉʳ octobre 1750), capitaine (17 novembre 1758), major de la place de Bastia (1ᵉʳ octobre 1769), lieutenant de roi (10 juin 1777), réformé en 1791, est nommé par Bonaparte le 2 juillet 1797 chef de bataillon et commandant de la place d'Ajaccio, devient ensuite commandant d'armes à Bastia, obtient de ne pas aller au Mont-Cenis où l'envoyait le ministre (15 août 1801), reçoit le commandement de Calvi (7 novembre 1801), puis de Corte (26 janvier 1804), se retire à Bastia dès le commencement de 1807 avec l'autorisation du général Morand, parce que l'air de Corte est trop vif pour lui, prend sa retraite le 28 avril 1808 et meurt le 9 décembre 1813.

XXXVII. Balathier de Bragelonne fils.

Balathier de Bragelonne (Élie-Charles), fils d'Antoine-Anne et de Marie de Franceschi, né le 13 décembre 1771 à Bastia, élève à Brienne (11 juin 1782), soldat au régiment provincial corse (1ᵉʳ novembre 1789), congédié (9 décembre 1791), émigre et entre au corps des chevaliers de la Couronne (3 février 1792), devient chef de section à la compagnie noble à pied de Corsac (1ᵉʳ mai 1792), passe à la compagnie de chasseurs nobles à pied n° 2 (27 avril 1793) et cesse de servir à l'armée de Condé (28 septembre 1793), pour se rendre en Italie et de là en Corse, où il est sous-lieutenant dans les troupes anglaises (1ᵉʳ juillet 1794-18 octobre 1796). Après le départ des Anglais, il reste dans l'île et devient lieutenant de la compagnie des sapeurs auxiliaires (10 novembre 1796). Il regagne le continent et entre au service d'Italie. Le voilà capitaine (29 mai 1797), adjoint aux adjudants généraux (1ᵉʳ janvier 1798), major de la 5ᵉ légion (13 avril 1798), chef de bataillon adjoint à la 2ᵉ demi-brigade d'infanterie légère (26 avril 1799), adjudant-commandant pendant le blocus de Gênes (23 avril 1800), chef d'état-major de la division Pino (27 septembre 1801), chef de la 1ʳᵉ division au ministère de la guerre (25 septembre 1805) et sous-gouverneur des pages (17 novembre 1806). Envoyé à l'armée de Catalogne en 1806, et à celle d'Aragon en 1809, il est nommé général de brigade au siège de Tarragone (11 juillet 1811). Blessé à Bautzen et prisonnier (19 mai 1813), rentré au mois d'août 1814 et réadmis au service de France (22 septembre 1814), il commande successivement l'Yonne (10 avril 1815), la Creuse (15 novembre 1815), et, après avoir été mis en traitement d'expectative (13 novembre 1817), le Pas-de-Calais (21 avril 1820), la Loire-Inférieure (1ᵉʳ mai 1822) et de nouveau le Pas-de-Calais (2 février 1825). Atteint d'aliénation mentale au mois de juillet 1828, il est mis en disponibilité le 10 août suivant et à la retraite le 20 décembre 1829. La Restauration l'avait fait vicomte (17 août 1822).

XXXVIII. Bonnay de Breuille.

Jean de Bonnay de Breuille, né le 27 juillet 1766 à la Harazée (Marne), élève à Brienne, puis à l'École militaire de Paris (14 octobre 1780) avec brevet de sous-lieutenant (27 juillet 1781), sous-lieutenant à Royal-Vaisseaux (17 juillet 1783), lieutenant (26 septembre 1788), capitaine de grenadiers (1ᵉʳ avril 1792), juge de la commission militaire établie à Charleville (ans II et III), chargé du dépôt de la réquisition au département des Ardennes (ans IV et V), commissaire du pouvoir exécutif près le conseil militaire de Mézières (ans V et VI), adjudant de place à Hesdin (28 novembre 1796), chef de bataillon de la 95ᵉ demi-brigade (9 novembre 1798), nommé chef de brigade pour être commandant d'armes (11 octobre 1801), commandant d'armes de Neuf-Brisach (22 juillet 1803), de Thionville (29 janvier 1808), de Nimègue et du département des Bouches-du-Rhin (14 mai 1810), lieutenant du roi à Thionville (24 décembre 1814), à la demi-solde (1ᵉʳ janvier 1816) après la reddition de la place qu'il remit aux alliés le 2 décembre 1815, à la retraite (22 juillet 1816), mort le 1ᵉʳ janvier 1818 à Vienne-le-Château.

XXXIX. Lettre de Bonnay à Bonaparte.

Paris, le 15 vendémiaire an X de la République française.

Bonnay-Breuille, chef du 3ᵉ bataillon de la 95ᵉ demi-brigade, au Premier Consul de la République.

Général,

J'ai l'honneur de vous présenter une supplique contenant une double demande : avancement et tranquillité. Ai-je mérité le premier point? De longs services non interrompus, une blessure grave et plus que tout, un dévouement soutenu, sont des titres que vous savez apprécier. Quant à la tranquillité, vous l'assurez à l'Europe, à notre patrie; accordez-la à votre ancien condisciple estropié, ainsi qu'une existence aimable, en m'élevant au poste que je sollicite de votre bienveillance et de votre justice. Ma reconnaissance sera sans bornes. J'ai l'honneur d'être avec un très profond respect

BREUILLE.

(On lit, en haut de la lettre, ces mots dictés par le premier Consul : *faire l'arrêté, commandant d'armes.*)

XL. D'Hautpoul.

Charles-Marie-Benjamin d'Hautpoul, né le 4 septembre 1772 à Toulouse, élève du roi à Brienne (27 octobre 1782), admis en 1788 dans la compagnie des cadets-gentilshommes qui se destinent au génie (cf. pièce XXVIII), et le 12 février 1792, à titre supplémentaire, à l'École du génie de Mézières, lieutenant (15 février 1793), capitaine (1ᵉʳ juin 1793), suspendu (19 octobre 1793), réintégré par le Comité (25 août 1794), employé au casernement de Paris, puis à l'armée des côtes de Cherbourg et en Égypte, chef de bataillon (22 août 1799), chef de brigade (1ᵉʳ mai 1800), confirmé chef de brigade (20 novembre 1801), directeur des fortifications à Brescia (29 janvier 1803), commandant en second du génie en Italie, commandant en chef du génie à l'armée de Naples, directeur à Grenoble (5 avril 1810), autorisé à résider à Genève (21 septembre 1811) pour terminer un travail sur Genève et Sion, admis sur sa demande à la retraite (1ᵉʳ février 1816). Il avait épousé Mᵐᵉ de Beaufort, auteur de *Zélia* et membre de l'Académie des Jeux floraux. Le fils de Mᵐᵉ de Beaufort, qu'il adopta et qui prit le nom de Beaufort d'Hautpoul, fut colonel du 3ᵉ régiment du génie.

XLI. Picot de Moras.

Jean-Louis-Ferdinand-Henry Picot de Moras, né le 24 janvier 1768 à Montmirey-le-Château (Jura), élève à l'École militaire de Paris (8 octobre 1783), parti de l'Hôtel (26 novembre 1786) pour se rendre dans sa famille, élève sous-lieutenant à l'École du génie de Mézières (1ᵉʳ janvier 1787), lieutenant en second

(1ᵉʳ janvier 1789), lieutenant en premier, autorisé à faire ses caravanes à Malte (1ᵉʳ juillet 1791-31 décembre 1793), capitaine, chef de bataillon, blessé grièvement à Aboukir et mort à Alexandrie le 4 août 1799.

XLII. Picot de Dampierre.

On pourrait croire qu'un Picot de Dampierre a été le condisciple de Bonaparte à Brienne. Le 21 août 1800, au banquet des anciens élèves, Bouquet jeune porte un toast aux généraux Nansouty, Gudin, d'Hautpoul, Mortières et Dampierre. Mais ce Dampierre (Achille-Pierre-Henri), adjudant-général et fils aîné du général qui commanda en chef l'armée du Nord en 1793, était né le 19 août 1775 et entra comme pensionnaire à Brienne le 17 novembre 1784, trois semaines après le départ de Napoléon.

XLIII. Vauquelin.

Caulet de Vauquelin (Henry-Nicolas), né le 27 juillet 1776 à Port-au-Prince, pensionnaire à Brienne (30 octobre 1783), sous-lieutenant au mois d'octobre 1792, pris par les Anglais en l'an III et rendu en l'an VII, aide de camp de son camarade et ami de Brienne, Achille-Pierre-Henri Picot de Dampierre (5 mai 1802), adjoint, après la mort de Dampierre, à l'état-major de l'armée de Saint-Domingue (9 juin 1802), nommé provisoirement capitaine (10 janvier 1803) par Rochambeau et son aide de camp (6 mars 1803), confirmé capitaine (16 mai 1803), prisonnier de guerre à l'évacuation du Cap (29 novembre 1803) et rentré en France sur parole au mois de juin 1804, adjoint à l'état-major général de la Grande Armée (17 septembre 1805), à l'état-major du 6ᵉ corps, puis à l'état-major de l'armée du Midi en Espagne, chef de bataillon pour être commandant d'armes (28 juin 1813), envoyé au Mont-Cenis (18 octobre 1813) qu'il livra le 7 mai 1814 aux alliés en vertu de la convention de Paris, mis en non-activité, adjoint à l'état-major du 4ᵉ corps commandé par Gérard (3 avril 1815), tué à Ligny le 16 juin 1815.

XLIV. Courlet de Vrégille.

Les Courlet de Vrégille étaient fils d'un capitaine d'artillerie qui devint lieutenant-colonel et sous-directeur à Besançon. L'aîné, Désiré-Marie-Philippe, né le 1ᵉʳ mai 1766, sous-lieutenant au régiment d'Aunis (9 septembre 1783), lieutenant (1ᵉʳ janvier 1791), capitaine (15 janvier 1793), fait les campagnes de 1791-1793 en Amérique, regagne la France le 9 mars 1794, se voue au génie, devient lieutenant le 16 mars 1795, et capitaine le 18 août suivant. Le frère cadet, Marguerite-Mansuit, né à Besançon le 8 juin 1767, élève à l'École du génie de Metz (15 mars 1795, après avoir été examiné à Besançon par le directeur des fortifications Tholosé), lieutenant du génie (20 février 1796), capitaine (18 août 1799), fit les campagnes des années VI, VII et VIII aux armées de Mayence et du Rhin, la campagne de l'an IX dans le Tyrol, sous les généraux Nansouty et Demont, la campagne d'Austerlitz. En 1806 il quittait l'armée pour aller aux eaux en Franche-Comté; mais sa santé ne devint pas meilleure, et après avoir été employé dans la direction de Besançon (6 décembre 1806), il donna sa démission qui fut acceptée le 1ᵉʳ janvier 1809.

XLV. D'Aboville.

D'Aboville (Bernard-Alexandre), de Commercy, né le 15 janvier 1769, sous-lieutenant au régiment de Brie (20 septembre 1788), lieutenant (15 septembre 1781), capitaine (1ᵉʳ avril 1792), remplacé pour s'être absenté sans congé (9 août 1793). Reynaud de Monts lui avait donné la note suivante en 1786 :

« Sa santé est bonne à l'exception d'une fluxion ou humeur qui s'est portée sur ses yeux depuis environ trois ans, qui ne lui permettait presque aucun travail : à cette inspection-ci, ses yeux se sont trouvés un peu plus nets, mais le droit toujours fort rouge. Ses progrès en mathématiques et dans son cours classique sont très médiocres ainsi que pour l'histoire et la géographie. Les exercices d'agrément ne vont pas mieux. A fini sa troisième. » Mais en 1788 il le plaçait en tête de la liste des quatre élèves (d'Aboville, Lombard de Combles, Foucault et Feligny) qu'il proposait de placer dans les troupes du roi, et il faisait cette observation : « Les progrès de cet élève ont été fort retardés par des maux d'yeux qui ne lui ont pas permis une application suivie; sa vue va mieux depuis deux ans et ce jeune homme est bien en état de servir maintenant. A suivi la rhétorique. »

XLVI. Lombard de Combles.

Lombard de Combles (Nicolas), né le 11 mai 1770, entré le 14 avril 1780 à Brienne comme élève du roi, sous-lieutenant au régiment de Neustrie (1er juillet 1789), lieutenant (15 septembre 1791), capitaine (4 juin 1792), donne sa démission le 4 juin 1792. Le sous-principal Berton lui donnait, trois mois avant sa sortie de l'École, la note suivante : « Bonne constitution, bonne santé, taille de 4 pieds, 11 pouces, 9 lignes. Caractère doux, tranquille, très soumis, très respectueux. Conduite toujours très sage et très régulière. Mœurs pures. Excellent sujet, se distinguant constamment par son application; malgré cela, faisant peu de progrès dans les mathématiques dont il voit la géométrie et l'arithmétique, et ce, faute de dispositions pour cette partie de l'enseignement. Il fait très bien dans le dessin et les exercices des armes, bien à la danse, et fort bien dans la langue allemande qu'il traduit. Il a fini son cours d'humanités. »

XLVII. Jean de Saint-Marcel.

Jean-Baptiste-Joseph-Marie de Jean de Saint-Marcel, fils de messire Maurice de Jean, écuyer, seigneur de Saint-Marcel, capitaine au régiment de Béarn, chevalier de Saint-Louis, naquit le 24 avril 1765 à Luxeuil. Sous-lieutenant au régiment de Savoie-Carignan, plus tard Angoulême (23 avril 1782), lieutenant en second (1er juillet 1789), adjudant-major (1er janvier 1791), capitaine (12 mars 1792), aide de camp du lieutenant général Du Muy (24 août 1790), puis du lieutenant général La Noue à l'armée du Nord (18 mai 1792).

XLVIII. Les Lepère.

Jacques-Marie Lepère, né à Paris le 25 avril 1763, élève de l'École des ponts et chaussées, attaché au port de Dunkerque (1784-1794), puis à l'École polytechnique, ingénieur en chef des nouveaux départements de la Belgique, envoyé à Flessingue avec son cadet en mission temporaire (26 mars 1798), est, à son retour d'Égypte, chargé des travaux des trois camps de Boulogne, d'Étaples, d'Ambleteuse, occupe jusqu'à sa retraite, de 1804 à 1830, les fonctions d'inspecteur divisionnaire des ponts et chaussées à Paris, et meurt à Granville, près Gisors, le 15 juin 1841.

Gratien Lepère, né à Versailles le 2 juin 1769, élève de l'École des ponts et chaussées, envoyé par les représentants Trullard et Berlier à Saint-Omer, comme ingénieur adjoint (22 octobre 1793-7 avril 1794), attaché après l'expédition d'Égypte, comme chef de service, aux travaux du port militaire de Cherbourg, ingénieur en chef à la Spezzia, puis dans la Dordogne, et enfin dans la Vienne, meurt le 1er août 1826.

Hyacinthe Lepère, commissaire des guerres, est un des membres du conseil de guerre qui condamne à mort l'assassin de Kléber.

XLIX. La Personne.

Honoré-Maximilien-François de la Personne, né le 23 mai 1771, entré à l'École de Brienne comme élève du roi le 1ᵉʳ septembre 1781, fut arrêté comme émigré et condamné à mort, le 16 novembre 1794; son père qui résidait aux Moëres françaises, dans le canton d'Hondschoote, fut emprisonné durant seize mois; son frère cadet, détenu également pendant dix mois, dut s'enrôler et n'était, à la fin de l'Empire, lorsqu'il quitta l'armée, que brigadier du train d'artillerie.

L. Deu de Montigny.

Deu de Montigny (Louis-Joseph), né à Chavanges (Aube), le 19 février 1771, entré à Brienne le 14 septembre 1781, exécuté à Reims le 4 mars 1796. Cf. Jovy, *Chasseurs d'autrefois* (Vitry-le-François, 1895, p. 1-9); Puisart, *Vie de M. Musart, curé de Somme-Vesle* (Châlons, 1891, p. 103); baron Henrion, *Vie du père Loriquet* (Paris, 1845, p. 26).

LI. Villelongue de Novion.

Robert-Louis Villelongue de Novion, né le 25 avril 1771 à Corrobert (Marne), élève à Brienne et à l'École militaire de Paris (21 octobre 1785), sorti de l'Hôtel du Champ-de-Mars le 20 janvier 1788, sous-lieutenant au régiment de Normandie (25 décembre 1787), lieutenant (20 mars 1792), destitué en 1792.

LII. Vaubercey.

Jean-Baptiste-Charles-François Le Gras de Vaubercey, né à Montgenost (Marne), le 29 octobre 1767 et fils du seigneur de l'endroit, mousquetaire de la garde du roi, est sous-lieutenant de remplacement au régiment de Chartres-infanterie le 6 juillet 1785, sous-lieutenant en pied le 24 juin 1787, lieutenant le 15 septembre 1791. Il émigre le 12 janvier 1792, se rend avec les officiers de son régiment au cantonnement d'Ath, puis revient en France pour être incorporé à la garde constitutionnelle du roi, dans la compagnie de son oncle, le chevalier de Vaubercey. La commission des émigrés lui accorde, au retour des Bourbons, le brevet de lieutenant, daté du 6 septembre 1792, et la croix de Saint-Louis (27 novembre 1814). Il rentre au service dans la gendarmerie comme lieutenant à la compagnie de Seine-et-Marne (31 janvier 1816), puis à la compagnie des Ardennes (16 novembre 1816). Admis au traitement de réforme (25 avril 1818), rentré en activité comme adjudant de place de 2ᵉ classe à Saint-Florent (14 avril 1819) — poste qu'il ne rejoint pas — et à Sedan (5 mai 1819), il est définitivement admis au traitement de réforme le 20 septembre 1829.

LIII. Boisjolly.

Jacques-Charles de Champeville de Boisjolly, né le 15 septembre 1764, élève à Brienne en 1776, sorti de l'École au mois de janvier 1781 et amené comme cadet volontaire au régiment d'Auvergne par son oncle Vouillers (alors major au régiment et plus tard maréchal de camp), sous-lieutenant (13 février 1784), lieutenant en second (10 juin 1789), abandonne en 1791, revient en France pour prendre part à la journée du 10 août, subit un emprisonnement de plusieurs mois à Verteuil (mars 1793-octobre 1794).

LIV. Gallois de Hautecourt.

Jean-Louis-Benoît Gallois de Hautecourt, né le 2 février 1766 à Créhange (Moselle), élève du roi, sous-lieutenant dans le régiment de Hesse-Darmstadt grâce à la protection du landgrave (27 mars 1782), lieutenant en second (4 novembre 1787), fait la campagne de 1792 à l'armée du duc de Bourbon. La commission des émigrés le propose pour le grade de capitaine et pour la croix de Saint-Louis qu'il reçoit le 10 juillet 1816.

LV. La Coudre.

Louis-Édouard de la Coudre, né le 1ᵉʳ septembre 1767 à Andryes (Yonne), élève du roi, sous-lieutenant de remplacement au régiment d'Armagnac-infanterie où il avait des parents (20 mai 1783), sous-lieutenant (30 septembre 1789), lieutenant (15 septembre 1791), abandonne en 1792. Il prétendit sous la Restauration avoir « suivi chez l'étranger les militaires fidèles aux Bourbons et partagé les malheurs de cette élite de Français ». Mais il ne put prouver qu'il avait fait la campagne de 1792, et la commission des émigrés déclara que ses services n'étaient nullement constatés par pièces authentiques. Il était, depuis le retour des Bourbons, maire de son village natal.

LVI. Collinet de la Salle.

Charles-Nicolas Collinet de la Salle, né le 19 septembre 1765 à Épinal, élève du roi, sous-lieutenant au régiment de Languedoc-infanterie (24 janvier 1782), lieutenant (15 septembre 1791), capitaine (28 mai 1792), fait la campagne de 1792 à l'armée des princes, entre comme volontaire dans la cavalerie de la légion de Mirabeau (1793), puis dans la compagnie n° 4 des chasseurs nobles (1794-1795), puis comme sous-lieutenant dans le régiment d'Alexandre de Damas (1796-1797), enfin, comme sous-lieutenant à la suite dans le régiment des grenadiers de Bourbon (1798-1801). La Restauration lui donna le brevet de chef de bataillon, daté du 28 mai 1800.

LVII. La Boulaye.

Le chevalier Louis-Michel-Armand-Lucien de la Boulaye, né le 6 janvier 1770 au Boisroger (Eure), sous-lieutenant de remplacement au régiment d'Austrasie (17 janvier 1787), sous-lieutenant (4 juillet 1787), démissionne en 1791, émigre, fait la campagne de 1792 à l'armée des princes et, de 1793 à 1801, sert dans l'infanterie noble de l'armée de Condé. Il était chef d'escouade de la compagnie n° 3 des chasseurs nobles, lorsqu'il fut blessé le 13 août 1796, à Oberkamlach. Il reçut, au retour des Bourbons, la croix de Saint-Louis et le brevet de capitaine.

LVIII. La Roche-Poncié.

La Roche-Poncié (Philibert-Marie), né le 23 janvier 1766 à Autun, nommé sous-lieutenant de remplacement au régiment de la Couronne sur la recommandation de Vergennes, son parent, et de Maillebois (30 juillet 1782), sous-lieutenant (17 septembre 1784), lieutenant à la légion de Maillebois (10 octobre 1785), passé dans la gendarmerie de la garde (14 juin 1787) et réformé à la fin de l'année 1787, émigre en 1791 et fait les campagnes de l'armée de Condé (1792-1801), dans la compagnie n° 2 de l'infanterie noble. La commission des émigrés lui donna la croix de Saint-Louis et le brevet de chef d'escadron, daté du 10 février 1801. Il commandait sous la Restauration la garde nationale de Fontainebleau.

LIX. Laval.

Marc, chevalier de Laval, né le 21 août 1769, parti de Brienne le 20 juillet 1787, sous-lieutenant au régiment de Perche (12 novembre 1787), démissionne le 18 décembre 1791, fait la campagne de 1792 à l'armée des princes avec les officiers de son régiment et les campagnes suivantes, jusqu'en 1801, à l'infanterie noble de l'armée de Condé, reçoit de la commission des émigrés la croix de Saint-Louis et le brevet de capitaine daté du 12 novembre 1797.

LX. Le Duchat.

François-Frédéric Le Duchat, né à Metz le 24 octobre 1765, élève du roi, sous-lieutenant au régiment de Normandie (9 mars 1783), lieutenant en second (4 mai 1789), démissionne le 16 mars 1792, sert à l'armée des princes dans la compagnie des officiers de son régiment, entre en 1793 dans la cavalerie noble de l'armée de Condé, passe au mois d'avril 1798 au régiment des grenadiers de Bourbon où il devient lieutenant. Il obtint de la Restauration la retraite de capitaine avec le brevet honorifique de chef de bataillon.

LXI. De Lor.

Antoine-Éléonor-Louis-Marie, baron de Lor de Varange, né le 6 octobre 1769, parti de Brienne le 13 avril 1787, sous-lieutenant au régiment de Cambresis (16 mars 1787), passe la même année au régiment de l'Ile-de-France (7 juillet 1787), démissionne (1er janvier 1792), fait la campagne de 1792 à l'armée des princes et les campagnes suivantes, jusqu'en 1801, à l'armée de Condé, reçoit la croix de Saint-Louis et un brevet de capitaine daté du 16 mars 1797, meurt à Vitry-le-François, le 17 juillet 1833.

LXII. Rigollot.

Nicolas de Rigollot, né le 28 juin 1768 à Vassy, inscrit en bas âge à la compagnie des gendarmes de la garde du roi où son grand-père et son père avaient le grade de maréchal des logis, élève du roi, sorti de Brienne le 20 juin 1784, sous-lieutenant au régiment de La Marine (15 mai 1784), lieutenant (15 septembre 1791), abandonne le 1er mars 1792, sert à l'armée de Condé du 12 février 1792 à 1801. Au retour des Bourbons, il obtient la croix de Saint-Louis (29 juillet 1814) et le brevet de capitaine avec le grade honorifique de chef d'escadron (20 août 1814). Nommé lieutenant commandant la compagnie départementale de la Haute-Marne (12 septembre 1816), et réformé le 20 septembre 1818, il jouit du traitement de réforme jusqu'au 19 septembre 1823.

LXIII. Villelongue.

Villelongue (Pierre-Joseph de), né le 18 février 1771 à Orbais-l'Abbaye (Marne), élève du roi, sous-lieutenant au régiment de Royal-Comtois (8 mars 1788), lieutenant (15 septembre 1791), émigre (15 novembre 1791) et rejoint le cantonnement d'Ath. Il fait la campagne de 1792 à l'armée des princes, entre au corps de Condé le 4 janvier 1794 et y reste jusqu'au licenciement de 1801 dans la 1re, puis dans la 13e compagnie des chasseurs nobles. Il obtint au retour des Bourbons le brevet de capitaine, daté du 15 septembre 1795.

LXIV. Marguenat.

Joseph-Marie-Xavier de Marguenat, né à Rouen le 2 décembre 1765, entre le 24 avril 1782, comme sous-lieutenant, au 6e régiment de chevau-légers (plus tard La Marche-cavalerie), et, après avoir reçu (20 septembre 1787) sa nomination de capitaine de réforme au 8° régiment de cavalerie ou régiment de cuirassiers, rejoint à Karikal son père, alors colonel et commandant de cet établissement, le suit à Tabago lorsqu'il est nommé maréchal de camp et gouverneur de cette île, devient son aide de camp (13 mars 1792). Réfugiés à la Grenade en 1794, les deux Marguenat gagnent l'Angleterre. Le père meurt. Le fils sert les princes émigrés et, sur la proposition de Breteuil, entre dans le corps d'infanterie commandé par le comte d'Oilliamson (compagnie de Contades). Il se rend à Guernesey, mais ne va pas plus loin. Son fils Charles-Édouard, né à Londres en 1797, devint chef d'escadron au 2° régiment de chasseurs.

LXV. Signier.

Jacques-Alexandre de Signier, né à Rogny (6 mai 1768), sous-lieutenant au régiment d'infanterie de Condé (17 mai 1783) et lieutenant au même régiment (8 juin 1789), émigre le 10 juillet 1791, et rentre en 1801, après avoir fait toutes les campagnes de l'armée de Condé et s'être signalé notamment à l'affaire de Constance. Aussi fut-il nommé chevalier de Saint-Louis sous la première Restauration (25 août 1814). Nommé le 16 mars 1815 commandant de la cohorte urbaine de la garde nationale de Laon, destitué par le préfet impérialiste de l'Aisne, entré à Cambrai dans le corps des officiers sans troupes (30 juin 1815), nommé second aide de camp de son compatriote Sérurier (28 octobre 1815), il reçoit le 29 novembre de la même année le brevet de chef de bataillon. On le trouve plus tard chef de bataillon au 16° régiment d'infanterie légère.

LXVI. Labretesche.

Louis-Théodore Labretesche, né à Laon le 16 avril 1771, élève à Brienne (14 septembre 1782), sous-lieutenant à Royal-Auvergne (20 janvier 1790), fait la campagne de 1792 avec les officiers de son régiment, puis entre aux Verts-Laudons où il sert de 1793 à 1801. Simple soldat (15 décembre 1792), caporal (1ᵉʳ octobre 1798), enseigne (24 mai 1799), il passe le 1ᵉʳ novembre 1801 au 47ᵉ régiment de ligne autrichien, alors Franz Kinski et plus tard Vogelsang, et le quitte le 5 avril 1804. Le sous-principal de Brienne lui donnait à sa sortie les notes suivantes que nous reproduisons à titre de curiosité : « Bonne constitution, bonne santé, taille de quatre pieds, dix pouces, deux lignes. Caractère bon, doux et tranquille. Conduite très sage. Manque absolument de dispositions pour le latin. Il n'est pas avantagé non plus du côté de la mémoire. Très faible latiniste. Un travail constant et assidu lui procure des progrès assez sensibles dans les mathématiques dont il répète l'arithmétique et la géométrie. Il réussit également dans la langue allemande qu'il traduit, dans le dessin et les exercices de danse et des armes. Sa classe de latin est la seconde. »

LXVII. Tressemanes de Brunet.

Tressemanes de Brunet (Louis-Raymond-Désiré), né à Aix le 20 septembre 1771, élève à Brienne (4 septembre 1781), et à l'École militaire de Paris (1ᵉʳ octobre 1787), sous-lieutenant au régiment d'infanterie de l'Ile-de-France (20 janvier 1790), fait une campagne en Amérique, donne sa démission le 16 mars 1792, rejoint l'armée du duc de Bourbon, passe à l'Ile de Malte après le licenciement de 1792, obtient le brevet de lieutenant-colonel au service de l'ordre en 1794 et rentre en France à la fin de 1799. Une ordonnance du 2 février 1816 le nomma maire de Grasse. Mais la commission des émigrés déclara qu'il n'avait pas droit à la croix de Saint-Louis. Cf. pièce XXVIII.

LXVIII. Montrond.

Louis-Paul-Antoine de Montrond, né le 9 décembre 1766 à Lorry près Metz, entre à l'École de Brienne en 1776. Sous-lieutenant au régiment de Vivarais (15 juin 1783) et lieutenant en second (1er mai 1789), il abandonne le 15 septembre 1791, fait à l'armée des princes dans la compagnie de Vivarais la campagne de 1792, rejoint le 10 août 1794 l'armée de Condé où il sert jusqu'au 17 décembre suivant dans la 4e compagnie des chasseurs nobles, devient sous-lieutenant à la solde anglaise au régiment de Castries où il reste près de deux ans (1795-1796), rentre en France (1797), émigre de nouveau, revient définitivement en 1801. Les Bourbons lui donnèrent un brevet de capitaine en date du 23 septembre 1815 pour prendre rang à dater du 1er mai 1794, et avoir dans ce grade 8 mois et 17 jours de services. Il vivait à Die, dans la Drôme, et fut maire de sa commune.

LXIX. D'Orcomte.

Jacques-Nicolas-Antoine d'Orcomte de Pancey, fils de messire Nicolas-Antoine d'Orcomte, écuyer, seigneur de Bussy et capitaine invalide, était né à Blamont, dans le Doubs, le 26 août 1768. Admis à Brienne parce que son père n'avait que 100 francs de rente, reçu à l'École militaire de Paris (21 octobre 1782), renvoyé à sa famille à Orcomte près Vitry-le-François (9 février 1786), il entra au régiment de Bresse-infanterie comme sous-lieutenant (6 février 1788). Il était lieutenant depuis le 12 janvier 1792 lorsqu'il émigra le 6 mars et se fit admettre à Trèves dans la compagnie des gentilshommes de Champagne. Il servit en 1792 à l'armée des princes, dans la compagnie des officiers de son régiment, en 1793, 1794 et 1795 à l'armée de Condé dans la compagnie n° 10 des chasseurs nobles, en 1796 et en 1797 au régiment de Lascaris (comme sous-aide-major), de 1797 à 1801 au régiment des grenadiers de Bourbon (comme officier). Il obtint au retour de Louis XVIII la croix de Saint-Louis et le brevet de capitaine daté du 26 août 1795.

LXX. Champmilon.

Bernard-Louis-François de Crécy de la Motte de Champmilon, né à Courlon (Yonne) le 26 avril 1764, troisième sous-lieutenant en pied sans appointements au régiment de l'Ile-de-France (24 février 1782), sous-lieutenant (21 mai 1785), lieutenant en second (15 juin 1789), capitaine (6 décembre 1791), émigre et sert à l'armée de Bourbon (1792) et à celle de Condé (1793-1798). Il est, sous l'Empire, capitaine au 4e régiment étranger (3 mars 1810) et chef de bataillon au 2e régiment étranger (3 novembre 1812). Licencié (21 avril 1815), il est nommé par les Bourbons chef de bataillon à la légion de la Côte-d'Or (17 décembre 1815), mais s'il a du zèle, il manque d'instruction, de fermeté, de l'habitude du commandement : il est admis au traitement de réforme de 900 francs (13 novembre 1819), puis à la retraite (29 mai 1827).

LXXI. Béraud de Courville.

Charles-Marie de Béraud, baron de Courville, né sans doute à Saint-Dizier, élève de Brienne en 1781, page du comte d'Artois en 1788, émigré et agrégé aux gardes d'Artois en 1791, fait dans ce corps la campagne de 1792, assiste à la défense de Maestricht en 1793, et participe à toutes les campagnes de l'émigration. Il se vantait d'avoir au 20 mars 1815 commandé une compagnie de volontaires royaux : « Pendant les Cent-Jours je fus, dit-il, destitué de la garde nationale et obligé de me soustraire aux perquisitions de la police à laquelle j'avais été signalé comme chef de bande ». Le 9 février 1815 il avait été nommé chevalier de Saint-Louis. Il était aussi chevalier de Saint-Jean de Jérusalem.

LXXII. Les Le Lieur de Ville-sur-Arce.

L'aîné des Le Lieur de Ville-sur-Arce, Jean-Baptiste-Louis, né le 5 novembre 1765, élève du roi, sous-lieutenant au régiment de l'Ile-de-France le 28 juin 1782, lieutenant en second le 20 janvier 1790, démissionne le 1er janvier 1792. Ses *Essais sur la culture du maïs* datent de 1807; son livre *De la culture du rosier*, de 1811; ses *Mémoires sur les maladies des arbres fruitiers*, de 1812; sa *Pomone française ou Traité de la culture et de la taille des arbres fruitiers*, de 1817; son *Mémoire sur le dahlia*, de 1829.

Léon-Charles Le Lieur de Ville-sur-Arce, né le 6 janvier 1768 à Ville-sur-Arce (Aube), cadet-gentilhomme à l'École militaire de Paris (10 octobre 1783), reçu le septième en 1784 sur la liste des quarante et un aspirants admis comme élèves, élève de l'École d'artillerie de Verdun (1er septembre 1784) où il connut le futur général Dommartin, lieutenant en second au régiment de La Fère (1er septembre 1785), et, suivant une lettre du colonel de Lance à Le Sancquer, fort attaché à son métier, lieutenant en premier (1er avril 1791) et favorablement apprécié par l'inspecteur Rostaing qui loue sa conduite, ses bonnes mœurs, et juge qu'il « s'applique beaucoup et donne de grandes espérances », second capitaine (6 février 1792), capitaine commandant (1er juin 1792), abandonne son emploi à la veille de l'invasion étrangère et est remplacé le 11 septembre 1792. Mandé d'Antibes à Paris le 13 avril 1800, attaché à l'état-major de Marmont (30 juin 1800), puis envoyé à Cronstadt comme sous-commissaire des relations extérieures (22 juillet 1802), devenu sous-inspecteur aux revues le 4 octobre 1809, fait prisonnier à la sortie d'Almeida le 11 mai 1810, débarqué à Morlaix le 5 août 1811, envoyé à l'armée de Portugal (19 décembre 1811), employé au 6e corps d'armée en 1813, Ville-sur-Arce fut nommé le 1er février 1815 par Louis XVIII, sur la recommandation de Marmont, inspecteur aux revues. Le 17 avril suivant, il recevait de Davout l'ordre de se rendre comme sous-inspecteur à l'armée du Rhin. Mais, de Nuits, il envoya le 26 avril un certificat de médecin, et le lendemain il écrivait à Davout qu'il était malade et désirait rester dans l'intérieur, soit à Dijon où il pourrait respirer l'air natal, soit à Paris où il pourrait « consulter pour sa santé ». Il fut envoyé le 26 mai 1815 à Besançon. Le 24 septembre suivant, il est admis à la retraite comme sous-inspecteur. Il essaya vainement d'être retraité comme inspecteur en arguant de la nomination du 1er février 1815 enlevée par Marmont à Louis XVIII. On lui objecta que cette nomination était entachée d'irrégularités, qu'il n'avait alors que le grade de sous-inspecteur de 3e classe et qu'il avait été désigné sur l'état de proposition comme sous-inspecteur de 1re classe, que la proposition n'avait pas été communiquée au ministre de la guerre, ni la nomination transmise au même ministre par le ministre de la maison du roi, et si Ville-sur-Arce reçut au mois de septembre 1819 le grade d'inspecteur aux revues, daté du 1er septembre 1815, ce grade était purement honorifique. Il mourut le 20 janvier 1820.

LXXIII. La Colombière.

Jean-Pierre-Louis, comte de la Colombière, né à Montpellier le 21 novembre 1770, élève à Brienne (10 mai 1779) et à l'École militaire de Paris (17 octobre 1785), renvoyé de Paris à Brienne où il rentre le 13 février 1786, sous-lieutenant au régiment d'Aunis (8 février 1788), lieutenant (29 janvier 1791), émigre à la Trinité espagnole (16 janvier 1793) et passe en Espagne où il devient sous-lieutenant, d'abord à la légion royale des Pyrénées, puis au régiment d'Hibernie. Il quitte le service d'Espagne le 20 mai 1800 et regagne la

France. Nommé inspecteur principal des vivres à la Grande Armée (7 février 1804), il donne sa démission deux ans après (1ᵉʳ mars 1806). Mais le 1ᵉʳ janvier 1807 il est de nouveau inspecteur des vivres à la Grande Armée et remplit ces fonctions jusqu'au 1ᵉʳ novembre 1808. Il rentre alors dans l'armée active comme lieutenant au service de Sa Majesté Catholique (9 novembre 1808), et Soult qui le jugeait très bon officier, très instruit et plein de zèle, l'attache à son état-major. Capitaine (29 août 1809), chef de bataillon (19 février 1811), La Colombière est admis derechef au service de France le 17 janvier 1814 comme adjoint de 1ʳᵉ classe à l'inspecteur aux revues, et employé sous les ordres de Buhot, à l'armée dite d'Espagne (25 février 1814). Sous la Restauration qui le fit chevalier de Saint-Louis (11 octobre 1814) et de la Légion d'honneur (27 décembre 1814) et qui en mars 1815 l'agrégeait à la compagnie des gardes de la porte, il fut chef du bureau de l'état civil au ministère de la guerre (1ᵉʳ janvier 1815-1ᵉʳ mars 1816).

LXXIV. Balay de la Chasnée.

Jean-Antoine-François-Louis Balay de la Chasnée, né à Dôle le 27 février 1771, élève à l'École militaire de Paris (13 octobre 1786; cf. pièce XXVIII), sous-lieutenant au régiment de Rouergue (15 mai 1789), réformé à la formation de 1791 et replacé le 15 octobre de cette année, ne rejoint pas, mais émigre, sert à l'armée des princes en 1792, puis en Hollande (1793), puis au régiment des hussards de Salm-Kirbourg (1794-1795), devient capitaine à la fin de 1796 au régiment anglais de Waldstein, et fait les campagnes de 1797 et de 1798. On le trouve à la cour de Westphalie sous le nom de Louis de Balay. Une lettre vigoureuse de La Fare, datée du 23 septembre 1814, dénonce sa conduite à Hambourg et invoque le témoignage de Marcellet, de Chassepot, de Saint-Paul et de Bouvier de Cachard.

LXXV. Bosquillon de Bouchoir.

Bosquillon de Bouchoir (Félix-Lugle-Luglien), né le 7 février 1770 à Montdidier, élève du roi, entré le 14 septembre 1781 à Brienne où on le jugea « docile, mais sombre et caché », sous-lieutenant à La Fère-infanterie (6 mai 1789), lieutenant au 40ᵉ régiment (30 janvier 1792), émigre et sert dans l'armée de l'émigration jusqu'au 16 mars 1801. Après son retour en France il est nommé (26 novembre 1805) capitaine-adjudant-major de la 1ʳᵉ cohorte de la 5ᵉ légion des gardes nationales de la Somme. Le 1ᵉʳ février 1808, il devient capitaine au 2ᵉ régiment de ligne westphalien. Le 12 janvier 1814, il entre au 15ᵉ régiment d'infanterie légère française. Mis en non-activité (11 août 1814), envoyé comme capitaine d'habillement à la légion d'Ille-et-Vilaine (11 novembre 1816), puis à la légion du Bas-Rhin (24 décembre 1819), il reçoit au mois de novembre 1820 un congé illimité, et le 24 janvier 1824 sa retraite : le général-inspecteur Tromelin avait écrit (5 janvier 1821) qu'il était « crapuleux, adonné au vin, et ne devait pas être réemployé ».

LXXVI. D'Argeavel.

Alexandre d'Argeavel, né le 2 avril 1763, à Bar-sur-Aube, entré le 2 mars 1774 à l'École de Brienne, sorti le 1ᵉʳ octobre 1781 pour s'enrôler au régiment de Boulonnais, entre aux gardes du corps dans la compagnie de Villeroy (10 juillet 1784) où il est présenté par M. Gaucher de Valdonne, gendarme de la garde, quitte le 1ᵉʳ février 1787, passe en Pologne, revient en France au commencement de la Révolution, est arrêté le 5 septembre 1793, et acquitté le 6 décembre suivant par le tribunal révolutionnaire.

LXXVII. Les deux Bouquet.

Pierre-Charles Bouquet naquit à Reims le 4 février 1745 et y fit sa profession, au couvent des Minimes, le 6 mai 1775. Professeur et préfet des classes à l'École royale militaire de Brienne, il fut nommé le 8 septembre 1800, ainsi qu'un Picot-Moras, maître d'études au collège de Saint-Cyr. Il était premier maître d'études lorsque Berton l'emmena avec lui à Compiègne. Il suivit Berton à Reims et y mourut le 15 juin 1811.

Son neveu Jean-Charles Bouquet, né à Reims le 24 juillet 1772, volontaire le 12 septembre 1791, caporal de la 8º compagnie (15 janvier 1792), premier secrétaire de la division d'Harville à Maubeuge (18 septembre 1792), lieutenant au 1ᵉʳ bataillon des chasseurs du Hainaut (26 novembre 1792), nommé commissaire des guerres par Carrier (13 décembre 1793) et confirmé par Ruelle, Chaillon, Delaunay, Gaudin et Menuau (2 janvier 1795), fut réformé à la nouvelle organisation. Mais Cochon le recommandait (lettre datée de Machecoul, 3 octobre 1795) : « Nous avons ici, disait le représentant, à Machecoul, Challans et Soullans plus de 10 000 hommes, et il n'y a pour ces trois camps qu'un seul commissaire des guerres qui réside à Machecoul, et encore n'est-il pas employé dans le dernier travail; il ne fait ce service qu'en attendant un successeur; vous sentez qu'il est impossible qu'il suffise à tout; quoique jeune, il m'a paru avoir du zèle, de l'intelligence et de la fermeté; il fait bien son service, il serait utile de le mettre en activité. » Bouquet fut remis en activité (13 octobre 1795) et nommé par Bonaparte commissaire des guerres de la division Serurier (4 février 1797). On sait ce qui advint : dès le 20 décembre 1796, dans une lettre au Directoire, Clarke lui reconnaissait des talents et de l'activité, mais ajoutait qu'on doutait de sa probité; le témoignage de Victor est écrasant (voir la pièce suivante); condamné le 13 juin 1797 par le conseil de guerre dont le jugement est cassé le 10 janvier 1798, acquitté le 11 août 1798, Bouquet fut mis au traitement de réforme le 12 avril 1800, et privé de ce traitement le 28 janvier 1813. Cf. Grasilier, *Mémoires* de l'adjudant général Landrieux, 1893, I, p. 249-261, et la *Gazette des tribunaux* du mois de mai 1830.

LXXVIII. Lettre de Victor annotée par Bonaparte.

Au Quartier Général de Padoue, le 16 floréal an V.

Victor Perrin, général de division, au général en chef.

Général, j'ai l'honneur de vous prévenir qu'un commissaire des guerres, nommé Bouquet, est venu ici, par ordre du général Kilmaine, mettre les scellés au Mont-de-Piété. Je l'ai autorisé à faire cette opération, assisté du commandant de la place et de deux officiers municipaux. Elle s'est effectuée, non pas suivant mes intentions, mais après y avoir commis la dilapidation la plus monstrueuse que le commissaire et le commandant ont eu soin de cacher aux officiers municipaux. J'en ai la preuve par la hardiesse qu'ils ont eue de me faire offrir une partie de leur vol. Une reconnaissance que je faisais pendant l'exercice de ce brigandage m'a empêché d'en être instruit assez tôt pour faire arrêter ce commissaire qui a eu l'impudence de compromettre votre épouse, en disant que ce dont il s'emparait était destiné pour elle. Je vous préviens et vous demande contre ce commissaire une punition égale au délit dont il s'est rendu coupable.

Salut et respect,   Victor.

Renvoyé au général chef de l'état-major pour faire arrêter le commissaire des guerres Bouquet et le faire traduire devant un Conseil militaire.

Le général en chef,
Bonaparte.

LXXIX. Lettre de Chenu et de Cuttoli à Bonaparte.

Des élèves de Brienne, bien plus âgés que Bonaparte et qui n'avaient fait que l'entrevoir, essayèrent plus tard d'entrer en relations avec lui. L'un d'eux, Louis-Charles de Chenu, écrivait la lettre suivante à celui qu'il nommait son ancien camarade. [Ce Chenu, né le 23 juillet 1764 à Auxerre, cadet-gentilhomme au régiment de Picardie (6 mai 1780), sous-lieutenant (12 juin 1782), abandonne le 15 septembre 1791, émigre, puis rentre à Paris et est condamné à mort le 31 octobre 1797.] A la lettre de Chenu est jointe celle d'un Corse, Cuttoli, cousin de Bonaparte, qui se rappelle également au souvenir du général. Ce Cuttoli revenait d'Angleterre où il était allé pour affaires au mois d'octobre 1788. L'oncle dont il déplore la perte est un capitaine du 71ᵉ régiment d'infanterie, mort à Jemappes.

A Monsieur,
Monsieur le général Buonaparte, commandant les troupes de la République française en Italie, à...

Mon général,

Depuis longtemps, je cherche à manifester mon zèle envers ma patrie; votre réputation glorieuse, l'avantage que j'ai de me trouver votre ancien camarade de Brienne, mes entretiens avec votre cousin Cuttoli qui m'y porte de cœur et d'affection, tout m'engage à vous donner la préférence pour l'ouverture d'un secret très important pour la République française. C'est d'un instrument portatif propre à diriger la bombe sans dévier et à pointer le canon, dont il s'agit. Il est de l'invention d'un Anglais très dévoué à notre nation et à qui sa discrétion doit éviter les désagréments qu'il pourrait avoir en Angleterre où il réside. Il n'attend qu'un mot pour vous aller rejoindre en ne réclamant rien avant l'entière réussite et un succès complet. S'il mérite votre approbation, mon général, ma plus belle récompense sera de servir sous vos ordres avec tout le dévouement d'un ancien camarade de collège qui doit son éducation à la patrie et qui s'empresse de lui offrir les connaissances qu'il a dans les mathématiques et l'art de lever les plans.

J'ai l'honneur d'être avec un sincère et respectueux attachement,
Mon général,
Votre très humble et très obéissant serviteur.
LOUIS-CHARLES CHENU.

Altona près Hambourg, 5 avril 1796.
Chez M. Dalles, marché au poisson.

P.-S. — Le plaisir que j'éprouve de vous parler de cet Anglais, m'empêche de regretter que les ouvertures que M. Cuttoli a faites depuis longtemps à M. Barthélemy sur ce projet soient demeurées sans réponse, soit par l'arrestation, la perte des lettres, ou par le silence prudent vu qu'on écrivain d'un pays ennemi, que le défaut de moyens empêchait de quitter.

Cher général et cousin,

Vous avez sans doute reçu à l'heure qu'il est, mon petit mot italien par M. Barthélemy en date du 14 du mois dernier. Je venais de débarquer ce jour-là, et mon premier soin a été de m'informer de vos nouvelles, de votre frère et de madame votre mère, en me rappelant au souvenir de vous tous, et en vous témoignant la part sincère que je prends à tout ce qui vous arrive d'heureux. La croyance de pouvoir vous faire parvenir mes lettres plus promptement et plus sûrement mitige mes regrets de ne pas vous avoir entretenu d'abord d'un objet qui doit vous intéresser, si je ne me trompe; c'est ce qui me fait prendre la plume sans attendre votre réponse. M. de Chenu, votre ancien camarade de collège, vient de vous marquer sur cette feuille ce dont il s'agit, et je désire de toute mon âme que cela puisse vous être utile. J'en avais fait des ouvertures à M. Barthélemy, il y a plus de 18 mois, et je me prévaux aujourd'hui de cette démarche et de celle que je fais auprès de vous, cher général, comme d'un titre propre à ajouter à ceux de nos pertes, surtout à celle de mon oncle, à témoigner de mon zèle pour la République et à vous donner lieu de pouvoir appuyer le mémoire que je viens d'adresser au Directoire. J'espère, cher général, que vous n'oublierez pas le tendre intérêt que j'ai pris à vous et à votre cher frère dès votre enfance, en me procurant la satisfaction d'être employé auprès de vous, et en me fournissant ainsi l'occasion de vous témoigner de plus près la vérité des sentiments inviolables d'estime et d'attachement avec lesquels je serai toute ma vie,

Cher général et cousin,
Votre très humble et très obéissant serviteur,

JOSEPH-MARIE CUTTOLI.

LXXX. Liste des camarades de Bonaparte à Brienne.

Les registres et papiers de Brienne ont disparu et, dès 1820, le gouvernement les faisait vainement chercher à Brienne, à Troyes et à Paris. Cette liste, dressée d'après les *Exercices publics* et des documents épars, est donc très incomplète; mais elle contient les noms des principaux élèves des Minimes de 1779 à 1784.

D'Aboville (pièce XLV).
D'Aymar de Franchelins de Montval (Antoine-Jean-Baptiste-Mathieu-François), de Marbé, près Mâcon, né le 12 novembre 1766, a pris l'habit ecclésiastique.
D'Aymini de Mas-Blanc (Joseph-Edouard), élève le 16 septembre 1783.
Andrieux, de Nevers.
D'Antignate (Jean-François-Camille), né le 10 mars 1772, élève le 11 septembre 1782, capitaine de frégate en l'an XIII, fait prisonnier et interné sur les pontons de Cadix.
D'Aoust de Jumelles (Marie-Mathias-Joseph), né le 24 février 1771, sous-lieutenant au régiment de Picardie (26 février 1788), lieutenant au 6e régiment d'infanterie (15 septembre 1791), a abandonné.
D'Argeavel (pièce LXXVI).
Balathier de Bragelonne (pièce XXXVII).
Balay de la Chasnée (pièce LXXIV).
Beaumont de Calard, de Chalon-sur-Saône.
Becquerel de Bourdoisière, de Châtillon-sur-Loing.
Belchamps (Antoine-Laurent-Dieudonné de), de Metz, né le 26 octobre 1769, élève le 29 mai 1780, sorti le 16 août 1785, sous-lieutenant à Auxerrois-infanterie (30 juin 1787), abandonne en 1791.
Béraud de Courville (pièce LXXI).
Berthelot de Courret (Jacques-Marie), né le 9 janvier 1773, élève du roi (6 septembre 1783), de la province d'Aunis.
Berton (Joseph), né à Reims le 28 novembre 1774, pensionnaire (24 octobre 1783).
Bétous (Louis-Maurice-Gabriel du Pin de), de Mezin près Nérac, né le 14 avril 1767, sous-lieutenant aux chasseurs cantabres en 1791, a abandonné.
Bigault d'Avocourt (François), élève le 11 septembre 1781.
Blanchot, du diocèse de Troyes.
Blondet de la Blossière (Pierre-Charles), né le 24 décembre 1774, et son frère Charles-Claude-François, né le 10 février 1776, tous deux pensionnaires le 19 septembre 1783.
Boisjolly (pièce LIII).

Bonnay de Breuille (pièce xxxviii).

Bonnay (Charles-François de), né le 25 novembre 1764 à La Chalade (Meuse), élève d'artillerie (1ᵉʳ août 1780), lieutenant en second (15 juillet 1781) et en premier (6 janvier 1785), capitaine par commission (8 janvier 1789), capitaine-commandant de mineurs (8 mars 1793), chef de bataillon (12 octobre 1795), sous-directeur des fortifications à Thionville et à Strasbourg, directeur à Metz et à Besançon, admis à la solde de retraite (17 septembre 1810).

Bonneau, dit Odes de Bonniot de Chevillon (Nicolas-Marie), né à Metz, le 7 octobre 1768, élève de l'École militaire de Paris (21 octobre 1782), élève d'artillerie (1ᵉʳ septembre 1783), lieutenant en second surnuméraire (1ᵉʳ septembre 1784), lieutenant en second (27 octobre 1784), donne sa démission qui est agréée le 4 août 1786.

Bosquillon de Bouchoir (pièce lxxv).

Bourdenay (de), des environs de Nogent-sur-Seine.

Bretagne (Charles-Antoine de), né le 15 janvier 1773, élève du roi (14 septembre 1783), de la province de Lorraine.

Breully (Alexandre-Louis-Victoire de), élève du roi (14 septembre 1782).

Brisard du Martray, frères, de l'île de Ré.

Bruneleau de Sainte-Suzanne (pièce xxxi *bis*).

Buzelet (Dominique-Jacques-César de), né le 15 juillet 1765 à Pont-à-Mousson, élève du roi, cadet-gentilhomme à Lorient, devient capitaine au régiment de l'artillerie coloniale, fait onze campagnes dans les Indes, reste de 1793 à 1798 prisonnier des Anglais, meurt à Douai le 18 février 1803.

Calvet de Madaillan (Joseph-Thibault), chevalier et baron de l'Empire (12 avril 1813).

Camusat.

Canat (de).

Castres de Vaux (pièce xxiii).

Caulet de Vauquelin (pièce xliii).

Champion de Nansouty (pièce xxxiii).

Champmilon (pièce lxx).

Chatillon (de), de Clamecy.

Chenu (pièce lxxix).

Chermont (de), de l'île de Ré.

Clozier (Charles-Louis de), élève du roi (10 septembre 1782) ; cf. pièce xxviii.

Collinet de la Salle (pièce lvi).

Courlet de Vrégille, frères (pièce xliv).

Courson de Kernescop (Casimir-Mathurin), né le 1ᵉʳ janvier 1772, élève du roi (23 septembre 1783), sous-lieutenant au régiment de Lorraine (10 juillet 1789), a abandonné.

Cuming de Craigmillen (André-Pierre), né le 1ᵉʳ septembre 1770, élève du roi (6 mai 1780), sous-lieutenant à Bassigny (29 juin 1787), émigre le 11 janvier 1793. Reynaud de Monts le notait ainsi en 1786 : « Caractère fort doux. Conduite très régulière. N'a fait que de très faibles progrès dans les mathématiques, sait pourtant son arithmétique et un peu de géométrie. A suivi passablement son cours classique. Sait un peu d'histoire, de géographie et d'allemand. A fini sa troisième. »

Dauzel de Boffle (Charles-Jérôme-César), de Maisnières (Somme), élève de la marine.

Demay, de Château-Porcien.

Des Guyotz (Jean-Philippe-Norbert), né le 15 juillet 1772, élève du roi (1ᵉʳ avril 1783), sous-lieutenant au régiment de Deux-Ponts (4 décembre 1788), lieutenant (15 septembre 1791), capitaine (25 mai 1792), a abandonné.

Dessoffy de Czernek (Louis-César-Hyacinthe), né le 7 mars 1767, élève du roi, cadet-gentilhomme à Colonel-général hussards (15 novembre 1783), sous-lieutenant (1ᵉʳ mai 1786), abandonne (12 août 1791).

Deu de Montigny (pièce L).

Dreux de Nancré (Pierre-Guislain-Joseph-François), de Paris, né le 23 novembre 1765, élève du roi, cadet-gentilhomme à Bourbonnais (30 mars 1781), sous-lieutenant à Soissonnais (8 février 1782), lieutenant en second (1er juillet 1787).

Du Belloy de Louvroil (Joseph-Pascal-Auguste), né le 2 novembre 1768, élève du roi, sous-lieutenant au régiment de Touraine (6 février 1788), a abandonné.

Du Gretz du Mont Saint-Père (Pierre-Charles-François), de Somsois (Marne), né le 18 novembre 1769, élève du roi, sous-lieutenant de remplacement au régiment de Boulonnais (16 mars 1787), réformé par ordonnance du 17 mars 1788, sous-lieutenant (20 février 1790), n'a pas accepté.

Du Val d'Essertenne.

Du Val d'Oligny.

Du Verdier.

D'Espinette ou de Spinette (Charles-François), né le 30 septembre 1772, élève du roi (2 septembre 1781), sous-lieutenant au régiment de Flandre (15 octobre 1791), lieutenant (4 mai 1792), suspendu (30 avril 1794); cf. pièce XXVIII.

Féligny (Nicolas de), né le 27 août 1770 à Ancy-sur-Moselle, élève du roi (3 septembre 1781), sous-lieutenant au régiment de Barrois (20 septembre 1788), lieutenant au 43e (15 septembre 1791).

Florensol (de).

Foucault (Antoine-Étienne de), né le 1er juillet 1770, élève du roi (16 septembre 1781), sous-lieutenant à Royal-Vaisseaux (26 septembre 1788), abandonne en 1791.

Frasans (Aimé-Philippe-Hyacinthe-Louis de), né à Lyon le 10 avril 1766, élève à l'École militaire de Paris (16 octobre 1780), sous-lieutenant au régiment de la Sarre (14 juin 1783), lieutenant en second (20 décembre 1789), émigre en 1791 et fait toutes les campagnes de l'émigration.

Frasans (Louis-Alexandre-François-Prosper de), né à Dijon le 25 juin 1770, élève à Brienne le 10 mai 1779, et à l'École militaire de Paris le 21 octobre 1785, sous-lieutenant au régiment de la Sarre (6 mars 1788), abandonne en 1791.

Fresne (Alexandre de), né à Saint-Dizier le 13 juillet 1768, élève du roi, sorti de Brienne le 30 mars 1785, sous-lieutenant de remplacement à Royal-Comtois (11 septembre 1784), sous-lieutenant (24 avril 1786), lieutenant au bataillon de garnison de Lorraine (28 octobre 1788).

Gallois de Hautecourt (pièce LIV).

Gaudel de Nomexy (Charles-Alexandre), né le 18 avril 1771, élève le 13 septembre 1782, de la Lorraine.

Gibelain, de l'île de Ré.

Gourmont (Louis-Auguste), né le 17 juillet 1773, élève du roi le 12 septembre 1782, de la Basse-Alsace.

Gresigny (Charles-François de Morot de), né à Dijon le 26 octobre 1767, élève à l'École militaire de Paris (24 octobre 1781) et à l'École du génie de Mézières, employé à Salins, donne le 23 mai 1792 sa démission de capitaine.

Grivel de Saint-Mauris (Claude-Joseph-Fidèle).

Gudin (pièce XXXIV).

Guérin de la Marche (Charles-Antoine-Ferdinand), né le 25 juin 1771, élève le 30 janvier 1783, de la province de Champagne.

D'Hautpoul (pièce XL).

D'Hennezel de Gémenaincourt (Charles-François), élève le 22 juin 1780.

Jannard-Croiset, pensionnaire.

Jean de Saint-Marcel (pièce XLIV).

Jessaint (pièce XXXI).

La Boulaye (pièce LVII).

Labretesche (pièce LXVI).

La Cailletière (de), de l'île de Ré.

La Colombière (pièce LXXIII).

La Coudre (pièce LV).
La Forêt, de Paris, pensionnaire.
La Marche de Hédouville (de), du diocèse de Châlons-sur-Marne.
La Personne (pièce XLIX).
La Roche-Ponsié (pièce LVIII).
Laugier de Bellecour (pièce XXIV).
Laval aîné (pièce LIX).
Laval cadet.
Le Duchat (pièce LX).
Lefebvre de Torvilliers.
Lefebvre de la Bourdonnaye, du château de Trancault, près Nogent-sur-Seine.
Le Lieur de Ville-sur-Arce aîné (pièce LXXII).
Le Lieur de Ville-sur-Arce cadet (pièce LXXII).
Lepère frères (pièce XLVIII).
Le Petit de Brauvilliers (Jean-Baptiste-Pierre), né le 7 juin 1767, élève du roi, sorti de Brienne le 5 juillet 1784, nommé le 30 mai 1784 sous-lieutenant au régiment de Touraine.
Le Picart de Flavigny (Jacques-Jérôme-François), né le 3 juillet 1774, élève le 16 septembre 1783, de la province de Champagne.
Le Vasseur (Hyacinthe), né le 5 juillet 1765, élève du roi, cadet-gentilhomme à Bourbonnais (30 mars 1781), sous-lieutenant (10 février 1783), lieutenant en second (21 février 1787), lieutenant en premier (10 mai 1789), abandonne en 1791.
Lombard de Combles (pièce XLVI).
Longeaux (Charles-François de), né à Bar-le-Duc le 12 janvier 1767, élève du roi, sous-lieutenant à Royal-Roussillon-infanterie (15 mai 1783), lieutenant (1er avril 1791), abandonne en 1791.
Luc (Louis-Gabriel de), de Grimont, près Mey, en Lorraine, né le 16 août 1765, sous-lieutenant au régiment d'Aquitaine (18 juillet 1782), lieutenant en second (12 juillet 1787), capitaine (15 mai 1792).
L'Yver de Breuvannes (Xavier-Joseph-Édouard), fils d'un officier des gardes du corps du roi; il était sous l'Empire propriétaire à Langres; deux de ses frères, élèves, comme lui, des écoles militaires, émigrent; l'un, Charles, capitaine au régiment de Champagne, mourut le 28 mars 1814 de l'épidémie qu'il gagna dans les hôpitaux des alliés; l'autre, Jean-Théodore, garde du corps, puis capitaine de cavalerie, périt à Saint-Domingue le 10 avril 1803.
Mailly frères (pièce XXX).
Marescot (François-Gabriel de), né le 7 avril 1769, porté le 21 décembre 1779 sur la feuille du roi parce que ses parents n'ont que 260 livres de rentes, reçu à Brienne le 21 avril 1780, sous-lieutenant au régiment de Piémont-infanterie (18 août 1786), remplacé le 15 septembre 1791 après avoir abandonné. Reynaud le notait ainsi en 1786 : « Constitution bonne, caractère bon, conduite régulière. N'a fait que des progrès très médiocres dans les mathématiques où il ne sait que très imparfaitement son arithmétique. A toujours été un écolier très médiocre et n'a qu'une petite notion de l'histoire et de la géographie. Il a fait quelques progrès dans les exercices d'agrément. »
Marguenat (pièce LXIV).
Marjolain.
Mauger (Anne-Joseph de).
Mirablon (de), de Paris.
Montarby de Dampierre frères (pièce XXII).
Montfort (Joseph-Alexandre de), élève le 9 septembre 1782.
Montigny (Marie-Hyacinthe-François de Sales), né le 9 août 1765, sous-lieutenant au régiment de Beauce (10 mai 1782).
Montrond (François-Hyacinthe de), né le 16 février 1765, élève du roi, cadet-

gentilhomme à Angoumois (6 mai 1780), sous-lieutenant (22 mai 1783), mort chez lui le 5 janvier 1791.

Montrond (Louis-Paul-Antoine), (pièce LXVIII).

Montrond (Auguste-Honoré), né le 19 juillet 1770, sous-lieutenant à Limosin (6 juillet 1787), mort en 1789.

Nogent (de), pensionnaire : sans doute Antoine-Nicolas de Nogent, né à Éclance (Aube) le 24 septembre 1773, page de la reine (1er août 1788), émigré en 1791, devenu capitaine au corps d'état-major sous la Restauration, adjudant de place à Givet en 1826.

D'Orcomte (pièce LXIX).

Pannebœuf-Dufort (Étienne-Joseph-Marie de), né le 16 juillet 1773, pensionnaire le 16 janvier 1783, de la province de Guyenne.

Patricot (Charles-Thomas), né le 1er octobre 1775, pensionnaire le 1er octobre 1782.

Patricot (Donatien), né le 2 janvier 1777, pensionnaire le 1er octobre 1782.

Perrault (Claude-Jean Corentin de), né à Dijon le 12 décembre 1764, élève du roi, cadet-gentilhomme au régiment de Guyenne (6 mai 1780), sous-lieutenant (6 août 1785), lieutenant (1er avril 1791), démissionne.

Picot de Moras (pièce XLI).

Pières (Jean-Amable-Benjamin de), né le 13 juin 1765, élève du roi, sous-lieutenant à La Fère-infanterie (30 avril 1782), destitué (18 novembre 1788).

Poirson (Jean-Baptiste-Ambroise de), né le 22 juin 1766, à Bar-le-Duc, élève du roi, sous-lieutenant au régiment de Vexin (25 février 1782), lieutenant 1er avril 1791), lieutenant au 82e régiment (15 septembre 1791), abandonne le 14 août précédent.

Porte (de), de Montierender.

Prévoteau, de Reims.

De Ravault des Gombeaux, de Montargis.

De Ray (page 170).

Rémond du Mesnil (Charles), né le 4 août 1774, élève du roi (26 septembre 1783).

Rigollot (pièce LXII).

Rison (Maurice-François-Alexandre-Marie de), élève du roi (3 octobre 1783), élève de l'école d'artillerie de Metz (1er octobre 1789), émigre en 1791, fait toutes les campagnes de l'émigration; cf. pièce XXVIII.

Rivoire (de), de Grenoble.

Rose (Joseph-Gabriel-Frédéric de), né le 6 octobre 1769, sous-lieutenant de remplacement à Bourbon-infanterie (2 décembre 1784), sous-lieutenant (15 janvier 1785), lieutenant en second (10 décembre 1789); abandonne.

Rose (Louis-Joseph-Alexandre de), né le 8 novembre 1772, sous-lieutenant de remplacement à Bourbon-infanterie (1er avril 1788), cadet-gentilhomme (1er décembre 1789), réformé à la formation de 1791.

Royer, de Brienne.

Saint-Léger (Césaire-Nicolas de), né le 2 août 1769 à Laon, élève le 10 septembre 1781, sous-lieutenant au régiment d'Anjou (8 juin 1787), démissionne le 15 août 1791.

Samson, de Rethel.

Ségur de Cabanac (Jules-Louis), de Leschères près Joinville, né le 1er mai 1764, cadet-gentilhomme à Artois-cavalerie (29 février 1780), capitaine à Ségur-dragons (19 décembre 1782), à Quercy (septembre 1784), aux chasseurs de Normandie (15 mai 1788), démissionne.

Sigismond, de Vitry-le-François.

Signier (pièce LXV).

Stud de Blannay (Adrien-Louis-Gabriel de), né le 22 janvier 1774, élève le 10 septembre 1783, de la province de Bourgogne.

Tarbochet de Brézé, de Paris.

Tarneau de la Personne, de Cuchery, près Châtillon-sur-Marne.

Thumery aîné, d'Essegney, près Charmes, en Lorraine (François-Joseph-Léopold), né le 23 février 1765, élève du roi, cadet-gentilhomme à Angoumois (6 mai 1780), sous-lieutenant (22 mai 1783), lieutenant (1ᵉʳ avril 1791), a abandonné.

Thumery (le chevalier Jean-Joseph de), élève du roi.

Tressemanes de Brunet (pièce LXVII).

Truelle de Chambouzon, de Troyes.

Varange (Louis-Antoine de), élève le 27 octobre 1781.

Vaubercey (pièce LII).

Villelongue (pièce LXIII).

Villelongue de Novion (pièce LI).

Villemont de Fauvelet aîné, de Sens.

Villemont de Fauvelet cadet (Bourrienne).

Villiers (Nicolas-François-Joseph de), né le 16 décembre 1771, élève le 5 septembre 1781, de la province de Champagne.

Vincent aîné, de Montierender.

Vincent cadet.

Zeddes (Augustin-Louis-François de), né le 6 juin 1772, élève le 6 septembre 1783, de la province de Champagne.

LXXXI. Souvenirs d'un cadet de Brienne.

En 1788, après la suppression de l'école militaire de Paris, les cadets-gentilshommes furent répartis dans les deux collèges de Brienne et de Pont-à-Mousson. A Brienne allèrent les aspirants au génie; à Pont-à-Mousson, les aspirants à l'artillerie. L'auteur de ces souvenirs, qui venait de Tournon, se destinait au génie et resta plus de trois ans (1788-1792) à Brienne. Il nous présente dans son récit, non pas la petite école, mais la grande école, comme disaient les élèves. La compagnie des cadets-gentilshommes à laquelle il appartenait, n'était pas, écrit-il, sous la discipline des moines et n'avait pas de contact avec le reste des écoliers. Elle était commandée par un ancien sous-aide-major de l'École militaire de Paris, M. de Pernon, « vieux capitaine d'infanterie et rien de plus », assisté du capitaine des portes Hauicle. « Les Minimes avaient seulement l'administration matérielle de la compagnie; ils pourvoyaient à sa nourriture, à son habillement. Nous professions peu de respect pour ces moines et nous ne reconnaissions nullement leur autorité. Cependant c'était un moine, le Père Avia, qui nous gardait pendant les études. Le Père Kehl était professeur d'allemand. Nos autres professeurs étaient des bourgeois : celui de mathématiques, M. Verkaven; celui de fortifications, M. Marteau, et le professeur de dessin proprement dit, M. Léon. Nous nous trouvions souvent en contact avec un maître de quartier à la petite école, qui depuis a joué un malheureux rôle, le pauvre général Berton. » L'école de Brienne, telle qu'elle est retracée dans ces Mémoires, n'est donc nullement l'école où Bonaparte passa son enfance. Mais ce fragment d'autobiographie est le seul document de quelque étendue que nous ayons sur l'établissement des Minimes et il contient de précieux détails sur les écoles militaires de la fin du XVIIIᵉ siècle. Plusieurs traits répugnent et rappellent les vilains endroits des *Confessions* de Rousseau. D'autres, malgré leurs longueurs et les négligences du style, se lisent avec agrément. Et qui sait si le jeune Bonaparte n'alla pas en promenade au village d'Arsonval, comme notre cadet, et n'éprouva pas sur la grande route de Bar-sur-Aube les mêmes sensations de fraîcheur et de bien-être ?

« V... fut de tous mes camarades celui avec qui je conservai la liaison la plus intime. Ce fut lui qui fit toutes les avances; car, loin de me sentir aucun penchant pour lui, j'éprouvais plutôt une sorte d'éloignement. Plus âgé que moi de trois ans, ayant été à l'École militaire de Paris, l'égalité entre nous n'était pas parfaite. Aussi je l'évitai, bien loin de le chercher. Mais lui me cherchait toujours, au point que M. de Pernon, craignant qu'il n'y eût de sa part autre chose que de l'amitié, me prit un jour à part pendant une récréation et me dit brusquement et sans aucun préambule : « Cadet, ne fréquentez plus M. de V...; si vous continuez à le fréquenter, je serai obligé d'écrire à vos parents ». Je cherchai plus que jamais à éviter V...; mais comme, de son côté, il cherchait sans cesse à se rapprocher de moi, notre liaison s'est formée je puis dire malgré moi. Les soupçons de M. de Pernon étaient du reste bien mal fondés; jamais V... ne m'a fait une proposition déshonnête. Je n'en puis dire autant de tous mes autres camarades, car les vices de Tournon existaient à un plus haut degré peut-être encore à Brienne.

Ces habitudes vicieuses étaient répandues parmi les élèves de Tournon d'une manière effrayante. Les plus sages n'en étaient pas exempts. Outre les commodités où l'on trouvait, malgré toute la surveillance et les précautions des supérieurs, le moyen de se réunir pour se livrer à ces infâmes plaisirs, on trouvait encore le moyen de se les procurer sous les tables d'études, sous les tables de jeu, car nous avions la permission de jouer le whist, le reversis, le boston. Sous les tables, dis-je, et sans que le jeu fût interrompu, les plus effrénés, et c'étaient quelquefois d'ailleurs les meilleurs sujets, trouvaient le moyen de se satisfaire. Je n'ai bien su tout cela que quand j'ai été un peu grand, dans la dernière année de mon séjour. Cette sale relation d'élève à élève s'appelait *faire des immodesties*; c'était le terme officiel. Jamais aucune proposition ne m'a été faite; j'y aurais résisté sans doute, comme je résistai au penchant qui aurait pu me porter au vice solitaire par la sage précaution que mon père avait prise de me prévenir et de m'instruire de tout un peu avant que l'âge eût fait naître en moi les désirs, mais à une époque cependant où je pouvais le comprendre. Il prit son texte de l'exemple de mon cousin F***, tellement livré à ce vice à Sorèze qu'il en tomba malade au point qu'on fut obligé de le renvoyer chez lui. L'horrible habitude était tellement invétérée et devenue irrésistible qu'on fut forcé de lui lier les mains dans son lit, ce qui ne l'empêcha pas de mourir misérablement au milieu de sa famille. Ce tableau peint comme mon père savait peindre, les principes religieux que le P. Verdet, mon confesseur, m'inspirait, me préservèrent complètement et des habitudes solitaires et des habitudes deux à deux.

Ce vice était commun à toutes les Écoles militaires. Il n'est pas étonnant qu'il régnât à l'École militaire de Paris qui se recrutait dans les autres. Les élèves de chacune de ces dernières avaient à Paris leur sobriquet sous ce rapport. C'étaient les *indécents* de Tournon, les *nymphes* de Brienne, etc.

Ces heureuses épithètes réunies à l'École de Paris, et plus tard dans les compagnies de cadets de Brienne et de Pont-à-Mousson, y formaient un véritable cloaque sous le rapport des mœurs. Les conversations étaient habituellement très licencieuses; il y avait un argot tout particulier pour ces matières; chaque chose, chaque acte avait son nom que je n'ai jamais retrouvé depuis nulle part. L'âge, qui aurait fait disparaître ces habitudes d'enfance, s'il s'était trouvé d'autre moyen de satisfaire les besoins de la nature, ne faisait que leur donner plus de force. Je n'ai pas été à l'abri des propositions ni même des tentatives sur ma personne; mais j'ai toujours résisté et, comme je viens de le dire, je suis sorti de Brienne aussi pur que de Tournon, quoique, dès la première année que j'y passai, la nature eût parlé clairement et énergiquement. L'image de mon cousin mourant n'aurait sans doute pas suffi pour me retenir parce que je voyais de mes camarades constamment livrés à ces excès et qui se portaient fort bien : les principes de morale et de religion vinrent à l'appui et enfin je me sauvai.

La preuve qu'il ne manquait que l'occasion pour transformer ces habitudes en d'autres plus naturelles, c'est ce qui arriva à une jeune fille qui servait à l'infirmerie. Nous la voyions quand nous étions malades ou indisposés. Il me semble que nous la rencontrions aussi quelquefois dans la maison ailleurs qu'à l'infirmerie. Elle était grasse, fraîche et jolie; l'embonpoint très proéminent de sa poitrine m'avait souvent frappé et faisait assez fortement palpiter mon cœur quand je la rencontrais ou seulement quand son souvenir venait se retracer à moi, ce qui arrivait assez fréquemment. Il paraît qu'elle avait fait une impression plus vive encore sur notre sergent-major Des Roys. C'était un garçon de vingt ans, fort et vigoureux, ayant à l'excès cette surabondance de santé ordinaire à son âge, qui lui causait de violents maux de tête, ce qui donnerait lieu de croire qu'il n'était point livré aux infâmes habitudes si communes parmi ses camarades. Il jugea apparemment que Nanette (c'était le nom de la jeune fille) aurait un remède pour ses maux de tête. Par continuation des usages de Paris, le sergent-major pouvait sortir seul. Il s'entendit avec Nanette et il arriva qu'un jour d'été, dans un grand champ de blé prêt à être moissonné, la pauvre Nanette devint grosse. Quand sa rotondité ne lui permit plus de le cacher, ce fut un grand scandale dans la maison; et cependant il faut rendre justice aux bons Minimes, ils n'étaient pas faciles à scandaliser. L'infirmière en chef n'était pas très scandalisable non plus; quoique n'étant plus jeune, le bruit courait qu'il lui arrivait souvent avec le Père X*** ce qui avait perdu la pauvre Nanette, mais qu'elle et le Père étaient plus heureux ou plus prudents. Malgré le penchant à l'indulgence, il fallut pourtant éloigner au moins l'objet du scandale. La pauvre Nanette fut renvoyée. Je ne sais qui prit soin de son enfant ni ce qu'elle est devenue. Il me semble pourtant me rappeler confusément que le sergent-major prit des mesures pour lui assurer un secours. Quant au sergent-major, il me semble qu'on ne fit semblant de rien; les choses se passèrent comme si Nanette eût fait l'enfant toute seule. Seulement le règlement fut modifié et la faculté de sortir seul fut retirée aux sergents-majors. Je crois que celui-ci quitta l'école peu de temps après la naissance de son fils aîné, mais sans que sa sortie eût rien de commun avec la naissance ou la procréation de cet enfant. Je l'ai perdu de vue depuis sa sortie et j'ignore absolument ce qu'il est devenu. J'ai pourtant une idée confuse qu'il a émigré et qu'il est passé au service de Bavière.

Tout cela se passa fort paisiblement : il me semble que, si pareille chose fût arrivée à Tournon, c'eût été un bien autre scandale; mais aussi on prenait des mesures pour que pareille chose n'arrivât pas; jamais nous ne voyions une fille ou femme d'une figure passable. On ne mettait pas les étoupes près du feu.

Nous nous occupions un peu de Révolution. Je n'ai pas besoin de dire que nous étions tous aristocrates. Gentilshommes, élèves du roi, commandés par un vieux capitaine qui avait fait les guerres du Hanovre, nous ne pouvions manquer de nous déclarer ennemis de la Révolution. Je me rappelle pourtant que moi, dans mon intérieur, j'applaudissais aux principes sur lesquels elle s'appuyait; je les trouvais grands, beaux et justes; mais je gardais ces sentiments pour moi et je professais extérieurement les principes de mon chef et de mes camarades. Cependant nous prîmes la cocarde tricolore quand il fut ordonné de la prendre.

En 1790, nous célébrâmes la Fédération avec la garde nationale de Brienne. Le comte de Brienne, sorti depuis peu du ministère de la guerre en même temps que son frère, l'archevêque de Sens, de l'emploi de principal ministre, avait été nommé maire du bourg. Il se prêtait à la Révolution dont il adoptait ostensiblement les principes, et il présida le 14 juillet 1790 à la fédération dans la commune. La garde nationale prit les armes. Son colonel était le bailli qui en même temps magistrat-guerrier-citoyen et poète, avait composé un chant patriotique sur l'air : *Malgré la bataille qu'on donne demain*. La compagnie de cadets-gentilshommes prit aussi les armes et fraternisa avec la garde nationale. Une pluie à verse (je crois qu'il plut ce jour-là dans toute la France) n'effraya ni la compagnie de cadets ni la garde nationale. On se réunit à l'église du bourg où le curé célébra la messe. Je me rappelle que, pendant cette messe, M. de Brienne lisait un journal, ce qui me scandalisa beaucoup. Après la messe, toujours par une pluie battante, nous montâmes au château où M. de Brienne avait fait servir dans l'orangerie un très bon repas pour la garde nationale, la compagnie de cadets et tous les fonctionnaires, grands et petits, de la commune. Les armes furent déposées le long des murs de l'orangerie, et l'on se mit à table où l'on dîna copieusement et gaiement. Ce fut pendant le repas que le bailli chanta sa chanson patriotique; mais, soit qu'il eût voulu économiser les rimes en ne rimant que deux vers sur quatre, soit que de deux vers il n'en eût fait qu'un, voici comment elle était prosodiée, car je me rappelle le premier ou le second couplet :

> Soldats patriotes, braves citoyens,
> Ce jour mémorable a brisé nos liens;
> Nous avons juré une sainte union,
> C'est pour maintenir la constitution.

Il y avait un couplet pour nous dont je ne me rappelle que le commencement :

> Les enfants de Mars viennent parmi nous;
> Jouissez, Messieurs, ce concours est bien doux.

Après dîner, M. de Pernon nous ramena, tambour battant, à l'école, et quand nous eûmes déposé nos armes, on nous fit changer de bas et de souliers, et l'on nous lâcha dans le bourg, pour aller chercher et conduire au château chacun une ou plusieurs dames pour le bal qui allait y avoir lieu. Je fus envoyé chez Mme Grenet dont le mari était receveur ou des contributions ou de l'enregistrement ou de je ne sais quoi. La toilette de Mme Grenet n'était pas finie. J'en vis la fin. Elle n'était même pas très avancée, car il restait encore à changer de chemise. Mme Grenet passa, pour faire cette opération, dans un coin de la chambre ou dans une alcôve où je ne vis pas tous les trésors qu'elle dut sans doute découvrir; mais il me semble que j'aurais bien pu les voir un peu, pour peu que j'eusse osé regarder, et certes cela en valait bien la peine, car Mme Grenet était encore assez jeune et très fraîche. Mais les bonnes leçons de Tournon et une excessive timidité m'empêchèrent de lever les yeux. Cette toilette était fort difficile à terminer; il y eut plusieurs fois quelque chose à arranger aux jarretières; je ne pus m'empêcher de voir une jambe fine et rondelette, d'entrevoir même une peau bien blanche au-dessus du bas. Bonne madame Grenet! Dans votre vertu, vous fiiez-vous à mon inexpérience? Ou, au contraire, attendiez-vous quelque chose de ma jeunesse? L'occasion était bien belle : un jeune homme tout neuf et dont la discrétion était assurée par sa position; s'il se fût passé quelque chose entre lui et vous, une fois rentré à l'école, qui l'aurait osé dire? Oui, l'occasion était bien belle; mais il ne se passa rien, je dois l'avouer. Je sortis pur et sans tache de chez Mme Grenet, lui donnant le bras. Il me semble qu'elle dut concevoir une mince opinion de moi. Où était pendant ce temps-là M. Grenet? En vérité, je n'en sais rien; je ne me souviens pas de l'avoir vu ni d'avoir un instant pensé à lui; il devait cependant n'être pas bien loin; il vint aussi au bal.

Chacun de MM. les cadets arriva, menant comme moi sa danseuse. Je ne dansais pas trop mal, mais j'étais si timide que j'osais à peine inviter une dame ou une demoiselle. Il y avait au château, et par conséquent au bal, une toute jeune femme qui venait d'épouser le comte Charles de Brienne, neveu ou cousin du comte de Brienne. Elle avait treize ans et demi, et il y avait six semaines qu'elle était mariée, jolie, je n'en sais plus rien, mais elle faisait sur moi, et probablement sur les autres cadets aussi, l'effet d'une divinité. Le bal aurait bien duré deux jours que je n'aurais jamais osé la prier à danser. M. de Pernon, qui m'aimait bien et qui me considérait comme un des meilleurs sujets, voulut me procurer l'insigne honneur de danser avec elle; il me présenta à elle et l'invita pour moi. Jamais de ma vie je n'ai eu si peur et, comme le lièvre de La Fontaine,

> Je crois même qu'en bonne foi
> La dame avait peur comme moi.

Ce qui est sûr, c'est que dans les moments où nous ne dansions pas, nous ne disions rien ni l'un ni l'autre. Enfin, elle se lance et me dit d'un ton peu assuré : « Aimez-vous la danse, Monsieur? — Assez, Madame ! » fut ma réponse et le dernier mot qui fut prononcé entre nous pendant toute la contredanse

> Elle ne parla plus, je ne lui dis plus rien;
> Ainsi se termina ce brillant entretien.

Pendant plusieurs jours l'idée de Mme Grenet et celle de la jeune comtesse Charles se succédaient alternativement dans mon esprit et m'occupaient assez agréablement.

Vingt-neuf ans après, en 1819, j'ai eu occasion de passer par Brienne. Je m'y suis arrêté exprès pour parcourir le pays, m'informer des personnes que j'y avais vues, des événements qui avaient pu s'y passer. Je ne retrouvai plus les bâtiments de l'École; ils avaient été vendus et démolis, et l'emplacement était labouré. Je ne pus trop savoir ce qu'étaient devenus mes professeurs, M. Marteau, M. Léon. On me dit que Mme Grenet était veuve et dans la misère. La comtesse Charles habitait le château qui lui était échu après la mort, violente ou naturelle, de toute la famille de son mari. J'eus envie d'aller la voir; mais je pensai que c'était un compliment peu agréable à une femme que de lui rappeler qu'il y a déjà vingt-neuf ans qu'elle dansait. Je n'y allai point. Je me contentai de parcourir le pays à cheval pendant quatre heures : les choses changent aussi, mais moins que les personnes.

Revenons en 1790. Quelque temps après ce bal, peut-être l'année suivante, nous eûmes une autre occasion de nous trouver en armes avec la garde nationale. M. de Brienne avait reçu en présent du roi Louis XVI deux pièces de canon qu'il avait placées sur la terrasse de son château. Le bruit se répand un beau jour que la garde nationale de Troyes vient pour enlever ces canons. Aussitôt grande rumeur. La garde nationale de Brienne prend les armes pour défendre les canons de son ancien seigneur, devenu son maire. La compagnie des cadets fut invitée à se joindre à elle. M. de Pernon nous fait prendre les armes. Nous étions enchantés. Comme la meilleure défense est la défense offensive, il fut bientôt décidé que nous n'attendrions pas l'ennemi, que nous marcherions au-devant de lui. La garde nationale qui, à la Fédération, avait pleinement usé de son droit en prenant la droite et le pas sur nous, nous céda cet honneur quand il s'agit de marcher à l'ennemi, et nous formâmes l'avant-garde.

M. de Pernon passa le cordon de sa canne autour d'un bouton du revers de son habit, le bout de la canne dans le retroussis, tira son épée et se mit à notre tête. M. Hanicle, capitaine des portes, se mit à la queue, aussi l'épée à la main. Nous, l'épée au baudrier et l'arme au bras. Nos baïonnettes étaient émoussées pour éviter les accidents quand nous faisions l'exercice; on ne pensa point à les faire émoudre. On ne nous donna point de cartouches; vraisemblablement il n'y en avait pas dans tout le bourg. On ne remplaça même pas par de vraies pierres les pierres de bois de nos fusils qui nous servaient habituellement. J'ai pensé depuis que M. de Pernon, en nous laissant partir ainsi, prévoyait bien, avait même une espèce de certitude que nous ne rencontrerions point d'ennemis. Quant à nous, nous espérions bien en trouver. Nous marchions avec toute l'ardeur, tout l'enthousiasme, toute l'imprévoyance de la première jeunesse. A quoi bon les cartouches quand on a des baïonnettes! Et, tout émoussées qu'étaient les nôtres, nous ne doutions pas de les pousser assez vigoureusement pour les faire entrer dans le ventre des gardes nationaux de Troyes.

Après avoir marché une lieue ou deux, nous prîmes position sur un terrain un peu élevé, et, après avoir attendu un certain temps, ne voyant rien venir et des avis étant sans doute parvenus que la première nouvelle était sans fondement, nous nous mîmes tous en marche pour Brienne, la garde nationale prenant alors la tête et nous formant l'arrière-garde. Ainsi se termina cette journée qui semblait nous promettre tant de gloire. Cette petite alerte fut le seul trouble causé par la Révolution dans la bonne et paisible Champagne, au moins dans le très petit cercle où je fus à portée de savoir ce qui se passait.

Mon père, dans notre correspondance, me parlait très souvent de M. de Pernon et me chargeait de lui faire des compliments. Il employait toujours, en parlant de lui, les expressions les plus flatteuses, comme par exemple : M. de Pernon me paraît un homme d'un mérite bien rare, et autres semblables. M. de Pernon m'a toujours paru, au contraire, un homme bien ordinaire. Mon père se faisait-il illusion sur son compte? Ou bien le flattait-il, sachant que, d'après les règles de l'École, M. de Pernon lisait nos lettres avant de nous les remettre? Cette dernière supposition me paraît la plus vraisemblable. Cependant mon père n'était certainement pas flatteur. Il avait de la fierté dans le caractère, mais il croyait sans doute par ces compliments disposer M. de Pernon en ma faveur et il faisait pour moi ce qu'il n'aurait certainement pas fait pour lui.

Je vis à Brienne M. de Reynaud, sous-inspecteur des Écoles royales militaires, avec l'abbé Charbonnet et M. Legendre. Nous devions, aussi bien que la petite École, être inspectés par eux. Mais voilà que, tout à coup, messieurs les cadets se mettent dans la tête que M. Legendre, ayant été simple professeur à l'École militaire de Paris, n'est pas digne de les examiner et déclarent qu'ils ne paraîtront point devant lui ou qu'ils ne répondront point aux questions qu'il leur fera. M. de Pernon eut beau nous représenter que par ce refus, nous risquions de nous faire renvoyer à nos parents. Personne ne voulait céder. Les cadets venus de Paris disaient bien à ceux qui, comme d'Hautpoul et moi, n'étions arrivés qu'à Brienne, que nous n'avions pas les mêmes motifs qu'eux de refuser parce que nous n'avions pas vu professer M. Legendre. Mais nous répondions fièrement que nous étions élèves autant qu'eux et que, pas plus qu'eux, nous nous laisserions examiner. Voilà la compagnie au moment d'être dissoute, et chacun de nous au moment de perdre le fruit de six ou huit ans de travail pour un enfantillage, pour une vraie bêtise. Quand j'ai vu, depuis, l'École polytechnique prête à être dissoute pour des causes à peu près aussi futiles, et que j'ai entendu dire que la jeunesse d'aujourd'hui n'était plus disciplinable, je me suis rappelé Brienne et j'ai pensé que la jeunesse de tous les temps, comme les hommes de tous les siècles, avait été toujours à peu près la même. Je ne sais plus comment cela finit. Je doute que ce soit l'éloquence de M. de Pernon qui nous ait ramenés. Je ne pense pas non plus que l'autorité ait cédé. Je ne me souviens pourtant pas d'avoir été examiné, ni moi ni les autres. Tant y a que nous ne fûmes point licenciés et que nous reprîmes paisiblement le cours de nos études.

Nous faisions d'assez longues promenades deux ou trois fois la semaine. Quelquefois, de loin en loin, nous passions toute la journée dehors. L'une de ces grandes promenades me rappelle une des plus agréables journées que j'ai passées de ma vie, de ces journées dont le souvenir conserve toujours une fraîcheur vive et pure qui tient bien moins aux événements qu'à la disposition d'esprit, à l'âge, etc.

Je ne sais plus quelle année, mais vraisemblablement la dernière que j'ai passée à Brienne, 1791, car nous n'étions déjà plus très nombreux, M. de Pernon eut l'idée de nous mener dîner chez le curé d'Arsonval, que sans doute il connaissait. Arsonval est un joli village à quatre lieues de Brienne, sur la route de Bar-sur-Aube; c'était la patrie de Nanette, cette jeune fille de l'infirmerie dont j'ai raconté l'aventure avec le sergent-major Des Roys. Peut-être cette circonstance a-t-elle contribué à jeter pour moi sur cette journée ce joli reflet qui n'est pas encore effacé après cinquante ans.

Sans doute M. de Pernon ne voulut pas rendre au curé d'Arsonval son hospitalité frayeuse. Sans doute tous les éléments du dîner furent apportés de Brienne ou achetés sur place aux frais de l'École. La gouvernante du curé, si elle eut quelque chose à faire, n'eut qu'à les apprêter, ce qui ne laissait pas que d'être un travail; c'est ce qui nous inquiétait peu.

Quoi qu'il en soit, nous partîmes par un magnifique jour de printemps (je serais tenté de dire qu'on n'en voit plus de pareils, et, effectivement, il est bien probable qu'on n'en voit plus à soixante ans), nous partîmes, dis-je, à cinq heures du matin, conduits par M. de Pernon (cette fois l'épée dans le fourreau), accompagnés par M. Hanicle et suivis du tambour Drapeau et du domestique Coulon, ces deux derniers chargés comme Esope dans le voyage de Xanthus. Je ne me sentais pas en jambes : sans être malade, j'étais mal à mon aise et je craignais de ne pas jouir du plaisir que je m'étais, comme les autres, promis de cette journée. J'allais cependant, mais je traînais un peu. Au bout d'une heure environ, nous fîmes halte; nous nous assîmes à l'ombre d'une haie, et là, Drapeau et Coulon nous distribuèrent du pain, du vin et des gigots de mouton rôti froid. Quand nous eûmes fait ce repas, je reconnus bien vite que le malaise que j'avais éprouvé ne venait que du besoin de manger; mes forces, ma gaieté me revinrent. Nous voilà repartis sur la grande route de Bar-sur-Aube. Comme je jouissais alors de l'éclat et de la chaleur d'un beau soleil de mai! Le ciel était pur et bleu, sans le moindre nuage; la chaleur était tempérée par une petite brise du nord; quand le soleil, qui nous donnait en face, nous échauffait un peu trop, nous nous arrêtions quelques instants et nous nous retournions pour humer la fraîcheur du vent; j'ouvrais mon habit pour la laisser pénétrer, sans craindre, comme je l'aurais craint depuis, un rhume, un refroidissement. Comme tout me paraissait beau dans la nature! Comme je jouissais de tout, et surtout de mes dix-sept ans! Aux jouissances réelles que j'éprouvais, se joignaient celles de l'imagination, cet avenir d'espérance quand on entre dans la vie, et puis enfin l'idée de cette Nanette, car à dix-sept ans, quelles sont les idées d'un homme dans lesquelles ne se mêle pas quelque image de femme?

Arrivés à Arsonval, nous fûmes reçus hospitalièrement par le curé. Nous nous promenâmes longtemps dans son jardin qui se prolongeait jusqu'à la route au-dessus de laquelle il s'élevait en terrasse et dominait la vallée de l'Aube qui déroulait à nos yeux son charmant paysage.

Longtemps après dîner, nous repartîmes. Le soleil avait baissé. Nous avions en face la fraîcheur du vent, tout autour de nous celle du soir. Nous rentrâmes à l'École contents de nous, contents de tout. Je le répète, cette journée est une des plus agréables que j'ai passées de ma vie. Je ne sais pas si le sergent-major Des Roys avait déjà quitté l'École; s'il était avec nous, ce nom d'Arsonval dut lui rappeler doucement et douloureusement Nanette, et le souvenir de Nanette, lui inspirer en même temps des regrets et quelques remords.

A la fin de 1791, nous apprîmes qu'il y aurait un examen. Ceux de nous qui étaient en mesure de le subir, reçurent des lettres d'examen à la date du 16 décembre. On avait cru jusqu'à ce moment que l'abbé Bossut, examinateur, viendrait nous examiner à Brienne. Il en fut décidé autrement. Nous dûmes venir à Paris. On fit retenir à Troyes toute une diligence. Nous étions huit, M. de Pernon, M. Verkaven (protégé de l'abbé Bossut, mais très mauvais professeur), quatre de mes camarades, moi et un domestique. Nous partîmes dans les premiers jours de janvier 1792. Nous arrivâmes à Paris un matin. C'était la première fois que je voyais cette immense ville. Quoique le mouvement des rues ne fût pas encore très grand, il l'était cependant assez, joint à l'ébranlement causé en moi par vingt-quatre heures de voiture, pour m'étourdir au point que je pouvais à peine me ranger des voitures qui circulaient dans les rues.

Nous allâmes loger hôtel d'Aligre, rue d'Orléans-Saint-Honoré, où l'on nous avait d'avance arrêté un logement. Une grande pièce nous servait de salle à manger et en même temps, je crois, de salle d'étude et de salon. Tous nos lits étaient dans une autre chambre. M. de Pernon et M. Verkaven avaient chacun une petite chambre ou un grand cabinet.

On nous avait choisi ce logement parce qu'il était voisin de la rue de l'Arbre-Sec où logeait l'abbé Bossut. Les examens n'étaient pas publics; le patient était tête-à-tête avec son juge. J'ai depuis ouï dire que l'abbé n'était pas parfaitement exempt de partialité. Alors, au contraire, on était généralement, du moins nous étions, nous, convaincus de sa rigoureuse justice. Seulement, on disait qu'il était beaucoup plus difficile lorsqu'on lui donnait des démonstrations de théorèmes ou des solutions de problèmes qui n'étaient pas de son cours. Il poussait alors l'examiné d'objections. Si celui-ci s'en tirait bien, l'abbé était juste : le jeune homme était bien classé, même mieux que s'il eût simplement bien répondu en tirant ses réponses du cours de Bossut. Mais, s'il s'en tirait mal, l'abbé lui disait quelquefois assez durement : « Que n'apprenez-vous tout simplement votre cours, au lieu d'aller chercher des démonstrations étrangères ? » et il le classait mal, ou même ne le recevait pas du tout. Lorsqu'au contraire on lui répondait bien exactement et bien couramment d'après son cours, il ne faisait habituellement aucune objection ni aucune question, et vous admettait sans difficulté et même dans un très bon rang.

Je ne me rappelle pas précisément combien de temps nous restâmes à Paris, probablement quinze jours ou trois semaines. Nous travaillions sous la direction de M. Verkaven pour mettre le dernier poli à notre préparation de l'examen. M. de Pernon trouvait en outre le temps de nous promener pour nous faire voir les principaux monuments de Paris.

Enfin, le jour de l'examen arriva. Je ne sais pas si nous passâmes plusieurs le même jour. Mon tour, à moi, vint le 26 janvier. Je trouve cette date sur les feuilles où j'écrivais les calculs et faisais les figures nécessaires pour répondre aux questions de l'examinateur. Je conservai alors ces feuilles; elles ne se sont pas perdues et je les ai encore. Comme nous étions tête-à-tête avec l'examinateur, il n'y avait pas besoin de tableau. M. Verkaven ne s'en servait jamais. Pendant les trois ans que j'ai passés à Brienne, j'ai toujours travaillé sur le papier. A Tournon, nous allions au tableau.

Mon examen dura deux ou trois heures. J'en sortis satisfait. Pour nous ôter la possibilité d'aller courir et vagabonder après l'examen, on nous y faisait conduire et l'on nous en faisait ramener par le domestique qui nous attendait pendant la durée de l'examen.

Nous revînmes à Brienne attendre le résultat. Il ne tarda pas à être connu. Nos lettres d'admission comme élèves sous-lieutenants à l'École de Mézières sont du 12 février. »

LXXXII. Timbrune-Valence.

Jean-Baptiste-César de Timbrune-Valence, né le 26 mars 1719 à Sommenzac en Agenois, entre au service comme lieutenant au régiment d'infanterie du Roi (19 avril 1735), y obtient une compagnie (8 mai 1743) et reçoit une blessure à Dettingen. A la paix, il est nommé colonel de Vermandois (1er février 1749). En 1756, il passe à Minorque et se trouve à l'assaut de Mahon. Brigadier d'infanterie (20 février 1761), il rentre en France, devient maréchal de camp (25 juillet 1762), et commande en cette qualité durant les étés de 1765 et de 1766 dans le Roussillon. Le 9 décembre 1773, il remplace Croismare comme gouverneur de l'Hôtel de l'Ecole militaire. Il a le cordon rouge (2 décembre 1778), le grade de lieutenant général (5 décembre 1781), la grand'croix de Saint-Louis (25 août 1785), le gouvernement de Montpellier qui valait 12 000 livres (13 janvier 1788), et, après la suppression de l'École militaire de Paris, il reste inspecteur général des Écoles militaires de province. Il émigre et meurt en émigration. Cf. Hennet, *Les compagnies de cadets-gentilshommes et les Écoles militaires*, p. 72-73.

LXXXIII. Valfort.

Louis Silvestre, dit Valfort, était né le 4 octobre 1727 à Tarare, de Pierre-Marie Silvestre, bourgeois de Tarare, et de demoiselle Jeanne Valfort. Soldat au régiment d'Aunis (6 novembre 1753), sergent (17 décembre 1755), lieutenant (22 juillet 1760), sous-aide-major (1er février 1763), aide-major (10 septembre 1769) avec rang de capitaine (16 avril 1771), capitaine en second (11 juin 1776), capitaine de la compagnie de chasseurs, chevalier de Saint-Louis (8 août 1778), il fut nommé, le 8 avril 1779, lieutenant-colonel des grenadiers royaux de l'Orléanais, et le 8 juin 1783 directeur général des études des Écoles royales militaires. Licencié avec pension (1er avril 1788), il obtint pour retraite, le 1er mars 1791, le grade de maréchal de camp. Le 8 août 1793, sa pension fut définitivement fixée à 4 425 francs.

LXXXIV. Le personnel de l'École militaire de Paris en 1785.

Le bibliothécaire Joseph Arcambal, veuf, père de cinq enfants, naguère receveur des tailles de la généralité du Puy en Velay, était entré à l'Hôtel le 7 février 1779; il avait à cette époque dépassé la soixantaine. Deux de ses fils ont marqué : Hyacinthe-François, qui fut directeur de la correspondance de l'administration des étapes, secrétaire général de l'administration de la Corse et chef du bureau des lois et archives au ministère de la guerre; Jacques-Philippe, qui fut commissaire-ordonnateur et inspecteur aux revues.

Professeurs de mathématiques. Dez était à l'Hôtel depuis dix-huit ans, lorsqu'il demanda sa retraite et fut, le 13 février 1787, remplacé par Lenglet, professeur de mathématiques à l'École des carabiniers; le Conseil de l'École, qui proposait quelques années auparavant de lui donner la place de sous-directeur des études, reconnaissait qu'il avait contribué par ses soins à former un assez grand nombre de sujets de distinction.

Verkaven, gendre de Dez, issu d'une famille attachée depuis cent vingt ans à l'Imprimerie royale, où il avait travaillé quelque temps avec son père, recommandé par d'Alembert, Bezout, Bossut, Condorcet qui lui avaient donné des élèves à diriger, était entré le 13 septembre 1778. En 1788, à la seconde réforme, comme on disait, il alla à Brienne; mais les cadets du génie, témoigne Montfort, le jugeaient « très mauvais professeur ».

Grou était entré à l'École le 1er octobre 1769.

Legendre, entré le 1er décembre 1774 et réformé en 1776, était, selon une lettre du ministre Ségur au Conseil de l'École (19 mai 1784), spécialement chargé d'enseigner les mathématiques aux élèves qui se destinaient au génie. Cf. sur Le Paute d'Agelet et Louis Monge, Labbey et Prévost, qui furent les maîtres de Bonaparte, la pièce LXXXVIII. On peut noter, en passant, que Romme, le futur montagnard, fut candidat à une des chaires. La comtesse d'Harville le recommandait au ministre, et lui-même assurait qu'il enseignait depuis cinq ans les mathématiques et « se réclamait » de Lalande, de Cousin et de Bezout.

Professeurs de dessin. Halm était entré le 8 octobre 1770; Du Bois de Sainte-Marie, le 2 août 1771; Méon, le 1er février 1784. Méon, qui occupait déjà un pareil emploi, lors de la première suppression, avait succédé à Durif de la Roche, mort d'une hydropisie le 31 décembre 1783.

Professeurs de fortification. Fleuret était entré le 1er octobre 1769; Rousseau, le 27 juillet 1775; Marteau, le 7 juillet 1782. On retrouve Rousseau à l'École de Châlons, et Pion des Loches le dépeint patriarcal, faisant un plan avec une correction inimitable, mais incapable de s'exprimer clairement. Marteau, d'abord professeur à Pontlevoy, avait été recommandé par Keralio qui louait ses connaissances et son honnêteté.

Professeurs d'histoire. Hugnin, dont un cadet ignorant écrivait le nom Hugues Guin, était entré à l'École le 1er juillet 1760; Delesguille, le 1er octobre 1769; Tartas, le 5 décembre 1781; Petit, le 23 juillet 1784. Hugnin fut chargé en 1785 d'un cours de grammaire latine que le Conseil de l'École regardait comme indispensable. Delesguille et Tartas, maîtres de Bonaparte, méritent une notice spéciale (cf. pièces suivantes). Petit, jeune encore, n'avait pas atteint la trentaine et venait d'entrer à l'Hôtel comme professeur suppléant.

Professeurs de langues vivantes. Le professeur d'anglais, Roberts, avait été nommé le 21 février 1778. Les trois professeurs d'allemand, Hamman, Baur et Matterer, entrèrent à l'Hôtel le 1er octobre 1769. Matterer était, au témoignage de l'administration, un excellent sujet qui tenait sa place avec succès. Baur fut recommandé par le duc de Charost.

Professeurs de droit public. Entré à l'Hôtel au mois de janvier 1762 et parti en 1769, Junker fut nommé, le 19 mai 1784, professeur de morale et de droit public. Il fit paraître son cours de droit public. Dès qu'il en eut annoncé l'impression, le ministre Ségur écrivit au Conseil de l'École (21 octobre 1785) qu'il fallait acheter mille exemplaires de cet ouvrage qui « pouvait être de la plus grande utilité aux cadets-gentilshommes », et trois jours après, le Conseil allouait 3 000 livres à Junker pour mille exemplaires.

Floret, nommé, comme Junker, le 19 mai 1784, n'exerça ses fonctions que jusqu'au 5 juin 1787 où il eut pour successeur un jeune homme de trente ans, nommé Kirschbaum.

Professeurs de langue française. Collandière était entré à l'Hôtel le 18 novembre 1781, sur la recommandation de Mme de Montmorin. Son collègue Domairon (cf. Chaptal, *Souv.*, p. 179-180) était plus ancien; sa nomination datait du 21 février 1778. Né à Béziers le 25 août 1745, Domairon mourut le 16 janvier 1807. Il avait dû obéir à Ségur (cf. p. 201); le premier volume de ses *Principes*, qui parut en 1784, est dédié aux cadets-gentilshommes de l'École royale militaire; le second volume, qui vit le jour en 1785, ne porte plus cette dédicace.

Professeurs d'équitation. D'Auvergne était chef, Bongars, second chef, et Du Tertre, sous-chef. D'Auvergne, lieutenant-colonel de cavalerie, était entré à l'Hôtel au mois d'avril 1756, après avoir servi pendant treize années dans les troupes du roi; il touchait 8 730 livres par an, et le conseil de l'École louait ses talents distingués, l'assiduité et la douceur qu'il montrait dans l'exercice de sa place, ses soins incessants en un emploi surchargé de détails multipliés.

Bongars avait servi dix années dans les carabiniers et il était entré à l'Hôtel le 10 avril 1779, comme sous-lieutenant réformé des carabiniers, avec commission de capitaine d'infanterie; son traitement était de 4 200 livres.

Le chevalier Jean-Marie-Louis du Tertre, né à Étaples le 30 septembre 1745, gendre de d'Auvergne et qualifié de commandant en troisième du manège, ancien élève de l'École militaire et cornette du régiment de cavalerie La Reine (15 février 1762), était capitaine à la suite et venait d'entrer à l'Hôtel (24 août 1784) avec le même traitement que les professeurs ordinaires, 2 400 livres. Il fut plus tard maître d'équitation, à 2 000 francs par an, à l'École spéciale militaire de Fontainebleau.

Il y avait enfin un maître de voltige, nommé Ciolly, qui recevait 1 200 livres par an et qui était entré à l'Hôtel, avec d'Auvergne, au mois d'avril 1756.

Professeurs d'escrime. C'étaient Estienne Folie, l'aîné, maître en fait d'armes, entré à l'Hôtel au mois de juillet 1756 (2 400 livres);

Estienne Folie, cadet, premier prévôt, entré le 20 juin 1760 (2 000 livres); il se plaignait en 1787 d'avoir des appointements inférieurs à ceux des autres professeurs, mais ne reçut, au lieu d'une augmentation de traitement, qu'une gratification de 500 livres;

Estienne Folie, neveu, second prévôt, entré le 5 décembre 1781 (1 200 livres).

Professeurs de danse. Fouillade, entré à l'Hôtel le 12 mars 1770, comme adjoint de son père et devenu titulaire le 1ᵉʳ janvier 1778, ainsi que Duchesne, entré le 5 août 1782, touchait 2 000 livres par an.

Maître d'écriture. Daniel, entré à l'École le 1ᵉʳ février 1773 (1 500 livres).

Service médical. Mac-Mahon touchait 8 000 livres; Garre, 4 400; Dussault, 2 300; Du Four, 2 000; La Mothe, 2 000; Bourdet, 1 200; Pipelet et Grandjean, 600. Le médecin Mac-Mahon (dont un cadet, très peu clerc, écrit le nom *Mappemaon*), « citoyen aussi recommandable par ses vertus que par ses lumières », mourut le 6 septembre 1786 après seize jours de maladie, et le Conseil assurait que cette perte lui causait une affliction véritable, que Mac-Mahon n'avait pas un seul instant démenti son attachement à l'École et prodiguait à toute heure, à tout moment, ses soins et ses secours aux malades de l'Hôtel et même aux malheureux dont l'établissement était environné. Le 28 octobre suivant, le fils du médecin recevait une gratification extraordinaire de 15 000 livres sur les fonds de l'Hôtel.

Service religieux. Les abbés Genet (dont Vaublanc parle déjà dans ses *Mémoires*) et Bourdon (qui avait au mois de décembre 1781 remplacé l'abbé Gandolphe, démissionnaire) touchaient chacun 2 400 livres, l'abbé Conort, chapelain, 1 800; l'abbé Picot, sacristain, 1 500; l'abbé Flavigny, diacre d'office, 1 310; l'abbé Becquet, sous-diacre d'office, 1 000; l'organiste, 1 200; les deux chantres et le serpent, 600; deux enfants de chœur, 150; deux autres, 100. L'abbé Garat, curé du Gros-Caillou, avait aussi son traitement, égal à celui du serpent et des chantres.

LXXXV. Delesguille.

Jean Delesguille, fils d'un avocat, né le 21 octobre 1741 à Darney, dans les Vosges, obtient en 1788, pour dix-sept années de travaux à l'École militaire, une pension de 1 500 livres qui fut supprimée en 1793. Admis dans les bureaux du Comité de salut public, puis dans les bureaux du Comité de législation (22 septembre 1794-22 novembre 1795), il entre le 21 janvier 1796 au ministère de la guerre et y devient premier commis, puis, en octobre 1804, sous-chef, aux appointements de 4 000 francs, au bureau de l'infanterie. Le 10 mars 1803, Napoléon le nomme professeur d'histoire à l'École spéciale militaire. Le 25 février 1808, il décide que Delesguille jouira de nouveau de sa pension de 1 500 livres cumulativement avec ses appointements d'employé, et lorsque l'ancien professeur d'histoire prend sa retraite (4 juin 1811), il touche deux pensions, l'une de 1 500 francs sur le trésor impérial, l'autre de 1 183 francs sur les fonds de retenue des employés du ministère, pensions qui sont le 1ᵉʳ juillet 1817 réunies en une seule de 2 683 francs. Delesguille meurt à Paris le 18 juillet 1823. Son fils fut, comme lui, employé à la Guerre.

LXXXVI. Tartas.

Tartas (Jean-Raymond), de Toulouse, était un protégé de Keralio, à qui les deux frères Condillac et Mably l'avaient recommandé. Il devait être nommé le 4 mai 1803 par le Premier Consul bibliothécaire à l'École spéciale militaire de Fontainebleau; mais, écrit l'aumônier de l'École, il n'en a jamais fait les fonctions. Il fut d'ailleurs réformé par le décret du 19 juillet 1805.

LXXXVII. Lettre d'examen.

A Versailles, le 30 juin 1779.

Je vous donne avis, Monsieur, que vous êtes compris sur l'état des sujets agréés pour subir l'examen nécessaire pour être admis dans le corps royal de l'artillerie, soit en qualité d'officier, soit en celle d'élève, suivant le degré d'instruction dont vous justifierez. Cet examen doit avoir lieu du 20 au 25 du mois prochain à Metz. Vous vous y rendrez donc à cette époque. Vous vous munirez avant votre départ d'un certificat de bonne conduite et d'instruction que vous présenterez à M. Des Almons, commandant de l'École d'artillerie à Metz. Cette pièce, qui doit être signée de vos supérieurs ou des maîtres chez lesquels vous avez étudié, est d'autant plus indispensable que, faute de la produire, M. Bezout ne serait pas autorisé à vous appeler au concours. Vous aurez d'ailleurs à lui fournir votre extrait baptistaire et le certificat d'extraction exigés par l'ordonnance du 8 avril dernier. Ces deux pièces ne sont pas moins nécessaires que la première.

Je suis, Monsieur, votre affectionné serviteur,

Le prince de MONTBAREY.

LXXXVIII. Les professeurs de mathématiques à l'École militaire.

Le Paute d'Agelet et Louis Monge partirent avec un cadet-gentilhomme, d'Arbaud, à qui le Conseil de l'Ecole donna, outre ses effets et nippes, et ses frais de route jusqu'à Brest (203 livres 8 sols), un trousseau extraordinaire. Un autre jeune homme, récemment sorti de l'Ecole militaire, Las Cases, devait aussi, à ce qu'il dit, participer à l'entreprise; mais il était à Saint-Domingue, et lorsqu'il revint, l'expédition avait mis à la voile (*Mém.*, p. 15). Le Paute d'Agelet pria vainement, avant son départ, le ministre de la guerre de lui accorder une année d'avance de ses appointements, à cause des dépenses qu'exigeait une aussi longue campagne. Mais, sur la demande du ministre de la marine, Le Paute d'Agelet et Louis Monge devaient conserver leur traitement pendant leur absence et reprendre leur place à leur retour; leurs suppléants, Prévost et Labbey, étaient payés par le ministre de la marine qui leur donnait à chacun 1 200 livres par an. Le Paute d'Agelet périt dans l'expédition. Louis Monge revint dès le commencement de 1786. « Les souffrances qu'il a éprouvées, disait le Conseil de l'École, l'ont contraint de revenir en France où il arrive en un mauvais état. » Monge reprit aussitôt ses fonctions. Labbey, qui avait fait son intérim et « rempli la place d'une manière aussi distinguée que satisfaisante », fut, le 17 février 1786, nommé troisième professeur de mathématiques de la section d'artillerie pour suppléer Monge et Prévost. Il fallait, écrivait le Conseil au ministre, « un suppléant qui, outre qu'il remplacerait au besoin un des professeurs qui viendrait à tomber malade, serait encore chargé d'être le répétiteur, dans les jours de fête et de congé, de ceux des élèves qui, ayant été malades, seraient retardés dans leurs études et de quelques autres qui auraient de plus faibles dispositions ». L'année suivante, Louis Monge, devenu examinateur-hydrographe de la marine, donna sa démission. Prévost, jusqu'alors intérimaire de Le Paute d'Agelet, remplaça Monge. Delacroix, professeur de mathématiques au Lycée, remplaça Prévost (13 février 1787), comme suppléant de Le Paute d'Agelet, et reçut un traitement de 1 200 livres du département de la marine; mais, lorsqu'il eut déclaré qu'il voulait épouser la seconde fille du bibliothécaire Arcambal, le ministre Ségur lui accorda (19 mai 1787) un supplément de 1 200 livres sur les fonds de l'École militaire. Delacroix eut donc, comme Labbey et Prévost, le titre et le traitement de professeur en pied.

LXXXIX. La promotion de Napoléon.

(Liste des cinquante-huit lieutenants en second d'artillerie promus le 1er septembre 1785 et états de leurs services tels qu'ils sont relatés sur le contrôle des lieutenants.)

1. *Pillon de La Tillais* (Charles de), né le 24 avril 1768 à Condé, diocèse de Lisieux, a produit le certificat de noblesse exigé, lieutenant en second le 1ᵉʳ septembre 1785, a donné sa démission qui a été agréée le 8 juin 1787.

2. *Dorigny d'Agny* (Adam-Louis-Marie), né à Braux, diocèse de Châlons-sur-Marne, le 15 juin 1767, fils d'un ancien capitaine au régiment de Champagne, chevalier de Saint-Louis : élève (1ᵉʳ septembre 1784), lieutenant en second (1ᵉʳ septembre 1785), lieutenant en premier (3 janvier 1789), second capitaine (22 juillet 1791), ayant abandonné son emploi, il a été remplacé le 6 février 1792.

3. *Du Boisbaudry l'aîné* (Ange-Hyacinthe-Joseph), né à Rennes le 20 septembre 1767, a produit le certificat de noblesse exigé, élève (1ᵉʳ septembre 1784), lieutenant en second (1ᵉʳ septembre 1785), premier lieutenant (1ᵉʳ avril 1791), second capitaine (22 août 1791), a donné sa démission qui a été agréée le 20 octobre 1791.

4. *Menou* (Louis-François, chevalier de), né à Pellevoisin, diocèse de Bourges, le 24 janvier 1767, fils d'un ancien capitaine des grenadiers de France, chevalier de Saint-Louis : lieutenant en second (1ᵉʳ septembre 1785), second capitaine (22 août 1791), capitaine commandant (15 avril 1793).

5. *Suremain de Missery* (Antoine-Benigne de), né à Dijon le 8 janvier 1767, a produit le certificat de noblesse exigé, élève (1ᵉʳ septembre 1784), lieutenant en second (1ᵉʳ septembre 1785), a donné sa démission qui a été agréée le 30 septembre 1790.

6. *Du Boisbaudry cadet* (Antoine-François), né à Rennes le 21 juillet 1769, a produit le certificat de noblesse exigé, lieutenant en second (1ᵉʳ septembre 1785), premier lieutenant (1ᵉʳ avril 1791), second capitaine (22 août 1791), a donné sa démission qui a été agréée le 20 octobre 1791.

7. *Law de Lauriston aîné* (Jacques-Alexandre-Bernard), né à Pondichéry le 1ᵉʳ février 1768, a produit le certificat de noblesse exigé, élève (1ᵉʳ septembre 1784), lieutenant en second (1ᵉʳ septembre 1785), adjudant-major (1ᵉʳ avril 1791), second capitaine (22 août 1791), aide de camp (1ᵉʳ juin 1792), chef de brigade du 4ᵉ régiment d'artillerie légère (19 pluviôse an III), a donné sa démission qui a été acceptée le 16 germinal an IV, remis en activité le 14 ventôse dans le grade de chef de brigade, général de brigade le 26 fructidor an X.

8. *De Gomer* (Antoine-François-Gabriel), né le 5 août 1770 à Bapaume, fils d'un maréchal de camp, commandant de l'ordre de Saint-Louis, inspecteur général du corps royal de l'artillerie, a été élève du Roi à l'École militaire de Pont-à-Mousson, élève (1ᵉʳ septembre 1784), lieutenant en second (1ᵉʳ septembre 1785), lieutenant en premier (1ᵉʳ mai 1789), second capitaine (22 août 1791), ayant abandonné son emploi, il a été remplacé en juillet 1792.

9. *Damoiseau aîné* (Marie-Charles-Théodore de), né à Besançon le 9 avril 1768, fils d'un maréchal de camp directeur des fortifications : élève (1ᵉʳ septembre 1784), lieutenant en second (1ᵉʳ septembre 1785), second capitaine (22 août 1791), ayant donné sa démission, il a été remplacé le 1ᵉʳ juin 1792.

10. *Bellegarde* (Jean-Louis Cassier de), né à Paris le 28 août 1770, fils d'un brigadier d'infanterie colonel d'un régiment du corps royal, élève (1ᵉʳ septembre 1784), lieutenant en second (1ᵉʳ septembre 1785), second capitaine (22 août 1791), ayant abandonné son emploi, il a été remplacé le 6 février 1792.

11. *Dandelot* (Gaspard-Amédée Guyenard, marquis de), né à Bourg-en-Bresse le 13 novembre 1767, a produit le certificat de noblesse exigé, élève (1ᵉʳ septembre 1784), lieutenant en second (1ᵉʳ septembre 1785), lieutenant en premier (30 juillet 1790), second capitaine (22 août 1791), a donné sa démission qui a été agréée le 14 décembre 1791.

12. *Saint-Michel de Montrecourt* (Joseph-François-Edmond de Limousin de), né à Perpignan le 19 novembre 1769, fils d'un maréchal de camp ancien inspecteur général du corps royal de l'artillerie, élève (1ᵉʳ septembre 1784), lieutenant en second (1ᵉʳ septembre 1785), second capitaine (22 août 1791), capitaine commandant (1ᵉʳ juin 1792).

13. *Faultrier* (Benjamin-Simon-François de), né à Metz le 12 juin 1770, fils d'un brigadier d'infanterie commandant en chef l'École du corps royal de l'artillerie à Metz, lieutenant en second (1er septembre 1785), lieutenant en premier (29 août 1789), second capitaine (1er avril 1791), ayant abandonné son emploi, il a été remplacé le 6 février 1792; le 22 ventôse an X, nommé aide de camp du citoyen François Faultrier, général de brigade d'artillerie, son frère.

14. *Du Rivault* (Élie-François Le Comte), né à Poitiers le 27 octobre 1769, a produit le certificat de noblesse exigé, lieutenant en second (1er septembre 1785), mort à Strasbourg le 24 août 1787.

15. *Brucourt* (Alexandre-Hector-Amédée de), né au fort Dauphin, île et côte de Saint-Domingue, le 13 octobre 1764, a produit le certificat de noblesse exigé, lieutenant en second (1er septembre 1785), lieutenant en premier (12 septembre 1789), second capitaine (22 août 1791).

16. *Brumauld de Villeneuve de Montgazon* (Pierre de), né à Poursac, diocèse de Poitiers, le 28 janvier 1766, fils d'un chevalier de Saint-Louis, lieutenant en second (1er septembre 1785), premier lieutenant (1er avril 1791), second capitaine (6 février 1792), ayant donné sa démission pour raison de santé le 11 juillet 1792, il a été remplacé le 7 septembre 1792; admis à rentrer par arrêté du Comité de salut public du 24 messidor an III, comme capitaine commandant; a fait dix campagnes de la Révolution.

17. *La Lance de Villers* (François de), né à Verdun le 19 novembre 1767, a produit le certificat de noblesse exigé, élève (1er septembre 1784), lieutenant en second (1er septembre 1785), premier lieutenant (1er avril 1791). Le 27 octobre 1791, le ministre a ordonné qu'il serait nommé à son emploi parce qu'il a refusé de prêter son serment et qu'il est absent; a donné sa démission qui a été agréée le 8 novembre 1791.

18. *Roquefeuil* (Pierre de), né au Fraisse, diocèse de Saint-Flour, le 26 mars 1769, a produit le certificat de noblesse exigé, élève (1er septembre 1784), lieutenant en second (1er septembre 1785), premier lieutenant (1er avril 1791), second capitaine (6 février 1792).

19. *Bigault de Grandrupt* (Charles-François-Anne), né le 16 novembre 1767 à La Harazée, diocèse de Reims, a été élève du Roi à l'École militaire de Pont-à-Mousson, élève (1er septembre 1784), lieutenant en second (1er septembre 1785), premier lieutenant (1er avril 1791), ayant abandonné son emploi, il a été remplacé le 6 février 1792.

20. *Du Chaffault de Rié* (Jacques-Gabriel), né à Montaigu, diocèse de Luçon, le 9 janvier 1769, a produit le certificat de noblesse exigé, lieutenant en second (1er septembre 1785), premier lieutenant (1er avril 1791), ayant abandonné son emploi, a été remplacé le 6 février 1792.

21. *La Parra de Lieucamp de Salgues* (Jean-Philibert), né le 23 juin 1769 à Annat, diocèse de Rodez, a été élève du Roi à l'École militaire de Paris, élève (1er septembre 1784), lieutenant en second (1er septembre 1785), premier lieutenant (1er avril 1791), second capitaine (6 février 1792), ayant donné sa démission, il a été remplacé le 18 mai 1792.

22. *Dubois de Launay* (Pierre-Henry-Guy), né à Méry-Corbon, diocèse de Bayeux, le 11 janvier 1766, a produit le certificat de noblesse exigé, élève (1er septembre 1784), lieutenant en second (1er septembre 1785), premier lieutenant (1er avril 1791), adjudant-major (1791), second capitaine (6 février 1792), capitaine commandant (1er juin 1792), ayant abandonné son emploi, il a été remplacé le 11 septembre 1792.

23. *Cellier de Bouville* (Jacques-Thomas), né à Châteaudun, diocèse de Chartres, le 12 mai 1766, a produit le certificat de noblesse exigé, élève (1er septembre 1784), lieutenant en second (1er septembre 1785), premier lieutenant (1er avril 1791), ayant abandonné son emploi, il a été remplacé le 6 février 1792.

24. *Senarmont aîné* (Alexandre-Antoine Hureau de), né à Strasbourg le 21 avril 1769, fils d'un lieutenant général du corps royal de l'artillerie, élève

(1er septembre 1784), lieutenant en second (1er septembre 1785), premier lieutenant (1er avril 1791), second capitaine (6 février 1792), chef de bataillon (23 brumaire an III), a fait les campagnes de 1792, 93, et des ans II, III, IV, V et VI.

25. *Collart de Ville* (Anne-Jean-Baptiste), né à Châlons-sur-Marne le 21 février 1769, a produit le certificat de noblesse exigé, lieutenant en second (1er septembre 1785), premier lieutenant (22 août 1791). Le 27 octobre 1791, le ministre a ordonné qu'il serait nommé à son emploi, pour avoir déserté son poste, étant détaché à Rocroy.

26. *Damey de Saint-Bresson* (Antoine-Victor), né à Besançon le 19 juillet 1768, a produit le certificat de noblesse exigé, élève (1er septembre 1784), lieutenant en second (1er septembre 1785), premier lieutenant (22 août 1791). Le 27 octobre 1791, le ministre a ordonné qu'il serait nommé à son emploi pour avoir quitté son poste et n'avoir pas envoyé sa démission.

27. *Le Lieur de Ville-sur-Arce* (Léon-Charles), né le 15 janvier 1768, a été élève du roi à l'École militaire de Paris, élève (1er septembre 1784), lieutenant en second (1er septembre 1785), premier lieutenant (1er avril 1791), second capitaine (6 février 1792), capitaine commandant (1er juin 1792), ayant abandonné son emploi, il a été remplacé le 11 septembre 1792.

28. *Guerbert de Bellefonds* (Antoine-André-Joseph), né à Vic, diocèse de Metz, le 15 décembre 1767, fils d'un ancien capitaine de hussards, chevalier de Saint-Louis : élève (1er septembre 1784), lieutenant en second (1er septembre 1785), premier lieutenant (1er avril 1791), second capitaine (6 février 1792), ayant donné sa démission, il a été remplacé le 1er juin 1792.

29. *Colin de Boishamon* (Jean-Marin), né à Saint-Malo le 30 juin 1763, d'une famille noble et ancienne d'Irlande, alliée à beaucoup de maisons distinguées de la Bretagne, élève surnuméraire (16 août 1781), élève (1er septembre 1782), lieutenant en second (1er septembre 1785), premier lieutenant (1er avril 1791), second capitaine (6 février 1792), ayant abandonné son emploi, il a été remplacé le 26 juillet 1792.

30. *La Chapelle de Choisy* (Pierre-Jacques-Marie Passerat de), né à la Martinique le 9 novembre 1767, neveu de M. de la Chapelle de Bellegarde, brigadier, directeur de l'artillerie : élève (1er septembre 1784), lieutenant en second (1er septembre 1785), premier lieutenant (1er avril 1791), ayant abandonné son emploi, il a été remplacé le 6 février 1792.

31. *Braux* (Jean-Baptiste-Nicolas de), né à Neufchâteau, diocèse de Toul, le 31 août 1765, a produit le certificat de noblesse exigé, élève (1er septembre 1784), lieutenant en second (1er septembre 1785), premier lieutenant (1er avril 1791), second capitaine (6 février 1792); il a donné sa démission qui a été agréée le 10 juillet 1792.

32. *Passac de Pinchat* (Philippe-Jérôme-Gaucher, chevalier de), né à Vouvray-sur-Loire, diocèse de Tours, le 30 septembre 1765, a produit le certificat de noblesse exigé, élève (1er septembre 1784), lieutenant en second (1er septembre 1785), premier lieutenant (1er avril 1791), a donné sa démission qui a été agréée le 14 décembre 1791.

33. *De Hédouville* (Théodore-Charles-Joseph), né le 3 septembre 1767 à Marchais, diocèse de Laon, a été élève du roi à l'École militaire de Paris du 3 septembre 1781, élève (1er septembre 1783), lieutenant en second (1er septembre 1785), premier lieutenant (1er avril 1791), second capitaine (6 février 1792), ayant abandonné son emploi, il a été remplacé le 11 septembre 1792.

34. *Raymond de la Nougarède* (Jean-François), né le 15 mai 1767 à Castelnaudary, diocèse de Saint-Papoul, a été élève du roi à l'École militaire de Paris (20 septembre 1782), élève (1er septembre 1783), lieutenant en second (1er septembre 1785), premier lieutenant (1er avril 1791), second capitaine (6 février 1792), ayant donné sa démission, il a été remplacé le 18 mai 1792.

35. *Léonard de Saint-Cyr aîné* (Jacques-Martial), né le 31 mai 1767 à Stenay, a été élève du roi à l'École militaire de Pont-à-Mousson, élève (1er septem-

bre 1784), lieutenant en second (1ᵉʳ septembre 1785), premier lieutenant (1ᵉʳ avril 1791), second capitaine (6 février 1792), capitaine commandant (1ᵉʳ juin 1792).

36. *Cousin de Dommartin* (Éléazar-Auguste), né à Dommartin-le-Franc, diocèse de Toul, le 26 mai 1768, a produit le certificat de noblesse exigé, élève (1ᵉʳ septembre 1784), lieutenant en second (1ᵉʳ septembre 1785), premier lieutenant (1ᵉʳ avril 1791), second capitaine (6 février 1792), capitaine commandant (15 avril 1793), chef de bataillon (30 septembre 1793), général de brigade (18 brumaire an II), général de brigade d'artillerie (3 ventôse an V), général de brigade commandant le 6ᵉ arrondissement d'artillerie (26 fructidor an V).

37. *Tarade de Marthemont* (François-Sébastien), né à Péronne le 24 mai 1762, fils d'un chevalier de Saint-Louis, ancien ingénieur en chef : lieutenant en second (1ᵉʳ septembre 1785), premier lieutenant (1ᵉʳ avril 1791), second capitaine (6 février 1792), ayant abandonné son emploi, il a été remplacé le 11 septembre 1792.

38. *L'Espagnol de Grimbry* (André-François-Joseph-Hyacinthe), né à Lille le 8 janvier 1765, a fourni le certificat de noblesse exigé, lieutenant en second (1ᵉʳ septembre 1785), premier lieutenant (1ᵉʳ avril 1791), second capitaine (6 février 1792), ayant donné sa démission, il a été remplacé le 18 mai 1792.

39. *Picot de Peccaduc* (Pierre-Marie-Auguste), né le 13 février 1767 à Fougeray, diocèse de Nantes, a été élève du roi à l'École militaire de Paris, lieutenant en second (1ᵉʳ septembre 1785), adjudant-major (1ᵉʳ avril 1791), ayant abandonné son emploi, il a été remplacé le 6 février 1792.

40. *Belly de Bussy* (David-Victor), né à Beaurieux, diocèse de Laon, le 19 mars 1768, fils d'un chevalier de Saint-Louis, ancien mousquetaire de la 1ʳᵉ compagnie : lieutenant en second (1ᵉʳ septembre 1785), premier lieutenant (1ᵉʳ avril 1791), second capitaine (6 février 1792), ayant donné sa démission, il a été remplacé le 1ᵉʳ juin 1792.

41. *Le Picard de Phélipeaux* (Louis-Edmond), né le 1ᵉʳ avril 1767, a été élève du roi à l'École militaire de Paris, lieutenant en second (1ᵉʳ septembre 1785), premier lieutenant (1ᵉʳ avril 1791), ayant donné sa démission, il a été remplacé le 6 février 1792.

42. *Buonaparté* (Napoleone de), né le 15 août 1769 à Ajaccio en Corse, a été élève du roi à l'École militaire de Paris, lieutenant en second (1ᵉʳ septembre 1785), premier lieutenant (1ᵉʳ avril 1791), second capitaine (6 février 1792), chef de bataillon le 28 vendémiaire an II, général de brigade.

43. *Du Lac de Puydenat* (Nicolas-Charles), né à Paris le 12 juin 1768, a produit le certificat de noblesse, lieutenant en second (1ᵉʳ septembre 1785), a donné sa démission qui a été agréée le 9 août 1790.

44. *Le Vicomte* (Jean-Louis), né le 23 décembre 1769 à Rennes, a été élève du roi à l'École militaire de Paris, élève (1ᵉʳ septembre 1784), lieutenant en second surnuméraire (1ᵉʳ septembre 1785), lieutenant en second titulaire (4 novembre 1785), premier lieutenant (1ᵉʳ avril 1791), a donné sa démission qui a été agréée le 17 août 1791.

45. *Comte de Broglie* (Ferdinand-François), né le 30 janvier 1768 à Paris, a été élève pensionnaire à l'École militaire de Paris (1ᵉʳ juin 1780), élève (1ᵉʳ septembre 1784), lieutenant en second (1ᵉʳ septembre 1785), nommé le 26 avril 1788 à une réforme de capitaine dans Noailles-dragons.

46. *Marescot de la Noüe* (Bernard-François), né à Bessé-sur-Braye, diocèse du Mans, le 20 avril 1767, a produit le certificat de noblesse exigé, élève (1ᵉʳ septembre 1784), lieutenant en second (1ᵉʳ septembre 1785), premier lieutenant (1ᵉʳ avril 1791), second capitaine (6 février 1792).

47. *D'Azémar* (Antoine-Frédéric-Louis), né à Cazevieille, diocèse d'Uzès, le 6 juillet 1763, a produit le certificat de noblesse exigé, lieutenant en second (1ᵉʳ septembre 1785), premier lieutenant (1ᵉʳ avril 1791), second capitaine (6 fé-

vrier 1792), capitaine commandant (15 juin 1792), suspendu au mois de brumaire an II.

48. *Couessin de Kerande* (Joseph-Marie), né le 11 décembre 1763 à Guérande, diocèse de Nantes, élève (1er septembre 1783), lieutenant en second (1er septembre 1785), premier lieutenant (1er avril 1791), second capitaine (6 février 1792), ayant abandonné son emploi, il a été remplacé le 18 mai 1792.

49. *Le Moyne de Talhouet* (Marie-Joseph-Yves-Bernier), né à la Cheze, diocèse de Saint-Brieuc, le 15 décembre 1767, a été page de M. le duc de Penthièvre qui a donné un certificat pour constater qu'il lui a fait preuve de plus de 200 ans de noblesse, élève (1er septembre 1784), lieutenant en second (1er septembre 1785), mort le 1er août 1786 à Metz d'une fièvre inflammatoire.

50. *Le Maistre d'Annoville* (Charles-Victor-Amédée), né à Mesnil-Aubert, diocèse de Coutances, le 30 mars 1769, a produit le certificat de noblesse exigé, élève (1er septembre 1784), lieutenant en second (1er septembre 1785), premier lieutenant (1er avril 1791), second capitaine (6 février 1792), ayant abandonné son emploi, il a été remplacé le 26 juillet 1792.

51. *Le Sart de Mouchin* (Bonaventure-Charles-Louis-Joseph, chevalier), né à Mouchin près de Lille, le 26 août 1763; sa famille est du corps de la noblesse de Flandre : élève (1er septembre 1784), lieutenant en second (1er septembre 1785), premier lieutenant (1er avril 1791), a donné sa démission qui a été agréée le 19 mai 1791.

52. *Barbier de la Serre* (Nicolas-Marie-Charles), né à Valenciennes le 18 mai 1767, a produit le certificat de noblesse exigé, élève (1er septembre 1784), lieutenant en second (1er septembre 1785), premier lieutenant (1er avril 1791), second capitaine (6 février 1792), a donné sa démission qui a été agréée le 30 avril 1792.

53. *Faure de Gière* (Chrétien-François-Antoine), né à Lille le 20 janvier 1769, neveu de M. Faure de Gière, brigadier, directeur de l'artillerie : élève (1er septembre 1783), lieutenant en second (1er septembre 1785), premier lieutenant (1er avril 1791), second capitaine (6 février 1792), chef de bataillon (5 thermidor an VI), chef de brigade (11 floréal an VIII), a fait les campagnes de 1793 et des ans II, III et IV à l'armée des Alpes, des ans V et VI à l'armée d'Italie, des ans VI, VII et VIII à l'armée d'Orient.

54. *Maussion de Chaumeronde* (Thomas-Urbain), né à Paris le 15 mai 1768, a produit le certificat de noblesse exigé, élève (1er septembre 1784), lieutenant en second (1er septembre 1785), mort le 25 juin 1789.

55. *Le Noir de Rouvray* (François de Paule), né à Saint-Domingue le 13 septembre 1767, a produit le certificat de noblesse exigé, lieutenant en second (1er septembre 1785), nommé le 4 mars 1790 cornette blanc dans le régiment de Colonel général des hussards.

56. *Des Mazis* (Alexandre), né à Strasbourg le 6 septembre 1768, a été élève du roi à l'École militaire de Paris, lieutenant en second (1er septembre 1785), premier lieutenant (1er avril 1791), second capitaine (6 février 1792), ayant abandonné son emploi, il a été remplacé le 1er juin 1792.

57. *Marie du Rocher de Collières* (Jean-René-Yves), né à Domfront le 19 mai 1768, a été élève du roi à l'École militaire de Paris, élève (1er septembre 1784), premier lieutenant (1er avril 1791), ayant abandonné son emploi, il a été remplacé le 6 février 1792.

58. *Le Tellier de Montaure* (Isidore-Céleste), né à Beaucoudray, diocèse de Coutances le 5 décembre 1767, a produit le certificat de noblesse exigé, lieutenant en second (1er septembre 1785), premier lieutenant (1er avril 1791), ayant abandonné son emploi, il a été remplacé le 6 février 1792.

XC. Concours de 1785.

Aspirants qui ont fait preuve de l'instruction suffisante pour être élèves d'artillerie :

1. Du Poerier de Portbail.
2. Léonard de Saint-Cyr.
3. D'Anthouard, aîné.
4. D'Ormay.
5. De Langle de Beaumanoir.
6. Mallard de la Varande.
7. De Savary.
8. Rousseau de Saint-Aignan.
9. De Vauxmoret, l'aîné.
10. De Gosson.
11. Du Solier de Dondon.
12. Gondallier de Tugny.
13. De Saint-Vincent.
14. De Cominges.
15. De Maigret.
16. Souyn de Tincourt.
17. De Vauxmoret, cadet.
18. Richard de Castelnau.
19. Binet de Jasson.
20. De la Geneste.
21. Ourié.
22. De Vauzlemont.
23. De Langle.
24. Damoiseau cadet.
25. De Beausire, l'aîné.
26. Chev. de Naquard.
27. Dalmas.
28. Chev. de Beausire.
29. De Beauvais.
30. De Farconet.
31. Morisson de la Bassetière.
32. Aubier.
33. D'Andigné de Sainte-Gemme.
34. D'Ivoley.
35. Dubois de Saint-Hilaire.
36. Tardif de Vauclair.
37. De Montalard.
38. Amariton de Montfleury.
39. Bouvier de Cachard.
40. De Najac.
41. De Chièvres d'Aujac.
42. De Vigier de la Vergne.
43. De Queux.
44. Potier de Raynan.
45. De la Charpentrie.
46. De Tigné.
47. De Nadal.
48. Guérin.
49. De Vigny.

XCI. Picot de Peccaduc.

Cf. sur Picot de Peccaduc, qui entra à l'École militaire de Paris le 4 septembre 1781 et en sortit le 30 octobre 1785, la pièce LXXXIX. Après avoir servi l'émigration dans le corps de Rohan (dès le 10 mai 1793), il entra dans le régiment autrichien Archiduc-Rainer ou Régnier, n° 11 (1er septembre 1801). Major au régiment d'infanterie Reuss-Greitz, n° 55 (1er septembre 1805), lieutenant-colonel au régiment d'infanterie Schröder, n° 7 (18 mai 1809), colonel surnuméraire au mois de mai 1809, colonel titulaire en 1811, général-major en 1813, commandant une colonne mobile en 1814, bloquant Schlestadt en 1815 jusqu'à ce qu'il soit relevé le 4 juillet par le général wurtembergeois Stockmaier, il devient, en 1820, directeur de l'Académie des ingénieurs et, en 1821, curateur de la « Theresianische Ritteracademie ». Nommé, en 1822, colonel propriétaire du régiment d'infanterie n° 25 et, le 18 juin 1827, feld-maréchal lieutenant, il meurt le 15 février 1834.

XCII. Phélipeaux.

Le Picard de Phélipeaux (Louis-Edmond), fils de Louis Le Picard, dit Phélipeaux, et de Marie-Louise de la Chastre, né à Angles (Vendée) le 1er avril 1767, élève à l'Ecole militaire de Paris (28 septembre 1781), chevalier de l'ordre de Notre-Dame du Mont-Carmel (17 janvier 1785), parti de l'Hôtel le 28 octobre 1785, lieutenant en second au régiment de Besançon (cf. pièce LXXXIX), dans la compagnie de Denis, émigre le 1er octobre 1791, et se fait inscrire le même jour au cantonnement d'Ath. Après avoir assisté comme canonnier à la campagne de 1792, dans les rangs de l'armée des princes, il rejoint l'armée de Condé le 10 juillet 1793. Le reste de sa carrière est connu.

XCIII. Les Des Mazis.

Alexandre des Mazis était né le 6 septembre 1768 à Strasbourg. Élève de l'École militaire de Rebais, puis de l'École militaire de Paris (13 octobre 1783), lieutenant en second au régiment d'artillerie de La Fère (1er septembre 1785), lieutenant en premier (1er avril 1791), et regardé par l'inspecteur Rostaing comme « très appliqué, très zélé, de bonnes mœurs et conduite et du meilleur exemple », capitaine en second (6 février 1792), il émigra et suivit l'armée des princes qui mit le siège devant Thionville. Pendant les années 1793, 1794 et 1795, il fut de ce corps d'officiers d'artillerie que commandait le colonel Quiefdeville et que l'Angleterre avait pris à sa solde. Après avoir fait, sous Monsieur, la seconde expédition de Quiberon, il servit du 1er décembre 1796 au 12 octobre 1802 comme capitaine d'artillerie dans l'armée portugaise. On le voit le 2 février 1814 capitaine adjoint aux commandants des batteries de la garde nationale qui défendait Paris. Sous la Restauration, il demanda comme toute retraite le grade de chef de bataillon qu'il croyait mériter par l'ancienneté de ses services, et la commission des émigrés, lui reconnaissant dix-neuf ans de services effectifs et cinq campagnes, le fit chef de bataillon (5 juin 1816) en datant sa nomination du 6 février 1802. Deux ans après, il donnait sa démission qui fut acceptée le 24 avril 1818; mais il n'obtint pas le grade honorifique de lieutenant-colonel parce qu'il n'avait pas selon les ordonnances dix ans de services effectifs dans le grade de chef de bataillon. Il vivait encore en 1833 à Briis, près de Limours.

Son frère aîné Gabriel des Mazis était né le 17 octobre 1754 à Lyon. Aspirant (9 août 1767), élève d'artillerie (20 juillet 1769), lieutenant en second surnuméraire (22 juin 1771), lieutenant en second d'ouvriers (1er octobre 1772), lieutenant en premier par commission (6 novembre 1779), capitaine par commission (9 mars 1785), capitaine en second (11 juin 1786), capitaine-commandant (1er avril 1791), détaché à Metz avec sa compagnie et noté par l'inspecteur Rostaing comme un « officier zélé, doux, honnête, rempli de connaissances, de mœurs, de conduite et du meilleur exemple », il abandonna son emploi le même jour que son cadet (10 mai 1792), émigra comme lui, entra comme lui dans l'armée des princes, participa comme lui à la seconde expédition de Quiberon, passa comme lui au service du Portugal en qualité de capitaine d'artillerie (13 mars 1797) et quitta comme lui Sa Majesté Très Fidèle le 12 octobre 1802. Il fut le 2 mars 1815 admis à la retraite de chef de bataillon.

L'oncle des deux Des Mazis, Henry Des Mazis de Fontenailles, né le 3 janvier 1744 et retraité pour cause d'infirmités le 4 mai 1783, après avoir servi vingt-cinq années, était devenu capitaine en second dans l'artillerie du royaume d'Italie et donna le 29 avril 1807 sa démission de répétiteur à l'École d'artillerie de Turin. Le 8 juin 1808 Napoléon lui permit d'accepter un emploi en Italie et de conserver en France sa pension de 500 francs; *accordé*, écrivait-il en marge de la lettre de Clarke qui lui soumettait le cas. Mais après le retour des Bourbons, la solde de retraite d'Henry Des Mazis fut rayée « pour cause de séjour en pays étranger » (27 octobre 1814); une décision du 25 juillet 1815 la lui rendit lorsqu'il revint en France.

XCIV. Baudran.

François de Baudran, né le 17 juin 1770 au Maizeret (Calvados), pensionnaire à l'École militaire de Paris (13 octobre 1783), sorti de l'Hôtel le 12 octobre 1786, après avoir été reçu le 16° sur 61 au concours des lieutenants en second du 1ᵉʳ septembre précédent, premier lieutenant (1ᵉʳ avril 1791), remplacé le 6 février 1792 pour avoir abandonné son emploi.

XCV. Fleyres.

Honoré de Fleyres, né à Rabastens d'Albigeois le 12 août 1769, élève à La Flèche, puis à l'École militaire de Paris (2 octobre 1784), devient élève d'artillerie le 1ᵉʳ septembre 1786 (le 38° sur 48), lieutenant en second le 1ᵉʳ septembre 1789 (le 13° sur 41), lieutenant en premier le 1ᵉʳ avril 1791 au 3° régiment, ci-devant Besançon, et donne sa démission; il est remplacé le 18 mai 1792.

XCVI. Montagnac.

Louis-Gabriel de Montagnac, né à Nevers le 11 mai 1769, élève à l'École militaire de Paris (5 octobre 1784), reçu élève d'artillerie le 37° sur 48 (1ᵉʳ septembre 1786), parti de l'Hôtel le 19 novembre 1787, envoyé avec Laugier de Bellecour à l'École militaire de Pont-à-Mousson d'où il sortit le 11 novembre 1788 pour être élève titulaire à Metz, admis officier le 19° sur 41 (1ᵉʳ septembre 1789), lieutenant en second (29 décembre 1789), premier lieutenant (1ᵉʳ avril 1791), adjudant-major (1ᵉʳ avril 1791), second capitaine (18 mai 1792), est remplacé le 26 juillet 1792 après avoir abandonné son emploi. On le trouve à l'armée de Condé en 1793; il arrive le 29 juillet et part le 17 décembre suivant.

XCVII. D'Ivoley.

Jean-Claude d'Ivoley, né le 9 juin 1767 à la Roche, dans l'Ain, élève à l'École militaire de Paris (13 septembre 1783), sorti de l'Hôtel le 29 octobre 1785, élève d'artillerie, le 34° sur 49 (1ᵉʳ septembre 1785), émigre le 21 juillet 1791, se rend au cantonnement de l'artillerie à Grevenmaker, rejoint ensuite l'armée de Condé (1ᵉʳ août 1792), y fait la campagne de 1792 et celle de 1793, et reçoit du Régent le grade de lieutenant en second au corps royal (20 mai 1794). Au retour des Bourbons, il est lieutenant à la compagnie départementale de l'Ain (1ᵉʳ mai 1816), puis lieutenant à la légion de l'Ain (21 mai 1818). Le 1ᵉʳ octobre 1818, il est admis à la réforme.

XCVIII. Delpy de la Roche.

Louis-Henry Delpy de la Roche, né le 18 février 1769 à Toulouse, admis aux Écoles royales militaires sur la recommandation de Sartines, élève à l'École militaire de Paris (29 septembre 1783), reçu officier, le 29° sur 61, au concours du 1ᵉʳ septembre 1786, parti de l'Hôtel le 4 novembre 1786 pour être élève à l'École d'artillerie de Metz, placé lieutenant en second le 29 avril 1787, premier lieutenant ou adjudant-major le 1ᵉʳ avril 1791, second capitaine le 6 février 1792, aide de camp le 1ᵉʳ juin 1792, abandonne après la déchéance du roi. Le 10 mars 1815, il est admis à reprendre du service à son ancien grade de capitaine, avec rang à dater du 16 août 1810, dans le corps de l'artillerie, et attaché au quartier général de l'armée. Après les Cent-Jours, il passe en son grade à l'École militaire de Saint-Cyr (24 septembre 1815), et n'appartient plus à l'artillerie. En 1818 il est en la même qualité à l'École de La Flèche.

XCIX. Najac.

Jean-Pierre-Antoine de Najac, fils d'un ancien officier d'infanterie, né à Saint-Félix (Haute-Garonne) le 31 décembre 1769, élève à Sorèze, puis à l'École militaire de Paris (1ᵉʳ octobre 1784), parti de l'Hôtel le 28 octobre 1785, élève d'artillerie, le 40ᵉ sur 49 (1ᵉʳ septembre 1785), et attaché à l'École de Douai, reçu officier le 34ᵉ sur 61 et envoyé comme lieutenant surnuméraire au régiment de La Fère (octobre 1786-octobre 1787), lieutenant en second au régiment de Besançon (31 août 1787), premier lieutenant à La Fère (1ᵉʳ avril 1791), second capitaine (6 février 1792), donne sa démission et est remplacé le 1ᵉʳ juin 1792. Il émigre, entre à l'armée de Bourbon, puis au corps d'artillerie de l'armée du duc d'York, fait les campagnes de Hollande, s'embarque avec les officiers du corps royal sous les ordres de Quiefdeville pour l'expédition de Quiberon, au mois d'août 1795, est licencié à Londres le 31 décembre 1796. Réadmis capitaine en premier (29 novembre 1815), il commande l'artillerie à Agde (7 mars 1816); mis au traitement de disponibilité (29 décembre 1820), puis en réforme (24 août 1828) avec un traitement de 600 francs, il est rayé des contrôles le 21 septembre 1828.

C. Chièvres d'Aujac.

Pierre-Jacques-Nicolas-Gaspard de Chièvres d'Aujac, né le 18 mai 1769 à Aujac (Charente-Inférieure), élève à l'École militaire de Paris (29 septembre 1783), élève d'artillerie, le 41ᵉ sur 49 (1ᵉʳ septembre 1785), reçu officier le 44ᵉ sur 61 au concours de 1786, lieutenant en second (25 mai 1788), premier lieutenant (1ᵉʳ avril 1791), émigre le 6 février 1791, fait la campagne de 1792 avec les princes, celle de 1793 à Maestricht (cf. dans les *Souvenirs* de Romain, II, 419, le certificat que lui délivrent les magistrats de la ville), celle de 1795 à Quiberon, et quitte à la fin de l'année 1796. Les Bourbons lui donnèrent, à leur retour, la croix de Saint-Louis. Son fils, Jacques-Paul-Émile, né le 29 juin 1791, entre à Saint-Cyr en 1809, fait la campagne de 1812 en Russie, celle de 1813, où il est blessé à Leipzig, celle de 1814 (siège de Grave), celle de 1815, devient chef de bataillon au corps royal d'état-major et refuse de prêter serment au gouvernement de Juillet.

CI. Lallemant de Villiers.

Bernard-Prosper Lalleman de Villier, né à Dijon le 17 février 1768, élève à l'École militaire de Paris (28 septembre 1784), parti de l'Hôtel le 24 janvier 1788, sous-lieutenant à Piémont-infanterie (20 décembre 1787), se rend à Worms en septembre 1791, fait la campagne de 1792 à l'armée des princes dans la compagnie formée des officiers de Piémont, sert comme lieutenant au régiment de Hohenlohe de 1795 à 1797, obtient de la commission des émigrés la croix de Saint-Louis et le brevet de capitaine daté du 28 septembre 1795.

CII. D'Anglars.

Jean-Baptiste-Alexandre d'Anglars, né le 26 mai 1767 à Nachamps (Charente-Inférieure), élève à l'École militaire de Paris (15 septembre 1784), parti de l'Hôtel le 14 mars 1787, sous-lieutenant au régiment de Champagne (9 février 1787), émigre, fait la campagne de 1792 avec les officiers de son régiment, entre en 1793 dans la légion de Béon, assiste en 1794 au siège de Bois-le-Duc et en 1795 au désastre de Quiberon, reprend du service dans l'armée royaliste de la Vendée (1799-1800), obtient de la commission des émigrés le brevet de capitaine daté du 9 février 1797.

CIII. Neyon de Soisy.

Jean-Joseph-Gabriel de Neyon de Soisy, né le 18 avril 1768 à Èvres dans la Meuse, élève à l'École militaire de Paris (15 octobre 1784), parti de l'Hôtel le 26 mars 1787, sous-lieutenant au régiment de Barrois (16 mars 1787), lieutenant (6 novembre 1791), démissionnaire le 28 août 1792, renvoyé par Massieu à vingt lieues des frontières (25 octobre 1793), refusé par Pflieger lorsqu'il se présente à Nancy pour entrer au 7ᵉ hussards (17 mai 1794), demande vainement le 6 octobre 1796 les ordres du ministre qui lui répond le 28 novembre suivant qu'il est impossible de le « remplacer ».

CIV. Lustrac.

Bertrand de Lustrac, né à Condom le 24 juillet 1768, élève à l'École militaire de Paris (10 décembre 1784), parti de l'Hôtel le 11 novembre 1786 pour aller dans sa famille, sous-lieutenant au régiment d'infanterie de Provence (25 janvier 1788), lieutenant (4 novembre 1791), démissionne et émigre; nommé par le ministre de la guerre maréchal des logis au 11ᵉ bataillon bis du train d'artillerie (27 décembre 1805), maréchal des logis chef (26 mars 1806), sous-lieutenant (26 août 1806), lieutenant (1ᵉʳ février 1809), fait les campagnes de 1807, de 1808, de 1809 à la Grande Armée, et reçoit durant le siège de Colberg un éclat d'obus au pied gauche. Adjudant-major au commencement de 1812, il périt dans la retraite de Russie.

CV. Venzac.

Pierre-Jacques de Gaches de Venzac de Neuville, né le 29 janvier 1769 au Mur de Barrez (Aveyron), élève à l'École militaire de Paris (1ᵉʳ octobre 1784), parti de l'Hôtel le 25 juillet 1787, sous-lieutenant au régiment d'Aunis (du 17 mai 1787), lieutenant (29 janvier 1791), abandonne.

CVI. Clinchamps.

Louis-François de Clinchamps, né le 29 mars 1767 à Orléans, élève à l'École militaire de Paris (15 août 1783), quitte l'Hôtel le 8 avril 1786 pour se rendre dans sa famille, devient sous-lieutenant au régiment du maréchal de Turenne le 21 avril suivant, abandonne le 18 novembre 1790.

CVII. Dalmas.

Raymond Auguste de Dalmas, fils de Pierre-Gabriel de Dalmas, ancien officier d'infanterie, et de dame Thérèse-Marie-Anne d'Andréossy, était l'aîné de neuf enfants et avait du bien à Castelnaudary où il naquit le 12 février 1768. Élève de Tournon et de l'École militaire de Paris (4 octobre 1784), reçu 27ᵉ sur 49 au concours des élèves d'artillerie (1ᵉʳ septembre 1785), et envoyé à l'École de Valence, autorisé par Gribeauval à passer avec Vaugrigneuse à l'École de Metz (5 mai 1786), admis le 49ᵉ sur 61 au concours des officiers de 1786, lieutenant en second (25 mai 1788), premier lieutenant (1ᵉʳ avril 1791) au 2ᵉ régiment d'artillerie et prêtant à Besançon le 28 août 1791 le serment exigé par la Constituante, second capitaine (6 février 1792), capitaine-commandant au même régiment (11 septembre 1792), il prit part à l'expédition de Hollande, sous les ordres de Dumouriez, et fut suspendu le 13 novembre 1793.

CVIII. Richard de Castelnau.

Charles-Joseph-Amable Richard de Castelnau, né le 31 juillet 1769 à Angers, élève à l'École militaire de Paris (15 août 1783), sorti de l'Hôtel le 2 novembre 1785, reçu élève d'artillerie le 18ᵉ sur 49 au concours de 1785 et lieutenant en second le 37ᵉ sur 61 au concours de 1786, élève d'artillerie à l'École de Metz (1ᵉʳ septembre 1786), puis à l'École de La Fère (29 décembre 1786), lieutenant en second au régiment de Toul (25 mai 1788), premier lieutenant au 7ᵉ régiment (1ᵉʳ avril 1791), capitaine en second (6 février 1792), capitaine commandant (26 septembre 1792), suspendu par les représentants à l'armée des côtes de Brest où il était adjoint aux adjudants généraux (17 septembre 1793).

CIX. Gondallier de Tugny.

Nicolas-François-Thérèse Gondallier de Tugny, né à Bouffignereux, dans l'Aisne, le 26 janvier 1770, fils d'un chevau-léger de la garde du roi, élève à l'École militaire de Paris (28 septembre 1784), reçu élève d'artillerie le 46ᵉ sur 48 au concours de 1786 et lieutenant en second le 38ᵉ sur 41 au concours de 1789, premier lieutenant (1ᵉʳ avril 1791), capitaine (26 juillet 1792), chef de bataillon (27 avril 1802), major du 2ᵉ régiment d'artillerie à pied (22 juin 1804), colonel du 5ᵉ (10 juillet 1806), passé au service de Naples avec le grade de général de brigade (31 décembre 1809), nommé à ce même service général de division, rentré en France et employé comme général de division d'artillerie par Napoléon qui l'envoie commander l'arme au 9ᵉ corps d'observation (18 avril 1815), reconnu par la Restauration comme maréchal de camp (23 août 1815) et mis à la retraite en cette qualité (5 novembre 1816), mort le 30 octobre 1839. Il avait été fait le 10 avril 1812 baron de l'Empire.

CX. Boisgérard.

Anne-Marie-François Barbuat de Maisonrouge de Boisgérard était fils d'un ancien officier du régiment de Champagne qui devint général de brigade et commanda Besançon. Il naquit à Tonnerre le 8 juillet 1767. Élève de l'École militaire de Paris (7 octobre 1783), sous-lieutenant à l'École du génie de Mézières (1ᵉʳ janvier 1789), lieutenant en second, le 3ᵉ sur 11 (4 septembre 1791), il se rend à Besançon auprès de son père, accompagne Custine dans l'évêché de Bâle, et après avoir été demandé par Haramburc qui le souhaitait à Huningue en remplacement de Rouget de Lisle (24 août 1792), prend part à l'expédition de Spire et aux opérations de l'armée du Rhin. Promu capitaine (8 novembre 1792), il assiste au siège de Mayence où le conseil de guerre le fait chef de bataillon (30 juin 1793). Il suit les Mayençais en Vendée, puis vient en Flandre et coopère à la prise de Charleroi, de Landrecies, de Valenciennes, de Maestricht. Blessé au siège du Quesnoy, nommé chef de bataillon provisoire (2 octobre 1794) et confirmé dans ce grade (19 juillet 1795), chef de brigade provisoire en vertu d'une nomination faite par les représentants Pinel et Cavaignac (12 février 1795) et confirmé dans ce grade quinze mois plus tard (4 juin 1796), il est promu général de brigade par le Directoire le 10 juillet 1796, et commandant en chef le génie à l'armée de Mayence (12 décembre 1797), à l'armée d'Angleterre, à l'armée de Naples. Dans la nuit du 6 au 7 janvier 1799, au retour d'une reconnaissance qu'il venait de faire sur les bords du Volturne, il fut blessé par des Napolitains; une balle lui traversa la poitrine et il tomba dans les mains de l'ennemi; rendu aux Français après l'armistice conclu par Championnet, il mourut des suites de sa blessure, le 9 février suivant, au village de Cajazzo.

CXI. Vigier.

Jacques, chevalier de Vigier, né le 10 septembre 1768 à Thouars (Deux-Sèvres), élève à l'École militaire de Paris (6 décembre 1784), aspirant sous-lieutenant à l'École du génie de Mézières (1ᵉʳ janvier 1789), lieutenant en second (5 septembre 1791), lieutenant en premier (8 février 1792), émigre le 15 mai 1792, après avoir été employé à Montmédy et à Sedan. Au retour des Bourbons, il est nommé capitaine de 1re classe à l'état-major du génie avec rang de chef de bataillon (13 décembre 1814). Rayé des contrôles (13 mars 1815), en vertu du décret de Napoléon relatif aux émigrés, il est réintégré chef de bataillon sous la seconde Restauration et employé à Dieppe, à Abbeville, à Angers. Il meurt à Angers le 18 décembre 1823.

CXII. Fages-Vaumale.

Le baron Louis de Fages-Vaumale (de tous ses prénoms, Jean-Pierre-Louis-François-César), était chevalier de Malte. Né le 15 janvier 1768 à Rochemaure (Ardèche), élève à l'École militaire de Paris (12 septembre 1782), sous-lieutenant à l'École de Mézières (1er janvier 1786), lieutenant en second (1er janvier 1788), employé à Montpellier, il émigre en 1791 et, après avoir fait la campagne de 1792, passe au service de l'Angleterre.

CXIII. Teyssières de Miremont.

Philippe-Paul de Teyssières de Miremont, né le 10 mars 1769 au château de Burée, près de Riberac, élève à l'École militaire de Paris (5 octobre 1784), parti de l'Hôtel le 27 décembre 1786, élève sous-lieutenant à l'École du génie de Mézières (1er janvier 1787), lieutenant en second (1er janvier 1789), lieutenant en premier (1er mai 1791), employé à Landau, « abandonne sans démission » (10 juillet 1791) et sert en 1792 au corps de Condé, de 1793 à 1796 dans l'armée autrichienne, de 1797 au 6 octobre 1802 dans l'armée portugaise.

CXIV. La Chevardière de la Grandville.

Marie-Charles-Claire-Louis-François de la Chevardière de la Grandville, fils d'un capitaine au régiment de la Reine, né le 12 août 1768 à Sensenruth, près de Bouillon, élève à l'École militaire de Paris le 7 novembre 1783, sous-lieutenant élève à l'École du génie de Mézières (1er janvier 1786), lieutenant en second (1er janvier 1788), capitaine (9 février 1792), émigre en 1791 sans donner sa démission, fait la campagne de 1792 comme aide-major des deux brigades du corps royal du génie à l'armée des princes, puis sert dans l'armée hollandaise (1793-1795), entre dans l'état-major du prince d'Orange comme aide-quartier-maître général, suit la brigade hollandaise en Allemagne et la quitte en 1802 avec le grade de colonel du génie. Réadmis au corps du génie comme chef de bataillon et mis en demi-solde (10 février 1815), employé à Toul (6 février 1816), lieutenant-colonel (23 juin 1824) et attaché à la place de Givet (24 juillet 1824), puis à celle de Mézières (15 avril 1828), il est retraité pour ancienneté de service par ordonnance du 25 avril 1830 et meurt à Charleville le 31 décembre 1838.

CXV. Moulon.

Pascal-Joseph Mathieu de Moulon, né à Nancy le 29 janvier 1768, élève de l'École de Pont-à-Mousson, puis de l'École militaire de Paris (6 novembre 1782), parti de l'Hôtel (30 mars 1785), sous-lieutenant au régiment de Lorraine-infanterie (26 mars 1785), émigre en 1791, fait les campagnes de 1792, de 1793, de 1794 à l'armée de Condé, passe en 1795 au service de la Russie et y reste jusqu'à 1802, obtient au retour des Bourbons la croix de Saint-Louis.

CXVI. Saint-Légier de la Saussaye.

Jean-Georges-Laurent Saint-Légier de la Saussaye, né le 18 janvier 1769 à Saintes, élève à Auxerre (9 août 1778) et à l'École militaire de Paris (7 novembre 1782), parti de l'Hôtel le 2 avril 1786, sous-lieutenant au régiment de Provence (24 mars 1786), lieutenant (4 novembre 1791), fait à Saint-Domingue les campagnes de 1792 à 1798 dans la légion britannique où il sert comme lieutenant (1794), puis comme capitaine (1795) jusqu'au licenciement de 1802. La commission des émigrés, sans reconnaître ses droits à la retraite, lui donna la croix de Saint-Louis et le brevet de capitaine, daté du 12 janvier 1796.

CXVII. Gassot de Rochefort.

Gabriel Gassot de Rochefort, né le 24 octobre 1769 à Bourges, élève de Tiron et de l'École militaire de Paris (14 septembre 1784), sous-lieutenant à Royal-Auvergne (1er juillet 1789), réformé à la formation de 1791 et de nouveau sous-lieutenant (15 septembre 1791), émigrant aussitôt, faisant la campagne de 1792 au corps du duc de Bourbon et les campagnes de 1793 à 1796 au corps des chasseurs nobles de Condé, où il devient fourrier à la fin de 1795, promu capitaine d'infanterie (24 octobre 1796), mais malade et retiré à Constance en vertu d'un congé, rejoignant l'armée en 1799, mais restant au dépôt, pour raisons de santé, jusqu'au licenciement de 1801, revenu à Bourges où il est, au commencement de 1814, premier capitaine des grenadiers de la cohorte urbaine et commande la garde nationale pendant l'absence du commandant en chef Montsaulnin, obtient des Bourbons la croix de Saint-Louis et le brevet de capitaine. Sa femme était la cousine germaine de Mme Hyde de Neuville.

CXVIII. Maussabré de Saint-Mars.

Isidore-François-Louis-Hippolyte Maussabré de Saint-Mars, né à Ferolas, dans le Loiret, le 4 février 1770, élève à l'École militaire de Paris (15 septembre 1784), sous-lieutenant au régiment de Médoc (8 mars 1788), arrivé à Coblenz le 17 janvier 1792, obtient le brevet de capitaine d'infanterie (4 février 1796) et le grade de sous-aide-major au régiment noble de Condé (4 février 1798). Au retour des Bourbons, il est reconnu capitaine (23 septembre 1815) pour prendre rang du 15 septembre 1795. Devenu chef de bataillon à la légion de la Sarthe ou 37e de ligne (6 juin 1816) et lieutenant-colonel au 6e léger (8 septembre 1823), il est admis en 1824 au traitement de réforme.

CXIX. Bernard de Montbrison.

Louis-Simon-Joseph Bernard de Montbrison, né à Pont-Saint-Esprit (Gard) le 31 juillet 1768, élève à l'École militaire de Paris (23 septembre 1782), capitaine du génie en 1791, professeur d'histoire à la Faculté des lettres de Strasbourg (18 décembre 1810), recteur de l'Académie (21 décembre 1810), recteur honoraire (6 novembre 1818), mort à Oberkirch le 29 mai 1841. Son fils, le comte Léonce de Montbrison, a publié en 1853 les *Mémoires* de la baronne d'Oberkirch.

CXIX bis. Frévol de Lacoste.

Louis-Étienne Frévol de Lacoste, né à Pradelles (Haute-Loire), élève à l'École militaire de Paris (11 septembre 1781) et à l'École de Mézières (1er janvier 1785), lieutenant en second (1er janvier 1787), capitaine (8 février 1792), employé à Saint-Omer, mais dénoncé par les corps administratifs et accusé de renvoyer des ouvriers et de paralyser les travaux de défense, suspendu et arrêté par ordre des représentants Trullard et Berlier (25 octobre 1793), enfermé à Arras et à Saint-Omer, et, après huit mois d'incarcération, mis en liberté par Joseph Lebon (17 juin 1794), réintégré par le Comité de salut public (24 juillet 1794), envoyé à l'armée des Pyrénées occidentales (5 août 1794), blessé sur la grande route de Saint-Sébastien et entré à l'hôpital d'Hernani (2 juin 1795), mort le 8 juillet suivant.

Son cadet André-Bruno, né à Pradelles le 14 juin 1775, adjoint du génie (1ᵉʳ mai 1793), employé à l'armée des Pyrénées occidentales sur la demande de son frère (11 septembre 1794), lieutenant de 2ᵉ classe (16 octobre 1795) et de 1ʳᵉ classe (20 avril 1796), capitaine (10 mars 1799), capitaine de 1ʳᵉ classe (16 mai 1799), chef de bataillon provisoire (22 avril 1801), chef de bataillon titulaire (22 décembre 1801), colonel (15 août 1806), comte de l'Empire (18 mars 1808), général de brigade du génie (22 août 1808), mort le 2 février 1809 à Saragosse.

CXX. Circourt.

Jean-Baptiste-Marie de Circourt, fils d'un capitaine au régiment du prince Charles de Lorraine, né le 7 juillet 1767 à Nancy, élève à Pont-à-Mousson, puis à l'École militaire de Paris (6 novembre 1782-20 juillet 1785), sous-lieutenant au régiment de Piémont-infanterie (1ᵉʳ juillet 1785), rejoint en 1791 le corps de Condé où il fait les campagnes de 1792 et de 1793, passe dans le régiment de Viomenil à la solde anglaise, revient à l'armée de Condé jusqu'au licenciement de 1801. A son retour en France, il habita Bouxières, puis Besançon où il mourut le 30 mars 1812.

CXXI. Corvisart de Fleury.

Nicolas-Cyriaque-Augustin Corvisart de Fleury, né à Metz le 6 novembre 1769, élève à l'École militaire de Paris (7 novembre 1783), parti de l'Hôtel le 20 août 1786, sous-lieutenant au régiment de Royal-Comtois (du 23 mai 1786), lieutenant (15 septembre 1791), capitaine (30 novembre 1791), embarqué à Dunkerque avec le second bataillon (24 décembre 1791), tué aux Cayes le 11 août 1792.

CXXII. Le Roux du Feugueray.

Pierre Le Roux du Feugueray de Ricarville, né le 23 janvier 1768 à Neufchâtel (Seine-Inférieure), élève à l'École militaire de Paris (7 septembre 1783), quitte l'établissement le 10 janvier 1785 pour être sous-lieutenant au régiment d'Orléans-dragons (26 novembre 1784), obtient le rang de capitaine (30 avril 1788), émigre avec deux de ses frères : l'un, qui servait dans l'infanterie, meurt de maladie; l'autre survit; lui-même « reçoit au champ d'honneur une blessure mortelle ».

CXXIII. Billouart de Kerlerec.

Jean-Marie-Joseph-Ange Billouart de Kerlerec, fils d'un ancien mousquetaire, né à Morlaix le 31 janvier 1770, élève de l'École militaire de Paris (17 septembre 1784), parti le 24 mars 1786 pour attendre chez lui son placement dans la marine, élève de port (6 novembre 1786), enseigne de vaisseau, fusillé le 30 août 1795 à Auray, comme son compatriote et camarade Georges-Yves-Marie-Anselme Kerret de Keravel (né à Morlaix le 17 novembre 1767, cadet-gentilhomme à l'École militaire de Paris le 7 septembre 1782 et lieutenant de vaisseau) avait été fusillé le 29 juillet précédent.

CXXIV. Achille de Montmorency-Laval.

Achille-Jean-Louis de Montmorency-Laval, né le 25 juin 1772, pensionnaire à l'École militaire de Paris (25 juin 1785), parti de l'Hôtel le 3 mars 1786, garde du corps à la compagnie de Luxembourg (18 avril 1786), sous-lieutenant de remplacement à Mestre de camp général-cavalerie (20 février 1788), puis à Montmorency-dragons (1er avril 1788), reçoit à Rheinzabern dans l'épaule une balle morte qui le blesse légèrement, et à Bundenthal plusieurs coups de fusil dont il meurt; il donna, a dit Romain, des preuves de la plus grande valeur, et d'Ecquevilly rapporte que « ce jeune homme, âgé de vingt et un ans, chéri de sa famille et de tous ceux dont il était connu, fut d'autant plus regretté qu'il ne cessa de témoigner jusqu'au dernier moment autant de courage que de résignation ».

CXXV. Rosset de Fleury.

André-Hercule-Alexandre de Rosset, marquis de Fleury, duc breveté de Sa Majesté, avait épousé Claudine-Anne-Renée de Montmorency-Laval dont il eut deux fils : l'aîné, André-Hercule-Marie-Louis de Rosset de Fleury, né le 25 avril 1770, pensionnaire à l'Ecole militaire de Paris le 22 octobre 1783, duc à la mort de son père, sous-lieutenant de remplacement au régiment de Mestre de camp général-dragons (20 avril 1785), sous-lieutenant en pied (9 mars 1788), pourvu d'une commission pour tenir rang de capitaine (28 avril 1788); le cadet, Marie-Maximilien-Hercule de Rosset de Fleury, né le 4 juillet 1771, pensionnaire à l'École militaire de Paris le 1er octobre 1784, mort sur l'échafaud le 17 juin 1794.

CXXVI. Comeiras.

Louis-Henry-Joseph Delpuech de Comeiras, né le 10 octobre 1767 à Saint-Hippolyte-du-Gard, élève à l'École militaire de Paris (12 septembre 1782), parti de l'Hôtel le 10 décembre 1784, sous-lieutenant au régiment de Bourbon-dragons (15 mai 1785), honoré du titre de citoyen d'Amiens (22 février 1790), démissionnaire (1er décembre 1791), arrêté le 5 mars 1794 et enfermé au fort de Saint-Hippolyte, se fait nommer, sous la première Restauration, commandant des ville et fort de Saint-Hippolyte (4 juin 1814), et, après avoir été destitué pendant les Cent-Jours (23 avril 1815), est réintégré dans ce poste par le duc d'Angoulême (15 juillet 1815). Il prétendit alors avoir émigré en Espagne; mais la commission des émigrés jugea que ses services étaient mal justifiés mal exposés, et lui refusa la croix de Saint-Louis.

CXXVII. Le Roy de Lenchères.

Jean-Annet Le Roy de Lenchères, né le 16 août 1767 à Bonneuil (arrondissement de Cognac), élève de Pontlevoy en 1777 et de l'École militaire de Paris (21 septembre 1782), nommé sous-lieutenant au régiment de Béarn par une lettre du 8 avril 1785 antidatée du 26 novembre 1784, parti de l'École militaire le 31 décembre 1784, donne sa démission le 15 septembre 1791, fait la campagne de 1792 à l'armée des princes avec les officiers de son régiment, et assiste à la défense de Maëstricht.

CXXVIII. Guéroult.

Louis-Alexandre de Guéroult, né le 30 janvier 1767 à Boissy-le-Sec (Eure-et-Loir), pensionnaire à l'École militaire de Paris le 1er octobre 1782, sous-lieutenant de remplacement aux dragons de la Reine (12 mai 1786), réformé à la formation du 1er mai 1788, replacé sous-lieutenant de remplacement (1er avril 1789), nommé sous-lieutenant (31 mars 1790), donne sa démission (8 juillet 1791), fait la campagne de 1792 à l'armée du duc de Bourbon, et celle de 1794 dans les uhlans britanniques sous les ordres du marquis de Bouillé. Il obtint, à la Restauration, la croix de Saint-Louis et le brevet de lieutenant daté du 12 mai 1793.

CXXIX. Du Garreau de Gresignac.

Gabriel du Garreau de Gresignac, né le 11 juillet 1769 à Saint-Yrieix, élève à l'École militaire de Paris le 1ᵉʳ octobre 1784, parti de l'Hôtel le 17 janvier 1788, sous-lieutenant au régiment de Béarn-infanterie (30 décembre 1787), donne sa démission en 1791, fait toutes les campagnes de l'émigration, et, après le licenciement de 1801, reste encore en Allemagne jusqu'à la fin de 1804, grâce à une pension que lui font les princes. Aussi, en 1815, devait-il « montrer beaucoup de dévouement ». Il obtint alors le brevet et la retraite de capitaine.

CXXX. Combes de Miremont.

Guillaume de Combes de Miremont, né à Saint-Bonet de Miremont le 31 décembre 1768, élève à l'Ecole militaire de Paris (3 octobre 1784), parti de l'Hôtel le 4 décembre 1786, sous-lieutenant au régiment de Béarn (25 mai 1787), sous-lieutenant de grenadiers (1ᵉʳ avril 1791), fait la campagne de 1792 à l'armée des princes, sert de 1793 à 1795 dans Loyal-Émigrant, en 1796 et en 1797 à l'armée de Condé dans la cavalerie noble, rentre dans son château de La Rochette à Miremont, obtient, au retour des Bourbons, le brevet de capitaine daté du 1ᵉʳ janvier 1796.

CXXXI. Droullin de Tanques.

Charles-Claude Droullin de Tanques, né le 24 octobre 1767 à Argentan (Orne), élève à l'École militaire de Paris (7 septembre 1783), parti de l'Hôtel le 14 juillet 1785, sous-lieutenant de remplacement au régiment d'Enghien, compagnie Dudemaine (24 juin 1785), sous-lieutenant en pied, compagnie de Grammont (25 septembre 1786), adjudant-major (15 septembre 1791), rejoint l'armée de Condé à Worms au mois d'octobre 1791 et fait toutes les campagnes de l'émigration. Il reçoit au retour des Bourbons le brevet de capitaine, daté du 24 juin 1796.

CXXXII. Gohin de Montreuil.

Jean-Pierre Gohin de Montreuil, né le 6 avril 1768 à Paris, pensionnaire à l'Ecole militaire de Paris (15 octobre 1783), parti de l'Hôtel le 20 avril 1786, sous-lieutenant de remplacement au régiment du Maréchal de Turenne (21 avril 1786), réformé en cette qualité par ordonnance du 17 mars 1788, cadet-gentilhomme au même régiment (27 mai 1789), sous-lieutenant (1ᵉʳ novembre 1789), abandonne (12 janvier 1792), fait la campagne de 1792 à l'armée des princes avec les officiers de son régiment, prend part à la défense de Maëstricht en 1793, sert dans la légion britannique de 1795 à la fin de 1797.

CXXXIII. Broc.

Le marquis Alexandre de Broc de la Ville-au-Fourrier, né le 7 août 1770 à Vernoil-le-Fourrier (Maine-et-Loire), pensionnaire à l'École militaire de Paris (8 novembre 1784), sous-lieutenant, émigre en 1791, appartient de 1792 à 1801 à la cavalerie noble de l'armée de Condé.

CXXXIV. Beaurepaire.

Joseph-Claude-François, comte, puis marquis de Beaurepaire, né le 11 avril 1769 à Beaurepaire, bailliage de Chalon-sur-Saône, pensionnaire à l'École militaire de Paris (1er avril 1783), sorti de cet établissement le 14 mai 1785, nommé sous-lieutenant de remplacement d'abord aux chasseurs de Gévaudan (21 août 1786), puis aux chasseurs de la Normandie (15 mai 1788), émigre, sert trois ans dans l'armée du duc de Bourbon, assiste au siège de Maëstricht, et, après avoir appartenu à la cavalerie commandée par le comte de La Châtre, passe dans le régiment des hussards de Salm. Breveté capitaine (27 janvier 1815), avec rang du 21 août 1797.

CXXXV. Broé.

Jacques-Germain de Broé, fils d'un premier commis aux finances, né à Paris le 23 août 1770, pensionnaire à l'École militaire de Paris (11 octobre 1784), sorti de l'Hôtel le 20 décembre 1786, sous-lieutenant de remplacement au régiment de cavalerie Royal-Bourgogne (23 mai 1787), émigre au mois de novembre 1791 et fait la campagne de 1792 comme volontaire dans la compagnie de cavalerie Royal-Bourgogne à l'armée de Condé, les campagnes de 1794 et de 1795 comme cadet-gentilhomme dans le régiment de Choiseul, les campagnes de 1796 et de 1797 comme volontaire dans les hussards de Damas.

CXXXVI. Clerembault de Vendeuil.

Albert-Louis Clerembault de Vendeuil, né à Paris le 2 septembre 1769, pensionnaire à l'École militaire de Paris (1er avril 1784), sorti de l'Hôtel le 20 avril 1786, sous-lieutenant de remplacement (1er juin 1786) au régiment d'Orléans-dragons, sous-lieutenant (1er avril 1791), lieutenant (15 septembre 1791), émigre, fait les campagnes de 1792 et de 1793 comme aide de camp du commandant de la légion de Mirabeau, obtient un congé au mois de janvier 1794, passe en France, se laisse prendre, mais s'échappe à la fin de 1795 et rejoint l'armée de Condé pour assister aux campagnes de 1796 et de 1797 dans la légion de Damas. Il eut le brevet de capitaine, daté du 1er juillet 1797.

CXXXVII. Quelen du Plessis.

César-Auguste-Marie Quelen du Plessis, né le 13 avril 1769, pensionnaire à l'École militaire de Paris (1er octobre 1783), entre comme sous-lieutenant de remplacement au régiment des chasseurs à cheval de Guyenne (3 octobre 1785), émigre, appartient à la compagnie des officiers de chasseurs et de hussards dans l'armée de Condé (1791-1792), passe comme volontaire à la légion de Mirabeau (1793), devient sous-lieutenant de hussards (1796), puis capitaine dans le même corps (1797), et termine ses campagnes d'émigration, jusqu'au licenciement de 1801, dans le régiment des dragons d'Enghien.

CXXXVIII. Saporta.

Louis-Pierre-Nolasco-Félix-Balbo de Saporta, né le 6 juin 1771 à Apt, pensionnaire à l'École militaire de Paris (30 avril 1784), parti de l'Hôtel le 28 mai 1786, sous-lieutenant aux dragons d'Angoulême (6 juin 1786), émigre en 1791, fait la campagne de 1792 à l'armée des princes, quitte le service à la suite d'une chute, reste auprès de Louis XVIII à Turin et à Vérone en 1794 et en 1795, sert de nouveau de 1796 à 1798 dans les chasseurs de Bussy, obtient le brevet de capitaine daté du 6 juin 1798.

CXXXIX. Visdelou de Bedée.

Louis-Hyacinthe-Charles-Auguste Visdelou de Bedée, né le 10 janvier 1769 à Rennes, pensionnaire à l'École militaire de Paris (12 octobre 1784), parti de l'Hôtel le 13 octobre 1783, sous-lieutenant de remplacement dans Dauphin-dragons (6 juillet 1786), rejoignit au 1ᵉʳ août 1791 l'armée de Condé où il fit les campagnes de 1792 et de 1793 dans la cavalerie noble. En 1794 et en 1795, il servait dans les hussards de Rohan. Sous la Restauration, il vivait au château du Colombier, près de Moncontour (Côtes-du-Nord).

CXL. Bésolles de Cauderoue.

Jean-Baptiste-Armand, comte de Bésolles de Cauderoue, né le 3 octobre 1769 à Vic-Fezensac (Gers), pensionnaire à l'École militaire de Paris (9 avril 1783), sous-lieutenant de remplacement au régiment de Chartres (19 juin 1786), sous-lieutenant (3 mars 1788), fait en Espagne les campagnes de 1793 et de 1794, rejoint l'armée de Condé au mois de mars 1796 et, blessé à Oberkamlach, reste jusqu'à la fin de 1801 au dépôt. Au retour des Bourbons, il envoie à la commission des grades la copie d'un brevet de major daté du 7 novembre 1791; mais, répond-on, « il était sous-lieutenant en émigrant; comment aurait-il été fait major ? » il objecte que la copie de son brevet a été certifiée par Du Bouzet; mais on le requiert d'envoyer l'original qu'il n'envoie pas. Il n'eut que la croix de Saint-Louis et n'obtint pas de grade.

CXLI. Collas de La Baronnais.

Louis-Pierre Collas de la Baronnais, né à Saint-Enogat, près Saint-Malo, le 3 juillet 1767, élève à l'École militaire de Paris (21 septembre 1782), parti de l'Hôtel le 24 mars 1785, sous-lieutenant aux chasseurs des Cévennes (du 24 septembre 1784), lieutenant en second (26 février 1788), « déserte » le 4 mai 1792, et sert successivement comme fourrier dans la compagnie du chevalier Scot, au bataillon de la coalition de Bretagne (1792), comme sergent dans le corps que le marquis du Dresnay commandait à Jersey (1793-1794), comme sous-lieutenant dans le régiment que Du Dresnay leva et mena à Quiberon (1795), comme aide-major dans la division de La Baronnais où il commanda quelque temps une colonne mobile (de novembre 1795 au commencement de 1797). Arrêté en 1798 et emprisonné à Rennes par ordre du général Moulin, le futur Directeur, il fut relâché et mis en surveillance jusqu'à 1800.

CXLII. Pluviers de Saint-Michel.

Louis-Marie Pluviers de Saint-Michel, né à Montpellier le 3 novembre 1767, élève à Tournon, puis à l'École militaire de Paris (26 octobre 1783), parti de l'Hôtel le 11 octobre 1786, sous-lieutenant au régiment de Navarre (11 octobre 1787), lieutenant (15 septembre 1791), émigre au cantonnement d'Ath, fait la campagne de 1792 dans la compagnie des officiers de Navarre, prend part en 1793 à la défense de Maëstricht, devient adjudant de Cobourg et de l'archiduc Charles; il a, disait Solémy, « usé de tous les moyens en son pouvoir pour faire bien soigner les blessés et les prisonniers français », et Bouthillier assure qu'il « a toujours conservé le caractère d'un bon et loyal gentilhomme français en cherchant à être utile à tous ses compatriotes ». Il eut un brevet de capitaine, daté du 1ᵉʳ janvier 1795.

CXLIII. L'Église de Félix.

Casimir-Scipion-Marie de l'Église de Félix, né le 14 août 1769 à Sarrians (Vaucluse), élève à l'École militaire de Paris (29 septembre 1783), parti de l'Hôtel le 21 mai 1786, sous-lieutenant au régiment d'Aunis (12 mai 1786), lieutenant (15 septembre 1791), obtient en 1792 un congé indéfini pour aller à la recherche de La Pérouse, entre dans la marine portugaise et regagne la France en 1802. La commission des émigrés lui donna le brevet de capitaine, daté du 14 août 1796.

CXLIV. La Lande de Vernon.

Pierre-Nicolas-Antoine de La Lande de Vernon, fils d'un capitaine d'infanterie, seigneur de Marbache et Saizerais, né le 16 septembre 1769 à Nancy, élève à l'École militaire de Paris (15 octobre 1784), sous-lieutenant en pied à Royal-Picardie-cavalerie (21 septembre 1787), émigré, fait la campagne de 1792 en Champagne, celles de 1793 et de 1794 en Hollande, celles de 1795, de 1796, de 1797, à l'armée de Condé, celles de 1799, de 1800 et de 1801 en Italie. Breveté capitaine du 1ᵉʳ novembre 1795.

CXLV. Puységur.

Pierre-Gaspard-Herculien de Chastenet de Puységur, fils d'un brigadier des armées du roi et colonel de Vivarais, né le 8 août 1769 à La Rochelle, pensionnaire à l'École militaire de Paris (1ᵉʳ avril 1784), sorti de l'Hôtel le 26 juin 1786.

CXLVI. Maussabré de Gastesouris.

Maussabré de Gastesouris (Henri), né le 29 août 1767 à Montchevrier (Indre), élève à l'École militaire de Paris (10 septembre 1783), renvoyé à ses parents (14 février 1786) à Gastesouris près Argenton, agrégé aux gardes du corps du roi dans la compagnie du duc de Grammont durant la campagne de 1792, volontaire aux hussards de la légion de Mirabeau en 1793, cadet aux hussards de Choiseul à la solde anglaise en 1794 et en 1795, sous-lieutenant au régiment de Mortemart (24 décembre 1797), officier durant dix-huit ans sous les gouverneurs Dalrymple et Doyle dans une compagnie d'émigrés armée pour la défense de Guernesey, nommé par les Bourbons chef de bataillon à la légion de la Sarthe, mort à Chartres le 19 avril 1816.

CXLVII. Aucapitaine.

Louis Aucapitaine de la Bernardière, né le 8 juillet 1766 à Vic-sur-Aubois, dans l'Indre, élève à l'École militaire de Paris (6 septembre 1782), parti de l'Hôtel le 22 août 1785, sous-lieutenant au régiment de Bric (29 juillet 1785), lieutenant (15 septembre 1791), émigré et inscrit le 26 septembre 1791 au cantonnement d'Ath, prend part à l'expédition de Champagne en 1792, devient sous-lieutenant en 1794 au régiment de Castries, fait la campagne de Portugal et, après avoir été réformé en 1802 à la paix, entre en 1803 dans la compagnie de vétérans étrangers commandée par le vicomte de Gouvello, où il est nommé caporal en 1811 et demeure jusqu'au 1ᵉʳ octobre 1814. A son retour en France, il obtient le brevet de chef de bataillon daté du 19 juillet 1811 et la retraite de ce grade.

CXLVIII. Auboutet de la Puiserie.

Victor-Jérôme d'Auboutet de la Puiserie, né le 12 novembre 1768 au Blanc (Indre), élève à l'École militaire de Paris (5 octobre 1784), parti de l'Hôtel le 17 février 1786, sous-lieutenant au régiment d'Orléanais-cavalerie, depuis Royal-Guyenne (31 janvier 1786), lieutenant (7 juin 1789), démissionne le 25 janvier 1792.

CXLIX. La Haye-Montbault.

François-René de la Haye-Montbault, né au château de la Vergne-Beauvais, près Saint-Sauveur de Givre-en-Mai (Deux-Sèvres) le 20 septembre 1768, pensionnaire à l'École militaire de Paris le 3 avril 1783, sous-lieutenant de remplacement au régiment de Penthièvre-dragons (30 juin 1790), émigre en 1791, fait la campagne de 1792 dans les dragons des princes à l'avant-garde, sert en qualité de cadet volontaire au corps-franc des chasseurs de Le Loup (1793-1794), reçoit une blessure à l'affaire de Marchiennes, passe en Angleterre (1795), puis en Vendée, et, sous la Restauration, obtient le grade de chef d'escadron (18 décembre 1816, avec rang du 11 novembre précédent).

CL. Forbin de Gardanne.

François-Auguste-Fortuné Forbin de Gardanne, né le 1ᵉʳ mars 1769 à Marseille, élève des Écoles militaires parce que sa famille comptait huit enfants et n'avait que 2 500 livres de rente, élève à l'Ecole militaire de Paris (14 septembre 1784), parti de l'Hôtel le 2 juillet 1785, sous-lieutenant au régiment de Soissonnais (20 mai 1785), abandonne au 12 janvier 1792, fait la campagne de 1792 à l'armée des princes et toutes les campagnes de l'armée de Condé jusqu'à 1801. Chef de bataillon de la garde nationale de Marseille (10 janvier 1810), nommé par Gouvion chef de légion (5 avril 1813), il acclame les Bourbons en 1814 et en 1815. Chef de bataillon au 5ᵉ régiment d'infanterie de la garde royale (23 octobre 1815), major (14 janvier 1818), breveté lieutenant-colonel de ligne (23 octobre 1819), il meurt le 6 juillet 1823. Il était chevalier de Saint-Louis (1ᵉʳ avril 1815) et chevalier de la Légion d'honneur (25 avril 1821).

CLI. Quarré de Chelers.

Joseph-Jean-Alexandre Quarré de Chelers, né à Noyon le 1ᵉʳ janvier 1768, pensionnaire à l'École militaire de Paris (1ᵉʳ octobre 1783), sous-lieutenant au 2ᵉ régiment de carabiniers (26 décembre 1788), donne sa démission à Strasbourg le 15 juillet 1791, fait la campagne de 1792 comme brigadier des gardes du corps de Monsieur, remplit des missions en Allemagne et en Italie par ordre du roi jusqu'en 1797, séjourne à Wolfenbüttel (1798-1800), rejoint l'armée royaliste de l'Ouest (1800), fait sa soumission à Caen entre les mains de Gardanne (6 avril 1800), regagne le Brunswick où il passe l'année 1801, revient en France, accepte le grade de capitaine dans la légion de Saint-Pol (1807-1811) et de chef de cohorte dans la garde nationale du Pas-de-Calais (1812-1813), obtient de la commission des émigrés le grade de capitaine pour prendre rang du 1ᵉʳ octobre 1797, et, le 23 novembre 1815, grâce sans doute à son beau-frère, le duc de Fleury, est nommé sous-lieutenant aux gardes du corps dans la compagnie de Luxembourg, avec brevet de lieutenant-colonel.

CLII. Sanzillon.

Étienne-Gédéon de Sanzillon, né le 20 novembre 1769, élève à Rebais et à l'École militaire de Paris (5 octobre 1784), quitte l'Hôtel le 4 octobre 1786 pour être sous-lieutenant de remplacement aux chasseurs à cheval du Hainaut (30 décembre 1786), devient sous-lieutenant en pied (1ᵉʳ mai 1787), assiste à l'affaire de Nancy (31 août 1790), émigre en 1791, sert à l'avant-garde de l'armée des princes en 1792 dans la brigade de Monsieur, rejoint le corps de Condé (7 mai 1793), appartient à la cavalerie noble (1793-1795), au régiment des chasseurs à cheval de Noniville (1706-1797), au régiment des dragons d'Enghien (1797-1801). Le 24 octobre 1797 il avait reçu du duc de Berry le brevet de capitaine de cavalerie. Au retour des Bourbons, il fut successivement sous-lieutenant des gardes de Monsieur (1er mars 1815), chef d'escadron au régiment de Dauphin-cuirassiers, colonel de la 1re légion de gendarmerie royale.

CLIII. Lettre du duc d'Enghien à Sanzillon.

Sanzillon avait reçu, au licenciement de 1801, une lettre du duc d'Enghien qui mérite d'être reproduite :

« Je ne puis qu'approuver, Monsieur, le projet que vous avez formé d'entrer au service de Naples. La dissolution du corps de Condé ne nous laissant pour le moment aucun moyen d'être utile au roi et à la monarchie, il n'y a rien de mieux à faire que de chercher à être employé sous les drapeaux d'un Bourbon qui s'est couvert de gloire même dans ses malheurs. Autant je vous engage à suivre ce plan, autant je regrette de ne plus vous avoir sous mes ordres. Je dois ce témoignage à votre excellente conduite, à la pureté de vos principes, à votre zèle et à vos talents militaires. J'apprendrai avec plaisir tout ce qui pourra vous intéresser dans la nouvelle carrière que vous allez parcourir ; j'en ai déjà beaucoup à espérer qu'un jour vous me fournirez les occasions de vous être de quelque utilité. Comptez, Monsieur, sur ma bonne volonté et sur les sentiments d'estime et d'amitié que vous m'avez inspirés. »

Louis-Antoine-Henry de Bourbon

CLIV. Mesnard.

Louis-Charles-Bonaventure, comte de Mesnard, né le 18 septembre 1769 à Luçon, pensionnaire à Vendôme, puis à l'École militaire de Paris (13 octobre 1784), sorti de l'Hôtel le 9 août 1786, sous-lieutenant de remplacement au régiment de Conti-dragons (1er février 1789), émigré, agrégé aux gardes du corps de la compagnie de Grammont, capitaine au régiment de Périgord à la solde anglaise (1er juillet 1794), prend part aux campagnes de Hollande (1794-1795) et à l'expédition de Quiberon, devient en 1795 aide de camp du duc de Berry et reçoit le 1er janvier 1810 le brevet de colonel à la suite des dragons. Nommé, au retour des Bourbons, colonel de l'état-major comme premier gentilhomme du duc de Berry (22 juin 1814), maréchal de camp (6 décembre 1814), aide de camp titulaire du duc de Berry (1er août 1817), inspecteur d'infanterie (1er juillet 1818), il commande le Loiret (29 avril 1820) et l'Eure-et-Loir (18 mai 1820). Attaché à la duchesse de Berry comme premier écuyer (20 décembre 1820), puis au duc de Bordeaux comme aide de camp (3 juillet 1822), pair de France en 1823, il fut admis au traitement de réforme le 1er septembre 1830 et déclaré démissionnaire le 30 mars 1833 pour refus de serment.

CLV. Les gardes du corps, camarades de Bonaparte.

Rosières, Thiéry, Battincourt, Chazeron, Castelpers et Talaru.

Rosières de Sorans (Gabriel-Joseph-Elzéar), né le 12 janvier 1770 à Besançon, pensionnaire (3 novembre 1783), sorti de l'Hôtel le 20 avril 1786, garde du corps à la compagnie de Beauvau, capitaine aux dragons de Durfort (11 juin 1786)

Thiéry, Battincourt et Chazeron appartinrent tous trois à la compagnie de Noailles.

Thiéry de la Cour (Joseph-Antoine), né à Ligny en Barrois le 2 avril 1768, élève (7 novembre 1783), parti de l'Hôtel le 23 octobre 1786, entre dans la compagnie le 29 octobre 1786, sur la présentation de son père, maréchal des logis de la même compagnie, passe comme sous-lieutenant aux dragons de Noailles (7 juin 1789) et donne sa démission le 17 avril 1791.

Battincourt (Jean-Louis-Camille de), né à Lunéville le 2 octobre 1770, élève (15 octobre 1784), parti de l'Hôtel le 16 octobre 1786, entre dans la compagnie le 23 décembre 1786, présenté par le prince de Poix.

Monestay de Chazeron (Pierre-Antoine-Octavien-Aimé), né au château de Forges, diocèse de Bourges, généralité de Moulins, le 17 août 1770, pensionnaire à l'École militaire de Paris du 8 octobre 1784 au 3 mars 1787, entre à la compagnie le 11 mars 1787, sur la présentation du baron d'Auger, lieutenant dans la même compagnie, et obtient le 12 janvier 1789 une commission de capitaine.

Génibrouse de Castelpers (Jean-Louis-Marie de), né le 9 juillet 1769 à Devèze (Hautes-Pyrénées), pensionnaire (1er octobre 1783), sorti de l'Hôtel le 28 mars 1786, entre dans la compagnie écossaise (1er mars 1786) sur la présentation de son oncle, le comte de Mun, lieutenant chef d'escadron. Capitaine de cavalerie (28 mars 1789) lorsqu'il émigre, il fait la campagne de 1792 à l'armée des princes et les campagnes de Condé jusqu'à 1796. Blessé à Memmingen (9 août 1796), il reste au dépôt jusqu'à 1801. Nommé sous-préfet de Bagnères au retour des Bourbons, il remplit ces fonctions jusqu'au 2 avril 1815. La commission des émigrés lui donna le brevet (daté du 28 mars 1799) et la retraite de chef d'escadron.

Talaru (Louis-Justin-Marie, baron de), né le 1er septembre 1769, pensionnaire (31 mars 1783), reçu à la compagnie écossaise le 30 mars 1785, sous-lieutenant de remplacement à la Reine-infanterie (1er avril 1787), capitaine aux dragons de la Reine le 6 avril 1788, aide de camp du lieutenant général marquis de la Vaupalière en 1792, colonel de cavalerie (2 septembre 1814), maréchal de camp honoraire (28 mai 1823).

CLVI. Les officiers des gardes françaises, camarades de Bonaparte.

QUINEVILLE, DES TOUCHES, SAINT-GENIÈS, SAINT-MESMIN, CHAMPIGNY, GRÉAUME, MORSAN et MALARTIC.

Dancel de Quineville (Charles-Antoine-Michel), né le 13 juin 1770 à Quineville (Manche), pensionnaire (22 novembre 1784), enseigne surnuméraire (22 mai 1787), enseigne (26 octobre 1788).

Sochet des Touches (Adrien-Charles), né le 3 avril 1771 à Luçon, pensionnaire (3 octobre 1784), enseigne surnuméraire (14 octobre 1787), enseigne (31 mai 1789).

Gontaut de Saint-Geniès (Jean-Baptiste), né le 23 juin 1770 à Saint-Orse, élève (21 septembre 1784), parti de l'Hôtel le 22 septembre 1785, enseigne surnuméraire (31 juillet 1785), enseigne (30 décembre 1787), sous-lieutenant en second (31 mai 1789), mort le 19 août 1789.

Saint-Mesmin (Charles-Balthazar-Julien Fevret de Fontette de), né à Dijon le 12 mars 1770, fils d'un conseiller au parlement de Bourgogne, pensionnaire (1er avril 1784), enseigne surnuméraire (8 mai 1785), enseigne (27 avril 1788), émigre en juillet 1790, fait la campagne de 1792 comme lieutenant des hommes d'armes à pied, rentre en 1814 et obtient le grade de lieutenant-colonel, daté du 1er mai 1792.

Bochart de Champigny (Amable-Jean-Conrad), seul fils du marquis de Champigny, lieutenant général et grand-croix de l'ordre de Saint-Louis : né le 17 mai 1770 à Paris, pensionnaire (2 avril 1783), enseigne surnuméraire (8 mai 1785), enseigne (6 avril 1788), sous-aide-major au corps des hommes d'armes à pied, passe en 1795 à la Martinique où il sert comme capitaine dans les milices jusqu'à 1805. La commission des émigrés lui donna le grade de lieutenant-colonel.

Gréaume (Alexandre-Prosper-Marie de), né à Pezay-le-Sec (Vienne) le 31 juillet 1770, fils d'un brigadier des armées du roi, élève (28 septembre 1784), parti de l'Hôtel le 8 décembre 1785, sous-lieutenant à Picardie-infanterie (1er novembre 1785), enseigne surnuméraire (5 février 1786), enseigne (15 juin 1788), émigre en 1791 et sert en 1792 comme lieutenant au corps des hommes d'armes, en 1793 et en 1794 dans le régiment de Broglie, en 1795 et en 1797 dans la compagnie noble n° 7 à l'armée de Condé. Pomu colonel d'infanterie le 15 mai 1816 pour prendre rang à partir du 1er février 1797, prévôt du département de la Vienne (27 mars 1816-25 mai 1818), placé à la suite de l'état-major général de l'armée d'Espagne (15 mai 1823), il est mis en réforme le 3 août 1825.

De Sens, marquis de Morsan (Abdon-Antoine-Alexandre), né à Paris le 5 avril 1770, pensionnaire (5 avril 1783), enseigne surnuméraire (5 mai 1786), enseigne (4 septembre 1788), émigre et fait la campagne de 1792 comme lieutenant dans la compagnie de Thuisy des hommes d'armes à pied. En 1795 il participe à l'expédition de Quiberon dans les cadres d'Oilliamson (compagnie de Blangy) où il sert jusqu'à la fin de 1796. A la Restauration il est lieutenant-colonel pour prendre rang du 1er mars 1792, et lieutenant de roi à La Fère (18 août 1816). Mais il cesse ses fonctions au bout de deux ans (22 novembre 1818) et, bien que nommé lieutenant de roi à Bellegarde (29 septembre 1824) et major de place à Brest (16 août 1826), ne rejoint ni l'un ni l'autre de ces postes; il a, en somme, joui du traitement de réforme de la fin de 1818 à la fin de 1830.

Malartic de Montricoux (Louis-Hippolyte-Joseph de), né le 28 février 1769 à Montauban, pensionnaire (5 avril 1783), enseigne surnuméraire (9 janvier 1785, mais son service ne compte que du 28 février suivant, où il atteint seize ans d'âge), enseigne (6 avril 1788), sous-lieutenant en second (10 juillet 1789), passe en Amérique avec l'autorisation du roi (17 avril 1790) et y sert comme aide de camp du général Sinclair dans la guerre contre les Anglais et les sauvages, leurs auxiliaires. Il rejoint ensuite l'armée des princes sur les bords du Rhin, devient lieutenant dans le corps des hommes d'armes à pied (10 juillet 1792), passe au régiment de Salm-Kirbourg (décembre 1792-15 mars 1794), au régiment de Hompesch, jusqu'au licenciement de cette troupe à la solde anglaise (1er avril 1798), à l'armée de l'Ouest jusqu'en 1800. Nommé maréchal de camp le 30 décembre 1814 pour tenir rang du 4 juin précédent, il commande divers départements, entre autres la Mayenne et le Nord. Mis en disponibilité (5 août 1830) et au traitement de réforme (1er novembre 1831), il meurt du choléra le 20 juillet 1832.

CLVII. Le Clerc de Juigné.

Jacques-Gabriel-Olivier Le Clerc de Juigné, né à Paris le 19 novembre 1769, pensionnaire à l'École militaire de Paris (3 novembre 1784), parti de l'Hôtel le 29 août 1786, sous-lieutenant de remplacement au régiment de Bourbonnais-infanterie (8 juillet 1786), capitaine au régiment de cuirassiers (6 avril 1788), émigre (30 septembre 1791), fait la campagne de 1792 à l'armée des princes et assiste en 1793 au siège de Maestricht. Il cesse de servir le 1er juillet 1793. Nommé gendarme d'ordonnance (14 octobre 1806) et successivement lieutenant en premier des gendarmes d'ordonnance (4 novembre 1806), lieutenant de cuirassiers (16 juillet 1807), lieutenant au 9e régiment (18 septembre 1807) et capitaine au 1er régiment de même arme (12 juillet 1808), il fait quatre campagnes en Allemagne. « C'est cet officier, écrit alors Clarke, qui a été désigné par le gouverneur général de Berlin pour se rendre à Thorn par ordre de l'empereur lors de la bataille d'Eylau afin de rendre compte des événements militaires

Il s'est acquitté de cette commission avec une rare sagacité. Il a été envoyé dernièrement en mission en Portugal par le ministre de la guerre et a rempli cette mission avec beaucoup d'intelligence. » A cause du délabrement de sa santé, Juigné donna le 21 janvier 1810 sa démission qui fut acceptée le 23 octobre suivant. Pourtant, le 20 septembre 1815, il se laissa nommer par le maréchal Gouvion Saint-Cyr chef d'escadron attaché à l'état-major de la garde nationale et ce grade lui fut confirmé par une ordonnance royale du 17 juillet 1816. Mis en non-activité (1er décembre 1817), il déclara qu'il renonçait définitivement au service et obtint encore cinq ans du traitement de réforme, à compter du 1er juillet 1818.

CLVIII. Forbin Labarben.

Claude-Melchior-Joseph-François de Paule-Palamède de Forbin Labarben, né à Aix le 15 mai 1769, pensionnaire à l'École militaire de Paris (22 avril 1783), sous-lieutenant à la suite aux carabiniers de Monsieur (1er mai 1785), sous-lieutenant (4 avril 1788), fait la campagne de 1792 à l'armée des princes avec les officiers de son corps. Lieutenant en premier de la 4e compagnie des gendarmes d'ordonnance (22 janvier 1807), capitaine de la 6e compagnie (2 avril 1807), capitaine au 24e dragons (10 septembre 1807) et adjoint à l'état-major général du 1er corps d'observation de la Gironde (28 octobre 1807); nommé à Lisbonne par Junot, commandant du deuxième bataillon du 2e régiment d'élite (20 avril 1808), blessé et pris à Vimeiro (21 août 1808), rentré sur parole des prisons d'Angleterre (20 janvier 1811), proposé par le ministre chef de bataillon au 30e de ligne et rayé par Napoléon qui se réserve de prononcer plus tard (10 septembre 1811), passé capitaine au 4e cuirassiers (13 février 1813, pour prendre rang du 2 avril 1807), il ne rejoint pas pour cause de maladie, entre avec le même grade au 4e régiment des gardes d'honneur, et donne sa démission qu'il obtient le 6 novembre 1813. Ce fut en vain qu'il demanda sous la Restauration un emploi dans la cavalerie.

CLIX. Girardin de Brézy.

Il y avait deux Girardin à l'École militaire. Le cadet, Amable-Ours-Séraphin, né le 2 juin 1769, pensionnaire à l'Hôtel (5 avril 1783), sous-lieutenant de remplacement au régiment de Neustrie-infanterie (18 avril 1785), sous-lieutenant à Royal-Lorraine-cavalerie (22 mai 1785), passé aux chasseurs à cheval de Lorraine (19 février 1789), démissionnaire en 1790 et meurt sous la Révolution, après avoir été, comme ses deux frères Louis et Stanislas, emprisonné à Sézanne. L'aîné, Alexandre-François-Louis de Girardin de Brégy, né le 16 août 1767, pensionnaire à l'Hôtel (5 avril 1783), sous-lieutenant de remplacement au régiment de Neustrie-infanterie (18 avril 1785), puis au régiment de Chartres-dragons (27 mai 1785), sous-lieutenant titulaire (20 septembre 1786), capitaine réformé (9 mars 1788), passé au régiment de cavalerie d'Orléans, devenu le 13e (1er juin 1789), a renoncé le 25 mars 1791.

CLX. Saint-Paulet.

Pierre-Antoine-Blaise-Gautier de Saint-Paulet, né le 3 février 1769 à Carpentras, élève à l'École militaire de Paris (5 octobre 1784), parti de l'Hôtel le 29 septembre 1786, sous-lieutenant au régiment d'Auvergne-infanterie (3 octobre 1786), abandonne en 1791, entre aux gardes du corps de Monsieur (1er janvier 1792-16 décembre 1796), et devient lieutenant-colonel à la suite du régiment des chasseurs de Malte (12 avril 1797-22 juillet 1798). Napoléon le nomma baron de l'Empire le 12 novembre 1811. Sous la Restauration, Saint-

Paulet devient capitaine et aide de camp du général Vedel (23 juin 1814), chef d'escadron de la gendarmerie royale, d'abord à la 15ᵉ légion à Limoges (5 septembre 1814), et ensuite (15 novembre 1815) à la légion du Rhône. Mais, lorsque sa femme est titulaire de l'entrepôt de tabac à Avignon, il cesse l'activité (31 août 1817) et il est remis au traitement d'expectative (1ᵉʳ décembre 1817).

CLXI. La Myre.

Alexandre-Joseph-Gabriel de la Myre, fils d'un lieutenant de roi de la Haute-Picardie et neveu d'un gentilhomme du prince de Condé, né le 23 avril 1771 à Tibermesnil, pensionnaire à l'École militaire de Paris (2 octobre 1784), parti de l'Hôtel le 8 octobre 1786, sous-lieutenant de remplacement au régiment d'infanterie de Conti (7 mai 1787), sous-lieutenant surnuméraire au régiment du Roi, compagnie de Compiègne (13 janvier 1788), émigre, prend part à la campagne de 1792 et rentre en France à la fin de 1795. Capitaine de la garde nationale d'élite de la Somme (7 octobre 1806), il fait en 1809 et en 1810 les campagnes dites de Boulogne et de l'île de Cadzand, et devient, à la nouvelle organisation du 5 avril 1813, chef de la 4ᵉ cohorte de son département. Sous la Restauration, il obtient de Monsieur l'emploi d'inspecteur-commandant des gardes nationales de l'arrondissement de Montdidier, mais le quitte après l'ordonnance royale du 30 septembre 1818. En 1820 il demande la croix de Saint-Louis; mais on lui répond que « ses services en émigration ne sont pas justifiés ».

CLXII. Barlatier de Mas.

Jean-Joseph Barlatier de Mas, fils d'un capitaine des vaisseaux du roi, né le 14 mai 1768 à Mas près Glandèves (Basses-Alpes), élève à Tournon et à l'École militaire de Paris (4 octobre 1784), est nommé le 2 juillet 1785 sous-lieutenant au régiment de Viennois et quitte l'Hôtel le 24 juillet suivant. Lieutenant au même régiment (15 juillet 1791), il donne sa démission. Le 27 avril 1811, il écrit à Lacépède pour lui demander la croix de la Légion d'honneur.

CLXIII. Montrond.

Claude-Philibert-Hippolyte de Mouret de Montrond, né à Besançon le 16 août 1770, pensionnaire à l'École militaire de Paris (14 avril 1784), parti de l'Hôtel le 11 avril 1786, sous-lieutenant aux dragons du Roi (18 juillet 1786), émigre en 1791. Administrateur du duché de Bénévent (1ᵉʳ juillet 1806), capitaine au 1ᵉʳ régiment des chasseurs napolitains (24 octobre 1808), capitaine aux chevau-légers de la garde (25 février 1809), chef d'escadron adjoint à l'état-major (2 novembre 1811), il demande le 7 avril 1815 le grade de colonel à Napoléon et sous la seconde Restauration le grade de maréchal de camp. Malgré l'appui de Talleyrand, il ne fut pas réadmis au service de France.

CLXIV. Marcillac.

Pierre-Louis-Alexandre de Cruzy, marquis de Marcillac, né à Vauban le 8 février 1769, pensionnaire à l'École militaire de Paris (15 avril 1783), sous-lieutenant de remplacement à Royal-Picardie-cavalerie en 1785, capitaine (6 avril 1788), émigré (cf. ses *Souvenirs de l'émigration* parus en 1825), se rallie à l'Empire qui le nomme sous-préfet à Villefranche d'Aveyron (21 avril 1812). Destitué sous les Cent-Jours (20 avril 1815), chargé (2 avril) par Vitrolles des fonctions de commissaire du roi dans l'Aveyron, il se rend le 15 juillet à Rodez pour prendre l'administration du département, et, sur le refus des autorités, redevient sous-préfet de Villefranche. Remplacé (28 août 1815), sur les plaintes du préfet, il rentre dans l'armée. Déjà confirmé colonel le 4 mars 1815 pour prendre rang du 1ᵉʳ janvier 1797, il est nommé colonel à l'état-major de la 1ʳᵉ division militaire (26 janvier 1816), mais ne tarde pas à être mis en non-activité (15 avril 1817) et à la demi-solde (1ᵉʳ juillet 1818). Lorsque éclate la guerre d'Espagne, il obtient d'être employé à la suite de l'état-major de l'armée des Pyrénées (1ᵉʳ mars 1823) et commande le quartier général de la 9ᵉ division; mais bientôt il est licencié avec solde de congé illimité (8 décembre 1823), puis avec solde de congé (1ᵉʳ octobre 1824). Il avait inutilement tenté de rentrer dans l'administration et sollicité en 1819 la préfecture de la Corse, en 1821 la sous-préfecture de Sceaux, en 1823 la sous-préfecture de Saint-Denis, en 1824 (comme neveu du feu duc d'Harcourt) une préfecture en Normandie. Il meurt à Paris le 28 décembre 1824.

CLXV. Oudan.

Louis d'Oudan, fils d'un écuyer officier des vaisseaux de la compagnie des Indes, né le 11 décembre 1767 à Lorient, élève (7 octobre 1782), parti de l'Hôtel le 5 mars 1785, sous-lieutenant au régiment Royal (28 janvier 1785), lieutenant (15 septembre 1792), capitaine (20 mai 1792), destitué (2 avril 1794).

CLXVI. Chabannes.

Marie-Pierre-Chrysogone de Chabannes, né le 26 juin 1768 à l'Isle-Jourdain, élève à l'École militaire de Paris (13 octobre 1783), parti de l'Hôtel le 23 juin 1786, sous-lieutenant à Lorraine-infanterie (26 mai 1786), lieutenant au bataillon de garnison du régiment de Navarre (14 octobre 1788), licencié (20 mars 1791), soldat au 72ᵉ régiment d'infanterie (22 mars 1792-1ᵉʳ avril 1793), brigadier au 24ᵉ régiment de chasseurs à cheval (3 mai 1794), réformé en fructidor an II.

CLXVII. Guillermin.

Marie-Gilbert Guillermin de Montpinay, né le 1ᵉʳ juin 1769 à Paray-le-Monial, élève à l'École militaire de Paris (3 octobre 1784), parti de l'Hôtel le 10 mai 1787, sous-lieutenant à La Fère-infanterie (29 juin 1787), lieutenant (18 décembre 1791), capitaine (1ᵉʳ mars 1792), chef de bataillon en 1793, reste en Corse (31 mai 1794) et passe volontairement, en l'an X, à Saint-Domingue où il est nommé par le général en chef Ferrand sous-lieutenant adjoint à l'état-major (1ᵉʳ août 1807), lieutenant (1ᵉʳ novembre 1807), capitaine (1ᵉʳ décembre 1808) et par le général en chef provisoire Barquier chef d'escadron (12 juin 1809). Rentré en France et remis par le ministre de la marine à la disposition du ministre de la guerre (22 septembre 1810), confirmé chef d'escadron par un décret du 17 février 1811, désigné pour être employé comme commandant d'armes en Espagne (20 mai 1812), major ou lieutenant-colonel (7 janvier 1815), attaché au dépôt de la guerre (23 septembre 1816), lieutenant-colonel au corps royal d'état-major (27 mai 1818), lieutenant-colonel au 63ᵉ régiment de ligne (4 août 1824), il fut mis au traitement de réforme le 23 novembre 1825.

CLXVIII. La Bruyère.

André-Adrien-Joseph de La Bruyère, fils d'un porte-étendard des gardes du corps du roi, né le 23 janvier 1768 à Donchery, élève à Rebais (2 mai 1779) et à l'École militaire de Paris (7 octobre 1782), parti de l'Hôtel le 12 juin 1786, sous-lieutenant au régiment de Bassigny (26 mai 1786), lieutenant (10 janvier 1792), capitaine (20 juin 1792), capitaine de grenadiers (20 décembre 1792) et commandant à Mayence le 2⁰ bataillon du 4⁰ régiment des grenadiers réunis, commandant (à la place de Vimeux, général de brigade, et de Beaupuy et de Saint-Sauveur, ses anciens, employés à l'état-major) le 32⁰ régiment, ci-devant Bassigny, du 26 juillet au 1ᵉʳ octobre 1793, nommé adjudant général chef de bataillon par Carrier et Merlin de Thionville (1ᵉʳ octobre 1793), adjudant général chef de brigade (2 février 1796), commandant à Belle-Isle-sur-Mer en l'an V et en l'an VI, commandant la subdivision du Morbihan (24 mai 1799), réformé le 19 août 1801, compris parmi les adjudants-commandants qui composent l'état-major général de l'armée (10 octobre 1801), remis en activité (14 décembre 1801), commandant le département de la Mayenne (6 janvier 1802) et celui d'Indre-et-Loire (24 octobre 1803), attaché à l'armée expéditionnaire aux ordres de Lauriston sur la flotte de Villeneuve (2 janvier 1805), commandant le département du Mont-Tonnerre (27 mai 1805), mandé à Boulogne à l'armée de Brune ou armée des côtes (31 août 1805), employé à la Grande Armée (2 novembre 1806), tué à la prise de Madrid (3 décembre 1808).

CLXIX. Lettre de La Bruyère à Bonaparte.

Paris, 15 fructidor an IX.

L'adjudant commandant La Bruyère, au Premier Consul.

Général consul,

Persuadé qu'un ancien élève de l'École militaire et votre contemporain, tant à Rebais qu'à Paris, pouvait s'adresser à vous avec confiance, pour réclamer ses droits, je me suis présenté à votre audience. Je sors d'une famille dont les ancêtres ont toujours servi l'État; on peut facilement s'en assurer dans les bureaux de la guerre. Trois de mes oncles ont été tués à l'affaire du Mein. Mon père, également ancien officier, a reçu plusieurs blessures, et a fini sa carrière au service. Orphelin dès mon bas âge, le gouvernement reconnaissant se chargea de mon éducation et me plaça en 1777 à l'âge de onze ans à l'École militaire de Rebais. J'en suis sorti pour entrer à celle de Paris. Je passai de là officier dans un régiment; j'y ai servi jusqu'en 1792 où l'on me donna à Mayence un bataillon de grenadiers. Vingt-cinq blessures que j'avais reçues dans plusieurs affaires, quatre chevaux tués sous moi et différentes actions d'éclat me firent obtenir le 10 vendémiaire an II le grade d'adjudant général. J'en ai rempli les fonctions jusqu'à ce jour et avec honneur. Le relevé ci-joint de mes services et les nombreux certificats dont je suis le porteur peuvent le prouver. L'éducation que j'ai reçue avant et pendant mon séjour à l'École militaire m'a mis à même de m'instruire dans la fortification, le dessin et les mathématiques; j'ai étudié le cours complet de Bossut; j'ai même remporté à Rebais des prix dans chacune de ces sciences. A Paris, j'ai appris trois ans et demi l'équitation, et lors de mon départ j'étais le plus fort pour monter les sauteurs. Les professeurs de l'École militaire qui sont actuellement à Paris peuvent rendre compte du degré de mon instruction. J'ai été quelque temps officier instructeur dans le 32⁰ régiment. J'ai rempli également les fonctions de quartier-maître. Le général divisionnaire Vimeux, qui est à Paris, peut le certifier. Tout cela réuni, citoyen général consul, me fait espérer que vous accueillerez favorablement la demande que je fais de rentrer en activité dans mon premier grade. Salut et respect,

LA BRUYÈRE.

[On lit en tête de la lettre : « Renvoyé au ministre de la guerre pour me faire un rapport. » Paris, le 2ᵉ complémentaire.

Le Premier consul, BONAPARTE.]

CLXX. Champeaux.

Pierre-Clément de Champeaux, fils d'Étienne de Champeaux et de Jeanne d'Arbois, né à Courban, près de Châtillon-sur-Seine le 24 mai 1767, élève à Tiron et à l'École militaire de Paris (15 septembre 1782), parti de l'Hôtel le 22 avril 1785, sous-lieutenant aux chasseurs des Cévennes (12 août 1785), puis aux chasseurs à cheval de Bretagne (6 mai 1788), lieutenant (19 avril 1792), capitaine des guides à l'armée du Rhin, puis capitaine (1er septembre 1792), chef d'escadron (8 octobre 1792) et chef de brigade (8 mars 1793) au 10e chasseurs à cheval, suspendu (8 novembre 1793) et interné à Auxerre, réintégré par Aubert Dubayet (2 février 1796) et par le Directoire (16 mars 1796) avec ordre de se retirer dans ses foyers, demandé par Bonaparte (lettres du 26 août 1796 et du 7 février 1797), chef de brigade du 7e hussards *bis* (22 janvier 1797), envoyé à l'armée d'Italie pour être à la disposition du général en chef (27 mars 1797), commandant à Grenoble la 22e division de gendarmerie formée des départements de l'Isère, du Mont-Blanc, de l'Ardèche et de la Drôme (10 juin 1797), commandant de la gendarmerie du quartier général de l'armée de réserve (6 mars 1800), général de brigade (9 mars 1800), blessé le 14 juin à Marengo, mort le 28 juillet à Milan. Cf. A. Chuquet, *L'expédition de Custine*, 70, et J. Charavay, *Les généraux morts pour la patrie*, 77-78.

De ses deux fils, l'un, Achille, qui périt en Espagne, était né à Autun le 22 novembre 1792; l'autre, Gaston, né à Autun le 8 mars 1795, élève à Saint-Cyr où il eut le grade de sergent-major (3 avril 1814), nommé garde du corps dans la compagnie de Raguse sur la recommandation de Marmont (16 juin 1814), capitaine au 44e (1er avril 1827), démissionne (17 avril 1828) pour rétablir les affaires de sa famille et demande vainement sa réintégration dans l'armée en 1835.

L'oncle du général, l'abbé Edme-Georges Champeaux de Vauxdimes, né à La Chaume (Côte-d'Or), le 12 janvier 1761, chargé de 1785 à 1791 de la surveillance et direction des écoles à Langres, prieur-curé de Saint-Geosmes, se présente le 12 octobre 1792 au secrétariat du district de Langres et déclare qu'il se retire en Suisse pour satisfaire à la loi du 26 août précédent sur la déportation. Mais il rejoint l'armée de Condé où il remplit les fonctions d'aumônier jusqu'à 1798. On le trouve ensuite à Varsovie où il enseigne à de jeunes Français, dans un cours public, l'histoire littéraire et la morale. Le 25 août 1800, il écrit qu'il se soumet pleinement et sans réserve aux lois, et, sur la recommandation de Beurnonville, alors envoyé extraordinaire de la République en Prusse, il rentre à Saint-Geosmes « comme muni d'un titre de déportation ». Il est nommé le 28 janvier 1803 proviseur du lycée de Bordeaux et le 24 août 1809 recteur de l'Académie d'Orléans. Le 30 octobre 1815 il est admis à la retraite avec une pension de 3 000 francs. Il meurt le 25 mars 1830.

CLXXI. Souchet d'Alvimart.

Gaëtan-Octavien Souchet d'Alvimart était le fils d'un major de l'École militaire de Paris, retraité comme lieutenant-colonel de dragons, devenu après sa retraite gouverneur des pages de Louis XVI et secrétaire général militaire du comte de Provence, et guillotiné le 13 juillet 1794 pour avoir appelé « habit de singe », l'uniforme des gardes nationaux. Il avait deux frères cadets, l'un, Louis, qui devint colonel du 1er régiment de la garde royale et maréchal de camp, l'autre, Alphonse, officier d'artillerie et aide de camp de son oncle, le général Desbruslys. Né le 13 mai 1770, élève à l'École militaire de Paris (28 septembre 1784), sous-lieutenant de remplacement aux dragons de la Reine (28 avril 1788), sous-lieutenant (1er avril 1789), Octavien Souchet d'Alvimart émigra. Au commencement de 1800, après son retour d'Égypte, il fait des reconnaissances à la frontière suisse. Nommé capitaine de cavalerie et adjoint à l'état-major (18 avril 1800), promu chef de brigade par Masséna (30 juillet 1800), il est confirmé chef d'escadron (6 septembre 1801) pour prendre rang du 14 juin 1800, puis attaché au général Leclerc à Saint-Domingue (30 octobre 1801) et envoyé par Rochambeau au ministre de la marine (31 mai 1803). Employé au camp d'Utrecht, il se voit, après une lettre de Marmont du 19 avril 1804, admis au traitement de réforme le 2 juin suivant. Mais, lors du passage de Napoléon à Mons, il présente un mémoire (1ᵉʳ septembre 1804) et le 17 septembre 1805 il reçoit l'ordre de se rendre à Strasbourg pour servir à l'état-major de la Grande Armée sous les ordres du major général. Absent de France, rayé des contrôles, il obtient pourtant une mission au Mexique. Arrêté à San Luiz de Potosi, enfermé à Ceuta, déclaré innocent par la décision unanime d'un conseil de guerre (16 août 1819) que le roi d'Espagne approuve ultérieurement (11 avril 1820), il est remis en liberté (2 mai 1820). Mais il eut beau dire que Joseph Bonaparte l'avait nommé lieutenant général, que ses brevets s'étaient perdus au Mexique, qu'il devait être lieutenant général au service de France : on lui répondit qu'il n'appartenait plus à l'armée française depuis 1806 et qu'une décision royale du 20 mai 1818 n'admettait plus aucune réclamation semblable.

CLXXI bis. Notes de sortie des Écoles militaires.

I

« M. Claude-Joseph-François de Beaurepaire a été reçu cadet-gentilhomme pensionnaire à l'École militaire par lettres du roi du 1ᵉʳ avril 1783. Il a obtenu le rang de sous-lieutenant dans les troupes par ordre du roi du 11 avril 1784, époque de sa quinzième année révolue, et sa famille l'a retiré de l'Hôtel le 14 mai 1785. Il paraît très susceptible de la sous-lieutenance de remplacement dans le régiment de chasseurs du Gévaudan pour laquelle il est proposé par M. le baron de Treffa. »

II

« Nous, César-Jean-Baptiste de Timbrune-Valence, lieutenant général des armées du roi, grand-croix commandeur des ordres de Saint-Louis et de Saint-Lazare, inspecteur général des Écoles royales militaires de France et gouverneur des ville et citadelle de Montpellier, certifions que M. Louis-Théodore de Labretesche, élève du roi à l'École royale militaire de Brienne, né le 16 avril 1771, a terminé son éducation dans ladite école et qu'il y a lieu d'espérer qu'il deviendra susceptible de remplir un emploi dans les troupes du roi. En foi de quoi nous lui avons délivré le présent certificat signé de nous et scellé du cachet de nos armes. Fait à Paris le 25 septembre 1790. »

Le chevalier DE REYNAUD,
en l'absence de M. DE TIMBRUNE.

CLXXI ter. Carrion-Nisas et Polignac.

On a dit que Carrion-Nisas avait connu Napoléon à l'École militaire; mais il entre le 11 mars 1782 à l'Hôtel et il est nommé le 29 septembre 1783 troisième sous-lieutenant au régiment de Commissaire-général-cavalerie. Quant à Armand, comte, puis duc de Polignac, qui prit part à la conspiration de Cadoudal, Napoléon lui fit grâce de la vie : « Nous nous sommes souvenu que [nous] avions été lié avec ce jeune homme au collège dans les premiers jours de l'enfance. » Or, Armand de Polignac, né le 15 janvier 1771, garde du corps surnuméraire le 17 mars 1783, capitaine de remplacement à La Reine-cavalerie le 15 janvier 1789, ne peut être que le Polignac qui est reçu pensionnaire à l'École militaire de Paris le 7 août 1786, près d'un an après le départ de Napoléon. Peut-être Polignac suivait-il les cours du manège lorsque Bonaparte était à l'Hôtel. Peut-être Napoléon, apprenant en 1804 que Polignac avait été à l'École militaire, s'est-il imaginé l'avoir connu.

CLXXII. Liste des camarades de Napoléon à l'École militaire de Paris.

Cette liste alphabétique contient les noms des cadets-gentilshommes, élèves et pensionnaires, qui se trouvaient en même temps que Napoléon à l'École militaire de Paris durant l'année scolaire ou scolastique 1784-1785. Elle cite simplement ceux qui sont déjà l'objet d'une notice et donne sur les autres le peu de renseignements qu'on a trouvés. Il ne suffisait pas, pour la dresser, de consulter le registre de l'École qui ne reproduit que les noms et les dates de réception et qui d'ailleurs présente d'inexplicables omissions (bien qu'en très petit nombre); il a fallu compulser nombre de contrôles, de comptes et de documents divers. Mais elle est à peu près complète. Elle ne mentionne pas les soixante-six cadets qui furent nommés à la fin de septembre et dans le cours d'octobre 1785; quelques-uns de ces « nouveaux » purent voir Bonaparte avant son départ, et le Corse reçu d'emblée lieutenant en second au corps royal de l'artillerie attira sûrement leur attention; mais ils n'eurent, ni eux ni lui, le temps de se connaître.

Achard de la Haye (Auguste), né le 1er décembre 1769, pensionnaire (1er octobre 1783), sous-lieutenant de remplacement à Royal-Pologne (24 juillet 1785), sous-lieutenant (1er octobre 1789), lieutenant (25 janvier 1792), démissionne le 23 juin 1792.

Amariton de Montfleury (Gabriel-Marie), né le 17 août 1769 à Ambert, élève à l'École militaire de Paris le 4 octobre 1784, parti de l'Hôtel le 30 octobre 1785, reçu le 41e sur 41 au concours des officiers de 1789, attaché à l'École de Strasbourg, second lieutenant au 1er régiment d'artillerie (1er avril 1791), a abandonné.

D'Anglars (pièce cii).

D'Arclais de Montamy (Marie-Joseph), né le 16 septembre 1768 à Montamy (Calvados), pensionnaire (13 octobre 1783), sous-lieutenant de remplacement au régiment de Chartres-dragons (26 décembre 1784), sous-lieutenant (24 mai 1785), abandonne le 3 juillet 1791 sans prêter le serment.

D'Assignies (Joseph-Marie-Louis-Bonaventure), né le 8 juillet 1770 à Douai, pensionnaire (8 octobre 1783), sous-lieutenant à Berry-infanterie (19 novembre 1787), a abandonné le 13 novembre 1790, chevau-léger sous la première Restauration, chevalier de Saint-Louis (14 février 1815).

D'Auboutet de la Puiserie (pièce cxlviii).

Aucapitaine (pièce cxlvii).

D'Aurelle des Cornais (Gilbert-Jean-Gabriel), né le 17 mars 1769, élève (3 octobre 1784).

Banyuls de Montferré (Pierre-Cayetan-Étienne-Camon-Louis-Raymond), né le 8 août 1768 à Perpignan, élève (20 septembre 1782), parti de l'Hôtel le 6 décembre 1784, sous-lieutenant de remplacement au régiment de Soissonnais (20 mai 1785), sous-lieutenant (1er avril 1786), abandonne le 12 janvier 1792.

Barlatier de Mas (pièce clxii).

Ballincourt (pièce clv).

Baudran (pièce xciv).

Baulat (Jacques-Guillaume de), né le 8 octobre 1767, élève (10 septembre 1783), parti de l'Hôtel le 4 janvier 1787, sous-lieutenant au régiment de Septimanie (27 juillet 1787), puis aux chasseurs d'Alsace (20 mai 1788), démissionne en 1791.

Beaurepaire (pièce cxxxiv).

Beauvais (Louis-Hubert de), né le 12 août 1768 à Sainte-Croix-sur-Buchy (Seine-Inférieure), élève (7 septembre 1783), parti de l'Hôtel le 2 octobre 1785 pour se rendre à l'École d'artillerie de Douai, reçu officier, le 35e sur 41, au concours de 1789, second lieutenant au 3e régiment d'artillerie (1er avril 1791). Cf. pièce xc.

Bernard de Montbrison (pièce cxviii).
Besolles de Cauderoue (pièce cxl).
Billouart de Kerlerec (pièce cxxiii).
Bochart de Champigny (pièce clvi).
Boisgérard (pièce cx).

Boudens de Vanderbourg (Louis-Auguste-Alexandre), né le 1er mars 1767 à Saintes, élève (12 septembre 1782), parti le 27 janvier 1785, sous-lieutenant au régiment de Vivarais (9 juillet 1785), a abandonné.

Broc (pièce cxxxiii).
Broé (pièce cxxxv).
Castres de Vaux (pièce xxiii).
Chabannes (pièce clxvi).
Champeaux (pièce clxx).
Chièvres d'Aujac (pièce c).
Circourt (pièce cxx).
Clérembault de Vendeuil (pièce cxxvi).
Clinchamps (pièce cvi).
Collas de la Baronnais (pièce cxli).
Combes de Miremont (pièce cxxx).
Cominges (pièce xxv).
Corvisart de Fleury (pièce cxxi).

Crochard de la Crochardière (Louis-Armand-André-René), né le 22 décembre 1768 à René (Sarthe), élève le 17 septembre 1784, rendu le 4 juin 1787 à sa famille, à Cheviré-le-Rouge, près Baugé.

Dalmas (pièce cvii).
Dancel de Quineville (pièce clvi).
Delpy de la Roche (pièce xcviii).
Desmazis (pièce xciii).

Des Vignes de Davayé (François-Charles-Albert-Marie), né le 25 décembre 1768 à Mâcon, élève (26 octobre 1783), parti de l'Hôtel le 29 novembre 1786, sous-lieutenant au régiment de Boulonnais (du 24 octobre 1786), lieutenant au 47e (28 octobre 1791), a abandonné.

Doria (Joseph-Louis-Ange), né le 5 décembre 1768 à Tarascon, pensionnaire (30 avril 1784), parti de l'Hôtel le 27 avril 1786, sous-lieutenant de remplacement au régiment de dragons Colonel-général (22 mars 1786).

Douhet d'Auzers (Jean-Louis), né le 22 juillet 1769, parti de l'Hôtel le 25 avril 1785, sous-lieutenant à La Fère-infanterie (dès le 28 juillet 1784), lieutenant (5 septembre 1791), a abandonné en 1792.

Droullin de Tanques (pièce cxxxi).

Du Bouzet (Alexandre-Jean-Joseph-Louis), né le 23 avril 1769, pensionnaire (7 avril 1784), sous-lieutenant à Bourbon-infanterie (2 décembre 1784), a abandonné.

Du Castaing des Taboissies (Émeric), né le 4 septembre 1768 à Cendrieux (Dordogne), élève le 13 octobre 1783, parti de l'Hôtel le 6 septembre 1786, sous-lieutenant à Bourgogne-infanterie (4 août 1786), lieutenant (1er janvier 1792), démissionne le 1er juillet 1792.

Du Garreau de Grésignac (pièce cxxix).

Du Moulin des Coutanceries (Jacques-Sylvain), né à Darnac (Haute-Vienne) le 17 mars 1770, élève le 15 septembre 1784.

Du Saulzet (Marie-Côme-Damien), né le 2 août 1767 à Fournols (Puy-de-

Dôme), élève à Effiat (3 novembre 1777) et à Paris (28 septembre 1783), parti de l'Hôtel le 4 décembre 1785, sous-lieutenant au régiment de Lyonnais (25 novembre 1785), abandonne le 1ᵉʳ juillet 1790.

D'Espiard (Louis-Philibert), né le 8 janvier 1767 à Liernais (Côte-d'Or), élève le 7 octobre 1782, parti de l'Hôtel le 8 mai 1785, sous-lieutenant à Berry-infanterie (26 mars 1785), sous-lieutenant de la compagnie de chasseurs (1ᵉʳ février 1789), a abandonné en 1791.

Fages-Vaumale (pièce CXII).
Fleyres (pièce XCV).
Forbin Labarben (pièce CLVIII).
Forbin de Gardanne (pièce CL).
Frévol de Lacoste (pièce CXIX *bis*).
Gassot de Rochefort (pièce CXVI).
Gautier de Saint-Paulet (pièce CLX).
Génibrouse de Castelpers (pièce CLV).
Girardin, frères (pièce CLIX).
Gohin de Montreuil (pièce CXXXII).
Gontaut de Saint-Geniès (pièce CLVI).

Grandoit (Louis-Alexandre), fils d'un avocat au Parlement, né le 15 décembre 1768 à Neuve-Grange (Eure), élève (30 septembre 1784), rendu à sa famille qui habitait Fry, dans la Seine-Inférieure (26 mars 1785), sous-lieutenant au régiment de Rohan-Soubise (3 août 1787), réformé par ordonnance du 17 mars 1788, mort en 1789.

Gréaume (pièce CLVI).
Guéroult (pièce CXXVIII).

D'Hautpoul (Joseph-Paul-Marie-Louise), né le 22 septembre 1770, pensionnaire (2 novembre 1784), parti de l'Hôtel le 19 septembre 1786.

Jacquelot de Moncets (Balthazar-Charles-Louis), né à Paris le 19 février 1770, élève (28 septembre 1784), parti de l'Hôtel le 2 novembre 1787, sous-lieutenant au régiment de Barrois (19 octobre 1787), lieutenant (12 janvier 1792), démissionne : propriétaire à Bar-le-Duc en 1827, père du général Ernest Jacquelot de Moncets.

Jacques de Gaches de Venzac de Neuville (pièce CV).
La Bruyère (pièce CLXVIII).
La Chevardière de la Grandville (pièce CXIV).
La Haye Montbault (pièce CXLIX).
La Lande de Vernon (pièce CXLIV).
Lallemant de Villiers (pièce CI).
La Myre (pièce CLXI).

Langon (Hugues-Alexandre de), né le 23 novembre 1769 à Grenoble, pensionnaire (30 septembre 1784), parti de l'Hôtel le 9 octobre 1786.

La Roque (Jean de), né le 18 octobre 1770 à Bordeaux, pensionnaire (4 octobre 1784), parti de l'Hôtel le 10 octobre 1786, sous-lieutenant de remplacement à Royal-Cravates (29 mars 1786).

La Touche (de), pensionnaire.
Laugier de Bellecour (pièce XXIV).
Le Clerc de Juigné (pièce CLVII).
L'Église de Félix (pièce CXLIII).
Le Roux du Feugueray (pièce CXXII).
Le Roy de Lenchères (pièce CXXVII).

Livet de Barville (Marc-Louis-Charles), né le 23 novembre 1767 à Bazoques (Eure), élève (7 septembre 1783), sorti de l'Hôtel le 13 mars 1786, sous-lieutenant de remplacement au régiment de Flandre-infanterie (24 février 1786), sous-lieutenant (15 mai 1787), lieutenant (15 novembre 1791), capitaine (1ᵉʳ avril 1792), abandonne le 1ᵉʳ avril 1793.

Lorus (François-Marie de), né le 13 août 1768, pensionnaire (3 avril 1783), sous-lieutenant de remplacement aux dragons d'Orléans (17 octobre 1787), sous-lieutenant (1ᵉʳ avril 1791).

Loynes d'Autroche de Gautray (Marie-Louis de), né à Orléans le 10 septembre 1770, pensionnaire (1ᵉʳ avril 1784), parti de l'Hôtel le 25 juin 1786, sous lieutenant de remplacement aux chasseurs des Évêchés (20 février 1788), puis aux chasseurs de Champagne (1ᵉʳ novembre 1789).

Lustrac (pièce CIV).
Malartic (pièce CLVI).
Marcillac (pièce CLXIV).

Marolles (Louis-Jean de), né le 7 septembre 1769 à Beaulieu, élève le 14 septembre 1784, parti de l'Hôtel le 17 mai 1787, sous-lieutenant de remplacement au régiment de Médoc (1ᵉʳ avril 1787).

Maussabré de Gastesouris (pièce CXLVI).
Maussabré de Saint-Mars (pièce CXVII).
Méry (Alexandre-Claude-Victor Du Fros de), pensionnaire (3 octobre 1782).
Mesnard (pièce CLIV).
Monestay de Chazeron (pièce CLV).

Monteynard (Juste-Henry-François de), né le 1ᵉʳ juin 1770 à Monfrin, pensionnaire (21 avril 1784), parti de l'Hôtel le 21 octobre 1786, sous-lieutenant pendant cinq ans au 9ᵉ régiment de chasseurs à cheval, sans y être attaché, aide de camp du maréchal de camp Martignac (25 juillet 1791).

Montmorency-Laval (pièce CXXIV).
Morot de Grésigny (pièce LXXX).
Moulon (pièce CXV).
Mouret de Montrond (pièce CLXIII).
Najac (pièce XCIX).

Nepveu de Bellefille (Jacques-Pierre-Daniel), né le 3 septembre 1768 au Mans, élève (15 septembre 1782), parti de l'Hôtel le 16 mai 1786 pour être sous-lieutenant au régiment de cavalerie Royal-Lorraine (28 avril 1786), a abandonné et a été remplacé le 25 janvier 1792.

Neyon de Soisy (pièce CIII).
D'Orcomte (pièce LXIX).
D'Oudan (pièce CLXV).

Pagany (Claude-Hugues-Louis-François de), né le 29 mai 1770 à Corbigny (Nièvre), fils d'un ancien capitaine au régiment de Hainaut et gouverneur de Corbigny, pensionnaire (6 octobre 1783).

Perrache d'Ampus (Alexandre-Benoît-Louis), né le 3 mai 1767 à Seyne (Basses-Alpes), élève (12 octobre 1783), parti de l'Hôtel le 17 mai 1785 pour être sous-lieutenant de remplacement au régiment de Soissonnais (du 2 mai 1785), sous-lieutenant en pied (10 juillet 1785).

Phélipeaux (pièce XCII).
Picot de Moras (pièce XLI).
Picot de Peccaduc (pièce XCI).
Pluviers de Saint-Michel (pièce CXLII).

Preissac (Pierre de), né le 6 janvier 1769 à Léogane, île de Saint-Domingue, pensionnaire (21 mars 1783), était fils de Henri de Preissac, vicomte de Cadillac, ancien major d'infanterie, et neveu de Charles de Preissac, marquis de Cadillac, maréchal de camp.

Prus-Jablonowski (Ladislas-François-Constantin de), né le 25 octobre 1769, pensionnaire (25 février 1783), sous-lieutenant à Royal-Allemand (8 janvier 1786), lieutenant (1ᵉʳ mai 1789), a abandonné.

Puniet de Cavensac (Étienne-Charles de), né le 24 mai 1768 à Cavensac, près Montcuq (Lot), élève (26 octobre 1783), reçu à l'École du génie de Mézières (1ᵉʳ janvier 1786), parti de l'Hôtel le 7 janvier avec Fages-Vaumale et La Chevardière, se noya dans la Meuse.

Puységur (pièce CXLV).

Quarré de Chélers (pièce CLI).
Quélen du Plessis (pièce CXXXVII).
Richard de Castelnau (pièce CVIII).
Rohan-Guéménée (Jules-Armand-Louis, prince de), fils de Henry-Louis-Mari de Rohan-Guéménée et d'Armande-Victoire-Josèphe de Rohan-Soubise, né Versailles le 20 octobre 1768, pensionnaire (23 novembre 1782), lieutenant e second à la suite de l'artillerie, capitaine réformé à Montmorency-dragon (6 avril 1788), capitaine de remplacement aux hussards de Lauzun (28 avril 1788)
Roquefeuil (Joseph-François de), né le 11 août 1767 au Truel, près Sainte Affrique (Aveyron), élève (20 septembre 1782), parti de l'Hôtel le 26 sep tembre 1785 avec ses effets et nippes et un viatique de 195 livres, 4 sols pou se rendre au Truel, et y attendre son placement dans les troupes du roi, sous lieutenant de remplacement à Franche-Comté-cavalerie (10 avril 1785), sous lieutenant au même régiment (30 décembre 1787), sous-lieutenant à Colonel général-hussards (20 mai 1788), a abandonné.
Rosières de Sorans (pièce CLV).
Rosset de Fleury, frères (pièce CXXV).
Roux d'Arbaud (Jacques-Louis-Rose de), né le 1er octobre 1768 à Saint-Pierre île Martinique, élève (7 octobre 1782), quitte l'Hôtel en juin 1785 pour accom pagner La Pérouse en qualité de volontaire.
Saint-Légier de la Saussaye (pièce CXVI).
Saint-Mesmin (pièce CLVI).
Sanzillon (pièce CLII).
Saporta (pièce CXXXVIII).
Sens de Morsan (pièce CLVI).
Seran d'Andrieu (Camille-Léonor de), né le 13 janvier 1771 à Andrieu, pen sionnaire (13 janvier 1784), sous-lieutenant de remplacement à Vermandoi (10 mai 1786), sous-lieutenant à Hainaut-infanterie (13 avril 1788), sous-lieute nant de la compagnie de grenadiers (1er novembre 1789), abandonne en 1790
Sochet des Touches (pièce CLVI).
Talaru (pièce CLV).
Tane (Antoine-Amédée-Vuillelme-Louis-Marie-Joseph de), né le 7 juin 1769 pensionnaire (7 juin 1782), sorti le 20 mars 1786, sous-lieutenant au régimen de cavalerie Mestre de camp général (26 mars 1786), démissionne le 27 mai 1792
Teyssières de Miremont (pièce CXIII).
Thiéry de la Cour (pièce CLV).
Tircuy de Corcelles (cité comme élève des Écoles royales militaires et nomm le 20 septembre 1784 sous-lieutenant aux chasseurs des Ardennes, est san doute le Corcelles que des comptes mentionnent comme pensionnaire à l'École militaire de Paris en 1784 et en 1785).
Vernou de Bonneuil (Philippe-Claude-Louis-Charles), né le 24 mai 1769 à l Grande-Terre (Guadeloupe), pensionnaire (26 octobre 1784), parti de l'Hôtel l 21 janvier 1786, sous-lieutenant de remplacement à Royal-Auvergne (15 mars 1786) abandonne en 1788.
Vigier (pièce CXI).
Villiers (René de), né le 16 septembre 1769, à Héloup (Orne), élève (30 sep tembre 1784), parti de l'Hôtel le 20 novembre 1786 pour se rendre dans s famille à Alençon, sous-lieutenant au régiment de Beaujolais (du 27 octobre 1786) a abandonné.
Visdelou de Bedée (pièce CXXXIX).
Vossey (François-Octave-Marie), né le 28 juin 1765 à Josselin (Morbihan) élève (4 novembre 1782), parti de l'Hôtel le 9 avril 1785, sous-lieutenant a régiment d'Artois (26 mars 1785), lieutenant (1er janvier 1791), démissionne l 2 mars 1792.

CLXXII bis. L'anecdote du ballon.

Certains biographes rapportent que Napoléon voulut au Champ de Mars escalader, l'épée en main, la nacelle d'un aérostat. L'anecdote est fausse. Il n'y a pas eu d'ascension de ballon au Champ de Mars à l'époque où Napoléon était à l'École militaire de Paris. Le premier qui ait conté ce trait, est l'auteur d'un article qui parut dans les *Annales de l'Europe* (année 1797, I, p. 97) : « En mars 1784 un jeune homme voulut forcer Blanchard à l'emmener sur son hardi voyage; mais le comte de Valence l'arracha de la nacelle ». Salgues avait lu ce passage, et voilà pourquoi il prétend avoir trouvé dans les *Annales de l'Europe* la note donnée à Bonaparte au sortir de Brienne.

CLXXIII. Le colonel de Lance.

Louis-César de Lance de Chevrezy, né le 13 décembre 1724 à Chevrezy (Aisne), surnuméraire dans l'artillerie le 8 octobre 1739, officier pointeur (23 février 1744), capitaine en second (1ᵉʳ mai 1756), capitaine en premier (1ᵉʳ janvier 1763), major (22 juin 1767), et noté comme un homme de la meilleure conduite qui avait quelque théorie et continuait à travailler pour étendre ses connaissances, lieutenant-colonel (17 mars 1769), colonel du régiment de La Fère (8 mai 1778), brigadier d'infanterie (1ᵉʳ janvier 1784), maréchal de camp (9 mars 1788), comptait 8 campagnes, 8 batailles et 16 sièges lorsqu'il fut mis à la retraite le 1ᵉʳ juin 1791, avec une pension de 4 800 livres qui fut réduite à 4 000 par la loi du 28 fructidor an VII. Il s'était retiré à La Fère où il avait une maison, et lorsqu'en 1791 les bureaux du ministère lui demandaient quel était le lieu de son habitation : « Étant un cadet, répondait-il, je l'ai formé il y a vingt-huit ans à La Fère, m'étant procuré une maison, ce qui m'oblige d'y rester, n'ayant d'autre fortune que le traitement de 4 800 livres ». Ce fut là qu'il mourut le 17 juin 1802. Sa veuve, Marie-Louise Lagoille, obtint une pension le 27 novembre 1802.

CLXXIV. Les d'Urtubie.

L'aîné des d'Urtubie, vicomte Louis-Jean-Charles, né le 17 mars 1730 à Servais, près de La Fère, surnuméraire au corps d'artillerie (30 mars 1745), officier pointeur (8 janvier 1747), commissaire extraordinaire (27 septembre 1754), capitaine (23 octobre 1759), capitaine en second (7 mars 1761), capitaine en premier (15 octobre 1765), capitaine de canonniers (1ᵉʳ octobre 1772), chef de brigade (14 septembre 1776), lieutenant-colonel (25 mai 1788) et directeur d'artillerie à Bordeaux, puis à Bayonne (23 mai 1791), commandant d'artillerie et chargé de commander l'École et la place de La Fère (1ᵉʳ décembre 1791), général de brigade (8 mai 1793), destitué, mis en arrestation par mesure de sûreté générale, reçut sa retraite, malgré ses protestations, le 11 mai 1795 après cinquante-cinq ans et dix jours de services, y compris 7 campagnes.

Le cadet, Théodore-Bernard-Simon, né le 17 août 1741 à La Fère, page de la reine durant trois ans, sous-lieutenant d'artillerie (21 octobre 1755), lieutenant en second (1ᵉʳ janvier 1759), lieutenant en premier (26 février 1762), capitaine par commission (15 octobre 1765), capitaine en second (31 juillet 1767), capitaine de bombardiers (1ᵉʳ janvier 1777) et de canonniers (21 avril 1777), major par brevet (22 mai 1781), lieutenant-colonel (1ᵉʳ janvier 1791) et sous-directeur de l'arsenal de La Fère (1ᵉʳ juin 1791), colonel (22 août 1791), un instant suspendu en 1793, général de brigade (20 mai 1795) et général de division d'artillerie (13 juin 1797), admis au traitement de réforme le 20 mars 1801 et à la retraite le 18 novembre suivant, meurt à Paris le 22 février 1807.

CLXXV. Sappel.

Pierre-Abel de Sappel, né le 10 avril 1731 à Lons-le-Saulnier, avait épousé une cousine de Calonne, et cette alliance ne lui nuisit pas sous l'ancien régime. Volontaire au corps royal (2 juin 1747), cadet (8 juillet 1747), sous-lieutenant (22 avril 1748), lieutenant en second (1er janvier 1757), lieutenant en premier (15 janvier 1762), capitaine par commission (22 août 1764), capitaine en second (15 octobre 1765), capitaine de sapeurs (8 novembre 1769), capitaine de bombardiers (6 novembre 1771), capitaine de canonniers (1er janvier 1777), chef de brigade (3 juin 1779), major (4 juillet 1784), il avait fait les campagnes de Flandre dans la guerre de succession d'Autriche et assisté à la bataille de Lawfeld et au siège de Maestricht. Détaché quatre ans à Minorque, envoyé en 1760-1761 sur les côtes de Normandie, chargé en 1762 de prendre part à l'expédition de Portugal, il était allé aux Grandes Indes en 1781, hors de tour et avec un détachement d'artillerie d'un autre régiment. Aussi fut-il nommé colonel de La Fère après la retraite de M. de Lance (1er avril 1791). Il prêta le 3 juillet 1791 le serment exigé par l'Assemblée nationale. Mais, lorsqu'il fut désigné pour la direction de Saint-Omer, le ministre Servan qui se souvenait de ses relations avec Calonne, déclara le 15 septembre 1792 qu'il « était nécessaire, attendu ses opinions, de l'éloigner du service ». Pourtant, Sappel se rendit à Saint-Omer et lorsqu'il partit de cette ville, les jacobins témoignèrent de son zèle civique (24 mars 1793). Sappel alla commander l'artillerie à Besançon ; là encore, les jacobins attestèrent son patriotisme ; le ministre voulait l'envoyer à l'armée des côtes de Brest ; par plusieurs fois, le représentant Bassal enjoignit à Sappel de rester à Besançon, pour armer la place et les forts adjacents. Sappel prit sa retraite à Lons-le-Saulnier. Son fils Henry-Marie, né à Lons-le-Saulnier le 29 juillet 1773, fut chef de bataillon au 4e régiment (5 novembre 1797) et major au 2e régiment d'artillerie.

CLXXVI. Les Labarrière.

Le major de La Fère, Jean-Joseph de Labarrière, né à Villeneuve-d'Agen le 26 mai 1731, lieutenant à Royal-Roussillon-infanterie (1er juillet 1748), surnuméraire au corps royal (24 juin 1749), cadet (27 août 1749), sous-lieutenant (21 juin 1753), lieutenant en second (1er janvier 1759), garçon-major dans la brigade de Saint-Auban (25 octobre 1760), lieutenant en premier dans la brigade de Villepatour (19 octobre 1762), capitaine aide-major (15 octobre 1765), capitaine de bombardiers (16 novembre 1774), capitaine de canonniers (1er janvier 1777), major (5 avril 1780), devint lieutenant-colonel directeur d'artillerie à Toulon le 29 mai 1789.

Son frère, Jean-François, chevalier de Labarrière, né à Villeneuve-d'Agen (Lot-et-Garonne) le 3 avril 1744, lieutenant au bataillon des milices de Figeac (1er novembre 1760), aspirant d'artillerie (1er mars 1763), élève (31 octobre 1764), lieutenant en premier (14 novembre 1765), capitaine par commission (9 mai 1778), capitaine en second (3 juin 1779), capitaine de sapeurs (19 avril 1782), de bombardiers (4 mai 1783), de canonniers (3 octobre 1784), chef de bataillon (28 août 1792), fut proposé pour la retraite et remplacé le 31 octobre 1793. Mais il rentra en activité le 1er janvier 1795 et après avoir été prisonnier des Autrichiens qui le capturèrent à Mannheim (23 novembre 1795-8 juin 1796), devint chef de brigade le 18 novembre 1796. On le trouve successivement directeur des parcs à l'armée d'Italie (1798), commandant de l'arsenal d'artillerie à Toulouse (27 mars 1806), directeur d'artillerie à Brest. C'est à Brest qu'il meurt (16 juin 1810). Il était chevalier de Saint-Louis (2 décembre 1787) et avait fait les campagnes de Hollande (1787-1788), de la Moselle sous Beurnonville (1792-1793), du Rhin en l'an III et en l'an IV sous Montigny et Pichegru, d'Italie sous Schever et Brune.

CLXXVII. Quintin.

Joseph Quintin, né à Pézenas le 6 août 1738, sous-lieutenant (1ᵉʳ mai 1756), lieutenant en troisième (27 mars 1760), lieutenant en second (27 décembre 1761), lieutenant en premier (1ᵉʳ janvier 1763), capitaine par commission (14 juillet 1766), capitaine en second (24 mars 1769), capitaine de sapeurs (1ᵉʳ janvier 1777), de bombardiers (21 avril 1777), de canonniers (9 mai 1778), chef de brigade (3 octobre 1784), devint lieutenant-colonel de 1ʳᵉ classe et, en cette qualité, signa le 3 juillet 1791 le serment de fidélité à l'Assemblée nationale. Il était depuis le 1ᵉʳ octobre 1792 colonel du régiment de La Fère lorsqu'il fut nommé directeur d'artillerie à Montpellier. Il eut sa retraite en l'an VII.

CLXXVIII. Soine.

Antoine Soine, né à Vienne le 5 juin 1728, entré à La Fère le 6 mars 1749, sergent (20 février 1762), fourrier (4 septembre 1763), lieutenant en troisième (15 octobre 1765), aide-major quartier-maître (31 mai 1780), avec commission de capitaine (31 juillet 1783), chevalier de Saint-Louis (26 juin 1785), capitaine de 4ᵉ classe en 1791, chef de bataillon (15 août 1793), chef de brigade (14 février 1794). Il avait été blessé à Minorque, puis fait prisonnier à Québec et transféré dans les prisons de Portsmouth. Il finit directeur d'artillerie; encore disait-on qu'il n'était bon qu'à une direction peu étendue, parce que son âge ne lui permettait pas les courses longues et fréquentes.

CLXXIX. Degoy.

Né le 24 novembre 1744 à Bologne (Haute-Marne), conducteur de charrois à l'armée d'Allemagne (1ᵉʳ janvier 1760-1ᵉʳ mars 1763), canonnier (3 mars 1765), sergent (15 octobre 1765), fourrier (23 novembre 1768), garçon-major avec rang de lieutenant en second (10 janvier 1771), pourvu durant deux ans d'un brevet de capitaine d'artillerie pour les colonies françaises (20 octobre 1776), élu par 4 voix sur 6 quartier-maître-trésorier du régiment de La Fère (17 janvier 1784), capitaine par commission (17 février 1788), plusieurs fois recommandé par ses chefs qui sollicitaient pour lui des gratifications « en considération de son zèle, du bon ordre qui régnait dans sa comptabilité et de son peu de fortune pour soutenir sa famille », chevalier de Saint-Louis (7 février 1791), André Degoy avait fait deux campagnes en Allemagne (1760-1762) et deux autres, sous les ordres de M. du Coudray, dans l'Amérique septentrionale. Il fut nommé le 16 août 1793 chef de bataillon du 1ᵉʳ régiment d'artillerie, et, le 21 mars 1797, chef de brigade; puis, après avoir été directeur à Toulouse, inspecteur aux revues à Milan (29 décembre 1801), à Bourges (5 mars 1803), à l'armée de Portugal (12 janvier 1808), derechef à Bourges (8 décembre 1808). Il mourut le 5 juillet 1810. Sa veuve obtint, par décret du 16 octobre 1810, une pension de 600 francs. Son fils, Jean-Adam, né à Douai le 27 février 1787, élève à Saint-Cyr (19 novembre 1802), puis à Fontainebleau (26 juillet 1803), sous-lieutenant au 82ᵉ régiment (9 janvier 1805), et au 23ᵉ chasseurs à cheval (15 mai 1806), lieutenant dans ce même corps (3 juin 1809), aide de camp de Lapoype (13 mars 1810), fut admis à la retraite, sur sa demande, le 30 juillet 1811 : il avait été blessé à Aspern par un coup de feu qui lui fracassa la jambe, et ce fut lui qui, à Ebersberg, porta à Claparède l'ordre de marcher.

CLXXX. Masson d'Autume.

Jacques-Philippe-François Masson, chevalier d'Autume — qui signe Philippe d'Autume, — était fils de Jean Léger, marquis de Masson, seigneur d'Autume, de La Bretinière, de Jussey, de Bargitte et d'autres lieux. Il naquit à Besançon le 24 septembre 1746. Aspirant au corps de l'artillerie (24 mars 1763), sous-lieutenant élève (18 mai 1765), lieutenant en premier au régiment de La Fère (12 juillet 1766), capitaine par commission (9 mai 1778), capitaine en second détaché à Dunkerque au service des batteries de côtes (3 juin 1779) et chargé en même temps de remplir les fonctions d'adjudant du parc d'artillerie de l'armée rassemblée en Flandre, aide-major général du parc d'artillerie au corps de troupes réuni sous Genève (5 mai 1782), capitaine en second de sapeurs (4 mai 1783), capitaine de bombardiers (25 mai 1783), capitaine de canonniers (11 juin 1786), capitaine en premier (1er mai 1789), chevalier de Saint-Louis (22 mars 1790), attaché le 13 juin 1792 à l'équipage de l'armée du centre, il est remplacé le 11 septembre suivant pour avoir abandonné. Le 16 juillet 1801, il se rappelle au souvenir du Premier Consul (voir la pièce CLXXXI) et le Premier Consul lui accorde le 10 août suivant la solde de retraite. Mais le ministre de la guerre fait vérifier si les lois ne s'opposent pas à la décision de Bonaparte, et le 22 août il répond à Masson d'Autume : « Je saisirai la première occasion qui se présentera pour vous placer. » Le 20 novembre Masson d'Autume obtient une place de capitaine de 2e classe à la 8e demi-brigade et, grâce à ce détour, atteint ses trente ans de services effectifs et, par suite, ses droits à une solde de retraite (qui lui est accordée le 30 septembre 1802). Il est, en outre, nommé conservateur de la bibliothèque de l'École d'application d'artillerie à Châlons (17 décembre 1801), puis conservateur de la bibliothèque de l'École d'application de l'artillerie et du génie à Metz (1803). Ce fut à Metz que s'écoula le reste de sa vie. Sous la Restauration il s'adresse, pour avoir une meilleure place, au comte d'Artois, au ministre de la guerre, au duc de Richelieu. « La dernière fois, dit-il au comte d'Artois, que le soussigné eut l'honneur d'approcher de Votre Altesse Royale et le bonheur de la voir et de l'entendre, ce fut à l'issue d'une triste cérémonie, d'un service fait à l'île d'Houat pour les malheureux émigrés français tués peu de jours avant, en 1795. » Il écrivait au ministre de la guerre que sa vie tout entière avait été consacrée au service de la famille royale et que, malgré ses soixante ans, sa santé lui permettait toute fonction active. « Un esprit de vertige et d'erreur, ajoutait-il dans cette lettre datée du 16 juillet 1815, anime encore la grande majorité des habitants et surtout de la garnison de Metz. M. le général de Miollis a pu réussir jusqu'à présent à maintenir la sûreté publique, sinon la tranquillité, par sa prudence et sa fermeté ; mais il est mal secondé et souvent contrarié. La jeunesse, surtout de la garnison, de l'École de l'artillerie et du génie, ainsi que du Lycée, annonce hautement l'indépendance et le plus mauvais esprit. Il est urgent d'avoir ici d'autres chefs civils et militaires. » Le même jour, il envoyait au duc de Richelieu les lignes suivantes : « Votre nom est d'un bien bon augure. Un Richelieu fut le sauveur de la France dans un temps de trouble et d'anarchie. La même gloire vous attend. Il eut à combattre des anarchistes dont la religion fut le masque et le prétexte. Ceux de nos jours ont écrit sur leurs bannières les mots *liberté*, *égalité*, et, comme les autres, ne veulent que dominer, et tromper. Une sévère justice, une constante fermeté, une volonté inflexible, seules, pourront anéantir pour nous et nos enfants l'hydre révolutionnaire. » Il fut breveté lieutenant-colonel d'artillerie le 5 juin 1816 (avec rang à partir du 4 avril de la même année) et le 30 juillet suivant retraité dans ce grade, avec une pension de 1 485 francs. Le 1er octobre 1828, la pension qu'il touchait comme chevalier de Saint-Louis était portée de 500 à 800 francs ; il mourut quelques jours plus tard, le 26 octobre.

CLXXXI. Lettre de Masson d'Autume à Napoléon.

Au général Bonaparte, premier consul de la République française.

Général,

Je m'étais flatté d'obtenir la place de conservateur des forêts de mon département, fondé sur l'accueil obligeant que j'ai reçu du premier Consul et l'assurance qu'il m'avait donnée qu'il ne m'oublierait point. Cette place eût été pour moi la récompense de trente-huit ans de service et de plusieurs campagnes. Destitué arbitrairement au temps de l'anarchie, resté sans fortune, chargé d'une nombreuse famille, je crois devoir m'adresser directement au premier Consul qui connaît mes services pour en obtenir une pension de retraite proportionnée à mon grade, à mes longs services et à mon âge.

J'admire la gloire du premier Consul, je chéris son gouvernement, j'estime et j'aime sa personne depuis plus de seize ans ; qu'il me fasse encore préconiser sa justice et sa bienfaisance !

Salut et respect.

Ph. d'Autume,
ancien capitaine d'artillerie.

De Dôle au département du Jura, le 27 messidor an 9.

(*En marge.*)

Renvoyé au ministre de la guerre pour me faire un rapport pour le 10 thermidor.

Le premier Consul,
Bonaparte.

(*En marge.*)

Faire un rapport au premier Consul sur le service de cet officier pour le 16 thermidor.

Alexandre Berthier.

CLXXXII. La Gohyere.

Jean-François de Guéroust de La Gohyere, né le 2 octobre 1749 à Mortagne, élève surnuméraire (30 novembre 1765), élève (16 juillet 1766), lieutenant en second (4 juin 1767), lieutenant en premier (31 juillet 1767), capitaine par commission (3 juin 1779), capitaine en second (5 avril 1780), capitaine en second de sapeurs (3 octobre 1784), capitaine de bombardiers (11 juin 1786), capitaine de canonniers (20 juin 1788), chevalier de Saint-Louis (28 janvier 1791), prête le 3 juillet 1791 le serment exigé par l'Assemblée nationale, puis donne sa démission ; remplacé le 1er juin 1792. Il est, disaient de lui ses chefs (1771-1772), « très bien au courant, d'une conduite irréprochable, a de la géométrie, de l'intelligence et du zèle, travaille à s'instruire sur toutes les parties du métier ».

CLXXXIII. Coquebert.

Antoine-François Coquebert, fils de Jean-Joseph Coquebert, écuyer, conseiller du roi au parlement de Metz. Né à Reims le 10 juin 1749, aspirant (28 février 1766), élève (10 juin 1767), lieutenant en second (22 mai 1768), et dès cette époque noté comme un officier « fort attaché à ses devoirs, de la meilleure conduite et de la plus grande volonté », lieutenant en premier (8 novembre 1769), capitaine par commission (3 juin 1779), capitaine en second (4 mai 1783) et regardé comme « instruit et très appliqué », capitaine de bombardiers (20 juin 1788) et ne rejoignant sa compagnie que le 1er mai 1789, chevalier de Saint-Louis

(20 avril 1791), il prête le 5 juillet 1791 à Lille, où il était détaché, le serment exigé par l'Assemblée nationale, et donne bientôt sa démission qui est acceptée le 20 décembre de la même année.

CLXXXIV. Coursy.

Jean-Alexandre Bigeon de Coursy de la Cour-aux-Bois, né à Montmédy le 17 août 1751, aspirant (26 septembre 1767), élève surnuméraire (20 juillet 1769), lieutenant en second surnuméraire (16 juin 1770), lieutenant en second (6 juin 1771), lieutenant en premier (3 juin 1779), capitaine par commission (1ᵉʳ juillet 1781), capitaine en second (11 juin 1786), capitaine commandant (1ᵉʳ avril 1791), chevalier de Saint-Louis (7 octobre 1791), donna sa démission qui fut agréée le 20 décembre 1791.

CLXXXV. Hennet.

Louis-Farnèse-Platon Hennet du Vigneux était le troisième fils de François-Augustin-Pompée Hennet, prévôt de Maubeuge et député du bailliage d'Avesnes aux États généraux. Il naquit à Maubeuge le 4 juillet 1765. Élève de l'École militaire (16 août 1781), lieutenant en second (30 août 1782), lieutenant en premier (11 juin 1786), capitaine en second (1ᵉʳ avril 1791), il donna sa démission le 18 mai 1792 pour émigrer, prit part en 1793 à la défense de Maëstricht et en 1794, comme officier du génie de l'armée du duc d'York, à la défense et à la sortie héroïque de Menin, et vécut en Angleterre jusqu'à l'année 1800. Il était, à la Restauration, chef d'état-major de l'artillerie de la garde nationale de Paris. La commission des émigrés le classa capitaine à la date du 1ᵉʳ avril 1791 et lui reconnut dans ce grade 6 ans et 9 mois de services, y compris 3 campagnes : mais, ajoutait-elle, « Hennet du Vigneux, ayant une place de 12 000 francs au cadastre, n'avait droit à rien, et cette affaire n'a point eu de suite ». Il mourut près d'Orléans à l'âge de quatre-vingts ans.

Un frère de Hennet du Vigneux, Alexandre-Othon Hennet de Frasnois, né le 21 avril 1763 à Maubeuge, lieutenant en premier au corps royal du génie et employé aux travaux de la rade de Cherbourg, émigra comme son cadet, et fut tué dans la sortie de Menin.

Un autre frère, Albert-Joseph Ulpien, l'aîné des trois Hennet, né le 25 décembre 1758 à Maubeuge, commis des finances avant la Révolution, chargé, comme commissaire extraordinaire du gouvernement, d'organiser les finances du Piémont, auteur de *Tableaux politiques, statistiques et financiers* des six nouveaux départements formés du ci-devant Piémont, commissaire impérial au cadastre de la France, chevalier de l'Empire (1ᵉʳ juin 1808), anobli pour ses bons et loyaux services par ordonnance royale du 6 septembre 1814, receveur d'un arrondissement de Paris, mourut en 1828.

L'oncle de ces trois Hennet, Jean-Thomas-Léonor Hennet de Lambresson, était capitaine de canonniers à La Fère lorsque Bonaparte arriva au régiment (cf. sur ses services Charavay, *Carnot*, II, 253, et A. Chuquet, *Hondschoote*, 240). Il avait une fille, Claire, qui épousa le 3 février 1795 le futur général Taviel, et un fils, Charles-Emmanuel, qui fut successivement sous-lieutenant aux chasseurs des Alpes, lieutenant à la légion du Midi, aide de camp de Taviel, capitaine, puis chef de bataillon au 51ᵉ régiment d'infanterie et qui mourut de ses blessures à Prague le 21 septembre 1813.

CLXXXVI. Grosclaude, dit Grosbois.

François Grosclaude, dit Grosbois, fils de Joseph Grosclaude et de Jeanne-Françoise Froidevaux, né le 2 juillet 1741 à Fontenoy-lès-Montbozon (Haute-

Saône), entra le 2 mai 1761 au régiment d'artillerie de La Fère et devint successivement appointé (15 octobre 1765), sergent (1ᵉʳ septembre 1766), fourrier (1ᵉʳ janvier 1771), sergent-major (1ᵉʳ octobre 1772), lieutenant en troisième (31 mai 1780), lieutenant en second (1ᵉʳ juin 1791), lieutenant en premier (22 août 1791), capitaine en second (18 mai 1792). Le 23 janvier 1794 il était nommé chef de bataillon au 3ᵉ régiment d'artillerie. Il prit sa retraite le 10 juillet 1803 après 53 ans et 10 jours de services, et vécut désormais à Besançon. Il avait fait les campagnes de 1761 et de 1762 ainsi que celles de la Révolution (1792, 1793, ans II et III à l'armée du Nord, ans IV, V et VI à l'armée de Mayence, ans VII, VIII et IX à l'armée du Rhin).

CLXXXVII. La pension de l'École militaire.

Le roi accordait aux élèves de ses Écoles militaires une pension de 200 livres, exempte de toute retenue. Ils la touchaient le jour où ils entraient dans les cadets-gentilshommes de ses troupes, tant qu'ils étaient sous-lieutenants, et jusqu'à ce qu'ils fussent lieutenants aux appointements de 1 200 livres. Ils étaient rayés de l'état des pensions à l'expiration de l'année où ils commençaient à jouir de ce traitement de 1 200 livres. La pension leur était payée sur les fonds de l'École militaire, ordinairement du 1ᵉʳ mai au 1ᵉʳ mai. Le 1ᵉʳ mai 1786, le lieutenant en second Bonaparte recevait une somme de 101 livres 13 sols 4 deniers, pour six mois trois jours, à compter du 23 octobre 1785, époque de sa sortie de l'Hôtel du Champ-de-Mars. Ses deux camarades, Desmazis et Dalmas, qui se trouvaient avec lui à Valence, reçurent chacun un petit peu moins, 101 livres 2 sols 2 deniers, parce qu'ils avaient quitté l'École militaire un jour plus tard, le 29 octobre.

CLXXXVIII. M. de Josselin.

Louis-Thomas de Josselin, né le 1ᵉʳ novembre 1729, enseigne au régiment de l'Ile-de-France (21 mars 1745), lieutenant (17 août 1745), aide-major (7 mars 1747), avec rang de capitaine (1ᵉʳ août 1747), abandonne en 1761, rentre comme aide-major au même régiment (17 juillet 1763), devient major du régiment d'Artois (19 février 1766), avec rang de lieutenant-colonel (17 juin 1770) et prend sa retraite (21 avril 1777) qui est de 1 500 livres. Élu échevin (25 avril 1783) avec Teissonnier et Royanez, sorti de l'échevinage (25 avril 1785), il est nommé commandant en chef de la milice bourgeoise (22 juillet 1789) et, après avoir conduit des détachements de la garde nationale de Valence et du Bourg à la fédération d'Étoile, donne sa démission (24 janvier 1790).

CLXXXIX. Les Bressieux.

Le mari de Mᵐᵉ Caroline du Colombier était Pierre-Ignace Garempel de Bressieux de Saint-Cierge. Mousquetaire dans la 2ᵉ compagnie (4 avril 1767), sous-lieutenant au régiment de Lorraine (1ᵉʳ avril 1771), sous-lieutenant de grenadiers (4 juillet 1777), lieutenant en second (30 janvier 1778), lieutenant en premier (15 octobre 1780), capitaine en second de la compagnie de chasseurs (8 juin 1787), il renonce à son avancement et se retire à Tullins en Dauphiné le 2 avril 1791. Napoléon le fit baron de l'Empire le 14 février 1810.

Il eut deux fils de son mariage avec Caroline du Colombier, qu'il épousa le 31 mars 1792 :

Jules-Henry-Robert Garempel de Bressieux, né à Tullins le 15 avril 1796. Admissible aux examens de l'École polytechnique en 1814, mousquetaire dans la 1ʳᵉ compagnie lors de la formation (5 juillet 1814), il accompagne Louis XVIII jusqu'à Armentières. Il reprit du service sous la seconde Restauration comme lieutenant au régiment des chasseurs de la Meuse, le treizième de l'arme, commandé par La Tour Maubourg (15 novembre 1815), puis entra dans les chasseurs de la garde royale où il fut lieutenant en second (4 mars 1819), lieutenant en premier (8 novembre 1820), capitaine, chef d'escadron. Le 30 mars 1831 il donnait sa démission pour habiter Paris où vivait sa mère;

Alphonse-Paulin-Jacques-Charles Garempel de Bressieux, né à Tullins le 12 avril 1804. Il fut successivement sous-lieutenant élève à l'École d'application du corps royal d'État-major (1ᵉʳ octobre 1823), lieutenant aide-major au 1ᵉʳ régiment des cuirassiers ou cuirassiers de la Reine où il servit quatre années, lieutenant aide-major au 6ᵉ régiment d'artillerie à cheval (1ᵉʳ octobre 1829) et, après une campagne en Afrique, donna sa démission (8 avril 1831).

CXC. Philippe-Robert du Colombier.

Philippe-Robert Grégoire du Colombier, frère de Mᵐᵉ de Bressieux, était né à Lyon le 19 octobre 1760. Sous-lieutenant à la légion de Lauzun (1ᵉʳ mai 1777), lieutenant et aide de camp du chevalier de Boufflers (4 mai 1786), il servit neuf ans dans l'Inde et six ans en Afrique. Dans la campagne de 1778, il reçut deux coups de feu, l'un à la jambe droite, l'autre à la poitrine. Sous-lieutenant au 1ᵉʳ régiment de hussards (25 janvier 1792), puis lieutenant (10 mai 1792), il fit les deux premières campagnes de la Révolution, et dans un engagement, à la veille de Jemappes (29 octobre 1792), fut blessé de onze coups de sabre. Il émigra de Saint-Amand avec Dumouriez et tout Berchiny (5 avril 1793) et prit du service d'abord dans la légion de Bourbon où il fut capitaine (7 avril 1793), puis dans le régiment des hussards de Barco où il fut également capitaine (1ᵉʳ mai 1802), enfin dans le régiment des cuirassiers de Charles de Lorraine ou 7ᵉ cuirassiers autrichiens où il fut capitaine (5 janvier 1803) et ensuite major (3 mars 1805). Grâce à sa sœur, il fut nommé le 12 mai 1806 au régiment de La Tour d'Auvergne ou 1ᵉʳ régiment étranger, où il arriva le 1ᵉʳ novembre suivant. A la fin de 1809 il désira passer en Espagne comme capitaine adjoint à l'état-major général, et il assurait que son habitude des langues étrangères et particulièrement de la langue espagnole le rendait plus propre à ce service qu'à tout autre. Mais, à la revue de 1808, Pille l'avait noté « peu raisonnable », et Napoléon refusait alors par principe de rappeler les officiers des régiments étrangers. Du Colombier fit donc à l'armée de Naples les campagnes de 1806 à 1812. Passé au 14ᵉ hussards (15 septembre 1813), il fut chargé de la remonte en Toscane. Il était au commencement de 1814 à l'armée de Lyon. Le général Vedel le prit le 19 février pour second aide de camp et Augereau lui conféra provisoirement le 1ᵉʳ avril le grade de chef d'escadron. Ces nominations furent confirmées : il fut reconnu le 27 juillet aide de camp de Vedel, pour prendre rang du 18 mars, et le 15 décembre, chef d'escadron. Mais il avait cinquante-quatre ans et ne semblait plus capable d'un service très actif. Le 7 février 1815 il était inscrit comme chef d'escadron sur le tableau des officiers de son grade qui devaient concourir pour des commandements d'armes, et, en attendant, mis à la demi-solde. Sous les Cent-Jours, il ne servit pas et ne demanda pas à servir. La commission des émigrés le proposa pour la retraite, et le 27 août 1817, après que Canuel eut assuré qu'il n'avait que de bonnes liaisons à Lyon et ne méritait pas le moindre reproche, il fut nommé chevalier de Saint-Louis ; ses vœux étaient exaucés, car il se plaignait dès 1814 de « n'avoir d'autre décoration que ses cheveux blanchis dans le métier des armes ».

CXCI. Itinéraires du régiment de La Fère en 1786 et en 1787.

(*Ordres du ministre.*)

1786

Le régiment de La Fère du corps royal de l'artillerie partira de Valence le 16 septembre.

A Saint-Vallier et la baronnie de Serves.
Au bourg et péage de Roussillon, etc.
Vienne. — *Séjour.*
Lyon.
Villefranche.
Mâcon. — *Séjour.*
Tournus.
Chalon-sur-Saône.
Beaune.
Dijon. — *Séjour.*
Is-sur-Tille.
Montsaujeon et Vaux.
Langres.
Chaumont — *Séjour.*
Vignory.
Joinville.
Saint-Dizier.
Vitry-le-François.
Châlons. — *Séjour.*
Aux Petites-Loges, Sept-Saulx, etc.
Reims.
Craonne et Corbeny.
Laon. — *Séjour.*
Marle.
Guise.
Au Cateau-Cambresis.
Cambrai.
Douai, où il demeurera.

1787

Mouvement des troupes en Bretagne, du 8 octobre 1787.

BRETAGNE.

De Douai, 18 octobre, 3 comp. de canonniers à Port-Louis, le 17 novembre.
2 comp. de canonniers à Saint-Servan, le 11 novembre.
1 comp. de bombardiers à Saint-Servan, le 11 novembre.
4 comp. de canonniers à Brest, le 21 novembre.
1 comp. de bombardiers à Brest, le 21 novembre.

NORMANDIE.

De Douai, 18 octobre, 1 comp. de canonniers à Dieppe, 24 octobre.
3 comp. de canonniers au Havre, 30 octobre.
1 comp. de bombardiers au Havre, 30 octobre.
3 comp. de canonniers à Cherbourg, 7 novembre.
1 comp. de bombardiers à Cherbourg, 7 novembre.

Mouvement rétrograde, du 31 octobre 1787.

De Fougères, 25 novembre, 11 comp. à Auxonne, 19 décembre.
De Cherbourg, 24 novembre, 4 comp. à Auxonne, 25 décembre.
Du Havre, 2 décembre, 4 comp. à Auxonne, 25 décembre.
De Dieppe, 3 décembre, 1 comp. à Auxonne, 25 décembre.

CXCII. Bienvelot.

Le chirurgien Joseph Bienvelot était né à Metz le 16 janvier 1758 et servit au régiment de La Fère depuis le 12 août 1786 jusqu'au jour où il prit sa retraite, le 19 octobre 1815. Il a retracé lui-même sa carrière en quelques mots : « Après plusieurs années d'études en médecine et en chirurgie, est entré par commission ministérielle à l'hôpital de Metz, élève chirurgien en 1777, nommé chirurgien aide-major au camp de Genève en 1782, à l'hôpital de Gex et Besançon en 1784 et breveté chirurgien-major au 1ᵉʳ régiment ci-devant La Fère-artillerie en 1786. » A l'inspection de 1791, il fut noté comme un très bon sujet, actif, zélé, qui avait des connaissances et travaillait journellement à en acquérir.

CXCIII. Rolland de Villarceaux.

Jean-André-Louis Rolland de Villarceaux, fils d'un receveur général des finances de Riom, né à Paris le 21 mai 1764, aspirant (16 août 1778), élève (16 août 1780), lieutenant en second au régiment de La Fère (12 août 1782), capitaine (1ᵉʳ avril 1791), donna sa démission le 11 septembre 1792. Attaché comme officier d'ordonnance à l'état-major de Bonaparte, du 13 vendémiaire au 15 ventôse an IV (5 mars 1796), il eut ensuite une place en Italie, comme agent des contributions et finances, sous les ordres de Haller (4 février 1797-24 juin 1798) et il fut employé dans le pays d'Udine, de Palma-Nova, d'Aquilée, de Cividale, etc.; il alla réaliser à Bologne les lettres de change sur la succession Pepoli et vendre à Parme le domaine de la Mezzola. Une décision du Premier Consul le remit en activité, comme capitaine d'artillerie (13 mars 1800), et il fut envoyé à Bayonne pour être chargé de la sous-direction (17 octobre 1800). Il n'accepta pas cette nouvelle destination. Aussi fut-il rayé des contrôles. Mais le 25 février 1803, il était nommé préfet du Tanaro, à la place vacante par la mort du citoyen Robert; il avait deux concurrents, le piémontais Serra, très bon administrateur, homme extrêmement probe, et le français Montcalm de Gozon, ancien constituant, fixé en Piémont où il avait marié sa fille, recommandé par le consul Lebrun qui lui trouvait « un bon esprit et beaucoup de dévouement à la patrie ». Le département du Tanaro fut supprimé en l'an XIII ; mais Rolland était bien noté : « Je ne négligeais, dit-il, aucun de mes devoirs, et rien de ce dont j'étais chargé, ne m'était étranger. » Il fut le 4 juillet 1805 nommé préfet des Apennins. A la première Restauration, il était préfet du Gard. Au début des Cent-Jours, l'empereur le nomma préfet d'Eure-et-Loir (6 avril 1815), puis de l'Hérault (14 avril 1815). Déjà Rolland prêtait le serment d'usage et s'installait à Montpellier. Mais on avait appris qu'il s'était efforcé, comme préfet du Gard, de secourir par tous les moyens le duc d'Angoulême. Il fut destitué. Sous la seconde Restauration, il essaya vainement de rentrer au service des Bourbons : « J'ai servi, disait-il, dans le même régiment que Bonaparte et dans les mêmes grades pendant dix ans, je suis cousin issu de germain de Cambacérès. J'étais très lié avec le général Bertrand lorsqu'il entra dans le génie, et je suis toujours resté en connaissance avec lui. De même avec Savary, à cause d'un de ses frères qui était officier dans le même régiment que moi. Préfet depuis treize ans, j'étais connu de tous les ministres et considéré par eux comme un habile administrateur. Il fallait que ma conduite vis-à-vis de Monseigneur le duc d'Angoulême déplût bien à l'usurpateur pour qu'il me destituât après m'avoir nommé à plusieurs reprises, lorsqu'il n'avait point de correspondance avec Nîmes et qu'il ignorait ce qui s'y était passé. »

CXCIV. Jullien de Bidon.

Joseph-Louis-Victor Jullien de Bidon, né le 12 mars 1764 à La Palud, dans le Vaucluse, élève surnuméraire d'artillerie (16 août 1781), élève d'artillerie (18 janvier 1782), reçu le 28ᵉ sur 33 au concours des officiers en 1783, lieutenant en second surnuméraire à l'École de Valence (1ᵉʳ septembre 1783), lieutenant en second au régiment de Besançon (4 juillet 1784), puis au régiment de La Fère (3 octobre 1784), lieutenant en premier à ce dernier régiment (1ᵉʳ mai 1789), capitaine en second au 5ᵉ régiment d'artillerie (1ᵉʳ avril 1791), adjoint aux adjudants généraux de l'armée du Rhin (1er mai 1792), adjudant général chef de bataillon (29 janvier 1794), confirmé par le ministre de la guerre dans ce grade que lui avaient donné les représentants Lacoste et Baudot (29 novembre 1794), adjudant général chef de brigade (13 juin 1795), préfet du Morbihan (5 janvier 1802), général de brigade (29 août 1803), comte de l'Empire (14 février 1810), fut retraité le 4 septembre 1815 et mourut à La Palud le 19 mai 1839. Les deux billets inédits que Napoléon lui adresse en Égypte sont l'un, du 20 septembre, l'autre du 4 octobre 1798.

Son frère Auguste-Louis, sous-lieutenant au 72e régiment d'infanterie (15 septembre 1791) et lieutenant (1er août 1791), devient son adjoint le 21 novembre 1794, il est confirmé dans cette fonction et nommé capitaine au 72e le 11 décembre 1796, mais le 5 janvier 1800 il meurt de la peste à Alexandrie. Sa veuve, Jeanne Avril, obtint le 24 avril 1802 une pension de 200 francs, conformément à la loi.

Un autre frère de Jullien de Bidon, Thomas Prosper, né le 21 décembre 1773 à La Palud, sous-lieutenant au 35e ou régiment d'Aquitaine (12 janvier 1792), lieutenant (1er juillet 1792), adjoint à l'adjudant général Saint-Hilaire (3 janvier 1794) avec rang de capitaine (3 avril 1795), puis aide de camp du général Saint-Hilaire (25 août 1797) après avoir passé comme capitaine à la 75e demi-brigade (5 octobre 1796), se distingua particulièrement au passage des gorges de la Brenta (7 septembre 1796), devint aide de camp de Bonaparte le 9 avril 1798, mais fut tué par les habitants d'Alkam en allant du Caire à Rosette (2 août 1798).

CXCV. Menibus.

Georges-Nicolas-Aimé Hellouin de Menibus, né le 3 février 1748 à Dieppe, lieutenant des gardes-côtes (3 février 1763), élève d'artillerie (15 octobre 1765), lieutenant en second (11 octobre 1767), lieutenant en premier (29 février 1768), capitaine par commission (3 juin 1779), capitaine en second (22 mai 1781), capitaine de sapeurs (11 juin 1786), capitaine de bombardiers (4 janvier 1787), capitaine de canonniers (4 octobre 1788), placé au 3e régiment ci-devant Besançon (1er avril 1791) et détaché au Havre où il prête serment à l'Assemblée le 17 juillet, émigre du Havre au mois de février 1792, fait la même année la campagne à l'armée des princes, rejoint le corps de Condé le 18 septembre 1793 et y reste jusqu'au licenciement, d'abord comme caporal dans la compagnie d'artillerie (1794), puis comme capitaine en premier de la 1re compagnie soldée (1800). Le brevet de colonel que lui donna la commission des grades, datait du 31 décembre 1800. Il était chevalier de Saint-Louis depuis le 15 janvier 1791.

CXCVI. Molines.

Jacques-Joseph-Regis Blanc de Molines, né le 17 avril 1746 à Borée, dans l'Ardèche, aspirant (16 juillet 1766), élève d'artillerie (3 juillet 1768), lieutenant en second (6 novembre 1768), capitaine par commission (5 avril 1780), capitaine en second (26 octobre 1783), capitaine de sapeurs (21 janvier 1787), et de bombardiers (1er mai 1789), chevalier de Saint-Louis (1er juin 1791), chef de bataillon (8 mars 1793). Il fit quatre campagnes aux armées d'Italie et des Alpes et, après 34 ans et 6 mois de services, se retira (19 février 1797) avec une pension de 1 775 francs. Il était chevalier de Saint-Louis et fut, sous l'Empire, maire de la commune de Montéléger.

CXCVII. Boubers.

Alexandre-François-Joseph, chevalier Boubers de Mazingan, né le 5 janvier 1744 à Lihons (Somme), volontaire sur la frégate *la Maréchale de Belle-*

Isle (1757-1758), aspirant au corps de l'artillerie (31 juillet 1760), aspirant appointé (27 décembre 1761), élève (19 février 1763), lieutenant en second (31 octobre 1764) et en premier (15 octobre 1765), capitaine par commission (28 octobre 1774), capitaine en second (9 mai 1778), capitaine de bombardiers (5 avril 1780), capitaine de canonniers (4 mai 1783), lieutenant-colonel (16 mai 1792), chef de brigade du 3ᵉ régiment (5 août 1793), nommé général de brigade par les représentants du peuple Duquesnoy, Laurent et Isoré (31 octobre 1793), après la bataille de Wattignies où il commanda en chef l'artillerie à la place de Mérenvelle, destitué, autorisé à cesser ses fonctions (19 novembre 1796), commandant d'armes à Calais (23 septembre 1800) et à Valenciennes (21 février 1802), retraité (2 mars 1804), mort à Paris le 18 mars 1819. Boubers n'avait pas eu de très bonnes notes à ses débuts; il n'avait pas, disait-on, un goût bien décidé pour l'étude, et il était « dérangé par le jeu et le peu de ressources qu'il recevait de sa famille »; il avait « besoin de travail »; mais peu à peu il s'instruisait, et l'on reconnut qu'il « entendait la théorie » et « était de la meilleure volonté ». Il passait pour avoir sauvé l'artillerie et le trésor au camp de Maulde, lors de la défection de Dumouriez, et le fait, attesté par ce dernier dans ses *Mémoires*, était, dit le baron Evain, regardé comme constant à l'armée du Nord, bien qu'il ne fût pas mentionné sur les contrôles de l'artillerie et les états de services de Boubers.

CXCVIII. Drouas.

Jacques-Marie-Charles Drouas de Boussey, né le 3 novembre 1748 à Sens, étudie pour l'artillerie aux Écoles de Metz et de Toul, devient élève aux Écoles de La Fère et de Bapaume (1765-1767), premier lieutenant au régiment d'artillerie de La Fère (12 janvier 1767), capitaine au même régiment (9 mai 1778), puis au régiment de Metz à la réorganisation de 1791. Appelé avec sa compagnie au camp sous Paris, il est promu le 1ᵉʳ novembre 1792 lieutenant-colonel du 2ᵉ régiment d'artillerie, et le 22 décembre 1793 chef de brigade. Directeur de l'arsenal de Paris au mois de juin 1795, commissaire provisoire de l'organisation des armées pour l'artillerie et le génie quelques mois plus tard, général de brigade et inspecteur d'artillerie (30 septembre 1796), il est chargé de l'armement et de l'approvisionnement de Mayence et de Kastel (3 février 1798), remplit pendant quelques mois les fonctions de chef de la division de l'artillerie et du génie au ministère de la guerre, commande l'artillerie de Mayence après la reprise des hostilités et fait partie de l'armée du Rhin. Employé en Hollande (12 septembre 1803), il dirige l'artillerie après le départ de Marmont (11 septembre 1805). En 1806, il est chef de l'État-major de l'artillerie au corps d'observation de la Grande Armée sous les ordres de Brune. Le 4 janvier 1808 il écrit au ministre que des infirmités graves et presque habituelles ne lui permettent plus l'activité nécessaire pour le service. Le 11 février 1809 il obtient sa retraite. Il vécut d'abord à Paris, puis dans la Côte-d'Or, à Vitteaux. Le 28 janvier 1814 il recevait le commandement de l'artillerie de Paris. Il mourut le 28 décembre 1829 à Dijon.

CXCIX. Manscourt.

Jean-Baptiste-Félix Manscourt, ou comme il se nommait d'abord, de Manscourt du Rozoy, fils d'un avocat au parlement, lequel était attaché au prince de Conti, naquit à Paris le 26 novembre 1749. Élève d'artillerie (6 novembre 1767), lieutenant en second au régiment de La Fère (29 mai 1768), lieutenant en premier (6 juin 1771), capitaine par commission (3 juin 1779), détaché à la manufacture d'armes de Maubeuge (25 mai 1783) et à l'École d'artillerie de Douai

(4 février 1785), capitaine de sapeurs (4 janvier 1787), capitaine de bombardiers (4 octobre 1788), il commande l'artillerie à Philippeville (5 décembre 1791), puis à Sarrelouis (7 avril 1793). Promu chef de bataillon au 7ᵉ régiment (8 mars 1793) et général de brigade dans son arme (5 août 1793), il est à la tête de l'artillerie du corps des Vosges (10 septembre 1793). Suspendu presque aussitôt (24 septembre 1793), il parvient, grâce à ses instances et à celles des Jacobins d'Auxonne, par se faire réintégrer (4 octobre 1794) et employer à l'armée du Nord. Mais l'année suivante, il n'est pas compris dans l'organisation des états-majors (13 juin 1795); il perd, comme il dit, pour la seconde fois, les fonctions de général de brigade d'artillerie et, plutôt que de conserver ce grade dans l'infanterie, aime mieux descendre au grade de chef de brigade dans son corps d'origine (20 juillet 1795). Employé à la suite de la direction de Metz (24 août 1795), chargé provisoirement de l'inspection des forges de la Moselle (17 septembre 1795), directeur de l'arsenal d'Auxonne (17 janvier 1796), il se rend à l'armée d'Italie comme chef de brigade, commandant l'artillerie de la division Sérurier (14 décembre 1796). Au début de l'expédition d'Égypte, Bonaparte le nomme général de brigade ou plutôt l'emploie dans ce grade que le Premier Consul lui confirmera trois ans plus tard. Prisonnier de guerre dans le royaume de Naples pendant vingt-six mois, Manscourt ne revit la France qu'au mois de mai 1801. Admis au traitement d'activité du grade de général de brigade (11 juillet 1801), puis au traitement de réforme (23 septembre 1801), il fut retraité le 1ᵉʳ septembre 1802.

CC. Verrières.

Nicolas-Grégoire Aulmont de Verrières, fils de Jean Aulmont de Verrières, bourgeois de Paris qui « était d'une famille honnête et distinguée » et « vivait noblement », né à Paris le 5 août 1746, gendarme de la garde (6 mars 1762), élève d'artillerie (30 novembre 1765), lieutenant en premier au régiment de La Fère (17 janvier 1767), capitaine au même régiment (9 mai 1778), capitaine au régiment de Besançon (9 juin 1791) et commandant l'artillerie de la place de Condé, lieutenant-colonel (1ᵉʳ novembre 1792), chef de brigade (11 août 1793), nommé général de brigade d'artillerie par les représentants Ehrmann et Soubrany, et commandant, sous d'Aboville, l'artillerie de l'armée de la Moselle (3 octobre 1793), destitué et mis en arrestation (18 mai 1794), détenu quarante-huit jours à Longwy, traduit au tribunal militaire de l'armée de Sambre-et-Meuse qui l'absout, réintégré chef de brigade par le Comité (25 mars 1795) et envoyé à l'armée des Alpes, appelé par Bonaparte à l'armée d'Italie en décembre 1795, directeur d'artillerie aux îles Ioniennes ou du Levant (3 novembre 1797), confirmé par le Directoire dans le grade de général de brigade d'artillerie (9 août 1799), assiégé dans Corfou et obligé de capituler, employé à l'armée de l'intérieur (10 septembre 1799), à la deuxième armée de réserve (21 juillet 1800) et à l'armée des Grisons sous Macdonald, inspecteur général d'artillerie (21 janvier 1802), gouverneur de la Basse-Silésie en 1808, admis à prendre sa retraite (14 mars 1809), nommé chevalier de l'Empire avec dotation (9 janvier 1810) et baron de l'Empire (1ᵉʳ mai 1812), commandant de Landau (7 mai 1812), admis à la retraite une deuxième fois (9 janvier 1814) et une troisième (1ᵉʳ janvier 1815), mort à Saint-Germain-en-Laye le 10 novembre 1831.

CCI. Gassendi.

Jean-Jacques-Basilien Gassendi, fils d'un avocat au Parlement, était né à Digne le 18 décembre 1748. Aspirant (24 février 1767), élève (6 novembre 1767), lieutenant en second (9 mai 1768), capitaine par commission (3 juin 1779), capitaine en second (19 avril 1782), capitaine de bombardiers (25 mai 1788) et de canonniers (1er mai 1789), chevalier de Saint-Louis (4 mai 1791), chef de bataillon (8 mars 1793), sous-directeur d'artillerie à Lyon et directeur de l'équipage d'artillerie à l'armée d'Italie, suspendu de ses fonctions par le ministre (19 janvier 1794), réintégré et nommé chef de brigade au mois de ventôse an IV, mois de 1796, promu par le Premier Consul général de brigade (18 mars 1800), et par l'Empereur général de division (20 septembre 1805), inspecteur général de l'artillerie (14 mars 1805), sénateur (3 avril 1813), admis à jouir d'une solde de retraite de 6 000 francs (2 juin 1813), mort à Nuits le 14 décembre 1828 à l'âge de quatre-vingts ans. Cf. son recueil de poésies *Mes loisirs* (1820) et l'étude d'Arnoux, *Le général Gassendi* (Digne, 1891).

CCII. Pommereul.

On a pu croire que Napoléon avait connu Pommereul au régiment de La Fère. François-René-Jean de Pommereul, né le 12 décembre 1745 à Fougères, aspirant (8 septembre 1764), élève d'artillerie (30 novembre 1765), lieutenant au régiment de Toul (15 juin 1766), capitaine (9 mai 1778), lieutenant-colonel de l'artillerie des colonies (1er novembre 1784), rentré dans l'artillerie de terre à son rang de capitaine (20 octobre 1786), passé à Naples avec congé (14 juillet 1787), colonel au service des Deux-Siciles (23 novembre 1787), brigadier des armées et inspecteur général de l'artillerie et du génie des royaumes de Naples, de Sicile et présides de Toscane (5 janvier 1788), maréchal de camp au même service (12 août 1790), réadmis au service de France, devient général de brigade d'artillerie le 13 octobre 1796, général de division le 16 novembre 1796. Il est mis en non-activité le 7 novembre 1800, et Napoléon le nomme préfet d'Indre-et-Loire, puis préfet du Nord, baron de l'Empire, conseiller d'État, directeur général de l'imprimerie et de la librairie. Mais pendant le temps où Pommereul était capitaine au régiment de La Fère, c'est-à-dire du 20 octobre 1786 au 14 juillet 1787, Napoléon se trouvait en Corse.

CCIII. Lariboisière.

Jean-Ambroise Baston de Lariboisière, né à Fougères le 18 août 1759, « d'extraction noble et allié aux anciennes familles nobles de Fougères », lieutenant en second au régiment de La Fère (2 août 1781), lieutenant en premier (6 janvier 1785), second capitaine (1er avril 1791), capitaine commandant (18 mai 1792), chef de bataillon commandant le bataillon d'artillerie de Mayence (16 mai 1793), retenu comme otage (25 juillet-20 décembre 1793), sous-directeur d'artillerie à Landau (31 décembre 1794), colonel (6 novembre 1796), directeur d'artillerie à Strasbourg (13 mars 1801), général de brigade (29 août 1803), général de division (3 janvier 1807), premier inspecteur (20 février 1811), mort à Kœnigsberg le 21 décembre 1812. Il était comte de l'Empire. Son fils cadet, Honoré-Charles, capitaine d'artillerie, fut nommé chambellan de l'Empereur le 6 avril 1813 et, quatre jours plus tard, la comtesse de Lariboisière recevait une pension de 6 000 francs. Cf. sur cet éminent artilleur l'ouvrage d'A. Abaut (1889). On ne trouve pas dans ce livre ni dans la *Correspondance* de Napoléon l'ordre suivant de l'Empereur qui venait de nommer Lariboisière commandant en chef de l'artillerie du corps d'observation de la Gironde :

18 février 1808.

Monsieur le général Clarke, vous recevrez un décret qui concerne le général Lariboisière. Il pourra prendre quelques officiers d'artillerie de ma garde pour les employer dans son état-major. Vous lui donnerez tous les documents et instructions nécessaires. Lorsqu'il aura ses états et qu'il sera bien instruit, la veille de son départ, il viendra me trouver et j'aurai un travail avec lui sur cela.

CCIV. Baltus.

Basile-Guy-Marie-Victor Baltus de Pouilly, naquit à Metz le 2 janvier 1766. Élève d'artillerie (1er août 1780), lieutenant en second au régiment de La Fère (23 juillet 1781), lieutenant en premier (6 janvier 1785), second capitaine (1er avril 1791), aide de camp de d'Hangest à l'armée de Lafayette (7 août 1792), chef de bataillon aux états-majors de l'arme (25 décembre 1799), chef d'escadron au 1er régiment d'artillerie légère, il donna pour cause de santé sa démission qui fut acceptée le 20 avril 1803. Mais le 1er juin 1804 il était réintégré à son rang dans le corps de l'artillerie. Colonel aux états-majors du corps (9 mars 1806), baron de l'Empire (28 janvier 1809), général de brigade à l'État-major général du corps (14 mars 1811), il commanda l'artillerie à Hambourg en remplacement de Pernety malade (1811), au 3e corps des réserves de cavalerie (1813), au 4e corps d'armée (4 avril 1815). Il fut admis à la retraite le 1er janvier 1816 d'après l'ordonnance du 1er août 1815. Mais en 1819 le ministre de la guerre le recommandait au duc Decazes pour un emploi de préfet ou une des fonctions supérieures de l'administration des haras. Remis provisoirement en activité comme disponible dans l'arme de l'artillerie (1er décembre 1820), nommé lieutenant de roi à Brest (12 juin 1822), Baltus reçut définitivement sa retraite le 9 décembre 1826 et le grade de lieutenant général le 31 octobre 1827. Il mourut le 13 janvier 1845.

CCV. Roquefère.

Louis-Antoine Cathala de Roquefère, né le 27 avril 1767 à Carcassonne, élève d'artillerie (16 août 1781), lieutenant en second (16 août 1782) au régiment de La Fère, lieutenant en premier (12 août 1785) au même régiment, capitaine au régiment de Grenoble (1er avril 1791), fut arrêté le 26 octobre 1793 par le comité révolutionnaire de Manosque. Une décision du Comité de sûreté générale, datée du 25 octobre 1794, lui rendit la liberté. Mais il n'obtint sa réintégration que sous le Consulat. Capitaine-commandant au 5e régiment d'artillerie légère (12 mars 1800) et employé à l'armée d'Italie, commandant en l'an IX et en l'an X l'artillerie à cheval du corps d'élite, il voulait déjà, au mois de mars 1802, profiter de la paix pour « se retirer dans le sein de sa famille auprès d'un père octogénaire et de son épouse qui le réclamaient », et il priait Joseph Bonaparte de le recommander, de lui obtenir une retraite honorable. Il resta pourtant au service, lorsqu'il fut nommé chef d'escadron (2 octobre 1802), et il accepta les fonctions d'adjudant de côtes de la direction de Perpignan (7 juillet 1803), puis de celle de Montpellier. Mais bientôt il désira être employé plus activement; on le nomma sous-directeur d'artillerie en Istrie et le détacha comme chef de bataillon à l'armée d'Espagne (12 janvier 1808). Il avait commandé durant quelques mois l'artillerie de Jaca, et le général Senarmont l'envoyait à Tudela lorsqu'il tomba malade. Sur l'autorisation verbale de Suchet et du commandant de l'artillerie Valée, il quitta l'armée d'Aragon, revint en France et demanda sa solde de retraite. Sa requête ne fut pas accueillie; on lui reprocha d'avoir abandonné son poste sur des certificats d'officiers de santé et sans autorisation légale et écrite. Outré, il donna sa démission, qui fut acceptée le 29 janvier 1812.

CCVI. Roche de Cavillac.

Louis-Joseph-Aimé Roche de Cavillac, né le 11 avril 1762 à Toul, élève (1er mai 1780), lieutenant en second (1er septembre 1782), second capitaine d'ouvriers (1er avril 1791), capitaine commandant la 10e compagnie d'ouvriers

(30 août 1792), chef de bataillon (19 avril 1803), sous-directeur d'artillerie à Huningue (4 juin 1803), à Calais (22 février 1810), à Groningue (1ᵉʳ avril 1811), à Coevorden (25 avril 1812), admis à la retraite (19 août 1813), chef de la légion de l'arrondissement de Ribérac (16 mars 1814).

CCVII. Rulhière.

Chriscuil-Omer-François de Rulhière, né le 18 janvier 1764 à Saint-Denis élève surnuméraire (16 août 1781), lieutenant en second surnuméraire (1ᵉʳ septembre 1782), lieutenant en premier (11 juin 1786), second capitaine (1ᵉʳ avril 1791), capitaine commandant (18 mai 1791), refuse d'émigrer. Au commencement de 1793 il obtint un congé de six semaines à dater du 18 janvier. Puis il retrouve Bonaparte, qui l'envoie à Corfou et à Zante comme commissaire du Directoire exécutif. Il est ensuite sous-préfet à Falaise et secrétaire général du commissariat général de police en Piémont. Le 9 mars 1802 il est nommé préfet de la Roër en remplacement de Simon, ex-député du Haut-Rhin au conseil des Cinq-Cents, et Maret, qui rédige l'arrêté, a soin d'omettre le titre de secrétaire général du commissariat de police et d'écrire les mots « sous-préfet à Falaise », afin de donner aux sous-préfets l'espoir de parvenir aux préfectures. Rulhière se met en chemin, quitte Turin le 27 mars, arrive à Paris le 11 avril, s'alite et meurt à Saint-Denis le 13 juin 1802. Il avait un frère aîné, Philippe, qui suivit durant dix-huit mois, comme gentilhomme d'ambassade, Choiseul-Gouffier en Turquie, et qui devint sous-lieutenant au régiment de Bourbonnais, lieutenant de maréchaussée à la résidence de Saint-Denis et premier capitaine de gendarmerie dans le département d'Eure-et-Loir. Ce Philippe de Rulhière donna sa démission à la fin de l'an II, mais entra, après le 18 brumaire, grâce à Clarke, au dépôt de la guerre comme traducteur. Le 22 juillet 1801, il était, « en remplacement de Rulhière jeune, appelé à d'autres fonctions », nommé sous-préfet de Falaise, à la demande du maire et des adjoints de la ville, qui protestaient que le nom de Rulhière était devenu cher à tous les citoyens de l'arrondissement. Son frère Chriscuil avait le projet de le faire nommer secrétaire général de la Roër et voulait même, avant de mourir, écrire au Premier Consul pour lui obtenir la préfecture du département. Malgré ses sollicitations, Philippe de Rulhière resta sous-préfet de Falaise; il l'était encore dans l'année 1830, où son préfet le nommait un des plus anciens sous-préfets du royaume. Il assure dans une lettre que « c'est à lui que le public doit la conservation du manuscrit de l'*Histoire de l'anarchie de Pologne* et sa publication ».

CCVIII. Cirfontaine.

Alexandre-Arnoulph-Nicolas de Germay de Cirfontaine, né le 12 décembre 1753 à Suzannecourt (Haut-Marne), fils d'un ancien capitaine du corps royal qui fut tué à Minden, et neveu d'un officier de la même arme qui fut major au régiment de La Fère et colonel du régiment d'Auxonne, sorti de l'École militaire et admis avec rang et appointements d'élève à l'École d'artillerie de Douai (21 juillet 1772), lieutenant en second surnuméraire (1ᵉʳ novembre 1774), lieutenant en second (3 janvier 1779), lieutenant en premier (4 mai 1783), capitaine par commission (4 janvier 1787), émigre en novembre 1791, fait la campagne de 1792 à l'armée des princes, celle de 1794 à la suite de l'armée du duc d'York, celle de 1795, et appartient au rassemblement d'officiers commandés par Quiefdeville. Il fut nommé le 20 janvier 1799 major (pour prendre rang du 31 décembre 1797, jour où il avait cessé de servir) et reçut en 1803 la croix de Saint-Louis. Au retour des Bourbons il obtint le rang et la retraite de chef de bataillon.

CCIX. Parel.

Jean-Joseph de Parel d'Espeyrut de la Chatonie, né le 1ᵉʳ janvier 1755 à Treignac (Corrèze) élève (27 juillet 1771), lieutenant en second surnuméraire (1ᵉʳ novembre 1774), lieutenant en second (9 mai 1778), lieutenant en premier (4 mai 1783), capitaine par commission (11 juin 1786), capitaine en second (4 octobre 1788), émigre en 1791, et commande l'artillerie au régiment de Salm de 1794 au 31 décembre 1796.

CCX. Nexon.

Pierre Rogier de Nexon, né à Limoges le 29 janvier 1763, lieutenant en second au régiment de La Fère (17 juillet 1780), lieutenant en premier (4 mai 1783), capitaine par commission (17 mai 1787), émigre le 7 septembre 1791, rejoint l'armée de Condé, commande l'artillerie du régiment de Rohan du mois de septembre 1793 au mois de juillet 1794, est blessé d'un éclat d'obus à l'attaque de Wirschkeim et d'une balle à celle de Marienthal.

CCXI. Cavey de La Motte.

François-Dominique Cavey de La Motte, né à Neauphle, dans l'Orne, le 15 septembre 1759, fils d'un ancien sous-brigadier des gardes du corps et petit-fils d'un ancien sous-brigadier des gendarmes (tous deux chevaliers de Saint-Louis), élève d'artillerie (1ᵉʳ août 1780), lieutenant en second (26 juillet 1781), lieutenant en premier (6 janvier 1785), capitaine par commission (25 août 1789), aide de camp de Thiboutot (8 août 1791), émigre, fait les campagnes de 1792 et de 1793 à l'armée de Condé, obtient le 20 mai 1794 la croix de Saint-Louis, quitte le corps vers 1797.

CCXII. Malet.

Claude-Joseph de Malet, fils d'un chevalier de Saint-Louis et ancien capitaine de cavalerie, était né le 5 juin 1759 à Dôle. Élève d'artillerie (1ᵉʳ août 1779), lieutenant en second au régiment de La Fère (22 juillet 1780), lieutenant en premier (25 mai 1783), capitaine par commission (6 avril 1788), capitaine en second au 5ᵉ régiment (1ᵉʳ avril 1791), il donna sa démission en avril 1792 pour émigrer et fut remplacé le 18 juin suivant. Après le 10 août 1792, il revint en France « pour le service du roi ». Il fut arrêté comme agent des princes et renfermé jusqu'à la fin de 1794 au château de Dijon. Au sortir de prison, il passa sous les ordres du général de Tessonet, qui l'employa de 1795 à 1797 à diverses missions dans le Lyonnais et le Jura; aussi reçut-il aux derniers jours de 1797 la croix de Saint-Louis. En 1799, pendant la campagne des Russes en Italie, il revint dans le Jura pour ranimer le courage des royalistes. Il reparut en 1814 et obtint des Bourbons la retraite de chef de bataillon au mois de janvier 1815. Lorsqu'il sut le retour de Napoléon, il partit pour la Vendée, mais il arrivait trop tôt et ne put être utile. Il alla rejoindre l'armée royale de Belgique et reprit du service comme chef de bataillon. Après Waterloo, il suivit Louis XVIII à Cambrai et resta dans cette place, par ordre du ministre, jusqu'à la fin de septembre, pour mettre en ordre le matériel de l'artillerie. Confirmé chef de bataillon d'artillerie (28 octobre 1815), admis à la retraite (16 mars 1816), rétabli dans le service actif (11 juillet 1817), admis dans les états-majors de place avec traitement d'expectative (22 août 1817), maintenu à la demi-solde jusqu'au 1ᵉʳ septembre 1824, il mourut à Paris le 25 octobre 1833. Cf. ses *Recherches polit. et histor.* parues en 1817.

CCXIII. Vimal de La Grange.

François-Marie Vimal de La Grange naquit à Ambert le 6 janvier 1759. Il était fils d'André Vimal, écuyer et seigneur du Bouchet, et quatre gentilshommes du pays ainsi que l'intendant certifient qu'il « est noble et vit noblement ». Après avoir fait ses études à l'école que le sieur de Longpré tenait à Paris, rue Saint-Victor, Vimal de La Grange entra au corps royal de l'artillerie. Aspirant en 1777, lieutenant en second (29 juillet 1780), lieutenant en premier (4 avril 1784), second capitaine (1er avril 1791), capitaine-commandant (1er février 1792), il émigre et fait la campagne de 1792 à l'armée des princes, les campagnes de 1793, de 1794 et de 1795 dans l'armée hollandaise, la campagne de 1799 (comme canonnier noble) à l'armée de Condé. Il s'attache alors à Willot qui commandait pour le roi dans les provinces méridionales, et devint son premier aide de camp ; Willot certifie lui avoir donné au mois de juin 1800 le grade de lieutenant-colonel d'artillerie et avoir fait avec lui les campagnes de 1800, de 1801 et de 1802. A la fin de 1803, La Grange se rendit en France pour porter des instructions à divers agents employés sous les ordres de Willot. Le 20 novembre 1804, le sous-préfet Pourrat l'interrogea et examina ses papiers, sans rien trouver de suspect. Amnistié le 30 mars 1805, il voulut se rendre à Paris ; une décision du 29 mai 1806 lui refusa la permission. Il partit néanmoins, fut arrêté à Paris le 7 novembre 1807 et renvoyé le 14 à Ambert. Rentré dans le corps de l'artillerie le 5 janvier 1815 avec rang de lieutenant-colonel datant du 5 janvier 1814, destitué le 15 mars suivant par Napoléon, admis à la retraite le 30 août 1815, il demanda vainement un commandement de place de 3e classe dans le Midi.

CCXIV. Les Du Raget.

Les Du Raget entrèrent dans le corps royal comme fils d'un ancien capitaine de cavalerie et parents de Chambonin, qui avait été longtemps premier commis du bureau de l'artillerie.

Du Raget l'aîné (Pierre-François), né à Vassy le 29 janvier 1764, élève d'artillerie (1er août 1780), lieutenant en second (14 juillet 1781), et en premier (6 janvier 1785), capitaine par commission (8 janvier 1789), émigre, fait la campagne de 1792 à l'armée des princes, assiste à la défense de Maëstricht en 1793, combat l'année suivante en Hollande dans le régiment de Hohenlohe, et de 1795 à 1801 participe à tous les combats de l'armée de Condé, où il sert dans l'artillerie comme capitaine en second. Il est nommé chevalier de Saint-Louis à la fin de 1801. De retour en France, il obtient de Napoléon d'abord l'emploi de trésorier civil du 4e régiment d'artillerie à pied (10 août 1803), puis, lorsque cette création arrêtée le 30 avril précédent est rejetée par le conseil d'État, la place de trésorier de l'École d'application, qui lui rapporte 2 500 francs par an et qu'il occupe du 22 septembre 1803 au 1er décembre 1823. Les Bourbons lui donnèrent le brevet de lieutenant-colonel, daté du 8 janvier 1801.

Du Raget le cadet (Louis-Alexandre), né à Vassy le 29 janvier 1764, élève d'artillerie (1er août 1780), lieutenant en second (5 août 1781) et en premier (23 janvier 1785), second capitaine au 6e régiment dit d'Auxonne (1er avril 1791), émigre comme son aîné et l'accompagne partout. Lui aussi est à l'armée de Condé, où il arrive le 26 mai 1793 et figure en 1801 sur l'État du corps comme capitaine en second de la 3e compagnie de canonniers. Lui aussi est nommé chevalier de Saint-Louis en 1801. A son retour en France, il est successivement trésorier civil du 4e régiment d'artillerie à cheval (8 août 1803), quartier-maître-trésorier du 1er régiment à pied ou de La Fère avec grade de lieutenant par décision du 4 avril 1805 et avec grade de capitaine en second par décret du

8 mai 1805, puis, après avoir donné sa démission de quartier-maître-trésorier (11 novembre 1806), employé à l'armée d'Italie où, disait le bon Sorbier, une augmentation de capitaines était nécessaire, détaché à Corfou à la direction d'artillerie (7 janvier 1812), et enfin envoyé capitaine en résidence fixe et à vie à Monaco (4 juin 1812). Les Bourbons lui donnèrent un brevet de chef de bataillon, daté du 1er avril 1799.

Un troisième Du Raget (Toussaint-Gabriel), dit Du Raget de Chambonin, né le 18 février 1769 à Neufbrisach, élève d'artillerie (1er septembre 1782), lieutenant en second (1er septembre 1783) et en premier (4 janvier 1787), mourut le 16 août 1788 dans sa famille.

CCXV. Sorbier.

Sorbier (Jean Barthelmot), né à Paris le 16 novembre 1762, élève d'artillerie à l'École de Metz (1er septembre 1782), reçu le 23e sur 33 au concours des officiers (1er septembre 1783) et nommé à la même date lieutenant en second surnuméraire au régiment de La Fère, lieutenant en second (1er juillet 1784), lieutenant en premier à la 4e compagnie d'ouvriers (4 octobre 1788), capitaine en second à la même compagnie (1er avril 1791), employé en 1791 à l'instruction et à l'organisation d'une compagnie d'artillerie à cheval formée à Strasbourg, capitaine en second de cette compagnie (12 mai 1792), capitaine-commandant de la même compagnie (28 août 1792), adjudant général chef d'escadron (22 juin 1793), après la bataille d'Arlon (cf. A. Chuquet, *Wissembourg*, p. 34), suspendu (24 septembre 1793), réintégré par le Comité de salut public, chef de brigade du 3e régiment d'artillerie à cheval (22 mars 1795), nommé général de brigade sur le champ de bataille de Neuwied par Hoche (17 avril 1797) et confirmé par le Directoire (17 juin 1797), général de division (6 janvier 1800), inspecteur général (21 janvier 1800), commandant en chef l'artillerie de la Grande Armée (11 mars 1813), premier inspecteur général (29 mars 1813), mis à la retraite avec une pension civile de 12 000 francs (ordonnance du 4 novembre 1818), mort à Saint-Sulpice, dans la Nièvre, le 23 juillet 1827.

CCXVI. Fontanille.

Balthazar-Joseph-Charles Bouvier de Fontanille, né à Vinay (Isère) le 20 avril 1763, élève d'artillerie (16 août 1781), lieutenant en second surnuméraire (1er septembre 1783), lieutenant en second (19 mars 1784), lieutenant en premier (25 mai 1788), second capitaine (1er avril 1791), donne le 15 juin 1792 sa démission, qui est acceptée par le roi le 10 juillet suivant, écrit le 30 juillet à Le Dieudeville, son lieutenant-colonel, qu'il regrette sa démarche, se fait appuyer le 6 septembre par une lettre de Vallier et rentre en activité comme capitaine commandant (11 septembre 1792). Mais il ne rejoint pas et il est destitué (9 avril 1793). Pourtant, grâce à Gauthier, il se voit, comme il dit, rendu au service de la République, et le 8 septembre 1793, Gauthier, Dubois-Crancé et de La Porte écrivent qu'ils sont très satisfaits de son zèle, de ses connaissances, et de ses sentiments. Il rentra dans son grade de capitaine au 6e régiment d'artillerie (24 décembre 1794) et fut employé à l'arsenal de Grenoble (20 mai 1795). Le 4 décembre 1798 il donnait sa démission. Il devait néanmoins reprendre du service. Réintégré par les Bourbons capitaine d'artillerie (12 octobre 1815), nommé capitaine en résidence fixe à Grenoble (9 novembre 1815), à Vincennes (23 janvier 1821), commandant l'artillerie à Ardres (21 septembre 1822) et à Gravelines (11 mars 1824), chef de bataillon (7 juillet 1824), il fut admis au traitement de réforme (17 avril 1825), rayé des contrôles d'activité (18 mai 1825) pour avoir nié une dette qui lui était réclamée à bon droit depuis longtemps, et le 23 décembre 1827 retraité. Il mourut le 25 octobre 1835.

CCXVII. Marescot de la Nouë.

Bernard-François de Marescot de la Nouë ou Marescot le jeune, reçu le 30° sur 41 au concours des élèves d'artillerie en 1785 et 46° au concours des lieutenants en second en 1785 (cf. pièce LXXXIX), était capitaine lorsqu'éclata la guerre de la Révolution. Après avoir formé des compagnies d'artillerie légère à Strasbourg (15 juillet-13 décembre 1792), il se rendit à l'armée du Rhin, puis revint à Strasbourg (15 avril-15 juillet 1793) et servit aux armées du Rhin et de la Moselle, assista aux combats de Blieskastel et de Niederbronn, à la bataille de Frœschwiller, au déblocus de Landau, à l'affaire de Kaiserslautern (15 juillet 1793-20 juin 1794). Autorisé par le représentant Laurent (19 mai 1794), puis par le Comité de salut public (20 juin 1794) à passer dans l'arme du génie, à cause du nombre insuffisant d'ingénieurs à l'armée du Nord, Marescot prit part aux sièges du Quesnoy, de Valenciennes, de Condé, de Maëstricht. Il était chef de bataillon du génie depuis le 9 novembre 1795 lorsqu'il donna pour divers motifs sa démission, qui fut acceptée le 3 mars 1796. Mais Napoléon le remit en activité le 20 octobre 1804. Employé à l'état-major des armées, réintégré chef de bataillon (16 janvier 1806), Marescot servit sous le maréchal Ney au camp de Montreuil, et ensuite à la Grande Armée. Il fit les campagnes d'Autriche (1805), de Prusse et de Pologne (1806-1807), de Silésie (1807) et il était au siège de Neiss et à l'enlèvement du camp retranché de Glatz. Envoyé à l'armée d'Espagne (1er mars 1808), il revint en France avec l'autorisation de Joseph, et le 16 novembre 1809 donna sa démission que Napoléon accepta le 8 mai 1811.

CCXVIII. Vauxmoret.

Charles-Pierre Martin de Vauxmoret, fils d'un conseiller du roi, correcteur ordinaire en la Chambre des comptes, était né à Paris le 14 mai 1764. Aspirant (19 juin 1782), élève (1er septembre 1785), lieutenant en second (4 octobre 1788), premier lieutenant (1er avril 1791), second capitaine (18 mai 1792), capitaine-commandant (10 juillet 1792), chef de bataillon provisoire (15 juillet 1794), confirmé et placé au 7º régiment d'artillerie (20 mai 1795), chef de brigade (13 mars 1800), directeur d'artillerie à Bruxelles (21 janvier 1802), à Bayonne (4 juin 1805), en Corse, à l'île d'Elbe, à Rome (14 octobre 1809), à Cherbourg, admis à la retraite le 12 août 1814.

CCXIX. Ménoire.

Louis de Ménoire, né à Villeneuve-sur-Lot le 11 août 1764, élève surnuméraire (16 août 1781), élève (1er septembre 1782), reçu le 31° sur 32 au concours des officiers en 1784, lieutenant en second surnuméraire (1er septembre 1784), lieutenant en second (6 janvier 1785), second capitaine (22 août 1791), capitaine-commandant de la cinquième compagnie du 1er régiment (1er juin 1792), chef de bataillon (26 mai 1799) et attaché au parc d'artillerie de campagne à Embrun, colonel (2 octobre 1802), sous-directeur d'artillerie à Bordeaux, directeur d'artillerie à Bayonne (19 février 1804), directeur du parc d'artillerie du corps d'observation d'Italie, qui devient le 4º corps de la Grande Armée (26 février 1813), admis à la retraite (11 décembre 1813) avec une pension de 2 388 francs, mort à Villeneuve-sur-Lot le 7 septembre 1820. Il avait fait les campagnes de 1792 et de 1793, celles des ans II, III, IV, V, VI, VII, VIII et IX aux armées du Nord, des Pyrénées occidentales, de l'Ouest, des côtes de l'Océan et d'Italie, celle de 1813 à la Grande Armée.

CCXX. Savary.

Jean-Alexis-Ponce de Savary, né le 21 mars 1769, reçu élève d'artillerie le 7e sur 49 (1er septembre 1785) et officier le 46e sur 61 (1er septembre 1786), lieutenant en second au régiment de La Fère (25 mai 1788), lieutenant en premier (1er avril 1791), second capitaine (6 février 1792), capitaine-commandant (16 juillet 1792), capitaine-commandant de la 5e compagnie d'ouvriers (29 mars 1797), chef de bataillon au 1er régiment d'artillerie à pied (18 juillet 1801), employé dans son grade à l'expédition de Saint-Domingue (30 mars 1802), mort le 13 juillet 1802.

CCXXI. Vaugrigneuse.

Arnauld-Alphonse-Joseph de Vaugrigneuse, fils d'un vice-consul de France à Candie, né à Paris le 5 octobre 1765, élève à Effiat, puis à l'École militaire de Paris, élève d'artillerie, le 21e sur 40 (1er septembre 1784), attaché à l'école de Valence, ensuite à l'école de Metz, reçu 31e sur 41 au concours des officiers en 1789, lieutenant en second au 1er régiment (1er juillet 1791), prêtant à Auxonne le 5 août suivant le serment exigé par l'Assemblée, capitaine de 2e classe (1er juin 1792), capitaine de 1re classe (22 août 1792), chef de bataillon (2 mars 1805), retraité (12 août 1814), et retiré à Nîmes, refuse de servir Napoléon aux Cent-Jours, reçoit l'autorisation de prendre provisoirement le commandement de la citadelle du Pont-Saint-Esprit (6 août 1815), rentre en jouissance de sa pension de retraite, qui est de 2 000 francs (25 janvier 1816).

CCXXII. Carmejane.

Charles-Joseph de Carmejane, né le 6 juillet 1772 à Menerbes (Vaucluse), élève à l'École militaire de Beaumont (cf. pièce xxviii), cadet gentilhomme à l'École militaire de Paris (25 septembre 1787), puis à celle de Pont-à-Mousson, reçu le 16e sur 41 au concours des officiers en 1789, lieutenant en second au régiment de La Fère (1er septembre 1789), premier lieutenant au 7e régiment (1er avril 1791) — mais il ne rejoint que très tard, et il prête son serment à Auxonne le 3 juillet 1791; — second capitaine (18 mai 1792), capitaine commandant (1er novembre 1792), chef de bataillon au 5e régiment (2 août 1801), sous-directeur d'artillerie à Antibes (27 mars 1802), puis à Paris (25 juin 1803), puis à l'équipage de siège de l'armée des côtes de l'Océan (8 septembre 1803), et de nouveau à Antibes (2 mars 1805), sous-directeur des forges à la 27e division militaire (22 mars 1805), colonel (10 juillet 1806), et directeur d'artillerie à Turin (11 août 1806), commandant l'artillerie des côtes de l'Adriatique à Venise (19 mai 1808), chef d'état-major de l'artillerie de l'armée d'Italie (6 avril 1809), directeur d'artillerie à Gênes (28 mars 1811) et à Montpellier (21 juin 1814), admis au traitement d'expectative (1er février 1818), maréchal de camp (25 février 1818), retraité (1er décembre 1819), mort d'une apoplexie foudroyante (14 décembre 1830). Il avait été fait baron de l'Empire le 15 août 1809.

CCXXIII. Mabille.

Michel de Mabille, né le 9 septembre 1761 à Nantes, élève surnuméraire d'artillerie (16 août 1781), reçu le 19e sur 33 au concours des officiers en 1783, lieutenant en second surnuméraire (1er septembre 1783), lieutenant en second en pied (4 avril 1784), lieutenant en premier (4 octobre 1788), second capitaine (1er avril 1791), remplacé le 12 juillet 1792 après avoir abandonné son emploi.

CCXXIV. Mongenet.

François-Bernard de Mongenet, né à Vesoul le 17 décembre 1765, était fils du lieutenant général du bailliage. Lieutenant en second surnuméraire (1ᵉʳ septembre 1784), lieutenant en second (6 janvier 1785), il obtient le 1ᵉʳ avril 1788 un congé de deux ans pour faire ses caravanes à Malte et le 1ᵉʳ avril 1790 une prolongation d'un an. Il rentre en France et il est nommé premier lieutenant au 3ᵉ régiment, puis second capitaine au 5ᵉ (25 juillet 1791). Remplacé dans son emploi le 6 février 1792, il passe une année en Allemagne et revient à Malte. Remis en activité de service dans son grade de capitaine d'artillerie par Bonaparte (14 juin 1798), nommé chef de bataillon provisoire par Kleber (1ᵉʳ mai 1800), confirmé par le Premier Consul (18 décembre 1801), sous-directeur à Valenciennes (21 janvier 1802), chef d'état-major du parc d'artillerie à Breda (30 avril 1803), employé au camp d'Utrecht (29 mai 1804) et au 2ᵉ corps de la Grande Armée en 1805, il est envoyé dans l'année 1807 à l'armée de Dalmatie et y devient colonel (30 août 1808), directeur de l'artillerie à Raguse (22 septembre 1808), chef d'état-major de l'artillerie (1810), commandant de l'artillerie de l'armée d'Illyrie (1811). Colonel du 4ᵉ régiment à pied (28 mars 1811), attaché au corps de réserve de cavalerie (4ᵉ corps de la Grande Armée, 7 février 1812), il est promu général de brigade le 4 juin 1813, et au mois de novembre de la même année, commande l'artillerie de l'Alsace, de Huningue à Landau, dans l'arrondissement du duc de Bellune. Les Bourbons le mettent à la tête de l'École de Besançon. Durant les Cent-Jours, il est commandant de l'artillerie à l'armée des Alpes (6 mai 1815), et, sous les ordres du général Valée, employé aux équipages de réserve de la place de Paris (15 juin 1815). Il cessa ses fonctions au mois de juillet et fut mis à la retraite par ordonnance du 9 février 1816. Baron de l'Empire (16 décembre 1810).

CCXXV. D'Andigné de Sainte-Gemme.

Charles-François d'Andigné de Sainte-Gemme naquit à Angers le 26 février 1769. Elève d'artillerie, le 33ᵉ sur 49 (1ᵉʳ septembre 1785), classé le 18ᵉ sur 61 au concours des officiers en 1786, lieutenant en second au régiment de La Fère (4 janvier 1787), lieutenant en premier au 5ᵉ régiment (1ᵉʳ avril 1791), second capitaine (6 février 1792), capitaine-commandant (11 septembre 1792), il fut remplacé par une décision du 23 mars 1793 : il avait un congé de deux ans, à compter du 26 février 1791 — congé qui n'interrompait pas son avancement, — pour faire ses caravanes à Malte, et il n'avait pas rejoint à l'expiration du congé, c'est-à-dire au 1ᵉʳ mars 1793. Après la prise de Malte, Bonaparte l'emmena en Égypte, le remit en activité et l'employa comme capitaine en second (5 juillet 1798), puis comme capitaine de première classe (23 septembre 1799). Nommé par Menou chef de bataillon au 7ᵉ régiment d'artillerie à pied (4 août 1800), gravement blessé à la bataille de Canope, où il eut la jambe emportée d'un boulet de canon (21 mars 1801), d'Andigné revient en France avec la garnison d'Alexandrie dont il faisait partie. Confirmé chef de bataillon (18 décembre 1801), il fut successivement inspecteur de la manufacture d'armes de Versailles, sous-directeur d'artillerie à Toulouse (23 août 1804), et à Grenoble, et prit sa retraite le 8 mars 1810 avec une pension de 2 000 francs. Il avait été fait chevalier de la Légion d'honneur le 15 juin 1804.

CCXXVI. Belly de Bussy.

David-Victor Belly de Bussy, né le 10 mars 1768 à Beaurieux, dans l'Aisne, lieutenant en second au régiment de La Fère (1ᵉʳ septembre 1785; cf. pièce LXXXIX), lieutenant en premier (1er avril 1791), capitaine en second (6 février 1792), émigre le 1er juin 1792 pour rejoindre dans les Pays-Bas la petite armée du duc de Bourbon. Durant quatre années, de 1793 au 31 décembre 1796, il appartient au « rassemblement » d'officiers d'artillerie réunis à Ostende sous les ordres du colonel de Quiefdeville et destiné à débarquer sur les côtes de France, et, dit-il, il suivit ce rassemblement dans les campagnes qui eurent lieu en Hollande et à la baie de Quiberon. Le 11 mars 1814 il était nommé colonel d'artillerie et aide de camp de l'empereur, après avoir été, comme il dit encore, pris pour guide le 7 mars à la bataille de Craonne. Autorisé à se rendre dans ses foyers (4 mai 1814), mis en non-activité (1er juillet 1814), il fut réemployé par la Restauration à la veille du retour de Napoléon et attaché le 12 mars 1815 à la division de La Fère, sans doute parce qu'il avait offert d'organiser des volontaires royaux (Pion des Loches, *Mes campagnes*, p. 455). Il arriva le 15 mars à La Fère; mais sitôt qu'il sut l'empereur à Paris, il le rejoignit. Le 11 avril, il était nommé directeur du parc d'artillerie de la garde. Napoléon, partant pour la Belgique, le reprit comme aide de camp; le 10 juin, Bussy quittait Paris par ordre du grand-maréchal; le 18, il était à Waterloo; le 20, il se trouvait à Laon, où l'empereur lui ordonnait de rester deux jours; le 30, il arrivait à Paris après avoir été malade à Soissons. Il fit le 29 juillet suivant « sa soumission pure, simple et entière aux ordres du roi », et fut le 1er septembre mis en non-activité. Mais du 1er juillet 1818 au 1er mars 1824 il jouit de la demi-solde de 3 125 francs. Le 12 novembre 1829 il avait accompli ses trente ans de service, ainsi décomposés : trois ans d'études préliminaires, onze ans et quatre mois du 1er septembre 1785 au 31 décembre 1796, quinze ans et huit mois du 11 mars 1814 au 11 novembre 1829 — outre sept ans de campagnes (cinq dans l'émigration, sa campagne de 1814 et celle de 1815). D'autre part, il avait à cette époque quinze ans et huit mois d'activité dans le grade de colonel. Or, l'ordonnance du 27 août 1814 portait que les ex-colonels de l'artillerie, du génie et les ingénieurs géographes seraient, s'ils avaient dix ans d'exercice de colonel, en raison de la lenteur de l'avancement dans leur corps, retraités dans le grade de maréchal de camp. Belly de Bussy fut le 12 novembre 1829 admis à la pension de retraite du grade de maréchal de camp, qui était de 3350 francs.

CCXXVII. Damoiseau.

Marie-Charles-Théodore, baron de Damoiseau, était fils d'un maréchal de camp du génie qui commanda par intérim les troupes royales à La Martinique, au commencement de la Révolution, et qui mourut à Londres « victime de l'émigration ». Il naquit à Besançon le 9 avril 1768. Élève d'artillerie, le 19e sur 41 (1er septembre 1784), lieutenant en second (1er septembre 1785; cf. pièce LXXXIX), capitaine (22 août 1791), il fait la campagne de 1792 à l'armée des princes, les campagnes de 1793 et de 1794 à l'armée de Condé, celles de 1795 et de 1796 à l'armée du roi de Sardaigne. Il entre ensuite au service du roi de Portugal. Le 13 février 1809 il est réintégré dans l'armée française, mais, sur la proposition de Gassendi et puisqu'il est « sorti capitaine au bout de l'an », il ne « rentre qu'à la queue des capitaines ayant alors un an de service dans ce grade ». Le 20 août 1810, il est nommé chef de bataillon, adjudant de côtes de la direction d'artillerie d'Antibes; mais il ne reçoit la nouvelle à Viseu qu'à la fin de septembre, et, les communications étant interrompues avec l'Espagne, il doit attendre le départ de la colonne du général Gardanne; aussi n'atteignit-il son poste que le 24 mars 1811. Il demande vainement le 13 novembre 1812 au duc de Feltre une place de commandant d'armes de quatrième classe; le ministre lui répond que le nombre des demandes est considérable et que ces emplois dans les états-majors de places sont réservés aux officiers blessés ou infirmes. Arrive la première Restauration, puis l'interrègne des Cent-Jours : « Je me suis trouvé à Antibes, dit Damoiseau, et j'ai été un des chefs qui ont le plus excité et contribué à la glorieuse conduite des braves habitants de cette bonne ville. » Il devient le 16 décembre 1815 sous-directeur d'artillerie à Digne, le 2 mars 1816, directeur d'artillerie à Antibes, le 23 août 1816, sous-directeur d'artillerie à Valenciennes. Mais dès le 14 mai 1816 il a été appelé au comité central de l'artillerie à Paris, et le 9 décembre suivant il est chargé d'examiner les officiers de l'arme sortant de l'École de Saint-Cyr. Le 18 mars 1818, il reçoit un brevet de lieutenant-colonel daté du 22 août 1807, et obtient la pension de retraite de ce grade. La commission des grades l'avait trouvé « très en règle » et lui reconnaissait trente-huit ans de services et campagnes. Il est mort le 16 août 1846.

Son frère cadet, le chevalier Victor-François-Louis de Damoiseau, était né à Besançon le 1er septembre 1769. Il fut élève d'artillerie le 1er septembre 1785, lieutenant en second le 20 juin 1788, lieutenant en premier le 1er avril 1791, second capitaine le 6 février 1792. Il donna sa démission, et fut remplacé le 18 mai 1792.

CCXXVIII. Huon de Rosne.

Joseph-Charles Huon de Rosne, fils de Charles-Antoine de Rosne, ancien officier de cavalerie, et de Marie-Louise de Lange, né le 21 janvier 1769 à Saintes, reçu lieutenant en second le 43e sur 61 au concours du 1er septembre 1786, nommé premier lieutenant au 5e régiment en 1791, émigre la même année de Fort-Louis à Heidelberg, entre comme canonnier noble dans l'armée de Condé, et périt à l'attaque des lignes de Wissembourg.

CCXXIX. Deschamps du Vaizeau.

Benjamin-Prix Deschamps du Vaizeau, fils de messire Prix Deschamps, écuyer, seigneur de la baronnie de Courgy, conseiller du roi et payeur des rentes de l'Hôtel de Ville de Paris, né le 23 juin 1766 à Paris, élève d'artillerie (1er septembre 1782), lieutenant en second surnuméraire (1er septembre 1783), lieutenant en second (13 février 1784), lieutenant en premier (21 janvier 1787), capitaine de cinquième classe en 1791, donne sa démission qui est agréée le 20 octobre 1791, mais dès le mois de juillet 1791 il a quitté le régiment pour se rendre à Worms. Il fit la campagne de 1792 à l'armée des princes et fut ensuite attaché comme canonnier noble au parc de l'armée de Condé.

CCXXX. Le Pelletier de Montéran.

Jean-Marie Le Pelletier de Montéran, né le 15 novembre 1771 à la Basse-Terre, île de la Guadeloupe, fils d'un capitaine dans les troupes d'artillerie des îles du Vent et chevalier de Saint-Louis, petit-fils et petit-neveu de deux Le Pelletier morts lieutenants généraux dans le corps royal. Lieutenant en second (1er septembre 1786) et admis le 14e sur 61 au concours des officiers, premier lieutenant (1er avril 1791), remplacé le 6 février 1792, après avoir abandonné son emploi, il prend part aux campagnes de l'émigration, et lorsqu'il rentre en France avec les Bourbons, obtient le grade de capitaine, daté du 21 mai 1809, et un emploi au régiment d'artillerie à pied de Rennes (18 avril 1816); malade, ne pouvant presque plus sortir de sa chambre, désespérant de jamais rétablir sa santé, il donna sa démission (10 mai 1816) et fut admis à la pension de retraite de son grade.

CCXXX bis. Pièces concernant l'arrestation prétendue de Le Pelletier de Montéran.

Le Premier Consul au général Brune.

23 ventôse an VIII.

L'on m'assure qu'un nommé Pelletier de Montéran, qui sort du régiment de La Fère, a été pris dans le Morbihan; je désirerais avoir un rapport sur ce jeune homme.

Brune au Premier Consul.

1ᵉʳ germinal an VIII.

Je n'ai pas entendu parler du nommé Pelletier de Montéran. Peut-être est-il du nombre de ceux qui se sont échappés et sont retournés en Angleterre. J'écris à Vannes pour savoir s'il y est détenu. Je vous ferai part de ce que j'aurai appris à son sujet.

Brune au Premier Consul.

25 germinal an VIII.

Le général Dutruy a fait de vaines recherches pour découvrir le citoyen Pelletier-Montéran; je vous envoie copie de son rapport et la lettre de Mᵐᵉ Daminois à ce citoyen.

Le général Dutruy au général Brune, conseiller d'État et général en chef.

Vannes, 18 germinal an VIII.

J'ai fait et fait faire infructueusement toutes les recherches et perquisitions possibles pour découvrir le nommé Pelletier-Montéran, conformément à l'ordre que vous m'avez adressé à cet effet par une lettre du 3 du courant; l'on a consulté tous les registres des greffes et vérifié tous les rapports des chefs d'arrondissement, sans qu'aucune de ces mesures nous ait éclairés. Je vous renvoie sous ce pli la lettre que je devais lui remettre. Je suis fâché de n'avoir point réussi dans cette recherche, puisque vous y mettiez de l'intérêt. Salut et respect.

DUTRUY.

Au citoyen Pelletier-Montéran, détenu en la maison d'arrêt à Vannes.

A Paris, ce 23 ventose, à l'hôtel Notre-Dame, rue Grenelle Saint-Honoré, où je compte bien vous voir.

Nous avons appris, mon cher ami, que par suite de la guerre en Bretagne vous avez été arrêté. Nous nous sommes empressés d'en faire parler au Premier Consul, qui, se rappelant d'avoir été lié avec vous dans le régiment de La Fère, où vous serviez ensemble, a paru prendre un grand intérêt à ce qui vous regarde. Il a accueilli notre demande et promis votre liberté. Nous avons, mon cher ami, le plus grand espoir de vous embrasser bientôt. En attendant cette douce satisfaction, donnez-moi tout de suite de vos nouvelles, et des détails sur votre affaire. Vous ne doutez pas que c'est à qui de nous s'empresse de contribuer à votre liberté. Cette pacification va enfin vous rendre à vos amis, ainsi que tous ceux qui, comme vous, ont fait la guerre au gouvernement sans sortir de leur patrie. Je vous embrasse comme je vous aime, et c'est de tout mon cœur.

DESGRIGNY-DAMINOIS.

CCXXXI. Saint-Germain.

Charles, chevalier de Saint-Germain du Houlme, né à Fougères le 7 avril 1774, reçu le 5° sur 41 au concours des officiers en 1789, lieutenant en second au régiment de Strasbourg (1er septembre 1789), et ensuite au régiment de La Fère (30 juillet 1790), lieutenant en premier (1er avril 1791), donne sa démission, qui est agréée le 14 décembre 1791, et rejoint le 3 novembre de la même année le corps de Condé. La commission des émigrés le nomme capitaine d'artillerie du 1er septembre 1794, et il est employé à la direction générale des parcs de l'armée (10 mars 1815). Mais il préfère entrer dans la gendarmerie : capitaine de la compagnie de l'Orne, sur la recommandation du prince de Broglie (15 novembre 1815), capitaine de la compagnie de la Mayenne (10 novembre 1817), capitaine de la compagnie de l'arrondissement maritime de Rochefort (23 mars 1819), puis de la compagnie de la Dordogne (9 février 1820), puis de la gendarmerie de la ville de Paris (2 août 1824), il est admis au traitement de réforme le 24 septembre 1830. Il était chevalier de Saint-Louis (5 octobre 1814) et de la Légion d'honneur (25 avril 1821).

CCXXXII. Bouvier de Cachard.

Jean-Humbert Bouvier de Cachard, né le 22 février 1770 à Boffre, dans l'Isère, élève d'artillerie le 39° sur 49 (1er septembre 1785), reçu le 21° sur 61 au concours des officiers de 1786, passé de l'école d'artillerie de Metz à celle de Valence, lieutenant en second au régiment de La Fère (21 janvier 1787), premier lieutenant (1er avril 1791), second capitaine (6 février 1792), donne sa démission et est remplacé le 18 mai 1792. Après l'expédition de Champagne et le siège de Maestricht, il entre dans l'artillerie hollandaise (22 février 1793), puis dans l'artillerie anglaise (26 janvier 1795), puis, lorsque le corps anglais où il était s'embarque pour les colonies, dans l'armée hollandaise à solde anglaise (26 décembre 1796), enfin dans la brigade hollandaise (15 novembre 1799). Il resta capitaine à la suite à la solde de l'Angleterre jusqu'à sa rentrée en France (1er avril 1814). Lieutenant-colonel (5 janvier 1815) pour prendre rang du 6 février 1807, colonel du régiment d'artillerie à cheval de la garde royale (20 septembre 1815), colonel à l'état-major général de l'artillerie (28 août 1816), directeur d'artillerie à Nantes (20 septembre 1816), baron (12 février 1817), admis à la retraite de maréchal de camp avec une pension de 3 900 francs (24 février 1828), il mourut à Saint-Peray, dans l'Ardèche, le 15 avril 1845.

CCXXXIII. Mallet de Trumilly.

Mallet de Trumilly (Antoine-Elisabeth), né à Paris le 22 mars 1770, fait ses études au collège de Saint-Louis à Metz, est reçu le 43° sur 48 élèves d'artillerie au concours de 1786, le 30° sur 41 officiers au concours de 1789, et envoyé (3 décembre 1789) comme lieutenant en second surnuméraire de l'école de Metz à l'école d'Auxonne. Second lieutenant à la seconde compagnie des mineurs (1er avril 1791), capitaine de 4° classe au 5° régiment, il donne sa démission, qui est acceptée le 18 mai 1792, et sert successivement comme premier lieutenant dans l'artillerie de Mirabeau et comme capitaine dans l'armée de Condé (20 août 1792), dans l'artillerie hollandaise, sous les ordres du prince d'Orange (1er avril 1794), et de nouveau à l'armée de Condé, dans l'artillerie de Hohenlohe (20 janvier 1795-1er avril 1801). Au retour des Bourbons, il est nommé chef de bataillon d'artillerie (10 mars 1805) pour prendre rang du 20 août 1800.

CCXXXIV. Dupuy de Bordes.

Sébastien-Henri Dupuy de Bordes, né à Grenoble le 25 mai 1746, fils d'un professeur qui avait rempli les fonctions d'ingénieur à la suite de l'artillerie et assisté aux sièges de Demont et de Coni, répétiteur de son père (15 septembre 1763), confirmé en cette qualité (7 juillet 1764), premier professeur de mathématiques à l'école d'artillerie de Grenoble (20 juin 1776), puis à celle de Valence et de nouveau (17 octobre 1702) à celle de Grenoble, désigné le 3 juin 1801 pour l'école de Turin, et maintenu à Grenoble sur l'ordre du Premier Consul, après une lettre qu'il lui écrit le 12 septembre suivant, continue ses services à cette école jusqu'au 31 décembre 1814 et meurt le 27 mai 1815 à Grenoble, officier de la Légion d'honneur et entreposeur particulier des tabacs. Il avait publié en 1771 sous le titre de *Nouveaux principes d'artillerie* une traduction de Robins, et en 1774 des *Eléments de géométrie pratique*.

CCXXXV. Lombard.

Jean-Louis Lombard était né à Strasbourg le 23 août 1723 ; professeur de mathématiques à l'école d'artillerie de Metz (3 mars 1748), passé en 1756 au Havre, envoyé le 28 mars 1759 à l'école d'artillerie d'Auxonne, détaché en 1776 à Strasbourg pour travailler de concert avec Brackenhoffer à un nouveau *Cours*, il ne recevait de Du Teil et de La Mortière que compliments et éloges. Du Teil vantait les « peines extraordinaires » qu'il prenait, et le nommait un « homme de mérite à tous égards, très savant, remplissant ses devoirs avec distinction et zèle, donnant des soins particuliers aux élèves, s'appliquant aux opérations de pratique, étayées de théorie sur laquelle il avait donné d'excellentes choses ».

Le fils de Lombard, Jean-Antoine-Marie, né à Metz le 22 juin 1756, était répétiteur à la même école. Il avait succédé le 28 novembre 1783, à Miquel sous-professeur de mathématiques (mort le 5 septembre 1783). C'était Du Teil qui l'avait proposé : le fils, disait-il, « pourra d'autant mieux occuper cette place que son père l'aidera et le secondera », et il déclarait quelque temps plus tard que le jeune Lombard « s'appliquait avec assiduité et succès, ce qui ne pouvait être autrement, ayant son père pour guide ». Jean-Antoine Lombard devint professeur titulaire de mathématiques à l'école d'Auxonne en remplacement de son père défunt (19 avril 1794), et ce fut là que s'écoula le reste de sa vie, à part un séjour de dix mois à Turin, où il fut détaché en l'an XI pour être « employé extraordinairement ». Il mourut à Auxonne le 18 avril 1828.

Le collègue de Jean-Louis Lombard, Sébastien Collombier, né à Herbéviller (Meurthe) en 1757, maître de dessin à l'école d'Auxonne en septembre 1781, avait été breveté le 28 novembre 1783. Du Teil le regardait comme un « très bon dessinateur en tous genres, fort appliqué à son état », et La Mortière assure qu'en 1788 Collombier « a opéré une espèce de prodige, en parvenant par son zèle, sa douceur et ses soins à montrer à dessiner tous les genres de dessin à 48 officiers qui n'avaient que peu ou point de connaissances en cette matière ». Collombier devint directeur de la fonderie de canons de la Magdelaine, près d'Autun (15 février 1794), inspecteur de la fonderie d'Autun (8 avril 1795), professeur de mathématiques à l'école centrale de Saône-et-Loire (10 février 1796), professeur de dessin et de géométrie descriptive à l'école d'artillerie de Turin (2 octobre 1802), puis à l'école d'artillerie de Valence (19 avril 1806-30 septembre 1815).

CCXXXVI. Naudin.

Jean-Marin Naudin, fils d'un vigneron, né à Bagneux (2 janvier 1736), conducteur de charrois et garde-magasin d'artillerie (14 mai 1759), garde d'artillerie (juillet 1768), garde général d'artillerie dans l'île de Corse en 1770, commissaire des guerres (11 novembre 1776) et du corps royal de l'artillerie pour le département de la Corse, commissaire pour l'artillerie à Auxonne au mois d'octobre 1783, commissaire-auditeur des cours martiales (1er octobre 1791), fut nommé commissaire ordonnateur le 25 novembre 1792, d'abord à Bayonne, à l'armée des Pyrénées-Orientales, puis à Besançon. Mais sur la dénonciation des sections de Besançon qui l'accusaient d'incivisme, il ne fut pas compris dans la réorganisation du 16 juin 1793. Il protesta : Lacuée certifia de Toulouse qu'il était zélé observateur des lois, très empressé à remplir ses devoirs, très intelligent dans la manière de les remplir; le conseil général de la commune d'Auxonne vanta ses vertus, ses talents et son civisme soutenu; le club de la ville écrivit par deux fois à Bouchotte que Naudin professait un républicanisme prononcé et pouvait encore utilement servir. Garnier et Bassal le réintégrèrent provisoirement, et ce dernier le déclarait laborieux, équitable, bien qu'à force de délicatesse et d'exactitude, un peu indécis dans les affaires et timide dans ses résolutions. Le club de Besançon finit par reconnaître le civisme et la probité de Naudin, tout en lui reprochant de n'avoir pas l'activité suffisante, soit par défaut de moyens, soit à cause de son grand âge. Après avoir passé six semaines à Paris sans pouvoir approcher Bouchotte, Naudin fut enfin remis en activité (25 mars 1794), envoyé à Montpellier, puis à Paris pour liquider les dépenses de la commission des transports (30 juillet 1795) et durant six mois attaché par ordre de Bonaparte à l'hôtel des Invalides, appelé en Italie sur la demande du général en chef (2 novembre 1796), détaché en Corse parce qu'il connaissait le pays, employé à La Rochelle, qu'il jugeait le lieu le plus cher de la République, à Bayonne, et renvoyé en Corse comme inspecteur aux revues. Mais bien que Miot rendît « le témoignage le plus satisfaisant de ses talents distingués et de son zèle constamment soutenu », il se faisait vieux, et de Bastia, le 21 juin 1802, il mandait au ministre Berthier qu'il ne pouvait plus voyager ni à pied ni à cheval dans un pays où l'on ne peut aller en voiture, qu'il n'avait marché pendant dix lieues de hautes montagnes qu'à l'aide d'un domestique, qu'après ces fatigues excessives le repos lui était indispensable. Il fut nommé à Caen, quoiqu'il eût désiré revenir à Paris, son « pays natal », et qu'il eût à diverses reprises sollicité la place de commissaire ordonnateur aux Invalides ou un emploi dans la finance, ou un poste de confiance près de Napoléon. Il mourut à Caen le 4 juillet 1805. « C'était, a dit Dejean, un fonctionnaire distingué, réunissant aux connaissances de son état un caractère ferme et une sévère probité, digne encore de la confiance du gouvernement par son zèle et son dévouement pour le bien de la patrie. »

CCXXXVII. Le général Du Teil l'aîné.

Jean-Pierre Du Teil de Beaumont, né le 14 juillet 1722 à Châbons (Isère), volontaire au corps de l'artillerie en mars 1731, cadet (18 décembre 1733), sous-lieutenant de canonniers (24 août 1735), lieutenant en second (9 novembre 1743) et en premier de canonniers (29 mars 1746), capitaine en second de sapeurs (14 avril 1748), capitaine en premier de canonniers (1er janvier 1757), employé à Schlestadt (1er janvier 1759), avait déjà pour raisons de santé obtenu sa pension de retraite le 21 mai 1760. Mais il rejoignit volontairement l'armée et prit part à la bataille de Warbourg. Il fut réadmis (20 juin 1761), devint capitaine de bombardiers (25 novembre 1761), et après avoir été détaché à

La Rochelle (13 août 1765), chef de brigade au régiment de Toul (25 août 1765), avec rang de lieutenant-colonel (29 février 1768), lieutenant-colonel sous-directeur à Collioure (11 avril 1770), lieutenant-colonel du régiment de Toul (27 novembre 1773), colonel du régiment de La Fère (1er janvier 1777), commandant de l'école d'artillerie d'Auxonne (3 juin 1779), brigadier d'infanterie (1er mars 1780), maréchal de camp (1er janvier 1784). Il n'aimait pas la Révolution, mais il la servit. Inspecteur général d'artillerie (1er avril 1791), commandant en chef l'équipage de l'artillerie à l'armée du Rhin (avril 1792), poste qu'il ne rejoignit pas pour cause de maladie, il était inspecteur général d'artillerie à l'armée des Alpes au mois de septembre 1793. Arrêté à Grenoble par trois membres du comité révolutionnaire de cette ville, il fut envoyé à Lyon aux représentants du peuple Collot d'Herbois et Fouché, traduit devant la commission militaire et fusillé le 27 février 1794.

CCXXXVIII. Floret.

Charles Floret, né le 10 août 1761 aux Granges (Aube), entre au service dans le régiment d'artillerie de La Fère (26 juin 1780), devient sergent le 10 août 1789, lieutenant en second le 10 août 1793, lieutenant en premier le 28 février 1795, capitaine le 23 mars 1801, et fait toutes les campagnes de 1792 à l'an IX (armées des Pyrénées-Orientales, du Rhin, de Sambre-et-Meuse, d'Angleterre et d'Italie), celles de l'an XI et de l'an XII (armées des côtes de l'Océan), celle de l'an XIII (campagne de Montreuil), celle de l'an XIV, et des années 1806, 1807 et 1808 à la Grande Armée. Du mois d'octobre 1808 au mois de juin 1809 il se trouve à l'armée d'Espagne. Le 6 juin 1811 il est nommé capitaine en résidence fixe et à vie à Meusnes, dans la direction d'artillerie de Paris. Deux ans plus tard (15 novembre 1813), il passe en la même qualité, avec assimilation aux officiers employés dans les manufactures d'armes et un surcroît annuel de 400 francs, à Saint-Aignan, dans la direction de Bourges : « Le gouvernement, dit-il, ne voulant plus avoir affaire au commerce pour ses approvisionnements de pierres à feu, j'ai reçu l'ordre de prendre cette partie en régie, et pendant deux ans que j'ai fait ce service, j'ai fait une économie de 9000 francs. » Au bout de deux années, il quitta définitivement et fut admis, après trente-cinq ans, deux mois et cinq jours de service effectif, à la retraite du grade de chef de bataillon (29 décembre 1815).

CCXXXIX. Présences et absences de Napoléon au régiment de La Fère (1786-1789).

Revues faites à Valence les 19 février et 24 juin 1786 par le commissaire des guerres Duparc.

COMPAGNIE DE BOMBARDIERS DE D'AUTUME.

Jacques-Philippe-François, chevalier d'Autume, capitaine en premier, présent.
Jean-Alexandre de Coursy, lieutenant en premier, présent.
Napolionne di Buonnaparte, lieutenant en second, présent.
François Grosbois, lieutenant en troisième, présent.

Revue faite à Valence le 18 août 1786 par le commissaire des guerres Duparc.

COMPAGNIE DE BOMBARDIERS DE LA GOHYERE.

De La Gohyere, capitaine en premier, présent (détaché à l'arsenal de Strasbourg jusqu'à nouvel ordre).

Louis-Farnese-Platon Hennet du Vigneux, lieutenant en premier, présent (détaché à Lyon du 12 août).
Napolionne de Buonaparte, lieutenant en second, présent, détaché à Lyon.
François Grosbois, lieutenant en troisième, présent, détaché à Lyon.

Revue faite à Lyon le 29 août 1786 par le commissaire principal des guerres Millin de Grandmaison au second bataillon du régiment de La Fère-artillerie arrivé, sur une route de M. le Duc de Tonnerre, commandant en Dauphiné, le 14 août en cette ville, où il a eu l'étape le 14 et le 15 de ce mois, pour servir au paiement de sa subsistance à compter du 16 du mois d'août.

Compagnie de La Gohyere.

De la Gohyere, capitaine commandant.
Hennet du Vigneux, lieutenant en premier, présent.
De Buonaparte, lieutenant en second, présent.
Grosbois, lieutenant en troisième, présent.

Revue faite à Valence le 12 septembre 1786 par le commissaire des guerres Duparc.

Compagnie de bombardiers de La Gohyere.

De La Gohyere, capitaine en premier, présent, détaché à l'arsenal de Strasbourg, à payer pour vingt jours.
Louis-Farnese-Platon Hennet du Vigneux, lieutenant en premier, présent, détaché à Lyon, à payer pour vingt jours.
Napolionne de Buonaparte, lieutenant en second, présent, détaché idem, doit jouir du semestre, est à payer jusqu'au 1ᵉʳ octobre, conformément à l'ordonnance.
François Grosbois, lieutenant en troisième, présent, détaché idem, à payer pour vingt jours.

Revues faites à Douai par le commissaire des guerres Mazelaygue les 29 octobre et 24 décembre 1786, les 25 février et 22 avril 1787.

Napolionne de Buonaparte, lieutenant en second, absent par semestre.

Id., 24 juin 1787.

Napolionne de Buonaparte, lieutenant en second, absent par congé de la cour pour trois mois et demi à compter du 16 mai dernier à la suite d'un semestre.

Id., 24 août 1787.

Napolionne de Buonaparte, lieutenant en second, absent, par prolongation de congé de la cour jusqu'au 1ᵉʳ décembre prochain.

Id., 17 octobre 1787.

Napolionne de Buonaparte, lieutenant en second, absent, par prolongation de congé de la cour jusqu'en décembre prochain, depuis le 16 mai, à la suite d'un semestre.

Revue faite par le commissaire des guerres Naudin à Auxonne le 30 décembre 1787.

Napolionne de Buonaparte, lieutenant en second, absent du 1ᵉʳ octobre 1786, ayant joui du semestre de ladite année et de congé de prolongation jusqu'au 1ᵉʳ décembre 1787.

*Revue faite par le commissaire des guerres Naudin à Auxonne
le 24 février 1788.*

Napolionne de Buonaparte, lieutenant en second, absent sur un congé de la cour pour six mois sans appointements, à compter du 1er décembre dernier, à la suite du semestre de 1786 à 1787, de congé et prolongation de congé avec appointements jusqu'audit jour 1er décembre.

*Revues faites par le commissaire des guerres Naudin à Auxonne
les 27 avril et 31 mai 1788.*

Napolionne de Buonaparte, lieutenant en second, absent sur un congé de la cour pour six mois sans appointements à compter du 1er décembre dernier à la suite du semestre de 1786 à 1787 et de congés de la cour avec appointements, jusqu'audit jour 1er décembre.

Inspection faite par M. de La Mortière à Auxonne le 1er septembre 1788.

COMPAGNIE DE BOMBARDIERS DE COQUEBERT.

De Coquebert, capitaine en 1er, présent, détaché à Charleville.
Louis-Farnese-Platon Hennet du Vigneux, lieutenant en 1er, présent.
Napolionne de Buonaparte (*sic*), lieutenant en 2e, présent.
François Grosbois, lieutenant en 3e, présent.

*Revue faite à Auxonne le 30 avril 1789 par le commissaire
des guerres Naudin.*

COMPAGNIE DE BOMBARDIERS DE COQUEBERT.

De Coquebert, capitaine en 1er, présent, détaché à la manufacture d'armes de Charleville jusqu'au 1er mai prochain.
Louis-Farnese-Platon Hennet du Vigneux, lieutenant en 1er; absent par semestre du 1er octobre 1788.
Napolionne de Bouonaparte (*sic*), lieutenant en 2e, présent, détaché à Seurre du 1er avril.
François Grosbois, lieutenant en 3e, présent, détaché à Seurre du 1er avril.

*Revue faite à Auxonne le 4 juillet 1789 par le commissaire des guerres Perrot,
en l'absence de Naudin.*

COMPAGNIE DES BOMBARDIERS DE COQUEBERT.

Antoine-François de Coquebert, capitaine en 1er, présent.
Louis-Farnese-Platon Hennet du Vigneux, lieutenant en 1er, présent, rentré de semestre.
Napolionne de Buonaparte, lieutenant en 2e, présent, rentré du détachement de Seurre, le 29 mai.
François Grosbois, lieutenant en 3e, présent, rentré idem.

Revue passée à Auxonne le 30 août 1789 par le commissaire des guerres Naudin.

COMPAGNIE DE BOMBARDIERS DE COQUEBERT.

Antoine-François de Coquebert, capitaine en 1er, présent.
Louis-Farnese-Platon Hennet du Vigneux, lieutenant en 1er, présent.
Napolionne de Buonaparte, lieutenant en 2e, présent.
François Grosbois, lieutenant en 3e, présent.

Revue passée à Auxonne le 31 décembre 1789 par le commissaire des guerres Naudin.

Antoine-François de Coquebert, capitaine en 1er, absent par semestre du 1er novembre.

Louis-Farnese-Platon Hennet du Vigneux, lieutenant en 1er, présent.

Napolionne de Buonaparte, lieutenant en 2e, absent par semestre, du 16 octobre.

François Grosbois, lieutenant en 3º, présent.

CCXL. Le régiment d'artillerie de La Fère en 1789.

(*Voir l'État du régiment à la fin de 1785 dans Coston, II, 54, et en 1788 dans Du Teil, 507.*)

Colonel..........	De Lance.
Lieut.-colonel....	Abel de Sappel.
Major...........	La Barrière.
Chefs de brigade.	Chev. d'Urtubie.
	Baudesson.
	Quintin.
	Chev. d'Aux de Lescourt.
	Quiefdeville.
Aide-major......	Soine.
Quart.-mait.-trés.	Degoy.

BRIGADE D'URTUBIE

Compagnie de sapeurs d'Urtubie.

Capitaine........	Chev. du Bos.
Lieut. en 1er.....	Cavey de la Motte.
— 2e......	Huon de Rosne.
— 3e......	Poix.

Compagnie de canonniers d'Arcy.

Capitaine........	D'Arcy.
Lieut. en 1er.....	Sorbier.
— 2e......	Guerbert de Bellefonds.
— 3e......	Mathiot.

Canonniers de l'Épinay.

Capitaine........	L'Épinay.
Lieut. en 1er.....	Richouffiz de la Vieuville.
— 2e......	Ponce de Savary.

Canonniers de Verrières.

Capitaine........	Verrières.
Lieut. en 1er.....	Roquefère.
— 2e......	Le Pelletier de Montéran.
— 3e......	Gayet.

BRIGADE D'AUX

Canonniers de La Barrière.

Capitaine........	La Barrière.
Lieut. en 1er.....	(Claude-Joseph) de Malet.
— 2e.....	Jullien de Bidon.
— 3e.....	Reboul.

Canonniers d'Issautier.

Capitaine........	D'Issautier.
Lieut. en 1er.....	Baston de la Riboisière.
— 2e.....	Chev. de Mongenet.
— 3e.....	Badier.

Canonniers d'Autume.

Capitaine........	Chev. d'Autume.
Lieut. en 1er.....	Chev. du Raget.
— 2e.....	Belly de Bussy.
— 3e.....	Jourdan.

Canonniers de Menibus.

Capitaine........	Menibus.
Lieut. en 1er.....	Fontanille.
— 2e.....	Chev. Des Mazis.
— 3^e.....	Rachais.

BRIGADE QUINTIN

Bombardiers de Belleville.

Capitaine........	Belleville.
Lieut. en 1er.....	Mabille.
— 2e.....	Bouvier de Cachard.
— 3e.....	Laurent.

Bombardiers de Coquebert.

Capitaine........	Coquebert.
Lieut. en 1er.....	Hennet du Vigneux.
— 2e......	Buonaparte.
— 3e......	Grosbois.

Bombardiers de Gassendi.

Capitaine........	Gassendi.
Lieut. en 1er.....	Rulhière.
— 2e......	Ménoire.
— 3e......	Laval.

Bombardiers de Manscourt.

Capitaine........	Manscourt.
Lieut. en 1er.....	Roche de Cavillac.
— 2e......	Royer de la Fosse.
— 3e......	Ferrières.

BRIGADE BAUDESSON

Sapeurs de Baudesson.

Capitaine........	Molines.
Lieut. en 1er.....	Baltus de Pouilly.
— 2e......	De Vauxmoret.
— 3e......	Pierre.

Canonniers de Pommereul.

Capitaine........	Pommereul.
Lieut. en 1er.....	Rolland de Villarceaux.
— 2e......	D'Andigné de Ste-Gemme.

Canonniers de Du Hamel.

Capitaine........	Du Hamel.
Lieut. en 1er.....	Deschamps du Vaizeau.
— 2e......	Marescot.
— 3e......	Jouffroy.

Canonniers de la Gohyere.

Capitaine........	La Gohyere.
Lieut. en 1er.....	Vimal de La Grange.
— 2e......	Pruvost.
— 3e......	Benoist.

BRIGADE QUIEFDEVILLE

Canonniers de Montperreux.

Capitaine........	Montperreux.
Lieut. en 1er.....	Du Raget l'ainé.
— 2e......	Le Lieur de Ville-sur-Arce.

Canonniers de Boubers.

Capitaine........	Boubers.
Lieut. en 1er.....	Chev. de Cirfontaine.
— 2e......	Damoiseau.
— 3e......	Tabon.

Canonniers de Roche.

Capitaine........	Roche de Cavillac.
Lieut. en 1er.....	Flayelle.
— 2e......	Gosson.
— 3e......	Meras.

Canonniers de Drouas.

Capitaine........	Drouas.
Lieut. en 1er.....	Nexon.
— 2e......	D'Ivoley.
— 3e......	Maillard.

TABLE DES MATIÈRES

DU TOME Ier

Préface... v

CHAPITRE PREMIER

La Corse.

Conquête de la Corse. — Caractère et mœurs des habitants. — Le Corse dans Napoléon. — Situation de l'île. — Organisation. — Les États, les Douze, les députés des États. — La noblesse. — Griefs de la population. — Ordonnances. — Sionville, Narbonne, Marbeuf. — Condamnation de Jacques-Pierre Abbatucci. — La finance. — Les employés français. — La justice. — Erreurs et fautes de l'administration. — Petriconi, M. de Guernes et Belgodere. — Les Corses se regardent comme opprimés.................. 1

CHAPITRE II

La famille.

Origines. — La noblesse des Bonaparte. — Leurs biens et leur influence. — Le père et la mère de Napoléon. — Caractère de Charles. — Beauté de Letizia. — Son ignorance. — Sa fermeté virile. — Son avarice. — Tendresse pour ses enfants. — Sévérité. — Les études de Charles Bonaparte. — Ses relations avec Paoli. — Séjour à Corte. — Proclamation à la jeunesse corse. — Il se rallie à la France. — Regnier du Tillet, Jadart, Pichon, du Rosel de Beaumauoir. — Liaison avec Boucheporn et Marbeuf. — Député de la noblesse. — Services rendus par Marbeuf. — Reconnaissance de Napoléon. — Les colonels Marbeuf et d'Ambrugeac. — Naissance de Napoléon (15 août 1769). — Son prénom. — Réfutation des arguments qui lui attribuent l'acte de baptême de Joseph. — Minanna Saveria. — Gertrude et Nicolas Paravicini. — Les Arrighi. — André Ramolino. — Les Ornano. — Les Giubega. — Le parrain de Napoléon. — Mammuccia Caterina, la dame Saveria, Camilla Ilari la nourrice, Ignazio et Jeanne Ilari, Faustine Tavera, le commandant Poli... 4

CHAPITRE III

Brienne.

Enfance de Napoléon. — Légendes. — Giacominetta. — Le fermier des Bonaparte. — Joseph. — La classe de l'abbé Recco. — Départ pour le continent (15 décembre 1778). — Napoléon et Joseph au collège d'Autun. — Admission à l'École royale militaire. — Recommandation de Marbeuf. — Preuves de noblesse. — Séjour de Napoléon à Thoisy-le-Désert, chez les Champeaux. — L'abbé Hemey d'Auberive. — Départ pour Brienne (12 mai 1779). — Les Écoles militaires. — Règlements. — Instructions de Saint-Germain. — Concours. — Le sous-inspecteur général. — Keralio. — Reynaud de Monts. — Ses rapports. — Pont-à-Mousson, Sorèze, Pontlevoy, Rebais, Tiron, Auxerre, Beaumont, Tournon, Effiat, Vendôme, La Flèche. — L'établissement des Minimes de Brienne. — L'enseignement. — Les Berton. — Patrauld. — Pichegru. — Daboval. — Bar et Javilliers. — Courtalon et Léon. — La religion. — Bonaparte à Brienne. — Accès de nostalgie. — Mortification d'amour-propre. — Patriotisme corse. — Paolisme. — Solitude. — Châtiments et dégradation. — Jeux. — Forteresse de neige. — Les pétards de la Saint-Louis. — Caractère de Napoléon. — Ses études. — Les exercices publics. — Les Barral. — Mme de Montesson. — Les Rouillé d'Orfeuil. — Dégoût du latin. — Mathématiques, géographie, histoire. — Plutarque. — Visite de Charles Bonaparte (21 juin 1784) et arrivée de Lucien. — Résolution de Joseph. — Lettre curieuse de Napoléon à Fesch (25 juin 1784). — Son goût pour la marine. — Reynaud de Monts à Brienne en 1783. — Démarches d'Arrighi. — Napoléon se voue à l'artillerie. — Ses plans. — Reynaud le désigne pour l'École militaire de Paris. — Prétendue note de Reynaud. — Montarby de Dampierre, Castres de Vaux, Laugier de Bellecour, Cominges nommés avec Bonaparte (22 octobre 1784). — Départ de Brienne (30 octobre 1784). — Banquet des anciens élèves (21 août 1800). — Napoléon revoit Brienne (3-4 avril 1805, 29 janvier-1er février 1814). — Poncet. — Hauté. — Dupré, Istasse, Le Clerc. — Dupuy, Charles, Geoffroy, Hanrion. — Ce que devinrent Patrauld, Bouquet et les deux Berton. — Les camarades. — Les Mailly, Calvet, Jessaint, Bruneteau de Sainte-

Suzanne. — Bourrienne. — Nansouty, Gudin, Laplanche-Mortières, Balathier de Bragelonne. — Bonnay de Breuille, d'Hautpoul, Picot de Moras. — Caulet de Vauquelin, les Courlet de Vrégille, d'Aboville, Lombard de Combles, Jean de Saint-Marcel. — Les Lepère. — La Personne, Deu de Montigny et Villelongue de Novion. — Vauberccy et Boisjolly. — Les émigrés de l'armée de Condé. — Marguenat. — Signier. — Labretesche. — Tressemanes de Brunet. — Montrond. — D'Orcomte. — Protégés de Napoléon : Rey, Longeaux, Champmilon, Béraud de Courville, les Le Lieur de Ville-sur-Arce, La Colombière, Balay de la Chasnée, Bosquillon de Bouchoir. — Deux figures curieuses : d'Argeavel et Jean-Charles Bouquet. — La veuve de Keralio. — Le maréchal de Ségur...... 75

CHAPITRE IV

L'École militaire.

L'École militaire de Paris. — Élèves et pensionnaires. — Externes. — Les classes et les jours de congé. — La section d'artillerie. — Les exercices militaires. — L'uniforme. — La cour de récréation. — Le fort Timbrune. — Dortoir, réfectoire, parloir. — Visites des étrangers. — Les bâtiments. — Timbrune-Valence. — Valfort. — L'état-major. — Personnel considérable. — Professeurs. — Le Paute d'Agelet et Louis Monge. — Tartas et Delesguille. — Baur. — Domairon. — Maîtres d'équitation et d'escrime. — Service médical. — Clergé. — Discipline de l'École. — Luxe et dépenses. — Le mémoire attribué à Napoléon. — Mort de Charles Bonaparte (24 février 1785). — L'examen de l'artillerie. — Préparation des cadets-gentilshommes. — L'École de Metz. — Labbey et Prévost. — Bonaparte reçu d'emblée lieutenant en second (1er septembre 1785). — Laplace. — Picot de Peccaduc, Phélipeaux et Desmazis. — Les élèves de la section d'artillerie, Baudran, Fleyres, Montagnac, d'Ivoley, Delpy, Najac, Chièvres d'Aujac, Lallemant, d'Anglars, Neyon, Lustrac, Venzac, Clinchamps, Dalmas, Richard de Castelnau, Tugny. — Les élèves de la section du génie, Boisgérard, Vigier, Fages-Vaumale, Teyssières, La Chevardière, Moulon, Saint-Legier, Gassot, Maussabré de Saint-Mars, Bernard de Montbrison, Frévol de Lacoste. — Camarades de Bonaparte qui servirent dans l'infanterie et la cavalerie. — Les émigrés. — Billouart de Kerlerec, Montmorency-Laval, les Fleury. — Besolles. — La Baronnais. — Pluviers de Saint-Michel. — L'Eglise de Félix. — La Lande de Vernon. — Puységur. — Maussabré de Gastesouris. — Aucapitaine. — Auboutet. — La Haye-Montbault. — Forbin de Gardanne. — Quarré de Chelers. — Sauzillon. — Mesnard. — Les gardes du corps. — Castelpers et Talaru. — Les gardes françaises. — Gréaume, Morsan et Malartic. — Les ralliés. — Le Clerc de Juigné. — Forbin Labarben. — Girardin de Brégy. —

Saint-Paulet. — La Myre. — Barlatier de Mas. — Montrond. — Marcillac. — Oudan et Chabannes. — Guillermin. — La Bruyère. — Champeaux. — Souchet d'Alvimart. — Jugements sur le cadet-gentilhomme Bonaparte. — Sa note de sortie. — Les rouflées du petit noble. — Napoléon et Laugier de Bellecour. — Amour de la Corse et de Paoli.. 181

CHAPITRE V

Garnisons et congés.

Départ pour Valence (30 octobre 1785). — L'École d'artillerie. — Le régiment de La Fère. — M. de Lance. — D'Urtubie. — Sappel. — Labarrière. — Soine. — Degoy. — Quintin. — Masson d'Autume, La Gohyere et Coquebert. — Coursy et Hennet du Vigneux. — Grosclaude, dit Grosbois. — Vie militaire de Bonaparte. — Ses dépenses. — Son logis. — Les Bou. — Service tout de famille. — La société de Valence. — L'abbé de Saint-Ruf. — M. de Josselin. — Mme du Colombier. — Caroline du Colombier. — Mlle de Saint-Germain. — Promenades. — Séjour à Lyon. — L'émeute des deux sous. — Le premier semestre. — Arrivée à Ajaccio (15 septembre 1786). — Délices du retour. — L'oncle Lucien. — Joseph. — L'affaire de la pépinière. — Congé (16 mai-1{er} décembre 1787) et voyage à Paris. — Second congé (1er décembre 1787-1{er} juin 1788). — Nouvelles démarches de Napoléon. — Départ pour Auxonne (1er juin 1788). — Semestres et congés. — Etapes de La Fère. — Auxonne. — Le chirurgien Bienvelot. — Rolland de Villarceaux et Jullien de Bidon. — Les capitaines du régiment. — Molines, Labarrière, Boubers, Drouas, Manscourt, Verrières, d'Urtubie, Gassendi. — Les lieutenants en premier : Lariboisière, Baltus, Roquefère, Deroche, Cirfontaine, Parel, Nexon, La Motte, Malet, La Grange, les Du Raget. — Les lieutenants en second : Sorbier, Fontanille, Marescot, Vauxmoret, Ménoire, Savary, Vaugrigneuse, Carméjane, Mabille, Mongenet, d'Andigné, Bussy, les Damoiseau, Huon de Rosue, Du Vaizeau, Le Pelletier de Montéran, Saint-Germain, Bouvier de Cachard, Mallet de Trumilly. — Lombard et Naudin. — Espiègleries et piques des lieutenants. — La Calotte. — Projet de constitution. — Études techniques de Napoléon. — L'École d'Auxonne. — Le baron Du Teil. — La commission du mois d'août 1788. — Mémoire de Bonaparte. — Floret. — Napoléon à Seurre (1er avril-29 mai 1789). — L'émeute d'Auxonne (19 juillet 1789). — La masse noire (16 août 1789). — Second semestre de Napoléon. — Départ pour la Corse (15 septembre 1789).. 265

NOTES ET NOTICES

I.	Les juridictions royales de Corse	365
II.	Provinces et députés des États	365
III.	Sionville	365
IV.	Jacques-Pierre Abbatucci	366
V.	Du Rosel de Beaumanoir	367
VI.	Lettre de Du Rosel de Beaumanoir à Bonaparte	367
VII.	Lettre de Charles Bonaparte à Laurent Giubega	368
VIII.	Les Marbeuf	368
IX.	D'Ambrugeac	369
X.	Giubega	369
XI.	Poli	370
XII.	Les conditions d'admission aux Écoles royales militaires	371
XIII.	Lettre du ministre au père d'un candidat aux Écoles royales militaires	371
XIV.	Keralio	371
XV.	Reynaud de Monts	372
XVI.	Le personnel de Brienne en 1787	372
XVII.	Le personnel de Brienne en 1788	372
XVIII.	Daboval	373
XIX.	Bar	373
XX.	Haniele	373
XXI.	Documents sur Brienne	374
XXI bis.	Lettre du ministre de la guerre à Ch. Bonaparte	375
XXII.	Montarby de Dampierre	375
XXIII.	Castres	376
XXIV.	Laugier de Bellecour	376
XXV.	Cominges	377
XXVI.	Le certificat de Brienne	377
XXVII.	Notes de Keralio	378
XXVIII.	Notes de Reynaud de Monts	378
XXVIII bis.	Le banquet des anciens élèves de Brienne	381
XXIX.	Les Berton	382
XXX.	Les Mailly	383
XXXI.	Jessaint	383
XXXI bis.	Bruneteau de Sainte-Suzanne	384
XXXII.	Les Mémoires de Bourrienne	384
XXXIII.	Nansouty	386
XXXIV.	Gudin	386
XXXV.	Laplanche-Mortières	386
XXXVI.	Balathier de Bragelonne père	387
XXXVII.	Balathier de Bragelonne fils	387
XXXVIII.	Bonnay de Breuille	387
XXXIX.	Lettre de Bonnay à Bonaparte	388
XL.	D'Hautpoul	388

XLI.	Picot de Moras	388
XLII.	Picot de Dampierre	389
XLIII.	Vauquelin	389
XLIV.	Courlet de Vrégille	389
XLV.	D'Aboville	389
XLVI.	Lombard de Combles	390
XLVII.	Jean de Saint-Marcel	390
XLVIII.	Les Lepère	390
XLIX.	La Personne	391
L.	Deu de Montigny	391
LI.	Villelongue de Novion	391
LII.	Vaubercey	391
LIII.	Boisjolly	391
LIV.	Gallois de Hautecourt	391
LV.	La Coudre	392
LVI.	Collinet de la Salle	392
LVII.	La Boulaye	392
LVIII.	La Roche-Poncié	392
LIX.	Laval	392
LX.	Le Duchat	393
LXI.	De Lor	393
LXII.	Rigollot	393
LXIII.	Villelongue	393
LXIV.	Marguenat	393
LXV.	Signier	394
LXVI.	Labretesche	394
LXVII.	Tressemanes de Brunet	394
LXVIII.	Montrond	395
LXIX.	D'Orcomte	395
LXX.	Champmilon	395
LXXI.	Béraud de Courville	395
LXXII.	Les Le Lieur de Ville-sur-Arce	396
LXXIII.	La Colombière	396
LXXIV.	Balay de la Chasnée	397
LXXV.	Bosquillon de Bouchoir	397
LXXVI.	D'Argeavel	397
LXXVII.	Les deux Bouquet	398
LXXVIII.	Lettre de Victor annotée par Bonaparte	398
LXXIX.	Lettre de Chenu et de Cuttoli à Bonaparte	399
LXXX.	Liste des camarades de Bonaparte à Brienne	400
LXXXI.	Souvenirs d'un cadet de Brienne	405
LXXXII.	Timbrune-Valence	412
LXXXIII.	Valfort	413
LXXXIV.	Le personnel de l'École militaire de Paris en 1785	413
LXXXV.	Delesguille	415
LXXXVI.	Tartas	415
LXXXVII.	Lettre d'examen	415
LXXXVIII.	Les professeurs de mathématiques à l'École militaire	416
LXXXIX.	La promotion de Napoléon	416
XC.	Concours de 1785 (élèves d'artillerie)	422

TABLE DES MATIÈRES

XCI.	Picot de Peccaduc...	422
XCII.	Phélipeaux...	422
XCIII.	Les Des Mazis..	423
XCIV.	Baudran..	423
XCV.	Fleyres...	424
XCVI.	Montagnac..	424
XCVII.	D'Ivoley..	424
XCVIII.	Delpy de la Roche..	424
XCIX.	Najac...	424
C.	Chièvres d'Aujac...	425
CI.	Lallemant de Villiers..	425
CII.	D'Anglars...	425
CIII.	Neyon de Soisy...	425
CIV.	Lustrac...	426
CV.	Venzac..	426
CVI.	Clinchamps...	426
CVII.	Dalmas..	426
CVIII.	Richard de Castelnau...	426
CIX.	Gondallier de Tugny..	427
CX.	Boisgérard..	427
CXI.	Vigier...	427
CXII.	Fages-Vaumale..	428
CXIII.	Teyssières de Miremont.......................................	428
CXIV.	La Chevardière de la Grandville..............................	428
CXV.	Moulon..	428
CXVI.	Saint-Légier de la Saussaye..................................	428
CXVII.	Gassot de Rochefort..	429
CXVIII.	Maussabré de Saint-Mars......................................	429
CXIX.	Bernard de Montbrison..	429
CXIX bis.	Frévol de Lacoste..	429
CXX.	Circourt..	430
CXXI.	Corvisart de Fleury..	430
CXXII.	Le Roux du Feugueray...	430
CXXIII.	Billouart de Kerlerec..	430
CXXIV.	Achille de Montmorency-Laval.................................	430
CXXV.	Rosset de Fleury..	431
CXXVI.	Comeiras..	431
CXXVII.	Le Roy de Lenchères..	431
CXXVIII.	Guéroult..	431
CXXIX.	Du Garreau de Gresignac......................................	432
CXXX.	Combes de Miremont...	432
CXXXI.	Droullin de Tanques..	432
CXXXII.	Gohin de Montreuil...	432
CXXXIII.	Broc...	432
CXXXIV.	Beaurepaire...	432
CXXXV.	Broé..	433
CXXXVI.	Clerembault de Vendeuil......................................	433
CXXXVII.	Quelen du Plessis..	433
CXXXVIII.	Saporta...	433
CXXXIX.	Visdelou de Bedée..	433

TABLE DES MATIÈRES

CXL.	Bésolles de Cauderoue	434
CXLI.	Collas de La Baronnais	434
CXLII.	Pluviers de Saint-Michel	434
CXLIII.	L'Église de Félix	434
CXLIV.	La Lande de Vernon	435
CXLV.	Puységur	435
CLXVI.	Maussabré de Gastesouris	435
CXLVII.	Aucapitaine	435
CXLVIII.	Auboutet de la Puiserie	435
CXLIX.	La Haye-Montbault	436
CL.	Forbin de Gardanne	436
CLI.	Quarré de Chelers	436
CLII.	Sanzillon	436
CLIII.	Lettre du duc d'Enghien à Sanzillon	437
CLIV.	Mesnard	437
CLV.	Les gardes du corps, camarades de Bonaparte	437
CLVI.	Les officiers des gardes françaises, camarades de Bonaparte	438
CLVII.	Le Clerc de Juigné	439
CLVIII.	Forbin Labarben	440
CLIX.	Girardin de Brégy	440
CLX.	Saint-Paulet	440
CLXI.	La Myre	441
CLXII.	Barlatier de Mas	441
CLXIII.	Montrond	441
CLXIV.	Marcillac	441
CLXV.	Oudan	442
CLXVI.	Chabannes	442
CLXVII.	Guillermin	442
CLXVIII.	La Bruyère	442
CLXIX.	Lettre de La Bruyère à Bonaparte	443
CLXX.	Champeaux	444
CLXXI.	Souchet d'Alvimart	444
CLXXI *bis*.	Notes de sortie des Écoles militaires	445
CLXXI *ter*.	Carrion-Nisas et Polignac	445
CLXXII.	Liste des camarades de Napoléon à l'École militaire de Paris	446
CLXXII *bis*.	L'anecdote du ballon	451
CLXXIII.	Le colonel de Lance	451
CLXXIV.	Les d'Urtubie	451
CLXXV.	Sappel	452
CLXXVI.	Les Labarrière	452
CLXXVII.	Quintin	453
CLXXVIII.	Soine	453
CLXXIX.	Degoy	453
CLXXX.	Masson d'Autume	454
CLXXXI.	Lettre de Masson d'Autume à Napoléon	455
CLXXXII.	La Gohyere	455
CLXXXIII.	Coquebert	455
CLXXXIV.	Coursy	456

TABLE DES MATIÈRES

CLXXXV. Hennet...	456
CLXXXVI. Grosclaude, dit Grosbois...	456
CLXXXVII. La pension de l'École militaire...	457
CLXXXVIII. M. de Josselin...	457
CLXXXIX. Les Bressieux...	457
CXC. Philippe-Robert du Colombier...	458
CXCI. Itinéraires du régiment de La Fère en 1786 et en 1787.	459
CXCII. Bienvelot...	459
CXCIII. Rolland de Villarceaux...	460
CXCIV. Jullien de Bidon...	460
CXCV. Menibus...	461
CXCVI. Molines...	461
CXCVII. Boubers...	461
CXCVIII. Drouas...	462
CXCIX. Manscourt...	462
CC. Verrières...	463
CCI. Gassendi...	463
CCII. Pommereul...	464
CCIII. Lariboisière...	464
CCIV. Baltus...	465
CCV. Roquefère...	465
CCVI. Roche de Cavillac...	465
CCVII. Rulhière...	466
CCVIII. Cirfontaine...	466
CCIX. Parel...	467
CCX. Nexon...	467
CCXI. Cavey de La Motte...	467
CCXII. Malet...	467
CCXIII. Vimal de La Grange...	468
CCXIV. Les Du Raget...	468
CCXV. Sorbier...	469
CCXVI. Fontanille...	469
CCXVII. Marescot de la Nouë...	470
CCXVIII. Vauxmoret...	470
CCXIX. Ménoire...	470
CCXX. Savary...	471
CCXXI. Vaugrigneuse...	471
CCXXII. Carméjane...	471
CCXXIII. Mabille...	471
CCXXIV. Mongenet...	472
CCXXV. D'Andigné de Sainte-Gemme...	472
CCXXVI. Belly de Bussy...	472
CCXXVII. Damoiseau...	473
CCXXVIII. Huon de Rosne...	474
CCXXIX. Deschamps du Vaizeau...	474
CCXXX. Le Pelletier de Montéran...	474
CCXXX bis. Pièces concernant l'arrestation prétendue de Le Pelletier de Montéran...	475
CCXXXI. Saint-Germain...	476
CCXXXII. Bouvier de Cachard...	476

CCXXXIII.	Mallet de Trumilly.............................	476
CCXXXIV.	Dupuy de Bordes...............................	477
CCXXXV.	Lombard.......................................	477
CCXXXVI.	Naudin..	478
CCXXXVII.	Le général Du Teil l'aîné......................	478
CCXXXVIII.	Floret...	479
CCXXXIX.	Présences et absences de Napoléon au régiment de La Fère (1786-1789)...........................	479
CCXL.	Le régiment d'artillerie de La Fère en 1789.........	482

IMPRIMÉ

PAR

PAUL BRODARD

A COULOMMIERS

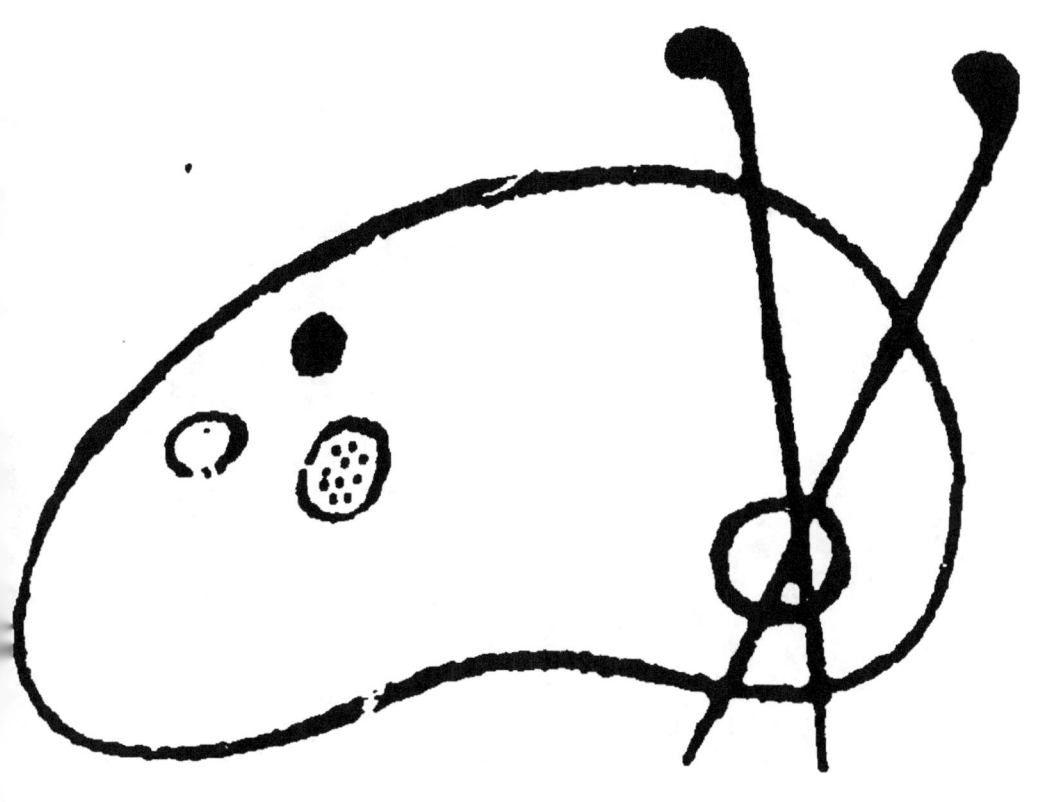

Début d'une série de documents en couleur

www.ingramcontent.com/pod-product-compliance
Lightning Source LLC
Chambersburg PA
CBHW071720230426
43670CB00008B/1072